河南省高等教育（本科教育类）教学改革研究与实践项目
"基于共生关系的教学改革研究与实践"（2021SJGLX627）阶段性成果之一

中国教育史：随思随阐

谢广山　谢　瀑　著

西北工业大学出版社
西　安

【内容简介】本书以价值判断作为史实判断之基础,选择影响理解中国教育史的若干重点、难点问题,融合知识史、思想史、教育史的多样态表达,以丰富思维维度。通过对教育起源中康德提出的逻辑困境的推阐,揭示"学习是人的天性,教育是人类为人类设计的系统"和"人类劳动的目的性与教育的目的性关系"的意义;通过对文王"演德"与宗周文明的关系、"礼"由宗教到人文的转化过程中的"礼义"的道德属性及"礼"与"法"的相涵到分立等方面的推阐,揭示道德在社会秩序中的价值意义;通过对先秦孝道思想、人性论义理结构的阐发,揭示其对古代教育思想的支撑意义;通过对经学、玄学、理学形成、发展、衰微的阐发,揭示中国古代教育知识选择中的博弈和形态演化的意义。全书表明了"离开思想性的教育史,就没有教育史的思想性"的主旨。

本书可供高校从事教育史学科教学及研究的教师和教育史专业研究生参考阅读。

图书在版编目(CIP)数据

中国教育史:随思随阐 / 谢广山,谢瀑著. — 西安:西北工业大学出版社,2023.11
ISBN 978-7-5612-9148-1

Ⅰ.①中… Ⅱ.①谢… ②谢… Ⅲ.①教育史-中国 Ⅳ.①G529

中国国家版本馆CIP数据核字(2023)第254820号

ZHONGGUO JIAOYUSHI:SUI SI SUI CHAN

中国教育史:随思随阐

谢广山 谢瀑 著

责任编辑:隋秀娟	策划编辑:张 炜
责任校对:马婷婷	装帧设计:高永斌 郭 伟

出版发行:西北工业大学出版社
通信地址:西安市友谊西路127号 邮编:710072
电　　话:(029)88491757,88493844
网　　址:www.nwpup.com
印刷者:西安五星印刷有限公司
开　　本:787 mm×1 092 mm　　1/16
印　　张:26.375
字　　数:529 千字
版　　次:2023 年 11 月第 1 版　　2023 年 11 月第 1 次印刷
书　　号:ISBN 978-7-5612-9148-1
定　　价:108.00 元

如有印装问题请与出版社联系调换

序　言

《中国教育史：随思随阐》是谢广山教授的《中国教育史》教学随笔，是对中国教育史上重要问题的思考和研究的成果，融合思想史、知识史、教育史的多样态表达，丰富了中国教育史的思维维度，具有重要的学术价值和教学参考价值。

再次为广山的著作作序非常高兴。上次为他的《中国古代职业技术教育研究》作序已经过去十几年了，回忆其关于中国古代职业教育的研究对于中国教育史的填补性作用仍十分欣喜，这次不同的是他携女儿一起完成了新著。广山是在学习我开设的研究生课程"西学东渐与中国近代教育思潮"中开始喜欢并深入研究教育史的，硕士毕业论文《西学东渐与中国近代教育内容变迁》，洋洋洒洒14万余字，可见其研究之深入，之后的学术研究及其学术成就都没有离开中国教育史研究领域。长期以来，我与广山由学术到工作、生活，交流甚多，其谦逊、勤奋、敏思的治学精神和积极向上的生活态度，实在可嘉，我与其渐渐亦师亦友。广山的女儿谢瀑也是陕西师范大学的硕士研究生毕业，读研期间也选修了我开设的"中国教育史专题"，师承教育学院院长陈鹏教授所完成的学位论文《台湾大学法的历史演革》，也是建立在历史思维与法学思维相结合的基础上的。这次与其父亲一起完成《中国教育史：随思随阐》，体现了两代人的学术情结，难能可贵，可喜可贺。

《中国教育史：随思随阐》是广山退休之后，作为信阳学院全职特聘教授，在担任中国教育史课程教学中的一些学术思考。其女儿选择其讲义中的30个专题进行了整理，旨在进一步打造"课程"，培养学生的历史思维和教育思维能力。信阳学院的王北生院长，其教育学院的汪基德院长，都曾做过河南大学的教科院院长，至今都还是河南大学的博士生导师，他们都是河南大学"教科院现象"的主要创造者。王北生教授在教育学原理学科领域，汪基德教授在教育技术学科领域，都有非常高的学术造诣，在全国同领域内具有很大的影响力。我与两位学者都有过深入的交往，也十分关注北生校长主政河南教育学院、郑州师范学院、信阳学院时对"守正创新"理念的锐意追求和显著成效。北生校长和基德院长在创造了河南大学"教科院现象"之后，正在努力创造一个崭新的"信阳学院现象"。正是在创造一流民办高校的"信阳学院现象"的感召下，广山受聘之时便有了一个重要思考，即如何在"双非"（非国家一流高校，非国家一流学科）高校打造"金课"，以"双非"高校更需要"金课"为逻辑前提，以通过"金课"来促进"共生教育"生态建设为"守正创新"的实现过程，申报并获批了河南省高等教育（本科）教学改革项目"基于'教学共生'的研究与实践"，以"教育共生"理论为支撑，从"中国教育史"课程教学改革入手，在教与学的主体"异质"关系中实现师生各自主体发展的共生价值。在教学共生关系中，要把学生的思维引向高阶思维，就需要以思想点亮思想，而能够引起人思想的必然是"问题"，"问题"才是点亮思想之火和形塑思想之源。《中国教育史：随思随阐》在价值追寻中，反映了存在于中国教育史之中的基于"史实判断"与"价值判断"相统一的认识论问题，并将这些问题置入思想史、知识史、制度史的推阐中，体现了学术研究和教学研究的思维品质。

教育是一种历史存在，一切教育制度和教育思想都历史地存在于教育实践中，揭示着教育规律的生成或建构过程。对教育的"思"与"想"，不仅需要考察存在于教育历史中的政策措施与学校制度、教育事件与教育人物、教育理想与教育理论、教育传统与教育变革的历史与逻辑相统一的关系，而且还需要考察存在于社会历史中的知识变革与思想演进、政治生活与世俗生活、生活世界与信仰世界等与教育发展的内在联系。只有多视角地透视中国教育史的问题和问题之间的价值共生，才可能不断拓展历史思维、教育思维的空间，更全面更深刻地认识中国教育发展的历史规律及其存在意义。正因为这样，《中国教育史：随思随阐》所选的22个问题，具有了同一性的学术意义或价值。如"先秦人性论于教育形态上的义理结构""中国古代孝道思想的义理结构与形态演进""汉代经学及其教育知识的经学形态化""宋代理学：诞生、延续及于经学中的形态"等问题，都主要是对教育知识形态与其本身的义理关系进行分析、推演和阐发的；而其余的如"基于康德'谁是最初的教育者'的逻辑困境而对教育起源问题的重新思考""从筮占到演德：《周易》的价值追求""从氏族公有制到分封制""'礼'之由宗教到人文的转化""从春秋到秦汉：礼与法的相涵与分立""别再误读有教无类""宋人释易谈天下"等，则主要是对教育或教育知识、教育思想的价值关系进行分析和推阐的。因此，对知识形态、思想形态的义理关系和价值关系的分析、推演和阐发，就成了主要的学术范式或结构特征。

毫无疑问的是，广山及其女儿在整理这部书稿的过程中，除了严谨的治学态度，还需要付出必不可少的勤奋。《中国教育史：随思随阐》有50余万字，是从课程教学的讲义中选取的，一方面不难想象作讲义的勤勉、仔细和认真，另一方面可想而知的是还有没能入编的其他众多问题，必定早就进入了他们的学术视野之中，十分期待下部书的呈现。原清华大学、西南联大校长梅贻琦先生曾经说过："学校犹水也，师生犹鱼也，其行动犹游泳也，大鱼前导，小鱼尾随，是从游也。"大学教师的教学思维决定着对学生思维能力的培养。大学的教与学除了"鱼水"关系外，还犹为机械中的齿轮关系，在紧密的齿轮联结中，教师是主动轮，学生是从动轮，教是发动，学是从动，而"问题"则是互动的动力所在。可以确信，在父亲的后续培养下，其女儿也会成为优秀的大学教师。

言犹未尽，谨此为序。

栗洪武[①]

2022年10月10日

[①] 栗洪武，博士，教授，著名教育史学者，第九届国家督学，全国教育学会教育史分会理事，全国教育学会教育管理分会理事，香港救助儿童基金会大陆项目咨询委员，陕西省陶行知教育思想研究会会长，陕西师范大学博士生导师，教育史专业学科带头人，曾任陕西师范大学教育学院党总支书记。

目 录

基于康德"谁是最初的教育者"的逻辑困境而对教育起源问题的重新思考………… 001

从筮占到演德：《周易》的价值追求……………………………………………………… 009

从氏族公有制到分封制……………………………………………………………………… 022

宗周文明及其衰落…………………………………………………………………………… 031

轴心时代的中国思想价值…………………………………………………………………… 037

学习成就了士——春秋时期教育转型中的士……………………………………………… 042

"礼"之由宗教到人文的转化……………………………………………………………… 051

礼义：礼的道德属性………………………………………………………………………… 057

从春秋到秦汉：礼与法的相涵与分立……………………………………………………… 080

别再误读有教无类…………………………………………………………………………… 095

不与有知或无知者谈知……………………………………………………………………… 099

先秦人性论于教育形态上的义理结构……………………………………………………… 102

论中国古代教育城市轴心的向心图式……………………………………………………… 187

中国古代孝道思想的义理结构与形态演进………………………………………………… 194

汉代经学及其教育知识的经学形态化……………………………………………………… 243

玄学为什么没能成为魏晋南北朝时期的教育知识………………………………………… 279

闲话"师道不传"…………………………………………………………………………… 285

内外合一：《大学》之意义 ………………………………………… 292
宋人释易谈天下 …………………………………………………… 296
宋代理学：诞生、延续及于经学中的形态 ……………………… 308
"知行合一"思想的演化及其启迪 ………………………………… 383
梅贻琦这样解《大学》 …………………………………………… 388

参考文献 ……………………………………………………………… 404

后记 …………………………………………………………………… 411

> **教学随笔**
>
> 学习是人的天性。马克思劳动创造了人的学说，不仅表征了人类劳动的目的性，而且也证明了劳动的目的性与教育的目的性的同一意义。

基于康德"谁是最初的教育者"的逻辑困境而对教育起源问题的重新思考

教育起源问题是教育学必须回答的重要问题。教育的起源既是社会发展史问题，也是世界性的教育理论问题。尽管现在已有多种教育起源说，但始终没有形成一个公认的结论。一方面人们已经接受"自有了人就有了教育"的观点，另一方面又受制于对二三百万年前由猿到人发展转变的史实探索的局限，只好寄希望于新的考古发现能提供新的史实材料，以获得合理的结论。就像有了人类就有了文化一样，教育在一定意义上和文化一样都可以被看成是人类的一种生存和发展策略，不同地理和历史环境下的人类面对不同的生存和发展的环境，遭遇不同的生存和发展的问题，因此就有不同的教育选择[①]。人是选择之所是，教育更是选择之所是，不同的教育选择形成了不同的人类教育的雏形，在中国、印度、古巴比伦、古埃及、古希腊、古罗马，文化人类学研究都能找到这种雏形，并在这种雏形中发现人都是按照自己对自然、人生、过去和未来的理解去教育下一代。即便现代人认为那时是人类的愚昧时代，那时的教育不是专门的社会活动而是日常生活的一部分，是不系统、不全面的，但是于那时的人来讲，将教育与日常生

---

① 石中英：《评20世纪我国教育学史研究中的"西方中心主义"现象》，《高等师范教育研究》1996年第4期，第18页。

活融合在一起，同样和现代人一样是按照其对自然、人生、过去和未来的理解及系统思考的结果。对教育起源问题的思考，要透视历史学、哲学、人类学等的相互牵扯，实属不易。倒是康德提出的"谁是最初的教育者"的关于教育逻辑起点问题的追问，为我们重新思考教育起源问题提供了一种新的思考路径。

一、教育逻辑起点之问的要义

康德对于教育逻辑起点是基于"教育者是教育的内在构成"的基本假设，即教育总是要通过教育者来进行的。康德是在《论教育学》中明确提出这一观点的。按照康德所代表的德国古典哲学的思路，若要使"人的教育"获得坚实的真理性根据，就必须对教育者进一步地追问：教育者必须先受教育，教育者也需要教育者，那"谁是最初的教育者"这一问题之所以重要，是因为它是教育成为可能的逻辑起点，没有这一逻辑起点，教育就不可能存在[①]。这一问题就像是"先有蛋还是先有鸡"的逻辑怪圈一样，陷入一种逻辑困境之中。康德在《论教育学》的导论中说："人只有通过教育才能成为人。除了教育从他身上所造就的东西外，他什么也不是。需要注意的是，人只有通过人，通过同样是受过教育的人，才能被教育。因此，本身在规训和教导上的欠缺，使得一些人成为其学童的糟糕的教育者。"[②]教育"教育者"的"最初教育者是谁"这一问题，直接牵扯教育起源问题，若缺乏教育起源之问，无论是教育体系的建构还是实际教育活动的展开，都会陷入困境。

康德提出这一问题，显然有自己的回答。他首先要确认的是，不能从神圣的存在者那里寻找承担教育的教育者，因为他认为，教育人的"教育者"必须是不够神圣的"人"，即"有限的理性存在者"，且这个"有限的理性存在者"同样是受过教育的人。神圣的存在者则不需要接受任何教育，因为他本就是"有道德"而"无德性"的神圣存在。而人虽然是"有道德"但需要"德性"，人的德性养成又需要教育。什么才是神圣的存在者呢？康德说："一旦一个更高类型的存在者承担起我们的教育，人们就会看到，在人身上能成就些什么。"[③]"更高类型的存在者"即神圣的存在者，而"一旦"并不是事实，神圣的存在者并不能承担人类的教育，是那些"不够神圣的""有限的理性存在者"在承担教育。这样就又回到了问题的原点，即承担教育的"有限的理性存在者"仍然是"受过教育的人"，还不能够回答"谁是最初的教育者"这一问题。

---

① 李长伟：《谁是最初的教育者——康德教育逻辑起点问题之追问》，《教育研究》2019年第6期，第38页。
② 伊曼努尔·康德：《论教育学》，上海人民出版社，2005，第5页。
③ 同上，第5页。

康德意识到了这一问题，他做出了如下陈述："人类应该将其人性之全部自然禀赋，通过自己的努力逐步从自身中发挥出来。教育是由前一代人对下一代进行的。对此人们可以到生蛮状态中去寻找第一开端，也可以到完满的、有教养的状态中去寻找。如果后一种情况被当成是先前的和最初就存在的，那么人必然是后来又再度野蛮并坠入生蛮状态之中了。"①"我们应该从哪儿开始发展人的禀赋呢？是应该从野蛮状态开始，还是从一种已经被教化的状态开始呢？一种出自生蛮状态自身的发展是难以设想的（因此关于'第一个人'的概念也是很难设想的），而且我们发现，出自这种生蛮状态的发展，总是又会堕落回去，然后再重新从那里出来。而且即使在文明民族那里，在他们那些以书写形式流传下来的最早的信息中，我们也都能发现很强的近乎生蛮的因素。"②康德认为，人类虽然拥有向善的原初禀赋，但人类的开端却是生蛮状态，生蛮状态中的人类因此是未开化的、未受教化的，有教养的文明人是人类走出生蛮状态、被教化后的产物。如果按照发生学的思路不断返回，去追问最初的教育者，亦即康德所言的"第一人"，那么就必然会追溯到生蛮状态。若追溯至人类的生蛮状态，作为最初的教育者的"第一人"的产生就是一个教育哲学上的大难题："人必须被教育成善的，但是，应当教育他的人又是一个还处在本性野蛮状态，如今却要造成他自己所需要的东西。"③

二、康德之问对传统教育起源说的诘难

首先是对教育的神话起源说的诘难。

正像人的神话起源说一样，教育的起源同样被赋予神话的意蕴。在希腊神话中，就有一个负责给地球生命赋予本领的神艾尔米修斯，他把从天神那里领到的各种本领赋予地球各种生命体，将手中领到的所有本领都赋予完了之后，却漏掉了一种地球生命，即"人"。返回天上向天神汇报后，天神就将"工具"和使用工具的本领赋予了人。所以，人类创造和使用工具，是由于神的赋予。在中国的古代神话中，如神农氏，牛首人身（非人），是最强的神帝，具有通天彻地的本领，亲尝百草，发明了刀耕火种的农具，教民垦荒，种植粮食作物，还创造了饮食用的陶器和炊具。正是由于神的赋予或神的出现，才有了最初的教育者的产生。人们无法在"人类"中寻找到最初的教育者，进而认为历史中存在由外在于人的"天意"所实施的"自上而下"的教育，认为神圣的存在者会从天上下到生蛮的状态中，对"第一人"进行教化。

---
① 伊曼努尔·康德：《论教育学》，上海人民出版社，2005，第5页。
② 伊曼努尔·康德：《论教育学》，上海人民出版社，2005，第7页。
③ 《康德全集》（第7卷），中国人民大学出版社，2008，第320页。

前面已讲过，康德认为不能从神圣的存在者那里寻找承担教育的教育者，是因为教育人的教育者必须是不够神圣的"人"，即教育者必须是"有限理性的人"而不是"神圣者"。康德在其《单纯理性限度内的宗教》中，提到西方的神耶稣，但其笔下的耶稣已不是《新约》中的耶稣，而是经过哲学改造的耶稣，即是说这个耶稣并不是《新约》记载的、在历史中真实存在的、道成肉身且能行诸多神迹的神圣存在，而只是一个存在于人的理性中的、作为理念的人性的原型[①]。可见，"天意"下的"神"，即神圣存在者，归根结底是存在于人的理性中、作为理念的"人"而存在着，因此不能成为"最初的教育者"，从而否定了教育的神话起源说。

其次是对教育的生物起源说的诘难。

法国社会学家、哲学家勒图尔诺在其《动物界的教育》一书中，从生物学的角度出发，认为动物生存竞争的本能是教育产生的基础，提出了教育的生物起源说。康德的诘难在于，如果我们把人区别于动物的"其人性之全部自然禀赋，通过自己的努力逐步从自身中发挥出来"予以否定，那么"人必然再度野蛮化并坠入生蛮状态之中"，即如果人类像动物生存竞争那样，人就会再度退化到等同动物生存竞争那样的生蛮状态，也就不可能成为人，更不可能有人的教育。

再次是对教育的模仿起源说的诘难。

教育的模仿起源说是在批判生物起源说的基础上产生的。以美国教育家孟禄为代表。孟禄在其《原始部落及其最简单形式的教育》一书中，从心理学的角度出发，认为儿童对成人的模仿是教育产生的基础。问题在于，最初的模仿者又是模仿了谁？也就是说，最初的被模仿者就是最初的教育者，如果没有最初的被模仿者，就不会有最初的教育者。要想成为最初的模仿者，就必须同时存在着被模仿者。那么，教育起源就必须回答"最初的被模仿者是如何产生的"这一问题。显然，教育的模仿起源说受到诘难。

另外是对教育的劳动起源说的诘难。

教育的劳动起源说，是苏联的教育研究者在对教育的生物起源说和模仿起源说进行批判的基础上，依据恩格斯的《家庭、私有制和国家的起源》和《劳动在从猿到人转变过程中的作用》等著作，从历史唯物主义观点出发提出的，认为教育起源于劳动。劳动创造了人，也创造了人类社会。劳动作为人的本质特征，不仅区别于动物的生存竞争的自然本能，而且也区别于动物自然模仿的本能。劳动的目的性与教育的目的性相一致，的确能够在回答人的起源的同时，也回答了教育的起源问题。我国学者在对教育起源的

---

① 李长伟：《谁是最初的教育者——康德教育逻辑起点问题之追问》，《教育研究》2019年第6期，第40页。

再研究中，认为教育的劳动起源说在逻辑上并不完善，同样依据马克思的劳动学说，从历史唯物主义观点出发，又提出了教育的需要起源说。但是这些，都不能回答人为什么会劳动、谁是最初的劳动者、最初的劳动者是怎样形成的等问题，如果不能解决这些问题，同样不能走出"谁是最初的教育者"的逻辑困境。

三、康德之问对重新思考教育起源的启示

既然康德能够提出"谁是最初的教育者"这样的问题，那么就一定有他解决问题的认识。

首先，康德认为"教育者"是教育的内在建构，而在教育的内在建构中，应当从"类的整体"去看待历史与教育，"类的整体"的历史与教育决定着"个体"的自然禀赋的发展。他说："有一点是肯定的，即没有一个单独的人，能通过其对学童的全部塑造使他们达成其本质规定。能够成就这一点的不是单个的人，而是人这个类。"[①]因此，在生蛮状态中不会存在不需要"他人教化"而能"自我教化"的"个人"，只要"个人"一开始运用自己的理性，就会同时产生因误用而导致的堕落。"自然的历史从善开始，因为它是神的作品；自由的历史从恶开始，因为它是人的作品。"[②]康德对超越"类教育"的"第一个人"的"自我教化"的否定，实质上是与西方古典教育传统的决裂。西方古典教育传统最典型的代表柏拉图，在其"洞穴之喻"中描绘了一个能够"自我解放"和"自我教化"的哲人形象。这个哲人与洞穴中的所有人都一样，都是"洞穴囚徒"，头、手、脚都被捆绑着，只能将眼睛见到的洞穴后壁上变化的阴影信以为真，然后是这个被解除了桎梏的哲人，在引导中艰难地走出了洞穴，看到了作为真理的太阳。康德的追问是：究竟是谁解放了这第一个走出洞穴的囚徒？因为并没有洞外的人进入洞穴去解放这第一个被解放的囚徒，解放这第一个被解放的囚徒只能是囚徒自身。如果承认"第一个人"具有超越他人的"自我启蒙的能力"，那就意味着所有的人都具有自我启蒙的能力，因为人是"类的整体"存在。

"那么我们应该从哪里开始发展人的自然禀赋呢……一种出自生蛮状态自身的发展是难以设想的……而且我们发现，出自这种生蛮状态的发展，总是又会堕落回去，然后再重新从那里出来。而且即使在文明民族那里，在他们那些以书写形式流传下来的最早的信息中，我们也都能发现很强的近乎生蛮的因素。——而书写要以多少文化为前提

---

① 伊曼努尔·康德：《论教育学》，上海人民出版社，2005，第7页。
② 《康德全集》（第8卷），中国人民大学出版社，2010，第118页。

啊！因此人们从文明人的角度出发，可以把书写的开始称为世界的开端。"①这里涉及两个层面的问题，一是教育从哪里起源，二是教育以什么为开端。在第一个问题中，因为生蛮状态是人类历史的开端，有了人就有了教育。而生蛮状态下的人类历史，也是人创造的，人在生蛮状态中通过发展人的禀赋而使教育也呈现起源时的生蛮状态。在第二个问题中，教育究竟应该从哪里开始，中国的孔子提出"富而后教"，董仲舒提出"继天而教"，都涉及教育的发端问题。这些观点从人类文明的角度去认识教育的发端问题，似乎与康德是一致的，但康德更关注的是出自生蛮状态的教育怎样才不会堕落回去，"单个的人将永远不能完全摆脱弱点，甚至不能完全改正错误"②，文明世界中受过教育的教育者认识和完善了"整个人类"的教育从哪里开始的问题。

人类教育起源于人类一开始的生蛮时代，于生蛮状态下发展的人的禀赋，这种禀赋便是人类有目的的学习。学习是人适应环境变化而发生的行为改变。人是选择之所是。正是人类为了适应地球环境的变化，"选择直立行走"和逐渐"解放双手"，改变了适应环境的行为；选择了由"最初的源自自然的工具"到"打磨出新工具"，发现和选择了"火"，发现和创造了"食物"等，在适应环境的进一步的行为改变中，目的性与自觉性相统一；总结了生蛮状态下对自然现象观测的经验，形成了群体生活需要的习惯和宗教习俗，提升了以"善"的行为去损减动物的本能的能力。这些不仅表征了教育源于人的学习，而且由于学习成就了具有有限理性的"最初的教育者"。所以说，"学习是人类的天性，教育却不是。教育是人类为自身设计的学习系统"③。

其次，康德在处理"谁是最初的教育者"这个自己提出而又让自己棘手的难题中，最终走向了历史中的天意。而其"历史中的天意"的思想，同样对认识教育起源问题有所启发。

康德认为，人类不是超越时空的抽象存在，人类生活在历史之中，人类的教育也在历史之中，教育起源于历史中的天意。那么，什么是历史中的天意呢？康德将此称为"自然的一个隐秘计划"，它是人之上的看不见的"自上而下的智慧"。这种智慧使"不论我们是否愿意：愿意者命运领着走，不愿意者命运拖着走"④。借助这种超人的智慧所施加的自上而下的、具有强制性的影响力，人的自然禀赋得以不断实现。历史中的天意不是基督教中的神，这种天意固然是神圣的、有目的的，但它的目的只能实现在

---

① 伊曼努尔·康德：《论教育学》，上海人民出版社，2005，第7—8页。
② 《康德全集》（第9卷），中国人民大学出版社，2010，第445页。
③ 程介明：《教育之变》，华东师范大学出版社，2022年，作者按语。
④ 《康德全集》（第7卷），中国人民大学出版社，2008，第371页。

天意所计划的合规律的历史的进程中,即在作为天意之目的的人类所有原初禀赋的发展中,实现在天意的干预而出现的"普遍的世界历史"中[①]。"人类在其类的整体上的教育,也就是说,是集体而言的教育,不是所有人的整体,在其中人群不是一个体系,而只是一个收拢起来的聚合体……人毕竟只能期待于天意,也就是说,期待于一种智慧,这种智慧虽然不是他的智慧,但毕竟是他自己的理性的那个无力达到的理念——这种自上而下的教育,依我说是有益的,但却是粗暴的,是对人的天性的严厉的、通过诸多不幸并且临近毁灭整个人类的改造。"[②]康德把人类所有原初禀赋的发展视作"天意之目的",这种"天意之目的"来自"自然的一个隐秘计划",所体现出的超人的"智慧",正是来自"天意"的人类的学习精神。是来自"天意"的学习成就和发展了人类的原初禀赋,同时也成就了人类的教育,是人类原初的学习造就了"最初的教育者"而不是"神圣者"。教育源于人赖以原初禀赋的学习,使学习者与教育者能够关联在一起。正因为"人只是一个收拢起来的聚合体",所期待的这种来自天意的智慧,不是任何一个个体自己的理性能够达到的,而是对于整体的人而言的。"天意"赋予人的学习所期待的而又超越具体人的"智慧",虽然说无疑是有益的,"但却是粗暴的,是对人的天性的严厉的、通过诸多不幸并且临近毁灭整个人类的改造"。正是这种"历史中的天意"下的人的学习的"智慧",使教育成为可能。

再次,康德之问对用马克思的劳动学说理解教育起源问题的启示。马克思建立在历史唯物主义上的劳动学说,阐释了劳动的目的性本质。劳动的目的性不仅体现了赖以生存的物质基础,而且体现了赖以生存的对自由和解放的精神追求的目的性。既然学习是人类的天性,那么人类的学习与劳动是相融共生的。劳动本身也是学习,劳动与学习相一致的目的性使劳动和学习一同在创造文化的过程中创造了人类自身,又在创造的人类社会历史中不断地创造着劳动与学习。人对自由和解放的追求,使人的学习与劳动创造了更多人的发展的物质和精神需要,使人们可以并能够追溯"学习与教育"的起源。马克思的人在社会实践中自由而全面发展的学说,至今仍是我们认识教育起源和发展的理论源泉。而康德自我设置的"谁是最初的教育者"的逻辑困境,在他"历史中的天意"的历史哲学中,不仅不会使我们陷入"天意是最初的教育者"和由此而推断的"天意教育的出现,意味着人的教育的终结"的陷阱,反而使我们通过"历史中的天意"对人的学习禀赋发展的启示,发现教育的学习起源说,进而丰富了

---

① 伊曼努尔·康德:《历史理性批判文集》,商务印书馆,1990,第8页。
② 《康德全集》(第7卷),中国人民大学出版社,2008,第323页。

对马克思劳动学说的认识,丰富了"教育何以存在和何以成为可能"的哲学思考。

康德对"谁是最初的教育者"的探问,不仅引发了我们对教育起源问题的思考,而且从教育实践论上讲,"时时提醒着我们:'培养人者自己又是被如何培养的'"①。所以我们完全可以以另外一种视角去认识和研究"康德之问"。

---

① 陈佳琪:《自由如何培养》,《新京报》2012年8月12日。引自李长伟:《谁是最初的教育者——康德教育逻辑起点问题之追问》,《教育研究》2019年第6期,第50页。

> **教学随笔**
>
> 德是中国文化基因中的DNA，"德治"早于"礼治"，《周易》是文王演德的结果，"演德"为"礼治"提供了思想基础。

从筮占到演德：《周易》的价值追求

《易经》是万经之首，古之士人习经研经，必先苦读《易》。今人许多所谓懂《易》者，多鼓噪善占。但今人并未见过古《易》，也没见过殷之筮占之《易》，能读到的其实是《周易》。岂不知《周易》是经文王、武王"演德"之后形成的，扬弃的正是以筮占为核心价值的殷之《易》。从筮占到演德，反映了《周易》"德"的核心价值追求。《周易》流俗于民间，也不可能使缺德之人"筮占"来好运。

一、《易》的历史存在：从殷《易》到《周易》

现代考古发现，六爻所组成的数字卦已见于殷季的陶器、卜甲、彝器等器物上，引起了学者对重卦起源及其他易学史上的重要问题的重新审视①。中国古代有三《易》之说，郑玄的《易赞》《易论》说："夏曰《连山》，殷曰《归藏》，周曰《周易》。"《礼记·礼运》也曾记孔子之言："我欲观殷道，是故之宋，而不足征也，吾得《坤乾》焉。"郑玄对此作注说："得《坤乾》，得殷阴阳之书也。其书存者有《归

---

① 张正烺：《试释周初青铜器铭文中的易卦》，《考古学报》1980年第4期，第403页。

藏》。"熊氏安生曰："殷《易》以坤为首，故曰《坤乾》。"①《尚书·洪范》记载殷商旧臣箕子为周武王言"洪范九畴"，即从九个方面讲治国的大经大法，其中的第七方面是"稽疑：择建立卜、筮人，乃命卜、筮……曰贞，曰悔"。可见，筮法是殷商时代所固有的。司马迁在《史记·龟策列传》也说夏、商两代卜、筮兼用："夏、殷欲卜者，乃去蓍、龟，已则弃去之。"《吕氏春秋·勿躬》说"巫咸作筮"，而巫咸则为商王太戊之臣。这些史料都说明了，在夏、商，至少是在商代筮法已经存在，而数字卦的发现使筮法至少在商代就存在的说法得到了支持。

易学是上古以来的文化遗存，后世的史学家或经学家对其起源的种种说法，一半依傍传说，一半则出于推测，总给人以模糊不清的感觉。但是，更后来的人们对其中的某种说法逐渐加以坐实，从而引以为信史。

《周易·系辞传》引用了许多孔子的话，说明《系辞》是孔子后学所作。学者们一般把它推定为战国晚期的作品，姑且不必深究。《周易·系辞下传》有云："易之兴也，当殷之末世、周之盛德邪？当文王与纣之事邪？"看得出这本是推度猜测之辞。而司马迁在《史记·周本纪》中又说："西伯盖即位五十年。其囚羑里，盖益《易》之八卦为六十四卦。"唐张守节《史记正义》说："太史公言'盖'者，乃疑辞也。"这进一步说明了司马迁也不敢肯定周文王确曾重卦。班固《汉书·艺文志》则坐实文王重卦之说，并踵事增华，谓文王更作"上、下篇"，尤其是着意点明了《周易》"人更三圣，世历三古"的不寻常特点，"《易》曰：'宓戏氏仰观象于天，俯观法于地，观鸟兽之文，与地之宜，近取诸身，远取诸物，于是始作八卦，以通神明之德，以类万物之情。'至于殷、周之际，纣在上位，逆天暴物，文王以诸侯顺命而行道，天人之占可得而效，于是重《易》六爻，作上、下篇。孔氏为之《彖》《象》《系辞》《文言》《序卦》之属十篇。故曰：《易》道深矣，人更三圣，世历三古。"但对于重卦之起源，历史上向来就有不同的说法，早在司马迁之前的淮南王刘安在其《淮南子·要略》中就曾说过："八卦可以识吉凶，知祸福矣，然而伏羲为之六十四变。"他认为伏羲是重卦之人。而在司马迁、班固之后，经学家郑玄提出了神农氏重卦，孙盛则提出夏禹重卦，他们相信三《易》之说，并认为夏《连山》、殷《归藏》皆为重卦，因此重卦之人不会晚于三代，于是就以三代以前之圣人当之。也是对"文王重卦"说进行挑战。《汉书·艺文志》说文王"作上、下篇"，从其前、后文来看，所谓上、下篇，即上、下经，也就是《易经》的卦、爻辞部分。但是《易经》爻辞里的某些事情却发生在文王之后，于是

---

① 孙希旦：《礼记集释》，中华书局，1983，第586页。

马融、陆绩等人为了修正、弥缝其说，便提出了文王只是写成了卦辞，而爻辞则是周公所作。

由此可以看出，建立在传说加推测基础上的有关《周易》起源的种种说法，其影响是模糊的。考古对于殷代筮数重卦的发现，只是证实了重卦不是始于周文王，但也绝不能就说《周易》与周文王、周公无关。正是基于传说所具有的真实因子和推测具有的合理成分，历史记载的"文王拘而演《周易》"的传说，就不能局限于司马迁的错误猜测和班固的错上加错。姜广辉教授提出"秘府之《周易》用以'演德'，方术之《周易》用以占筮；秘府之《周易》为文王、周公所作，方术之《周易》与文王、周公无涉；秘府之《周易》谓何？韩宣子聘鲁所见之《易象》是也，而今本《周易》大象部分略当之；方术之《周易》谓何？今本《周易》卦、爻辞部分是也"的假说，并由此阐释了易学史上筮占与演德的两个传统，进一步彰显了《演德》中"演德"的价值取向及其历史进步意义。

关于《周易》之"周"，经学家们早就认为有二说。一种解释是周普之义，孔颖达就力主"周"为代名之说："文王作《易》之时，正在羑里，周德未兴，犹是殷世也，故题'周'，别于殷。以此文王所演，故谓之《周易》，其犹《周书》《周礼》题'周'以别余代，故《易》纬云'因代以题周'是也。"另一种解释是文王所演者是"德"，《易纬乾凿度》说："垂黄策者羲，盖卦演德者文，成命者孔也。"《左传·昭公二年》载："晋侯使韩宣子来聘①，且告为政而来见，礼也。观书于大史氏，见《易象》与《鲁春秋》。曰：周礼尽在鲁矣，吾乃今知周公之德与周之所以王也。"这是关于《周易》与周室的关系最早最可靠的记载。鲁昭公二年当是公元前540年，孔子只有12岁，韩宣子（韩起）是晋国新执政的大臣，代表晋侯来祝贺鲁昭公新继位，修盟同好（当时晋是盟主国），受到特殊礼遇，其中之一就是请观览秘府所藏的重要典籍《易象》和《鲁春秋》。鲁国作为周公的封国，其公室作为后裔，自古有宝爱故籍、尊崇先圣先贤的传统，更是奉父祖所传的典籍不啻神物，自然要典藏、宝爱文王、周公之书。孔颖达在《春秋左传正义》中于此条下疏曰："大史氏之官职掌书籍，必有藏书之处若今之秘阁也。观书于大史氏者……就其所司之处观其书也。……鲁国宝文王之书，遵周公之典。……文王、周公能制此典，因见此书而追叹周德……周之所以得王天下之由，由文王有圣德，能作《易象》故也。"

---

① "聘"于五礼属宾礼，当时诸侯邦交，使卿相问谓之"聘"。《礼记·曲礼》曰："诸侯使大夫问于诸侯曰聘。"

那么，韩宣子所观之《易象》是一部什么样的书呢？杜预注说："《易象》，上、下经之象辞。"后人认为此话有歧义：若是仅指《周易》上、下经的象辞部分，即大象，那是很有见地的；若是指《周易》上、下经的卦、爻辞，即《周易》的经文部分，则是不合理的。李学勤先生就曾指出："《周易》经文当时为列国所俱有，韩起没有必要到鲁国大史处观览，也不会为之赞叹。"①如果我们认为韩宣子所说"吾乃今知周公之德与周之所以王也"的话，是在赞叹文王、周公所作《易象》是周修德的典范和立国的纲领，那么对韩宣子的话就可以进一步理解为《易象》由文王创制，由周公完成。清代的苏蒿坪在其《周易通义·附录》中曾说："《易象》属周，故号《周易》，宣子以周公与周并言，原非专美周公也。"周文王是一位伟大的政治家，以地方不过百里的"小邦周"，要战胜统治天下的"大邦殷"，按照《史记·周本纪》所言，惟以"阴修德行善"，争取与国为国策。羑里为殷地，文王被囚于此地，会了解到殷人的蓍占之术，文王对之加以损益改造，作《易象》，其用心并不在于把它当作打发寂寞无聊的工具，而是在于为日后以周代殷作一种思想理论准备。《易纬乾凿度》说："演德者文。"《易象》以卦象形式设定不同的处境来建立道德原则，后来由周公加以完善，加入了周人君临天下之后实现德治的内容。汉代有不少学者认为周文王、周公参与作《易》之事，王应麟在其《困学纪闻》中引《京氏积算法》说："夫子曰：圣理元微，《易》道难究，迄乎西伯父子（文王与周公），研理穷通，上下囊括，推爻考象。"《易象》实际上是文王、周公用以教导周贵族如何"王天下"的统治方略，属"人君南面之术"，向来藏之于秘府，并不传布于民间，一般人是极难见到的。当初周公受封于鲁，因其辅相成王，使世子伯禽代就封于鲁。按照《春秋左传·定公四年》载，伯禽就封国时，"备物典策"，韩宣子所见《易象》很可能只是当时周室典藏的副本。而周室所典藏的书籍在骊姬之难已失，所以韩宣子说"周礼尽在鲁矣"。

孔子不仅生在鲁国，而且曾相鲁，按照《淮南子·要略》的说法，孔子以"述周公之训"为职志，所以应该是亲眼看到过大史氏所藏的《易象》的。孔子自己说的"五十以学《易》，则可以无大过矣"，又说"不占而已矣"②，所学之《易》应该指的就是《易象》。关于孔子与《易》的关系的讨论很多，却没人关注学《易》与"无大过"之间的必然联系。正因为《易象》是"演德"之书，而不是筮占之书，如果能懂得在不同境遇下如何修德，自然就会"无大过"了。长沙马王堆帛书本《周易·要》记载了子

---

① 李学勤：《周易经传溯源》，长春出版社，1992，第46页。
② 《论语·述而》。

贡与孔子的一段对话。子贡问孔子："夫子亦信其筮乎？"孔子回答："我观其德义耳"，"史巫之筮，乡（向）之而未也"。可见孔子研习《易》理，遵循的是文王、周公"演德"的路线。荀子也曾说过"善为易者不占"①，可见"演德"和"不占"的易学才是儒家之《易》的正轨，后来儒家之所以以用于筮占的卦、爻辞为经，乃是沾染了方术之习的结果。

今本《周易》大象部分，通俗易懂，不像《尚书·周书》那样佶屈聱牙，完全可能是由孔子及其后学在《易象》的传述过程中加以修饰润色的结果。今本《周易》大象的结构由卦画、卦象、卦名、卦义构成，本身就是完整意义上的"周易"，只是用于"演德"，不用于筮占而已。

古文字专家饶宗颐教授在其《天神观与道德思想》中曾经对《周易》六十四卦象辞（即大象）中提到"德"字的做过一个统计，共有十四卦。"《易象》的作者，在解释各卦时，屡屡以'德'为言。如《坤》象云：'以厚德载物。'《蒙》象云：'以果行育德。'《小畜》象云：'以懿文德。'《否》象云：'以俭德辟难。'《豫》象云：'以作乐崇德。'《蛊》象云：'以振民育德。'《大畜》象云：'以多识前言往行，以畜其德。'《坎》象云：'以常德行，习教事。'《晋》象云：'以自昭明德。'《蹇》象云：'以反身修德。'《夬》象云：'以施禄及下，居德则忌。'《升》象云：'以顺德，积小以高大。'《渐》象云：'以居贤德善俗。'《节》象云：'以制数度，议德行。'"②其他数十卦如《乾》象云"君子以自强不息"，《屯》象云"君子以经纶"，《讼》象云"君子以做事谋始"，《师》象云"君子以容民畜众"，等等，虽没有直接提到"德"字，但无疑也是在教导君子应具备某种德行。说明，《周易·大象》既是在讲《易象》，也是在"演德"，完全合乎文王、周公的《易象》精神。

二、文王何以要"演德"

既然文王演《易》在于"演德"，那么要回答文王何以"演德"的问题，就必须将此置于殷周之际的大背景之中。著名历史学家王国维在其《殷周制度论》中曾经指出："中国政治与文化之变革，莫剧于殷周之际。""殷周间之大变革，自其表言之，不过一姓一家之兴亡与都邑之移转，自其里言之，则旧制度废而新制度兴，旧文化废而新文

---

① 《荀子·大略》。
② 饶宗颐：《天神观与道德思想》。

化兴。""周之所以纲纪天下,其旨则在纳上下于道德,而合天下诸侯卿大夫士庶民以成一道德之团体。""故知周之制度典礼,实皆为道德而设。"

道德在殷周之际,无疑是周人无往而不胜的法宝。《淮南子·要略》指出:"文王之时,纣为天子,赋敛无度,杀戮无止,康梁沉湎,宫中成市,作为炮烙之刑,刳谏者,剔孕妇,天下同心而苦之。"殷商的意识形态是天命神学体系,殷人迷信上帝鬼神的神秘力量,事无大小都要向神问卜。殷人相信上帝也是他们的祖先神,是专门庇佑自己子孙的,无论这些子孙做得怎样。虽然国家危机四伏,商纣王却不屑一顾,有恃无恐,说"我生不有命在天!"[①]

当时周作为小邦,要实现"翦商"的战略目标,卓有成效的政治方略就是重人事、修道德。《史记·周本纪》记载:西伯被囚羑里,放归后"乃阴修德行善,诸侯多叛纣而往归西伯,西伯滋大,纣由是稍失权重"。周人联合诸侯的政治方略是"阴修德行善"。本来"修德行善"应该光明正大,太史公妙用"阴"字,亦点出其政治的方略。而武王克商后的政治形势也是不容乐观的,一方面要收服"殷之顽民",另一方面要统治广大的疆域。于是武王分封同姓子弟到各地,实行分治,由此形成新的诸侯国。而这些新的统治者,一方面要统治当地的人民,另一方面还负有藩屏王室的义务。由于当时的统治力量分散而薄弱,所以召公、周公告诫周初的统治者:"我不可不监于有夏,亦不可不监于有殷……惟不敬厥德,乃早坠厥命。""欲王,以小民受天永命。"[②]统治者要勤恤小民,应以民心为天命。周公亦告诫统治者:"天命不易,天难谌,乃其坠命,弗克经历嗣前人恭明德","天不可信,我道惟宁王德延。"[③]意思是,命不易保,天难谌信,要不想"早坠厥命",就要继承前人的"明德"。

西周统治者以及分封到各地的周姓诸侯面临一个共同的境遇,就是"顾畏于民嵒(yán,古同岩,山石高峻之义,又有超过本分之义)"(小民虽微,至为可畏),而以修德自儆,以防止"早坠厥命",因而他们对道德的追求有着十分实际的现实考虑。正因为如此,"崇德"成了西周的社会思潮。许倬云教授指出:"周人以蕞尔小邦,人力物力及文化水平都远逊商代,其能克商而建立新的政治权威,由于周人善于运用战略,能结合与国,一步一步地构成对商人的大包抄,终于在商人疲于外战时,一举得胜。这一意料不到的历史发展,刺激周人追寻历史性的解释……发展为一套大命靡常、唯德是亲的历史观及政治观。这一套新的哲学,安定了当时的政治秩序,引导有周一代

[①] 《尚书·西伯戡黎》。
[②] 《尚书·召诰》。
[③] 《尚书·君奭》。

的政治行为，也开启了中国人道精神及道德主义的政治传统。"①

饶宗颐先生指出，"德"字是周代金文中的常见字，在殷代的卜辞中却极少出现，这正反映"德"是周人的观念。在周代鼎彝器物上常见的"正德""敬德""明德""元德""秉德"等套语②，反映了西周是一个喜爱歌"功"颂"德"的朝代。

西周时代，道德并不意味着脱离实际的闭门修养，而是同功业紧紧联系在一起。"德"字从直，《说文解字》卷十："直，正见也。"德的本义就是正见于心，"惪，外得于人，内得于己"。如果说"内得于己"在于提高完善自己，那么"外得于人"便体现出得人心以至得天下。所以，修德要从统治者做起，西周是德即得、得即德的时代，播种着"德"，即收获者"得"。德政解民倒悬，受到民众的爱戴。这便是后来孔子赞美的"郁郁乎文哉"的西周盛世，也是儒家称道的"王道"的理想国。

韩非子作为敏锐的政治理论家，曾经说："上古竞于道德，中世逐于智谋，当今争于气力。"③西周时代，相当于"竞于道德"的时代，东周则可视为"逐于智谋"的时代，而韩非所处的战国晚期，正是"争于气力"的时代。问题是西周"德治"传统，为什么后来会难以为继，而让逐智谋、争气力者当道？还必须从当时的社会矛盾和政治形势求得解释。东周时期，各诸侯国的统治者大大强化了对人民的统治力量，在本国扎下了根子。对内而言，统治集团中的矛盾开始突出；对外而言，诸侯国之间的冲突也日趋加剧。这时，同姓国之间的血缘纽带早已不那么紧密，诸侯们对周王室天下共主的地位也慢慢不放在眼里。利害关系则成为各诸侯国生存、发展所须首要考虑的问题。境遇的改变，各诸侯国所面对的主要不是人民的反抗斗争，而是被其他诸侯国兼并的危险。在这样的政治形势下，仅仅有道德是十分不够的。李贽曾评价说："士之有智谋者，未必正直。正直者，未必智谋。此必然之理也。"④在以管仲、晏婴、范蠡、苏秦、张仪、樗里子等智谋型人物为代表的，即韩非所说的"中世逐于智谋"的时期，也是所谓"礼崩乐坏"时期，以继承周公道统为己任的孔子、孟子，被视为空言道德仁义，迂腐不切时用，成为边缘化的人物。

到了韩非所处的战国晚期，各诸侯国之间的兼并统一战争已达最后阶段，正是所谓"当今争于气力"的时期。韩非视儒家为蠹民，以为道德仁义妨碍事功，"行仁义者非

---

① 许倬云：《西周史》，三联书店，1994，第109页。
② 饶宗颐：《天神观与道德思想》。
③ 《韩非子·五蠹》。
④ 《藏书·智谋名臣论》。

所誉，誉之则害功"①。秦王实施这种主张，建立了统一全国的伟大功业，但也正因为秦王朝"仁义不施"，暴政虐民，不久便为农民起义所推翻。

文王、周公何以要"演德"？从商纣"恃于天命"到西周"竞于道德"，再到东周"逐于智谋"、秦"争于气力"的主流意识形态演变，不仅在文王演《易》即"演德"所绘制"周之所以王"的蓝图的大手笔中，在这一王国时代的历史轨迹中找到位置，而且也可以在后来两千年的意识形态所受启迪中找到支撑意义。

三、境遇中的德行选择：今本《周易·大象传》是怎样"演德"的

首先，我们必须弄明白当初韩宣子聘鲁所见的由文王、周公所作的《易象》，与今本《周易·大象传》之间的联系，才能清楚今本《周易·大象传》是如何延续了"演德"的范式。

今本《周易》有《象传》上、下篇，这正是汉儒所谓"十翼"中的两篇。《象传》也称象辞，象辞又分为卦辞和爻辞两部分，象辞称为大象，爻辞称为小象。李镜池曾经指出：大象和小象是两个系统，非作于一人，是后人将两者合在一起的②。大象以八卦卦象为基本，讲上下两卦的合象，不讲爻位，并且以"君子以……""先王以……""后以……"为表达格式，讲出一套人生哲理和政治哲理。而小象呢，则是以爻位说为主，辅以得中说、相应说、刚柔说等方法来解释爻辞，基本是抄袭《彖传》的。《象传》之"传"是对"经"而言，"大象"是对"小象"而言，这是历史上研究《周易》的人的一种方便叫法，实际上并非《周易》原有此名目。其实我们今天所说的《周易·大象传》，其本来的名字应该叫"易象"，今本的《周易·大象传》称为今《易象》更正确。

今《易象》大体分为两部分，其一是卦象+卦名，其二是义理（即"演德"）。如：卦象—云雷，卦名—屯，义理—君子以经论；卦象—山下出泉，卦名—蒙，义理—君子以果行育德。对今《易象》有较多研究的李镜池指出，"《象传》对于卦的解释，有两个观点：一是卦所以构成的物象，我们叫它做'卦象'；一是从卦象引出来的义理，我们叫它做'卦德'。卦象，是卦本来的意义；卦德，是人看了这个卦而觉悟出来的人生哲学。"③"大象的卦象，不过注明每一卦由内外两卦构成，这些卦象和体会出

---
① 《韩非子·五蠹》。
② 李镜池：《周易探源》，中华书局，1978，第344页。
③ 李镜池：《周易探源》，中华书局，1978，第231页。

来的政治修养思想却很少联系。"①其实,"义理"并非从"卦象"引申出来的,而是作者有意加上去的。在伦理学上,这是境遇与意义的关系问题。每一卦象征一种境遇,在各种不同的境遇下,人应该具备什么德行,追求什么意义,具有不同的价值观的人会有不同的抉择。

所谓"境遇",包含了生存的环境和发展的机遇。每个人或每个民族的生活,都是由不断涌现的生活事件所构成的,这些生活事件发生在生存的环境和发展的机遇中,构成了不同的境遇问题。人生无不在境遇中,境遇也是各种各样,有顺境,也会有逆境。境遇对自我、对民族都是有意义的。我们知道,人与动物的根本区别之一,就在于人是有意义追求的。意义是处理不同境遇问题所表现的最佳的人生态度,简单来说,意义就是境遇中的态度。

美国著名的伦理学家约瑟夫·弗莱彻(Joseph Fletcher)说:"哪里有了境遇所提出的问题,哪里就有真正的伦理学。"②对于境遇与意义的问题,可以说周代就有了自觉的认识。《尚书·召诰》"王敬作所,不可不敬德"中的"所"是指处所、处境,其义谓:作为君王应该在各种处所、处境下表现出敬德。这就是境遇与意义的问题。后来孟子也提出"富贵不能淫,贫贱不能移,威武不能屈"③,讲的也是境遇与意义的问题。可见,境遇与意义问题是人们所直接面对的不可回避的重要的人生问题,要求人们从具体境遇出发,充分发挥人的能动性因素,导出事物的正当性原则。

可以这么说,今《易象》是专门探讨境遇与意义问题的奇书,以六十四卦的形式,探讨在不同境遇下君子所应具备的德性。"德"在这里并不主要表现为人与人之间的规范,而主要表现为境遇与目标之间的最正当、最合理的途径,作为目标的意义正是解决境遇难题的指路明灯,境遇反过来对意义的实现也经常起到砥砺、激励自我的作用。正如宋代学者张载的易学思想所表:"贫贱忧戚,庸玉女于成。"④

今《易象》所假设的境遇可以说是方方面面的,其应对之方也是随宜变化的,尽管不同境遇下应对的方法不同,但坚定不移地朝着一个积极向上的人道目标。所体现出的非凡的道德智慧,使我们不得不赞叹文王、周公何以为圣人。

简单地择取今《易象》的某些卦象于卦义,对其境遇与意义的问题略作分析如下:

《乾》《坤》二卦,因分别象征天、地两个最大的物象,是六十四卦的总纲。其二

---

① 李镜池:《周易探源》,中华书局,1978,第245页。
② 约瑟夫·弗莱彻:《境遇伦理学》(中文版),中国社会科学出版社,1989,第119页。
③ 《孟子·滕文公下》。
④ 《正蒙·乾称》。

卦的大象辞也是立身处世的根本之德。一个人之所以成功，一个民族之所以兴盛，最根本的道理不外两条，一是自强，一是团结，而团结就要有"容德"。所以，《乾》卦象云："天行健，君子以自强不息。"天体运动是健行不已，人应该效法天之"健"德，自强不息。为此，周人教导子弟以自强、勤劳为第一美德，周公作《无逸》，开篇就讲"君子所其无逸"，作为君子在任何处境下都不要耽于逸乐。他要周族子弟以文王为榜样，文王处理政事"自朝至日中昃，不遑暇食"，所以《周易集解》引干宝解"自强不息"云："尧舜一日万机，文王日昃不暇食……故曰自强不息矣。"《周易》首乾，即以"自强不息"为至德。再看《坤》卦象云："地势坤，君子以厚德载物。"大地的德性是博大宽厚，负载万物，生养万物，人应该效法地之"容"德，培养一种宽厚的德性、包容的精神。所谓包容，既要容人，也要容物。纣王"暴殄天物，害虐烝民"[①]，成为天下的大罪人。

《屯》卦象曰："云雷屯，君子以经纶。"屯卦是震下坎上，震为雷，坎为云，云而未雨，为"屯"。"屯"象征物之初，兼有"难"义，所谓"万事开头难"。当人处于"屯"的境遇下，非有经纶天下之志与才，不能有日后的亨通上达。

《蒙》卦象曰："山下出泉，蒙，君子以果行育德。"《蒙》卦是坎下艮上，坎为泉，艮为山。泉之性行，山之性止。泉始出而其流细，此欲行而彼止之。这是稚而未达之象，所以称为"蒙"。"蒙"象征人之初，这是"育德"时期，要培养勇于实践克服险阻的气概。

也可以把《屯》卦和《蒙》卦视作一种创业的境遇。

《大过》卦象曰："泽灭木，大过，君子以独立不惧，遯世无闷。"《大过》是巽下兑上。巽为木，兑为泽，木在泽下，木可没而不可仆，象征君子临危不惧，坚贞不屈。"大过"的意思是人当"大过"人之事，而有"人过"人之行，这是在"危"境下君子所应具备的德行。

《困》卦象曰："泽无水，困，君子以致命遂志。"《困》卦坎下兑上，坎为水，兑为泽。水在泽下，是泽中无水、进退维谷之象，所以为"困"。君子当此之时，应以安于命、遂其志为事，这是君子在"困"境下所应具备的德行。

《升》卦象曰："地中生木，升，君子以顺德积小以高大。"《升》卦巽下坤上，巽为木，坤为地，象征苗木成长，由小到大，由弱到强，积渐而进，所以为"升"。比喻事物的发展、实力的积累皆有一个过程，作为君子要顺应事物发展的固有规律，不欲

---

① 《尚书·武成》。

速成，不应冒进，否则就会犯拔苗助长的错误。这才是君子在"发展"境遇下所应具备的德行。

《大壮》卦象曰："雷在天上，大壮，君子以非礼弗履。"《大壮》卦乾下震上，乾为天，震为雷。雷霆在天，有万钧巨力，所以称"大壮"。人当势盛力大之时，容易骄狂不可一世，因此要以礼节之。"非礼弗履"需要有内在的人格力量，这才是真正的"大壮"。这是君子在势盛境遇下所应具备的德行。

《临》卦象曰："泽上有地，临，君子以教思无穷，容保民无疆。"《临》卦兑下坤上，兑为泽，坤为地，以地临水，喻以上临下，泽有润德，地有容德，喻君子应以"教民""保民"为职志。这是君子在"临民"（作统治者）境遇下所应具备的德行。

《既济》卦象曰："水在火上，既济，君子以思患而豫防之。"《既济》是离下坎上，离为火，坎为水，水在火上是饪煮之象，有饭当思无饭时，所谓居安思危，防患未然。"既济"是渡过险难之意，当此时，君子应思更有险难在前。这是君子在取得暂时成功境遇下所应具备的德行。

四、易学史上"筮占"与"演德"何以并存

易学史上，迷信、神秘与理性、人文的传统，是"筮占"和"演德"并存的结果，至今仍影响着人们对易学的态度。

追溯筮占的神秘传统本是殷人的传统，而"演德"的人文传统则是由周人开创的。《礼记·表记》曰："殷人遵神，率民以事神，先鬼而后礼……周人尊礼尚施，事鬼敬神而远之。"

当殷之末世，殷人的筮占之术传给了周人。陈梦家认为："当殷亡之后，王室的祝宗卜史散入民间，祝宗则变为职业的'商祝'（见《士丧礼》），卜史离开了王室，而以龟甲牛骨法的不易，故易为用蓍草的筮法。他们仍用殷代占卜的术语，用他们的祖先的故事。"[①]殷之旧臣箕子为周武王陈说天道，其中介绍筮占决疑之法。如果筮法为周人所发明，箕子不是班门弄斧吗？但周人虚以受人，且有创造性。他们把殷人的文化继承下来，对之加以损益改造，创造了"演德"的《易象》，作为"人君南面之术"藏于秘府；改编殷《易》为《周易》（指卦、爻辞）作为"神道设教"之术而掌于卜史之官，并传播于民间。

西周社会相对安定，人们崇礼尚施，求神问卜的自然较少。春秋以降，社会长期动

---

① 李镜池：《周易探源》，中华书局，1978，第139页。

荡不安，人们普遍感到命运无常，朝不保夕，求神问卜的也就多起来了，于是《周易》开始通行于列国。《左传》《国语》所载的列国筮占就有二十余事，说明筮占在当时已受到广泛重视。据《晋书·束皙传》记载："太康二年，汲郡人不准发魏襄王墓，或言安釐王冢，得竹书数十车。……其《易经》二篇，与《周易》上、下经同。"杜预在《春秋经传集解后序》中也言及其事，说汲冢"《周易》上、下篇与今争同，别有《阴阳说》而无彖、象、文言、系辞，疑于时仲尼造于鲁，尚未播于远国也"。魏襄王卒于公元前296年，魏安釐王卒于公元前243年。魏襄王时代也正是孟子、张仪、惠施等所处的时代，孟子曾见魏襄王，退曰："望之不似人君。"① 魏安釐王时代大约是荀子所处的时代。《孟子》书中对《周易》只字未提，荀子著作中却多次提到《周易》，并引用过《周易》爻辞如"括囊，无咎无誉"② "夫其道，何其咎？"③ 等，因而汲冢墓主很可能是魏安釐王。汲冢《易经》与今本《易经》大体相同，但没有《彖》《象》《文言》《系辞》等。所以，我们可以认为，这些文献在当时还没写成，有另一个传统在传承，而不与用于筮占的卦、爻辞并传。

荀子一直活到了秦统一全国前夕，他主张"诵经"，曾列举《诗》《书》《礼》《乐》《春秋》，却不以《易》为经，最起码说明先秦时，儒家至少荀子一系尚不把《周易》作为经。所以著名的研究《易经》的学者李镜池先生在谈到秦"焚书坑儒"事件时说："《周易》归入卜筮书类，没有被禁，传者不绝，这也可见儒家对于《周易》还没有像《诗》《书》那样重视，人们也不把它当作儒家的书。"④ 而王葆玹先生也有相近的看法，认为"在秦代焚书令与挟书律的限制下，《诗》《书》《礼》和《春秋》都成为禁书，《周易》及其占筮学却未遭到禁止。儒者遂利用这一缝隙，改为采用解《易》的方式来阐扬儒学"⑤。

秦汉时代方术势力甚大，以至于许多大儒也深受影响，而将用于筮占的卦、爻辞作为"经"。以汉儒的思想方法，所谓"经"必然与圣人有关系，于是汉儒遂将重卦、作卦爻辞之人派在文王、周公身上。实际上文王、周公不曾重卦，也不曾作卦、爻辞，而是作了"演德"的《易象》。《易象》曾为晋韩宣子观览而大为赞叹。如果按照汉儒的思想方法，圣人所作之书方为经的话，那么《易象》当为经，《周易》卦、爻辞不当

---

① 《孟子·梁惠王》。
② 《荀子·非相》。
③ 《荀子·大略》。
④ 李镜池：《周易探源》，中华书局，1978，第339页。
⑤ 王葆玹：《儒家学院派〈易〉学的起源和演变——兼论中国文化传统的问题》，《哲学研究》1996年第3期，第9页。

为经。虽文王、周公《易象》原本今不可见，但今《易象》即《周易·大象传》方可略当之。问题是，《易》所引起的筮占之风不应该掩盖"演德"之风，筮占的神秘化使《易》文化扭曲为万事可占卜、可求神的世俗化，而忽略境遇中的德行作用，不仅不能促进人的进步，更不能促进社会的进步。

> **教学随笔**
>
> 马克思认为，人类只有摆脱了纯粹的自然存在物，将现实世界作为人的对象，才真正实现自己。

从氏族公有制到分封制

中国上古时期的氏族公有制曾被称为"大同"时代，而后的家族私有制又被称为"小康"时代，氏族贵族制文明发展到西周产生了分封制。虽然氏族公有制到家族私有制的演变过程确实完成了，但对于这一演变过程却没有文献记载，即便是传说性质的文献也没有。先秦诸子在对《尚书》所载上古圣王的事迹进行诠释时，将这些圣人所生活的时代称为"大同""小康"之世。

一、以德取天下的传统

《礼记·礼运》载："孔子曰：大道之行也，与三代之英，丘未之逮也，而有志焉。"接着就提出了著名的"大同""小康"说：

> 大道之行也，天下为公。选贤与能，讲信修睦，故人不独亲其亲，不独子其子。使老有所终，壮有所用，幼有所长，矜寡、孤独、废疾者，皆有所养。男有分，女有归。货，恶其弃于地也，不必藏于己。力，恶其不出于身也，不必为己。是故谋闭而不兴，盗窃乱贼而不作。故外户而不闭，是谓大同。
>
> 今大道既隐，天下为家，各亲其亲，各子其子，货力为己。大人世、及以为礼，城郭沟池以为固，礼义以为纪，以正君臣，以笃父子，以睦兄弟，以

和夫妇，以设制度，以立田里，以贤勇知，以功为己。故谋用是作，而兵由此起。禹、汤、文、武、成王、周公，由此其选也。此六君子者，未有不谨于礼者也，以著其义，以考其信，著有过，刑仁讲让，示民有常。如有不由此者，在势者去，众以为殃，是谓小康。

虽然现代学者对于"大同"之说，或认为出自儒家，或认为出自道家，或认为出自墨家，有不同的看法。但只是以儒、道、墨三家其异为视角，而不见其三家都承认上古的"德治"传统。圣王时代"以德取天下"的传统，把中国的政治历史上溯到三代以前的五帝时代，认为五帝之世以天下为心，择至德之人授以天下，而以其至德感召天下，那是至治之世，是所谓圣王"德治"的时代，其遗风流韵一直传至禹、汤、文、武、周公而始衰。

德治主要在于协调氏族间的关系，即所谓"协和万邦"。上古时代人们以氏族为单位，不以个人为单位，个人与氏族一荣俱荣，一辱俱辱。虽然夏、商时代已经有"礼"，但直到周公"制礼作乐"，礼制方始大备。周公重视德治，同时又创设礼制。之所以如此，是因为此一时代已实行传子制度（从禹开始），而非传贤制度。子未必皆是有德之人，德治未必可期，则期以礼制。当然，周公创设礼制，实为周人社稷计。

"大同""小康"之说的历史价值不容抹煞，因为它反映了人类社会发展历史的一般规律。所谓"大同"之世，是指原始的共产制的时代；所谓"小康"之世，是指社会进入私有制的时代。而中国历史的一个非常重要的特点是，早在原始时代就在幅员广阔的地区间建立了相对统一的部落联盟政体，这一政体的最高领导者在公益事业上表现出无私的美德和超凡的才能，从而形成一种对后世影响深远的"圣王"传统。之所以"圣王"二字在古代是无以复加的美号，是因为"圣王"之德体现了人与人、人与物的共生理念。在先秦诸子中至少道、儒、墨家都在一定程度上继承和发展了其中的思想内涵。

老子的一部《道德经》，可以说是对原始时代圣王之治的讴歌和礼赞。老子说的"生之，畜之，生而不有，为而不恃，长而不宰，是谓玄德"[1]，正是对原始时代圣王品德的赞颂。生养了万物而不据为己有，做万物的首长而不对它们宰制，是一种不显扬于外的美德。在老子看来，最好的统治者，人们仅仅知道有其存在，无须誉之，也无须畏之，"功成事遂，百姓皆谓我自然"[2]。庄子说："物得以生谓之德"[3]，"帝王之

---

[1] 《老子·第十章》。
[2] 《老子·第十七章》。
[3] 《庄子·天地》。

德配天地"①。中国的先哲们从"万物一体"的观念出发,以为无论是人,还是动、植物,作为生命都有其生存权,而能生养万物便被视为有德,"天之大德曰生"②,天地生养了万物,可以说是天地之"大德",而帝王以其权力在广大的区域中推行保护众生的制度,可以说是代天行权,所以才有"帝王之德配天地"之说。

从原始的"大同"之世进入"小康"之世,亦即以私有制为标志的文明时代,是社会历史的进步,但同时也是相对的退步。正如恩格斯所说:"这种自然发生的共同体的权力一定要被打破,而且也确实被打破了。不过它是被那种在我们看来简直是一种堕落,一种离开古代氏族社会的纯朴道德高峰的堕落的势力所打破的。"③老子说:"失道而后德,失德而后仁,失仁而后义,失义而后礼。夫礼者,忠信之薄而乱之首。"④老子看到了文明的负面意义,认为文明每进一步,道德便降落一级。老子这一思想与其说是讲哲学,不如说是讲历史。老子由于看到文明对人性的异化,因而主张回到"小国寡民"的原始时代,不仅要恢复上古时代的纯朴道德,还主张恢复上古时代的朴野生活。

墨家"尚同""尚贤"也可以说是原始共产制的一种思想折射。墨家主张"兼相爱,交相利",显然与老子"民至死不相往来"的小国寡民的政治主张不同;同时墨家主张"节丧""非乐"之说,反对西周以降的礼乐文明,从而与儒家思想相抵牾。虽然如此,但在继承古代"以德服人"的政治传统方面,墨家与儒家如出一辙。如墨子说:"昔吾所以贵尧、舜、禹、汤、文、武之道者,何故以哉?以其唯毋临众发政而治民,使天下之为善者,可而劝也;为暴者,可而沮也。"⑤"今若有能以义名立于天下、以德求诸侯者,天下之服可立而待也。"⑥

儒家"祖述尧舜,宪章文武",是以古代圣王的"德治"为理想的政治。《大戴礼记·盛德》说:"民善其德,必称其人,故今之人称五帝三王者,依然若犹存者,其法诚德,其德诚厚。"所以与道家不同,儒家主张恢复上古时代的纯朴道德,但不主张恢复上古时代的朴野生活。儒家认为道德是为政之本,具有超时代的意义,所倡导的"德治"的意义,从方式上说则强调统治者在道德方面起表率作用,以君主个人伟大的人格力量感召天下,而不是以刑杀、武力的方式去威服天下。孔子说:"为政以德,譬

---

① 《庄子·天道》。
② 《易经》。
③ 《马克思恩格斯选集》第四卷,第94页。
④ 《老子·第三十八章》。
⑤ 《墨子·尚贤下》。
⑥ 《墨子·非攻下》。

如北辰，居其所而众星共之。"①"季康子问政于孔子曰：'如杀无道，以就有道，何如？'孔子对曰：'子为政，焉用杀？子欲善而民善矣。君子之德风，小人之德草，草上之风，必偃。'"②"远人不服，则修文德以来之。"③荀子更进一步说："君者仪也，民者景也，仪正而景正。君者盘也，民者水也，盘圆而水圆。"④君与法相比，君是更根本的，禹的法仍然存在，但不是每代都有像禹那样的王。所以说："法者，治之端也；君子者，法之原也。……无君子，则法虽具，失先后之施，不能应事之变，足以乱也。"⑤

"德治"从内容来看，即是指"王制"，因为体现了人与人、人与物共生的根本原则和理念。人间秩序要以这一理念来维系，"工不失其务，农不失其时，是谓和德"⑥。人与物之间的秩序也要遵循这一理念，"且闻禹之禁：春三月，山林不登斧斤，以成草木之长；夏三月，川泽不入网罟，以成鱼鳖之长。且以并农力执，成男女之功"⑦。所以"圣王之制也，草木荣华滋硕之时，则斧斤不入山林，不夭其生，不绝其长也；鼋鼍、鱼鳖、鳅鳝孕别之时，罔罟毒药不入泽，不夭其生，不绝其长也；春耕、夏耘、秋收、冬藏四者不失时，故五谷不绝而百姓有余食也……"⑧"德治"的内容中还有一个"以德居位、无德不贵"的重要原则，一是说君宜公举，体现公道性，二是民不可废君。在儒家看来，天下是天下人的天下，不是统治者一家的天下。要实行"德治"就必须以天下为公器，惟贤是择。

孟子"言必称尧舜"，是因为尧舜时代是共产制的全盛时期，人民有较充分的民主权利，尧、舜是最高统治者，同时也是民意机制的体现。《尚书》说尧能由近及远地团结天下人民，"克明俊德，以亲九族；九族既睦，平章百姓；百姓昭明，协和万邦"。《古今注》中说尧立"谤木"以鼓励人民提出批评和建议："尧设诽谤之木，今之华表也。……或谓之表木，以表王者纳谏也。"从这些传说中，可以看出尧重视团结和民主的作风。尧舜禅让应该说是尚德授贤、以德居位的典范。当时尧老，欲传位给有德之人，四岳推荐以孝悌闻名的舜，为尧所认可，说明孝悌已是这一时代的重要德目。"舜

---

① 《论语·为政》。
② 《论语·颜渊》。
③ 《论语·季氏》。
④ 《荀子·君道》。
⑤ 同上。
⑥ 《逸周书·文传》载文王之语。
⑦ 《逸周书·大聚》载周公语。
⑧ 《荀子·王制》。

父瞽叟顽，母嚚，弟象傲，皆欲杀舜，舜顺适不失子道，兄弟孝慈。欲杀，不可得；即求，尝在侧。舜年二十以孝闻，三十帝尧问可用者，四岳咸荐舜。"①

郭店楚墓竹简《唐虞之道》回答了为什么要选有德之人治天下，"古者尧与舜也，闻舜孝，知其能养天下之老也；闻舜弟，知其能嗣天下之长也；闻舜慈乎弟……（中有缺文）为民主也。"对于传说的尧舜"禅让"之事，儒家则是从"民意"加以诠释，万章曾问孟子：尧将天下让给舜，有这回事么？孟子说：天子不能以天下与人，而是天与之，人与之。"尧崩，三年之丧毕，舜避尧之子于河之南。天下诸侯朝觐者，不之尧之子而之舜；讼狱者，不之尧之子而之舜；讴歌者，不讴歌尧之子而讴歌舜，故曰天也。《泰誓》曰：'天视自我民视，天听自我民听，'此之谓也。"②虽然说舜有天下是"天与之，人与之"，但由于"天视自我民视，天听自我民听"，"天"只是虚悬一格，归根结底是"人与之"。正因为民为天，故天与之。

既然君主要"以德称位"，那么"德不称位"又会如何？齐宣王曾问孟子："汤放桀，武王伐纣，有诸？"孟子回答："贼仁者谓之'贼'，贼义者谓之'残'。残贼之人谓之'一夫'。闻诛一夫纣矣，未闻弑君也。"③孟子还说："桀、纣之失天下也，失其民也；失其民者，失其心也。得天下有道，得其民，斯得天下矣；得其民有道，得其心，斯得民矣。"④关于"汤武革命"，荀子也有同样的看法，"世俗之为说者曰：'桀、纣有天下，汤、武篡而夺之。'是不然。……汤、武非取天下也，修其道，行其义，行天下之同利，除天下之同害，而天下归之也。桀、纣非去天下也，反禹、汤之德，乱礼仪之分，禽兽之行，积其凶，全其恶，而天下去之也。天下归之之谓王，天下去之之谓为亡。……汤、武者，民之父母也；桀、纣者，民之怨贼也"⑤。正是，"以德行仁者王"⑥，"以德兼人者王"⑦。

二、公有到私有的演变与"以德取天下"的重构

由"大同"到"小康"的"以德取天下"的意识形态演进，在传说和先秦诸子的言论中都可以找到"德治"的支撑点，但对于所有制由氏族公有到家庭私有再到分封制的

---
① 《史记·五帝本纪》。
② 《孟子·万章上》。
③ 《孟子·梁惠王下》。
④ 《孟子·离娄上》。
⑤ 《荀子·正论》。
⑥ 《孟子·公孙丑》。
⑦ 《荀子·议兵》。

重大转变，的确只能以理推之。

私有制的产生，首先是由于社会生产力水平的提高，在氏族内部有了剩余产品，即氏族公社的共同财产；开始氏族首领被授权管理这些财产，并被授权用这些财产的一部分奖励氏族内的有功成员或额外分给氏族内需要特别照顾的成员；渐渐地这些氏族首领对这些财产有了完全的支配权力，从而也就有可能将氏族共同财产据为己有。

人们有了财产观念，很快也就意识到土地是最大的资源，土地不仅是产出农作物的资源，也是其他物产的资源；而物质财富的创造者是人，有了人和土地，物质财富便可源源不断地创造出来。所以，对于进入私有制的氏族社会而言，人和土地也是氏族首领的财产，并且是最大的财产。后来出现的分封制，实际上是大首领将人和土地作为财产，对小首领进行赏赐，当然这是以小首领应对大首领尽一定义务为前提的。

氏族本是血缘关系的共同体，大概是在父权制胜利之后，尊祖、敬祖的观念成了氏族共同体的凝聚力量。在古代浓重的宗教氛围下的祭祖活动中，由于很早就有"神不歆非类，民不祀非祖"的血胤感格的理念，直系血缘受到重视，血统观念、亲疏观念也相应产生，并被强化。因此，在一个受世人尊敬感激的人物去世后，人们有可能将其尊敬感激部分地转移到其近亲身上去。上古时代或"传贤"或"传子"，由于都有人民性的基础，可能是相当自然的事情。至于"大人世、及以为礼"（父子相传曰"世"，兄弟相传曰"及"），权力的转移只限于近亲之间，而成为一种制度，则显然是伴随私有制的出现而形成的。也正因为如此，氏族时代开始转入家族时代，即《礼记·礼运》所说的"天下为家"的时代。由于权力只在某个严格血统系谱的家族内传承，这个家族也就历史地成了贵族。

中国在原始时代即在幅员广大的地区内建立起由中心氏族向四方辐射的王权政体，而在大禹时代则建立起朝贡制度，即除了按土田等级规定各地的田赋外，还须以当地的物产纳贡。如《史记·夏本纪》记载，举凡漆、丝、盐、兽皮、鸟羽、大龟、象牙、旄牛尾、橘柚、木材、玉石、竹箭、金属等都是纳贡之物。当然，在当时这种纳贡制度并不是单方面的，而是互利的。首先是中心氏族将其先进的技术和文化向周边辐射，如唐、虞之际，命羲和授民时，命禹平水土，命弃播百谷，命契敷五数，命皋陶正五刑，命伯夷、夔典礼乐，等等，即是通过命官分职，向天下传播各种先进的技术和文化。这样做的结果，使"黎民怀之""柔远能迩""蛮夷率服"。中心氏族与一般氏族的朝贡关系，不断强化了中心氏族的实力。

中心氏族由于四方来贡，财富迅速积累，促进了社会分工，因此得以在相当规模上发展手工业和建立常规军。当时青铜器冶炼和加工技术已经发明，青铜器制造逐渐成为手工业中最大的产业。当时所造的青铜器主要是礼器和兵器,农业考古至今还没发现青铜农具,礼器用于庙堂,兵器武装军队,从而使国家脱离早期的粗糙形态,使得较早出现在中心氏族的私有制得以加速发展。不仅如此,私有制也作为一种文明自上而下,由内及外地辐射开来。

可以肯定的是,从氏族公有制到家庭私有制的过渡可能是相当平稳、自然和隐蔽的。氏族贵族被称为"公室",被作为本氏族的公共利益的代表者和保护者,而"公室"首领,即中心氏族的首领又有"德治"的公信力,从而保证了这种过渡的平稳性。这种过渡非但没有破坏氏族的形式,反而通过强调血缘关系增强了氏族内部的凝聚力和外部同姓氏族间的团结,并由此结成相对稳定而强大的势力集团。

杨适指出:"人类学家特别注意史前向文明转变的具体情况和规律性是很有道理的,因为它深刻影响到各民族往后的文明进程直到如今。许多复杂深奥的文化现象的秘密都根源于这里,我们要弄清中西文化对比中的种种疑迷,也要从这里开始。"①根据马克思经典理论分析,希腊人在进入文明时,其原始部落经历了更为动荡的历史生活和各种遭遇,纯粹自然形成的部落性质受到极大的破坏,在新的劳动条件下他们的个人能力得到较大的发展,从而产生了脱离氏族制脐带的自由民小农。这是与东方家族私有制不同的个体私有制的土地关系。在此基础上,商品经济在希腊得到迅速普遍的发展,这一重大的历史因素破坏和摧毁了氏族制和贵族制,创立了城邦民主制度。虽然这种希腊文明典型只在雅典昙花一现,却昭示了后来西方民主制的文明发展趋向。早在20世纪40年代,侯外庐先生便对中西文明路径和特点作了精辟概括,提出古代西方的文明路径"是从家族到私产再到国家,国家代替了家族";古代中国的文明路径"是由家族到国家,国家混合在家族里面,叫作'社稷'"。"前者是新陈代谢,新的冲破了旧的,这是革命的路线;后者却是新陈纠葛,旧的拖住了新的,这是维新的路线。前者是人惟求新,器亦求新;后者却是'人惟求旧,器惟求新'。前者是市民的世界,后者是君子的世界。"②这里的"君子"指的是夏、商、周三代的氏族贵族。

夏、商、周三代社会,本质上都是氏族贵族制的文明,但在政治制度上有所因革损益。夏、商的国家统治形式,尚有原始时代部落联盟的胎记,当时小邦林立,其对于中心王朝(所谓的中国)最多只是"宾服",而不是"臣服",因为前者对于后者往往并无直接的隶属关系。正如王国维所说:夏殷之世"诸侯之于天子,犹后世诸侯之于盟

---

① 杨适:《中西人伦的冲突》,中国人民大学出版社,1991,第173页。
② 侯外庐:《中国古代社会史论》,人民出版社,1955,第32页。

主,未有君臣之分也。周初亦然,于《牧誓》《大诰》,皆称诸侯曰'友邦君',是君臣之分亦未全定也。逮克殷践奄,灭国数十,而新建之国皆其功臣昆弟甥舅,而鲁、卫、晋、齐四国,又以王室至亲为东方大藩。夏殷以来古国,方之蔑矣。又是天子之尊,非复诸侯之长,而为诸侯之君。……此周初大一统之规模,实与其大居正之制度相待而成者也"①。西周王朝的疆域,从关中以至晋、卫、燕、齐,范围数千里,当时交通不便,政教不一,要在这样广大的区域实行有效的统治,几乎是不可能的。但是武王、周公作为伟大的政治家,实行分封制,充分利用血缘姻亲的默契关系,对广大疆域实行控制和统治。分封制的社会背景是氏族制,血缘关系成为天然的政治纽带,这种关系的内部有一种自然的和谐,所谓"同姓则同德,同德则同心,同心则同志",所谓"非我族类,其心必异"。这是西周王室以分封制实施政治统治的现实原因。对于分封制的意义,从西周王室而言,是"封建亲戚,以藩屏周",即授权给功臣至亲在被征服区域建立封国,藩卫王室,控御那里的小邦及其人民;而从受封者而言,得到许多土地和人民以及礼器(意味着可以持续生殖繁衍的财产和权力),那是最大的赏赐。

　　分封制解决了对被征服区域控制的问题,但也引出一些新的问题,主要的是如何防止周族内部的权力之争和王室如何控制分封诸侯的问题,于是以嫡长子继承法为核心的宗法制度便因此产生。我们都知道,中国古代的政治制度,带有顺乎"自然""天定"的成分,由于每次权力更替之际都可能因相互争夺权力而引发一场内战,因而权力的传承便限制在一个如家族、兄弟、父子之间的小范围内进行,直到严格规定最高权力只能由嫡长子继承。限制范围越小,则每次权力更替时社会的动荡就越小。因此这种传子制度在历史上有其合理性和必然性,并不纯粹是统治者的一己之私。著名历史学家顾颉刚说:"我们推想,这也许是在客观要求下的一个新发展的家长制。在先,周太王不传太伯、虞仲而传王季,文王不传伯邑考或伯邑考的儿子而传给次子武王,可见周人本没有什么所谓嫡长继承制,和商代的前期、中期一样。可见到了武王克殷以后,尤其是到了周公东征以后,周王的产业空前的庞大,如果不确立一个法定的继承者,便很难保持王族内部的长期团结,倘使因此而引起争夺的纠纷,周的政权就不能稳固,环伺的殷人又将乘机而动。周公看到商朝自康丁以下已四世传子,王室比较安定,所以就自动地把王位让给武王的长子,使得周王的位子永远有一个固定的继承者,周王的产业不致为了争夺继承权而突然垮台。"②杨向奎先生说:"宗周宗法制的完善,始自周公,这一方面

---

① 王国维:《观堂集林》卷十《殷周制度论》,中华书局,1959。
② 顾颉刚:《周公执政称王》。

是周公的宏谟，同时也是时势造成。……嫡长子制定，然后可言大宗小宗，否则同为兄弟，同是大宗，大宗林立而争夺起。"①西周"国家成立后，以大宗长代部落酋长。部落联盟变作诸侯与天子之间的从属关系，于是由横向联系转向纵向联系。随着纵向的演变即阶级的出现，氏族之间的横向联系转向纵深，即大小宗出现。大宗为君，故云'宗之君之'，而小宗为臣，变作附庸。由大宗为君而变为长子继承制，自周公始确立。宗法确立后对安定当时的政治局面起到了一定的作用"②。以嫡长子继承制择定的统治者未必是贤明的。这是一种代价，是一种默契，为了社会的秩序与和谐这一社会价值的落实，大家都要拥戴这个即便是平庸的统治者。正如王国维所言："所谓立子以贵不以长，立嫡以长不以贤者，乃传子法之精髓。……盖天下之大利莫如定，其大害莫如争。任天者定，任人争；定之以天，争乃不生。"③

以和谐为核心的社会价值追求，是中国哲学的历史底蕴；以德取天下、治天下，是中国文化的传统。周公不仅确立了嫡长子继承制，形成大宗与小宗的和谐关系，而且为了保证这种和谐的延续，还同时制定了"周礼"，系统的"礼"以道德规范约束大宗与小宗、贵族统治者之间的行为。我们在中西文化比较中发现，古希腊的文明中有另一种传统和逻辑，即认为政治是管理公众之事，公众有权利参与政治事务，因而以个人、阶级、政党形式的斗争来公开角逐政治权力，上演了一出出英雄、精英对决的历史剧，所以其哲学也便是以斗争为特点的哲学。

---

① 杨向奎：《宗周社会与礼乐文明》，人民出版社，1992，第142页。
② 同上，第158页。
③ 王国维：《观堂集林》卷十《殷周制度论》，中华书局，1959。

> **教学随笔**
>
> 马克思说："历史不过是追求着自己目的的人的活动而已。"[①]
> 宗周文明的兴衰揭示了其"追求着自己目的的人的活动"的规律。

宗周文明及其衰落

《诗经·正月》云："赫赫宗周，褒姒灭之。"周人以宗子执政，西周时天子居镐京，为天下所宗，故曰"宗周"，一谓镐京之地，一谓西周之时。孔子说"郁郁乎文哉，吾从周"，即指西周的礼乐文明。东周以降，诸侯异政，"礼崩乐坏"，诸子蜂起，道术大裂，此一时代被称为中国文明的"轴心时代"，对此后的中国文化发展的影响至深且巨。

周人建国之初，便面临三大矛盾，一是周人与殷商旧贵族的矛盾，二是各封国与周围原有方国部族的矛盾，三是周人贵族之间的矛盾。表面上，这是族群与族群内部的矛盾，实际上却有其掩盖着真正意义上的阶级矛盾和斗争。而这种矛盾和斗争，除了在较短时间内采取战争手段和强制性政策解决外，更多的是采取思想统治的形式。这时，在思想领域中"天命""德治""礼治"三个观念有特别突显的地位，并以此为核心而开始了《诗》《书》《易》以及礼乐等"原典"的产生和形成过程。

"天命"论原本是殷人的思想，"德治"原本是上古圣王的传统，周人真正表现其独特性的是"礼治"的思想。周公作为伟大的思想家，以"德"诠释"天命"，并将

---
① 《马克思恩格斯文集》第1卷，人民出版社，2009，第295页。

"天命"与"德"的思想,纳入其无所不包的"礼"的大体系中,由此而开始了宗周的礼乐文明。

一、对殷人的天命观进行改造

《礼记·表记》在区分殷人与周人的文化特征上说:"殷人尊神,率民以事神,先鬼而后礼……周人尊礼尚施,事鬼敬神而远之,近人而忠焉。"原始宗教思想在中国发生甚早,据《国语·楚语下》载,颛顼(黄帝之孙,为帝,列入五帝,号高阳氏)时代,"九黎乱德,民神杂糅……家为巫史……民匮于祀……(颛顼)乃命南正重司天以属神,命火正黎司地以属民……是谓绝地天通"。这是对民神杂糅、家为巫史的原始宗教混乱状况的一次整顿,任命专门的神职人员,面对通神之事加以垄断和限制。在对待宗教鬼神问题上,殷人与周人大体持两种态度:殷人以宗教立国,周人以礼教立国。殷人事无大小,皆占卜问天,而"天命"是其宗教思想的核心观念,直接关系着王权的正当性。正是凭借"天命"的观念,商纣王自认为"我生不有命在天乎"而有恃无恐地实行暴虐统治,对外侵凌方国,对内残害忠良。周人长期隶属服事于殷王朝,从逻辑上讲,周人并不相信殷人的"天命"观,如果信殷人的王权是天所命,周人便不敢"革命"而抗天威。但在当时宗教思想浸入人心的情势下,周人又不能不利用"天命"观念。

周文王原为周方伯,因其国在西,又称西伯,曾作为纣王的"三公"之一。后被囚羑里,放归后"乃阴修德行善,诸侯多叛纣而往归西伯。西伯滋大,纣由是稍失权重"①。西伯盖即位五十年,"受命"之年称王,后十年而崩,谥为"文王"。《诗经·大雅》保存了很多歌颂文王"受命"的内容,有"上天之载,无声无臭。仪刑文王,万邦作孚"②"文王受命,有此武功,既伐于崇,作邑于丰"③"居岐之阳,在渭之将,万邦之方,下民之王"④等,这些说明了周人及友邦对文王的拥戴信念,同时也解除了商纣王"受命"的思想武装。

武王克商后不久即去世,时成王即位,周公、召公摄政。管叔、蔡叔联合殷商旧贵族叛乱,周公统兵平叛后,一方面强制殷商旧族分迁各地,一方面将周人的"天命"观念灌输给殷人。《尚书·多士》载,周公告谕殷商顽民说:敬告你们殷商遗民,不是我

---

① 《史记·殷本纪》。
② 《诗经·大雅·文王之什》。
③ 《诗经·大雅·有声》。
④ 《诗经·大雅·皇矣》。

小国敢戈取殷命，而是因为天佑有德，不佑无德，周人所以革殷之命，完全是"天命"如此，正像当初夏桀失德，你们先祖成汤"受命"而革夏之命一样。因此你们要老老实实顺从"天命"，顺从"天命"就会得到天的眷顾，否则，我们将致天之罚于你们！

周公用以德配命的思想告谕殷顽民，以周人的"天命"观，消解殷人的"天命"观。但周公是不信"天命"的。《尚书》记载了周公旦对另一位辅政大臣召公奭坦开他对"天命"的真实意见："天命不易，天难谌，乃其坠命，弗克经历嗣前人恭明德。""天不可信，我道惟宁王德延。"[①]周公所讲的"天命"主要是给殷人听的，因为殷人信"天命"。周人克商践奄灭国平叛的军事斗争虽然早已结束，但围绕"天命"问题，周人与殷人在思想领域进行了长期的斗争。当然，周王朝的统治者也对族人和友邦讲"天命"，任何一王朝都会从"神道设教"的立场出发，以"天命"观念作为王权正当性的根据。虽然如此，在周人的思想体系里，与"德治""礼治"观念相比，"天命"观念已居其次。

二、显扬上古圣王的"德治"传统

先秦儒、墨两家认为，"德治"是上古圣王的传统，那是制度未备，圣王以德感召天下，由近及远，和合万邦，如《尚书·尧典》称尧"克明俊德，以亲九族；九族既睦，平章百姓；百姓昭明，协和万邦"。德治，首先有提升自身修养的能力，所谓"克明俊德"；其次是道德智慧或能力，有协调族人关系的能力，所谓"以亲九族"；有协调族群关系的能力，所谓"平章百姓"；有协调邦国（部族）关系的能力，所谓"协和万邦"；等等。但社会进入家族私有制之后，家族内部的矛盾慢慢成为突出问题，常有"兄弟阋（xì）于墙"的事情发生，于是而有"礼治"产生，并且日益细密化，用以规范族人的行为，避免内部的争斗。因此，周代所讲"德治"，主要是讲统治者与人民百姓、本邦族与其他邦族的关系，以及统治者个人的道德修养问题。

对于周人而言，其"德治"观念是一个非常现实的问题，关系到周人的境遇。早在文王的爷爷太王那辈，就有"翦商"之志。可是周一直是个地不足百里的小邦，其实力远不能与邦畿千里的大邦殷相抗。文王看到了纣王暴虐无道，人民离心离德，因而自羑里归国后，便制定"以德取天下"的战略方针，以"德治"感召、团结其他邦国，以壮大自己，削弱殷商的势力。文王去世，武王继父之志，为了检验己方实力和民心向背，组织了一次军事演习，观兵孟津，结果八百诸侯不期而会。《泰誓》记载了武王当时的

---

① 《尚书·君奭》。

誓师之言，其中说"惟天地，万物父母；惟人，万物之灵。亶聪明，作元后，元后作民父母。""天视自我民视，天听自我民听。""受（纣王）有臣亿万，惟亿万心；予有臣三千，惟一心。商罪贯盈，天命诛之。予弗顺天，厥罪惟钧。"武王把自己的军队说成人民之师，把伐纣行动说成奉行天讨。

王国维说："殷周之兴亡，乃有德与无德之兴亡，故克殷之后，尤兢兢以德治为务"①，周人克殷建国后，便面临一个如何对待周围的原有方国部族的问题。其政治方针，除了叛乱（如奄与淮夷之叛）不得不加以军事平定外，一般是采取怀柔涵化的"德治"政策。传统经学认为《尚书·梓材》是武王诰康叔之书，其中说："今王惟曰，先王既勤用明德。怀为夹，庶邦享作，兄弟方来，亦既用明德。后式典集，庶邦丕享。皇天既付中国民越厥疆土于先王，肆王惟德用，和怿先后迷民，用怿先王受命。"就是说，周建国前先王实行的是"协和万邦"德治政策，建国后今王也要执行先王这一政策，这样不仅会感化受殷商迷惑的人民，也会使先王在天之灵满意。传统经学认为《尚书·顾命》是记成王临终命群臣立康王之事，其中仍告诫要继续实行怀柔政策："柔远能迩，安劝小大庶邦。"历史上禹时诸侯万国，汤时三千余国，《礼记·王制》载，周时"凡九州千七百七十三国"，《逸周书·明堂解》陈逢衡注"万国各致其方贿"谓："成王时千七百七十三国。"周初至成王康之世，虽封同姓、异姓共七十一国，这些封国与周围原有方国部族长期和平相处，历史上未闻有地方性冲突的个例。说明各新封国有一个相当长的建国过程，后来其中一些封国成为强国，也是以其较先进的礼乐文明逐渐融合、涵化周围的原有部族及其人民而形成的。凡此皆说明周人"德治"的成效。

"德治"势必涉及统治者的道德修养与"王天下"的关系。按照记载，此时周人可能已经有了"仁"的观念。《逸周书·武顺》云："卿不仁，无以集众。"《逸周书·文政》云："仁守以均。"《逸周书·大聚》云："生无乏用，使（死）无传尸，此谓仁民。"《逸周书·官人》云："言忠行夷，争靡及私……情忠而宽，貌庄而安，曰有仁者也。"等等。学界有认为，《逸周书》为孔子删录之余，并有后人串入文字，因而不甚信据，春秋以前绝无"仁"字。亦有学者指出上引诸篇信为古书。但我们知道，"仁"字古写为"上身下心"，其初义大概与身心痛痒相关，而以爱惜身体、生命之心为"仁"，并推己及人，引申为"体恤民隐"之意。所以，"仁"也表现为道德修养，无可厚非。至于西周统治者的道德修养与"王天下"的关系，在文王"演德"中已经论及。

---

① 王国维：《观堂集林》卷十《殷周制度论》，中华书局，1959年。

三、"制礼作乐"以礼治

作为礼俗之"礼"早就存在,原始社会的生活习俗教育,很多是属于礼俗的。因而,自古以来对于"礼"的起源,就存在各种说法,或认为起于祭祀,或认为始于饮食,或认为源于贸易,等等,古代社会生活的方方面面似乎都能折射出"礼"的起源的因素。但我们也不难看出,作为"礼俗"形式存在的"礼",并不是周人的"礼制"之"礼"。礼制并不是简单地将礼俗制度化,而是将等级制度化,并使之贯彻于一切社会生活中。

周人为什么要这样做呢?是因为要解决周贵族亦即当时统治阶级的自身矛盾问题,一个是周室内部矛盾,一个是周室与其他诸侯国、方国之间的外部矛盾。当时武王去世,成王初立,周贵族中管叔、蔡叔便发动了武装叛乱,周公统兵平叛后,就开始深思熟虑面临的矛盾,规划以"礼"治国的大政方针。《书大传》说:"周公摄政,一年救乱,二年代殷,三年践奄,四年封卫侯,五年营成周,六年制礼作乐。"这里的"礼乐",不单单是玉帛钟鼓之类的礼仪形式,而是由确立嫡长子继承制所引发的一系列问题,需要建立相应的礼制来解决。王国维曾指出:"欲观周之所以定天下,必自其制度始矣。周人制度之大异于商者,一曰立子立嫡之制,由是而生宗法及丧服之制,并由是而有封建子弟之制,君天子臣诸侯之制;二曰庙数之制;三曰同姓不婚之制。此数者,皆周之所以纲纪天下,其旨则在纳上下于道德,而合天子诸侯卿大夫士庶民以成一道德之团体。周公制之本意,实在于此。"[①]礼制的内容体现在方方面面的社会生活中,而繁缛的礼仪则是保证实现这些礼制的具体形式,内容与形式则统一于"道德"。

随着分封方式的制度化,以及与之相应出现的封建贵族的等级化,便自然需要在贵族间建立起森严的秩序和整饬的礼仪。《逸周书·明堂解》记载:周公于成王六年建明堂,令方国诸侯朝会宗周,严格排定位次,以明诸侯之尊卑。礼制的特点是"亲亲"与"尊尊"的统一,即血缘关系与政治关系的统一。血缘关系有亲疏远近,政治关系有尊卑贵贱。周人以自然的人伦关系来确定尊卑上下的名分,使得这一等级制度罩上了一层温情脉脉的面纱,表现出一种为后世所称羡的特点:既有森严等级,所谓"贵贱有等",又有敬上和睦,所谓"礼让为国"。

周人克殷践奄后,主要的社会矛盾是周人与殷顽民的矛盾,以及各新封国与周原有方国部族的矛盾。周人贵族之间虽然也有矛盾,但不居于主要地位。这时,礼治对于维系周人贵族间的秩序与团结是有成效的。然而,随着时间的推移,前两个矛盾逐渐化

---

① 王国维:《观堂集林》卷十《殷周制度论》,中华书局,1959。

解，各不同血缘的氏族逐渐融合而组成地缘性的政治实体。这时代表各自利益的贵族集团——各诸侯国之间的矛盾便格外突出出来。在调节这一矛盾的过程中，"礼治"显得苍白无力而逐渐走向衰落。

四、"礼治"走向衰落

周人为了减少内部的纷争，通过宗法规定只有嫡长子，即宗子才有继承一切爵位、财产，乃至祭祀祖先的权力，建立在血缘宗法关系基础上的分封制，虽然有顺乎自然、天定的成分，但也是一种人为的规定。若从亲情而论，众子本身平等，何以嫡长子独有此特权？此在余子及其族党那里仍难免不平，而明争暗斗。更何况亲族关系，每下一代，即疏远一层，数传之后即行同路人。若保持一族共尊大宗子之正嫡，虽百世而团结不散，就未免过于理想化了。吕思勉先生在其《中国制度史》第八章《宗法》注中说："行封建之制者虽强，有自亡之道焉。……亲亲以三为五（上亲父下亲子；以父亲祖，以子亲孙），以五为九（以祖亲曾、高祖，以孙亲曾、玄孙）至矣，无可复加矣。而立宗法者，必欲以百世不迁之大宗抟结之，使虽远而不散。其所抟结者，亦其名而已矣，其实则为路人矣，路人安能无相攻？"

诸侯始封，其实力并不很强，并且由于与周围原有部族人民存在矛盾，尚须借重周王室和同姓邻国的威势，因而对周王室礼敬有加，诸侯国间也很少冲突。慢慢地各受封诸侯与周围原有部族人民融为一体①，蔚成大国，对周王室渐呈尾大不掉之势，诸侯国间亦因土地与人口资源的利益冲突而形成对峙相攻的局面，所以吕思勉先生在《中国制度史》第八章《宗法》注中，接着指出："封建之始，地广人稀，诸侯壤地，各不相接，其后则犬牙相错矣。封建之始，种族错杂，所与竞者，率多异族，其后则皆伯叔甥舅矣。国与家，大利之所在也。以大利之所在，徒临之以宗子之空名，而望其不争，岂不难哉？此诸侯大夫之间所以日寻干戈也。"②

更为重要的是，春秋后期铁制农具的普遍使用，带来了生产关系的变化和社会秩序的变革，铁制农具和新的牛耕技术突破了聚族而耕的"井田制"的生产方式，使一些人从家族中游离出来，成为自耕农和小私有者，原有的氏族体制组织慢慢解体。一些诸侯国为适应这种新情况，实行政治改革，打击旧贵族，发展生产力，以求富国强兵，从此开始了"礼坠而修耕战""以富兼人""以力兼人"的新局面。

---

① 周人在北方黄土地带的优势，虽是征服，却不应当看作异民族间的征服与被征服，而是大文化圈内族群间关系的重组合。见许倬云：《西周史》，三联书店，1994，第146页。
② 吕思勉：《中国制度史》，上海教育出版社，1985，第374页。

> **教学随笔**
>
> W.卡尔在《教育哲学导论》中说:"离开思想性的历史,就没有历史的思想性。"① 因此,没有思想性的教育史,也就没有教育史的思想性。

轴心时代的中国思想价值

20世纪40年代,德国哲学家卡尔·雅斯贝尔斯在其《论历史的起源与目标》中提出,公元前500年前后是世界历史的"轴心时代"(Axial Age),认为这一时期世界历史上充满了不平常的事件,同时在中国、西方和印度等地区出现了人类文化突破现象。在希腊出现了柏拉图、亚里士多德、苏格拉底等思想家,在印度出现了释迦牟尼,在阿拉伯地区出现了先知者。在中国诞生了孔子和老子,中国哲学的各种派别兴起,这是墨子、庄子以及无数其他人的时代。他们的思想影响了世界几千年以至今天。

"轴心时代"的概括是有意义的,但它还只是停留在现象的概括,并未对产生这一现象的历史原因做出解释与说明。而要对产生这一现象的历史原因做出解释与说明,学界认为至少要考虑到以下几个方面的问题:一是,为什么各个不同文明的所谓"轴心时代"差不多是同时的;二是,"轴心时代"产生前的文明发展程度与思想资源;三是,"轴心时代"产生于什么样的社会背景;四是学术氛围的出现与学术宗师的产生,以及"轴心时代"形成的其他条件与契机;等等。

我们在前面的文章中,其实已经谈到中国在"轴心时代"前的文明发展程度与思想

---

① W.卡尔(Wilfred.Carr):《教育哲学导论》,台北:台湾师大书苑有限公司,1996,第94页。

资源，现在是要回答"轴心时代"在中国产生的社会背景和形成的条件与契机。

世界上不同地区的文明发展，都会带来一个关于人性异化的严重问题，中国也不例外。老子看到了文明的异化："不尚贤，使民不争；不贵难得之货，使民不为盗；不见可欲，使民心不乱"①，"祸莫大于不知足，咎莫大于欲得"②，"民多利器，国家滋昏"③。春秋时代已经发明了铁的冶炼、加工技术。随着铁器时代的到来，农业和手工业生产得到飞跃式发展，社会物质财富大大增加，也由此刺激了一些统治者的贪欲，他们不断发动侵地掠城的战争，同时铁制武器装备的普及使战争规模不断扩大，增加了战争的野蛮性和残酷性，从而进入了一个强凌弱、众暴寡的时代。诸侯战争，灭国绝祀，杀人盈城盈野。据《左传》记载，春秋时共有一百四十余国，晋文公在位期间，先后灭掉三十多个小国；楚国称霸中原，"并国二十六，开地三千里"；秦穆公时"益国十二，开地千里，遂霸西戎"④。孟子说："春秋无义战。"⑤春秋战国时期战乱长达500年，天下无道已极，社会缺乏应有的理性与公正，华夏民族陷于深重的灾难之中。人类创造了文明，而文明发展所积聚的物质能量，则通过战争不断释放出来，威胁人们的生存，破坏已有的社会秩序与传统。而这种情况在此前的历史上是不曾出现过的。

"社会结构的剧烈变化，还造成了知识分子的大量出现。在西周时期，文化知识本来是少数统治者专有的，当时的教育仅限于王室和贵族子弟。除了王官，在王宫外，没有其他掌握知识的人。……进入东周之后，贵族政治的衰落，使知识普及的范围大为扩大，出现了所谓私学，而后的分立，又使对知识分子的需要增大，各国诸侯都出现了尊贤礼士的风气。"⑥周王室的衰微以及政治的倾轧，使得一些王官散入列国和民间。司马迁《太史公自序》说：其先祖"世典周史。惠、襄之间，司马氏去周适晋。……自司马氏去周适晋，分散，或在卫，或在赵，或在秦"。由于这些王官散入列国和民间，便使其专门知识扩大了传播的范围。而当时诸侯争雄、公卿执政，皆争相招士、养士，以至于出现"中牟之民弃田圃而随文学者邑之半"⑦的现象。学干禄、求富贵之士固然很多，但也有许多"谋道不谋食""忧道不忧贫"的仁人志士，对"天下无道"的现实感受到一种强烈的刺激，从而引起对历史的深沉的思考。

---

① 《老子·第三章》。
② 《老子·第四十六章》。
③ 《老子·第五十七章》。
④ 张之恒、周裕兴：《夏商周考古》，南京大学出版社，1995，第280—282页。
⑤ 《孟子·尽心下》。
⑥ 李学勤：《东周与秦代文明》，文物出版社，1984，第379页。
⑦ 《韩非子·外储说左上》。

当时社会的知识阶层中最值得注意的是史官，这是最具人文睿识的一批人。台湾学者徐复观先生就指出："我国古代文化，由宗教转化而为人文的展开，是通过古代史职的展开而展开的。文化的进步，是随史官文化水准的不断提高而进步的。史是中国古代文化的摇篮，是古代文化由宗教走向人文的一道桥梁，一条通路。黄帝之时仓颉造字，不过是一种传说。但是因记录的要求，发明文字，这是很自然而合理的。大篆出于宣王太史籀，小篆除李斯、赵高外，有太史令胡毋敬的《博学篇》。文字与古代之史不可分，也是无可怀疑的。由文字的记录与保管而得到历史知识，由历史知识而得到人类行为的经验教训，由此以开出有关人文方面一切学问，也是很自然而合理的。《汉书·艺文志》以诸子百家出于王官，乃依稀仿佛之谈。欲为中国学术探源索本，应该说中国一切学问皆出于史。"①

徐复观进而指出，孔子在知识方面的学问，主要是来自史。经孔子整理过的"新六艺"——《诗》《书》《礼》《易》《乐》《春秋》，几乎都与史有关。孔子所生活的时代，正是各国的良史最活跃的时代。以此逻辑，我们当然也可以说先秦诸子的学问，就其内容的主要方面而言，都是来自史。只是他们的历史观各有不同而已。先秦诸子出于对社会现实和未来的深刻关切，思考自然、社会、历史、人性等许多带根本性的重大问题。从各自的角度对既有的文明作出总结与诠释，成为名利百家、垂训千古的学术宗师，从而共同创造了德国哲学家雅斯贝尔斯所谓的"轴心时代"。这里我们不拟讨论这一时期的所有思想家，只想透过先秦诸子之首孔子的出现，来参求"轴心时代"开启的契机。

根据有关文献而知，孔子学无常师，曾学琴于师襄，曾问古代官职于郯子，曾问礼于老聃，这些都是知名人物。而孔子"入太庙，每事问"②，以为"三人行，必有我师"③，其所问所师的对象很多也是普通人。孔子自学成名之后，四方学士集于门下，据称当时"弟子三千，贤人七十二"，形成了一个很有影响力的学术团体。《论语》是孔门后学记叙整理的关于孔子与其弟子的论学之书，从中我们可以看到早于孔子已有的，并有孔子所进一步推动的问学之风。如《论语》中关于学习态度的，有"好学""博学""志于学""困而学""学而不厌"等；关于学习内容（学什么）的，有"学诗""学礼""学易""学文""学道""学稼""学干禄"等；关于学习的好处（为什么学）的，有"学则不固""学也禄在其中""学而优则仕"等；关于学

---

① 徐复观：《两汉思想史》（卷三），台湾学生书局，1992，第230—231页。
② 《论语·八佾》。
③ 《论语·述而》。

中对善问的赞扬，有"大哉问""善哉问""每事问""切问而近思"等；关于问的重点（问什么），则有"问仁""问孝""问友""问知""问行""问礼之本""问成人""问君子""问耻""问崇德辨惑""问政""问使民""问君事""问为邦""问社""问死""问事鬼神"等；关于学思结合（学习方法）的，则有"学而不思则罔""君子有九思""疑思问""三思而后行""见贤思齐""见利思义"等。而这正是《中庸》中所概括的"博学之，审问之，慎思之，明辨之，笃行之"的一套方法。

面对诸侯战争不休、人民困苦不堪的现实，孔子不是像一般策士、谋士那样，为一家一国的利益谋划，而是从人类的前途和命运着眼，构想社会和谐的万世长策。这就需要在社会中确立理性、秩序、公正的共同价值理念。人们对这些价值理念形成共识，就可以从根本上矫正扭曲的人性（性相近，习相远。相远的习，扭曲了共同的人性），改变荒谬的现实。但是，这些价值理念到哪里去找呢？孔子不像宗教家那样，创造一个外在的超越的全知全能的救世主，通过天启和神谕来规范人们的思想行为，而是回首历史，到上古先王那里寻找智慧。孔子看到，上古以来，"德""礼""孝""仁"这些传统观念虽然受到严重冲击，但在社会结构和人的内心深处并未从根本上动摇。于是他以温习和诠释《诗》《书》《礼》《易》《乐》的方法，肯定和弘扬这些传统观念的人文价值，并试图以此作为精神的原动力，来建立符合人道精神的理想王国。孔子以他的人文理想和殉道精神，赢得了世世代代人们的尊敬。有人说孔子一生是"意义化作生命，生命化作意义"，其人格和学问是对人生意义的追求，也是对人生意义的诠释。

对于"轴心时代"的开启，国外学者有一种解释，叫作"哲学的突破"，台湾著名学者余英时先生在叙述美国当代社会学家帕森斯的观点时说："在公元前一千年以内，希腊、以色列、印度和中国四大古代文明，都曾先后各不相谋而方式各异地经历了'哲学的突破'的阶段。所谓'哲学的突破'即对构成人类处境之宇宙的本质发生了一种理性的认识，而这种认识所达到的层次之高，则是从来都未曾有的。随这种认识而来的是对人类处境本身及其基本意义有了新的解释。"①"哲学的突破"也是一种现象的概括，虽然有意义，然而不免肤廓而相隔一间，并且容易给人造成一种以玄想建构体系的误解，而不能深切关注哲学与历史的联系。所以，韩德民先生指出："哲学从来不是，也永远不可能是单纯精神的抽象玄想的结果，无论披上了多么隐晦的形式，它的实际内容都来源于也只能来源于既往的人类生存实践，来源于特定人群的历史。但

---

① 余英时：《士与中国文化》，上海人民出版社，1987，第28页。

哲学又不是历史的中介，当然只能是作为历史存在之主体的人。……没有那些敏感的生命主体深入其所处的特定时代环境，并以其在这种特定环境下的独有体验为基础进行历史的反思，就不会有所谓的'哲学的突破'。孔子就是这种现实与历史的对话的最伟大的中介，是在对古老传统的'述'说中创造新的价值规范的思想家群体中最重要的代表。"①就孔子对待历史文化的态度而言，与其说是哲学的突破，毋宁说是历史的阐释，价值的阐释。孔子自谓"述而不作，信而好古"，"述"是述其历史，"信"是信其价值。历史中自有价值，所以"述而不作"；现实中价值失落，所以"信而好古"。"述而不作，信而好古"看似保守，其实包涵深邃的智慧，因为那些被视为有价值的东西，是由文化基因所内在决定的，是与民族命运相联系的，不是可以由人随意造作的。只是以前对于价值，是"百姓日用而不知"，而此时哲人所要做的，是将它彰显出来，使之成为人们的自觉追求，以此来拨乱反正，引导社会由无序（礼崩）走向有序（复礼）。

当然，"轴心时代"还产生了一位伟大的史学家老聃。老聃是史官出身，孔子曾经"四次问礼"于老子，老子的五千言《道德经》，同样是在对周何以衰落的思考，同样在思考人类面临的困境和探寻人类发展的路径。《老子》所建构的宇宙观"道"和"道法自然"的智慧，对世界的贡献是巨大的。我们可作另文探讨，但决不能以老子的思想去否定孔子的思想。

---

① 韩德民：《礼：从历史到哲学》，《中国文化研究》，1997年春之卷。

> **教学随笔**
>
> 官学失守,是官学自己的失守;学术下潜,是士自己的成长。
>
> ——题记

学习成就了士

——春秋时期教育转型中的士

教育史上,将春秋时期的教育转型,归因为官学衰废和私学兴起,官学的衰废自然与世袭制下贵族子弟"不学无害"有关,至于私学兴起却与士阶层的变化有关。在传统的认识中,士阶层的变化无非有三:一是士从世袭承继中贵族的最下层,上升到了"四民之首";二是士的才能受到重视,养士之风形成;三是争相为士激发了自由民学习的积极性,是士使"学在四夷"。如此一来,"士"在春秋教育转型中的作用就显得尤为突出,就必须回答是什么成就了"士"的崛起。

春秋时期是我国古代教育转型的关键时期,其根源在于知识传承路径的变化及其承载主体的转移。有商至周,官守学术,学在官府,巫、史、工、祝、师等职业人员是教育的主体。按照《周礼》的规定,国子的礼、乐知识都是由专业的司徒、大司乐以及各类工师进行传授的,工师则主要传授职业技能知识,职业技能教育不在国子教育范畴,礼、乐知识才是国子要学的。只有像国子等高级贵族,才有机会在专业人员以外接触专业的礼乐知识,是为了使他们能够承担起祭祀、战争、燕飨等各类礼乐场合的责任。而专业人员则是因为要在政治体制内担任职官,不得不学习并传授各类专业知识。清代史学家章学诚在其《文史通义·史释》中对周至春秋的学术和教育作出过这样的总结:"三代盛时,天下之学,无不以吏为师,《周官》三百六十,天人之学备矣。其守官举职而不坠天工者，皆天下之师资也。东周以还，君师政教不合于一，于是人之学术，不尽出于官司之典守"，而突破"官司典守"，便打破了礼、乐知识依附于巫史等专业人员传承的壁垒，士则逐渐成为全新的礼乐知识主体。

士为什么会成为新的礼乐知识的主体呢？在世袭承继的周代，采取的是嫡长子继承制，王的长子继承王位，次子只能做卿、大夫，而到了卿、大夫的次子们就只能为士，士是贵族中最低的阶层。对于能够继承做王、卿甚至大夫的国子来说，就有了"不学无害"的优越感，而士则不能。于是士便成为主动学习礼乐知识的主体。

士通过主动学习成为礼乐知识主体，其学习途径是观、问、学、师。

首先是主动地观与问。

周公制礼作乐，观与问是礼乐制度的外化形式，谓之"观礼""问礼"所是。士的观礼和问礼是主动的。观礼的渊源，可追溯到商代。据《尚书·盘庚》记载，商人之外其他部族的祖先，配享于商王祖庙，在国家祭祀时，其他各族的重要成员都要参与助祭，助祭即是不能主持祭祀，只可以观祭，这便是早期的观礼。到了周代，观礼成了常态，《诗经·大雅·文王》便记录了作为殷人后裔的宋人参与助祭的情况："侯服于周，天命靡常。殷士肤敏，祼将于京。厥作祼将，常服黼冔。王之荩臣，无念尔祖。"宋人在这类场合无疑也是进行观礼的。在这样的活动中，周人对于祭祀礼仪的改革及其精神的传达，对各类人进行无形的熏染，从而达成维持政治统治和进行教化的目的。《春秋谷梁传·隐公五年》明确提出"常事曰视，非常曰观"，即对重大礼乐典礼活动才能称为观。观礼非常广泛，基本上涵盖周人的重大礼乐活动，尤以祭礼、丧礼、射礼、兵（军)礼、燕礼等为主。《左传》就记载了多次国君观礼的行为，有些合礼，有些非礼。《春秋》将这些行为记录了下来，作为后嗣学习的内容，就是一种教育。《左传·庄公二十三年》载曹刿谏庄公，其言有"君举必书。书而不法，后嗣何观？"所谓"君举必书"，指的是史官职责，君主的言行都有史官记载，这也是《春秋》类文献生成的基础。所谓"后嗣何观"，指的正是文献在生成之后，有后嗣来"观"，由此形成传承。《国语·楚语上》载太子教育，内容之一就是"教之《春秋》"，这正是后嗣"观"的教育含义所在。孔子对此也说得非常明确，《礼记》载其言"我欲观夏道，是故之杞，而不足征也""我欲观殷道，是故之宋，而不足征也"，其在《论语·八佾》中则明确提出原因是"文献不足"。可见"观书"是教育传承的一个基本方法，也是春秋时期的士学习礼乐知识的重要途径之一。《左传·昭公二年》记载："二年春，晋侯使韩宣子来聘，且告为政，而来见，礼也。观书于大史氏，见《易》《象》与《鲁春秋》，曰：'周礼尽在鲁矣，吾乃今知周公之德与周之所以王也。'"明显看出，韩宣子作为非职业人员,却能观书于专业的大史氏,这就是对于从前专业知识壁垒的突破。士不仅观书,还有意识地搜罗和整理各类文献,《左传·文公六年》载鲁国季文子聘晋之时"使求遭丧之礼以行",《国语·周语》中也记载随会聘于周之后回国"乃讲聚三代之典礼",《左传·宣公十六年》则云"武子归而讲求典礼"。士由此成为礼乐文献及其知识的主体,在传承方面的功劳是不言而喻的。至于孔子对文献的"述",在很大程度上归结为其观书之后进行的文献工作。除了观书还有观乐,最为熟知的是《左传·襄公二十九年》所记载的吴公子季札观乐,其中内容基本上涵盖后世《诗经》中的各个部分。我们知道,不仅诗乐不分,它们与典礼也是不分的。因此,观乐基本上等同于观书、观礼。这样一来,作为观礼的两个重要手段,观书和观乐都成为士主动搜求文献和学习礼乐精神的途径。这使得他们很快掌握礼乐文献,熟知典礼仪式。至于孔子提出的著名的"《诗》可以观"的教育理念,无疑就是在观礼的土壤中生长出来的。

和观礼一样,也有问礼存在。问礼是基于知识主体与权力主体不对等的情况而发生的,毕竟作为天子和国君,他们不可能像巫史人员那样掌握着各类巨量的专业知识。因此,周人设立了政治咨询制度,即在各类礼乐场合,天子、国君可以通过向专业人员"问"获得正确的处理方式,问礼因此获得了制度保障。《国语·周语上》就提到"必问于遗训而咨于故实"。"遗训"和"故实"都强调前代传承,即注重"信而有征"。这意味着,问虽然是知识之问,既包括历史事实,也包括礼乐知识及其背后的精神追求。《左传》和《国语》记录了大量国君向巫史人员和卿大夫问的事迹,其中既有礼乐仪式的具体操作问题,也有关于天命、道德等方面的问题。天子和国君所问的对象,既有内史、左师、伶等专业人员,也有众仲、子产等作为非专业人员的士大夫。这无疑根源于士大夫们通过学习掌握了这些知识的现实状况。但要注意的是,也正是因为如此,众多的天子、国君乃至高层贵族在主观上缺乏掌握这些知识的动机,形成"不学无害"的现象,换言之,他们问是为了得到实际礼乐操作的效果,而非主动学习。比如《左传·僖公六年》载楚国打败许国,"许男面缚衔璧,大夫衰绖,士舆榇"。楚王不知以何礼应对,于是问逢伯,逢伯引用当年武王克殷之时其对微子启的做法,这个问题由此得到妥善处理。但对楚王而言,他没有掌握这类"故实"的动机和必要。相反,逢伯所代表的士大夫却有着巨大的动机和必要性。由此,士大夫们掀起了主动问礼而学习和掌握礼乐知识的高潮。孔子及其弟子对观与问相当重视,孔子曾四次到洛阳问礼老子,观和问是他们学习和教育的两种重要方式。《论语》和《礼记》等记载了他们观、问的方式及内容。孔子自己学习最常用的方式也是观和问。孔子注重丧礼和祭礼,因为关系到慎终追远的精神取向,而观和问不仅直接快捷,而且浸润作用明显。《礼记·檀弓上》记载:"孔子在卫，有送葬者，而夫子观之，曰：'善哉为丧乎！足以为法矣，小子识之。'"《论语·八佾》载孔子"入太庙，每事问"。孔子还让弟子观礼，《左传·定公十五年》载子贡观邾国来朝鲁，《礼记·杂记下》载子贡观于蜡。不仅如此，孔子还将观礼升华为教育教化民众的工具。《礼记·射义》载："孔子射于矍相之圃，盖观者如堵墙。射至于司马，使子路执弓矢出延射，曰：'贲军之将，亡国之大夫，与为人后者，不入。其余皆入。'盖去者半，入者半。又使公罔之裘、序点扬觯而语。公罔之裘扬觯而语曰：'幼壮孝悌，耆耋好礼，不从流俗，修身以俟死者，不，在此位也。'盖去者半，处者半。序点又扬觯而语曰：'好学不倦，好礼不变，旄期称道不乱者，在此位也。'盖仅有存者。"在具体的射礼流程中，乡民观礼人员众多，通过乐语进行筛选，使他们获得礼乐精神的传达，从而完成周礼制作者所设想的教化目的。孔门师徒之问则是更加频繁了。单就《论语》而言，其中各个弟子问孔子的内容，就涵盖了各个方面，大致包括问礼、问仁、问孝、问政、问道德修身等。到这时，师徒相问早已突破了早先制度上君臣相问的旧例。由此，孔门师生将观、问确立为重要的学习和教育手段，促进了知识内容的转移和改造。

其次，学与师也是士主动学习的方式。

除了观与问之外，学与师也是礼乐制度下的知识传承的重要手段，相比国子中的高级贵族子弟，士则更为主动。区别于观与问，学和师并不是春秋时期才获得全新内涵的，它们早有传统。《尚书·说命》提出我国古代对于教育资源取用和学习的最重要原则之一就是"学于古训乃有获"。至于师，当其指称"主动求师"或"以某为师"时，表征的就是主动学习的行为。春秋时期，学与师发生了怎样的变化呢？先看学，学既指职业技能的学习，也指礼乐知识的掌握，又指道德精神修养的修习。《周礼》本来就设有礼、乐、射、御、书、数"六艺"以及其他职业技能的教学，至于礼乐知识本来也是国子教育的重要内容，而道德精神修养无疑是春秋时期最闪光的教育取向之一，而这三者往往又是统一为一体的。《左传·襄公十四年》载：初，尹公佗学射于庾公差，庾公差学射于公孙丁。二子追公，公孙丁御公。子鱼曰："射为背师，不射为戮，射为礼乎？"射两鞶而还。尹公佗曰："子为师，我则远矣。"乃反之。公孙丁授公辔而射之，贯臂。射击是军事技能，又是礼乐仪节。这里三人进行了两次射的学习，其中又谈到了关于礼的内容。不仅如此，射礼的教学也不再由专业人员进行了。由此可见，六艺教学在春秋时期已然发生改变。这一时期"学"最重要的倾向就是由本来被动的制度性的学，变为主动求学。最典型的例子是孟僖子学礼："九月，公至自楚。孟僖子病不能相礼，乃讲学之，苟能礼者从之。及其将死也，召其大夫，曰：'礼，人之干也。无礼，无以立。吾闻将有达者，曰孔丘，圣人之后也。而灭于宋……今其将在孔丘乎！我若获没，必属说与何忌于夫子，使事之而学礼焉，以定其位。'故孟懿子与南宫敬叔师事仲尼。仲尼曰：'能补过者，君子也。《诗》曰"君子是则是效"，孟僖子可则效已矣。'"（《左传·昭公七年》）孟僖子因为不熟知礼乐知识，在聘礼中出丑，回国后努力向知礼者学习。将死之时又留下遗训，使士大夫们向孔子学习。因此，孟懿子与南宫敬叔皆师事仲尼。在这里，学和师也得到了统一。有主动求学的，自然也有怠学的，《左传·昭公十八年》载："秋，葬曹平公。往者见周原伯鲁焉，与之语，不说学。归以语闵子马。闵子马曰：'周其乱乎！夫必多有是说，而后及其大人。大人患失而惑，又曰，可以无学，无学不害。不害而不学，则苟而可。于是乎下陵上替，能无乱乎？夫学，殖也。不学将落，原氏其亡乎！'"作为周王室成员的原伯鲁在乐语中表现出"厌学"和"弃学"的态度，闵子马由此断言原氏将亡。可见，学习不仅是个体的事情，还关系到家族与国家的命运。再来看师，师首先是军事概念，而后逐渐发展出工师、官师等教育意义。但师还可以用作动词，表示"师事"或"以某为师"，意为主动求师的学习行为。《吕氏春秋·尊师》总结了先秦天子和国君求师的例子。在这些例子中，帝王向有大德、大学问的人求师，从而使国家大治。天子国君向贤才求师，可以算作是天子政治的一种补阙手段，而对于国子等贵族而言，他们基本上也无须主动求师，毕竟《周礼》为他们设置好了各类职官之师。但是，春秋以来这种制度遭到了挑战，贵族不学不师的情况也很常见。士大夫主动求学求师的动机不断加强，由此出现了求师行为增加的情况，前面提到的众人师事孔子，正是此例证。孔子及其弟子将学和师的传统进行了发扬。"好学"和"博学"都是孔子屡次强调的求学品质和学习目标。"好学"在《论语》中出现16次，《礼记》中也有2次，皆与孔子及其弟子关系密切。"博学"与君子品格相关联，它意味着阅读大量文献、掌握大量礼乐知识并能生发出道德天命之观。因此，博学又基本上等同于"博物"。子产也因此被称为"博物君子"，而孔子自己则说"君子博学于文，约之以礼"（《论语·雍也》）。至于求师，孔子的态度更加宽容与博大，他说："三人行，必有我师焉。择其善者而从之，其不善者而改之。"（《论语·卫灵公》）又说："固相师之道也。"（《论语·卫灵公》）体现的都是孔子在求师方面的主动与宽泛，即认为求师的对象并非三代以来那样仅限于专业师工人员，但凡学有所长之人皆可称其为师。在这样的理念之下，孔子的学和师也就统一起来了。春秋时期的士通过"学与师"的主动学习行为，从"不学无害""无害不学"的贵族子弟中脱颖而出，引发了继之而来的争相养士之风和私学的兴起。

从"观与问"到"学与师"，春秋时期的士再到孔子及其弟子，主动求学的传统逐渐形成，不仅打破了之前的知识由专业工师掌握并传承的死板制度，使得士大夫们逐渐成为礼乐文献和知识的主体，并将其传承。观、问、学、师是士遵从内心渴望知识和话语权的冲动而形成的全新求学传统，也是礼乐知识在由"学在官府"至于"学在四夷"的转变潮流中得以完成的几个主要途径。

再次，靠学习而崛起的士的群体，促进了春秋时期教育关系的重构。

春秋时期教育关系的重构，主要体现于教育主体与教育对象之间的关系的变迁。教育主体通常是教师，但又不限于教师；学习主体通常是学生，但又不限于学生。就西周及之前来说，教育主体和教育对象基本上是固定的。这种固定状态在春秋时期被打破了，主要表现在，专业知识的学习不限于国子贵族，其教育也不限于专业人员。在这样的情况下，教育关系获得了重新确立。一是从学习主体到知识主体的转化。从学习主体到知识主体一个很明显的事实是，春秋时期的天子和国君，仅有少部分是好学而多问的。《春秋左传》中记载了多次国君诸侯观礼但却非礼的行为，他们在受到谏言之后仍然坚持观之，足见其不好学已经是习惯而非偶然。《论语·微子》载专业师工由王室流向诸侯民间的情况："太师挚适齐，亚饭干适楚，三饭缭适蔡，四饭缺适秦，鼓方叔入于河，播鼗武入于汉，少师阳、击磬襄入于海。"至于前面提到的原氏不学，籍氏数典忘祖，都是专业失守、贵族不学的情况。而在另一方面，士大夫却努力求学，力求掌握更多的知识。他们观礼、观书、观乐，又问礼问学，师事贤人，学于有礼之人，并有意识地整理文献，这使得他们在客观上从学习主体转化为知识主体。《左传·昭公元年》记载，晋侯有疾，子产如晋行聘礼且问疾。根据记载，针对这次疾病，卜人占卜的结果是"实沈、台骀为祟"，但"史莫之知"，即专业解读卜筮结果的史官无法对此进行解读。子产于是娓娓道来，将沈、台骀二神的渊源讲述清楚，并进一步解释其与晋国的关系和背后的目的。晋侯由此称子产为"博物君子"。子产本身就是十分好学之人，他曾认真问为政于然明，这与《论语》中诸弟子及国君问为政于孔子基本上是一致的。又《左传·僖公二十三年》载，晋侯问子犯何人能陪同参与秦伯宴飨，子犯就说"吾不如衰之文"，推荐赵衰。不仅如此，赵衰也对有同样修养的人有很高的认可，在僖公二十七年又举荐郤縠为元帅，其理由是郤縠"说礼、乐而敦《诗》《书》"。要知道，《诗》《书》都是仪式性文献，本来是藏之于巫史之府的，但他们却熟知内容，可见知识的转移已经非常明显了。赵衰之子赵盾，同样是知书达礼之人。对于孔子来说，博学是通过内在驱动自然地好学而达到的自然状态，通过博学又能达到"多能"。《论语·子罕》载孔子自言"吾少也贱，故多能鄙事。君子多乎哉？不多也"。这里所谓的君子，是带有阶级属性的称谓，与前面的"贱"相对而言。这里同样暗示了高级贵族怠于学而下层之民好学多学的状况，同样也暗示了普通的民和中下级贵族都开始有机会接触各类教育资源。孔子好学的状态是"入太庙，每事问"，最终获得了"博学"的评价，且包含"博学于文"，这不正是对前面赵衰之文的继承与扩展吗？正如所言，在掌握知识且成为知识主体之后，凸显出来的品质就是"能"，而"不能"就是其反面。前面提到赵衰多学而至于文，孔子好学而至于多能，皆是言此。赵衰有子赵盾，同样明于礼乐知识，《左传·文公六年》就载阳子谓赵盾"能"，因为"使能，国之利也"。赵盾为国政之后"制事典，正法罪，辟狱刑，董逋逃，由质要，治旧洿，本秩礼，续常职，出滞淹"，这一系列的政治措施皆来源于其所掌握的有体系的知识。至于郑国子产，专门请教为政方略，并熟悉礼乐知识，也是我们所熟悉的。孔子对能与不能的态度也非常明确，他教《诗》说"使于四方，不能专对"，就点明一个人如果学习之后不能学以致用，在国内国外达成效果，那么作为知识主体的他就是失败的。他为此说："虽多，亦奚以为？"（《论语·子路》）掌握再多的《诗》，也并非真正意义上的知识主体，而是徒有其表的书架子而已。孔子强调"游于艺"，也是基于"多能"的考虑，赋予《周礼》"六艺"之教以新的内涵。这样，我们就知道，春秋时期因为学术下移，文献的流动和传播，以及士大夫们主动地整理和观问，礼乐知识逐渐从专业的巫史等职业人员身上转移到士大夫身上。士大夫们通过主动吸取和运用这些知识，成为这一时代掌握知识的最主要群体。基于此，士大夫们成为"博物君子"，并以"多能"来参与和介入政治、文化和历史。因此，所谓的从学习主体到知识主体的转化，并不是简单地通过学习掌握知识，而是要进一步达成"博学""多能"的状态。二是从知识主体到教育主体的转化。从知识主体到教育主体，所关注的教育关系必然涉及教育主体及对象之间的互动及其方式等。提及教的时候，就要注意它的两个义项，一是教育，二是教化。在周代及以前，教育的对象就是国子和职业人员，教化的对象则是民众，这基本上是固定的。在此情况下，教育关系也是相对简单明确的。《周礼》中各类官吏，就是师保，他们负责教育。而贵族们作为君子（君王之子），则对民众进行教化。许慎《说文解字》解释"教"为"上所施下所效"，就包含了这两个方面，并提出了教育关系中的施受关系。但在这里，我们需要辨析的是，春秋时期的教育关系较之于此前发生了变化。士大夫们通过主动学习，成为整理和传承文献、保有礼乐知识的主体，这在客观上为他们成为新型的师提供了条件。为人熟知的是子产，其不毁乡校，并在从政三年以后受到舆人之诵的赞扬："我有子弟，子产诲之，我有田畴，子产殖之。子产而死，谁其嗣之？"舆人是低层劳役者，子产对他们皆有教诲，这意味着子产并不忌讳下层民众受到教育。就是说，子产自愿对民众进行教诲。舆人子弟与子产之间就形成了教育关系，但又未被"师生"的名分所捆绑。在家族教育中，士大夫们开始以立言的方式对子弟进行教育，一个重要的原因是春秋时期家族命运更为人所重视。比如《左传·隐公元年》说春秋笔法"郑伯克段于鄢"，就是为了讥刺郑伯"失教"；又隐公三年石碏说爱子要"教之以义方"，父教子的内容是"义"；又僖公二十三年载狐突云"子之能仕，父教之忠，古之制也"，父教子的内容是"忠"；又襄公三年载晋侯自责"寡人有弟，弗能教训，使干大命，寡人之过也"，是自言失教。这些父母兄弟之教，内容都强调礼乐道德，延续了《周礼》中教育内容对于道德的要求。但要注意的是，这些原本作为师保的职责，逐渐转移成为士大夫们的自觉行为。相对于师保教育，士大夫主动对子弟进行教育，反映出他们树立起明确的教育理念，并获得了与大司乐等职业教育人员等同的教育资源和效果。更为我们所熟知的是，孔子教育其子孔鲤，要学习《诗》和《礼》。孔子"自卫反鲁，然后乐正，《雅》《颂》各得其所"（《论语·子罕》），又"入太庙，每事问"（《论语·八佾》），表明他足以承担《诗》《礼》文献的"述"，因此敦促孔鲤学习。更为宽广的领域是家族教育之外的教育，士大夫们主动进行教育，使得"师生"和"师徒"概念获得了明确的教育意义。《韩非子·诡使》说"私学成群，乃成'师徒'"，揭示是私学大兴以后，师徒关系成为教育关系主流的情况。通常认为，私学是孔子开创的。但这并不是说在孔子以前就没有私学。孔子自己所学是在官学之外获得的，这也可以说是私学的前奏。可以明确的是，孔子确然是私学兴起之后大力改革教育传统的关键之人。这其中的关键节点在于，孔子自觉地将自己的学习和教育统而为一体。在先秦文献中，教与学是相对应的，而教与训和教与诲则是相近且经常合用的词语。比如《诗经·小雅·绵蛮》中就有"教之诲之"之句，《左传·襄公十三年》有"师保之教训"之句，襄公十四年有"师曹诲之琴"之句。但它们与主动进行教育行为有差别，孔子在《论语·述而》中说："默而识之，学而不厌，诲人不倦，何有于我哉？"就是说，孔子首先是学而不厌，其次才诲人不倦。这反映了孔子由学习主体向知识主体再向教育主体转化的自然过程。孔子自己从好学至于博学，再至于多能，但在选择教育对象时，标准又非常宽泛。他说"有教无类"（《论语·卫灵公》），又说"自行束脩以上，吾未尝无诲焉"（《论语·述而》）。这实际上也是基于春秋以来官学下移、知识转移和自身学习求教的状况而得出的教育理念。孔子十分赞赏弟子们的"好学"精神，并与他们"相师"，教学相长。孔子弟子出身各有高低，但都受教于孔子，以至于身通六艺者多达"七十二人"。这显著的教育效果，显然得益于孔子有意识地进行身份转换。孔门弟子继承孔子这一传统，如子夏在受学于孔子以后，"居西河教授，为魏文侯师"（《史记·仲尼弟子列传》）。《吕氏春秋·举难》也说"文侯师子夏"。子夏从孔子学《诗》，教授于西河之地，对《诗经》的保存、流传和教学，有着巨大的意义。由此，孔门师生就形成了一个完整的教育关系链，即孔子学至于教，弟子们从孔子学而至于教。在这个链条中，知识首先是从专业人员转移到士大夫，进而在新型的师生教育关系中进行传承。由转移到传承，春秋时期的教育彻底完成了关系调整。自他们以后，以"道"为中心的知识不再进行转移，而是在各个学派之间进行代际传承和碰撞。在这其中，无疑以儒家的教育实践最为显著。教育关系完成了学习主体—知识主体—教育主体之间的循环。由此，春秋时期的教育转型得以发生和实现，并为战国及后期的教育奠定了新的传统。需要辨析的是，战国时期，法家重新提出"以吏为师"（《韩非子·五蠹》）的理念，是基于"以法为教"的前提而形成的。因此，尽管"以吏为师"重新出现在视野之中，但无疑难以复归已然被新的教育关系所取代的三代"以吏为师"的原初教育关系。

　　孔子说"仕而优则学，学而优则仕"（《论语·子张》），是孔子对于选拔人才的理想追求。"仕而优则学"中的"优"释为"游"，表示"空闲"之义；"学而优则仕"中的"优"释为"优异"，表示"出色"之义。一般来说，人们已经习惯于将此译为：做官后还有空闲的时间，就应该学习；学习后成绩优异者方可做官。于是就有了"士子们通过做官，然后得以实现自己济世报国的理想；既已做官，也要继续学习，进一步提高自己的修养和能力。'学而优则仕'是孔子选贤任能的政治思想的反映"的进一步发挥。但我却认为，"仕而优则学，学而优则仕"只是孔子的政治理想而已。因为，春秋时期的选官制度仍是世袭承继，王和卿僚大夫都是继承来的，到了战国时期卿僚大夫的选用制度才被打破，而打破这种制度的关键是士的崛起和争相养士局面的出现。所以，春秋时期，要成为出色的士，首先要学，出色的士是由于学得优异，学得优异才能成为出色的士，揭示了"是学成就了士"的历史时代的真理性。至于将"仕而优则学"的"优"释为"游"和"空闲"之表义，则完全说明了，要成为出色的士，必须学会利用包括空闲时间在内的一切时间，包括"观、问、学、师"在内的一切方式，进行学习，其核心还是在说"学成就了士"。有了出色的士，才有了始于春秋时期的教育关系在学习主体—知识主体—教育主体之间的良性循环，才有了代表思想精英的士的历史存在。

> **教学随笔**
>
> 雅斯贝尔斯在《什么是教育》中说:"教育本身是依赖于精神世界的原初生活,教育不能独立,它要服务于精神生活的传承。"
>
> ——题记

"礼"之由宗教到人文的转化

我们知道,我国古代文化存在着由宗教转化为人文的发展过程,其中"礼"由宗教到人文的转化,发挥着重要作用。这样一来,"礼"作为古代教育的重要内容,自然也在"礼"的演进中发生变化。

一、古代"自然宗教"到"人为宗教"的演进

在我国古代,最原初的"礼"具有原始宗教的性质,它起源于史前时期的各种神鬼崇拜和各种巫术、禁忌、祭祀、占卜等巫祝文化。原始时代的人类对自然界和人本身的认识极为有限,一方面由于生产力水平低下,人们防范和抵御自然灾害的能力很弱,因而对自然界力量产生畏惧心理;另一方面原始人由于对自然现象以及自身的感觉不能做出正确的解释,于是便发展了想象,将自己置身于编制的神话世界之中。在那时,一切都被神化,被赋予灵魂,从而产生"万物有灵"的原始宗教观念。正像英国人类学家马林诺夫斯基所说:"对于野蛮人,一切都是宗教,因为野蛮人恒常都是生活在神秘主义与仪式主义的世界里面。"①原始人的一切崇拜包括自然崇拜、鬼神崇拜、

---

① 马林诺夫斯基〔英〕:《巫术、科学、宗教与神话》,中国民间文艺出版社,1986,第8页。

祖先崇拜、图腾崇拜，以及有关这些崇拜的观念、神话、仪式、巫术等构成了原始宗教的基本内容。这样的一种精神生活在现代人看来是何等的蒙昧，然而也正是这样的精神生活使人类逐步脱离动物界而进化为高级智慧生命。所以，其蒙昧也蕴含着人类最原始的理性（即原始宗教是原始人的原始理性，或者说原始理性使人类产生了原始宗教）。

如果说，原始宗教还不能算是人类自觉的精髓活动，那么随着人类文明的进步，当一些智者和精英人物，逐渐觑破自然界即人类自身的某些奥秘的时候，原始宗教中所包含的观念、神话、仪式、巫术等就成为这些智者和精英人物借以表达自己意志和权力的工具或手段，于是他们开始对原始宗教进行有意识的加工，走向人为宗教（或神道设教）的发展道路。而当人类历史进入阶级社会并形成国家政权即王权体制时，这种被一部分首脑人物所控制和操作并借以左右芸芸大众的人为宗教，就逐渐演变成为国家政权之下官方的、正统的、带有法定意义的信仰体系和崇拜体系，及其相应的宗教秩序。可以说是王权垄断宗教，垄断了宗教就垄断了思想，垄断了教育，法定意义的信仰和崇拜都成了教育的内容。

自然宗教到人为宗教的演进，实质上是原始部落宗教向王权垄断宗教的演变过程。《国语·楚语下》记载了观射父所说："古者民神不杂，民之精爽不携贰者，而又能齐肃衷正，其智能上下比义，其圣能光远宣朗，其明能光照之，其聪能听彻之，如是则明神降之，在男曰觋，在女曰巫。是使制神之处位次主，而为之牲器时服，而后使先圣之后之有光烈，而能知山川之号、高祖之主、宗庙之事、昭穆之世、齐敬之勤、礼节之宜、威仪之则、容貌之崇、忠信之质、禋絜之服，而敬恭明神者，以为之祝，使名姓之后，能知四时之生、牺牲之物、玉帛之类、采服之仪、彝器之量、次主制度、屏摄之位、坛场之所、上下之神、氏姓之出，而心率旧典者为之宗。于是乎有天地神民类物之官，是谓五官，各司其序，不相乱也。民是以能有忠信，神是以能有明德，民神异业，敬而不渎，故神降之嘉生，民以物享，祸灾不至，求用不匮。""及少皞衰也，九黎乱德，民神杂糅，不可方物。夫人作享，家为巫史，无有要质。民匮于祀，而不知其福。烝享无度，民神同位。民渎齐盟，无有严威。神狎民则，不蠲其为。嘉生不降，无物以享，祸灾荐臻，莫尽其气。颛顼受之，乃命南正重司天以属神，命火正黎司地以属民，使复旧常，无相侵渎，是谓绝地天通。"

观射父以民神关系的变化为时代标志的早期宗教信仰（巫祝文化）划分为三个阶段：首先是"民神不杂""民神异业"，其后是"民神杂糅，民神同位"，最后是"绝地天通"。后两个阶段正反映了自然宗教向人为宗教转变的历史。原始宗教本是原始人的普遍意识，原始人有共同畏惧、信奉和崇拜的神明，也有各自可以祈祷、禳灾、祈福的方法，这就是所谓的"民神杂糅，不可方物，夫人作享，家为巫史"。随着氏族部落联盟的形成，这种与天地神明相沟通的权利便为部落联盟的大酋长所垄断和限制，正像观射父所说的，颛顼"命南正重司天以属神，命火正黎司地以属民"，使民、神分离，这就是所谓的"绝地天通"。这种神权垄断宗教一经确立，便成为一脉相承的传统，一直贯穿至虞、夏、商、周。所以观射父又说："尧复育重、黎之后，不忘旧者，使复典之。以至于夏、商，故重、黎氏世叙天地，而别其分主者也。其在周，程伯休父其后也，当宣王时，失其官守，而为司马氏。"①

在《韩非子·十过》中记述了尧、舜、禹、汤等古代帝王时代由简朴到奢侈的物质生活景象，它从一个侧面反映了财富和权势的集中过程，"昔者尧有天下，饭于土簋，饮于土铏……尧禅天下，虞舜受之，作为食器，斩山木而财之，削锯修其迹，流漆墨其上，输之于宫，以为食器，诸侯以为益侈……舜禅天下而传之于禹，禹作为祭器，墨漆其外而朱画其内，缦帛为茵，蒋席颇缘，觞酌有采而樽俎有饰，此弥侈矣……夏侯氏没，殷人受之，作为大路而建九旒（旗子上的飘带），食器雕琢，觞酌刻镂，四壁垩墀（用白垩涂饰，殿堂上经过涂饰的地面），茵席雕文，此弥侈矣。"这种物质生活上的由简朴到奢侈，固然有着时代进步和生产力发展的原因，也是由古代帝王控制的地域和社群扩大、权力更加集中所致。这种权力集中又是王权与神权合二而一的。这是祭政合一的巫祝文化发展的一个结果，是人类早期政治生活的表现。《尚书·尧典》记载，舜继尧位之后举行祭祀之礼，所谓"肆类于上帝，禋（烧材升烟以祭天）于六宗，望于山川，遍于群神"，随后任命伯夷、夔（古代传说一种异兽）、龙等为礼乐之官，《国语·郑语》称伯夷乃"礼于神以佐尧"，表明早在部落联盟时期的五帝时代，以祭祀之礼为主要内容的宗教活动，已经由原来的自然宗教向由王权垄断的人为宗教发展。

大家如果看过电视剧《天道》的话，是否还记得丁元英与芮小丹谈"神"，他说："天是神，是创造万物者。天是道，是如来，是规律。只有人的神才对人有作用，神的神对人没有作用。"这可以帮助我们理解在自然宗教、人为宗教里的人神关系，和走向人文宗教的必然选择。

二、由宗教之礼向人文之礼的转化

中国古代早期的王权垄断的宗教，走向完备和发展时期，是夏、商、周三代，它

---

① 《国语·楚语下》。

开启了"国之大事,在祀在戎"和"礼有五经,莫重于祭"的国家垄断宗教的历史。以祖先崇拜、天神崇拜、鬼神崇拜、圣王崇拜、自然崇拜等为主要内容的信仰体系确立之后,祭祀之礼也逐步完备。国都王城不仅是政治权力中心,也是宗教神权中心,透露出王权垄断宗教的性质。正如《墨子·明鬼》所说:"昔者虞夏、商、周,三代之圣王,其始建国营都日,必择国之正坛,置以为宗庙,必择木之修茂者,立以为丛社。"《礼记·祭法》说:"天下有王,分地建国,置都立邑,设庙祧(远祖的庙)坛墠(郊外经过平整的土地)而祭之。"这些宗教祭祀场所的建置,意在表明神对王权的专宠和庇护,以此体现王权的正当性。学者常以"政教合一"来概括这一现象,所谓"政教合一",意谓政权与教权的合一,王者与祭司一身而二任。但实际上,古代中国只有一种权力,那就是王权。所谓教权是不存在的,因为并没有一个代天说话、传达神谕的所谓"祭司"集团。中国古代的"巫宗祝史"近乎祭司的职能,但他们实际的权力只是一种司仪的性质。宗教,就其本身意义来说,是外在的、超越的,但在中国往往只是一种权力的象征和神圣的装饰物,它的附属性是很明显的。夏、商、周"九鼎相传"的历史传说很能说明这一点。《左传·宣公三年》周大夫王孙满说:"昔夏之方有德也,远方图物,贡金九牧,铸鼎象物,百物而为之备,使民知神奸。故民入川泽山林,不逢不若,螭(一种无角的龙)魅罔两,莫能逢之,用能协于上下,以承天休。桀有昏德,鼎迁于商,载祀六百。商纣暴虐,鼎迁于周。德之休明,虽小,重也。其奸回昏乱,虽大,轻也。天祚明德,有所底(磨刀石)止。成王定鼎于郏鄏(jiá'rǔ古山名,今洛阳西北),卜世三十,卜年七百,天所命也。"所谓的天命神权,在这里变成了神器"九鼎"。九鼎被谁控制,谁就有了合法的、正当的王者权力,说明所谓的神器不过是王者的一种权力,即"神"的独占权力。最后只能衰变为某种死板僵硬的礼器和礼仪形式,成为王权之神圣和威严性的装饰品。

《礼记·表记》说:"殷人遵神,率民以事神,先鬼而后礼……周人尊礼尚施,事鬼敬神而远之,近人而忠焉。"表明在殷人那里,中国确曾有占卜问天、听命神谕的历史。这是因为,在商代殷人同其他部族方国之间是一种松散的联盟关系,因而要靠不断地四处征伐来维持自己的统领地位。连带在其他方面,殷人更多地乞灵于上帝和鬼神的保佑,这就是"国之大事,在祀在戎"的历史现实。周灭商后,历史呈现出一个剧烈而深刻的转变,周人通过宗法分封制,使周王室对各同姓诸侯享有凌驾其上的绝对权威,与异姓诸侯的联姻又使周同异族保持相对稳定的政治关系。这样,周王室就更多地依靠宗主国的威信和德行来维系其政治统治,正如《诗经·大雅·板》所说:"大邦维屏,大宗维翰,怀德维宁。"意思是:诸侯是国家的屏障,大宗是国家的主干,怀德是国家平安的保证,同姓是国家的城垒。反映在宗教信仰方面,周人对"天命"做出了新的解释,认为"天命靡常",因而强调"以德配天",这在周代金文及《诗》《书》中都有记载。因此,周人在对王权宗教祭祀之礼加以完备,使之制度化、法典化的同时,更赋予其道德的内容,与冠、婚、乡、射、朝、聘等道德之礼、政治之礼相并行,故有"礼治天下""德治天下"的历史美誉。也就是王国维所说的"周之制度典礼实皆为道德而设""周之制度典礼乃道德之器械"[①],宗教祭祀之礼亦莫能外,或可以说是宗教道德化,而至先秦儒家那里更引发出道德宗教化的意义。

东周以降,王室衰微,出现了所谓的"礼崩乐坏"的局面。诸侯"问鼎""郊天"等僭(超越本分)越之事屡屡发生,那些象征王权的礼器成为诸侯觊觎的对象。这种现象的发生不只是对周王室的大不敬,也是对宗教神圣性的亵渎。当时一些良史贤大夫在人神关系方面,提出了具有理性意义的认识,突出强调民众在国家政治生活中的根本地位和影响,进一步动摇了传统的天命观和神权意识。随国大夫季梁就说:"夫民,神之主也,是以圣王先成民而后致力于神。……故务其三时,修其五教。亲其九族,以致其禋祀(洁身斋戒以祭祀,祭天神之礼)。于是乎民和而神降之福,故动则有成。"[②] 虢国史嚚说:"虢其亡乎!吾闻之,国将兴,听于民;将亡,听于神。神,聪明正直而壹者也,依人而行。虢多凉德,其何土之能得。"[③] 虢国大夫宫之奇说:"鬼神非人实亲,惟德是依。故《周书》曰:皇天无亲,惟德是辅。……如是,则非德民不和,神不享矣。神所凭依,将在德矣。"

春秋战国时期,作为统一王权之下的垄断宗教体系已荡然无存。但是,以祭祀和崇拜天神、地祇、人鬼为内容的传统礼典依然存在,不过在具体实行中已掺入诸多的僭礼。另外,熟悉和通晓传统宗教礼典的官吏、学者也大有人在,他们常以此对当时诸侯卿大夫和篡乱行为加以劝谏,以至于讥讽和谴责。然而他们在奉行或传习中也赋予传统宗教礼典以新的解释和说明。就学者方面,儒家学派人物对包括宗教之礼在内的传统礼典尤有整理、传习、阐释之功。儒家认可传统宗教之礼存在的合理性,认识到其政治上的作用,尤其注重其道德教化的功能,力图使传统的宗教信仰道德化,这与他们的政治道德化的基本主张是一致的。

一般来说,某种宗教秩序的形成使与一定社会政治秩序密切相关的。中国传统的宗教是伴随着传统的宗教等级社会秩序的存续而存续的,两相适应,绵延几千年。它以自

---

① 王国维:《观堂集林》卷十《殷周制度论》,中华书局,1959。
② 《左传·桓公六年》。
③ 《左传·庄公三十二年》。

然神崇拜和人神崇拜为核心内容,以祭祀之礼为表现形式,而最终未能演变成像欧洲中世纪基督教(天主教)那样,与国家政权(王权)相分立的神权宗教,没有形成专门的宗教组织和专门从事传教布道的神职人员,没有从多神信仰演进为一神信仰,始终保持着王权垄断宗教的性质,其关键就在于,社会政治上的封建宗法等级制度一经确立,与之相适应的宗教秩序也表现出附属性和官方垄断性。这样,神权始终居于政(王权)之下,为政权(王权)所掌握。

历史上尽管出现过许多对传统宗教信仰提出非议和质疑的无神论思想家,但是他们往往又认可祭祀之礼的存在,更看重其社会政治、道德的功能,从而主张消减其形式而褒扬其精神,这是因为他们大都意识到传统宗教能使社会秩序稳定,所以在他们的思想观念上和理论学说中,对传统的信仰和崇拜进行了带有人文人本精神色彩的诠释和解说,赋予其以更广泛更深刻的意义。在这方面,尤其以孔子为代表的儒家表现突出。经儒者进行过人文洗礼的儒家"礼教",与王权垄断宗教相比,两者若即若离,似一实二。实际上,儒家礼教的神学色彩更加淡化。

中国古代传统宗教崇拜,无论是自然崇拜,还是人神崇拜,都渗透着深沉的报本感恩的思想。这种思想,对于调谐人与自然、人与人的关系,对于提升人的道德品格,具有内在的合理性和无可替代的有效性。这也是儒家在一定程度上接受和默认传统宗教之礼的原因所在。

> **教学随笔**
>
> 礼是秩序的象征，以"礼"为核心价值的社会秩序，不仅需要礼之仪的外在秩序建构，而且更需要礼之义的内在秩序建构。

礼义：礼的道德属性

从西周开始，礼是主要的教育内容。之所以礼成为主要的教育内容，不仅仅是因为礼的外在形式——礼仪，关键是因为礼的道德属性，礼的道德意义才是礼的本质属性。

人的社会化生活是礼的道德属性的本源，有了人的社会化生活，也就有了道德化的礼。所以说，人类的社会化生活从哪里开始，道德就从哪里开始。作为家庭或社会的成员，每个人都充当着多重的角色，这种角色有着既定性和变动性，人的社会化生活正是在从单一角色向多重角色转变的过程中得以实现的。如果说，礼的宗教属性表现出人类最初的理性生活和情感生活，那么礼的道德属性则使人的理性进一步成为内化于人的心灵中的具有自我约束力的生活准则或良知，并在既定的社会组织关系和结构中发挥效用。礼的教育的目的也就体现其中。

礼的道德属性即所谓"礼义"，是人之所以为人而与动物相区别的本质属性，所以"礼义也者，人之大端也"[①]。"凡人之所以为人者，礼义也。"[②]礼义道德是人类脱离自然界而走向文明的标志。《礼记·郊特牲》说："男女有别，然后父子亲，父子亲然

---

① 《礼记·礼运》。
② 《礼记·冠义》。

后义生，义生然后礼作，礼作然后万物安。无义无别，禽兽之道也。"在宗家生活中，人、神交往遵循的是宗教的原则；而在社会生活中，人与人相交往所遵循的可以是道德原则，也可以是法律原则。当然，在宗教中也有道德原则，其道德原则是以"天意如此"的宗教原则为起点和依据的，在向着人类的心灵深处渗透过程中，逐渐内化为"应该如此"的道德明令。正是这种自律或自我约束性的道德明令，使人类道德化。儒学促进人文宗教的过程，淡化了宗教意识，道德成为"开宗明义"的本体，其本身就是价值源头和价值取向。因此，我们似乎可以说，人类文明生活的突出标志之一，就是表现为道德化生活，文明的社会首先和最终是道德化的社会。

作为人与人之间交往原则的礼即道德，对于不同的社会阶层、社会角色和社会关系（人际关系），有着不同的规范和准则。按照礼即道德的要求，在一定的交往关系中的社会成员间应该处于一种互相尊重、互相爱护、互相帮助和互利互惠的和谐状态。因为人们的多重角色，道德修养也表现为多面性和多层次性。如《左传·昭公二十六年》所说："君令，臣共；父慈，子孝；兄爱，弟敬；夫和，妻柔；姑慈，妇听。礼也。"又如《礼记·礼运》所说："父慈，子孝；兄良，弟弟（悌）；夫义，妇听；长惠，幼顺；君仁，臣忠。十者谓之人义。"由此可以看出，礼的道德属性有着多方面的体现。以今人的分类方法，我们可以把它们归纳为家族伦理、社会伦理和政治伦理，但古代家国一体的社会结构，使血缘伦理推延到了社会伦理，成为一体化的伦理——人伦之礼，所以孟子才会说："夏曰校，殷曰序，周曰庠，学则三代共之，皆以明人伦也。"①

在以血缘与姻亲关系为纽带，以家庭或家族为单元，以宗法体系为规制的社会中，往往表现为以家族伦理为基本内容，扩大或社会化为社会伦理，上升或政治化为政治伦理。"老吾老，以及人之老；幼吾幼，以及人之幼"②便是家族伦理社会化的表现，"资于事父以事君，而敬同"③则是家族伦理的政治化的表现。

同礼的宗教属性一样，礼的道德属性也是通过具体的礼仪活动表现出来的，或者说，礼的道德功能是通过礼仪活动体现的。所以，古代贤哲在概括礼的作用时说："以奉宗庙，则敬；以入朝廷，则贵贱有位；以处室家，则父子亲，兄弟和；以处乡里，则长幼有序。"④进而言之，冠、昏、丧、祭、射、乡、朝、聘诸礼仪都可以说是为道德

---

① 《孟子·滕文公上》。
② 《孟子·梁惠王上》。
③ 《礼记·丧服四制》。
④ 《礼记·经解》。

而设,而诸礼仪的价值和意义也就在于此。对此,《礼记·经解》有详细的表述:"故朝觐之礼,所以明君臣之义也;聘问之礼,所以使诸侯相尊敬也;丧祭之礼,所以明臣子之恩也;乡饮酒之礼,所以明长幼之序也;昏姻之礼,所以明男女之别也。夫礼,禁乱之所由生,犹坊止水之所自来也。故以旧坊为无所用而坏之者,必有水败;以旧礼为无所用而去之者,必有乱患。""故昏姻之礼废,则夫妇之道苦,而淫辟之罪多矣;乡饮酒之礼废,则长幼之序失,而争斗之狱繁矣;丧祭之礼废,则臣子之恩薄,而倍畔(背叛)侵陵之败起矣。故礼之教化也微,其止邪也于未形,使人日徙善远罪而不自知也,是以先王隆之也。"对于社会化生活的人们来说,道德理性是世代相传和不断承袭的,冠、昏、丧、祭、射、乡、朝、聘等各项礼仪所包含的道德教化功能便能充分体现出来。它对人们是一种道德命令,最终成为"应该如此"的自我约束的社会生存原则或人际交往原则。我们可以从下面具体的礼仪形式中,看出礼与道德的关系。

一、"冠义":冠礼的道德属性

冠礼是一种成人礼,也是对于个体的道德化(社会化)教育的一个阶段性标志。"冠者,礼之始也。""已冠而字之,成人之道也。"①成人礼又称成丁礼,是源于人类原始部落时期,人们对于成长中的部落成员实行教育达到一定阶段而进行的施礼活动。"男女青年到了性成熟期,一连几年,通过部落所规定的各种程序和仪式,接受一系列的训练和考验,其目的在于使即将成为部落成年成员的男女青年有必须具备的知识,有劳动技能以及对困难和危险的境遇作斗争的能力。"②或者说,"成年礼仪式的目的是要使个人成为'完全的'人,使他能够执行部落的合法成员的一切职能。"③冠礼实际上就是通过加冠的仪式来确认已经进入成人年龄的青年人的成人地位和身份的礼仪活动。从《仪礼·士冠礼》所记录的加冠仪式的内容来看,已经改变了早期原始社会成人仪式中集体仪式和肉体考验等内容,而由加戴冠冕的纯粹象征意义的仪节和为成人者取字,拜见家长、兄弟、亲属及所在地方官绅宾客等仪式组成。所表现出的带有文明进步意义的时代特征,在于冠之礼义的进步。

据《礼记·曲礼上》"男子二十,冠而字"和《礼记·内则》"二十而冠,始学礼",普遍的冠礼仪式是在男性青年20岁时举行的。在这一过程中,受礼者要分别加戴三种不同的冠,即缁布冠、皮弁(武冠,田猎、征伐时戴)、爵弁(文冠,祭祀时

---

① 《礼记·冠义》。
② 林耀华:《原始社会史》,中华书局,1984,第387页。
③ 列维·布留尔〔法〕:《原始思维》,商务印书馆,1985,第343页。

戴）。《礼记·士冠礼》云："始冠，缁布之冠也。太古冠布，齐则缁之。"经杨宽先生考证，缁布冠是周人太古时，行斋戒礼而戴的冠，这里的意义在于保存古礼。①随后所用的是玄冠，有委貌、章甫、毋追等名称。《礼记·士冠礼》说："委貌，周道也；章甫，殷道也；毋追，夏侯氏之道也。"郑玄注云："委犹安也，言所以安正容貌"；"章，明也，言以表明丈夫也。甫或为父"。杨宽先生说："行冠礼时，男子取'字'的方式是'伯某父'或'仲某父'等，用来表示其具有男性成员的权利，加冠后所戴玄冠又称章甫，很明显，同样是用来表示其具有男性成员的权利的。"而且"章甫"成为西周、春秋时宋人礼帽的通用名称。至于"委貌"和"玄端"（礼服）合称"端委"或"委端"的礼服，又是春秋时代贵族常用于参加各种政治活动的。如晋文公接受周襄王的册命，既是"端委以入"②，"阳谷之会，桓公委端、摺（插义）笏而朝诸侯"③。刘定公对赵文子说："吾与子弁冕端委以治民，临诸侯。"④子贡说："大伯端委以周礼。"⑤董安于说："及臣之长也，委端韠（蔽膝，古代遮挡在衣服前面的礼）带以随宰人，民无二心。"⑥"由此可见，'冠礼'的所以加冠，无非表示授予贵族'治人'的特权，表示从此可以'以治民'和'以治周礼'了。"⑦也就是说，加冠的道德属性有两个方面，一是与内具有了男性成员作为丈夫、娶妻生子为父的责任和义务，一是与外具有了贵族"治人"或"治民"的责任和义务。

行"冠礼"时为什么还要再加戴"皮弁"呢？它的道德属性又是什么？"皮弁"也是源于周人上古时的一种帽子。郑玄注《仪礼·士冠礼》有云："皮弁者，以白鹿皮为冠，象上古也。"贾公彦疏云："象上古也者，谓三皇时，冒覆头，句（钩）领绕项。"⑧《白虎通·绋冕》说："皮弁者，……上古之时质，先加服皮，以鹿皮者，取其文章也"，"皮弁素积，素积者，积素以为裳也……战伐田猎，此皆服之。"何休注《公羊传》也称"皮弁，武冠"⑨，"礼……皮弁以征不义，取禽兽行射"⑩《周礼·春官·司服》说："凡兵事，韦弁服；视朝，则皮弁服；凡甸，冠弁服。"由此可

---

① 杨宽：《古史新探》，中华书局，1965。
② 《国语·周语上》。
③ 《春秋谷梁传·僖公三年》。
④ 《左传·昭公元年》。
⑤ 《左传·哀公七年》。
⑥ 《国语·晋语九》。
⑦ 杨宽：《古史新探》，中华书局，1965。
⑧ 郑注，贾疏均：《十三经注疏》，中华书局，1980，第950页。
⑨ 同上，第2277页。
⑩ 同上，第2329页。

见,"到西周建立国家以后,礼节上所用的服装,还多保存着旧有的形式"。而且,"春秋时各国贵族田猎时所戴皮冠,也还和'冠礼'所戴的皮弁一样,保持着原始的式样"[1]。所以说,行"冠礼"戴皮弁的道德属性即内在的礼义,正在于行成人礼者从此便有了从事戎事的责任和义务。

行"冠礼"时第三次加戴的"爵弁",是一种祭服。《礼记·杂记上》说:"大夫冕而祭于公,弁而祭于己;士弁而祭于公,冠而祭于己。"《白虎通·绋冕》说:"爵弁者……周人宗庙士之冠也。"行冠礼加戴爵弁,其意义是行成人礼者从此具备了参加宗庙祭奠的资格和权利。很显然,在所谓"国之大事,惟祀与戎"[2]的时代,"冠礼"的举行就使受礼者获得了特定的权利地位和责任义务。《礼记·士冠礼》说"三加弥尊,谕其志也",《礼记·冠义》说"三加弥尊,加有成也",讲的都是激励受礼者立定志向有所成熟的意思。因此说,行冠礼代"爵弁"的礼义,即道德属性,不仅标志着获得了弥足尊贵的地位和参加宗庙祭奠的资格和权利,而且标志着从此立定志向、有所成就的道德价值和意义。

行成人礼者,既然标志着获得了成人的身份、相应的权利地位和责任义务,就要对其以成人的礼仪和道德标准来要求,正如《冠义》所说的:"成人之者,将责成人礼焉也。责成人礼焉者,将责为人子,为人弟,为人臣,为人少之礼行焉。将责四者之行于人,其礼可不重与!故孝弟忠信之行立,而后可以为人,可以为人,而后可以治人也。故圣王重之。"冠礼的整个道德意义,尽在于此。

二、"昏义":昏礼的道德属性

昏礼是冠礼的直接延续。《礼记·内则》说:男子"二十而冠","三十而有室",女子"十有五年而笄,二十而嫁。有故,二十三而嫁"。《左传·襄公九年》称:"国君十五而生子,冠而生子,礼也。"《太平御览》卷七一八引《白虎通》曰:"男子幼娶必冠,女子幼嫁必笄。"《盐铁论·未通》记文学所言说:"二十而冠,三十而娶。"《周礼》中也多以"昏冠"连称,如"以昏冠之礼,亲成男女"[3]"凡其党之昏冠,教其礼事"[4]等。冠昏之礼也是宗法家族生活中重要的维系手段,《礼记·文王世子》说:"五庙之孙,祖庙未毁,虽及庶人,冠、取妻必告。"

---

[1] 杨宽:《古史新探》,中华书局,1965。
[2] 《左传·成公十三年》。
[3] 《周礼·大宗伯》。
[4] 《周礼·党正》。

《礼记·昏义》明确指出："昏礼者，将合二姓之好，上以事宗庙，而下以继后世也。故君子重之。"成年男女的结合是通过婚礼仪式而公开化、合法化、和道德化的，而公开的、合法的、合道德的婚姻则是家庭的建立和存续的前提。早在人类社会的早期，维系的纽带就是血缘和婚姻，不同的族群之间正是通过联姻而相互保持稳定的关系而世代通好的，而各自族属血缘的延续也是通过异姓间的联姻而绵延不断的。当人类社会进入到宗法时代，血缘和婚姻这两大纽带更加得到重视，从而有更加严格的戒律和禁忌。这就是所谓"同姓不婚"和"男女有别"，其后者更影响社会生活的其他方面。

　　《礼记·郊特牲》说："夫昏礼，万世之始也。取于异姓，所以附远厚别也。"

　　《礼记·坊记》也说："取妻不取同姓，以厚别也。"《礼记·大传》又说："系之以姓而弗别，缀之以食而弗殊，虽百世而昏姻不通者，周道然也。"从文化人类学的认识上看，异姓婚实际上是属于外婚制。对外婚制的解释有多种学说，林惠祥编著的《文化人类学》中对此有比较详细的记述和评论。①大体上是说：第一是有的学说以为外婚制源于动物界中因雄性领袖对全群中雌性的独占而其他雄性必须求偶于外，而人类乱婚时代一切女性都是公有，惟取于外族者才能独自专有，因此产生了外婚制；第二是有的学说以为是出于人类原始宗教图腾崇拜和巫术迷信，同一图腾信仰的团体有着实际的和虚拟的血缘关系，因此团体内是不能通婚的，或因血液迷信，同一血缘系统的男女不能通婚；第三是有的学说以为原始人察觉到亲属结婚发生不良结果后而禁止内婚；第四是有的学说以为出于对人类原有的乱伦冲动的禁忌，尤其是对父与女、母与子的通奸的禁忌，虽然可以说，以上各种说法都有其合理性，但却不能把某一种说法认定为唯一的原因。就所谓"同姓不婚"的禁忌而言，它只是限制了父系血缘内的婚姻，而没有对母系血缘方面的表兄姊妹的通婚限制，无论是姑舅表亲，还是两姨表亲，而这种婚姻在古代是相当普遍的。所以，对于社会化生活的人类来说，婚姻始终是一个综合性要素。仅就上引《昏义》所言而论，已经包含了联结不同的亲族集团，保持传统的宗教信仰及实现种族繁衍的多方面意义和作用。

　　"男女有别"，与其说是对婚前男女青年行为约束的一项准则，不如说是强调在社会中男女两性的不同角色和所承担的不同责任与义务。男子"将以为社稷主，为先祖后"，女子将"事舅姑，如事父母"，夫妻"共牢而食，同尊卑也"。正是为了使青年男女成人婚后在"共牢食，同尊卑"的前提下各自担负起社会、家族方面的责任和义务，在教养上从一开始就是有所分别的，"男女有别"之义由此而起。

---

① 林惠祥：《文化人类学》，商务印书馆，1991，第162—164页。

礼义：礼的道德属性

"男女有别"从出生开始，"子生，男子设弧于门左，女子设帨于门右。三日始负子，男射女否"①。生男孩要为其挂设弓弧，举行射礼的仪式；生女孩则为其挂佩巾，不行射礼。"三月之末，择日剪发为鬌（小儿剪发时留下一部分头发），男角女羁（男孩留脑门两边的头发，女孩留顶中发），否则男左女右。"②在性格倾向的培养上，早期的生活、语言、配饰教育也是男女有别的，"子能食食，教以右手；能言，男唯女俞，男鞶革，女鞶丝。"③"七年，男女不同席，不共食"④，其男女教养上的不同更加明确。其后，男子"十年，出就外傅，居宿于外，学书计。衣不帛襦袴（短衣和裤）。礼师初，朝夕学幼仪，请肄简谅。十有三年，学乐，诵诗，舞《勺》。成童，舞《象》，学射御。二十而冠，始学礼，可以衣裘帛，舞《大夏》，惇（敦厚，笃厚）行孝弟，博学不教，内而不出。三十而有室，始理男事，博学无方，孙（xùn，逊义）友视志。四十始仕，方物出谋发虑，道合则服从，不可则去。五十命为大夫，服官政。七十致事。"⑤可见，对男子的培养与其日后在家族和社会、学问和参政等方面的发展是直接关联的，表明了男子在社会中的地位和作用。那么，女子是如何别于男子的，"十年不出，姆教婉娩听从。执麻枲（麻类植物纤维），治丝茧，织纴（丝缕）组紃（交梭），学女事以共衣服。关于祭祀，纳酒浆笾（古代祭祀或宴会时盛果实、干肉等的竹编食器）豆菹醢（古代酷刑，将人剁成肉酱，这里指祭祀用的肉品），礼相助奠。十有五年而笄，二十而嫁。有故，二十三而嫁。聘则为妻，奔则为妾。"这是由于自然分工到社会分工所划定的生活样式，形成了"男主外，女主内"的局面，"男女有别"就成了稳定社会秩序和家庭基本构成的重要因素。"男女有别"表现为"夫妻有别"，则表达了各守其义、各尽其责的宗法家族伦理的要求。在宗法家庭中，已婚女子有着举足轻重的地位和作用，对她们的道德要求又可称之为"妇顺"。《昏义》中说："妇顺者，顺于舅姑，和于室人而后当于夫，以成丝麻布帛之事，以审守委积盖藏。是故妇顺备而后内和理，内合理而后家可长久也。"那么，为了使待婚女子具备这样的素质，作为昏礼的前期准备性礼仪活动，"妇人先嫁三月，祖庙未毁，教于公宫。祖庙既毁，教于宗室。教以妇德、妇言、妇容、妇功。教成祭之，牲用鱼，芼（mào，拔，取水草）之萍藻，所以

---

① 《礼记·内则》。
② 同上。
③ 同上。
④ 同上。
⑤ 同上。

成妇顺也"。可见，女子婚前在祖庙里所进行的祭祀活动，是对女子德、言、容、功全面考察合格的承认，即对"妇顺"基础的肯定，具备了合格出嫁的内在条件——素质。

到了婚礼中的礼仪程式，同样包含"合二姓之好"，即男方对女方"亲之""敬之"的道德意义。昏礼从纳采开始，经问名、纳吉、纳征、请期、亲迎、成婚等阶段而完成。《礼记·昏义》孔颖达疏云："纳采者，为采择之礼也。……问名者，问其女子所生母之姓名。故《昏礼》云'为谁氏'，言女之母何姓氏也。……纳吉者，谓男家既卜得吉，以告女氏也。纳征者，纳聘财也。征，成也。先纳聘财，而后婚也。《春秋》则谓之纳币。……请期者，谓男家使人请女家以昏时之期，由男家告于女家。何必请者？男家不敢自专，执廉敬之辞，故云'请'也。"男家使者都要带上见面的礼物"贽"拜见女家，孔颖达疏云："惟纳征无雁，以有币故，其余皆用雁。"币，即"玄纁束帛"①。雁，元人陈澔注《礼记集说》引程子曰："奠雁，取其不再偶。"杨宽先生在其《"贽见礼"新探》一文中则指出，如《左传·庄公二十四年》记载御孙所云"男贽，大者玉帛，小者禽鸟，以章物也；女贽，不过榛、栗、枣修，以告虔也"等，与礼书相合的"贽见礼"礼物规定都是源出于氏族制末期男子狩猎，女子采集果实并料理家务的家庭分工。"贽见礼"沿袭了这一原始分工演成的习俗。而婚礼中的"贽见礼"则是为了确立岳父与女婿、新妇与舅姑的亲属关系的。②亲迎，作为婚礼的高潮仪式，是"合二姓之好"的集中体现，亲敬之义也包含其中。《礼记·昏义》所记此礼数曰："父亲醮（婚礼简单仪式，尊者对卑者酌酒）子而命之迎，男先于女也。子承父命以迎，主人筵几于庙，而拜迎于门外。婿执雁入，揖让升堂，再拜奠雁，盖亲爱之于父母也。降出，御妇车，而婿授绥（登车的绳索），御轮三周，先俟（等待）于门外。妇至，婿揖妇以入。共牢而食，合卺（酒器）而酳（少饮），所以合体，同尊卑，以亲之也。"这样一来，不仅遵循了如下的道德禁忌，即《礼记·曲礼上》《坊记》等反复强调的所谓"男女非有行媒，不相知名；非受币，不交不亲""男女无媒不交，无币不相见"，而且也履行了作为家族成员的责任和义务，如《礼记·郊特牲》所说的"亲之也者，亲也。敬而亲之，先王之所以得天下也。……男帅女，女从男，夫妇之义由此始也"和《哀公问》所说的"昔三代明王之敬，必敬其妻子也，有道。妻也者，亲之主也，敢不敬与！"由此可见，其男女之"昏义"，不局限于婚礼的仪式，而是体现了对

---

① 《仪礼·士昏礼》。
② 杨宽：《古史新探》，中华书局，1965。

男女有别的从出生到成婚的道德教育、分工上的素养和责任义务，以及婚礼环节所象征的以敬为标志的"亲"的道德意义，全面表征了"昏义"的道德属性。

其实，还值得一提的是，婚礼中的纳采、纳吉、纳征等程序，常常被视为买卖婚姻的财物与女子相交换的手续，从《仪礼·士昏礼》和《礼记·昏义》来理解，这些程序在很大程度上如芬兰人类学家韦斯特马克所说的那样："亲族并未以女子当作产物变卖。在新郎方面的赠物可以表示好意或尊敬；所以证实自己具有维持妻子的能力；能对付旁人所加以妻子的侮辱，并得防备妻的不贞行为。"新郎方面的赠物又可"当作女子嫁出后蒙损失的赔偿，或者在结婚以前为扶养彼女所费的经费的弥补"①。相比之下，倒是今时的很多婚姻有了更多的铜臭味，其婚礼也少了些道德属性的东西。

三、丧葬之礼的道德属性

很多学者都认为，丧葬之礼的道德伦理意味甚于它的宗教意味，特别是丧服制度，与其说以死者为施礼对象，不如说是将生者置于礼的客体位置而做出的制度性限定，从而显示出生者与死者关系上的亲疏远近和尊卑上下，进一步体现出家族伦理和社会伦理的广泛意义。

首先是丧服与丧期的道德属性。

我们知道，人类的亲属关系是由血缘和婚姻所确定的，首先是血缘，其次是婚姻。但不管是血缘还是婚姻所确定和产生的亲属关系，都存在着远近和亲疏的不同。正是由于亲属关系上远近亲疏的不同，人们相互之间所承担的责任和义务也就有所不同，也就由此构成了家族伦理的实质内容。作为中国古代宗法等级社会的礼仪规范，《仪礼·丧服》以及《礼记》丧礼丧服诸篇，对于体现在丧葬活动中亲属关系上的远近亲疏及其礼仪标志，有着明确的区分和限定。②对于一个死去的人来说，为了表示对他的哀悼和因失去他而产生的悲痛，他的亲属要按照各自的血缘、辈分和姻亲等关系上的远近来确定自己的衣着装束、哀痛表现及保持该状态的时间长短，即丧服、丧期和相应的行为表现，正是丧服所要表达的道德伦理属性。

根据《仪礼·丧服》的伦理意义，不同亲属参与某一亲人的丧礼有着不同的衣着装束，这就是"斩衰""齐衰""大功衰""小功衰""缌麻"，即所谓"五服"，与之相应的时间期限也有不同。换句话说，一个人参与不同亲属的丧葬之礼，也是依照这一

---

① 林惠祥：《文化人类学》，商务印书馆，第155—156页。
② 《礼记》有关丧礼丧服诸篇是：《檀弓》上下、《曾子问》、《丧大记》、《丧服小记》、《丧奔》、《杂记》上下、《服问》、《大传》、《间传》、《服传》、《问丧》、《三年问》、《丧服四制》等。

程式的。

一是"斩衰"之丧服。其服上衣下裳均用最粗的麻布制成，侧边不裹，使断处外漏，表示没有装饰，称为"斩"；用长六寸、宽四寸的麻布连缀衿在当心处，表示悲伤哀戚，称为"衰"。服丧期为三年。凡子为父，未嫁女为父，出嫁女回父家为父，妻为夫，妾为夫君，父为嫡长子等均服之。是"五服"中最重要的一种。

二是"齐衰"之服。仅次于斩服，其服用粗麻布制成，因侧边缝裹而称为"齐衰"。服丧期有三年的：父亲故去，子为母；子为继母，子为慈母（父妾），母为长子。有期年（一年）的：父在，子为母；父母离婚，子为母；父故去，子为改嫁继母；夫为妻；侄为叔伯父母；出嫁女为父母、为嫡长兄弟；媳妇为舅姑、为夫之兄弟；孙子、孙女为祖父母。有三月的：同宗男子及媳妇为宗子、宗子之母、宗子之妻；子为不同居继父，为曾祖父母；出嫁女、未嫁女为曾祖父母；等等。

三是"大功衰"之服，其服用熟麻布做成，较"齐衰"为细，较"小工衰"为粗。服丧期九个月。凡为姑、姐妹、出嫁女，为堂兄弟；嫡长子为兄弟，为庶孙；为嫡长媳妇；出嫁女为众兄弟，姑为侄、侄媳妇；妻为夫之祖父母、叔父母、伯父母等。

四是"小功衰"之服。其服用较细的熟麻布做成。服丧期五个月。凡为从祖祖父母、从祖父母、从祖兄弟，为堂叔伯姐妹、出嫁孙女；嫡长子为出嫁姐妹；为外祖父母，为姨母；妻为夫之姑、姐妹等。

五是"缌麻"之服。其服用麻布制成。服丧期三个月。凡为族曾祖父母、族祖父母、族父母、族兄弟、庶孙媳妇，为从祖姑、出嫁姐妹，为外孙，为曾孙，为从祖兄弟之子、父姨兄弟、父之姑，为甥、婿，为妻之父母，为姑之子，为舅、舅之子等。是五服中最轻的一种。

丧服确立的亲属网络，是由父系和母系、直系和旁系、族系和外亲等六条线索构成的。其所体现的核心原则，就是《礼记·丧服小记》所谓"亲亲，尊尊，长长，男女有别，人道之大者也"，也是宗法等级社会家族伦理的核心精神。所以，孔颖达有疏解释说："此一经论服之降杀之义。亲亲，谓父母也。尊尊，谓祖及曾祖、高祖也。长长，谓兄及旁亲也。不言卑幼，举尊长则卑幼可知也。男女之有别者，若为父斩，为母齐衰，姑姊妹在室期，出嫁大功，为夫斩，为妻期之属是。"此四者，"人间道理最大者"。在以血缘和婚姻为纽带而结成的亲属网络中，丧服制度起着直接的维系作用。不仅仅在丧葬之礼中以此丧服制度区分亲属关系的远近亲疏，更是提示生者处于此亲属关系中应尽的责任和义务。越是直系的、亲近的亲属关系，所应尽的责任和义务就越重大而明确,其道德属性也就是"父慈子孝,兄良弟悌,夫义妇听,长惠幼顺"①,或曰:"父慈子孝,兄爱弟敬,夫和妇柔,姑慈妇听。"②

如果进一步分析,"五服"的丧服制度限定下的宗族亲属关系,亦即"四世而缌,服之穷也。五世袒免,杀同姓也。六世亲属竭矣",又"绝族无移服",反映在宗法家族伦理的要求上就是:"上治祖祢,尊尊也;下治子孙,亲亲也。旁治昆弟,合族以食,序以昭穆,别之以礼义,人道竭矣"。对在婚姻关系下结成的亲属网络,则要求"其夫属乎父道者,妻皆母道也;其夫属乎子道者,妻皆妇道也"。③对于母系外亲的丧服限定,则在于维系异姓族属间的亲属关系,以保持更广泛的宗法家族秩序的和谐和稳定。《礼记·檀弓上》说:"从母之夫、舅之妻,二(夫)人相为服,君子未之言也。或曰同爨(灶义)缌。"陈澔《礼记集说》解释说:"从母,母之姊妹。舅,母之兄弟。从母夫于舅妻无服,所以礼经不载。故曰君子未之言。时偶有甥至外家,见此二人相依同居者,有丧而无文可据,于是或人为'同爨缌'之说以处之,此亦原其情之不可已,而极礼之变焉耳。"又说:"或问从母之夫,舅之妻皆无服,何也?朱子曰:'先王制礼,父族四,故由父而上为族,曾祖父缌麻,姑之子、姊妹之子、女子之子,皆由父而推之也。母族三,母之父,母之母,母之兄弟。恩止于舅,故从母之夫,舅之妻,皆不为服,推不去故也。妻族二,妻之父,妻之母。乍看似乎杂乱无纪,仔细看则皆有义存焉。'"④此外,以兄弟之子与己子及叔嫂的丧服限定也是这种家族关系所制约的。所以《礼记·檀弓上》有云:"丧服,兄弟之子犹子也,盖引而进之也;嫂叔之无服也,盖推而远之也;姑姊妹之薄也,盖有受我而厚之者也。"对此,《礼记集说》引方氏曰:"兄弟之子,虽异出也,然在恩为可亲,故引而进之,与子同服。嫂叔之分,虽同居也,然在义为可嫌,故推而远之,不相为服。姑姊妹在室,与兄弟侄皆不杖期,出适则皆降服大功而从轻者,盖有受我者服为之重故也。言其夫受之,而服为之杖期以厚之,故于本宗相为皆降一等也。"⑤对于故姊妹出嫁前后丧服等级变化,正是亲属关系由近到远变化的反映,已成为异姓家族的成员,在本族位置就变轻了。

其次是丧礼的道德属性。

丧服与丧期之义,体现着复杂亲属关系上的由近到远、由亲到疏而各有降等的限

---

① 《礼记·礼运》。
② 《左传·昭公二十六年》。
③ 《礼记·大传》。
④ 陈澔:《礼记集说》(新刊四书五经本),中国书店,1994,第61页。
⑤ 陈澔:《礼记集说》(新刊四书五经本),中国书店,1994,第62页。

定,而在具体的丧礼行为表现中,也有相应的由重到轻的哀痛表现,揭示着具体丧礼的道德属性。其中包括容体、声音、言语、饮食、居处等方面。

据《礼记·间传》所载:"斩衰貌若苴(结子的麻,有苴布之衣),齐衰貌若枲(xǐ 大麻的雄株),大功貌若止,小功、缌麻容貌可也。此哀之发于容体者也。斩衰之哭,若往而不反;齐衰之哭,若往而反;大功之哭,三曲而偯(哭泣的尾声);小功、缌麻,哀容可也。此哀之发于声音者也。斩衰唯而不对,齐衰对而不言,大功言而不议,小功、缌麻议而不乐。此哀之发于言语者也。斩衰三日不食,齐衰二日不食,大功三不食,小功、缌麻再不食……故父母之丧,既殡食粥,朝一溢米,莫(暮)一溢米。齐衰之丧,疏食水饮,不是菜果。大功之丧,不食醯(xǐ,醋)酱。小功、缌麻,不饮醴(甜酒)酒。此哀之发于饮食者也。……父母之丧,居倚庐(父母丧时住的房子),寝苫(用草编成的遮盖物,草苫)枕块,不说(脱)绖(丧服上的麻带,系在腰间或头上)带。齐衰之丧,居垩室(古代有丧事的人住的地方,在墙壁上涂上白土),苄(蒲萍制的席)翦不纳。大功之丧,寝有席。小功缌麻,床可也。此哀之发于居处者也。"体现在日常生活方面的哀重哀轻的道德行为表现,进一步表明了居丧者对不同亲属的责任和义务的不同。

再次是三年之丧的道德属性。

再以父母三年之丧而论,如《礼记·三年问》所说:"三年之丧,何也?曰:称情而立文,因以饰群,别亲疏贵贱之节,而弗可损益也。故曰无易之道也。创巨者其日久,痛甚者其愈迟。三年者,称情而立文,所以为至痛极也。斩衰,苴杖,居倚庐,食粥,寝苫,枕块,所以为至痛饰也。"为了报答父母的养育之恩,父母死后服丧三年便是孝子的至高责任与义务,故孔子曰:"子生三年,然后免于父母之怀,夫三年之丧,天下之通丧也。"①孔子所回答的为什么要三年之丧,是因为子出生三年才能够免于父母之怀。《丧服四制》又云:"其恩厚者其服重,故为父斩衰三年。"有父亲之丧作为比照,于是"三年以为隆,缌、小功以为杀,期九月以为间"②。五服之制以此为节,家族伦理以此为本。所以《丧服四制》又说:"父母之丧,衰冠,绳缨,菅屦(草,鞋);三日而食粥,三月而沐,期十三月而练冠,三年而祥。比终兹三节者,仁者可以观其爱焉,知者可以观其理焉,强者可以观其志焉。礼以治之,义以正之。孝子、弟弟、贞妇,皆可得而察焉。"这便是三年之丧的礼之道德属性,即道德价值

---

① 《论语·阳货》。
② 《礼记·三年问》。

意义。那么，更为广泛意义的家族伦理乃至社会伦理、政治伦理，也都由此而展开和提升。

复次是丧服制的社会、政治伦理意义。

在礼治社会中，丧服（之礼）制度不仅以宗法家族亲属关系的限定来明确家族伦理的责任和义务，更上升到社会政治领域而体现出宗法等级制度下的社会伦理和政治伦理。如《仪礼·丧服》所规定的：诸侯为天子，公士、大夫之众臣为其君，服斩衰；为君之父、母、妻、长子、祖父母，妻为夫之君，服齐衰期；为旧君，庶人为国君，大夫在外而其妻、长子为国君，服齐衰哀三月；大夫、大夫之妻、大夫之子、公之昆弟为姑、姊妹、女儿嫁于大夫者，君为姑、姊妹、女儿国君者，服大功衰九月；诸侯之大夫为天子服缌衰（小功七月）；君为贵臣、贵妾服缌麻，等等。这样，原本作为体现宗法家族亲属关系的"五服"之制，就扩展到社会政治范围内，体现出具有社会政治伦理意义的等级制关系。最突出的就是诸侯为天子，公、卿、大夫、士为国君，和子为父一样地服斩衰，即最重要的丧服，"事君如父"的政治伦理，其理由在于"资于事父以事君而敬同"①和"忠臣以事其君，孝子以事其父，其本一也"②。这种由家族伦理上升到社会政治伦理的情形，正反映了中国古代文明演进过程中政治上的家国不分，"国家混在家族里面"③，君权和父权相混同的历史事实。宗法制由亲族关系展开直到最高政治统领，从而造成了一级宗法家长的存在，君主就是最高的大家长，而每一宗法家长又是其家族内的君主。于是血缘关系和政治关系的始终结合，父权和君权的始终结合，便成为了所谓"亲则父也，尊则君也，有父之亲，有君之尊，然后兼天下而有之"④的"家天下"的政治局面的出现和延续。至于其他等级的丧服限定，同样是宗法家族关系的泛化。一方面协调尊卑上下的责任和义务关系，另一方面表现为社会生活政治化的意味。于是，社会伦理乃至政治伦理得以体现出来，即如《礼记·祭义》所言："贵贵，为其近于君也；贵老，为其近于亲也；敬长，为其近于兄也；慈幼，为其近于子也。"

由上述而总之，作为体现着宗法家族社会等级关系（亲属关系和政治关系）的丧服制度及其家族伦理和政治伦理的道德内涵，成为礼的道德属性的突出表现，进而有着从道德到政治、从家族到社会的引申意义，即《礼记·大传》所说："自仁率亲，等而上之，至于祖；自义率祖，顺而下之，至于祢（奉祀死父的宗庙）。是故人道亲亲也。亲

---

① 《礼记·丧服四制》。
② 《礼记·祭义》。
③ 侯外庐：《中国思想通史》第一卷，人民出版社，1957，第11页。
④ 《礼记·文王世子》。

亲故尊祖，尊祖故敬宗，敬宗故收族，收族故宗庙严，宗庙严故重社稷，重社稷故受百姓，受百姓故刑罚中，刑罚中故庶民安，庶民安故财用足，财用足故百志成，百志成故礼俗刑，礼俗刑然后乐。"

四、乡饮酒礼义：礼之道德属性

乡饮酒礼是古代社会化生活中重要的礼仪活动。所谓乡饮酒礼，就是在乡一级地方行政组织范围内举行的宴饮活动，即乡一级地方组织所属民众在乡首脑"乡大夫"的组织下进行的聚会活动。这种以宴饮为内容的聚会当是源于氏族社会的狩猎或农耕民族分享收获以及议事等聚会，到宗周时代便演化为具有道德教化意义的礼事活动。

从西周初期开始，于天子的王畿和诸侯的封国，就设有作为社会基础组织结构的乡遂制度，形成了宗法家族系统外的一个由下到上的地域行政管理系统，即《周礼·地官司徒·大司徒》所说的"五家为比，使之相保；五比为闾，使之相受；四闾为族，使之相葬；五族为党，使之相救；五党为州，使之相赒（周济）；五州为乡，使之相宾（宾客之礼待其贤者）"。作为地方行政长官则有乡大夫、州长、党正、族师、闾胥、比长，逐级而下，形成了一整套地方官吏系统。从乡的建置来看，有天子六乡，诸侯三乡，卿二乡，大夫一乡，各有乡大夫。这样一来，以宴饮为形式的礼仪活动——乡饮酒，也就有着范围和层次上的分别，就是乡大夫宾贤能、饮国中贤者，州长习射饮酒于州人，党正蜡祭饮酒于党人。乡则三年一饮，州则一年一饮，党则一年一饮。在不同的间隔时间及不同的活动范围和层次所举行的以乡饮酒礼为总名的礼事活动，又有着相应的内容并体现出相应的精髓内涵。

首先是布政考核，选贤使能。

根据《周礼·地官司徒·大司徒》规定的乡大夫、州长、党正的职掌来看，布政考核、选贤举能是首要职责。作为乡大夫，"各掌其乡之政教禁令。正月之吉，受教法于司徒，退而颁之于乡吏，使各以教其所治，以考其德行，察其道艺。……三年则大比，考其德行、道艺，而兴贤者、能者。乡老及乡大夫帅其吏与其众寡，以礼礼宾之。厥明，乡老及乡大夫、群吏献贤能之书于王，王再拜受之，登于天府，内史贰之"。作为州长，"各掌其州之教治政令之法。正月之吉，各属其州之民而读法，以考其德行、道艺而劝之，以纠其过恶而戒之。……春秋以礼会民而射于州序"。作为党正，"各掌其党之政令教治。及四时之孟月吉日，则属民而读邦法以纠戒之。……国索鬼神而祭祀，则以礼属民，而饮酒于序以正齿位。……正岁，属民读法，而书其德行、道艺，以岁时莅校比。及大比，亦如之"。由此可知，对所属民众考德行，察道艺，选贤举能，成为乡、州、党各级地方行政官吏的重要职责，而乡三年一次，州一年两次，党一年一次的宴饮礼仪活动也就成为一种典礼仪式。在这一仪式举行的过程中又有对获选者以礼相待和现场考察的意味。根据《仪礼·乡饮酒礼》和《礼记·乡饮酒义》，在乡大夫、州长、党正主持的饮酒礼仪活动中，他们分别以主人的身份而视邀请的贤者、能者为宾客，通过拜迎、揖让表示宾主彼此的尊重谦恭，通过饮酒的敬让、献酬、拜受、答谢等表示宾主彼此的敬意。其中的寓意在于有地位、有德行的人们之间的交往，必须遵循彼此恭敬谦让、相互尊重的道德原则，进而具有更广泛的社会伦理意义。即如《礼记·乡饮酒义》所说："尊让、絜、敬也者，君子之所以相接也。君子尊让则不争，絜、敬则不慢。不慢不争，则远于斗辨矣。不斗辨，则无暴乱之祸矣。斯君子所以免于人祸也。故圣人制之以道。"而在宾主交接礼仪的活动中，也正可以考察作为宾客的贤能之人是否名副其实。而后更有专门的射礼对其道艺加以考核。

其次是尚德尚齿，尊长敬老。

乡饮酒礼所包含的尚德尚齿、尊长敬老的道德精神，主要体现在宴饮席间宾客的排位次序上。《礼记·乡饮酒义》说："主人者尊宾，故坐宾于西北，而坐介于西南以辅宾。宾者，接人以义者也，故坐于西北；主人者，接人以仁、以德厚者也，故坐于东南；而坐僎（同'撰'，僎宾即辅佐主人的人）于东北，以辅主人也。"这样，仁义相互交接，宾主各得其位，道德精神得以体验和崇尚。"仁义接，宾主有事，俎（礼器）豆有数，曰圣。圣立而将之以敬曰礼，礼以体长幼曰德。德也者，得于身也。"

乡饮酒的坐次排位还体现了尊长敬老的尚齿精神。这就是《周礼·地官司徒·大司徒》所说的，党正"以礼属民，而饮酒于序以正齿位，壹命齿于乡里，再命齿于父族，三命而不齿"。《礼记·祭义》也有同样的记述，且又说"族有七十者弗敢先"。此意即为官拜一命的人在乡里论定年辈，官拜二命的人在族人中论定年辈，官拜三命的人不用再和族人论定年辈，对族中七十岁的人是不敢争先入席的。所谓一命二命三命，孙希旦《礼记集解》有"天子下士一命，中士再命，上士三命"，意为职位高低①。职位越低，尚齿的范围就越大。

尚齿是尊长敬老的原则，即所谓"年之贵乎天下之久矣，次乎事亲也"②的古老传统，具体而言，"昔者有虞氏贵德而尚齿。夏侯氏贵爵而尚齿，殷人贵富而尚齿，周人贵亲而尚齿。虞夏殷周，天下之盛王也，未有遗年者。"③作为周人的宗法家族及社

---

① 周代官吏的品秩有一命至九命之差，是以天子赐爵的次数来确定的等级，命次越多，职位越高。
② 《礼记·祭义》。
③ 《礼记·祭义》。

会伦理规范，尊长敬老精神无处不在，朝廷、道路、州巷、蒐（田猎）狩、军旅均有体现，即"朝廷同爵则尚齿，七十杖于朝，君问则席，八十不俟（等待）朝，君问则就之，而弟达乎朝廷矣。行肩而不并，不错则随，见老者则车徒辟，斑白者不以其任行乎道路，而弟达乎道路矣。居乡以齿，而老穷不遗，强不犯弱，众不暴寡，而弟达乎州巷矣。古之道，五十不为甸徒，颁禽隆诸长者，而弟达乎蒐狩矣。军旅什任，同爵则尚齿，而弟达乎军旅"。在乡饮酒礼中体现的尊长敬老精神，正是这种普遍原则的特别表现，更具有礼教的意义。于是，"六十者坐，五十者立侍，以听政役，所以明尊长也。六十者三豆，七十者四豆，八十者五豆，九十者六豆，所以明养老也。民知尊长养老，而后乃能入孝弟。民入孝弟，出尊长养老，而后成教，成教而后国安也。君子之所谓孝者，非家至而日见之也。合诸乡射，教之乡饮酒礼，而孝弟之行立矣"①。

再次是兴学施教，化民易俗。

在乡饮酒礼仪活动中，作为宾客而出席的贤者、能者，正是古已有之的"庠序之教"所培养、造就出来的优秀人物，正如《周礼·大司徒》所说的"以乡三物教万民而宾兴之"。《礼记·学记》说："古之教者，家有塾，党有庠，术（州）有序，国有学。"能够进入这些庠序乡校求学问教的，只能是贵族子弟及同姓自由国民即乡人。他们"比年入学，中年考校，一年视离经辨志，三年视敬业乐群，五年视博习亲师，七年视论学取友，谓之小成；九年知类通达，强立而不反，谓之大成。夫然后足以化民易俗，近者悦服，而远者怀之，此大学之道也"②。至于这些乡党学校教授传习的具体内容，实际上仍是先王所传留下来的礼仪制度和伦理道德规范，所以说"先王之制礼也，必有主也，故可述而多学也"③。"一曰六德：知、仁、圣、义、忠、和；二曰六行：孝、友、睦、姻、任、恤；三曰六艺：礼、乐、射、御、书、数。"④对于具体的礼仪制度及其精神意义的理解和掌握，都必须通过学习才能实现，而乡饮酒礼便是对这种学习结果的考查和实践的过程。乡党民众普遍地理解先王礼乐之道的意义后，必然会形成一种良好的社会风气和习俗，进而遵行先王礼仪之道，其就会成为民众的自觉行动，就会"发虑宪，求善良，足以（小）闻，不足以动众；就贤体远，足以动众，未足以化民；君子如欲化民成俗，其必由学乎！"⑤也就是说，考虑问题依据法度，招求贤良来

---

① 《礼记·乡饮酒义》。
② 《礼记·学记》。
③ 《礼记·礼器》。
④ 《周礼·大司徒》。
⑤ 《礼记·学记》。

辅助，足以成就小的名声，而不足以感动民众；礼贤下士，体察边远，足以感动民众，而不足以教化民众；要想教化民众以形成良好的社会礼俗风气，就必须兴学施教。在乡饮酒礼的活动过程中，既可以找到德行的榜样，又可以考核施教的结果。

上述三个方面，便是乡饮酒礼活动所体现的乡饮酒之义，反映了乡饮酒礼的道德属性。

五、射义：射礼的道德属性

在宗周乃至春秋时代，射礼是一项常行的礼事活动。本来，射礼源于人们田猎而进行的军事活动，到了宗周时代，这种军事训练性质的习射活动演化成为两种形式：第一是以习射观德、求贤选能为目的而重在行礼的礼仪形式，第二是以训练和比赛为目的而重在竞技的习武形式，就有了所谓的"礼射"和"主皮之射"的区别。所谓"主皮之射"就是设置兽皮靶子来张弓习射，参与者竞技比武，其中保留了习射的最初性质。而"礼射"则是从中演化出更加广泛的意义，功能和作用也随之改变，从根本上说，"射"被赋予了伦理道德的意义，成为礼的道德属性。诚如北宋学者吕大临所言："射者，男子所有事也。天下无事，则用之于礼义，故习大射、乡射之礼，所以习容、习艺、观德而选士；天下有事，则用之于战胜，故主皮、呈力，所以御侮克敌也。"①

作为礼射，按照施礼范围和参与者的不同，分别为大射、乡射、宾射、燕射，其礼义内容也有所差别。清人孙希旦在其《礼记集解·射义》中说："凡礼射有四，一曰大射，君臣相与习射而射也。自天子以下至于士，皆有之，今惟诸侯《大射礼》存。二曰宾射，天子诸侯飨来朝之宾，而因与之射。亦谓之飨射，《司服》'飨射则鷩（锦鸡）冕'是也。……诸侯飨聘宾，亦与之射，《左传》晋士鞅'来聘'，'公享之'，'射者三耦'是也。今其《礼》并亡。三曰燕射，天子诸侯燕其臣子或四方之宾，而因与之射；大夫士燕其宾客，亦得行之。《燕礼》云'若射'，'则如乡射之礼'。此诸侯燕射之可见者也。四曰乡射，州长与其众庶习射于州序，《仪礼·乡射礼》是也。而乡大夫以五物询众庶，亦用是礼焉。四者之礼，宾射为重，而大射为大。《燕礼记》云'君与射，则为下射'，《乡射礼》'宾、主人、大夫若皆与射，则遂告于宾'，则燕射、乡射君若宾以下或有不与者，惟大射则无不与射也。"杨宽先生认为，宾射、燕射二礼是为了招待贵宾和举行宴会而举行的，着重在叙欢乐，《周礼·春官·大宗伯》就有"以宾射之礼亲故旧朋友"之说。大射、乡射则重在行礼，通过行礼的方式来进行

---
① 杨宽：《古史新探》，中华书局，1965。

"射"的练习和比赛,同时有着选拔人才的目的。①无论是大射、乡射,还是宾射、燕射都有着对于参与者的德行考察和参与者亲行道德践履的作用。而大射、乡射所具有的选贤举能的性质也仍是重在考察选举者的德行。《礼记·射义》说:"古者天子以射选诸侯、卿、大夫、士。……以立德行莫若射,故圣王务焉。"郑玄注云:"选士者,先考德行,乃后决之于射。"孔颖达则说:"诸侯虽继世而立,卿大夫有功乃升,非专以射而选,但既为诸侯、卿、大夫,又考其德行,更以射辨其才艺高下,非谓直以射选补始用之也。"②由此可见,射礼所具有道德内涵甚于技艺性,从而受到行礼者的重视。

射礼是怎样体现出所具有的道德内涵的呢?《礼记·射义》有云:"射者,进退周还必中礼,内志正,外体直,然后持弓矢审固,然后可以言中。此可以观德行矣。"即是说,通过习射动作的身体姿势可以体现一种由内到外的自我约束力即自律的精髓,这种精髓正与道德的自律性相一致。正如郑玄注所说:"内正、外直,习于礼乐有德行者也。"吕大临进一步阐释说:"圣王制射礼,以善养人于无事之时,君子敬以直内,义以方外,则不疑其所行。故发而不中节者,常生于不敬,所存乎内者敬,则所以形于外者庄矣。内外交修,则发乎事者中矣。"③这样的礼射,与其说是比技艺,不如说是在比德行,而且更在于自比,正如《礼记·射义》所言:"射者,仁之道也。射求正诸己,己正而后发,发而不中则不怨胜己者,反求诸己而已矣。"

射礼的参与者在保持一种"心平体正,持弓矢审固"的自我约束或自律的精髓状态的同时,还要以自己在家族或社会所担负的角色而应具有的标准为追求目标。于是,射礼的进行过程就成为理想的道德标准的追求和体验过程,即"为人父者以为父鹄,为人子者以为子鹄,为人君者以为君鹄,为人臣者以为臣鹄。故射者,各射己之鹄,吾中之则成人,不中之则不成人也。"④孙希旦也说:"射以观德,故为父、子、君、臣者,当射时必念此所射者即己之鹄,中之则能胜其所为,不中则不能胜其所为,此所谓'绎己之志'者也。"⑤固然,射中与否不会真的和射者的道德品行直接联系,然而射礼的寓意却在于此,不过是通过行礼来唤起参与者道德自律和道德理想标准的精髓追求而已。比较而言,如果说冠礼是在家族范围内的行礼过程中,求得对个体的道德约束和道德自律的实践与体验,那么射礼则是在社会范围内(州乡、郡国、王畿)的行礼过程

---

① 杨宽:《古史新探》,中华书局,1965。
② 见《十三经注疏》,中华书局,1980,第1687页。
③ 孙希旦:《礼记集解·射礼》引,第1438页。
④ 《礼记·射义》。
⑤ 孙希旦:《礼记集解·射义》。

中，求得对个体的道德约束和道德自律的实践与体验。

在礼射仪式中，天子、诸侯、卿大夫、士分别所采用的诗歌伴唱以为节奏，同样有着德行或者说是政治伦理方面的寓意，天子以至于士要各守其节，以立德行而功成国安。"天子以《驺虞》（诗经中一首）为节，诸侯以《貍首》为节，卿大夫以《采苹》为节，士以《采蘩》为节。《驺虞》者，乐官备也；《貍首》者，乐会时也；《采苹》者，乐循法也；《采蘩》者，乐不失职也。是故天子以备官为节，诸侯以时会天子为节，卿大夫以循法为节，士以不失职为节。故明乎其节之志，以不失其事，则功成而德行立。德行立则无暴乱之祸也，功成则国安。故曰：射者，所以观盛德也。"①《驺虞》《貍首》《采苹》《采蘩》都是《诗经》中的一首，《驺虞》是《诗经·召南》的篇名，驺虞是传说中的义兽之名，"驺虞，义兽也，白虎，黑文，不食生物，有至信之德则应之"②；也是天子囿中掌鸟兽的官，"驺虞，天子掌鸟兽官"③；还是古乐曲，"乃奏《驺虞》"④。《貍首》是逸诗篇名，以此为诸侯发矢的节度，郑玄注曰："《貍首》，逸诗《曾孙》也。貍之言不来也。"陆德明释："貍之言不来也。首，先也。"诸侯之射，奏《貍首》。《采苹》也是《诗经·召南》的篇名，描述女子采摘浮萍、水藻，置办祭祀祖先，记载了女子出嫁前的一种风俗；诸侯之射，奏《采苹》之乐曲，以《采苹》为节，通过德行来强化贵族的等级意识。所以说，通过礼仪活动的形式对参与者进行德行考察，使参与者获得道德自律的实践和体验才是射礼的首要功能作用。

六、燕、聘、朝觐之礼的道德属性

宗周以及春秋时代，无论是天子与诸侯、诸侯与诸侯之间，还是诸侯与其臣属之间，因其关系不同而都有不同的礼仪交往形式，具体表现的燕、聘、朝觐诸礼仪，都属于政治礼仪的范畴，其交往的方式和原则所体现出的，不仅有政治意义，而且有道德意义，表现出了政治道德化或道德政治化的倾向。

1.燕礼的政治化道德属性

燕礼是一种饮食之礼，是宗周、春秋时代天子诸侯卿大夫士之间相互交往活动中必不可少的礼。燕礼活动包括：天子燕来朝之诸侯者，诸侯燕来聘之臣、燕其聘宾者，

---

① 《礼记·射义》。
② 《毛传》。
③ 《周礼·春官·钟师》。
④ 《墨子·三辩》。

君自燕其臣子者，燕其宗族者，行养老礼而燕之者，等等。《仪礼·燕礼》规范的是诸侯燕其臣子之礼，《仪礼·燕礼记》则兼及燕四方之宾客，"其余礼则不可得而考矣"①。可见，燕礼往往是在举行朝、聘、射、养老等礼仪活动中进行的，目的在于以饮食相招待，加强交往，联络关系，沟通感情，和同样是饮食之礼的"飨礼""食礼"相比较，"飨、食礼重而体严，燕则礼轻而情洽"②。就诸侯燕礼特别是诸侯为其臣属所举行的燕礼而言，无论是所谓"无事而燕"，还是其臣属"入贡献功于王朝，出聘于邻国而还"，或"有大勋劳功伐而特燕赐之"③，在礼仪程式上都集中体现出君臣上下交往活动中所应遵循的原则，透露出政治伦理的意义。

首先是燕礼必须明确君臣有别。在设立宾主席位时，"君席阼（古指堂下东边的台阶，迎宾的地方）阶，居主位也。君独升立席上，西面特立，莫敢適（敌）之义也"，从而确定了君主独尊地位。君臣有别的另一体现是"不以公卿为宾，而以大夫为宾"，《仪礼·燕礼·记》亦曰"与卿燕，则大夫为宾；与大夫燕，亦大夫为宾"。对此，孙希旦解释说："盖燕礼之为宾者劳，故凡燕皆不以所为燕者为宾，优之也。然所为燕者，虽或有公、卿、大夫之不同，而所命为宾者则必大夫，盖公卿已尊，又加以为宾之尊，则疑于君而无别也。"作为公卿地位，已极尊显，若再像对待宾客那样去尊敬，等于尊上加尊，就有尊逾君主之嫌，故于礼数上要加以避免。其次是燕礼中要表现出"体宾之心"。国君指派掌膳食的家臣来作为敬酒的主人，即"使宰夫为献主"，酬对宾客。孙希旦说："若君自为主，则宾将踧踖（恭敬不安）不安，而非所以为乐矣。故使宰夫为献主，则可以尽宴饮之欢，体宾之心也。"④燕礼既要体现君臣有别，又要体现上下尽欢。

关键在于，燕礼并不是单纯的酒食款待，其意义还在于君臣之间相互激励，彼此敬重，各尽职责。燕礼中君主向宾客臣下敬酒、赐酒，宾客臣下要叩拜答谢，君主又要答拜，这样的彼此施礼，表明为臣有为臣之礼，为君有为君之礼，相互尊敬，正所谓"君君，臣臣"之义。进而言之，则如《礼记·燕义》所说："臣下竭力尽能以立功于国，君必报之以爵禄，故臣下皆务竭力尽能以立功，是以国安君宁。……是以上下和亲而不相怨也。和宁，礼之用也。此君臣上下之大义也。"

---

① 《礼记集解·燕义》。
② 同上。
③ 胡培翚：《仪礼正义》，江苏古籍出版社，1993，第665页。
④ 所引均见《礼记集解·燕义》，第1452页。

2.聘礼的政治化道德属性

聘礼是一种天子对诸侯邦国、诸侯邦国之间以及大国对小国访问、拜会的交往礼仪,广泛实行于宗周和春秋时代。依据《周礼·大行人》,宋人吕大临指出了实行聘礼的几种情况:天子抚诸侯者,诸侯事天子者,邻国交修其好者。① 清人胡培翚曰:"《礼仪》但有诸侯聘诸侯之礼,而无诸侯聘天子及天子聘诸侯之礼,盖皆阙而不存耳。"② 可见这里讲的聘礼主要是诸侯间的聘礼。

一是聘礼的意义,在于"诸侯相厉以礼,则外不相侵,内不相陵。"孙希旦在《礼记集解·聘义》中说:"古者诸侯同在方岳之内,而有兄弟婚姻之好者,久无事则相聘焉。"聘礼在促进诸侯邦国之间的交往的同时,更遵循救助危难、扶危济困的道义原则,胡培翚指出:"古之聘者,必择有道之国而行之,此常聘也。又如告籴(买进粮食)、乞师之类,亦行聘礼。"③

二是聘礼的礼仪程式上,诸侯邦国交往原则的精髓有着具体的体现。最为突出的是贵贱分明,尊卑有等,相互尊敬谦让。作为代表君主前往他国行聘,即访问或拜会他国之君的使者,有所谓"大聘使卿,小聘使大夫"的区别,"而三等之国,其出聘之卿、介有多少,主国所以待之以礼亦有差降"④。当时诸侯有公、侯、伯、子、男的爵位差别,因而行聘时其使卿大夫所带随从助手的人数就有限定。《礼记·聘义》说:"上公七介,侯伯五介,子男三介,所以明贵贱也。"吕大临说:"古者宾必有介。介,副也,所以辅行斯事,致文于斯礼者也。"⑤《礼记·聘义》孔颖达疏云:"上公七介者,若上公亲行则九介,其卿降二等,故七介,侯、伯、子、男以次差之,义可知也。"⑥而受聘主国接待来使则以"卿为上摈,大夫为承摈,士为绍摈"。吕大临说:"摈者,主国之君所使接宾者也。主国有摈犹摈之有介也。摈有三者,以多为文也。"⑦ 在体现贵贱有等的同时,也体现着诸侯邦国外交上规格相应的原则。

二是行聘礼的仪式中,无论君命的传达方式,还是入庙登堂的礼节,抑或主君的迎接慰劳,都要体现出宾主之间尊敬谦让的礼仪风范。同时,宾主君臣之义也要得以体现。正像吕大临所说:"使臣之义,则致其君臣之敬于所聘之君。主君之义,则致其宾

---

① 《礼记集解·聘义》,第1456页。
② 《仪礼正义·聘礼一》,第944页。
③ 同上,第945页。
④ 《礼记集解·聘义》,第1456页。
⑤ 陈澔《礼记集说》,第516页。
⑥ 《十三经注疏》,第1692页。
⑦ 陈澔《礼记集说》,第517页。

主之敬于来聘之臣也。"①主国之摈与使者之介逐次将主君之命传达给使者,而不是使者与主君直接面对面地相见,是表示行聘礼者对主国尊敬之至。所谓"三让而后传命,三让而后入庙门,三揖而后至阶,三让而后升,所以致尊让也"②,意为宾客使者再三谦让之后才向主国摈者传达君命,入庙门,上台阶,登堂入室,都是再三与主人相谦让。另外,作为君主,"使士迎于竟(境),大夫郊劳,君亲拜迎于大门之内而庙受,北面拜贶(惠赠),拜君命之辱,所以致敬也"③。通过远迎国境、在郊野相慰劳、亲迎于庙堂、拜收惠赠之物、拜谢聘君之屈尊等礼节,以表示对来聘之国君主的尊敬。对宾客使者,主君亲加礼遇。宾客使者则以个人名义拜见主国卿大夫和君主。主国又送上肉类、牲口,退还作为信物的主璋,再加以馈赠,并举行燕飨,以表明宾主君臣之间的道义。如果行聘的使者有失礼节,主君就不亲自举行飨礼来招待,以令使者自感愧疚而相激励。

3.朝觐礼的政治化道德属性

朝觐礼是诸侯见天子之礼,有所谓的四时之分,按时间不同分为春见、夏见、秋见、冬见,按照目的作用的不同又有时见、殷见等。《礼记·觐礼》郑玄《目录》说:"觐,见也,诸侯秋见天子之礼。春见曰朝,夏见曰宗,秋见曰觐,冬见曰遇。朝、宗,礼备,觐、遇,礼省,是以享献不见焉。三时礼亡,唯此存尔。"④也就是说,今《仪礼·觐礼》乃诸侯秋天见天子的礼仪,其他三时之礼已经不存了。又据《周礼·大宗伯》,诸侯与天子相见,除了四时之会外,还有多种形式,即"以宾礼亲邦国,春见曰朝,夏见曰宗,秋见曰觐,冬见曰遇,时见曰会,殷见曰同,时聘曰问,殷𬙂(同俯)曰视"。诸侯与天子之间相交往的礼仪活动,虽然有时间安排上的区分和目的作用上的不同,但都是以"王见诸侯"为核心的礼仪活动,所以以"朝觐"概言之。诚如清人胡培翚所说:"《乐记》曰:朝觐,然后诸侯知所以臣。《祭义》曰:朝觐,所以教诸侯之臣也。《经解》曰:朝觐之礼,所以明君臣之义也。礼每以朝觐对举,则朝可该宗,觐可该遇。"⑤朝觐之礼集中体现出宗周以降"君天子、臣诸侯"的政治局面,所谓"普天之下,莫非王土,率土之滨,莫非王臣",无论同姓异姓封邦诸侯皆尊周天子为天下共主,朝觐之礼便是联结中央王朝与诸侯邦国之间的政治、经济、文化的纽带,

---

① 陈澔《礼记集说》,第517页。
② 《礼记·聘义》。
③ 同上。
④ 《仪礼正义·觐礼》,第1262页。
⑤ 《仪礼正义·觐礼》,第1263页。

起着维系周王朝一统天下的作用。因而，朝觐之礼的隆兴弛废，也反映着周王朝的强盛与衰微的历史变迁。

朝觐之礼的核心要义或政治化道德属性，在于天子与诸侯的君臣关系，作为重大的礼仪活动，它的弛废即意味着周天子天下共主地位的失去。我们知道，周天子与诸侯的君臣关系，是建立在宗法制和分封制基础上的，《荀子·儒效》记云：西周初年，周公"兼制天下，立七十一国，姬姓独居五十三人"。同姓为族亲，以父系宗法血缘为纽带；异姓为姻亲，以母系血缘为纽带。因此，《仪礼·觐礼》中说："同姓大国，则曰伯父；其异姓，则曰伯舅。同姓小邦，则曰叔父，其异姓小邦，则曰叔舅。"天下诸侯以分治邦国为职守，例行朝觐之礼则有向天子述职的意义，《孟子·梁惠王下》中晏子说："诸侯朝天子曰述职，述职者述所职也。"因而是"君天子，臣诸侯"所不可缺少的礼仪，如果有诸侯不按时行朝觐之礼，必将受到相应的处罚，所谓"一不朝则贬其爵，再不朝则削其地，三不朝则六师移之"①。春秋时期，诸侯不再听命周天子，周天子逐渐失去天下共主地位，朝觐之礼衰微，"礼崩乐坏"盖始于此。

西周以礼治国，其教育也围绕礼展开。为了培养宗法制度需要的统治人才，其教育的核心内容是礼，"六艺"知识形态都与"礼"有关，"礼仪"的尊卑关系和"礼义"的道德属性，内外兼顾。但随着生产力和生产方式的发展所带来的生产关系的变化，必然动摇以礼为核心的上层建筑。教育作为上层建筑，官学衰废，贵族上层子弟"无学不害"，贵族下层的一些士，通过观、问、师的方式学而优，促进学术下移，私学应运而生。孔子兴私学，所传诗、书、礼、乐、易、春秋之"新六艺"，从人文思想上重塑礼义道德，开创儒学的同时，也开创了思想权力与政治权力在"思想解释"上的争夺，通过百家争鸣的战国时代、秦帝国时代，直到西汉形成了以儒家经典为核心的"经学形态"的教育内容，统领了一千多年的封建教育。

---

① 《孟子·告子下》。

> **教学随笔**
>
> 亨利·列斐伏尔说:"空间里弥漫着社会关系,它不仅被社会关系支持,也生产社会关系和被社会关系所生产。"

从春秋到秦汉:礼与法的相涵与分立

我在中学时所接受的教育,一直认为"法家"比"儒家"更具历史进步性。后来读大学,重学中国历史,研究生又学中国教育史,"礼"与"法"的关系,也一直困扰自己,尤其是在大学讲《中国教育史》时,仍困于二者分立的思想——是由于"礼"的断裂才有"法"的产生,还是"礼"本身就包含了"法"?既困于我,亦必然困于学生。于是,以历史与逻辑相统一的方法论,重新审视这一课题,发现了它们之间由相涵到分立的内在逻辑关系。

可以这样说,王国时代尤其是宗周时代,所谓礼制,是以"礼"作为社会规范和社会准则的,不仅仅具有道德属性,而且从一开始就同时具有"法"的属性和意义。当"礼"具有统摄一切的社会规定性时,"法"也就毫无疑问地包含于其中。无论以广义或狭义为视角,"礼"与"法"都有着对应性的联系,其中既有观念性的,也有制度性的。在历史的演进中,"礼"与"法"出现分离,以至成为不同的思想人物的核心范畴和观念主张,其实质内容也发生明显的变化。因此,探讨"礼"与"法"的关系,就必须从历史上礼的观念和法的观念、礼制与法制、礼与刑、礼与律令等多方面的关系上建构逻辑连接。

一、礼与自然法的相涵关系

《左传·昭公二十五年》记载了子产的一段话:"夫礼,天之经也,地之义也,民之行也。天地之经,而民实则之,则天之明,因地之性,生其六气,用其五行。……淫则昏乱,民失其性。是故为礼以奉之。……为君臣上下,以则地义;为夫妇外内,以经二物;为父子兄弟、姑姊甥舅、昏媾姻亚,以象天明;为政事、庸力、行务,以从四时;为刑罚、威狱,使民畏忌,以类其震曜杀戮;为温慈、惠和,以效天之生殖长育。"

由此可以看出,中国古代的"礼",作为秩序的综合,是无所不包的,本身就具有法的规定性意义。当"礼"的观念涵盖了全部社会生活,并以"天经地义"的自然法则为依据的时候,"礼"也就有了自然法的性质。既然"礼"在中国古代哲人心目中是自然秩序和社会秩序的总括,那么,就人类社会而言,"礼"又包括道德秩序和法的秩序。而"法"的秩序的确立,与道德秩序的确立一样,同样存在于从"天意如此"到"应该如此",再到"必须如此"的历史演进中,即从"天罚""天谴""神判"的神权自然法的认识,到以社会性道德准则为基础的法律原则的确立,再到涵盖整个社会生活的法律体系的建立。"法"的这种演进过程与"礼"的演进过程的一致性,说明道德作为社会共同的行为准则,不单指其个人的"内化"行为,也成为建立"法"的秩序的基础原则。

因此,当用以指称自然与社会的秩序时,"礼"便有了广泛的意义。在中国古代先哲的心目中,"礼"是以自然法则为依据的,是人类取法于自然、效法自然所形成的社会准则和社会规范,即社会法则。换句话就是古代先民对自然而然地存在和发展而来的人类社会秩序的肯定和确认的结果。

来自西方近现代法学分类中的自然法,《简明不列颠百科全书》解释说:"自然法是哲学家和法学家们常用的术语,但含义常常不是很确定。就一般意义来说,它指人类所共同维护的一整套权利或正义体系,作为普遍承认的正当行为的原则来说,它往往是'实在法'的对称,即与经过国家正式颁布并利用一定的制裁而强制执行的那些法规对比而言。"[①]孟德斯鸠说:"在所有这些规律(即人为的、宗教的、道德的、政治的和民事的规律)中之先存在着的就是自然法。所以称为自然法是因为它们是单纯渊源于我们生命的本质。如果要很好地认识自然法,就应该考察社会建立以前的人类。自然法就

---

① 《简明不列颠百科全书》(第6卷),中国大百科全书出版社,1986,第569页。

是人类在这样一种状态之下所接受的规律。"①由此可见，这种自然法的核心就在于人类原始的社会化生活秩序的维系和延续。

在西方，自然法思想学说或观念，实是一个历史性的概念。"在西方，自然法思想发端于古代社会，在长达几千年的历史中，'自然法'这一概念被不同的人们在不同的时期为着不同的目的而使用。'自然法'的形式不断翻新，但自然法这种思想传统和政治意识形态却经久不衰。"②

对于古代的"自然法"思想，英国的法学家梅因曾给予很高的评价，他说："如果自然法没有成为古代世界中一再普遍的信念，这就很难说思想的历史，因此也就是人类的历史，究竟会朝哪一个方向发展了。"③同样的，"法"的概念，在其获得普遍意义的时候，也被视为是出于自然秩序。"和自然法则一样，法律法则也不是人类的发明，而只是发现；不是规定，而只是确定。"④所要指明的实际上是早期人类在自然法则的启示下，发现和发明了可以规范人类自身生活的规则和法律。

实际上，在中国历史上，自然法思想也广泛存在。正如中国近现代学者考察过的，自然法思想在先秦诸子那里，无论是孔子、孟子、荀子，还是墨子、老子、庄子，以及法家人物的学说中都有体现。

梁启超先生在其《中国法理学发达史论》中就明确提出先秦的儒墨道和汉以后的正统思想中有自然法思想，认为"礼"是自然法的副本，"道"或"理"是自然法本身。又说："故儒家之论，其第一前提曰有自然法，其第二前提曰惟知自然法者为能立法，其第三前提曰惟圣人为能知自然法。次乃下断曰：故惟圣人为能立法。"⑤他还在《先秦政治思想史》中指出：中国古代的"天道""天命"思想也集中体现了"自然法"意识，即"吾先民以为宇宙间有自然之大理法，为凡人类所当率循者，而此理法实天之所命"。⑥

有很多学者引申梁启超的思想观念。王振先在其《中国古代法理学》中认为，道家"力倡自然法"，"凡所有人为法令均为罪之渊源，惟顺自然法者最为有利无弊"。杨鸿烈在其《中国法律思想史》中也认为道家的特点就是赞成自然法，极端反对人为法。陈顾远在其《中国文化与中国法系》中认为："中国固有法系之神采为人文主义，并且

---

① 孟德斯鸠：《论法的精神》，商务印书馆，1997，第4页。
② 张文显：《二十世纪西方方法哲学思潮研究》，法律出版社，1996，第37页。
③ 梅因［英］：《古代法》，商务印书馆，1959，第43页。
④ 拉德布鲁赫［德］：《法学导论》，中国大百科全书出版社，1997，第19页。
⑤ 梁启超：《饮冰室文集之十五》，《饮冰室合集》第二册，中华书局，1989。
⑥ 梁启超：《先秦政治思想史》，东方出版社，1996，第24页。

具有自然法像之意念。"梅仲协在其《礼与法》一文中则直接指出"儒家常称自然法为礼",故"礼就是自然法"①。

立于前人研究成果的肩膀,无疑引导我们进一步思考。从礼与自然法的关系来说,古代先哲所注重的是以"自然法"为依据的"人为法"。在中国古代先哲看来,当人类的历史进入到先王时代,先王依照自然的法则而"制礼仪、明法度"的时候,礼便有了"人为法"的性质,也就是人类法治化生活的开始。诚如《礼记·礼运》所说:"大人世及以为礼,城郭沟池以为固,礼义以为纪,以正君臣,以笃父子,以睦兄弟,以和夫妇,以设制度,以立田里,以贤勇知,以功为己。……未有不谨于礼者也。以著其义,以考其信,著有过,刑仁讲让,示民有常。"而对于这种"人为法",孟德斯鸠则说:"人类一有了社会,便立即失掉自身软弱的感觉,存在于他们之间的平等消失了,于是战争的状态开始。每一个个别的社会都感觉到自己的力量,这就产生了国与国间的战争状态。每一个社会中的个人开始感觉到自己的力量,他们企图将这个社会的主要利益掠夺来自己享受,这就产生了个人之间的战争状态。这两种战争状态使人与人之间的法律建立了起来。……人类在不同人民之间的关系上是法律的,这就是国际法。社会史应该加以维持的,作为社会生活者,人类在统治者与被统治者的关系上是有法律的,这就是政治法。此外,人类在一切公民间的关系上也有法律,这就是民法。"②

具有与孟德斯鸠类似表述的是先秦法家学派的代表人物商鞅:"古者未有君臣上下之时,民乱而不治。是以圣人列贵贱,制爵位,立名号,以别君臣上下之义;地广,民众,万物多,故分五官而守之;民众而奸邪生,故立法制、为度量,以禁之。是故有君臣之义,五官之分,法则之禁。"③又说,"神农既没,以强胜弱,以众暴寡,故黄帝作为君臣上下之义,父子兄弟之礼,夫妇妃匹之和;内行刀锯,外用甲兵。故时变也。"④

人对神的权威的认定是对自然法的认定的开端,将人世间对是非曲直的裁判权托付于神灵,就是所谓的"神判"。也就是说,礼的第一对象是神,那么礼的规则也就由神来确定,其中包括人的社会行为准则。尽管这些准则有不少是通过神职者的占筮来决定的,但对准则(天命)的解释权却在君王那里,神职服从服务于王。"卜筮者,先圣王

---

① 曾宪义、范忠信:《中国法律思想史研究通览》,天津教育出版社,1989,第107—109页。
② 孟德斯鸠:《论法的精神》上卷,商务印书馆,1991,第5页。
③ 《商君书·君臣》。
④ 《商君书·画策》。

之所以使民信时日，敬鬼神，畏法令也。"①

自然法精神在古人的意识里，体现为对个体行为和群体行为或社会行为的神判。对个体行为的神判，涉及个人之间的是非裁判；对群体行为或社会行为的神判，则来自群体对自然界做出的行为所产生的后果的自我认识，即所谓的"天谴""天罚"，从而成了"天人关系"的认识论传统的发端。从有记载的历史来看，古代中国人最早意识到自然及人类社会的秩序性，是以"天道"名之，即有天神上帝的控制而得以存在和维系，"天命""天罚"思想也由此而起。《尚书·禹誓》说："济济有众，咸听朕言，非惟小子，敢行称乱，蠢兹有苗，用天之罚，若予既尔率群对诸群，以征有苗。"②《尚书·甘誓》曰："有扈氏威侮五行，怠弃三正，天用剿绝其命，今予惟恭行天之罚。"《尚书·汤誓》又曰："有夏多罪，天命殛之……尔尚辅予一人，致天之罚。"可见，夏商时期是自然法思想影响至深的时期。尽管所谓"天理""天谴""天罚"，更多的不过是威势者代行天意的一种昭告，或者是弱势者的期盼而发出的一种呼号和诅咒，但产生的自然法精神之"神判"意识是不可否认的。所以说，自然法不是一种法的形式，而是一种法的意识和法的精神，越是接近人类历史初期阶段，自然法的意识和精神就表现得越浓重。正是如此，历史上人们所制定的法，都或多或少地包含着自然法的精神。

在古典文献中，我们可以找到"人为法"的自然法依据，从"自然法"过渡到"人为法"的过程中，证明"礼"与"自然法"的相涵意义。《尚书·皋陶谟》说："皋陶曰：天叙有典，敕我五典五惇（敦厚）哉！天秩有礼，自我五礼有庸哉！同寅协恭，和衷哉！天命有德，五服五章哉！天聪明，自我民聪明；天明畏，自我民明畏。达于上下，敬哉有土！"《尚书·洪范》亦有"鲧则殛死，禹乃嗣兴，天乃锡洪范九畴，彝伦攸叙"。出于对天神崇拜的自然法的确认，到"人为法"的建立，正是由宗教信仰上的"天意如此"的神圣命令，到具有外在强制作用的"应该如此"的社会命令或权力政治命令的外化过程。这种外在的他律性的社会命令是以"人为法"的形式，由社会政治权力的核心代表向整个社会发布的，因而具有众所周知的公开性。至于表现在具体施行对象上的特权性和等级性，则是人类社会法制化生活从一开始到后来相当长的历史阶段所共有的性质。

在"礼"从自然法过渡到人为法的意义上，古代的儒家、道家、法家的思想是相通

---

① 《礼记·曲礼上》。
② 《墨子·兼爱下》引。

的，正如梁启超在解释上引《尚书·皋陶谟》时所说："则也，范也，叙也，秩也，皆表自然法则之总称，因则而有彝，因范而有畴，因叙而有典，因秩序而有礼，则自然法则之演为条例者也。此总相即后此儒家、道家之所谓道，其条理则后此儒家之所谓礼、法家之所谓法也。而其渊源则认为出于天，前此谓有一有感觉有情绪有意志之天直接指挥人事者，既而此感觉情绪意志，化成为人类生活之理法，名之曰天道。公认为政治所从出而应守，若此者，吾名之曰抽象的天意政治。"①

二、礼与成文法的相涵关系

成文法是文明时代国家出现之后的产物。成文法从何而来？早期人类在社会化生活的过程中，会不断形成一系列的关乎其生存与延续的规范和秩序，而这些规范和秩序的最初表现形式是习惯法。随着人们生活内容的丰富和多样化进程，一些习惯会得到不断的改变和调整。由史前到文明时代，随着人类意识和经验的发展，相当多的秩序与规范具有了确定性和权威性，其受到权威者以相应的手段和措施加以维护和保障。权力集团的产生为带有权力意志的成文法的制定开辟了道路。

依据史籍记载，中国古代制定法的历史是很久远的。在早期阶段，上自传说时代的伏羲、神农，下迄夏、商、周，绵延千载，更迭损益。《商君书·更法》说："伏羲、神农教而不诛，黄帝、尧、舜诛而不怒。及至文、武，各当时而立法，因事而制礼，礼法以时而定，制令各顺其宜。"看出这些礼法的制定涉及了生活的各个方面，而西周初年的"制礼作乐"更具有成文法的性质，它开启了后人以"礼"的观念来概括一切秩序和制度的历史。孔子有"殷因于夏礼，周因于殷礼"之言，商鞅有"三代不同礼"的说法，《中庸》中有"文、武之政，布在方策"，讲的都是同一个意思，即以"礼"为"法"，并"布在方策"，这就是成文法。正如梁启超所说："我国古代礼与法视同一物，礼者即规律本族之法，故礼制之著于竹帛者，皆可认为一种成文法。……若礼可认为成文法，则周代所谓经礼三百，曲礼三千，其可谓最古最繁博之法典焉矣。"②

作为具体法的刑法，也是较早以单独形式规定下来，所谓"夏有乱政而作禹刑，商有乱政而作汤刑，周有乱政而作九刑"③。《尚书·吕刑》则是集中体现了周人对刑法方面的原则思考，其中特别明确了"德"与"刑"的关系。但是，从整体意义上讲，

---

① 梁启超：《先秦政治思想史》，东方出版社，1996，第26页。
② 梁启超：《饮冰室文集之十六·论中国成文法编制之沿革得失》，《饮冰室合集》第二册。
③ 《左传·昭公六年》。

"刑"还是包含在具有广泛性的"礼"之中的,"刑"是礼法规定中的一个方面。

春秋战国时代,社会经济的发展和政治变迁,旧有的社会政治秩序被破坏,新的秩序在孕育之中。因为传统的礼乐制度的失坠,"礼"反而得到特别的标树,"礼"的秩序的恢复与重建,成为思想家所关注的重要问题,"礼"更进一步获得了"法"的意义。孔子的所谓"克己复礼"和"礼乐征伐自天子出",正是这种意识下的思想表现。而他所说的"礼,经国家,定社稷,序人民,利后嗣者也"①,更显示出礼的政治和法的意义。

同时还必须看到,随着春秋战国时期变礼、变法运动的兴起,不仅出现了法家学派,而且引起德与刑、法与礼之间关系的争鸣。从春秋时郑国子产"铸刑书",邓析作《竹刑》,晋国赵鞅、荀寅"铸刑鼎",到战国时魏国李悝著《法经》,秦国商鞅行变法,各国纷纷制定和颁布成文法,而整个法制化的历史演进,似乎都集中在刑法的颁布与实施方面。于思想界,法家人物又特别针对儒家的"德主刑辅",而强调"重刑轻德",法家的目标在于以法定的制度之礼,来代替儒家的道德之礼,并直接以"法"称之。所以,商鞅将儒家的道德之礼即"仁义礼智"视为"六虱",但又没全然否定先王之礼法制度。在具体的政治实践中,先王之礼法制度逐渐演变发展成为律令之法。韩非说:"法者,宪令著于官府,刑罚必于民心,赏存乎慎法,而罚加乎奸令者也。"②又说,"法者,编著于图籍,设之于官府,而布之于百姓者也。"③即对律令之法的明确表述。正是这一时期,具体的"法"更多地被限定在与刑罚有直接关联的律令范围之内,从而开始进入"法"与"礼"相分立的历史进程中。

秦统一六国,建立秦朝,虽然成功地推行法家思想而建立起统一的国家,但在其初期所实施的政治中,也还是礼、法并举,道德与律令并行的,这在《史记·秦始皇本纪》所录秦代刻石的文字中即有所反映。而在以后的汉、唐乃至明、清的政治历史中,也无不以礼、法并举,道德与律令并行为原则。从某种意义上说,汉唐以后的历史,具有先王礼法传承意义的《礼经》《礼典》就有着成文法的性质,但是更多地体现为礼与法的分立。实际上也就是制度层面上礼的范围的缩小和法的范围的扩大。

三、礼与法的分立

法的历史的不断演进和礼的范围的缩小,促使礼典和法典的分立。尽管礼典本身仍

---

① 《左传·隐公十一年》。
② 《韩非子·定法》。
③ 《韩非子·难三》。

不失其法的规定性功能，但是，许多直接关系到人们生活的领域，都是靠法——主要是指律令法——来规范和约束的，而礼的观念愈益成为具体的法的原则依据。

在古人的心目中，三代以来的先王于政治，是在礼治的观念之下以礼、乐、刑、政等四个方面作为不同的政治手段的，如《礼记·乐记》所说，"礼以道其志，乐以和其声，政以一其行，刑以防其奸，礼乐刑政，其极一也"和"礼节民心，乐和民声，政以行之，刑以防之，礼乐刑政，四达而不悖，则王道备矣"。其礼乐刑政，可以归结为两个方面，礼乐指的是礼仪制度的道德教化功能，刑政则指的是刑罚、政令的强制性作用。这两个方面最初是融合在一起的，以"三礼"为代表的《礼经》《礼典》中也就是以制度法的形式整合在一起。但随着法制化进程的发展，法家崛起，特别突出强调其中的刑罚和政令的方面，并以制定律令法的形式使这些内容从礼经、礼典中分离出来，从而为后世的礼与法的分立开启了先河。所以，从早期的礼经、礼典的无所不包，到自春秋战国时期以律令法别立于礼经、礼典，再到汉代以后的礼典与律令法典、礼制与法制各为两条线索分别制定，这一历史进程正反映了中国古代礼的观念与制度的历史演化和礼制与法制关系演变的进程。

礼与法分立的情形，还在于随着法得到重视，礼制的范围逐渐缩小，以至于最终归结到以"吉凶宾军嘉"的所谓"五礼"为内容的礼仪程式上。相反，法的内容不断扩大，不仅使刑法独立成为专门的律令，而且以往包含于礼制当中的各种制度也都归到法制的范围，成为独立的制度或专门法。于是，自《汉书》以后的历代史书中，往往分别列出《礼乐志》或《礼仪志》与《刑法志》等，历史地体现礼与法的分立，历史地记录了各代礼制与法制的因袭沿革和增减损益。

概而括之，礼与法相分立的历史，始于春秋战国时期，直接发端于当时的刑名律令法的制定。特别使本来涵盖于礼的观念之下的刑名制度分离出来，加以强化。由此大体确定后世律令法的基本模式。历经秦、汉、两晋，至隋、唐，礼与法分立的历史有迹可循。

第一，春秋战国时期，礼制的一统局面被打破，礼与法的分立强化了法的作用。

春秋战国时期，西周以来礼制的一统局面被打破，诸侯国势力的强大，所带来的是各自为政、各行其法，他们不断冲破原有的礼制约束，一方面"恶礼制之害己，去其篇籍"[①]，另一方面又"燔诗书而明法令"[②]，进一步加速了"礼崩乐坏"。于思想界，

---

① 《汉书·礼乐志》。
② 《韩非子·和氏》。

首先是以孔子为代表的儒家,在为当时"礼乐征伐自诸侯出"的局面而痛心疾首,一方面高扬德治、礼治的旗帜,主张"道之以德,齐之以礼",另一方面则对旧有的礼典、礼经进行收集整理和传习,为礼典的传承做出努力,在保留古代文化上卓有功绩。其后又以荀子为代表,针对现实政治问题,坚持以礼为法,认为具体的法包括在礼之中,并在理论上进一步明确对礼的"道""器"之分即礼义和礼仪的不同意义与政治功能的认识,更为注重礼之"道"即礼义的历史内涵和政治内涵,一如后来《礼记》中《礼运》《礼器》两篇集中所传达的思想内容。此间,儒家内部出现分化,如李悝、吴起、商鞅等,为出仕于诸侯而弃礼用法,成为出于儒家的法家人物的代表。之后,荀子的弟子李斯、韩非也脱离师门,以宣扬商鞅的法则思想为职志。

单就法家思想的演变来说,早期法家像郑国的子产这样的政治人物,在对于"礼"的认识上,还是注重"礼"的历史内涵和政治内涵,其中也包括法的内涵。当晋国赵简子问揖让周旋之礼时,子大叔对曰"是仪也,非礼也"①,就是以子产的思想言论为背景的。可以说,子产"铸刑书"的政治实践,是在现实政治需要的前提下实行礼、法分立的一种尝试,而并没有抛弃礼的观念的意思,实际上是以法言礼的。

早期法家人物慎到的思想,则主张礼、法并用。在慎到的观念里,所谓"法"是和"礼"相并行的,"法制礼籍,所以立公义也。凡立公所以弃私也。明君动事分功必由慧,定赏分财必由法,行德制中必有礼"。"礼从俗,政从上,使从君。"②可见,慎到不仅"尚法",而且重视"礼"——具有法的意义的制度之礼。他主张"官不私亲,法不遗爱",不免冲破"刑不上大夫"的律条,最终形成与儒家的分歧,表现出法家的思想特色。

法家发展到商鞅、韩非时,更加强调法的意义,对礼的态度也更为极端化。就商鞅、韩非法家的理论与实践而言,一方面,视传统的、为儒家所张扬的道德之礼为无用而加以摒弃,意欲建立其新的行为准则和规范;另一方面,视旧有的礼制为不合时宜而加以变革,试图通过立法变法逐渐扩大法制的范围,最终走向以法来替代礼和弃礼而用法的道路。

思想的演变,总是基于现实的需要,各诸侯国兼并交战,"礼乐征伐自诸侯出",已经是违背"周礼"的,所以孔儒要复周礼,而法家要弃周礼,还有介于其间的礼法并用的,都是出于不同的政治理想和政治需要的选择。常说"春秋多谋士",为一国的发

---

① 《左传·昭公二十五年》。
② 《慎子·威德》。

展出谋划策,获得重用,也是当时很多士的选择。现实与理想的选择,促进了礼与法的分立。

以春秋时期晋国的礼法分立为例。公元前573年,晋悼公即位,始命百官,其中"使士渥浊为大傅,使修范武子之法;右行辛为司空。使修士蒍之法"①。可见,此时的晋国,于礼之外已有多项的立法作为治国方针和规范。再到公元前513年,晋国的赵鞅、荀寅"铸刑鼎,著范宣子所为刑书"②。孔颖达《春秋左传正义》认为:"范宣子制作刑书,施于晋国,自使朝廷承用,未尝宣示下民。今荀寅谓此等宣子之书可以为长久国法,故铸鼎而铭之,以示百姓。犹如郑铸刑鼎。"可见,礼、法分立在晋国表现得比较突出,也很有代表性。诚然,这种礼、法的分立也还包含有变革的成分。后来,战国法家起于三晋,显然是有其历史渊源的。

春秋时期的齐国也是大国,其强盛最得益于齐桓公任用管仲,实行礼、法并用的治国方略。面对当时齐国的政治现状,管仲为齐桓公所进的安国之策是:"修旧法,择其善者而业用之"和"作内政而寄军令"③。齐桓公听从管仲之言遂修旧法,并任用管仲进行了包括行政与军事组织在内的一系列的规范和设置、职官方面的进贤和举用,以及土地方面的分配和租税征收等的立法。管仲的治国思想更成为后来齐法家的思想源头。

春秋时期的鲁国,虽以"周礼尽在鲁"而著称于世,然而,从鲁宣公行"初亩税"④,到鲁成公"作丘甲"⑤,再到鲁哀公的"用田赋"⑥,也都是别立新法,目的在于增加田赋、军赋的税收。"初税亩"有违于《谷梁传》所说的"古者什一,藉而不税"的先王之制,所以《左传》直言:"初亩税,非礼也。"对"作丘甲"和"用田赋",班固称:"《春秋》书而讥之,以存王道。"⑦《左传》记载鲁哀公"用田赋"的前一年,季孙氏欲以田赋,使冉有访求于孔子,孔子以"丘不识也"作答,私下却对冉有讲了一番话:"君子之行也,度于礼,施取其厚,事举其中,敛从其薄。如是,则以丘亦足矣。若不度于礼,而贪冒无厌,则虽以田赋,将又不足。且子季孙若欲行而法,则周公之典在。若欲苟而行,又何访焉?"⑧孔子之言并没有得到采纳,鲁于哀公

---

① 《左传·成公十八年》。
② 《左传·昭公二十九年》。
③ 《国语·齐语》。
④ 《左传·宣公十五年》。
⑤ 《左传·成公元年》。
⑥ 《左传·哀公十二年》。
⑦ 《汉书·刑法志》。
⑧ 《左传·哀公十一年》。

十二年（公元前483年）春用田赋。可见，虽有周公之礼在，但并不能满足现实政治的需要，因此，只有别立新法。

战国时期，由于各诸侯国纷纷致力于变法图强，加之法家"随时制法，因事制礼"思想的广泛影响，旧有的礼制或被搁置不用，或被变革，新法则不断出现。以《史记·赵世家》所记，赵武灵王十九年（公元前307年）行"胡服骑射以教百姓"一事为例，足见在当时的政治实践中易礼变法已成为时代的要求。赵武灵王与公子成的一番对话，生动地体现出双方在易礼变法问题上的不同认识。公子成说："臣闻中国者……贤圣之所教也，仁义之所施也，诗书礼乐之所用也。……今王舍此而袭远方之服，变古之教，易古之道，逆人之心，而怫学者，离中国。故臣愿王图之也。"赵武灵王则说："夫服者，所以便用也。礼者，所以便事也。圣人观乡而顺宜，因事而制礼，所以利其民而厚其国也。……乡异而用变，事异而礼易。是以圣人果可以利其国，不一其用；果可以便其事，不同其礼。儒者一师而俗异，中国同礼而教离，况于山谷之便乎？故去就之变，智者不能一；远近之服，圣贤不能同。穷乡多异，曲学多辩。不知而不疑，异于己而不非者，公焉而众求尽善也。"赵武灵王还对赵文等人说："先王不同俗，何古之法？帝王不相袭，何礼之循？虙（姓）戏、神农教而不诛，黄帝、尧、舜诛而不怒。及至三王，随时制法，因事制礼，法度制令，各顺其宜，衣服器械，各便其用。故礼也不必一道，而便国不必古。圣人之兴也，不相袭而王，夏、殷之衰也，不易礼而灭。然则反古未可非，而循礼未足多也。……夫进退之节，衣服之制者，所以齐常民也，非所以论贤者也。故齐民与俗流，贤者与变俱。故谚曰：'以书御者不尽马之情，以古制今者不达事之变。'循法之功，不足以高世；法古之学，不足以制今。"随后，"始出胡服令"，"胡服招骑射"。战国时期礼俗变化之剧烈，由此可见一斑。而赵武灵王上述的话，与商鞅变法对甘龙、杜挚所讲的话①，如出一辙。由此可见法家的思想影响之大。既然当时已是"藏商、管之法者家有之"②，那么，欲行易礼变法如赵武灵王者自然对于法家的思想言论熟谙于心。

第二，秦汉时期礼与法进一步分立。

秦始皇统一天下，进行了多方面的制度建设，在礼仪制度的恢复上也有所关注。司马迁说："至秦有天下，悉内六国礼仪，采择其善，虽不合圣制，其尊君抑臣，朝廷济济，依古以来。"③可见，即便到了帝国时代，尊君之礼不变，这也是历代帝王维持

---

① 《商君书·更法》。
② 《韩非子·五蠹》。
③ 《史记·礼书》。

礼之地位的关键所在。当然，立法以及推行法治，才是秦始皇政治的突出内容。从《史记·秦始皇本纪》所录秦代刻石的文字中，可以看到其反复强调的是秦始皇统一制度的立法活动，诸如"黄帝临位，作制明法"①"端平法度，万物之纪""除疑定法，咸知所辟"②"大圣作治，建定法度，显著纲纪"③"秦圣临国，始定刑名，显陈旧章，初平法式，审别职任，以立恒常"④等等。在1975年湖北云梦睡虎地出土的秦简中，发现大量的法律文书，包括《秦律》、刑律解释和治狱案例等内容⑤，反映了商鞅入秦后行李悝《法经》以来，秦国法制实行和发展的情况。秦始皇制定法令，无疑是在《秦律》实施基础上进行的。可以说，自秦朝开始，社会生活的法制化进程大为加快。但是，由于秦政的急功近利，"师申商之法，行韩非之说"⑥，"毁先王之法，灭礼谊之官，专任刑罚"⑦，最终导致秦王朝二世而亡。

汉初多承秦制，叔孙通制礼仪，萧何定律令，遂成一代典范。秦博士叔孙通，为高祖刘邦制定礼仪，"颇有所增益减损，大抵皆袭秦故"⑧，开启了汉代礼制建设之路。叔孙通之后，"河间献王采礼乐古事，稍稍增辑，至五百余篇"⑨。与此同时，"相国萧何攈摭（拾取）秦法，取其宜于时者，作律九章"⑩。于是，礼与法的分立更为明显。

在汉代礼制的建设过程中，不少儒生起到了相当大的推动作用。如，汉文帝时，贾谊建议"宜定制度，兴礼乐"，并"草具其义"⑪。汉武帝时，董仲舒应对策问，一方面倡言圣人"法天而立道"，"布德施仁以厚之，设谊立礼以导之"；另一方面又主张"正法度之宜，别上下秩序，以防欲也"，建议以礼文相更化⑫。汉宣帝时，王吉上疏，以为"俗吏所以牧民者，非有礼仪科指可世世通行者也"，因而"愿与大臣延及儒生，述旧礼，明王制，驱一世之民，济之仁寿之域"⑬。汉成帝时，刘向进言："宜兴

---

① 《泰山刻石》。
② 《琅琊台刻石》。
③ 《之罘刻石》。
④ 《会稽山刻石》。
⑤ 马非百：《秦集史》下册，中华书局，1982，第788页。
⑥ 《汉书·董仲舒传》。
⑦ 《汉书·刑法志》。
⑧ 《史记·礼书》。
⑨ 《汉书·礼乐志》。
⑩ 《汉书·刑法志》。
⑪ 《汉书·礼乐志》。
⑫ 《汉书·董仲舒传》。
⑬ 《汉书·礼乐志》。

辟雍，设庠序，陈礼乐，隆雅颂之声，盛揖让之容，以风化天下"，并盛赞叔孙通定礼仪"卒为汉儒宗，业垂后嗣，斯成法也"①。此外，经学人物对先秦礼典、礼经的传授整理，更是功不可没。当时传《礼》者，有十三家之多，其中传于后世、影响至深的"三礼"之学就是此时确立的。先是《仪礼》，又称《士礼》，有"鲁高堂生传《士礼》十七篇，迄孝宣世，后仓最明。戴德、戴圣、庆普皆其弟子，三家立于学官"②。次是《礼记》，戴德传古《礼记》八十五篇，为《大戴礼》，戴圣传《礼记》四十九篇，则是《小戴礼》。③之后，戴圣的弟子桥仁著《礼记章句》四十九篇。④至于《周礼》，本称《周官经》，六篇，王莽时，刘歆奏请列之于经，为《周礼》，置博士。⑤于是，作为官方经学的"三礼"之学，由授而传，由传而盛，为汉代的礼制建设提供了经典依据。

降至东汉，礼制建设基本上是循着经学传授的线索而进行的。自光武帝始有多人先后奉命修订礼仪。如光武帝时，有张纯"在朝历世，明习故事"，"建武初，旧章多阙，每有疑议，辄以访纯，自郊庙婚冠丧纪礼仪，多所正定"⑥。同时，还诏张纯对不行已久的祭祀之礼"宜据经典，详为其制"。又有曹充，"持《庆氏礼》，建武中为博士，从巡狩岱宗，定封禅礼"，"受诏议立七郊、三雍、大射、养老礼仪"⑦。其后，曹充子曹褒受命于汉章帝，"乃次序礼事，依准旧典，杂以《五经》谶记之文，撰次天子至于庶人冠婚吉凶终始制度，以为百五十篇"⑧。再有，汉安帝永初中，"谒者（负责接待宾客的人）仆射刘珍、校书郎刘騊駼（北方良马）等著作东观，撰集《汉记》，因定汉家礼仪，上言请衡（张衡）参论其事"⑨。然而，终两汉之世，礼无定制。惟以《礼经》旧文增损于当世，随时为用。

汉代礼乐制度的建立过程是推行德政与教化的过程，是从秦亡中吸取教训的过程。汉代律令法的不断调整施行的过程则是具体实施和强化统治与管理的过程。从汉高祖刘邦开始，基本上奠定了汉代法制的基础。史称高祖刘邦"初顺民心作三章之约，天下既定，命萧何次律令，韩信申军法，张苍定章程，叔孙通制礼仪。……虽日不暇给，规摹

---

① 《汉书·礼乐志》。
② 《汉书·艺文志》。
③ 孔颖达《礼记正义》引郑玄《六艺论》。
④ 《汉书·儒林传》《后汉书·桥玄传》。
⑤ 《汉书·艺文志》，荀悦《汉纪》。
⑥ 《后汉书·张纯传》。
⑦ 《后汉书·曹褒传》。
⑧ 《后汉书·曹褒传》。
⑨ 《后汉书·张衡传》。

弘远矣"①。这种分门别类的立法活动，正是对旧有礼制的进一步分解，礼制仅限定在礼仪的范围。其他原属制度之礼如田制、兵制、刑罚等，则分别立制，自成其法，均以律令的形式制定和颁布，由简到繁，以至于"律令烦多而不约"②。各项法律制度基本上是"前主所是著为律，后主所是疏为令，当时为是"③，皇帝意志才是绝对权威。当然，每当有法令制度须做调整变动时，也会从礼经、礼典中寻找根据，最终还是显出先王之礼为后世制法的性质。汉代自汉武帝推行经学政治和以"经"为法，更加重了先王礼经、礼典对各种立法的影响力。到了王莽时，依据《周礼》《王制》等经典进行多项制度改革，则是达到了以"经"为法的经典政治的顶点，作为"三礼"之一的《周礼》也得到了空前的张扬。至东汉，光武帝废除王莽新法，恢复汉朝旧法，遂使"后汉二百年间，律章无大增减"④。

汉代以后，礼制与法制成为两条线索同时并行，也就构成了两种行为规范，代相损益，以为时用。汉代本身，以礼言之，是尚无定制，以经为本；以法言之，则是愈益细密，以律令为先。以礼言之，以经为本，方可等级分明，使集权者保持独享尊贵，方可通过封建的道德教化使百姓和顺、社会安稳。以经为本，方可使有思想的士人不逾矩，达到控制思想、专制思想的目的，在政治权力与思想权力的博弈中占得先手。以法言之，方可加剧帝王"以言代法"的专权，威慑百官，镇压百姓，安定世乱。封建千年，屡试不爽，值得哲学反思。

自秦汉以后，历朝历代，无不奉行礼法分立、礼法并重、礼法相衡的原则，以礼典和法典的确立为立朝立国的根本。一方面，在礼的经典如《仪礼》《礼记》《周礼》的传承过程中，以冠、昏、丧、祭、乡、射、养老、燕、聘、朝觐等或以吉、凶、宾、军、嘉的五礼形式为核心内容的典章制度，成为礼的观念的具体化内容，以其定等级、立威仪、别贵贱、分亲疏的社会政治功能，成为道德建设和法的建设的制度化指标和依据，从而受到历代帝王的重视，得以世代相传。就礼仪制度所关照和规范的生活内容而言，主要是人们的宗教和道德的精神生活，以及等级制度下的物质生活。另一方面，在历代律令法的制定、承袭、沿革和损益的过程中，传统的礼的观念下的"君君、臣臣、父父、子子"和"亲亲、尊尊、长长、男女有别"的规范，深深地渗透于其中，成为制定律令法所依据的原则，充分显示出道德是法的精神基础。当然，律令法的范围总是日

---

① 《汉书·高帝纪》。
② 《汉书·刑法志》。
③ 《汉书·杜周传》。
④ 《魏书·刑罚志》。

益扩大，涉及社会生活的各个领域。如果说，与礼典明确相别立的主要是带有刑法性质的律典的话，那么，其他关涉经济、政治、军事、教育等制度，则多是以皇帝诏令的形式颁布实行的。其中也同样包括许多礼制的内容。再一方面，从政治统治上讲，礼法并重的原则在实际的实施中表现出了德治与法治两手抓的礼法相衡思想，以礼的思想巩固封建等级观念和怀柔百姓，达到愚民之目的，以律令、刑罚巩固专制统治。

实际上，作为传世经典"三礼"中所具有的道德意义和法的意义在后世的政治实践中不断地体现出来，或获得新的诠释。就法的精神而言，无疑包括自然法、国家法和行政法的精神实质。就法的制度体系而言，礼仪制度作为一个重要组成部分，而与律令制度分立（并立）。所以，就礼与法的历史关系来说，礼与法互相涵盖和补充。一方面，法包含在礼之中，凡制度之礼都有着法定性意义；另一方面，礼又包含在法之中，凡后世律令法的规定都包含礼的内容。由此而言，在观念层面，礼与法是互通的，这在历史上有充分体现；在制度层面，礼与法则多是分立的，这在历史上也同样有充分体现。因此，在中国古代政治史上，所谓礼治的真正意义不惟道德之礼，更要有制度之礼发挥作用。同样，所谓法治的真正意义不惟刑罚之治，法制也不惟刑法制度，必然包括礼仪制度，发挥其政治功能。在历代王朝政治中，礼治与法治并用是一个基本的统治格局，以此而与王朝的兴衰相始终。

从礼和法相涵与分立的历史进程中，春秋战国时期法的思想和实践，促进了法与礼的在分立中使"法"成功实践了几个大国的进一步强大，直至秦灭六国而统一中国，郡县制的确立和对官吏的委任，高度的中央集权归于皇帝，一系列的律令和刑罚，财富向国家高度聚集，加之残酷的专制统治，使秦二世而亡。秦亡使汉及其之后各朝，选择了礼与法分立中的平衡策略，形成了礼治与法治并用的统治格局，却使封建帝制绵延千年。

> **教学随笔**
>
> 西周社会的"有教"是"有类"下的"有教",春秋社会的士之觉醒和崛起,昭示了摆脱"有类"的底层和跻身"有类"的高层的理想追求。
>
> ——题记

别再误读有教无类

《论语·卫灵公》中云:"子曰:有教无类。"孤孤一句,因无上下文相联,在解释的过程中,产生很多误读。先是东汉马融称:"言人所在见教,无有种类。"后有梁朝皇侃称:"人乃有贵贱,同宜资教,不可以其种类庶鄙而不教之也。教之则善,本无类也。"更有朱熹《四书集注》将其解释为"善恶之分","人性皆善,而其类有善恶之殊者,气息之染也,故君子有教,则人皆可以复于善,而不当复论其类之恶也",断定"有教无类"之类限于善恶之分,孔子相信"君子有教,则人皆可以复于善",所以凡入门弟子"不复论其类之恶"。误读的关键在于,将"无类"作为了"有教"的前提而不是结果,从而造成了将"有教无类"解释为不管什么人都有接受教育的权力,教育没有高下贵贱之分,进而从孔子"播学于平民""播学于四夷",升华为对打破贵族垄断教育权、受教育权的格局的积极作用。于是当代人便引申出"教育面前人人平等"的教育公平意义,并不断宣扬。

且不说孔子教育思想其目的在于培养统治阶级所需要的"君子",单从古代汉语的句法结构和自身逻辑关系上来分析"有教无类",就可以发现其误读所在。

"有"与"无",在汉语的句法结构中,既有肯定构件和否定构件并列组合而成的,诸如"有心无力""有始无终""有口无心""有名无实"等,也有各自形成动宾结构联合而成的，诸如"有教无类""有备无患""有恃无恐"等。肯定和否定式的"有""无"并列结构，逻辑关系清晰，倒是容易理解，但对于各自动宾关系的联合结构，就容易产生逻辑上的混乱。

"有教无类"，其"类"指"类别"无疑，作为教育的对象也是有类别的，贫富、贵贱、优劣、老少等等，无不体现出类别。从一方面看，"有教"不仅作为教育行为，而且也包含着"有教"的行为目的。究竟是把"有教"的行为作为目的，还是将"无类"作为"有教"这种行为的目的，会产生不同的理解。如果以"有教"为目的，"教"在其中的本义是教化，使天下无论什么样的人都受到"无仁不礼"的教化，即天下有教。那么怎样才能使天下有教呢？孔子以"庶而富，富而教"（《论语·子路》）的条件和接受学生"自行束脩以上"（《论语·述而》）的要求，便成为实现"天下有教"目的的前提，因此，"有教"只能是理想，而不能是目的。从另一方面来讲，"无教"是影响"礼天下"的间接原因，而直接原因则是"无教"造成了"有类"，所以"有教"是以"无类"为目的的，"无类"是"有教"的结果而不是前提。反过来以"无类"为目的，是因为事实上春秋时期是"有类"的，仅孔子的学生中有贵族出身的孟懿子、南宫敬叔、司马牛，也有贫贱出身的原宪、颜路、颜渊、曾皙、曾参、闵子骞、子张、仲弓等，更有商人出身的子贡，甚至是大盗出身的颜涿聚和曾是犯人的公冶长，除出身之类以外，还有"生而知之者""学而知之者""困而学之者""困而不学者"和"上智下愚者"等等"有类"现象，这些都是"无教"（包括少教、缺教）造成的，因此要实现"无类"的目的，必须以"有教"为前提，"无类"是"有教"的结果。在孔子那里，没有类别是教育的结果，不是前提。跟"有教无类"最相近的成语，是"有备无患"和"有恃无恐"，都是当中省掉了一个"则"字，全文应该是"有备则无患""有恃则无恐""有教则无类"。反过来，"无教则有类"，也就是说，在接受教育之前，人是"有类别"的，比如君子与小人，原因是"小人"没受过教育，通过教育，就可以铲除类别，实现平等。因此，孔子的教育理念和教育思想，就是通过教育来实现"无类别化"。如果普遍进行教育，人与人之间就没有了类别，这就是"大同"。也可以说，孔夫子的"有教无类"不是在申明什么人、能不能接受教育的资格问题，而是在阐明一个教育的理想，那就是通过教育使"性相近、习相远"的人们，达到没有太大贵贱、贫富和"智""愚"差别的理想，可以理解为"有教则无类""只有'有教'才能'无类'"。这样一来，对于朱熹的解释就好理解了，"君子有教，则人皆可以复于善，而不当复论其类之恶也"，只有"有教"，才能使"人皆可以复于善"，成为君子，"复于善"之类是"有教"的结果。

当然，按照逻辑学中"前提"与"结果"的关系，也指"条件"和"结果"的关系，其假言（假设）判断实际上断定"有教"与"无类"两对象间存在的条件关系，在此关系中只能有唯一的原点"前提"即"有教"，而得出"结果"即"无类"，以"有教"为原点，"有教"不能改变，只有从"有教"这一原点去寻找实现"无类"的行为或方法，如果抛弃了"有教"这一原点，就改变了对象间的存在条件，当"条件"（或"前提"）混淆时，推理就会出现错误判断，如"老鼠的儿子会打洞，电钻会打洞，所以电钻是老鼠的儿子"。

要始终不脱离"有教"这一原点，首先要理解什么是"教"。汉语所用之"教"，是一词多义，作为名词的"教"读去声，作为动词的"教"读平声，此外还有"告""使"之义，往往因语境不同而含义有别。按照《说文》之解，"教，上所施，下所效也"，通常把"上所施"称为"教"，把"下所效"理解为"学"，虽然《说文》并未对"上所施"加以限定，而引起"是否上所施都堪为'教'"的问题，但却规定了"所施为下所效"（化民成俗）才堪称"教"，这便是教化之"教"。《论语》中可为"有教无类"之"教"可参证的六例，其中"教不能"之"教"可作为动词，其余都为名词。"子以四教"的解释同对"以"字理解相关，"以"有"为（行事）"之意，亦有"以为"之意，其余几个命题都同"教化"相关。《说文》将"诲"解为"晓教也"，"教"与"诲"区别在于：一是"上所施,下所效也"之"效"，即仿效之意，相比之下"诲"从言每声，属于言教。二是作为教"上所施"未必都是"教"的动作，其发生的影响才使所施具"教"的意义，正如《礼记·经解》"故礼之教化也微，其止邪也于未形"所云，相比之下因"诲"属言教，《诗·大雅·抑》早有"诲尔谆谆"和《书·说命上》"朝夕纳诲"说，表明"诲"还是滔滔不绝的言教，即"晓教"、显性之教。三是教化为王道、仁政、德治主张，而"诲"则同一定对象相联系。所以说，"有教无类"原为普遍教化之意，属自然之理。到了近代，把这个理想化了的普遍教化同普及教育混为一谈，才引起许多无谓的争论。问题在于孔子之"诲"似乎亦属"来者不拒"，不过这至多只能说孔子一面持普遍教化（有教无类）之见，一面怀"有诲无类"之志，不必把"教"与"诲"混为一谈。问题更在于到了后来，"教"与"诲"的界限逐渐模糊，最为突出的，一是孟子在引证孔子"诲人不倦"一语时改为"教不倦"（《孟子·公孙丑章句上》），二是《荀子》一书中"教诲"一词六见，但即使如此，也仍然抹煞不了"教"字与"诲"字的区别，更不容否认《论语》中"教"与"诲"之分。这样一来，我们可以论定"有教"这一逻辑原点即为普遍教化的主张，以"上所施"的"有教"行为，实现"下所效"的"无类"结果，以"诲"之言教的方法，达到"无类"的目的。"有教"的普遍教化是逻辑前提，又"下所效"而实现"无类"是逻辑结果。

存在与意识的关系始终是哲学的关键问题。按照马克思存在决定意识的辩证唯物主义的方法论，西周的教育反映了"有教"和"有类"的客观存在，自上而下的官学系统，无疑表征了"有教"的客观程度，贵族垄断教育和严格的受教育的身份限制，也说明了教育"有类"的客观性。同时，其为统治者培养统治人才的教育目的，使"有类"的"有教"始终服从、服务于教育目的的价值选择。春秋大乱，礼崩乐坏，官学废弛，处于贵族上层的子弟"无学不害"，处于贵族下层、四民之首的士，以勤奋地"观、问、师"学习方式，携学术以下移，同时以自由民的身份，享受各国争相养士的殊荣。官学从"有教"走向"无教"，私学填补了"无教"，吸引更多庶民，争相通过受教育而成为士，改变社会地位，跻身贤贵之类。这一客观存在，加之下民渴望成为"士"这种上民的社会倾向，必然使"私学"走向"无类"的教育选择。孔子的"有教无类"思想，是基于春秋教育变革的客观存在而提出的旨在追求天下无类之社会理想的主观能动性反应，通过"意识"对"存在"的反作用，试图解决"教"与"类"的对立现象，以实现"有教""无类"的价值理想。

孔子"有教无类"思想给我们带来的启示，关键在于对教育目的的思考，如果以"有教"为目的，广泛地普及教育，使人人都能接受教育，是否就算实现了教育的目的？显然不是。如果，教育不能够缩小社会分层中人与人之间的道德、知识、能力等方面的差距，那么，以"有教"为前提的所谓"公平""平等"等理想追求，便会失去真实意义。教育的目的是人，人才是教育的唯一目的，"成人"的教育目的，不是只成就某些人、某类人，而是成就所有的不管哪一类的人；同时，也不只是成就人的某一方面，而是成就人的"德智体美劳"全面发展，缩小人在"全面发展"上的距离。因为"有"或"无"都是相对的，"无"并不单指"没有"，还表达"有的程度"之"很少""缺少"等，"无类"自然不是"没有类的差别"，而是要"缩小差别"。实现成人"无类"的教育目的，"有教"是前提，缩小人在社会分层中的道德、知识、能力等方面的差距是"成人"的结果，面向人人，一切为了学生发展，提高对人的培养质量，才是应该持续追求的"有教无类"的价值理想。

> **教学随笔**
>
> 正像罗兰说习惯是一种美德一样,"知"也是一种美德,才识和智慧只有在与人的交往关系中才能修养成美德。
>
> ——题记

不与有知或无知者谈知

"人之患,好为人师。"(《孟子·离娄上》)其患何有?其患在"好"不在"师"。从心态上讲,人人都有比别人知道得多的发表欲,通过指导别人而获得成就感,通过指出别人的错误而彰显自己的智慧。岂不知,不仅不能显示自己的才识、智慧,反而会成为个人修养之患。那么,怎样才能将自己的修养与才识、智慧集于一身呢?孔子曰:"知之为知之,不知为不知,是知也。"

孔子诲仲由:"由,诲女知之乎!知之为知之,不知为不知,是知也。"(《论语·为政》)此句有六个"知"字,前五个都是"知道"的意思,最后一个同"智",是聪明的意思。全句可译为:"仲由啊,让为师教导你对待知与不知的态度吧!知道就是知道,不知道就是不知道,这才是聪明的。"

首先,有智慧的聪明的人,不要与有知者谈知。与有知者谈知,易陷入无知的境地。

其次,有智慧的聪明的人,不要与无知者谈知。与无知者谈知,显示的不是无知者的无知,而是自身的无知。

曾在央视《百家讲坛》讲《易经》,在函谷关现场讲解《道德经》的台湾交通大学教授、著名国学大师曾仕强先生,在其《易经的奥秘》中对"知之为知之,不知为不知,是知也"做过发人深思的解读:"我知道一件事是为了知道这件事的人而知道,我不知道一件事是为了不知道这件事的人而不知道。""对待不同的人有不同的答案。"曾仕强教授以《论语·子贡问时》为例进行解释说:"朝,子贡事洒扫,客至,问曰:夫子乎?曰:何劳先生?曰:问时也。子贡见之曰:知也。客曰:年之季其几也?笑答:四季也。客曰:三季。遂讨论不止,过午未休。子闻声而出,子贡问之,夫子初不答,察然后言:三季也。客乐而乐也,笑辞夫子。子贡问时,子曰:四季也。子贡异色。子曰:此时非彼时,客碧服苍颜,田间蚱尔,生于春而亡于秋,何见冬也?子与之论时,三日不绝也。子贡以为然。"从中说明,"知道某个知识"是为了"知道这个知识"的人而知道,"不知道某个知识"也是为了"不知道这个知识"的人而不知道,这才是智慧。专业领域的学术交流,不仅是"为懂得这一专业的人而做的你所'知道'的准备",而且也是"为了与懂得这一专业的人相互学习借鉴而提升其自身的'知道'"。与不是专业领域的人谈专业领域的"知道",就像与蚂蚱谈四季,不仅显示不出自身的智慧,而且会与"蚂蚱"一起陷入无知。孔子难道不知道一年有四季吗?显然不是。只因为问子贡"碧服苍颜"之客不知,所以不与"田间蚱尔"之人谈自己知道的"四季",自然是聪明的选择。而子贡却不然,对一个常识性的问题"讨论不止,过午未休",非显示自己"知道"不可,反倒陷入与"田间蚱尔"一样的境地。

再次,在"懂就是懂,不懂就是不懂"的态度中透出的智慧才是大智慧。

宋代思想家陆九渊在其《与朱元晦书》中认为:"古人质实,不尚智巧,言论未详,事实先著。知之为知之,不知为不知。"所以,《论语·为政》中孔子通过告诉子路知与不知,揭示出一个道理:"不要被'事实先著'所迷惑。理解客观事物,仅仅了解事物已经发生的现象和事实,不能算是真正的了解。我们知道了事物发生必有我们还不清楚的根源,即知之不知,所以要透过现象看本质;有现象就必有规律,我们不知道事物未来的现象,但我们要发现、总结出事物的发展规律,这样才能真正了解事物,达到'知也'。"对于所有事物总是存在于"已知"与"未知"主客观关系中,事物已经发生的事实及其现象是明确的,便有"已知之已知";事物的根源和本质是隐含的,能探索的,所以才会"已知之未知";事物未来的发展是未知的,事物发展的规律却是可以找到的,于是就有"未知之已知";事物必定还会有我们现在还无法了解、预测的原因,导致事物发生未知现象,因此还存在"未知之未知"。

人总是存在于"知"与"不知"之间,学问愈深,未知愈重。从小学到中学,人总是觉得知道的越来越多,而从大学本科到研究生,就会觉得不知道的越来越多,于是只能就某个专业领域的某些问题深入探索未知。越是学识渊博,越是虚怀若谷,凡是真正的专家学者，都无比谦虚、谨慎，谨言慎行。孔子主张"知之为知之，不知为不知"，告诫人们对不知道的事物可"存而不论"，千万不要不懂装懂，什么都知道的人一定不是智者，承认有所知有所不知，不仅是一种态度，更是一种智慧，唯其有所不知，才能成其有所知。所以，孔子所说的另外一个意思，应该是"该知道的就去知道，不该知道的就是知道也要装着不知道，这才是真正的智慧"，便是人们常说的"不懂装懂是一种愚蠢，懂装不懂才是一种智慧"。"好为人师"为什么会成为人之"患"？因凡人师之好着，未必就真懂，大多是不懂装懂，眼下所言"已知"，不仅被眼下所存在的"未知"所遮蔽，而且也总被后来的"未知之已知"证其"未知"。长此以往，其患无穷。

> **教学随笔**
>
> 教育发展必然要求建构和深化自身的人性基础，先秦诸子对人性论于教育形态上的阐扬，为中国古代教育发展建构了人性基础。
>
> ——题记

先秦人性论于教育形态上的义理结构

人性论是中国古代教育思想的基础，人性论不同的义理表达，反映着不同的教育观，不同的教育观又深化着不同的人性论义理。先秦的人性之辩，在促进人性论思想发展的同时，也促进了古代教育思想的发展。在先秦的百家争鸣中，上古三代的文化传统是各家共同的基础，在上古圣王"以德取天下"文化传统中，"德"成为文化的基因，道德被视为人类最基本的行为规范和人之为人的根本。因此，先秦各家的思想便基于一个共同的人性论假设，即道德是人的本质属性。既然道德是人之为人的根本，教育是以成人为目的的，那么，道德教育就直接关系到成为什么样的人的问题，就有了不同的教育思想和观念。因为，"同知识相比，道德属于实践层面，道德思想、道德哲学以及伦理学因此都属于实践哲学的范畴"①，所以道德实践活动与道德的实践理性密切相关。教育也是属于实践层面的，道德实践与教育实践统一在个体人的成长中，必然受到人的更丰富的实践活动的影响，建立在人性论基础上的古代教育思想和观念就会有不同的义理表达。先秦处于一个大变革的时代，大变革中的社会实践活动直接影响着人性论之辩。汉代的人性论建立在先秦的人性之辩基础上，董仲舒的"性三品"说打破了"人性

---

① 李成贵，章林：《儒家人性论三种形态与儒学的当代展开》，《黑龙江社会科学》2021年第5期，第1页。

平等"说，对后世人性论于教育形态结构的义理表达产生了深刻影响。

一、先秦儒家的人性论与教育思想向度

（一）孔子的人性论与教育思想向度

1.孔子人性论的义理结构

孔子作为儒家学说的创始人，创建了"一个依赖于情感和人性的自觉凸显来实现人间秩序的学说"①，对此后儒者的人性论述影响极大。孔子所处的春秋时期，周礼正在受到破坏，而他自称通夏、商、周礼，比任何人都看重礼的仪式本身对社会秩序的象征意义，"礼崩乐坏"就象征着社会秩序的破坏，因此要"克己复礼"。孔子意在重塑社会秩序，实质上可以说就是重塑礼的象征意义，其思想表现在观念性内容上的明显变化包括了三个方面：一是从仪式的规则到人间的秩序，更注重"礼"的意义；二是从象征的意味中发展出了"名"的思想；三是推寻仪礼的价值本原，寻找到了"仁"，即遵守秩序、尊重规则的心理与情感的基础，进而引仁入视。

首先是重视"礼"所表现的思想和观念。从商到周，仪礼无论从祭祀对象、祭祀时间与空间，以及祭祀的次序、祭品、仪节等等方面来看，都是在追求建立一种上下有差别、等级有次第的差序格局，这种表现于外在仪礼上的规则，就是为了整顿人间的秩序。但仪礼的意义并不只是仪式，甚至不仅仅是仪式中隐含的伦理制度。孔子不仅懂得外在的仪礼的种种规则，而且更懂得其表现的思想和观念，以及这些思想观念对于社会秩序的意义，以礼培养人"非礼勿视，非礼勿听，非礼勿言，非礼勿动"②的自觉习惯，形成一个"君君臣臣父父子子"的井然有序的差序结构，而并不只是一些动作姿态的规矩。能够被社会认同的人必须是"出门如见大宾，使民如承大祭"③的懂礼的人，"与下大夫言，侃侃如也；与上大夫言，訚訚（和悦、谦和、恭敬的样子）如也。君在，踧踖（恭敬不安的样子）如也，与与如也（威仪合度）。"④"入宫门，鞠躬如也，如不容。立不中门，行不履阈（门槛）。过位，色勃如也，足躩（速疾，跳）如也，其言似不足者。摄齐升堂，鞠躬如也，屏气似不息者。出降一等，逞颜色，怡怡如也。没阶趋进，翼如也……"⑤为了懂礼，必须学礼，"不学礼，无以立"⑥。孔子明确

---

① 葛兆光：《中国思想史》（第一卷），复旦大学出版社，2004，第97页。
② 《论语·雍也》。
③ 《论语·颜渊》。
④ 《论语·乡党》。
⑤ 同上。
⑥ 《论语·季氏》。

地意识到，礼仪不仅是一种动作、姿态，也不仅是一种制度。它所象征的是一种秩序，保证这一秩序得以实现的是人对于礼仪的敬畏和尊重，而对于礼仪的敬畏和尊重又依托着人们的道德和伦理的自觉。没有这套礼仪，个人的道德就无从寄寓和表现，社会的秩序也无法得到确认和遵守。

其次是重视"名"对于事实世界的象征意义。《论语》中有一段著名的"必也正名乎"。"子路曰：卫君待子而为政，子将奚先？子曰：必也正名乎？子路曰：有是哉，子之迂也，奚其正？子曰：野哉由也。君子于其所不知，盖阙如也。名不正则言不顺，言不顺则事不成，事不成则礼乐不兴，礼乐不兴则刑罚不中，刑罚不中则民无所措手足。故君子名之必可言也，言之必可行也，君子于其言，无所苟而已矣。"① "名"存在于与"实"的关系中，才能体现仪式的象征意义。比如祭祀的仪式，象征了人间与天上的世界的那些色彩、方位、次第、服饰、牺牲、乐舞等等，其实本来只是一种符号、一种暗示、一种隐喻，并不是事实世界本身，但由于人进入文明时代以来就一直在这些象征中领略和感受这个世界，所以这套象征的符号就是事实世界本身，它们整饬有序，就可以暗示和促进事实世界的整饬有序，它们的崩溃也就意味着世界秩序的崩溃。当人们越来越相信"名"对"实"的限制、规范和整饬作用时，人们就会常常希望通过"符号"的再次清理和重新确认，来达到对"事实"的清理和确认。正是由于象征于符号的联想而产生的心理力量被当成了实际力量，人们希望通过"正名"来"证实"，也就是说借助对名义的规定来确认或迫使社会确认一种秩序的合理性，所以才有强烈的"正名"的愿望。

再次是"仁"是"礼"和"名"的本原性依据。孔子意识到了，对于"礼"的普遍合理性和"名"的本原性的依据是什么的问题，必须做出回答。因为其涉及了人们对"礼"和"名"的肯认，而这种肯认就是对社会秩序的肯认。所以，孔子要为社会秩序以及保证社会秩序的道德伦理寻找一个人们共同承认的最终的价值依据和心理本原，而这个标准又必须是无前提的、不需论证的、不容置疑的。于是，孔子提出了一个"仁"字，礼之所以必须"履"，是因为它符合"仁"；"名"之所以必须"正"，是因为这样才能达到"仁"。据学者考证，"仁"字最早的构形是上"身"下"心"，讹变为"忎"，省变为"仁"，"仁"字从心从身，身亦声，其本义当是"心中想着人的身体"，与"从心从旡（人）"表示"心中思人"的"爱"字的造字本义差不多②。所

---

① 《论语·子路第十三》。
② 刘翔：《中国传统价值观诠释学》，上海三联书店，1996，第150、159页。

以孔子说"仁者爱人"①，以"爱人"来释"仁"。这种"爱人"是出自内心深处的平和、谦恭和亲热之情，虽然它可能最早来自血缘亲情，不过孔子在此已经扩展为一种相当普遍的感情。如果说"出门如见大宾，使民如承大祭"还只是外在的礼节，那么"己所不欲，勿施于人"②则是将心比心的体验，这样才能够"在邦无怨，在家无怨"③。所谓"己所不欲，勿施于人"，就是出自内心深处的一种对"人"的平等与亲切之情，这种把"人"与"己"视如一体的感情，显然会引出一种"人"应当尊重"人"的观念，正如"将有请于人，必先有人焉。欲人之爱己也，必先爱人。欲人之从己也，必先从人。无德于人，而求用于人，罪也"④，可见当时相当多的人已经形成了这种"人己"观念。孔子在引"仁"入"礼"的过程中，还通过"忠""恕"二字来进一步释"仁"，所谓"忠"，即"己欲立而立人，己欲达而达人"⑤，自己想做的和想达到的事，也要帮助别人去做去达到，"忠"不是片面的道德义务，而应是上下双方的道德义务，不仅要"君使臣以礼"，而且君也要防止所言不善，"如不善而莫之违也，不几乎一言而丧邦乎？"⑥当君主所言不善，人臣随声附和，不仅不是"忠"，而且还会导致亡国丧邦，"君使臣以礼，臣事君以忠"，"则民不敢不敬"，"仁"就扩大了范围，民也成为"仁"所施的对象，"博施于民而能济众"⑦。《说文》曰："仁，亲也，从人二。"段玉裁注曰："尔我亲密之词。"表明"仁"在协调人我关系上是基于道德情感的，有了"仁"的道德情感，才能够更好履行道德义务，遵守道德准则。把这种超出"个人"而成为"社会"的"仁"看成是普遍合理的"通则"，用这种以己推人的情感外延来建立伦理的基石，就能够达到"夫仁者，己欲立而立人，己欲达而达人"的"正名"的目的，就能够使"忠恕之道""一以贯之"。

复次是孔子在回答引"仁"入"礼"和以"仁""正名"的"尊重"和"挚爱"是如何产生的问题上，探寻人的本质属性，提出了"性相近，习相远"的人性论。从因果关系上讲，如果"尊重"和"挚爱"的"仁"，只是在社会规范中后天形成和培养出来的，那么它就只能是社会规范和道德观念的"果"，而不会是"因"，"仁"就不能充当理性的依据与价值的本原。人们势必会追问，社会规范的"礼"、道德观念的

---

① 《论语·颜渊》。
② 同上。
③ 同上。
④ 《国语·晋语四》引《礼志》语。《国语》，上海古籍出版社，1988，第358页。
⑤ 《论语·雍也》
⑥ 《论语·子路》。
⑦ 《论语·雍也》。

"善"、道德目标的"仁"究竟凭什么不容置疑地要求人人都遵循？孔子把人的性情的善根善因，也就是"爱人"之心，追溯到了血缘亲情上。孔子说："性相近也，习相远也。"①这里的"性"就是人的本性。在孔子看来，在所有的情感中，血缘之爱是无可置疑的，父亲爱他的儿子和儿子爱他的父亲，哥哥爱他的弟弟和弟弟爱他的哥哥，都是从血缘中自然生出来的真实性情，这种真情实感就是"孝""弟"。孔子说："君子务本，本立而道生，孝弟也者，其为仁之本欤。"②这种真挚的血缘亲情是毋庸置疑地符合道德理性的，它是善良与正义的源泉和依据，所以说它是"仁之本"。人有了这种真感情并且依照这种真感情来处理自己与他人的关系，就有了"爱人"之心；从爱此到爱彼，感情是可以从内向外层层推衍的，从爱自己的父兄到爱其他人；血缘也是可以从内向外层层推延的，由血缘伦理的"父慈子孝，兄爱弟恭"，推延到"君明臣忠""尊长爱幼""朋友有信"，"五伦"及其各伦序应尽的道德义务和责任，就形成了一个"爱人"的社会统一体。人人都能基于血缘亲情的推衍而依伦"爱人"，就会形成"其为人也孝弟，而好犯上者鲜矣，不好犯上而好作乱者，未之有也"③的理想局面。孔子认定这就是建立一个理性社会的心理基础，也是"礼"的秩序得到自觉遵从，"名"的象征得以长久稳定的保证。所以，孔子要求每一个人"入则孝，出则弟，谨而信，泛爱众，而亲仁，行有余力，则以学文"④。在这种强调根本的方面，孔子已经与单纯以仪式、象征来整顿人间秩序的前辈不同，也是他感慨"礼云礼云，玉帛云乎哉，乐云乐云，钟鼓云乎哉"的原因。孔子认为礼乐的根本就是"仁"，"人而不仁如礼何？人而不仁如乐何？"⑤礼乐已经不是外在的东西，而是深入到了人的内心世界。一个依赖于情感和人性的自觉凸显的儒家学说，也就成了实现人间秩序的学说。

孔子的人性论，是建立在"礼"的观念意义对秩序的象征和"名"对事实世界的象征意义基础上，而后"引仁入礼""以仁止名"，给"礼"和"名"以本原性依赖，进而探寻出"爱人"的共同情感和人性，从而完成了"礼"的外部秩序象征到人的内部秩序的建构，实现了社会秩序与人的内心秩序转化中的统一。孔子的人性论，使以"礼"为核心的教化获得了极大的支撑。

---

① 《论语·阳货》。
② 《论语·学而》。
③ 同上。
④ 同上。
⑤ 《论语·八佾》。

2.孔子人性论与教育思想的向度

孔子既然将"爱人"作为人的共同的情感和本性,而对这一人的本质属性的探寻,又是在"礼—名—仁—人性"的关系中建构的,那么建立在共同的人性论基础上的教育思想,必然反映了"仁"的教育向度。

首先,人性于教育对象形态上的"有教无类"义理。既然人有着共同的情感和人性,那么在教育对象上也应该是无类的。西周是"有教"且"有类"的,有较为完善的官学系统,贵族子弟是其教育的对象,除此之外的普通人不能享受教育的权利。东汉经学家马融称:"言人所在见教,无有种类。"①宋人邢昺疏"此章言教人之法也。类谓种类,言人所在见教,无有贵贱种类也。"梁朝皇侃称:"人乃有贵贱,同宜资教,不可以其种类庶鄙而不教之也。教之则善,本无类也。"②他们都是以"种类"释"无类"之"类",认为孔子主张实施教育,不分等级、种类、地域,扩大受教育的对象。而只有朱熹说:"人性皆善,而其类有善恶之殊者,气习之染也,故君子有教,则人皆可以复于善,而不当复论其类之恶矣。"③他认为有了教育就不再分善恶种类,因此"有教"的目的是不再分善恶种类,因为人具有"皆可以复于善"的本性。所以说,孔子在教育对象形态上的"有教无类"思想,正是基于人的共同的"仁善"的本性,通过教育实现人人皆善而无恶的"无类"。

其次,人性于教育作用(功能)形态上的义理。从教育的功能形态上看,其"社会本位"和"个人本位"相互联系,教育对社会的作用是通过对人的培养来实现的。一方面,孔子主张"为政以德",认为通过教育可以把礼的秩序、伦理道德播于民间,对社会政治产生影响。"或为孔子曰:子奚不为政?子曰:《书》云'孝乎惟孝,友于兄弟,施于有政',是以为政,奚其为为政?"④孔子基于血缘情感推衍出共同的人性论,构建出"为政以德"的理想的政治蓝图,视教育本身为一种重要的政治活动。同时,孔子还提出"既富之,且教之"的原则,并不是认识到物质生产实践的重要性,而是将生产力的发展视为产生"物屈于欲"的根本,从而影响社会政治秩序。孔子到卫国去,"子曰:庶矣哉!冉有曰:既庶矣,又何加焉?曰:富之。曰:既富矣,又何加矣?曰:教之。"⑤表面上是在说有了众多的人口,就要努力使他们富足,有了物质生

---

① 《十三经注疏·论语注疏》。
② 皇侃:《论语义疏》。
③ 朱熹:《论语集注》。
④ 《论语·为政》。
⑤ 《论语·子路》。

活的基础，还要加强教育。实际上是在表达为什么要坚持"既富之，且教之"的原则的问题。物质的丰富解决了人的欲求的问题，但作为社会性的可以"群"的社会人，需要"礼"的秩序，而"礼"作为"政"的重要形式，是以道德作为最高目的的，如果不能"以礼节用"，人便会迷失于物质世界的欲望之中。"富"即物质欲望，会侵蚀人的本性中的"仁善"，所以"既富之，且教之"的价值意义就是其社会政治功能的义理所在。孔子还把教育的社会作用置于政令、刑律之上，认为治理国家不能只靠政令、刑法。"道之以政，齐之以刑，民免而无耻。道之以德，齐之以礼，有耻且格。"①之所以以道德手段来引导万民，以礼教手段来约束百姓，不仅可以使人遵守社会秩序、耻于为非，还可以产生强大的道德自觉，可以收到法律约束难以取得的效果，正是因为人有着共同的情感和人性。教育对人的发展的作用，也是基于共同的人性。孔子认为人的本性是很接近的，后来之所以有较大的差别，是教育和学习的结果。从"习相远"出发，孔子提出了对人的早期教育的理论，"子曰：少成若天性，习惯之为常。"②孔子还认为"习"可以影响人的性格品质，"好仁不好学，其蔽也愚；好知不好学，其蔽也荡；好信不好学，其蔽也贼；好直不好学，其蔽也绞；好勇不好学，其蔽也乱；好刚不好学，其弊也狂。"③不接受教育就不能形成仁、智、信、直、勇、刚等道德品质，即使有其愿望或已具备好的品质，如果不接受教育，都会分别产生愚、荡、贼、绞、乱、狂等不良后果。教育之所以能够对人的品性的形成起到很大的作用，正是基于共同的人性。人的先天素质并无差别，不论贵贱，在人性上天赋平等。当然，孔子的人性论并未摆脱先天决定论的羁绊，承认有少数生而知之的圣人和学而不能的下民，认为"生而知之者，上也；学而知之者，次也；困而学之，又其次也；困而不学，民斯为下矣"，"中人以上，可以语上也；中人以下，不可以语上也"。承认有生而知之的上者，甚至武断地说："唯上智与下愚不移。"④孔子认为"习相远"只能在两者之间起作用，从而使他的人性论思想陷于自相矛盾之中，也为后世儒者提出不平等的人性论提供了发展向度。

再次，于教育内容、道德教育、教学原则、教师等形态上的义理，都可以以孔子的人性论做出解读。这足以反映人性论作为教育思想的基础，决定着教育思想向度，在此无须赘述。

---

① 《论语·为政》。
② 《大戴礼记·保傅》。
③ 《论语·阳货》。
④ 《论语·述而》。

（二）孟子人性论的义理结构与教育思想向度

1.儒学以人的内在"人性"为终极依据与以解释宇宙的阴阳五行为终极依据的两个趋向

先秦时期孔子之后的儒学发展，孔子"七十子之徒，散游诸侯，大者为卿相师傅，小者友教士大夫，或隐而不见"①，其中子张、子羽、子夏、子贡以及曾子、孔子的嫡孙子思都颇具影响力。他们继承孔子时代广收门人、兴办私学的传统，使儒学迅速成为当时思想世界的"显学"。同时也由于各自学风的偏向与理解的差异，"儒门"很快分为若干流派②。虽然各个流派之间可能有一些差异，但大体上还是有一些共同的趋向：一是他们都坚持礼乐的仪式与象征的作用，所以一面传授礼乐制度的知识，一面阐发礼乐文化的意义；二是他们比较多地将古代的典籍作为思想阐释和理解的文本；三是他们比较注重历史的依据，他们有一个尧、舜、禹、汤、文、武的历史传说系统，凡是需要，他们常常会反身在历史中寻找不容置疑的依据。

通常学者们认为，曾子、子思一系是比较守成的。他们还存在有两个不同的思想取向。

第一个是越发向人文方面即以人的内在"人性"为终极依据的趋向。如果《大学》《中庸》真的是他们所作，无论我们是否考虑这两篇文献在此后的影响，我们都要承认，他们在守成之中又有了若干更新。也就是说，他们把孔子时代注重礼乐的价值本原和理性依据的思想更进一步，特别凸显了人性深层的内容。孔子时代的爱人之心或善良本性还建立在血缘亲情之自然流露和扩展上，但此时的儒者将道德伦理秩序的基础进一步推到普遍人性皆有的"心"中，把人类应有的至善行为看成是生活的终极目的，所以在《大学》与《中庸》中提出了从"天命""性""道"到"教"，即上天赋予人性，遵从人性的自然流露，不断培养这种合理的感情，使人拥有明澈真诚的性情与品格的方法。一方面使真诚与善良的本性禀承天命，一方面使人小心翼翼地把注意力集中在培养这种本性上，于是在此后就有了孟子的人性与道德教育的学说。③

第二个是转而与"天"沟通，在宇宙方面寻找终极合理性的趋向。这一趋向就是用解释宇宙的阴阳五行来解释儒者思想。本来，关于这一方面的资料已经阙失，只是《荀子·非十二子》中有一段记载荀子批评儒家后学道："略法先王而不知其统，犹然而材剧志大，闻见杂博，案往旧造说，谓之五行，甚僻违而无类，幽隐而无说，闭约

---

① 《汉书》（卷八十八）。
② 《韩非子·显学》："孔墨之后，儒分为八。"
③ 葛兆光：《中国思想史》（第一卷），复旦大学出版社，2004，第99页。

而无解,案饰其辞而祗敬之,曰:此真先君子之言也。子思唱之,孟轲和之。世俗之沟犹瞀(mào,愚昧)儒,嚾嚾(huān,喧嚣)然不知其所非也,遂受而传之,以为仲尼、子游为兹厚于后世。是则子思、孟轲之罪也。"①但即使荀子有如此批评,后来的人们也还是不太清楚子思、孟子是怎样"案往旧造说,谓之五行"的,以至于有后世学者认为这是荀子"无的放矢"②,有的学者认为这是批评"邹衍那一班高谈五德终始的儒家"③。直到20世纪70年代,长沙马王堆汉代墓葬出土了很多帛书,其中有一部《五行》,引起几代学者的关注。帛书《五行》有经文和传文的分别,经文或出自子思或弟子,传文则可能是世子(硕)所传,其中关于"君子慎其独"的说法和"金声而玉振"的比喻,都与《大学》《中庸》《孟子》相类似,但似乎帛书《五行》传文与《孟子》年代相当,经文却可能更早一些,所以"或许是先有《五行》的经文,孟子只不过是加以利用"。也就是说,帛书《五行》经文的产生是在子思及其弟子那个时代,而传文和孟子一样,都是对经文的思想进行的阐发,所以帛书中的这种"五行说"真的可能就是子思的发明。④他们把宇宙基本结构的五行与儒家提倡的五种人的品格结合,沟通了天之五行与人之五行。帛书《五行》中说的"五行皆刑(形)于阙(厥)内,时行之,胃(谓)之君子""德之行五,和胃(谓)之德,四行和胃(谓)之善,善,人道也,德,天道也"等等⑤,与郑玄注释《中庸》所说的"天命,谓天所命生人者也,是谓性命。木神则仁、金神则义、火神则礼、水神则信、土神则智"等等,大概都是来自这种思路。按照这种思路,人的品格上与天的五行相通,金木水火土是天命形之于外,仁义礼智信是天命形之于内,圣人上与天相通,就在于他禀五行,而普通人则只有四行,所以前者是有"德",后者是向"善"。

2.孟子人性论的义理结构

在儒家看来,社会是由单个的人构成的,社会中的人们遵循一种秩序,按照一套价值生活,遵从一套规则交往,如果这套秩序、价值、规则在人看来是"合情合理"的话,那么,人们当然首先在内心中有一种尊重秩序、承认价值、遵守规则的意愿,这种"意愿"是克制个人过分的情欲、尊重他人应有的权利的"善"。日本学者西田几多郎在其《善的研究》中曾经指出:人们不能由他律伦理学来解释,只能"根据人性来说

---

① 《荀子》卷三,《荀子集注》。
② 《何炳松论文集》,商务印书馆,1990,第257页。
③ 葛兆光:《中国思想史》(第一卷),复旦大学出版社,2004,第99页。
④ 李学勤:《马王堆帛书五行的再认识》;池田知久:《马王堆帛书五行篇研究》,东京,1993。
⑤ 《老子甲本及卷后佚书》,文物出版社,1974。

明",即由自律伦理学来解释,而自律伦理学又分三种:一是"把道德上的善恶邪正和知识上的真伪看成是相同的",即"唯智论";二是把利己或利他的快乐当成人生目的,即"快乐主义";三是发挥自己的天性,使之充分完成人的天赋性能,达到人性的圆满实现,即"活动主义"。①孟子的思想与西田几多郎所指出的第三种自律伦理学是相同的。

我们在前面讲过,儒家一流并不十分注重其社会秩序理论的依据,即秩序的不需言说的、天然合理的、无可怀疑的道德来源和价值基础,他们只是把伦理、道德作为一种现成的、肯定的价值(观念)和行为(仪式)。可是,在春秋战国剧烈变化的时代里,知识失去了稳定性与确定性,儒者不能证明它是"不必讨论的真理",它也不能证明它自身"永恒的有效性",于是就受到诘难和追问:凭什么,人要按照这种秩序、价值和规则来生活?诘难和追问引出了思想,战国中期孟子就是沿着这一思路在为儒家学说寻找基石,而他找到的基石不是天道,而是人的本性。

孟子认为,"善"是人本身就有的天性,在《告子》《梁惠王》《公孙丑》《离娄》各篇中有相当多的言语在强调这一思想,最著名的例子就是他曾经在《公孙丑上》和《告子上》两次说到的"恻隐之心""羞恶之心""辞让之心""是非之心",说这是人所固有的,不是后天习得的,它们是"人之所不学而能""不虑而知"的,是"赤子之心"中已经具备了的良知良能②。它使人有同情心、正义感、羞惭的自觉和礼让的态度。比如看见有人落于井中,一个正常的人就会伸出援助之手,看见牛被宰杀之前"觳觫"(因恐惧而颤抖)的样子,一个有良知的人就会感到不忍。"人皆有不忍人之心",就是人之为人的根本依据。孟子将这一心性的本能,加以理智的正确推阐,叫作"善推其所为",就如"老吾老以及人之老,幼吾幼以及人之幼"③,进而"举斯心加诸彼",扩大到整个社会,就可以整顿秩序,改变王纲解纽之后的混乱。

英国杰出汉学家葛瑞汉在其《孟子人性理论的背景》一文中曾经提出不同的观点,认为《孟子》中仅仅三次提到"性善",而其他阐述孟子思想的著作均不见此说,所以认为文献不足以证明孟子提倡"性善",至于孟子所说的"性",也不是与"天""道"同等的终极的形而上的词语,而是具体的性情。但绝大多数学者认为,葛瑞汉的说法显然不能成立,一种思想是否提倡,不在于表述次数的多寡,而在于思路是否由此贯通,孟子的思路就是从人性开始的,他以人有善心为社会秩序稳定的依据,以

---

① 西田几多郎:《善的研究》,何倩译,商务印书馆,1989,第97—109页。
② 《孟子·尽心上》。
③ 《孟子·梁惠王上》。

个人性善为社会和谐、亲情稳固的基础，以人与动物在善恶之间的差异为人之学说的起点，显然不能用他仅仅三次正面说到"性善"就断定他不提倡人性本善的思想。

冯友兰先生曾经指出，孟子关于人性的说法与亚里士多德的伦理学相近①，不仅肯定了人有"善"的本源，而且有保证"善"的理性，即"心之官则思"，这也正是"天之所欲我者"。孟子说"人异于禽兽几稀"，那一点点的差别就在于动物的行为依据的是自然本性，人的行为依据的是人的仁义、慈爱的善良本性。②根据学者的研究，"性"的本字是"生"，"生"的本义是草木生出土上，引申为发生和生育，又引申为生命的存在，早期金文和文献中有"我生不有命在天""怀发录黄耇（年老、长寿）弥生""弥厥生灵终""用求考命弥生"，都表示纯粹的生存。③但是，在儒者的话语系统中，单纯的肉体生存和精神的存在分开了。孟子说："有命焉，君子不谓性也。""有性焉，君子不谓命。"④属于自然法则的生命是"生"，而属于精神存在的生命是"性"，"生"与"性"就不再是一个含义，也不再是一个汉字了。所以，告子说"生之谓性"，孟子就反驳说，自然的"生"并不等于伦理之"性"，犬之性、牛之性是"生"，而人之性却不仅仅是"生"，是自然的人性与理智的自觉的结合。就像西田几多郎所说的那样，人要在培育与发扬人性中达到人生的圆满。孟子就要求每个人用自己的理智"求其放心""不失本心"，然后则是"尽其心者知其性也，知其性则知天矣。存其心，养其性，所以事天也。夭寿不贰，修身以俟（等待）之，所以立命也"⑤。对于"人"与"天"、"性"与"生"、精神与生命的联系，就这样隐隐约约地存在于孟子的表述中。"天"是造化创造的自然生命，只要推阐那天赋的良知良能，尽了自己作为人的本性，人就圆满地实现了"天"所给予生命的意义，也达到了人生的终极境界。一个人不必追问他拥有多少财富，也不必追问他获得多少成功，他作为人的实现，在于他是否尽了自己作为"人"的"心"。如果他尽了心，那么他就理解了自己的本性，他完成了本性的提升，就上应承了"天"的意志，下完成了"人"的使命。

对于个人道德伦理的讨论，最终还是要落实到社会秩序的整饬上。在孟子看来，社会乃是由"大人"与"小人"、劳力者与劳心者、君子与野人构成的。在《滕文公

---

① 冯友兰：《中国哲学史》，商务印书馆版，中华书局重印本，1984，第156页。
② 《孟子·离娄下》。
③ 见《尚书·西伯戡黎》《史墙盘》《蔡姞簋》《（素命）镈》等，参见傅斯年：《性命古训辩证》《傅斯年选集》，天津人民出版社，1996；刘翔：《中国传统价值观诠释学》，上海三联书店，1995，第179页。
④ 《孟子·尽心下》。
⑤ 《孟子·尽心上》。

上》里，孟子试图说明，社会分工的起源和必要是因为人不可以"一人之身"而有"百工之所为"。但是，他的这种社会分工的社会观念，却被他转手用来阐述等级的分工，把职业分化与等级区分画上了等号，于是职业差异的合理性便挪移用于阶层差异的合理性。"有大人之事，有小人之事"，所谓的"大人""小人"的差别又被孟子说成是知识创造者和物质创造者的差别，于是精神活动与物质活动又有了阶层的等级差别，所以"劳心者治人，劳力者治于人，治于人者食人，治人者食于人，此天下之通义也"。这种阶层的差异又被他指认为文明程度的差异，于是则"无君子莫治野人，无野人莫养君子"。其更为细致的说法在孟子回答宫锜问"周室班爵禄"的一段话中，他详细地讨论了被当时诸侯废黜了的古代制度，即爵位、身份、封疆、采邑、劳役的等级差异①，显然是对这种仿佛几何级数序列的金字塔社会结构以及它所固定的秩序无限向往与追怀。问题是，这种结构与秩序只能建立在两个条件上，一是王权强大到足以依靠外在弹压力强制维持结构之稳定，二是每个人都自觉地以理性来服从这种秩序的安排。在战国时代王权瓦解之后，孟子显然只能把希望寄托于发自内在心性的，具有善良、忍让、尊敬、畏惧的良知良能上了，这就是孟子极力论辩、大声疾呼的原因："我亦欲正人心，息邪说，距诐行，放淫辞，以承三圣者（指禹、周公、孔子）。岂好辩哉，予不得已也。"②

3.孟子人性论的教育思想向度

首先，人性论于教育作用形态上的义理。

在社会作用上，面对战国时代社会秩序的混乱不堪，建立一个稳定的社会秩序是儒家为之接续奋斗的目标。孟子的人性论，最终还是要落实到整饬社会秩序的思考上。几乎所有学者都观察到一个问题，就是孟子对"仁"的论述远没有孔子繁杂，单独使用"仁"的情况很少，更多的是用"仁义""仁政""仁术"之语，"仁"成了一个修饰的名词，其主体意思也似乎发生了转移。这种转移就像前面所讲到的他基于人性而推阐的由职业差异的合理性挪移用于阶层差异的合理性，由精神活动与物质活动的阶层等级差别挪移到文明程度的差异，由等级差异转移到对稳定的社会秩序的追怀上。所以，通过孟子发挥后的"仁"的含义有了明确的指向，对于影响社会秩序的政治秩序而言，其主张的"施仁政"的中心就是"民本"思想，认为民心向背是检验政治秩序的决定因素，"桀纣之失天下也，失其民也；失其民者，失其心也。得天下有道，得其民，斯得

---

① 《孟子·万章下》。
② 《孟子·滕文公下》。

天下也。得其民有道，得其心，斯得民矣。"①同时，孟子认为教育的社会作用就在于"得民心"，好的政治还不如好的教育，"善政不如善教之得民也。善政民畏之，善教民爱之，善政得民财，善教得民心"②。仁政必须辅以善教，这是因为"以力服人者，非心服也，力不赡也；以德服人者，中心悦而诚服也，如七十子之服孔子也"③。人皆有"善"的本质属性，教育就是要保存、巩固、发扬这种"善"的"良知、良能"。若"上无礼，下无学"，则"贼民兴，丧无日久"。④足见教育对维护社会安定、巩固政权具有重大作用。

在对人的发展作用上，孟子人性论的主要论点有三：其一，孟子认为人性是人所独具的特点，生物之间，犬性与牛性尚且不同，何况人性？一方面肯定了人不同于禽兽之性；另一方面又认为"人异于禽兽几稀"，不加强教育，人就可能会沦于禽兽；再一方面认为，人与禽兽的本质区别就是人有"心"（四心），可以懂得礼仪。其二，孟子认为人性是先天固有的，人有不学而能的"良能"和不虑而知的"良知"⑤，这是"根于心"的道德。其三，孟子所说人性善，并不是说人性中具有纯粹的完全的道德，只是说人性中具有"善端"，即善的因素或萌芽。他说："恻隐之心，仁之端也；羞恶之心，义之端也；辞让之心，礼之端也；是非之心，智之端也。人之有是四端也，犹其有四体也。"⑥又说："仁义礼智非由外铄我也，我固有之也。"⑦说明人之善性是天所赐予的，仁义礼智也是先天就具有的，但这只是一种善端。既然人性本善，那么社会上的恶人、小人又从何而来呢？教育的作用何在呢？孟子认为：人之贤愚，决定于对先天的善性能否存而养之，扩而充之。如果自暴自弃，就会失掉或摒弃这种善端。因此，教育的作用就在于找回散失的本性，保存和发扬天赋的善端。他说："学问之道无他，求其放心而已矣。"⑧在这个意义上说，任何人只要接受教育、肯于学习，都可以成为圣人，"人皆可以为尧舜"⑨。相反，如果不受教育，不肯学习，就会成为与禽兽差不多的小人。由此可见，孟子确实非常看重教育在人的发展中的作用，但又把它神秘化，

---

① 《孟子·离娄上》。
② 《孟子·尽心上》。
③ 《孟子·公孙丑上》。
④ 《孟子·离娄上》。
⑤ 《孟子·尽心上》。
⑥ 《孟子·公孙丑上》。
⑦ 《孟子·告子上》。
⑧ 《孟子·告子上》。
⑨ 《孟子·告子下》。

说成是先验的自发的过程。同时，孟子并不是完全无视环境等外部因素的影响，他承认"富岁子弟多赖，凶岁子弟多暴，非天之降才尔殊也，其所以陷溺其心者然也"①。他也承认楚人学齐语时，"一齐人傅之，众楚人咻之，虽日挞而求其齐也，不可得也"②。

其次，人性论于教育目的形态的义理。教育为"施仁政"服务是孟子鲜明的政治观点。其一，就培养治术人才而论，孟子认为只有教育才能造就推行"仁政"的治术人才，有善良人性的人才能实现"仁政"，以历史上的圣君明主为例，"先王有不忍人之心，斯有不忍人之政矣。以不忍人之心，行不忍人之政，治天下可运之掌上"③。以人格高尚的君子治理国家，他们必然会使人性的善端得到发扬光大，"皆扩而充之"，这种得到的力量将如"火之始燃，泉之始达"，用以感召天下人心，则"足以保四海"。这种道德修养不是与生俱来的，必须经过教育才能获得。孟子仍以历史为据加以论证，例如商汤是先向伊尹受教，然后才把伊尹当臣子使用，从而取得了"不劳而王"的成就；桓公也是先向管仲请教之后，才使之为臣，从而取得"不劳而霸"的业绩。因此，君主应该"学焉而后臣之"，教育对于君是不可缺少的。其二，就教民而论。孟子认为教育所囊括的人伦基本要求，是社会教化的中心内容。"仁之实，事亲是也。""事亲，事之本也。"④孟子从历史发展的高度进行论证，说远古时期后稷倡导发展农业，使人民安居乐业，尧舜认为老百姓"逸居而无教，则近于禽兽"，因此命"契为司徒，教以人伦"，使百姓懂得做人的大道理。《孟子·滕文公上》第一次明确概括中国古代学校教育的目的就是"明人伦"，"设为庠序学校以教之。庠者，养也；校者，教也；序者，射也。夏曰校，殷曰序，周曰庠，学则三代共之，皆所以明人伦也"。"父子有亲，君臣有义，夫妇有别，长幼有序，朋友有信"⑤这"五伦"，与孔子由血缘关系推阐的"性相近"保持了一致，并同时提出了"仁义礼智信"这"五常"。孟子以人伦代人格，又以这种人伦化了的教育为实施"德治"与"仁政"服务，虽然在战国纷争、武力争伐天下的时代，这种理论被视为"迂阔"之论，但在整个封建社会却为巩固封建统治发挥过难以估量的作用。

孟子不仅认为人格高尚的君子治理国家，必然会使人性的善端得到发扬光大，而

---

① 《孟子·告子上》。
② 《孟子·滕文公上》。
③ 《孟子·公孙丑上》。
④ 《孟子·离娄上》。
⑤ 《孟子·滕文公上》。

且认为还要将人性的善端提升到对理想人格的追求上,提出了"富贵不能淫,贫贱不能移,威武不能屈,此之谓大丈夫"①的理想人格和"大丈夫"的标准,对于"人性之善"在人格层面进行了提升。富贵不能乱我之心,贫贱不能变我之志,威武不能屈我之节,"守心不乱""守志不移""守节不屈",正是巩固人性之"良知""良能"的更高追求。孟子自己就是按照"大丈夫"人格标准做的,他第一次去稷下时,未受到齐威王的重视,离去时威王送兼金一百,孟子拒不接受,说:"无处而馈之,是货之也。焉有君子而可以货取乎?"②没有理由地馈赠等于收买,而君子是不能被收买的。孟子第二次离开齐国时,齐宣王又以"我欲中国而授孟子室,养弟子以万钟"为条件挽留孟子,但孟子仍不领情,以不贪富贵为由加以拒绝了。所以说,从普遍人性到"大丈夫"理想人格的提升,是塑造君子品质的过程,充分体现了古代知识分子以道为己任、杀身成仁的高尚道德和理想主义的精神境界,赋予了知识分子群体一种超越现实利害关系、以天下为己任、为理想而奋斗的品格力量,这正是知识分子提高自我价值的内在原因。当代学者张岱年曾经盛赞道:"孟子提出了人格标准,即'富贵不能淫,贫贱不能移,威武不能屈'。这一人格的崇高标准在中华民族的历史上起了非常巨大的作用。一切进步的思想家、文学家、政治家、艺术家都受到这个人格标准的影响,历代伟大的民族英雄也都受到孔孟之道的熏陶。"③现代教育家陶行知先生也对此有高度评价,在其临终前写道:"平时要以'仁者不忧,知者不惑,勇者不惧,达者不恋'的精神培养学生和我们自己。有事则以'富贵不能淫,贫贱不能移,威武不能屈,美人不能动'相勉励。"④孟子的大丈夫品格,揭示了顶天立地的有人格的人不可缺少的三种关键品德:正确对待金钱的诱惑,处理好富贵问题;正确对待自己所处的社会地位,处理好贫贱问题;正确对待强权的胁迫,敢于直面威武的暴力。同时揭示了本善的人性通过了"金钱诱惑""贫贱地位""强权胁迫"的社会考验,才能塑造和提升理想人格,人性不仅仅是守其"善"的"良知""良能",还是对理想人格的价值认同和不懈追求。

再次,人性论于道德教育形态的义理。一是,孟子"明人伦"的教育目的,决定了以伦理道德为主体的教育内容,他在教育内容上几乎完全继承了孔子的思想;二是,孟子突破了孔子"性相近"这一朴素唯物论的认识,以"性善论"为出发点,更多地强调人的内在的心、性特点,并以此为依据来论述人的伦理道德教育的内容等问题。正

---

① 《孟子·滕文公下》。
② 《孟子·公孙丑下》。
③ 张岱年:《孟子思想研究》,山东大学出版社,1986,第2页。
④ 董宝良:《陶行知教育论著选》,人民教育出版社,1991,第649页。

是这样，孟子强调进行伦理道德教育，必须以"仁、义"为核心，说："居仁由义，大人之事备矣。"①掌握仁义道德，就好像居住在"仁"里，行走在"义"的路上，这才使人具有较完备的道德。因为"行仁义"只不过"四端"之所谓，就像见到有人落井会伸出援手一样，是"不学而能"的；而"由仁义行"则是由发自内心的"善"而促成的自觉的道德行为，教育使人"居仁由义"，形成"由仁义行"的完备的道德自觉。孟子又说："仁，人心也；义，人路也。舍其路而弗由，放其心而不知求，哀哉！"认为"仁"是人的本然的善心，也是人的本性；义是人自身修养的必由之路。如果道德教育舍弃"义"这条必由之路，放弃固有的善心而不知所求，这样的人绝不能建立完美的人格修养，也是可悲的。孟子还认为，儒家传统的道德修养规范仁、义、礼、智等，都是人的本性善心的不同表现，且为人人所共有，这些人人与生俱来所"固有"的"善心"，是"不虑而知""不学而能"的"良知""良能"。单从人的道德修养的主观因素看，应该说都是人内在的良好的心理品质；但是，人在一定的自然和社会环境中生活，这种品质总要受到各种各样的客观因素的影响。所以，这些"良知""良能"是会发展变化的，原来"固有"的内心的"善质"只是一个基本起点。当其在社会关系或各种人际关系中表现出来时，谁也不能否认它们所特有的社会性。所以，孟子认为仁、义、礼、智等，必然成为人们由内而外的道德品质的基本要求和社会的行为规范准则，其社会道德评价的意义不言而喻。

孟子还提出了以"孝悌"为基础的家庭教育内容。在以氏族为主体的社会中，人际关系最基本的表现是家庭成员的亲情关系，并以此推及社会的各种关系中。孟子主张正确处理人际关系，首先要从孝悌开始，"人之所不学而能者，其良能也，所不虑而知者，其良知也。孩提之童，无不知爱其亲也，无不知敬其兄也。亲亲，仁也，敬长，义也。无他，达之天下也。"②人从小就有亲情的本能，就懂得对父兄的亲爱尊敬，"亲亲"就是"仁"的开端，"敬长"就是"义"的开端。这是对孔子由血缘亲情推阐的"性相近"思想的发展。孟子还认为："仁之实，事亲是也；义之实，从兄是也；智之实，知斯二者弗去是也；礼之实，节文斯二者是也；乐之实，乐斯二者，乐则生矣，生则恶可已也，恶可已，则不知足之蹈之手之舞之。"③意思是：仁的主要内容是侍奉父母；义的主要内容是顺从兄长；智的主要内容是明白仁义二者的道理并坚持下去；礼的主要内容是对仁、义二者既能合宜地加以调节，又能适当地加以修饰；乐的主要内容是

---

① 《孟子·尽心上》。
② 《孟子·尽心上》。
③ 《孟子·离娄上》。

从仁、义二者中得到快乐，快乐一旦发生就无法休止，无法休止就会不知不觉地手舞足蹈起来。孟子认为，人如果不懂得孝敬父母，也就失去了做人的起码资格，"不得乎亲，不可以为人；不顺乎亲，不可以为子"①。"舜尽事亲之道"是"大孝"的榜样，可以为天下人效法。

如果说道德教育内容的个体层面上以"仁义"为核心，家庭层面上以"孝悌"为基础，那么天下层面上就应该以"忠信"为根本。孟子将"仁、义"在家庭中亲情的关系"孝悌"，进一步"达之天下"而推衍为"忠信"，对每一个人都要求"修其孝悌忠信"②，将"忠信"视为一个人为人处世、立身行事的根本，"忠信"的修习则要"存心""养心"，以固化人性本然的"仁善"。孟子认为"忠"主要表现在对事业的执着忠诚，特别是教师对弟子的教育，尤其如是，"教人以善，谓之忠"③，与孔子的"忠焉，能勿诲乎"④不谋而合。至于忠表现在臣下对君的关系上，孟子则大大发展了孔子主张的"忠"和"礼"的思想，在其提出的"民贵君轻"思想指导下，将君臣关系视为一种相互尊重的平等关系，"君之视臣如手足，则臣视君如腹心。君之视臣如犬马，则臣视君如国人。君之视臣如土芥，则臣视君如寇仇"⑤。君臣之间必须有"义"，要以诚相待，以礼相事，否则即为"寇仇"。甚至臣将暴君推倒或惩处，亦不能称为犯上作乱。孟子提倡的"信"与孔子的主张是一脉相承的，主要是指社会普遍的人们之间的关系，认为人与人相处，一定要讲信修睦，首先是"言语必信"⑥，践行诺言，才能友好相处。"友"字最初的象形就是两只手放在一起，表示"承诺必践诺"之义。孟子主张"言必信，行必果"，把"朋友有信"作为"五伦"之一的道德规范。

孟子人性论在道德教育内容形态上的义理结构，从"个体""家庭"到"天下"对"仁义""孝悌""忠信"的表达，旨在阐发不论是本然善性的仁、义、礼、智等的光大弘扬，还是"孝悌忠信"修习，其目的是要求人们"存心""养心"，加强内在陶冶修养，健全人格，自我完善，然后推己及人，使人与人和睦相处，人与人和社会之间的一切关系和谐发展。"君子以仁存心，以礼存心。仁者爱人，有礼者敬人。爱人者，人恒爱之；敬人者，人恒敬之。"⑦特别是社会中人与人之间最根本的五种伦常关系，充

---

① 《孟子·离娄上》。
② 《孟子·梁惠王上》。
③ 《孟子·滕文公上》。
④ 《论语·宪问》。
⑤ 《孟子·离娄下》。
⑥ 《孟子·尽心上》。
⑦ 《孟子·离娄下》。

分体现了仁、义、礼、智、信等道德教育高度完善和谐的统一,整个社会也能因此而复归于天下太平。

　　复次,人性论于道德教育原则、方法形态的义理。孟子把教育原则比作规矩,"羿之教人射,必志于彀,学者亦必志于彀;大匠诲人必以规矩,学者亦必以规矩"①。在道德教育方面提出了如下原则:一是,持志养气。道德的修习除了"存心""养心"之外还要"养气",这都是弘扬本然善性的需要。"养气"首先要"尚志""持志"。士的最高志向是"居仁由义"②,以"仁义"为志,就能分辨善恶,区分当为与不当为,对符合"仁义"的善行积极行之,对违背"仁义"的恶欲要严加克制,这样就能日益为善。孟子与孔子一样,也是要求学生追求高尚的精神生活,不要贪图物质生活的享受,认为志士仁人应该把道德理想放在首位,把个人幸福置于次要地位,进而提出了"舍生取义"的观念,"生亦我所欲也,义亦我所欲也,二者不可得兼,舍生而取义者也"③。要求人们都把"仁义"变成自己的崇高理想和信仰,并且能坚定不移地守护这些信仰。孟子与孔子不同的是,提出了立志与养气的关系,认为一个人有了志向与追求,就会有相应的"气"即精神状态。志与气是密切相连、互为因果的,"志"应统率"气",所谓"志,气之帅也"④;但"气"也影响"志",所谓"志一则动气,气一则动志"⑤。所以既要"持志",又要"养气"。孟子所讲的养气是"吾善养吾浩然之气"⑥,所谓浩然之气,"其为气也,至大至刚,以直养而无害,则塞于天地之间。其为气也,配义与道,无是,馁也。是集义所生者,非义袭而取之也。行有不慊(满意)于心,则馁矣!"⑦显然,这种以正义培养起来而一点也没有受到损害的至大至刚之气,完全是一种内在的精神上的力量。孟子通过强调养气立志,使人建立崇高的道德理想,树立远大的志向,将本然的善性转化为高度的自信和理性的自觉,具有极其重要的积极意义。二是,孟子提出了"反求诸己"的道德教育原则。孟子从性善论出发,特别重视道德教育中的自我修养,认为"爱人不亲,反其仁;治人不治,反其智;礼人不答,反其敬。行有不得,皆反求诸己"⑧。当行动未得到对方相应的反应时,就应当首

---

① 《孟子·告子上》。
② 《孟子·离娄上》。
③ 《孟子·告子上》。
④ 《孟子·公孙丑上》。
⑤ 同上。
⑥ 同上。
⑦ 同上。
⑧ 《孟子·离娄上》。

先反躬自问，从自己身上找原因，对自己提出更高的要求。孟子还说："仁者如射，射者正己而后发；发而不中，不怨胜己者，反求诸己而已矣。"并且要求"善于人同，舍己从人，乐取于人以为善"①。孟子还认为人的祸福也决定于本人的作为，"祸福无不自己求之者"。一个人要"自求多福"，不可"自作孽"。②治家治国同样的道理，"夫人必自侮，然后人侮之；家必自毁，而后人毁之；国必自伐，然后人伐之。"③因此，"君子必自反也"，"自反而仁矣""自反而有礼矣""自反而忠矣"。可见，自我反省、自我监督、自我评价，不仅是一种重要的道德修养方法，而且更是道德修养的最高境界。因为"反求诸己"正是对人之本然的"善性"的一种重要的存养方式。三是，孟子还强调了"改过迁善"的道德教育原则。孟子继承了孔子的思想，一方面鼓励人们改过自新，一方面要求人们积极学习别人的善行，这样才能更好地存养、巩固自身的本然的善性。孟子说："虽有恶人，斋戒沐浴，则可以祀上帝"。④他赞扬"闻过则喜""见善则迁"，提倡"与人为善"，他说："子路，人告之以有过则喜，禹闻善则拜。大舜有大焉，善与人同，舍己从人，乐取于人以为善，自耕稼陶渔以至为帝，无非取于人者。取诸人以为善，是与人为善者也，故君子莫大乎与人为善。"⑤有过则改，闻过则喜，见善则迁，与人为善，之所以会成为重要的道德修养格言，正是因为其对人之善性的守望。四是，孟子还提出了"刻苦锻炼"的道德教育的原则。孟子认为，基于人的本然善性而发展的道德和才智，都是在艰苦条件下锻炼出来的，经过多次严峻的考验，才能获得进步与提高，才能够担负重任，即人的善性也需要艰苦条件的考验。孟子说："人之有德慧术知者，恒存乎疢（疾病）疾。独孤臣孽子，其操心也危，其虑患也深，故达。"⑥有的人之所以有很高的德行、智慧、本领、知识等，乃是因为他经常有灾患的伴随，身处艰苦和患难中，那些远臣庶子，他们时常提高警惕，考虑患害也深，所以往往通达事理。孟子还认为一个能担当伟大事业的人，必须经过意志的一系列的艰苦锻炼过程，尤其是要在逆境中得到磨砺，并能从挫折和失败中获取教训，鼓动其心，坚忍其性，增长才干。环境越是恶劣，对人的造就就可能越大。"故天将降大任于斯人也，必先苦其心志，劳其筋骨，饿其体肤，空乏其身，行拂乱其所为，所以动心忍性，

---

① 《孟子·公孙丑上》。
② 同上。
③ 《孟子·离娄上》。
④ 同上。
⑤ 《孟子·公孙丑上》。
⑥ 《孟子·尽心上》。

增益其所不能。"①人是"生于忧患，死于安乐"②。孟子的这些著名的思想，曾经教育和鼓舞历史上许多志士仁人，为正义事业奋斗牺牲而名存千古。

孟子在基于人性本善的道德教育原则的基础上，也提出了教学的原则与方法。一是，深造自得。强调在教学中发挥学生的主动精神，依靠深造自得，因为"君子深造之以道，欲其自得之也。自得之，则居之安，居之安则资之深，资之深则左右逢其源"③。据此，孟子主张，深入学习必须要有自己的收获和见解，"求则得之，舍则失之，是求有益于得也，求在我者也"④。学习求知，总希望有所得，有明确的主观愿望和动机，因此学习的主动权完全在自己手里，所谓"求在我者也"。孟子同时反对自暴自弃、不愿主动努力学习的行为，认为自暴自弃的人不可能求得仁义，不可能"居仁行义"，"自暴者，不可与有言也；自弃者，不可与有为也。言非礼义，谓之自暴也；吾身不能居仁由义，谓之自弃也"⑤。学习对于人的善性来说，同样是"求则得之，舍则失之"。二是，循序渐进。孟子是从人性本善与道德知识学习的方法之间的关系上来认识的。人始于"四心"的善端，通过道德学习而具有"仁、义、礼、智"的善性，似流水一样"积渐而进"，方能"激流勇进"，然后归于大海，"原泉混混，不舍昼夜，盈科而后进，放乎四海"⑥。"流水之物也，不盈科不行；君子之志于道也，不成章不达"⑦。水不能聚集到"盈"的程度，是不能流行的，事物只有达到一定阶段或具有一定规模即"成章"才行。君子有志于道，没有一定的成就，也不能通达。人之"仁、义、礼、智"的善性，需要通过学习"积渐而进"，达到"盈科""成章"才行。"善性"需要一点一滴地积累，学习知识也需要一点一滴地积累，急于求成反而弄巧成拙，欲速则不达，甚至还会后退。"于不可已而已者，无所不已，于所厚者薄，无所不薄。其进锐者，其退速。"⑧"揠苗助长"，"非徒无益，而又害之。"⑨三是，专心有恒。孟子认为，无论是人之善性的修养，还是道德知识的学习，都需要专心致志，持之以恒。"今夫弈之为数，小数也，不专心致志，则不得也。弈秋，通国之善弈者也。使弈秋诲二人弈：其一人专心致志，惟弈秋之为听。一人虽听之，一心以为有鸿鹄将至，思

---

① 《孟子·告子下》。
② 同上。
③ 《孟子·离娄下》。
④ 《孟子·尽心上》。
⑤ 《孟子·离娄上》。
⑥ 《孟子·离娄下》。
⑦ 《孟子·尽心上》。
⑧ 同上。
⑨ 《孟子·公孙丑上》。

援弓缴而射之,虽与之俱学,弗若之矣。为是其智弗若与?曰:非然也。"①两人同时跟一个围棋国手学习下棋,但结果大不相同,决非由于智力的差异,而是专心与不专心的缘故。孟子还告诉学生道:"山径之蹊间,介然用之而成路;为间不用,则茅塞之矣。"②山间的小路很窄,经常去走就变成了一条路,而不经常走,便会被茅草所堵塞。如果一个时期不用心学习,学到的知识也会遗忘。学习就像植物生长一样,"虽有天下易生之物也,一曝十寒之,未有能生者也"③。学习要有不达目的不罢休的精神,"有为者辟若掘井,掘井九轫而不及泉,犹为弃井也"④。学习必须跟掘井一样,持之以恒,坚持到底,决不能间断停顿,中道而废。四是,启发善言。孟子始终认为学习是发扬人之善性的关键,在教学生学习中要启发、善言,反对让学生死记硬背。孟子可谓是承孔子之前、启《学记》之后,强调不折不扣地采用启发式教学的。他说:"大匠不为拙工改废绳墨,羿不为拙射变其彀率。君子引而不发,跃如也,中道而立,能者从之。"⑤高明的工匠不因为拙劣工人改变或废弃规矩,高明的弓手羿也不因为拙劣射手变更拉开弓的标准,君子教导别人正如射手张满了弓却不发箭,做出跃跃欲试的姿势,严守中道,以启发和诱导学生,激发学生有进无退地学习,让他们认真领会"习射"的关键,自己再试行着张弓发矢,进行学习。要进行启发诱导,教师要"善言"才行,其言不仅要生动、形象、准确,而且还要富有启发性。"言近而指(旨)远者,善言也。"⑥能以浅近的语言,启发开导学生从中理解深刻的至理,即为"善言",也即"善言"启发的意义所在。孟子反对死记硬背,认为学习应持审慎态度,有自我的主见,"尽信书,则不如无书。吾于《武成》取二三策而已矣"⑦。《武成》是《尚书》中已佚的一篇,记载了武王伐纣时杀了许多人,以致血流成河。孟子认为这一记载不符合武王是仁者之师的观点,所以提出了大胆的质疑并予以否定,表明书上的东西并非全是金科玉律,亦非句句都是真理。孟子在谈到读《诗》的体会时说:"不以文害意,不以辞害志,以意逆志,是为得之。"⑧要求读书不能拘泥于文字和词句,而应通过思考去领会其深层含义。五是,教亦多术。孟子认为,对于人之善性的"仁、义、礼、智"

---

① 《孟子·告子上》。
② 《孟子·尽心上》。
③ 同上。
④ 同上。
⑤ 同上。
⑥ 同上。
⑦ 同上。
⑧ 《孟子·万章上》。

的培养,不能千篇一律,应根据不同情况采取灵活多样的方法。"君子之所以教者五:有如时雨化之者,有成德者,有达财(材)者,有答问者,有私淑艾者,此五者,君子之所以教也。"①"有如时雨化之者"是对程度最高、修养最好、发展最为全面的学生而言的,抓住紧要关节稍加点化,有如时雨灌溉一样,便能达到"润物细无声"的效果,使学生豁然贯通。对于偏重或长于德行者,有才识、才能或学有专长者,应该善于启发,使之成为才识博贯、才能通达而善于任事的人才。对于德才学识只能平平,较普通的一般学生,就应该采取问答的方式,耐心细致,有问有答,认真释疑解惑,使之得到较快的发展。对于那些因受时间、地点或环境条件限制,不能及门受业、当面听讲的学生,则应该采取"私淑弟子"的形式,用间接的方法,使他们也能受到一定的教诲,闻道以善其身。孟子说:"教亦多术矣,予不屑之教诲也者,是亦教诲之而已矣。"②认为拒绝对其进行教诲,也足以成为对他的一种警策,使其受到一定的"刺激"而能够反思自省。这本身也是一种"不言而教"的反面激励的方法。

(三)荀子人性论的义理结构与教育思想向度

1.对现世治理的实用功利的人性论建构的思考

战国末期的荀况,作为先秦儒家最后一位大师,由于百家争鸣已趋于互相吸收和融合,争霸各国都已建立了新的制度,现世治理成为这一时代必须面对的课题。荀子之所以成为先秦思想的集大成者,与他多年游于稷下学宫,曾三为祭酒,被封为卿,接受墨、道、兵、名、农诸家的影响,取百家之长分不开。虽然墨学曾与孔学同为显学,但荀子并不赞成墨子的性恶论;虽然韩非、李斯都是他的学生,但他更是反对商鞅的由"其道亲亲而爱私"而得出的极端的性恶论(下面会在百家争鸣中的人性论部分进行义理分析)。他又不得不考虑人性恶的存在,所以兼采"善""恶"而建构了他的人性论思想。

比孟子和商鞅都要晚一些的荀况,在思考人性问题上,既拒绝"善""恶"两面的极端之义,又兼采了两方面的意见。孟子过分强调人性的发掘,必然会走向理想的文化主义,显然不切实用;商鞅过分依赖法律的约束,则必然趋向于现世的功利主义,容易漠视人的情感。作为儒者的荀况,一方面坚持礼乐的象征意味对社会的垂戒示警意义和理性的自我调节对人类行为的控制能力,另一方面从现实治理的实用功利出发,并不赞成子思、孟子的想法,尽管他们的出发点很接近。荀子同意社会是由个人构成的,

---

① 《孟子·尽心上》。
② 《孟子·告子下》。

而且个人必须在社会中生存，因为"能不能兼技，人不能兼官"①，只能合起来组成一个"群"即社会。但人怎样才能更好地"群"呢？荀子提出了一个崭新的想法：要使"群"有秩序、不混乱，恰恰在于如何"分"，"分"一方面作"区分"解，一方面作"定分"解，有了等级的区分，各守自己的本分，社会就可以有秩序。"人生不能无群，群而无分则争，争则乱，乱则离，离则弱，弱则不能胜物。"②怎样分呢？分的原则就是"礼"，礼仪一方面是为了使人际关系和睦，一方面也是为了对各种人加以区别。"曷谓别？曰：贵贱有等，长幼有养，贫富轻重，各有称也。"③这就是所谓的由"分"而维持的"群"的秩序。荀子的这种思考，起点是关于人性的判断，终点则在于开出一套可资实用的整顿社会秩序的方法。

2.荀子人性论的义理结构

首先，对自然本有的人性的推阐："性、情、虑、伪"之内在联系。荀子说："生之所以然者，谓之性"。"不事而自然，谓之性"④，认为人性是人天然本有的；"性之好、恶、喜、怒、哀、乐谓之情"⑤，人性的种种表现如"好恶喜怒哀乐"叫作"情"；人的理智对这种天然本有的性及自然流露的情加以选择，就是"虑"；经过考虑后的行为，就是"伪"。荀子从"性""情""虑""伪"的联系中，推阐出了人性"恶"。荀子说："今人之性，生而有好利焉，顺是故争夺生，而辞让亡焉；生而有疾恶焉，顺是故残贼生，而忠信亡焉；生而有耳目之欲，有好声色焉，顺是故淫乱生，而礼义文理亡焉。"⑥认为在人类组合而成的"群"中，每个人如果放纵"生而好利"的"性"，那么就会"争夺生而辞让亡"；如果放纵"生而疾恶"的"性"，那么就会"残贼生而忠信亡"；如果放纵"耳目之欲有好声色"之"性"，那么就会"淫乱生而礼义文理亡"。所以，"从人之性，顺人之情，必出于争夺，合于犯分乱理，而归于暴"⑦，指出了人性"恶"产生的根源和危害。因此，一方面，荀子承认人的理性，但是又认为更重要的是教育与学习，依靠后天的熏染来使人们养成遵守规则、服从秩序的习惯，成为彬彬君子。和孟子一样，荀子也注意到了"心之官则思"的起点，却又同时指出人之为人虽然是人有理性，不过这一理性是教育培养出来的，表现为知识

---

① 《荀子·富国》。
② 《荀子·王制》。
③ 《荀子·礼论》。
④ 《荀子·正名》。
⑤ 同上。
⑥ 《荀子·性恶》。
⑦ 同上。

与修养,所谓"干越、夷貉(mò)之子,生而同声,长而异俗,教使之然也"①,"心不可以不知道",而"道"就是度量一切是非曲直大小美丑的"衡",有"衡"就可以"守道以禁非道"。②另一方面,荀子又特别注重外在礼仪制度对人的节制,在《正名》中虽然承认"性"是天生的,但很快就强调"情"是"性之质","欲"是"情之应","知"虽然可以节制"欲",但却很难完全控制情欲的发动,所以要特别重视"权衡",使人知道"祸福"之所在。而"权衡"除了内在的理性之外,就只有制度性的礼与法了。荀子在《王制》中说道:对待善意的人应该以礼,对待不怀好意的人应该以刑,换句话说就是,对待君子应以礼,对待小人应以法,这样才能够使人有所警惕和畏惧。"人生而有欲,欲而不得,则不能无求,求而无度量分界,则不能不争,争则乱,乱则穷,先王恶其乱也,故制礼义以分之。"③"先王恶其乱也,故制雅颂之声以导之,使其声足以乐而不流,使其文足以辨而不认,使其曲直繁省廉肉节奏足以感动人之善心,使夫邪污之气无由得接焉。"④

其次,荀子思想在秦汉时代的重要地位和历史影响。如果说,孟子的思想容易引发后世的"崇德性",而荀子的思想很容易引出后世的"道问学"的话,应该说这两套思路都于后来儒门有各自的影响。不过,在战国那个普遍混乱和普遍功利的时代里,荀子的思想显然比孟子的思想影响大,尽管孟子的思想意味着儒门更大的转化,后世在中国思想界地位渐渐升高,而且孟子于唐宋以后成为"亚圣",但是从战国末期到秦汉时代中国思想向意识形态转化与定型中,荀子思想的意义却更为重要。其原因有三。第一,荀子通过经典的传授,影响了大批弟子,而弟子又凭借经典的解释和阐发渐渐控制了文化话语的权力。在《诗》《书》《易》《春秋》和《礼》的传授系统中,毛、鲁、韩三家《诗经》传授均与荀子有关;《左传》《谷梁传》相传也是经过荀子之手,《礼》之大、小戴和《史记·礼书》均取《荀子》,《易》则据《别录》称荀子"善为《易》",清代学者皮锡瑞《经学历史》更是称"荀子传《易》《诗》《礼》《乐》《春秋》,汉初传其学者极盛",所以说荀子在经典传授上处于枢轴的位置。第二,荀子思想不再仅仅是儒者的人文主义。传统的儒者执着于理想而不切实用,但荀子的思想中蕴含了十分实用的思想,既可以用于道德自律,又可以推之于法律管束的意识形态意味,他的人性论思想就包含了"道德自律""法制管束"两方面的"权衡",很能

---

① 《荀子·劝学》。
② 《荀子·解蔽》。
③ 《荀子·礼论》。
④ 《荀子·乐论》。

够被上层接受应用。第三，荀子的思想已经很具开放性，不再把儒者的思想束缚在一种过分封闭的理想主义与精神主义的圈子里，而是极广泛地吸取了各种实用思潮，灵活地把自己定位在世间。其《儒效》里他对儒者传统的变化看得很清楚，"道者，非天之道，人之所以道也"，把着眼点定在了世间的实用思想，"道"不再是抽象玄虚的思想对象，而是成为具体而微的实施手段。所谓"道者何也？曰：君道也。君者何也？曰：能群也"①。"群"就是社会，"能群"就是建立一个良好的社会秩序。人性于"群"中，离开了"群"，也就无从谈"人性"。要建立"能群"的社会秩序，就必须教育人去"恶"从"善"。为了实现"能群"的实效，荀子的思想由"道"渐渐趋于"术"，立场也由"礼"渐渐转向了"法"，而思索的出发点和终点也由"民"渐渐转向了"君"。所谓"人君者，隆礼尊贤而王，重法爱民而霸"②，虽然仍将"礼"置于"法"上，但这种对于"礼"的尊崇不免有些架空凌虚，反倒是使"法"成为实实在在的实行者，通过强化"法"的思想，实现"礼"与"法"的平衡，而这种"平衡"后来成为汉及其以后漫长封建社会意识形态建构的价值追求。

虽然直到现在人们也无从考证荀子在多大程度上受到"法"的思想影响，但从他的学生李斯等法家代表人物身上，反倒能看出荀子思想对"法"的影响。根据《左传》所载昭公二十五年子大叔引叔向语，即已经从"礼"说到"法"，并将"礼"和"法"与天地四时五行六气、生死喜怒哀乐等自然和人性联系在一起，赋予"礼"和"法"同样合理性依据和价值来看，从管仲所说"人之心悍，故为之法，法出于礼，礼出于治，治礼道也"③来看，可以说"礼"与"法"之间并没有不可逾越的鸿沟，从"礼"到"法"是当时关于社会秩序重建的思路的自然延伸。自觉的"礼"不足以惩戒人性的"恶"，整顿社会秩序就自然要用强制的"法"。表面上看，儒家多属礼制主义，而实际进入社会治理的所谓"法家"多属法制主义，其实他们的思路往往都一致关注社会秩序，都是基于对"人性"的基本估计，只不过儒家多以人性善的角度，多以人文主义的思想为视角，法家多以人性恶的角度，多以实用主义的政治家的眼光。只要秩序混乱到无法依靠人心自觉来整顿，道德崩溃到了无法凭借礼仪象征来维持的地步，只要坐而论道者真正进入了实际管理的行列，他就很容易改变自己的立场。所以，从荀子到韩非、李斯的传续，不仅仅是人物的师承关系，也是思想史上的理路延续与伸展。荀子在人性论上拒绝极端的"善""恶"两端对立的立场，同时又采纳两方的意见，建构起兼有

---

① 《荀子·君道》。
② 《荀子·强国》。
③ 《管子·枢言》。

"善、恶"、平衡"礼、法"的人性论,其影响深远。

3.荀子人性论的教育思想向度

首先,人性论于教育作用形态上的向度。荀子从人性恶的判断与自身实用功利的思想出发,重视教育使人从善,在礼法的共同作用下,达到理想的道德境界。其人性论于教育作用上包括对社会的作用和个体的作用。第一是在社会功能或作用上,荀子强调于"礼""法"共用中,以礼为主、以法为辅。"礼者,法之大分、类之纲纪也。"① 认为礼是法的基础和指导原则,体现了法的精神,适应了中央集权制的现实需要,认为"治之经,礼与刑,君子以修百姓宁,明德慎罚,国家既治四海平"②。荀子基于人性恶的教育作用思想,是建立在对社会秩序的"群"和怎样才"能群"的思辨基础上的,"人之生不能无群,群而无分则争,争则乱,乱则穷矣。故无分者,人之大害也;有分者,天下之本利也"③。先王为之制礼义以分之,使有贵贱之等、长幼之差,知(智)愚能不能之分,皆使人载其事而各得其宜,人对贵贱、长幼、智愚、君臣、上下不能辨分,就会产生"争乱",就会表现出人性之恶。所以,"能群"贵于有"辨",而"辨莫大于分,分莫大于礼"④。辨于分与礼,就是要学习礼义法规,"由士以上则必以礼乐节之,众庶百姓则必以法数制之"⑤。教育是划分社会等级的一种手段,教育的作用就在于明礼法。第二是在个体功能或作用上,就是"化性起伪"。荀子对于人性的推阐,是从"正名"开始的。《荀子·正名》篇提出了"制名以指实"的理论,强调正名的目的与作用,认为人们确定的各类名称是有所依据和有所遵从的,刑法的名称仿照上周,爵位的名称依照周代,礼仪的名称依据《礼经》,一般事物的名称遵从已有的风俗习惯共同约定。关于一般事物的名称,荀子首先提到用在人自身的名称:生来就如此的叫作"性"或"本性",它不是后天形成的;本性的"好恶喜怒哀乐"叫作"情";对"情"的选择叫作"虑";思虑长期积累,官能反复运用,而后形成的一定的规范,就叫作"人为",即"伪";符合功利而办的事叫作"实业";符合礼义的事叫作"德行";人自身固有的认识能力叫作"知";"知"与外界事物相接触所产生的能力叫作"智慧";人身所固有的掌握才能的能力叫作"能";本性受到损伤叫作"病";偶然的遭遇叫作"命"。名一经制定,各种事物的实质就可以分辨清楚,制定名称的基本原

---

① 《荀子·劝学》。
② 《荀子·成相》。
③ 《荀子·富国》。
④ 《荀子·非相》。
⑤ 《荀子·富国》。

则经实施,思想意志就能相互沟通,所以百姓就一致遵循这些名称,他们认识到扰乱正确的名称是一种犯罪行为。遵循正确的名称就能专一于根本的法度,谨慎地遵守法令,社会秩序就能稳定。因此,对于个人来讲,基于"生之所以然"的本性和"性之好、恶、喜、怒、哀、乐"的"情",以及由"饥欲食、寒欲暖、劳欲息、好利恶害""目好色、耳好声、口好味、心好利,骨体肤理好愉佚"的自然之"欲"所造成的"恶",教育的作用就是"化性起伪",就是说行为的善或恶,首先要考虑对"情"的选择,考虑基于"情"的行为选择是否符合人为的"礼法"规范,长期积累符合"礼法"规范的"善"的行为,就实现了"其善者伪"的作用。荀子既然认为人性本恶,那么善又从何来呢?"见善,修然必以自身有也;见不善,愀然必以自省也。善在身,介然必以自好也;不善其身,菑然必以自恶也。"①人之所以能为善,全靠后天的努力,故"人之性恶,其善者伪也"②。如果长期坚持选择符合礼法的善的行为,努力"见善,修然必以自身有也,见不善,愀然必以自省也",就能形成善。"无性则伪之无所加,无伪则性不能自美,性伪合,然后成圣人之名"③,因为人性本恶,圣人与小人亦同,故"涂之人可以为禹"。④

其次,人性论于教育目的和内容形态的向度。认识人的本质属性不是目的,教育人尊尚礼法才是目的。荀子认为,人之为人虽然有理性,但这一理性是教育培养出来的,所谓"教使之然也"⑤,表现为知识与修养。"学恶乎始,恶乎终?曰:其数则始乎诵经,终乎读礼;其义则始乎为士,终乎为圣人。真积力久则入,学至乎没而后止也。"⑥"恶"是疑问代词,是说学习究竟应该从何处入手、何处结束?应该从读书开始,到懂得礼法结束;其意义是从做书生开始,到成为圣人结束;学习"真积力久"才行,因为学习是无止境的。荀子通过学习的方法、途径、步骤、目的意义,指出教育的目的就是培养由士到圣人的各种能推行礼法的治术人才。荀子把人的修养分为圣人、君子和士三等,培养圣人是教育的最高追求。同时又把"大儒"作为教育所要培养的理想人格,认为人有俗人、俗儒、雅儒、大儒等"四个"层次:俗人"不学问,无正义,以富利为隆";最低一等的"俗儒","逢衣浅带,解果其冠,略法先王而足乱世;术缪学杂,不知法后王而一制度,不知隆礼义而杀诗书",徒然学得儒者的外表,宽衣博

---

① 《荀子·修身》。
② 《荀子·性恶》。
③ 《荀子·礼论》。
④ 《荀子·性恶》。
⑤ 《荀子·劝学》。
⑥ 同上。

带,但对"先王"之道仅会教条诵读而已,全然不知其用;雅儒"法后王,一制度,隆礼义而杀诗书,其言行已有大法矣,然而明不能齐法教之所不及、闻见之所未至,则知不能类也。知之曰知之,不知曰不知",不懂得法"先王",却懂得取法"后王",虽然也在"法典"所未载和自己所未见的问题面前拙于对策,却能承认无知,显得光明坦荡;"大儒"是最理想的一类人才,不仅知识广博,而且能"法后王,统礼义,一制度,以浅持博,以古持今,以一持万",以已知推知未知,自如地应付新事物、新问题,治理好国家。荀子进而指出,若以俗人治国,则"万乘之国亡";用俗儒,则"万乘之国存";用雅儒,则"千乘之国安";若用大儒治国,即使只凭借"百里之地,久而后三年,天下为一,诸侯为臣。用万乘之国,则举错而定,一朝而伯"。①在教育内容方面,荀子重视儒家经典的传授,但又发展了儒家经典的思想,注重"礼""法"相宜,认为"《书》者,政事之纪也;《诗》者,中声之所止也;《礼》者,法之大分,类之纲纪也。故学至乎《礼》而止矣"②。于诸经中,荀子尤重《礼》《乐》。他认为礼是自然与社会的最高法则,所以要"学至乎《礼》而止矣";乐则是表现情感的重要方式,"乐者,乐也,人情之所必不免也,故人不能无乐","声乐之入人也深,其化人也速"③,"情"作为人性的"喜怒哀乐"的自然表达,在"欲,情之应"的过程中,如果不能经过"虑"而正确地选择情感行为,就会凸显"人性之恶",所以要"美善相乐"④。

再次,人性论于教学思想形态的向度。荀子认为人的理性是教育培养的结果,教育是"化性起伪"的过程,与孟子"内求"的思路相反,更强调"外铄"。在学与思的关系上更侧重于"学","吾尝终日而思,不如须臾之所学也。吾尝跂而望矣,不如登高之博见也。登高而招,臂非加长也,而见者远;顺风而呼,声非加疾也,而闻者彰;假舆马者,非利足也,而至千里;假舟楫者,非能水也,而绝江河。君子生非异也,善假于物也。"⑤荀子重视"学",是建立在"伪"的"化性"作用上的。前面已经讲过,荀子在《正名》中认为"礼法"规范是人们思虑长期积累、官能反复运用,而后"人为"形成的一定的规范,即"伪"。只有认真学习理解这些"人为"的"礼法"规范,才能够约束"情之应"的"欲",长期坚持选择"善"的行为,实现普遍的"涂之

---

① 《荀子·儒效》。
② 《荀子·劝学》。
③ 《荀子·乐论》。
④ 同上。
⑤ 《荀子·劝学》。

人可以为禹"的教育目的。归纳起来，荀子基于人性论的教学思想主要体现在以下几个方面：

第一，闻、见、知、行的教学认识过程的义理。荀子说："不闻不若闻之，闻之不若见之，见之不若知之，知之不若行之，学至于行而止矣。"①表达了学习阶段与过程的统一，亦即"化性起伪"的阶段与过程的统一。人的学习和人性的修炼，始于"天官之当薄其类"，通过感官对外物的接触，形成不同的感觉，使进一步的学习活动成为可能，所以"闻见之所未至，则知不能类也"②。古代士的"观礼"就是这样学习"人为"礼法的过程，日常的"见善"与"见不善"也是这样一个学习过程。但感官和闻见只能分别反映事物的一个方面，无法把握事物的整体与规律，因此必须向更高阶段"知之"发展。"知之"阶段是一个思维的过程，"知通统类，如是则可谓大儒矣。"③对于"人为"的礼法的外在的"礼仪"的感性认识，运用思维的功能去把握事物的规律和"礼义"的内涵，提升到理想认识上。但仅有理性认识而不去实行，虽有广博的知识，也仍不是学习的终结，仍不能达到"化性起伪"的目的。所以要追求更高水平的"知"即"行"。荀子认为行是学习必不可少的最高的阶段，也是人性"积伪"必须经由的最高阶段。"君子之学也，入乎耳，著乎心，布乎四体，行乎动静"④，其"积伪"作用唯有通过"行"才能得到验证或巩固，其"知"才能称得上"明"。荀子以知、行关系为标准，把人分为四种："口能言，身能行之，国宝也；口不能言，身能行之，国器也；口能言，身不能行，国用也；口善言，身行恶，国妖也。治国者敬其宝，爱其器，任其用，除其妖。"⑤言行一致的为"国宝"，言行不一的为"国妖"。荀子基于"人性恶"的学习过程论，不仅完整而系统，且正确阐述了知行关系，所具有的辩证法因素，于先秦教育家中少见。

第二，学习或"化性起伪"要虚壹而静、专心有恒。荀子特别重视对学习态度的培养，把学习态度归结为"虚壹而静""专心有恒"，其学习态度的这种归纳是对"积伪"思想的进一步发挥。"心何以知？曰：虚壹而静。"⑥所谓"虚"，不是虚无，而是"虚其心"，不要先入为主，"不以所已藏害所将受"，不以已有的知识或见解阻碍认识新事物，接受新知识、新观点。所谓"壹"，指"不以夫一害此一"，就是不以一

---

① 《荀子·儒效》。
② 《荀子·正名》。
③ 《荀子·儒效》。
④ 《荀子·劝学》。
⑤ 《荀子·大略》。
⑥ 《荀子·解蔽》。

种知识或见解排斥另一种知识或见解，专一研究某一问题，就全力以赴，不一心二用、心猿意马，转而研究另一问题，又能迅速集中精力，两者绝不能相乱或互相干扰，这正是现代心理学上所讲的集中和转移的规律。所谓"静"，不是不动，而是"不以梦剧乱知"，"梦"是毫无根据的梦想，"剧"是感情冲动，无根据的"梦想"就是不合理的"欲"，不合理的"欲"是对冲动感情的"情之应"，即产生"人性恶"的根源。反映在学习上，毫无根据的梦想和感情冲动会扰乱人的理智和正常的思维活动。所以，人性修养或学习，虚怀若谷、精神专注、头脑清醒，才能取得成效。荀子特别反对志不专注，用心浮躁，他说："蚓无爪牙之利，筋骨之强，上食埃土，下饮黄泉，用心一也；蟹六跪而二螯，非蛇蟮之穴无可寄托者，用心躁也"。① 所以，"无冥冥之志者，无昭昭之明；无惛惛之事者，无赫赫之功"②。人性修炼或获得知识技能，不取决于愚与敏，如果能不懈地努力，则"虽愚必明"。荀子还说："多知而无亲，博学而无方，好多而无定，君子不与。"③ 知识多而不知择善而从，诸多涉猎而无一定的方法，趣味广泛而无一定的目标，这些都是君子所不取的。荀子在《劝学》中曾举例"鼫（shí，）鼠五技而穷"的故事，来说明"未有两而能精者"的道理。所以人之为学，虽则言博，必须守约而"归于一"，只有"注错习俗，所以化性也；并一而不二，所以成积也。习俗移志，安久移质，并一而不二，则通于神明，参于天地矣"④。"注错"即人的行为举措、社会习俗可以改变人的志向，久而久之可以改变人的素质，而并一而不二的功夫，是注错习俗、安久移质的前提，也是化性的途径。

第三，学习或"化性起伪"要解蔽救偏，兼陈中衡。荀子在《正名》篇提出了"制名以指实"的理论，强调了正名的目的与作用，认为人们确定的各类名称是有所依据和有所遵从的。名一经制定，各种事物的实质就可以分辨清楚，制定名称的基本原则一经实施，思想意志就能相互沟通，就能够"化性起伪"。但是，由于人们在"化性"或学习的过程中，思想方法容易片面，妨碍认识事物的全貌，所以需要"解蔽救偏"。他说："凡人之害，蔽于一曲，而暗于大理。"⑤ 大凡人的毛病，是被事物的某一局部所蒙蔽而不明白全局性的大道理。所谓"蔽"就是对复杂的事物和现象缺乏全面了解，所谓"解蔽"就是让人们认识事物或知识的真实面貌。这一点酷似古希腊柏拉图关于教育

---

① 《荀子·劝学》。
② 《荀子·解蔽》。
③ 《荀子·大略》。
④ 《荀子·儒效》。
⑤ 《荀子·解蔽》。

的"洞喻说":囚徒被长期囚于"囚洞"中,就会认为,"囚洞"上方的小窗口映射到洞壁上的外部世界的影象,就是真实的世界,教育的意义就如解放囚徒、把囚徒引出洞外,让他们认识真实的知识世界。事物对于人来说是有"蔽"的,"欲为蔽、恶为蔽,始为蔽、终为蔽,远为蔽、近为蔽,博为蔽、浅为蔽,古为蔽、今为蔽。凡万物异则莫不相为蔽,此心术之公患也"①。一个人的爱好会造成蒙蔽,憎恶也会造成蒙蔽;只看到开始会造成蒙蔽,只看到终了也会造成蒙蔽;只看到远处会造成蒙蔽,只看到近处也会造成蒙蔽;知识广博会造成蒙蔽,知识浅陋也会造成蒙蔽;只了解古代会造成蒙蔽,只知道现在也会造成蒙蔽。大凡事物有不同的对立面,无不交互造成蒙蔽,这是影响"化性"的思想方法上一个普遍的祸害。荀子批评各学派由于片面而生成所"蔽":"墨子蔽于用而不知文,宋子蔽于欲而不知得,慎子蔽于法而不知贤,中子蔽于势而不知知,惠子蔽于辞而不知实,庄子蔽于天而不知人。……夫道者,体常而尽变,一隅不足以举之。曲知之人,观于道之一隅而未之能识也。"②认为诸子都有其优点,也有不知之处。墨子只知道追求实用而不知礼文,宋钘(战国时期著名哲学家)只知道人有寡欲的一面而不知人有贪得的一面,慎到只求法治而不知责任,申不害只知道权势的作用而不知才智的作用,惠施唯务名辩而不了解实际,庄子只知道崇拜自然而不了解人的力量。只有"孔子仁知且不蔽,故学乱术足以为先王者也。一家得周道,举而用之,不蔽于成积也。故德与周公齐,名与三王并,此不蔽之福也"③。认为孔子仁德明智而且不被蒙蔽,所以多方学习集大成而足以用来辅助古代圣王的政治原则。只有孔子掌握了全面的道,推崇并运用它,而不被成见旧习所蒙蔽,所以其德行与周公相同,名声和三代开国之王相并列,这就是不被蒙蔽的缘故。荀子认为,只有解除其蔽,以救其偏,才能在正确认识事物中"化性起伪"。解蔽的方法便是"兼陈中衡","无欲、无恶,无始、无终,无近、无远,无博、无浅,无古、无今,兼陈事物而中悬衡焉"④。就是说,把所有事物都展示出来,摆列在一起,不偏执于一事物和事物的某一方面,对事物作全面、广泛的比较、分析、综合,择其所是而弃其所非,以求如实地把握事物及其关系,这一思想方法含有辩证法的因素,也体现了儒家的"中庸"思想。

复次,人性论于教师理论形态的向度。荀子提出"性恶论",开创了中国教育史上与教育"内发说"截然相反的教育"外铄说",强调"外铄"对于"化性"的作用。正

---

① 《荀子·解蔽》。
② 同上。
③ 同上。
④ 同上。

是从教育的"外铄"作用出发，抬高教师地位和强调教师的作用，就成为其必然选择。

一是，教师地位和作用。荀子一方面将教师提高到与天、地、君、亲同等的地位，认为"天地者，生之本也；先祖者，类之本也；君师者，治之本也"①。一方面阐述了教师崇高地位是由教师的作用决定的，"礼者，所以正身也；师者，所以正礼也。无礼何以正身？无师吾安知礼之为是也？"②教师是礼的化身。"故人无师无法而知，则必为盗；勇，则必为贼；云能，则必为乱；察，则必为怪；辩，则必为诞。人有师有法而知，则速通；勇，则速威；云能，则速成；察，则速尽；辩，则速论。故有师法者，人之大宝也；无师法者，人之大殃也。人无师法，则隆性矣；有师法，则隆积矣。"③一个人如果没有老师，没有法度，而有智慧，那必定会成为小偷，他勇敢则必定会成为贼寇，有才能则必定会为非作乱，明察就会兴妖作怪，能言善辩就会荒诞不经、言论怪癖。一个人如果有师长，有法度，而有智慧，那就会迅速地通达，他勇敢则能迅速建立权威，有才能则必然能迅速地获得成功，明察就必然能迅速地穷尽事理，能言善辩就必然能迅速地论证。所以，有师长有法度，是人的最大财富，没有师长没有法度，是人的最大祸殃。人没有师长和法度，就会崇尚或任由"性之恶"兴盛、深厚；有师长有法度，就会崇尚或促进"性之积伪"即善性的兴盛和不断深厚。人如果没有师的教诲，没有法律的管束，人性恶的本质就会暴露而做出诸如偷盗、抢劫、作乱等邪恶的事情来，就难以对社会进行有效的管理；如果有师的教诲和对法度的敬畏，人的行为不但可以合乎"礼法"即社会规范，还可以很快地获得成功，而使自己地位显赫，实现社会的有序管理。另一方面倡导国家与社会必须尊师重教，"国将兴，必贵师而重傅；贵师而重傅，则法存。国将衰，必贱师而轻傅；贱师而轻傅，则人有快（肆意、放纵人性之恶），人有快则法度坏"④。正因为教师关系到国之兴衰，所以"言而不称师，谓之畔；教而不称师，谓之倍。倍畔之人，明君不内，朝士大夫遇诸途不与言"⑤。如果一个人在平时言论及教学过程中不称述师说，就是叛逆之人，明智的国君不会纳用他，士人夫也不会与他交往，从而强调了尊师重教的绝对重要性。

二是，对教师的要求。既然荀子十分重视教育对克服"人性恶"的作用，既然教师的地位如此之高、作用如此之大，那么自然不是人人都可以做教师的，必须有严格的

---

① 《荀子·礼论》。
② 《荀子·修身》。
③ 《荀子·儒效》。
④ 《荀子·大略》。
⑤ 《荀子·致士》。

要求。荀子说:"师术有四,而博习不与焉。尊严而惮,可以为师;耆艾而信,可以为师;诵说而不陵不犯,可以为师;知微而论,可以为师。"①当教师有四个条件:一要有尊严,使人敬服。教师必须具有绝对的权威,若有人背叛、怀疑、非议教师,必须以刑法问罪。这种"师云亦云"的思想,与孔子"当仁不让"有所不同,是封建等级关系于师生关系上的反映。二要有崇高的威信和丰富的经验。三要具备传授知识的能力而不违背师说。四要能体会"礼法"的精微道理,且能加以阐发。

4.荀子人性论与孟子人性论的比较

第一,荀子"性恶说"与孟子"性善说",虽然对人性的看法不同,但殊途同归,目的都是教人从善,使人达到理想的道德境界。究其根本,都是儒家精神的传承。孟子说教育要"穷则独善其身,达则兼济天下",②荀子也认为"通则一天下,穷则独立贵名"③。孟子认为人具有"良知""良能",只要充分发挥,"人皆可以为尧舜",因此要正面激励人奋发向上,只要人能将"良知""良能"的种子发扬光大,平民百姓也可以成为圣人。荀子认为,只有矫正"人性恶"的自然倾向,才能形成社会生活所必需的道德品质,人只有通过教育、训练与学习,通过道德的训导、礼法的约束,才能对质朴粗恶的先天素质加以改造,才能成为合格的社会生活的成员。荀子从反面激励人进取,达到"涂之人可以为禹"的目标。所以,清代学者钱大昕说:"孟荀一也。"康有为也认为,无论孟子的主性善、重尽性,还是荀子的主性恶、重化性,其目的都是教人自觉地遵从社会的道德规范,自觉为善。

第二,孟子的"性善说"与荀子的"性恶说"侧重点不同,塑造人性的方法也不一样。孟子认为道德是先验的、绝对的,道德是义务而不是为了服从上级的压力,"四端"是"我之固有",目的在于使人"良心发现",从而"反其初";荀子则认为道德是社会需要的产物,一切道德都是人为制定的,其目的都是为了抑制人性的"恶",要人通过后天的"学"与"伪"达到"知明而行无过"的品性,彻底克服人类与生俱来的本性之恶。孟子重视人的主观精神状态的培养,提倡"养浩然正气";荀子主张以师法之化、礼义之道对人性加以治理。

第三,孟荀之争的实质在于理想与现实的对立。首先,孟子以仁政思想标新,极具人情味与理想性,但面对礼崩乐坏的社会现实,它就显得可望而不可即。而荀子以礼法之治的思想立异,同时根据时代需要丰富了礼的内容,并且这些内容都带有一定的强

---

① 《荀子·致士》。
② 《孟子·尽心上》。
③ 《荀子·儒效》。

制性，从而表现出强烈的现实性和实践性。其次，孟、荀的人格特征是他们人格理想的外在体现。孟子崇尚大丈夫人格，强调人格的主体性，不仅提出了"民贵君轻"的民本思想，还主张君臣关系对等，在孟子身上有一种大丈夫气概，但得到的评价是"迂阔于事"。荀子推崇"大儒"人格，讲礼义，重实际，知识广博，思维严谨，在人格特征方面与孟子有很大不同，突出了人格与社会的协调性。荀子执着的是政治家的机智与圆通，而不是孟子的"至大至刚"的英气。荀子身上更具有思想家的严谨精神和政治家的务实品格。再次，孟子"尽心知性"，注重内省，教人节欲，主观臆测多，不好把握。荀子"化性起伪"，注重学习，注重积累，道理透彻，论述严密。孟子说性善，只需要内省，不需要学问；荀子讲性恶，却能教人变化气质，注重积累。人要达到人性的自我完善是环境、教育和个人努力共同作用的结果，只有这样才能使人有更大的发展。

第四，孟荀对儒学的贡献各异。孟子侧重道统，其思想成为宋明理学的源泉。荀子重视以儒家经典为内容的文化知识传授，对经学的发展有很大的贡献。孟、荀学说，"性善""性恶"，这两种教育思想并非完全独立、对立的，而是相互补充的。因此，要准确地理解人性、理解教育，必须将孟子的观点与荀子的观点结合起来考察，按照合目的、合规律的、进步的就是合理的方法论，取其合理的因素，而不可全面地否定或全面地肯定。对人性的理解要做到先天与后天的统一、自然属性与社会属性的统一。而对于教育，也应该是个人的自我修养与"礼法"教化约束的统一。这样，才能实现孟子"大丈夫"理想人格和荀子培养"大儒"的教育目的。

二、百家争鸣中的人性论与教育思想向度

（一）墨子人性论的义理结构与教育思想向度

1.基于现世的实用思考的人性恶判断

墨学"以矫正当时儒者或空谈仁义之心之志，而不求事功之弊"[①]，是可与先秦儒学并称为显学的。学界研究墨子皆以其"兼爱""交利"思想为重，较少研究其人性论思想，更有徐复观、蔡仁厚等大家认为墨子无人性论。[②]墨子似乎没有用"性"来讨论过人性的善恶，但人性论不只是"为了解决道德的依据，乃至人类自身依归的问题"，还应该包括对人的各种能力的探讨，对人在智识上、行为上的各种特征的描述。[③]正是墨子对现世的实用思考，葛兆光先生认为："与孟子的思路不同，另一种对于社会秩序

---
① 杜喜荣：《中国传统人文思想解读》，中国文联出版社，2009，第18页。
② 徐复观：《中国人性论史·先秦篇》，上海三联书店，2001，第281页。
③ 王锐，王玉德：《墨子思想三题》，河南人民出版社，2009，第427页。

的思考的出发点却建立在人性属于'恶'的判断上。"①

首先,从对儒学的批评中,发现人的本质属性非由天命。墨翟鲁国人,据孙诒让《墨子年表》②,生平起周贞定王元年(公元前468年),迄周安王二十六年(公元前376年),即孔子卒后十余年,孟子生前十余年。出身微贱,自称"贱人"③或"北方之鄙人"④,并以"贱人之所为"为荣,精于木工技术,"以绳墨自矫"。⑤"鲁惠公使宰让请郊庙之礼于天子,桓王使史角往,惠公止之。其后在于鲁,墨子学焉"⑥,虽"修先圣之术,通六艺之论",但对孔门儒者有相当多的不满,"以为其礼烦扰而不悦,厚葬靡财而贫民,久服伤生而害事,故背周道而用夏政"⑦,进而对仪礼传统的儒家说解进行了激烈的批评。

第一,批评儒家"以天为不明",使人性之"恶"不惧"天谴""神威"。墨子说:"儒以天为不明,以鬼为不神,天鬼不说,此足以丧天下。"⑧也就是说,孔子以后,儒者对于仪礼,趋向于把它当作一种外在形式,渐渐更看重包含在其中内在的自觉的道德和伦理意识,从而忽略了祭祀祈禳的天地鬼神,因而容易导致无神论的思路,认为儒家既不信鬼神又要重视祭祀,是自相矛盾的,批评道:"执无鬼而学祭礼,是犹无客而学客礼也,是犹无鱼而为鱼罟(gǔ,捕鱼的网)也。"⑨墨子绕开儒家关于仪礼对人的精神和行为的诱导及制约意义的话题,在《天志》《明鬼》中,直接攻击儒家的"天道观",指出:"天"笼罩一切,人在天下无所逃匿,而天是有善恶意志的,它以生与死、富与贫、治与乱等来表现它的意志,所以天子应当像三代的圣王一样,"犓牛羊,豢犬豨(猪),洁为粢(米,古代供祭祀的谷物),盛酒醴(甜酒),以祭祀上帝鬼神而求祈福于天"。墨子要求人们尤其是天子"顺天意",所谓"顺天意"就是"兼相爱,交相利",既要普遍地无等级地爱人,也要爱鬼神,而"反天意"则是"别相恶,交相贼"⑩,生成人性恶的根源是"反天意"所为。因此,墨子要人们相信鬼神可

---

① 葛兆光:《中国思想史》(第一卷),复旦大学出版社,2004,第163页。
② 孙诒让:《墨子年表》,中华书局,1986年。
③ 《墨子·贵义》。
④ 《吕氏春秋·爱类》。
⑤ 《庄子·天下》。
⑥ 《吕氏春秋·当染》。
⑦ 刘文典:《淮南鸿烈集解》,中华书局,1989,第709页。
⑧ 《墨子·间诂》。
⑨ 同上。
⑩ 《墨子·间诂》。

以预知几百年之事,"鬼神之明智于圣人也,犹聪耳明目之与聋瞽也"①,认为有了鬼神的存在,就能无遗漏地"赏贤而罚暴",而令人痛心疾首的是,如今天下之所以混乱,就是因为人"皆以疑惑鬼神之有与无之别,不明乎鬼神之能赏贤而罚暴也",失去了鬼神的临鉴和制约,君臣上下不惠不忠,父子兄弟不慈不孝,"民之为淫暴寇乱盗贼,以兵刃毒药水火,退(孙注曰当作'迓',即御)无罪人乎道路率(孙注曰当读为'术',邑中道也)径,夺人车马衣裘以自利者并作,由此始,是以天下乱"②。墨子从现实中思考人性恶的存在,引证了大量古代文献说明鬼神是无所不在、无可逃匿的,要使天下安定、秩序井然,其方法不是儒者的"敬鬼神而远之",而是要"上尊天,中事鬼神,下爱人"③。

第二,批评儒家"厚葬久丧以为仁",实则是不利于百姓之"恶"。墨子主张"交相利","交相利"是从其"兼相爱"推演出来的人己两利、各不相害的思想。与儒家的义利观不同,墨子以利作为社会伦理规范的基础,以行为是否利于人作为判断义与不义的标准,利于人则义,不利于人则不义。"所谓贵良宝者,可以利民也。而义可以利人,故曰,义,天下之良宝也。""义,利也。"④"故衣食者,人之生利也。"⑤墨子认为利与不利的标准是:利多害少即谓之利,害多利少则谓之不利。墨子主张以兼爱、交相利来消灭人己之间的差别。交相利的基本内容是"利人者,人必从而利之""害人者,人必从而害之"⑥,亏人以利己和亏人而不利己都是产生人性恶的根源。墨子将个人利益与社会利益糅合在一起,认为利人即是利己,损人即是损己,只有人们各不相害,彼此有利,才可以避免天下的祸篡怨恨,兴天下之利,除天下之害。而"厚葬久丧,重为棺椁,多为衣衾,送死若徙,三年哭泣,扶后起,杖后行,耳无闻,目无见,此足以丧天下"⑦。批评后世儒者过分注重仪礼形式,"后世之君子,或以厚葬久丧以为仁也,义也,孝子之事也"⑧。墨子认为,"仁"是衡量天下一切事物和现象合理性的"度",而对"天下"来说,"仁"就是"三务":一是富天下之人,二是使人口繁衍,三是使社会安定,即"富之、众之、治之"。但是"厚葬久丧实可以富贫众寡安危

---

① 《墨子·耕柱》。
② 《墨子·间诂》。
③ 同上。
④ 《墨子·耕柱》。
⑤ 《墨子·节丧》。
⑥ 《墨子·兼爱》。
⑦ 《墨子·节丧》。
⑧ 同上。

治乱乎？"首先批评厚葬久丧使人耗尽财富，疲惫精神，削弱身体，社会不能按部就班地运行，人民不能有条不紊地生产，"以此求富，此譬犹禁耕而求获也"；其次批评其使人"面目陷隔（原字为陬），颜色黧黑，耳目不聪明，手足不劲强"，既不利于男女之交，又导致人民疾病死亡，"以此求众，譬犹使人负剑而求其寿也"；再次批评其厚葬久丧既不能使人富裕，又不能使人繁庶，也不能使社会安定，若沉湎于丧葬之事，财富不足，将导致怨怼，求偶不得，必引起纠纷，"是以僻淫邪行之民，出则无衣也，入则无食也，内续奚吾（俞氏校作'内积奚后'，'后'即'诟'），并为淫暴，而不可胜禁也，是故盗贼众而治者寡"，天下就会大乱，"以此求治，譬犹使人三睘（孤独无依）而毋负己也"。①做到葬则"下毋及泉，上毋通臭，垄若参耕之亩"，丧则"死者既已葬矣，生者必无久哭，而疾而从事"②，这样才可以为仁义，合圣道，利百姓。

第三，批评儒者"弦歌鼓舞，习为声乐"，其是"足以丧天下"之恶。礼与乐是仪式上密不可分的表现其意义内涵的东西，儒者习礼必习乐，对仪式上的音乐自然十分重视。儒者认为音乐不仅可以"兴""观""群""怨"，而且是节制与区分等级的象征。墨子却认为，听美妙音乐并不是不愉快，看缤纷色彩并不是不高兴，炮烹的牛豚（小猪）并不是不好吃，高台厚榭别墅并不是不舒服，身、口、耳、目之欲并不是不要，但并不能解决社会的三大难题，即"饥者不得食，寒者不得衣，劳者不得息"，也不能靠这些外在的象征来制止"强劫弱，众暴寡，诈欺愚，贵傲贱，寇乱盗贼并兴"③的"恶"，反而"废丈夫耕稼树艺之时""废妇人纺绩织纴之事"的"善"，王公大人行礼作乐，却"亏夺民衣食之财"，因而没有必要。

第四，批评儒家的"天命"观，其"上不利于天，下不利于人"，造成了社会混乱无序之"恶"。于儒者的"天命"思想中，相信贫富、寿夭、治乱、安危等一切都是"命定"的。荀子在《宥坐》里记载了孔子和子路的一个故事，说孔子在陈蔡之间没有吃的，"七日不火食"，子路就问孔子，据说"为善者天报之以福，为不善者天报之以祸"，可是先生"累德、积义、怀美"，而且一贯如此，为什么天不给你福祉呢？孔子就批评子路，"夫贤不肖者，材也；为不为者，人也；遇不遇者，时也；死生者，命也"，如果不遇其时，当然无可奈何，但是"苟遇其时，何难之有"。④尽管孔子强调的是个人的自觉努力，但是这种个人努力毕竟要等待"时"，也就是"命运"，而子路

---

① 《墨子·节丧》。
② 《墨子·节葬下》。
③ 《墨子·非乐上》。
④ 《荀子·宥坐》。

的说法则透露了当时一般思想世界的命运观。墨子从对现实的思考中认为:"以命为有,贫富、寿夭、治乱、安危,有极矣,不可损益也,为上者行之,必不听治矣,为下者行之,必不从事矣。此足以丧天下。"①并以古代历史上圣王之事为根本,以百姓的利弊为准则,参考刑政的得失例证,批评儒者的"命运"思想,指出:治乱兴废祸福,并无所谓的"命",一则在于是否"兼相爱,交相利",得到"天鬼富之,诸侯与之,百姓亲之,贤士归之",二则在于是否有合理的宪令赏罚,使百姓努力尚贤,持孝悌之道,"入则孝慈于亲戚,出则弟长于乡里,坐处有度,出入有节,男女有辨"。如果依照"命为有"的思路,那么推理下去,一切都不由善恶,不由是非,没有人会有敬畏之心,没有人会有戮力之行,于是"上不听治,则刑政乱,下不从事,则财用不足,上无以供粢(祭祀用的谷物)盛酒醴,祭祀上帝鬼神,下无以降绥(安抚)天下贤可之士,外无以应诸侯之宾客,内无以食饥衣寒,将养老弱",于是其结果就是"上不利于天,中不利于鬼,下不利于人"②。相信"命运"之说,一切都会混乱而无序,"天命"是产生人性恶的思想根源。

其次,在秩序混乱的春秋战国时代,以现实利益的价值判断来认识人性所染。墨子于现世实用的价值选择出发,认识人性之"恶"及产生的现实原因,并试图提出一套实际可操作的政治经济制度。墨子从历史根源上探寻人性恶的原因,"古者民始生,未有刑政之时,盖其语人异义"③,因为"一人则一义,以非人之义,故交相非也",搞得"父子兄弟作怨恶,离散不能相和合",天下百姓"皆以水火毒药相亏害",所以"天下之乱,若禽兽然"④,损人利己以满足私欲,从"入人园圃,窃其桃李"到"杀不辜人",从"扡(拉拽)其衣裘"到统治者"贪伐胜之名,及得之利"⑤。虚幻的"善"和"爱"使"天下之为父母者众,而仁者寡","天下之为学者众,而仁者寡","天下之为君者众,而仁者寡"⑥。那么,这些现实的人性"恶"由何而来?墨子认为是环境熏染的结果,从而提出了"人性素丝"论,"染于苍则苍(草的颜色,亦指浅青色和灰白色),染于黄则黄。所入者变,其色亦变……故染不可不慎也。非独染丝然也,国亦有染……非独国有染也,士亦有染"⑦。认为人性如无色之丝,所染之丝

---

① 《墨子·兼爱下》。
② 《墨子·非命》。
③ 《墨子·尚同》,孙诒让注引俞氏说,末句应作"盖其语曰:天下之人异义"。
④ 同上。
⑤ 《墨子·非攻上》。
⑥ 《墨子·法仪》。
⑦ 《墨子·所染》。

色完全取决于所染之颜色,人的本性原没有善恶之分,其善恶完全是后天的环境影响所致。这样一来,我们就可以理解墨子为什么会基于现世现实的思考而对儒者进行上述"四个方面"的批评。

2.墨子人性论的教育思想向度

首先,人性论于教育功能形态的向度。教育是消解现实中的"人性恶"造成的不良后果的有效途径,墨子十分重视教育,认为"天下匹夫徒步之士,少知义",而"教天下以义者,功亦多"。①采取不同于孔子坐等"束脩求教",而是"上说下教"的方法,把"有道者劝以教人"作为实现"饥者得食,寒者得衣,乱者得治"理想的根本措施,极力反对"隐匿良道而不相教诲"。面对战乱不断的社会状况,确立了"兴天下之利,除天下之害"②的政治理想,认为"天下之害"的根源在于"不相爱"之现实的人性之恶,若能"兼相爱,交相利","天下祸篡怨恨可使毋起",从而达到"刑政治,万民和,国家富,财用足,百姓皆得暖衣饱食"③。要实现这一目的,第一要义是抓教育,通过教育来实现政治主张,掌握政治权力和发展社会生产力。认为不同的国家要用不同的内容进行"上说下教","凡入国必择务而从事焉:国家昏乱,则语之尚贤尚同;国家贫,则语之节用节葬;国家憙(喜)音湛湎,则语之非乐非命;国家淫僻无礼,则语之尊天事鬼;国家务夺侵凌,即语之兼爱非攻。故曰:择务而从事焉"④。把教育与不同国家的不同的政治经济文化紧密联系起来,肯定不同的教育对这些不同的政治经济文化起到了积极的作用,改变其不良的经济文化环境以对现实中人性产生积极影响。墨子认为当时天下强凌弱、暴欺寡、富虐贫、贵傲贱的现实的人性恶,造成"饥者不得食,寒者不得衣,乱者不得治"⑤,都是天下"少知义""去义远"的结果。"天下有义则治,无义则乱","义"反映在现实社会人事中,就是"大不攻小也,强不侮弱也,众不贼寡也,诈不欺愚也,贵不傲贱也,富不骄贫也,壮不夺老也"⑥。为实现这一政治目的,认为最重要的就是要使人"知义""为正",主张通过"有力者疾以助人,有财者勉以分人,有道者劝以教人"⑦,建设一个平等、兼爱的社会。墨子认为,

---

① 《墨子·鲁问》。
② 《墨子·兼爱中》。
③ 《墨子·天志中》。
④ 《墨子·鲁问》。
⑤ 《墨子·尚贤下》。
⑥ 《墨子·天志下》。
⑦ 《墨子·尚贤下》。

人"不与其劳，获其实"①是现实的人性恶的根源，也是天下大乱的根源，提出了"赖其力者生，不赖其力者不生"②的社会生存观和"教人耕者，其功多"的思想，充分肯定教育对矫正现实的"人性恶"进而对生产发展的巨大作用，其正是墨子对教育功能认识的深刻之处。

其次，人性论于对人的作用形态的向度。墨子彻底地反对命定论。我们知道，孔子主张"性相近，习相远"，但又同时承认"唯上智与下愚不移"，命定论显而易见。而墨子与当时的儒生公孟子曾经争论过"命定论"的问题，公孟子主张"君子必学"，但又认为天命不可抗拒，墨子认为这是荒唐可笑的，他说："教人学而执有命，是犹命人葆而去其冠也。"③特别强调发挥人的主动精神，认为决定人的富贵贫贱不是命，而是"力"之强与不强，"夫岂可以为其命哉？固以为其力也"。"强必治，不强必乱"；"强必贵，不强必贱"；"强必荣，不强必辱"；"强必饱，不强必饥"；"强必暖，不强必寒"。④墨子同时主张，凡教导人学习，教育者必须具有一定的主动性，对学习者也要有一定的强制督促，教其不受外界干扰。墨子主张"君子必学"，强调学在教育中的重要地位，并从常见的劝子葬父来阐明"劝子于学"的道理。"子葬子父，我葬吾父，岂独吾父哉？子不葬，则人将笑子，故劝子葬父也。今子为义，我亦为义，岂独我义也哉？子不学，则人将笑子，故劝子于学。"⑤为人要立足社会，如果不学习，终日无所事事，就会像父死不葬的不孝子一样，将要遭到天下人鄙弃和耻笑。墨子看到了战国乱世造成的现实的人性"恶"，以染丝为例阐述环境对人性形成的影响，以"素丝说"强调环境对人的发展的决定作用，认为人性不是命定的，先天的人性不过是待染的素丝，有什么样的环境，就能造就出什么样的人。"故时年岁善，则民仁且良；时年岁凶，则民吝且恶。"⑥认为人的道德观念、心理品质、行为规范和人际交往等社会人际关系，均与社会大环境中的诸多因素有关，而其中最主要的是经济社会物质基础。从某种意义上说，它对人的成长的影响不论是生理还是心理的，都非常巨大。如果年时风调雨顺，五谷丰登，人民生活有了保障，必然就会有良好的社会风尚和优良的道德品质，人际关系也正常和谐；反之，灾荒之年便会出现易子而食，常言"贼多遭荒年"，人与人之间不仅吝啬而且会变得凶残。墨子基于"人性素丝论"的教育作用思想，比孔子人

---

① 《墨子·天志下》。
② 《墨子·节乐上》。
③ 《墨子·公孟》。
④ 《墨子·非命》。
⑤ 《墨子·公孟》。
⑥ 《墨子·七患》。

性论在社会意义方面更具进步性。《吕氏春秋·当染》一篇，正是这一思想的继承，以后如荀子、王充等许多思想家，在论述环境的作用时，无不受其影响。

再次，人性论于教育目标和教育内容形态的向度。出于对现世现实人性恶的认识和思考，墨子在教育目标上主张培养"贤士"，而"贤士"的主要品德是"兼爱"，有时也被称为"兼士"，就是"必兴天下之利，除天下之害"的人。认为培养的"兼士"不仅要"厚乎道行"，还要"辩乎言谈，博乎道术"，是"所以为辅相承嗣也"①的治术人才。墨子在"兼爱"上与孔子的"仁"有相近之处，也有很大的不同。"兼爱"与"仁"两者同样要求"为人君必惠，为人臣必忠，为人父必慈，为人子必孝，为人兄必友，为人弟必悌"②，但"兼爱"强调无差别的爱，"仁爱"则强调"亲亲有术、尊贤有等"的等级之爱，针对不同的对象要有不同的爱。因此，墨子的"兼爱"首先强调人格的平等，认为平等的人格就像男女之人情是阴阳之和，"天壤之情，虽有先天不能更也"③，贵族、君主拘蓄大量女子为私有，使男女结合失调，是极不道德的违反人性的行为，是人性之恶的反映。君主应该"不党父兄，不偏富贵"④，应该"虽有贤君，不爱无功之臣，虽有慈父，不爱无益之子"⑤，在血缘、门第上抨击"亲戚则使之，无故富贵，而且美好则使之"⑥的政治不平等，主张"官无常贵，民无终贱。有能则举之，无能则下之"。⑦

为了培养"贤士"，墨子在教育内容上除了以"兼爱"为核心的道德教育外，还注重"辩乎言谈"方面的训练，即思维方法的教育，目的在于锻炼论辩能力。《墨子》书中充满了"辩"的精神，墨子时时刻刻都在以"辩""言谈"教育弟子，认为"言无务为多，而务为智；无务为文，而务为察"⑧。"察"就是"辩"，明辨的目的主要是利用最适当的语言，表达最合理的思想。虽然从形式来看，墨子的逻辑学系统性、完整性都不强，但他强调思维的逻辑必须从客观实际出发，每一种思维形式必须联系论辩的具体内容，即强调在思维的逻辑之外存在客观真理，而思维的逻辑只是人们获得对真理认识的工具。这一特点正是墨子逻辑学的长处。墨子将思维形式作为自己的研究对象，

---

① 《墨子·尚贤》。
② 《墨子·兼爱》。
③ 《墨子·辞过》。
④ 《墨子·尚贤》。
⑤ 《墨子·亲士》。
⑥ 《墨子·尚贤》。
⑦ 同上。
⑧ 《墨子·修身》。

形成了中国历史上第一个逻辑学体系，包括思维形式（如概念、判断、推理）、思维规律（如同一律、矛盾律、排中律）和思维方法（如归纳、演绎、类比）等方面。首先，墨子认为人的言谈是否正确，其衡量的标准即所谓"言立必仪"。对此，提出了三条标准，即著名的"三表法"。"何谓三表？子墨子曰：'有本之者，有原之者，有用之者。于何本之？上本之于古者圣王之事。于何原之？下原察百姓耳目之实。于何用之？发以为刑政，观其中国家百姓人民之利。此所谓言有三表也。'"认为任何言论是否合理，首先要看它是否符合古者圣王各种历史经验，是否符合现实社会百姓大众的感性经验，是否有利于国家百姓的利益。言论的是非、对谬的判断必须建立一个共同认可的评判标准。其次，墨子强调必须掌握思维和论辩的法则，即形式逻辑，要懂得运用类推与求故的方法。墨子总结了从个别到一般和从一般到个别两种基本的推理方法："以类取，以类予。"①所谓"以类取"，就是从大量个别事实中或事物中提取其同类的共性；所谓"以类予"，就是从对某类事物共性的普遍性认识出发，推出对属于该类某具体事物某种属性的断定。墨子通过对大量实际问题的论证，提炼出了各种思维的逻辑方法，同时又将这些逻辑方法应用于各种实际问题的分析、论证、推理。在他的努力下，墨家学派培养出了如公孙龙、惠施这样的名家代表，确实与墨子重视形式逻辑的教育密不可分。

墨子从对现实的人性恶的认识出发，认为人不能获得物质生存的能力，就会产生现实的"恶"，在教育内容上十分重视实际应用技术方面的知识与能力。墨子认识到人的自然本能需要的存在及其重要性，"饥者得食，寒者得衣，劳者得息"②是人生存的基本物质条件，"故衣食者，人之生利也"③，"凡五谷者，民之所仰也，君子之所以为养也"④。人追求物质利益具有合理性，趋利避害、避苦求乐是人的天性。"利，所得而喜也"；"害，所得而恶也"。⑤"今天之士君子，皆欲富贵而恶贫贱"⑥，要求得国家和百姓的安定，就必须满足人之所欲。人之所欲不能满足是产生现实人性恶的根源，而要兴利除害、满足人之所欲，就要重视应用技术知识与能力的教育，培养人获得生存的物质条件的能力。墨子在自然科学上有很高的造诣，其墨家后学所著的《墨经》中，涉及数学、光学、力学、声学、机械制造等方面，均为当时世界先进水平。在数学

---

① 《墨子·小取》。
② 《墨子·非命下》。
③ 《墨子·节葬下》。
④ 《墨子·七患》。
⑤ 《墨子·经上说》。
⑥ 《墨子·尚贤下》。

方面，如倍数的含义、十进位的原理，均有阐述；在几何学中定义了"圆，一中同长也"①；在物理学上定义了"力，形之所以奋也"②；在最为出彩的光学上，最早发现光的直线行进这一基本原理，由此探讨了一系列光学问题，并做出了类似"小孔成像"实验，指出"足蔽下光，故成景于上；首蔽上光，故成景于下"③。墨子的教育内容不仅大大突破了儒家"六艺"的范畴，而且也在人性论上突破了仅靠道德思想观念的教化作用，赋予了通过技术应用教育对于克服现实的人性恶的作用的功利价值。

复次，人性论于教育教学原则形态的向度。功利主义是墨家"兼爱"思想的出发点和落脚点，作为小生产劳动者的代表，墨子切身体会到生命的可贵和生存的艰辛，清醒地认识到人的自然本能需要存在的合理性及其重要性，以"交相利"的思想认识，分析现世现实的"人性恶"，阐述教育教学原则，矫正空谈仁义而不求事功之弊。

第一，以功利主义作为评判人性之道德行为的尺度，提出了"志功合一"的教育教学原则。墨子在施教过程中，强调动机与效果的辩证统一，教育其弟子无论做什么事，都要"合其志功而观焉"④。志是指动机，功是指效果，"志"与"功"的根本在于"利人"。"利人乎即为，不利人乎即止。"⑤"利人多，功又大，是以天赏之。"⑥一切必须符合"农与工肆之人"的实际利益，所谓"功，利民也"⑦，"志功，正也"⑧，认为，不论道德教育还是科学教育、生产劳动的实践教育，乃至其他方面的教育，都要坚定不移地履行"志功合一"的原则，只有志功合一于"利"，才称得上正当的行为。墨子第一次提出了以功利主义作为评判人性之道德行为的尺度，在古代伦理史上有着不可磨灭的地位，在中国教育史上也同样是第一次提出了"志功合一"的原则，为后世事功学派教育思想的发展奠定了坚实的基础。

第二，面对现实的人性恶现象，在教育教学上提出了主动性原则。墨子在与儒者公孟子的论辩中，不同意公孟子说的"譬若钟然，叩则鸣，不叩则不鸣"，提出"虽不叩必鸣之也"，认为即使人们不来请教，也要主动上门去教。因为"不强说人，人莫知"⑨。我们都知道，孔子主张"有教无类"的来者不拒施教，墨子则更进一步，主张

---

① 《墨子·经上》。
② 《墨子·经上》。
③ 《墨子·经说下》。
④ 《墨子·鲁问》。
⑤ 《墨子·非乐上》。
⑥ 《墨子·非攻下》。
⑦ 《墨子·经上》。
⑧ 同上。
⑨ 《墨子·公孟》。

对不来者也要主动施教,将此叫作"行说人",认为"行说人者,其劝善亦多,何故不行说人也?"①劝善亦多则会去恶亦多。儒家教学往往采取"待问而后对""弗问不言"的被动方式,墨家倡导的则是有问则答、不问则讲的主动方式。墨子提出"叩则鸣,不叩必鸣"的主动性原则,虽然强调了教的主导作用,要求教者积极主动,但对于教育对象的积极因素、主体地位与之辩证的统一关系,却未能进一步探讨阐述,比之儒家强调学的主动、自求自得,不免逊色一筹。

第三,以现实功利主义的"赖其力而生",提出教育教学的实践性原则。墨子认为现实的人性恶是因为人们不能"赖其力而生","不赖其力"是导致人性恶的现实根源,要"赖其力而生"就要学习提高包括技术技能在内的各方面的能力,人人都能"赖其力"就能"除其恶"。因此,墨子特别强调道德行为的锻炼,"士虽有学,而行为本焉"②。认为学习要树立"强力而行"的精神,其原因在于:其一,只有"言必信,行必果"③,才能造就兼爱天下的贤士;其二,在严酷的社会环境中,人不能怠惰,"赖其力者生,不赖其力者不生"④,要重视实践;其三,意志不仅是重要的道德品质,而且对知识才能有直接影响,"志不坚者智不达"⑤,认为意志不坚强的人,学习也不会精进,智力也不可能增强,不会变得聪明。墨子教导弟子"口言之,身必行之"⑥,坚决反对只说空话而不务实际,认为"务言而缓行,虽辩必不听,多力而伐功,虽劳而必不图"⑦。只说空话而不务实际的人,哪怕说得天花乱坠,别人也不会被其说服,即使用最大的力气夸耀自己的功绩,别人也决不会相信,最后还是一事无成。与儒家的"以身作则""言行一致"的原则和理性道德修养的实践相比,墨家则更强调社会生产劳动知识和科学理论的实践。

第四,以实现功利主义的"量其力所能至",提出教育教学的量力性原则。现实社会中,虽然要"赖其力而生",但若不能"量其力所能至",同样会由于超出自己的能力范围而产生人性的恶,只有"赖其力"建立在"量其力"的基础之上,实现"赖其力"与"量其力"的辩证统一,才能防止现实的人性恶的产生。墨子将此思想应用于教育教学中,当弟子请求学射时,从学生的实际情况出发,提出了"知者必量其力所能至

---

① 《墨子·公孟》。
② 《墨子·修身》。
③ 《墨子·兼爱》。
④ 《墨子·非乐》。
⑤ 《墨子·修身》。
⑥ 《墨子·公孟》。
⑦ 《墨子·修身》。

而从事焉"①。同时，墨子认为，如果单一强调"量其力所能至"，那么就会使教育的对象常处于被动状态，进而影响其主动性、积极性的能动发挥，所以又提出了教育教学要"深其深，浅其浅，益其益，尊其尊"②。要视学生程度之深浅、能力之强弱，深者教之以深，浅者教之以浅，强者增之，弱者减之，用使学生增长的方法对待学生的长处，用尊重的态度对待学生的自尊，才能因人而异，因材施教，不致使学生被动，并且能够让学生不同程度的积极性得到充分调动。墨子在提出"深其深，浅其浅"的同时，还提出要"次察山比因，至优指复；次察声端名因情复，匹夫辞恶者，人有以其情得焉"③。认为除了对深奥的问题要深入研究、浅近的问题要浅近研究外，还要体察节用节葬是否得当，明察墨家学说之所以成立的根由、学说中的比附、学说的原因，掌握其要旨；进一步再深察其声教的端绪、借鉴名学的方法、证明它的终因，对墨学的实情就能够了解。一个平常的人，他的言辞虽然粗俗，但也是实情的论断，人们从中还可以了解实情。认为"匹夫辞恶者"不一定就是"恶"，不了解实情，就无法判断现实的人性之恶，而克服人性之恶，也要"深其深，浅其浅，益其益，尊其尊"才行。需要重视的是，一般以为"量力性"原则，是近代西方资本主义发展后，资产阶级教育家所提出的一条重要的教育原则，其实不知早在两千多年前，墨子就已经提出来了。

第五，基于"述而且作"去其恶的认识论，提出教育教学的创新性原则。墨子反对儒家空谈心性，批评其"述而不作"的保守态度，主张"古之善者则述之，今之善者则作之，欲善之益多也"④，认为"述而不作"的空谈心性是产生现实的人性恶的根源，"述而且作"才能去其恶。从教育教学意义上讲，强调的是"述"与"作"不能偏废，"述"是针对古代文化而言的，"作"则是对当代文化而言的，不仅要传承古代文化的精华，还要根据时代的变化有所创新，古代之道应该传述，而对于现实之"善"也应该加以发挥，使"善"的东西更多一些，现实的"恶"就会少一些。墨子对待文化遗产的态度，体现了其重创造的教育方法论。

清末民初，墨学得以复兴，我国新兴的资产阶级，不论是革命派还是改良派，以及激进的民主主义者们，利用墨子的思想和他的科学成就，寻求抵御封建专制势力和封建蒙昧主义的武器，使"墨学"研究盛极一时。梁启超说："在吾国古籍中欲求与今世所

---

① 《墨子·公孟》。
② 《墨子·大取》。
③ 同上。
④ 《墨子·耕柱》。

谓科学精神相悬契者，《墨经》而已。"①孙中山称我国古代最讲"爱"字的莫过于墨子，就连蔡元培、李大钊等人，也都从不同角度利用墨子的思想来为传播其革命思想、推行新兴的教育服务。动乱时代的现实的人性恶现象，使人们不得不以墨子的思想思考人性问题，近代由"人性"到"阶级性"的思想转换，加速了封建传统思想的动摇，正如陈景磐先生所说："墨学的复兴，意味着代表封建传统思想的儒家学说在文化教育上的绝对统治地位的动摇。"②

（二）法家人性论的义理结构与教育思想向度

1.法家人性论思想的演进

法家的人性论在春秋时期已经产生。就其学术渊源上讲：一方面与儒家的讲学关系十分密切。孔子的弟子子夏曾在"三晋"的魏国西河讲学，弟子达300余人，早期法家代表李悝、吴起都是子夏的学生，李悝著有中国第一部刑法法典《法经》，其思想仍有浓厚的儒家气息，而李悝的学生商鞅则在人性论上使法家与儒家趋于对立，以极端的人性恶思想，辅佐秦孝公实施变法，使秦国迅速强大起来。另一方面与齐国的稷下学宫的讲学及争鸣密切相关。一是管仲（公元前723年—前645年）作为春秋时期法家的代表人物，在其《禁藏》中提出的"凡人之情，见利莫能勿就，见害莫能勿避"的人性论思想，成为后世法家人性判断的立论依据；二是荀况（约公元前313—前238年）作为曾经主持稷下学宫的祭酒，他的学生李斯、韩非成为战国末期法家的杰出代表，韩非被称为战国法家的集大成者，荀况"人性恶"的判断成为李斯、韩非人性论的立论依据。至战国中期，虽然已经有思想家从人性的观察中引出了后来被称为法制主义的思路，这样的思路虽然不在思想家的正面表述中，也曾经显现在很多人的心里，如《墨子》之后的申不害、慎到和李克。③申不害主张"任法而不任智，任数而不任说"。慎到提出"据法倚数"④，他们强调"以法为术"，术是手段，是人君驾驭臣民的权术。李克则在回答魏文侯的话中回答了所惩戒的罪恶是从哪里来的，是从"奸邪淫佚"的贪欲和行为中生出来的，认定人性天然就有"恶"的种子，不仅"凡奸邪之心，饥寒而起"，"饥寒并至，而能不为奸邪者，未之有也"，而且富足了也会起奸邪之心，"男女饰美以相矜，而能无淫佚者，未之有也"⑤，仅仅希望凭借人性自觉来维持社会秩序，显然是缘木求

---

① 梁启超：《墨经校释·自序》，中华书局，1941年，第2页。
② 陈景磐：《中国近代教育史》，人民教育出版社，1983年，第184页。
③ 葛兆光：《中国思想史》（第一卷），复旦大学出版社，2004，第163—164页。
④ 胡适：《中国哲学史大纲》（卷上），中华书局，1991。
⑤ 参见，向宗鲁：《说苑校正》（卷二十），中华书局，1987，第518—519页。

鱼,所以主张一方面要有"法"来控制秩序,一方面要禁止雕文刻镂和锦绣纂组以杜绝对人欲的诱惑。如果说申不害言"术",那么商鞅则为"法",法是成文的国法,是官吏据以统治百姓的条规。商鞅持以"极端的人性恶",认为人类很早以来就是"其道亲亲而爱私"①,由于这种各亲其亲的感情和各有私心的贪欲,由众人组成的社会及其秩序就会发生纷乱。礼崩乐坏,要靠那几个祖宗的牌位、几个神鬼的名号和一套庄严神秘的仪式来管理人类的行为,显然已经不成,所以商鞅的思路是:应当由"圣人"来对土地、财产、男女进行"分",要以带有惩罚和奖励的、由权力与威势强制保证的"法"来整理秩序,即"分定而无制,不可,故立禁。禁立而莫之司,不可,故立官。官立而莫一,不可,故立君",君主实行专制,"以赏禁,以刑劝,求过不求善,藉刑以去刑"②,主张"不可须臾忘于法",一方面禁止那些不切实用而好高骛远的理想主义,使一切都纳入实际的法则规范,一方面提倡按照法律规则制裁和监督官吏和民众,把所有人的心灵与行为都严格管束起来,以实现"法任而国治"③。

2. 法家人性论的义理结构

(1) 管仲的人性论义理

管仲是春秋时期著名的经济学家、哲学家、政治家、军事家,法家的代表人物。齐僖公三十三年(公元前698年)开始辅佐公子纠,齐桓公元年(公元前685年)得鲍叔牙推荐任国相,辅佐齐桓公成为春秋五霸之首,对内大兴改革,富国强兵,对外尊王攘夷,九合诸侯,一匡天下,被尊为"仲父"。管子的人性论是建立在对人类"趋利避害"的人性"恶"的判断上的。管子人性论的思考路径是经验主义的,不同于孟子"就人之道德价值之要求与自觉处论人性,……显然超越一般经验之上"④,而是建立在实践基础之上的经验之论。首先,管子以是否有利于人的身体为立足点,"夫冬日之不滥,非爱冰也;夏日之不炀(火义),非爱火也。为不适于身便于体也"⑤。冰、火之可用否,关键要看是否对人的身体有利。继而认为:"其商人通贾,倍道兼行,夜以继日,千里而不远者,利在前也。渔人之入海,海深万仞,就波逆流,乘危百里宿夜不出者,利在水也。故利之所在,虽千仞之山无所不上,深渊之下,无所不入焉。"⑥所

---

① 《商君书·开塞》。
② 同上。
③ 《商君书·慎法》。
④ 高柏园:《韩非哲学研究》,文津出版社,1994,第169页。
⑤ 《管子·禁藏》。
⑥ 《管子·禁藏》。

以,"夫凡人之情,见利莫能勿就,见害莫能勿避"①。趋利避害是人的本质属性,也是产生人性之恶的根源。其次,管子趋利避害的人性论,并不拒斥儒家的道德之学,反而极其重视道德教育的作用。《管子》开篇即说道:"国有思维,……一曰礼,二曰义,三曰廉,四曰耻。"进而阐述道:"仁从中出,义从外作";"孝悌者,仁之祖也"②。提出了"亲之以仁,养之以义"③的"仁义"观,从而将儒家式的道德规范循着趋利避害的人的本性,教化民众以"化民成俗",形成道德至善的观念,靠道德舆论的压力,再加上"选贤"与"举恶"的制度保证,使有德无德成为人们精神层面的"利"与"害"的选择,并加以"趋"或"避",从而达到"百姓皆说为善"④的太平之理想境界。管子根据人的趋利避害属性,主张通过因循利用之道,教化国民,形成以"有德为利,无德为害"的社会风尚,倡导道德向善,化民成俗,以利于治国。再次,按照其趋利避害的人性论思想,提出了"贤人德治"的治国方略,强调君主应为贤人,注重德法兼治。管子认为,正因为人趋利避害的本性,如果不加以任何规制,必然会因争利而"以力相征"。他说:"古者未有君臣上下之别,未有夫妇妃匹之合,兽处群居,以力相征。于是智者诈愚,强者凌弱,老幼孤独,不得其所。"⑤也就是说,"以力相征"的无序社会是尔虞我诈,以强欺弱,使社会动荡不安,永无宁日。为了防止社会失序,必须对趋利避害的人性加以引导、规范和制约,而不能任其自然发展。在此认识基础上,提出了贤人治国的政治理念,"故智者假众力以禁强虐,而暴人止。为民兴利除害,正民之德,而民师之。是故道术德行,出于贤人。其从义理兆形于民心,则民反道矣"⑥。同时,管子进一步认为,对于治理国家来说,贤人德治并不是充分条件,而是必要条件,在这一条件下还要重视法治的作用,"各物处,韪(是、对)非分,则赏罚行矣。上下设……赏罚以为君"⑦。既要坚持以德治国,又能重视以法治国,德法兼顾,才能对民之本性以合理有效地引导。管子的政治主张,实质上是以君主贤德为治国的根本,即以贤君圣人治国为前提,与君主专制政体存在着不可调和的矛盾,一旦非贤之人继承为君,其治国理论就会失去根基。

　　正是由于管子的人性论不但不排斥儒家的道德理论,而且还将其作为人性论因循利

---

① 同上。
② 《管子·戒》。
③ 《管子·幼官》。
④ 《管子·权修》。
⑤ 《管子·君臣下》。
⑥ 同上。
⑦ 《管子·君臣下》。

用的一个层面予以重视，为齐鲁之学的合流乃至先秦各家学派的相互融合树立了典范。若单以"儒家尚德，法家尚力"来区分儒、法，就会认为管子不纯属于法家的正统代表。同时，对于"趋利避害"人性论思想，也有学者将此归于"经济人性论"的义理形态①，认为经济人性论从儒家正统道德中心主义走出，承认经济的重要性和利益及欲望的合理性。北宋思想家、教育家李觏继承发展了管子"趋利避害"的人性论思想，认为人的行为的基本原则是"趋利避害"，而非"克己复礼"，人的行动主要是为了实现欲求的满足，而非成就道德之圣境。在经济人性论中，"欲—能"成为人性的中心，人具有现实的欲求以及满足欲求的能力，欲求主要指满足生存的物质需求，能力则为满足欲求的物质生产能力。儒家传统的"性—情"为中心的人性论，因为道德性的仁义礼智之性发端于相应的情感，所以性与情本质相关，正如欲与能本质相关一样，主张通过"足民之用"与"节民以礼"相结合，对人之欲、情进行节文，最终实现人性善。由此足见管子人性论对后世儒家的影响。

（2）韩非子人性论的义理结构

战国后期，随着军事力量越来越占有重要地位，随着国土与疆域的扩大及管理上的需要，"法"的思想越发凸显其声音与力量。韩非作为荀子的学生，在对荀子人性论理路的延续与伸展中，完成了法家的系统化工作，为秦始皇的统一大业作了思想上的准备。韩非认为："释法术而以心治，尧不能正一国，去规矩而妄意度，奚仲不能成一轮"②，"治民无常，惟治为法"③。在韩非看来，用宽松而舒缓的礼乐象征来垂戒，靠未必善良的人性自觉来拯救，都是缘木求鱼的迂阔思路。韩非的思想有两个基点：第一个是人性之恶。其在《外储说左上》中说："故父子或怨谯，取庸作者进美羹。"父子之间有时也会有埋怨和责怪，而为了争取雇工多干活却给他们丰美的饭菜；在《六反》中又说："今上下之接，无子父之泽，而欲以行义禁下，则交必有郄（同隙）矣。且父母之于子也，产男则相贺，产女则杀之。此俱出父母之怀衽，然男子受贺，女子杀之者，虑其后便，计之长利也。故父母之于子女也，犹用计算之心以相待也，而况无父子之泽乎？"都是以父母与子女的关系，论证人性恶的天然性。在《备内》中又说："人主之患，在于信人，信人则制于人。人臣之于其君，非骨肉之亲也，缚于势而不得不事也。故为人臣者窥觇（窥视、观测）其君心也，无须臾之休，而人主怠傲处其上，此世所以有劫君弑主也。为人主而大信其子，则奸臣得乘于子以成其私，故李兑傅赵王而饿

---

① 李承贵，章林：《儒家人性论三种形态与儒学的当代展开》，《黑龙江社会科学》2021年第5期。
② 《韩非子·用人》。
③ 《韩非子·心度》。

主父。为人主而大信其妻,则奸臣得乘于妻以成其私,故优施傅丽姬,杀申生而立奚齐。夫以妻之近与子之亲,而犹不可信,则其余无可信者矣。"夫妻之间的仁爱都不可靠,父母子女之间的血缘亲情也被利害关系所代替。所以,人与人的亲善"非骨肉之亲,利所加也",就好像"舆人成舆,则欲人之富贵,匠人成棺,则欲人之夭死",并不是舆人是好人而匠人是恶人,于是就将一切社会关系简化成了利益关系。第二个是时代变迁与社会混乱,治理的方法不能不变,认为"古今异俗,新故异备,如欲以宽缓之政,治急世之民,犹无辔策而御悍马,此不智之患也"①。所以,韩非子与儒者不同,其理想是人人守法而不是人人行善,是一种实用功利主义而不是永恒的理想主义,所谓"力多则人朝,力少则朝于人"②。为了"力多人朝"这种自强与自尊,韩非子主张强化外在的法律的约束和官吏的管理,认为只有这样才能在社会治理上收到明显的实际的效果。韩非子嘲笑守株待兔的愚蠢和刻舟求剑的呆板,也把人类的天真和直率统统抛开,只问结果而不问动机,其所谓"无参验而必之者,愚也;弗能必而据之者,诬也"③,并不是各种哲学史思想史著作中善意推测的那种对真实性的探究,而是对于没有功利和效验的理想主义的蔑视和嘲讽。④

很多当代学者提出了以下疑惑:法家出自儒家,但反儒最坚决、最彻底,称儒为"五蠹";法家代表人物也都是知识分子,但又主张愚民政策,不许以知识开发民智;法家在私学中成长,却又提出"壹教"的思想,欲剥夺私学的存在权力,待秦始皇统一后,法家终于铲除了私学,结束了"百家争鸣"的局面。若回到战国时代,在当时关于社会秩序的关注中,被后世统统归纳成所谓"法家"的人物中,他们思路不尽一致,或有的比较强调君主个人对权力的控制,或有的热衷于君主在官僚机构各种权力之间的操纵,或有的偏重于法律制度的绝对性与实用性,但其共同的是不太关心人的终极理想和精神超越,不太过问历史和理性的价值与依据,而是更关心一种思想、学说如何"物化"为可以操作和实现的技术与制度,从而去解决日益迫切和紧张的社会秩序问题。战国后期"法"的思想兴盛,与一部分士人逐渐成为职业官僚,进入政治实际操作阶层有关,他们不再是"游士",特别在秦国禁止"游士"之后,作为实际管理者,则更加重视实效。

---

① 《韩非子·五蠹》。
② 《韩非子·显学》。
③ 《韩非子·显学》。
④ 葛兆光:《中国思想史》(第一卷),复旦大学出版社,2004,第170页。

(3) 韩非子人性论义理的教育思想向度

第一，人性论于教育目的形态的向度。有效地引导、规制人之趋利避害的本性，需要依靠贤君圣人，但现实中却无法保证治国之人都是有德之圣贤。"谵臺子羽，君子之容也，……因任其身，则焉得无失乎！"①任用像谵臺子羽这样空有君子外表而没有品行、能力的人，怎么能不出错呢？韩非子认为应有一套简易的制度来供君主使用，"且夫尧、舜、桀、纣，千世而一出，是比肩、随踵而生也；世之治者，不绝于中，吾所以为言势者，中也。中者，上不及尧、舜，而下亦不为桀、纣，抱法处势则治，背法去势则乱。今废势背法而待尧、舜，尧、舜至乃治，是千世乱而一治也；抱法处势而待桀、纣，桀、纣至乃乱，是千世治而一乱也"②。认为"抱法处势则治"，而法、势的运作是以严格的赏罚制度为前提的，如果法、势制度立，法、势发挥作用，即使非贤人的中君治国，也不会使国家动乱无序。赏罚制度所针对的正是趋利避害的人性。既然"抱法处势则治"，就要培养智术、能法的治国人才。这一教育目的论是在继承商鞅等法家培养"能法""耕战"之士的基础上，提高到能管理、能治国的要求这一高度，明确提出教育要培养"智术之士""能法之士"。其具体要求是："智术之士，必远见而明察，不明察不能烛私；能法之士，必强毅而劲直，不劲直不能矫奸。……故智术、能法之士用，则贵重之臣必在绳之外也。是智、法之士与当涂之人，不可两存之仇也。"③这些"智术能法之士"，必须具有"远见而明察""强毅而劲直"的品质，就是说应该在思想上具备进步的历史观和变革思想，在政治上具有敏锐的观察力，有坚定地执行法治路线的坚强毅力和刚直的品质。

第二，人性论于教育政策形态的向度。韩非子是以"抱法处势则治，背法去势则乱"作为选择教育政策的前提，目的是有效引导规制人的趋利避害的本性。韩非子继承并发展了商鞅反对"法古"、提倡"壹教"和"禁游宦"的思想，以其历史进化的思想为先导，以服务君主专制所必须的思想专制为目的，提出"废先王之教"④的主张，公开向传统的教育挑战。他认为，时代变了，社会的政治、经济、文化、教育都应该适应社会变革的需要，进行彻底的变革，否则就如同"守株待兔"，所谓"以先王之政，治当世之民，皆守株之类也"⑤。韩非子认为"先王之教"，"是以天下之众，其谈言者

---

① 《韩非子·显学》。
② 《韩非子·难势》。
③ 《韩非子·孤愤》。
④ 《韩非子·问田》。
⑤ 《韩非子·五蠹》。

务为辩而不周于用。故举先王、言仁义者盈廷，而政不免于乱"①。因为"言先王之仁义，无益于治。……故明主急其助而缓其颂，故不道仁义"②。儒家的教育都是谈论先王的历史经验，不教对现实社会有利而实用的知识，故必须废止。他强调："今世儒者之说人主，不言今之所以为治，而语已治之功；不审官法之事，不察奸邪之情，而皆道上古之传，誉先王之成功。……故明主举实事，去无用，不道仁义者故，不听学者之言。"③韩非子不仅反对儒家教育，而且对当时诸子私学教育也持完全否定态度，认为各家私学思想传播，不利于法家主张的思想专制的统一，不利于法家实行的法制教育的地位的确立，故明确提出"禁二心私学"主张，"夫立法令者，以废私也，法令行而私道废矣，私者，所以乱法也。……凡乱上反世者，常士有二心私学者也"④。"有二心私学，反世者也，而不禁其行，不破其群，以散其党，又从而尊之，用事者过也"⑤。

第三，人性论于教育内容和教师形态的向度。韩非子承认教育内容和教师对规制人性之恶的作用，但却提出了"以法为教""以吏为师"的主张。商鞅以人性的极端恶为前提，提出了以"耕战"为基本内容的法治教育，以反对儒家的礼治教育，强调"更礼以教百姓""燔诗书而明法令"，以官吏"为天下师""学读法令"，主张以法家思想作为"壹教"，以服务新兴地主阶级"霸道"统一的政治需要。韩非发展了商鞅这些思想，明确提出："今修文学，习言谈，则无耕之劳而有富之实，无战之危而有贵之尊，则人孰不为也！是以百人事智而一人用力。事智者众，则法败；用力者寡，则国贫。此世之所以乱也。故明主之过，无书简之文，以法为教；无先王之语，以吏为师。"⑥韩非主张全民性的"以法为教"，一切法律条文都要由朝廷统一制定，经由官府公之于众，坚决实施，"法者，编著之图籍，设之于官府，而布之于百姓者也。……是以明主言法，则境内卑贱莫不闻之也。"⑦与西周的"以吏为师"相比，"学术官守""官有学，民无学"的时代早已结束，"士之崛起"，"学术下潜"，"私学兴盛"，经由春秋战国时期的发展，教师已经成为独立的职业，而韩非"以法为教""以吏为师"的主张显然是一种历史倒退。尽管其教育为一定的政治服务的思想是可贵的，但忽视教育的相对独立性及教育本身的发展规律，显然是不可取的。尤其是将教育等同于法律，教师

---

① 同上。
② 《韩非子·显学》。
③ 同上。
④ 《韩非子·诡使》。
⑤ 同上。
⑥ 《韩非子·五蠹》。
⑦ 《韩非子·难三》。

等同于官吏,其结果必然导致"以法代教""以吏代师",贬低了教育的作用,使普通教育出现倒退。同时,"以法为教"只能使民由于畏于法的惩罚而规制趋利避害的行为,在价值取向上不利于对人性自觉的培育。

第四,人性论于德育形态的向度。韩非继承发展了荀子的"性恶"论,认为人性皆恶,人都有自私自利之心,所以必须加强刑罚,但过分重视了刑法的作用,忽视了教育和情感的作用。韩非说:"今有不才之子,父母怒之弗为改,乡人谯之弗为动,师长教之弗为变,……州部之吏,操官兵,推公法而求索奸人,然后恐惧,变其节,易其行矣。故父母之爱不足以教之,必将州部之严刑者,民固骄于爱,听于威矣。"①认为父母溺爱子女,往往产生反教育的作用,"父母之爱不足以教子",而刑法却能有极大的约束力,可以使民畏惧,不敢作恶。"以法为教"只能使由于畏于法的惩罚而规制趋利避害的行为,在价值取向上不利于对人性自觉的培育。

(三)道家人性论的义理结构与教育思想向度

1.老子"道法自然"的人性论义理

(1)老子的"道"的义理

从思想史上讲,宇宙的时间与空间和社会的秩序与道德,无疑是战国时代思想世界的两个最重要的话题。但是,由于任何关于社会秩序的问题,都会被追问到作为终极依据的宇宙观上,儒家建立的以"天"为终极依据的思想,一直被人们追问"是什么规定了天"而无法自洽。倒是春秋时期的李耳(老子)所提出的以"道"为核心的宇宙观,建立起宇宙秩序与社会秩序之间的必然联系,成为中国哲学的发端。相传公元前516年7月12日,周王朝最后一任国家图书馆及博物馆的馆长、远古人文和科技知识思想的集大成者老子(李耳),在出关隐居前,被守关之吏尹喜强留,写下了五千言的《道德经》。《道德经》又名《老子》,是先秦诸子百家分家前,为诸子所共同景仰的哲理著作。②《道德经》开篇便提出了一个关于宇宙秩序的"道","道可道,非常道。名可名,非常名。无,名天地之始。有,名万物之母。故常无,欲以观其妙。常有,欲以观其徼(边界)。此两者,同出而异名,同谓之玄。玄之又玄,众妙之门。"老子开篇即讲的"玄论",不是讲宇宙通常可见的规律,而是那些非同一般的、深层的、不可见的底层根本规律(非常道)。人们因为实在不能理解"玄"的含义,就给了"玄"一个"脱离实际"的"莫名其妙"的定义。老子用"无"代表宇宙开端、万物不存在,

---

① 《韩非子·五蠹》。
② 钱旭红:《改变思维》,上海文艺出版社,2020,第258—259页。

"有"代表宇宙运行、万物存在。他强调在处于"常无"时,要注意观察"常无"的变化(观其妙),在处于"常有"时,要注意观察"常有"的边界(观其徼),并用"玄"把宇宙开端和万物形成、处于"无"和"有"的规律统一起来。并指出"玄之又玄",即环环相扣、玄外又玄、不断超玄,这才是认识宇宙全部和变化的入口大门。"玄"的本义即为"弦",去掉"弓"剩下"玄",即细绳或细线。因为在1966年,人们就将"弦论"与量子力学、相对论相提并论,现代科学的"弦论"指出,宇宙开端产生"大爆炸"瞬间,只适用量子力学,宇宙发展膨胀过程则适用爱因斯坦相对论,而"超弦"可把两者统一起来。"超弦"理论能囊括性地描写所有力、构成物质的所有基本粒子和时空。[1]所以,用现代科学理论来认识老子的"道",似乎不"玄"了。

现代思想家和科学家无不盛赞《道德经》,德国思想家尼采说:"老子思想的集大成——《道德经》,像一个永不枯竭的井泉,满载宝藏,放下汲桶,唾手可得。"德国哲学家康德说:"斯宾诺莎的泛神论和亲近自然的思想与中国的老子思想有关。"法国哲学家德里达认为,整个西方思想与民族精神,都以逻格斯(神秘力量)为中心和最高概念,道是中华民族精神的中心和最高概念,二者惊人地相似,可以说是"逻格斯"与道同在。德国哲学家黑格尔说:"中国人承认基本原则叫作'道'。道为天地之本,万物之源。中国人把认识道的各种形式看作最高的学术……老子的著作,尤其是他的《道德经》,最受人崇仰。""以思辨作为它的特性的这派,主要概念是'道',这就是理性。这派哲学及其生活方式的发挥者是老子。"德国哲学家海德格尔,耗散结构理论创始人、比利时的诺贝尔物理学奖获得者普利高津说:"道家思想,在探索宇宙和谐的奥秘,寻找社会公正与和平,追求心灵自由和道德完满等三个层面上,对我们这个时代都有新启蒙思想的作用。道家在两千多年前发现的问题,随着历史发展,愈来愈清晰地展现在人类面前。"美国物理学家卡普拉,日本诺贝尔物理学奖获得者汤川秀树,研究边缘酸碱反应性的诺贝尔化学奖获得者夏普莱斯,诺贝尔奖得主社会经济学家哈耶克,等等,无不盛赞《道德经》给予他们的思想启迪。

如果说"道"的"玄论",是把宇宙开端和万物形成的规律统一为"道"的话,那么将"自然"作为宇宙时空的最佳优化、思维规则和价值理念,就把宇宙秩序与人间秩序的规律,有效地归于了"道"。"自然"是老子哲学中仅次于"道"的重要概念,是老子推崇和倡导的生存状态、社会环境、价值取向,故"道法自然"。"自然"一词由"自"与"然"二字组成,"自"指自身、自在、自明,"然"表示如此的状态,

---

[1] 钱旭红:《改变思维》,上海文艺出版社,2020,第125页。

"自"与"然"合成一词后,表达了自身如此、一直如此、必将如此、自身成就自身等意思,内涵了"自在独立""自然而然""自如其然"的天然内在的恒定性,这种"天然内在的恒定性"就是"道"效法"自然"的结果。所以,老子的"自然"是广义而深刻的,并不像世俗的"自然"那样狭义而肤浅,并不单单包含字面所指的自然界,而是重点表达了终极真理的运行状态,即自然界秩序的向往;也不单一指向宇宙星球、天地自然、生态环境、人类社会,而是重点憧憬对人与自然、人与自身、人与人之间和谐关系的关切。在老子的论述中,"自然"是与人为相对立的,是高于人为的状态,是事物按照自身的内在本质规律和运行规则而自我生长、自我成熟、自我衰亡、自我凋亡的全过程。在老子的理想国和道德世界中,"道"与万事万物万人各自"自然",圣人与百姓各自"安然","道"顺任万物的自然本性而不强制干预主宰,圣人顺遂百姓的自然本性而不肆意扰乱,从而建构起包含宇宙星球、天地自然、生态环境、人类社会和个体生命的多方位多层次和谐秩序。

"道"在《道德经》中出现74次,而"自然"提到过5次。第17章:"悠兮其贵言。功成事遂,百姓皆谓我自然。"第23章:"希言自然。故飘风不终朝,骤雨不终日。"第25章:"道大,天大,地大,王亦大。域中有四大,而王居其一焉。人法地,地法天,天法道,道法自然。"第51章:"道之尊,德之贵,夫莫之命而常自然。"第64章:"是以圣人欲不欲,不贵难得之货。学不学,复众人之所过。以辅万物之自然而不敢为。"

"道法自然"是老子关于"自然"及其与"道"关系的根本论断,即"道"的运行规则是"自然"。尽管老子的"自然"并非单指自然界或者自然现象,但却是以自然界和自然现象给予的源源不断的灵感,来阐述深奥的道理,有时以"上善如水"喻善,有时以"古之善为士者,微妙玄通,深不可识"喻得道之人,有时以"飘风不终朝,骤雨不终日""鱼不可脱于渊""天地不仁,以万物为刍狗;圣人不仁,以百姓为刍狗"喻治理为政。老子在以"太极"言"道"中,也同样从自然现象中阐述"高与低""强与弱""福与祸""宠与辱""足与不足"等终极真理运行状态,寓深奥于朴素自然之中,发人深思。

老子还提出了与"自然"相关又有区分的"无为"的概念,在以"自然"表达"道"的自由运行状态的前提下,以"无为"表达人们对于"道"应有的运行状态。如果说"自然"是自然而然的话,那么遵从自然而然的言行,就是"无为",如此就将"自然"与"无为"紧密联系在一起。所以说,不强加人为而任其自然的状态,是《道德经》中心思想"无为"的另一种描述方法。"自然"和"无为"都是"道"的内在核心本质的呈现，透露出了"道"的深奥与玄妙。圣人以不欲为欲，以不学为学。认为自然是亿万人事物生存的最终状态，自然地生存最符合亿万人事物的本性。"道常无为而无不为"，明确表示无为不是无所作为，反倒是无所不为（无所不能）。"无为"，一是对自我意欲、对强为妄为和干扰自然之行为的限制、约束和排斥；二是要顺应自然而为，协助自然而成，像"道"那样，滋养万物而不主宰，水利万物而不争；三是对"有为"的警惕，要求逞能者少发号施令，无所不为的自然界即使也有狂风骤雨，但时间极短、不会持久，大多数时间还是处于平静状态的。老子认为圣人与自然的内在联系，是圣人能够依据人与物自身的性质和规律，不去无端干预和任意宰制，从而让人与物都独立自主、率性而为，自己成就自己。老子在《道德经》第57章，以圣人的口吻说：我无为，人民就自我化育；我好静，人民就自然走上正轨；我不搅扰，人民就自然富足；我没有贪欲，人民就自然朴实。在第64章中，圣人与自然、无为都被老子直接联系在一起，即无为是方法而不是目的，最终要成就自然状态，达成自然的目的。

老子还用"有"和"无"二者相互作用的过程来描述"自然"，以揭示"有""无"与"自然"的关系。老子看到人事物和世界既有存在又有转化，老子更关心过程中、转化中的要素，即"有"和"无"，"自然"是"有"也是"无"，不是"有"也不是"无"，"自然"只是"有"只是"无"，就是"道"。老子认为，世界和任何人事物都不是简单、静止的"有"或"无"，而是"有"和"无"两种相反运动的相互交织转化的状态。人事物的存在、转化与超越可以并存，且具有同等地位，不可偏向"有"，也不可偏向"无"。将老子的"有"和"无"理解成西方强调的"存在"和"虚无"是一种误解，"无"不是一无所有的虚无，"有"和"无"是用来表示动态转变的特点，任何人事物都处在"成为自身"和"去自身化"的两种趋势的交争过程中，同时存在同时运行。

（2）老子"道法自然"的人性论义理

第一，人性自然纯朴，人"成为自我"的过程竟是一个脱离自然纯朴人性的过程，反过来又必须要循着自然纯朴的人性之道去"超越自我"。既然老子认为"道法自然"即"道"的运行规则是"自然"，"自然"是一切人、事、物生存的最终状态，这种被称为"太极"的最终状态是最符合一切人、事、物的本性的。那么，人的本性即人性，必然是"自然"的。也就是说人性是一种"自然"的本性。人的这种"自然本性"，不单单表现为人的本性的自然现象，如人从有生命、出生、成长到死亡的自然过程（人作为原始自然的一部分），而且还表现为人的本性的自然规律，如在抱朴、寡欲、知足、知辱、知福等等方面的人性的自然规律。所以，"人性自然"也不是简单的静止的

"有"和"无"的关系,而是"有"和"无"于人性上两种相反运动的相互交织转化的状态。人一出生就有"比于赤子""能如婴儿"的自然质朴的人性"无为",而人的发展过程中必然会在情欲的选择中受到各种影响而使自然质朴的人性有了变化,如果不能在"成为自身"和"超越自身"的交争过程中,"抱一"而行,就会脱离自然质朴的人性。所谓"抱一"即"返璞归真,复归自然"的人性思想。人"成为自我"的过程竟是一个脱离自然纯朴人性的过程,反过来又必须要循着自然纯朴的人性之道去"超越自我"。"见素抱朴,少私寡欲"①便能"含德之厚,比于赤子"②"专气致柔,能如婴儿"③"常德不离,复归于婴儿,常德乃足,复归于朴"④。老子认为人的自然纯朴的本性是在人为的社会道德规范下发生转化的,"大道废,有仁义;智慧出,有大伪;六亲不和,有美德;国家昏乱,有忠臣"⑤,所以"失道而后德,失德而后仁,失仁而后义,失义而后礼,失礼者,中信之薄而乱之首也"⑥。不是说仁、义、礼不好,而是说这些道德规范只是为了规制人性而提出的,违背了"自然质朴"的人性之道,应该在回归人性的自然纯朴的人性之道上,在人"成为自身""超越自身"的过程中始终能够保持"自然纯朴"的人性。要达到"返璞归真,复归于自然"的人性纯朴,要"见素抱朴,少私寡欲","无名之朴,夫亦将无欲"。"知其雄,守其雌,为天下溪;为天下溪,常德不离,复归于婴儿。知其白,守其黑,为天下式;为天下式,常德不忒(te、太义),复归于无极。知其荣,守其辱,为天下谷;为天下谷,常德乃足,复归于朴"⑦,才能在"成为自身"中"超越自身"。同时,老子还提出要处虚守静、少私寡欲、知荣守辱和不争,也是"抱一"人性质朴的关键,"夫惟不争,故莫能与之争","以其无争,故天下莫能与之争","夫惟不争,故无尤"。⑧

第二,人性"自然纯朴",表达了德行至上、度让为先的义理。在老子的《道德经》中,"德"也是一个仅次于"道"的重要范畴,于概念上"德"至少包含了三层的含义:一是指由"道"所赋予万物的自然本性,所谓"道生之,德畜之,物形之,势成之,是以万物莫不尊道而归德"⑨,比如"水之德"。二是指人的品德、德行,所谓

---

① 《道德经》(第十九章)。
② 《道德经》(第五十五章)。
③ 《道德经》(第十章)。
④ 《道德经》(第二十八章)。
⑤ 《道德经》(第十八章)。
⑥ 《道德经》(第三十八章)。
⑦ 《道德经》(第二十八章)。
⑧ 《道德经》(第二十二章)。
⑨ 《道德经》(第五十一章)。

"修之于身,其德乃真;修之于家,其德乃余;修之于乡,其德乃长;修之于国,其德乃丰;修之于天下,其德乃普"①,"德"就是人的品性,儒家据此建构了"修、齐、治、平"的《大学》思想。三是,不仅万物所得于"道"的自然本性,表现在人的身上,就成为人的品性、德行,而且表现在人身上的品性、德行,只有复归于符合"道"的自然本性,才是"成为人自身"和"超越人自身"的"道",这是"德"与"道"的内在联系。老子将没有经过人为加工的、自然而然形成的"德"称为"玄德"。"玄论""玄德"不是通常可见的"道",即道德规律,而是"非常道",即那些非同一般的、深层的、不可见的根本规律。与孔子所创设的以"仁""义""礼"为核心的"德"不同,老子所推崇的"德"是建立在"道法自然"的"无为""不争"基础上,认为能有"无为""不争"德性的人便是"善人",就能得到天道的帮助,就能"无不为""无不争",所谓"天道无亲,常与善人"②。而对于不善的人,老子之所以提出"报怨以德""执左契而不责于人"③,是因为"天道自然"从来就是这样的,圣人之所以为圣人也是这样遵循天道的。所谓"圣人常善救人,故无弃人"④,"是以圣人后其身而身先,外其身而身存,非以其无私邪?""是以圣人处无为之事,行不言之教,万物作焉而不辞,生而不有,为而不恃(依赖),功成而弗居"⑤,是因为"圣人抱一为天下式"⑥。圣人能够"抱一"即始终循着道去行动,才能"常德不离",才能达到"我无为而民自化,我好静而民自正,我无事而民自富,我无欲而民自朴"⑦的理想状态。

第三,人性"自然纯朴",表达了知足贵身、制性制欲的义理。自然纯朴的人性,总是存在于"成为自身"和"超越自身"的转化中,认识到其中相互依赖、相互转化和物极必反的"道",就必须适可而止。老子说:"知足不辱,知止不殆,可以长久。"⑧如果不知足,不知止,就会走向自己愿望的反面。老子认为得宠和受辱都会使人受惊,福和祸也是相互依存转化的,要做到"宠辱不惊"⑨,重视祸患乃是来自自身,所以要"贵身",要以"抱 "的要求来修身,所谓"不失其所者久,死而不亡者

---

① 《道德经》(第五十四章)。
② 《道德经》(第七十九章)。
③ 同上。
④ 《道德经》(第二十七章)。
⑤ 《道德经》(第七章)。
⑥ 《道德经》(第二十八章)。
⑦ 《道德经》(第五十七章)。
⑧ 《道德经》(第四十四章)。
⑨ 《道德经》(第十三章)。

寿"①，就是要通过修身以实现生命的永恒价值。要达到"贵身"的目的，还必须制性制欲，因为"五色令人目盲，五音令人耳聋，五味令人口爽，驰骋田猎，令人心发狂，难得之货，令人行妨"②，所以要"塞其兑（悦），闭其门，终身不勤；开其兑，济其事，终身不救"③，放纵喜怒哀乐的情欲，就远离了"自然纯朴"的人性，是不可救的。在人"成为自身"的过程中，必然会受到情欲的影响而疏离人性的"自然纯朴"；而"超越自身"的过程，也就是制性制欲的过程，就是保持"自然纯朴"的人性。那么，怎样才能控制情欲呢？老子强调要清静，"清静为天下正，清静无为，方可为天下君长"④，抱持"清静"之道，才能不为情欲所动，才能笃守人性的"自然纯朴"。

第四，人性"自然纯朴"，表达了贵柔制刚、度善若水的义理。正像无为、不争的人性思想不是庸俗的明哲保身一样，贵柔制刚、上善若水也不是消极地顺其自然，而是要遵循"自然纯朴"的人性之"道"。老子说："天下之至柔，驰骋天下之至坚。无有入无间，吾是以知无为之有益。"⑤之所以"天下莫柔弱如水，而攻坚者莫之能胜"⑥，是因为"水利万物而不争，处众人之所恶，故几于道"⑦。水安于卑下，世上万物都离不开水，而高高在上、至刚至坚者并不能有水一样的"善"，度善若水才是"自然纯朴"的人性，这是几近于"道"的。

（3）老子人性论义理的教育思想向度

第一，人性论的教育目的向度。教以为道是老子的教育目的，即教育要遵循以"自然"法则为核心的"道"，使人明白何谓"道"、何以为"道"。有很多人将"道"解释为"虚无"，认为"老子以虚为道，以无为德"⑧，是对老子"道"的极大曲解；有很多人还认为"道"源之"道路"的本义，后被引申为"方法""途径"，因而才含有"普遍性规律"之义，更是望文生义、牵强附会。"道"作为老子为教的核心，在五千言《道德经》中直接论述"道"的就有74处，几乎贯穿全文，绝非人们平常理解的"道"。老子在《道德经》中就告诉大家"道可道，非常道"。"道"是以"自然"法则为核心的本征的、真理的、自发的、非刻意的宇宙秩序，所谓"人法地，地法天，天

---

① 《道德经》（第三十三章）。
② 《道德经》（第二十二章）。
③ 《道德经》（第五十二章）。
④ 《道德经》（第四十五章）。
⑤ 《道德经》（第四十三章）。
⑥ 《道德经》（第七十八章）。
⑦ 《道德经》（第八章）。
⑧ 刘邵（魏人）：《人物志·八观》。

法道，道法自然"①，天地世界中的人事物，核心都包含"道"。孔子讲"天地人为三才"，认为天、地、人都具灵性、智力（意志）和创造力，但不能回答为什么。老子强调"道大，天大，地大，人亦大"②，将人置于与"道、天、地"相平等的地位，所揭示的最为隐秘而更为本质的是人思维本性的伟大，"天大，地大"之宇宙世界只能展现形象、现象、真相，而人却能从中发现、提炼出"规律""法则"即"道"，并加以应用，"大道无形"正从一个侧面说明了思维是无形的精神。所以，要"教人以道"。"道"是被人发现的，"教人以道"就是教人怎样去发现"道"。现代思想家帕斯卡尔在其《思想录》中说："思想形成了人的伟大。人只不过是一根苇草，一根能思想的苇草，自然界最脆弱的东西，一口气、一滴水就足以致他于死命。纵然宇宙能毁灭人，而人却能比致他于死命的更高贵，因为他知道自己会死，以及宇宙的压倒性优势，而宇宙对此一无所知。人的全部尊严就在于思想。因此，我们要努力好好地思想，提高自己，这才符合道德。我们应该追求自己的尊严，绝不是求助于空间，而是求助于自己的思想。空间、宇宙能囊括我并吞没我，我犹如一个小小的质点；而由于思想，我却能囊括宇宙。"老子说："合抱之木，生于毫末；九层之台，起于累土；千里之行，始于足下。"③正是这种从小到大、由始而终的思维，才确立了人在宇宙中的崇高地位，天地虽伟，道化人身。所以要以"教以为道"为目的。

第二，人性论于"无不为"的教育目标向度。"教人以道"存在于"无"与"有"的转化之中，是老子基于人的本质属性而提出的。老子将"无为而无不为"④作为"教以为道"的目标，所强调的是无限趋近"无为"而达"无不为"即"无所不能"，"无不为"是"无为"的追求目标。老子的"无为"不是"无所为"，而是"为"于"无"的状态，就像数学求极限一样，是接近"无为"的、实质特殊的、用力最小（微力）的"有为"，即精巧微妙而"为"，实际上就是"四两拨千斤"的方法。"无为"就是敬畏自然、敬畏大道"有为"。所谓"无不为"就是接近把想做的事情都做到，并且喜出望外地发现连未想到的事情也办到了，犹如永续发展是耗损近零的发展，强调以最小的能量输出获得最大的成果产出。老子不仅指出了教育和学习的目标是"无不为"（无所不为、无所不能）的状态，而且同时告诉大家实现这一目标的方法——精巧微妙、四两

---

① 《道德经》（第二十五章）。
② 《道德经》（第二十五章）。
③ 《道德经》（第六十四章）。
④ 《道德经》（第三十七章）。

拨千斤的"为"。老子还主张"有之以为利，无之以为用"①，启发我们要挖掘"无用之学"，充分用足"有用之学"，探索建立"超限之学"，以最小的投入，去获得最大的成果。从人性自然的认识论出发，老子推崇自然而多样的个人才能表现，鼓励从"不耻"处开始，于被讥笑处做起，善于从"不信"和"失信"中发现"信"，以至于"为无为"，即举重若轻，做事像没做一样，但实现了"作为"；以至于"事无事"，即事情做成了似乎轻松得像未做那样自然而成，事情完结也没有后遗症；以至于"味无味"，即从淡而无味中，能品尝出味；以至于"学不学"，即学习别人所不学，学习难以得见的绝学；以至于"教无言"，即无声的教育，身体力行，贵言践行。

　　老子自然纯朴的人性思想，并不否认人在"无为"上的差异，即每个人在接近于"无为"上的"有为"的差异，教育正是在这种自然纯朴的"无为"差异上展开的。用现代教学理论来说就是包含知识、经验、方法在内的原有的"知识结构"的差异。人的学习总是把新的知识首先放入自身已有的"知识结构"的染色盘内进行浸染而后接受的，继而不断形成属于自身独有的新的"知识结构"。但我们在现今"物化模式"的教育教学过程中，却常把"物"的制造规律当作"人"的培养规律，常把大人的发展定律当作儿童的成长规律，常把个别学生的教育规律当成普遍适用于所有学生的规律，常把"平均标准生"的育人规范当成"尖子生"和"一般学生"的培养规律，常把言传身教和滔滔不绝当成身教和潜移默化，常把教书教学规律当成育人教育规律。②即把"常道"当成了"道"。老子说："上士闻道，勤而行之；中士闻道，若存若亡；下士闻道，大笑之。不笑，不足以为道。"③"吾言甚易知、甚以行。天下莫能知，莫能行。……知我者稀，则我者贵。是以圣人被褐而怀玉。"④

　　第三，人性论于教育观形态上"行不言之教"的向度。老子"无不为"的教育目标是极其高的，教与学要达到"无所不为"的境界何其不易。老子说："知者不言，言者不知。"⑤认为"圣人无为"，"处无为之事，行不言之教"就是"为道"，"为道"就是顺应人的自然本性，顺势而为，不要"妄为"。"道常无为而无不为，侯王若能守之，万物将自化。化而欲作，吾将镇之以无名之朴。无名之朴，夫亦将不欲。不欲以静，天下将自正。"⑥万物既化而又私欲萌动，以道镇之，万物亦将无欲。"教以为

---

① 《道德经》（第十一章）。
② 钱旭红：《改变思维》，上海文艺出版社，2020，第164—165页。
③ 《道德经》（第四十一章）。
④ 《道德经》（第七十章）。
⑤ 《道德经》（第五十六章）。
⑥ 《道德经》（第三十七章）。

道",就要"无为而无不为",只有遵循了"道"的自然法则规律,"无不为"的根本功能就能得到充分发挥,于是万物便可自化,天下将会自正,"不言之教"便能收到最好的效果。行不言之教,首先,要遵循自然之"道"。"不言之教"并不是真的不言,而是要顺应人的自然本性。顺其自然,不是顺应自然现象,而是顺应对自然现象经过思维提炼的"道"(规律),即顺势而为;不要把人的喜怒哀乐等自然现象当成规律,而是要对映人的自然本性的现象深思熟虑,发现其规律,"惟道是从"[1];要"知常","知常曰明,不知常,妄作,凶"[2]。不要把"常道"当成"道","常道"是人性中的自然现象;"道可道,非常道","非常道"的"道"才是从反映人的自然本性的现象中经过思维提炼出来的规律。圣人很少说话,是为了让受教育者从"常道"中发现"非常道"而产生心中的愉快,这才是"行不言之教"的价值意义。其次,在"行不言之教"中,教育者要以身作则。"我无为而民自化,我好静而民自正,我无事而民自富,我无欲而民自朴。"[3]没有刻意所为,百姓自我归化,喜欢清静,百姓自我归正,平日没有什么事情,百姓自我富足,没有多欲,百姓自我返璞归真。"天下之至柔,驰骋天下之至坚。无有入于无间,吾是以知无为之有益。不言之教,无为之益,天下希及之。"[4]天下最柔软的东西,能驾驭天下最坚硬的东西。没有形状才能在没有缝隙的东西之间穿行。无言之教,可以用最小的输出、最精巧微妙所为而获得最大的教育之"益"。再次,"行不言之教"是"为道",而不是"为学","为学日益,为道日损"。老子认为,为道不是为学,不是为了知识的增多,而是为了明白其"道"。"为学日益,为道日损,损之又损,以至于无为。"[5]人要达到"无所不为",就不要仅仅为了获得更多的知识,而是要弄明白知识的规律。只有把握住了知识的规律,才可以用最小的输出获得最大的学习效果,才能达到"无所不为"的境界。因此,老子人为地去影响学生对于"道"的领悟,因为"大道废,有仁义。智慧出,有大伪。六亲不和,有慈孝。国家昏乱,有贞臣"[6]。很多社会知识并不是依据自然法则而产生的,而是人为制造的结果,如果不能从这些"制造"现象中发现其"道",学习这些传统文化是无益的。

第四,人性论于理想人格形态的向度。老子所希望的"复归于朴""复归于婴儿"状态的理想人格,在前面已做过分析,这里只对其特征作一归纳。其一是无为贵柔,其

---

[1] 《道德经》(第二十一章)。
[2] 《道德经》(第十六章)。
[3] 《道德经》(第五十七章)。
[4] 《道德经》(第四十三章)。
[5] 《道德经》(第四十八章)。
[6] 《道德经》(第十八章)。

二是知足,其三是不争,其四是不敢为天下先。由于前面在对老子人性论作分析时,并没有对"不敢为天下先"的人性义理进行分析,则在此处予以深化。老子说:"我有三宝,持而保之。一曰慈,二曰俭,三曰不敢为天下先。夫慈,故能勇;俭,故能广;不敢为天下先,故能成器长。"①老子认为"慈""俭""不为天下先"都是人性"自然纯朴"的主要特征,也是人格理想的特征。强调人在处理各方面关系中要宽容、自我约束和不放纵,不要以首自居、以身为先、事事突出自己。因为"江海所以能为百谷王者,以其善下之,故能为百谷王"②,越是处于上位者,只有恭谦宽厚,虚怀若谷,心胸广阔,才能有如江海包容百川,以真正成其广大而得到百姓的拥护。

(4)从现实到历史:老子思想应有的地位

美国学者邰谧侠先生说,老子《道德经》是除《圣经》以外,译本最多的一部经典,是中国文化走向世界的典范,他本人也是被如此的中国文化吸引而来到中国,进行一辈子的研究。剔除2500年以来中、日、韩历代的注释版和现代无数的网上各类译本,《道德经》纸质出版物共计涉及73种语言,1576种译本,其中英译本数量最多。老子对德国知识分子的影响最大,最早的德语译者有黑格尔、海德格尔等。虽然世界现今讲希伯来语的人口有限,但希伯来语的《道德经》有18种译本。③《道德经》译本与《圣经》翻译现象不同。《圣经》的翻译拥有一个庞大的宗教专业组织,而《道德经》译本基本上只是爱好者的成果,各朝代、文化、宗教、主义等都用自己的方式理解、诠释、塑造自己心中的老子形象,形成了老子众多"化身",使《道德经》早已全球化,成为全人类的财富。

对于《道德经》思想之先行,精神之伟大,有人说,就像是东西方的众圣千辛万苦攀爬真理的顶峰一样,即将到达峰顶,结果发现老子早在2500多年前就已经等在那里,正在迎接他们的到来。

在线上听一个科学讲座,科学家们认为,现今世界,科学最重要的也就三件事,即"两暗一黑三起源"。暗物质和暗能量是看不见的,能看见的都是物质和能量,但与"物质与能量"相反的"暗物质与暗能量",他们之间不相等和不守恒。因为没有工具,暗物质与暗能量还没有测到(最近有报道中国科学家在实验室测到了暗物质),但数学上或经过模拟后,又发现它是存在的。"一黑"就是黑洞,黑洞背后的那个很奇怪的点即"奇点"。奇怪之处在于:在那个被称为"奇点"的点上,所有的物理定律都是

---

① 《道德经》(第六十七)。
② 《道德经》(第六十六章)。
③ 钱旭红:《改变思维》,上海文艺出版社,2020,第257页。

崩塌的，不遵守任何物理定律，说明至少在宇宙大爆炸之前没有物理定律。这就是第一推动力的问题，或者说物理学大师为什么好多最后都有了宗教性的感觉。"三起源"是宇宙起源、生命起源和意识起源。如果不解决意识起源，其他的问题都没用，因为只有知道意识起源，才可能去理解"两暗一黑三起源"，这些都取决于意识。人很复杂，所以有神创造了人；神更复杂，可又是谁创造了神？我们今天看到的复杂，不是第一天就复杂了，是经过无数代不停地修正再修正，才到了今天的复杂程度，不能忽略这个过程，尤其是时间。爱因斯坦在后期自传里写了这样一段话："我所信仰的上帝是那个从万物秩序当中的规律性所显示出来的上帝，而不相信那个与世界人的行为有牵连的上帝。"规律性就是上帝。但对大多数科学家来讲，信的只是现在有的一种规律。其实，这个规律也是互斥的，因为科学必须可以证伪，不可被证伪的就不是科学，只证明物质与能量的"物理"规律还不算科学，能通过暗物质与暗能量的规律而证明物质与能量之伪，或反过来通过物质与能量而证明暗物质与暗能量之伪，才是科学。科学界反对"无神论造神"，简单地相信当下的科学，就是无神论造神。爱因斯坦说："这个宇宙真正不可思议之处，就在于它居然是可以被理解的。"但他也知道，这个理解是有边界的，因为已知的越多而未知的更高。面对今天世界科学最重要的三件事，科学界竟然不约而同地想到了2500多年前中国老子提出的关于"道"的思想，物质与能量的物理规律，对于理解宇宙奇点的规律来说，真是"常道"而已，而对于"两暗一黑三起源"来说，非"非常道"不可。正像科学家在研究量子粒子时发现，不被观测时粒子是物质的，而被观测时则是能量的。虽然2500多年前的老子并非就懂得宇宙爆炸问题，但他的"道"，真的早就等在那里，迎接今天科学家的到来。所以，不仅是思想家，而且是更多的科学家，纷纷以老子的"道"解读量子论，解读"柔软坚硬的非牛顿流体说"，提出挣脱牛顿"新神学"而恢复本真等等，老子的"道"给予人们智慧的启迪，不可小觑。

由于历史上儒家长期被尊为主流正统，道家被视为"支流"，所以孔子求学于老子之事，儒者为了抬高孔子，而对此事却是"讳莫如深"。虽然先秦之后的史书，少有记载孔子求学于老子，但先秦的三大不同流派通过《礼记》《孔子家语》《庄子》《吕氏春秋》《韩诗外传》等著作，通过记载孔子拜见老子的故事，说明老子是孔子的先生和老师，发现于山东、江苏、河南、陕西和四川的黄河中下游与长江中下游地区的壁画中更是屡屡呈现孔子拜见老子的情景。

《庄子》中提到老子的一共有十六条，其中有八条是记述孔子与老子之间关系的，老子与孔子谈天道、天地万物的自发性、古代典籍（六经）以及"三皇五帝治天下"等问题，孔子与老子谈《诗》《书》《易》《礼》以及"仁义"等问题。

文子作为老子的嫡传弟子，曾被后来的唐朝皇帝追封为通玄真人。在其《文子·道原》中记载了孔子问道于老子，被认为是更早更为原始的更可信的。孔子问道，老子曰："正汝形，一汝视，天和将至；摄儒汝知，正汝度，神将来舍，德将汝容，道将为汝居。瞳兮，若新生之犊，而无求其故。形如枯木，心若死灰，真其实知而不以曲故自持，恢恢无心可谋——明白四达，能无知乎？"让你的姿态形象端庄，认真修行，让你的视线专一稳定，而不目光飘忽、东张西望，天降的自然与和谐就会到来。收敛调控你的智慧，端正你的态度，把握好事情的尺度，神就会安住，身心均安，德就会成为你的容貌，道将成为你的居家。眼眸就会像初生牛犊般清澈明亮，无论何时何地、不问缘由何故。如果形如枯木，则心必像死灰，归真于实际的智慧，但不用自满骄傲，自以为得意，骄横跋扈，堂堂正正，无需谋划心机，透彻智慧通达，就用不着权谋。

《史记》也记载了孔子问礼于老子，老子告诫孔子说："吾闻之，良贾深藏若虚，君子盛德，容貌若愚。去子之骄气与多欲，态色与淫志，是皆无益于子之身。"其意思与《文子·原道》所载基本一样。《史记》于此段文字前后记载的是："孔子适周，将问礼于老子，老子曰：'子所言者，其人与骨皆已朽矣，独其言在耳。且君子得其时则驾，不得其时则蓬累而行。吾闻之……身。吾所以告之，若是而已。'"就是此次孔子回到鲁国后，众弟子询问他老子是什么样子，孔子回答道："鸟，我知它能飞；鱼，吾知它能游；兽，我知它能走。走者可用网缚之，游者可用钩钓之，飞者可用箭取之，至于龙，吾不知其何以？龙乘风云而上九天也！吾所见老子也，其犹龙乎？学识渊深而莫测，志趣高邈而难知，如蛇之随时屈伸，如龙之应时变化。老聃，真吾师也！"可见，孔子问道，而老子所讲的"道"渊深莫测，孔子终难明白。

《史记》记载的另一次孔子拜见老子，老子送别孔子时，赠言道："吾闻之，富贵者送人以财，仁义者送人以言。吾不富不贵，无财以送汝，愿以数言相送。当今之世，聪明而深察者，其所以遇难而几至于死，在于好讥人之非也；善辩而通达者，其所以招祸而屡至于身，在于好扬人之恶也。为人之子，勿以己为高；为人之臣，勿以己为上。望汝切记。"老子谆谆教导说，富贵者送人财物，仁义者送人赠言，我不富不贵，没有财物送你，只有几句话相送。当今世道，聪明而能看透局势的人，之所以不得善终，就在于喜欢说人是非；善于诡辩并合纵连横的神通广大者，之所以招来祸殃并不得善终，就在于喜好夸大张扬他人的错误。作为晚辈，在长辈面前不要把自己看得很高；作为臣子，不要把自己的能耐看得在君主之上！望你切记呀！

孔子数次拜见老子是不争的历史事实，人们曾通过日食软件推出其中一次的精确时间是公元前518年，那时的孔子34岁。孔子说自己"十五志于学，三十五经通"，34岁时正是对五经知类通达之时，但并未达到"不惑"的境界。鲁国到洛阳路途遥远，孔子不辞辛苦，多次向老子求学、求道（礼），足见当时的老子的学问已是渊深莫测。"渊深莫测"的究竟是什么？无疑是"道"。用钱旭红院士的话说，孔子向老子问道，就像经典思维者对量子思维"测不准原理"一样的感觉。经典思维的是孔子，拥有量子般测不准思维的是老子，为凸显儒家积极有为思想的正确性，几千年来有人误解老子思想是"无为而治"，而根本忽视老子原话是"无为无不为，无为无不治"。对老子思想的历史误解，也包括了对教育思想的误解，将"无为"误解为道德"虚无"，将"教以为道"误解为"教以常道"，将顺其自然误解为顺其自然现象而任由发展，将人格理想误解为消极自保，等等。

据联合国教科文组织统计，老子的《道德经》是除了《圣经》以外被译成外国文字版本最多的名著，世界上不同历史年代的著名哲学巨匠、科学巨匠、政治家都均对其高度赞誉，评价的话语不胜枚举。《道德经》走遍世界，作为跨时代的具有强大影响力的人类稀世珍典，在相当程度上也被人各取所需地加以解读，甚至是曲解。帝王将相，制度歪用于权谋和愚民；儒士文人一知半解地认为其消极无用；平民大众知识有限而不知不懂。中国教育史研究片面认识"道法自然"而认为其"自然观"片面，使《道德经》的教育思想难以深层挖掘。

《道德经》文字自由洒脱，正言若反，一语双关甚而多关，一物多喻而又多隐喻且深刻，大道无形又能形无尽。要想充分理解，需要逆向思维，多样性多角度思维，人们对《道德经》的不同感受和理解，恰恰说明了其对思维多样性的重要贡献。世界上有无数人被《道德经》吸引，在不同领域、人生的不同阶段对其阅读有不同的收获，甚至脑洞大开，也不乏望洋兴叹者。"道"之所以"非常名"，是因为本身在"名"上包含了"人文"和"科学"，由于中国古代科学未能发育成熟而又重视人文教育，古代众多人文学者难以从科学技术角度理解老子，进而辨析其细节，也就影响了对《道德经》的整体把握。但英国的科技史学家李约瑟则说："中国人性格中许多最吸引人的因素都源自道家。中国如果没有道家思想，就会像是一棵已烂掉深根的大树。"1945年10月，李约瑟访华后写下了《中国科学技术史》，在序言里回忆道："我终身不能忘记的，遇到相见恨晚的河南大学李俊甫教授，他告诉我，炼丹术的大量资料在《道藏》中，这是其他国家化学史完全不知道的。"在仔细阅读《道藏》等道家经典后，李约瑟下了一个结论："道家哲学……发展了科学，有许多很重要的特点，在中国科学史上占有第一重要地位。从道家原理出发而行动，产生了东亚区域的化学、矿物学、植物学、动物学和医物学。""就科学思想的基础而言，古代的欧洲哲学和中国哲学之间，没有多大差距，甚至某些方面，中国人实际上占有优势。"道家思想能成为科学根基的原因在于"道"是以"自然"法则为核心的、本征的、真理的、自发的、非刻意的秩序，而儒家则过度聚焦人类社会而对自然和生态少有兴趣，将人类社会与自然和生态分离，在人才培养上也不同于道家的多样性，只希望把所有人都培养成同样的人，影响了正常和多样性的社会发展，阻碍了科学技术的萌芽和发展。

2.庄子和文子人性论的义理

（1）庄周于历史中寻找自然纯粹的人性

庄周是生活在战国混乱的年代的漆园小吏，一直被认为是道家的直系。庄周早年可能学过儒，好儒服儒冠，与退避的颜渊一派有些联系，后来成为隐士。一般都认为他"剽剥儒墨""以诋訾孔子之徒，以明老子之术"，使道家思想有较大发展。正当儒家于历史中寻找理想的传统，热衷于追溯历史以借古讽今，试图给人们建立一个作为现实对立面的理想世界时，老子、庄子等虽然也是出于对混乱的社会秩序的不满，但又在追根究底地追问历史时发现，秩序只不过是一个人为的、历史的东西，是更早的自然秩序被破坏之后的产物，认定先行秩序没有天然的合理性，倒是早在历史起源的混沌朴素秩序才能给人以合理的启示。《庄子·应帝王》中所谓的"泰氏"和"混沌"的传说，暗示的就是这种社会秩序。其"泰氏"的故事是以泰氏与被称为贤明的有虞氏（舜）相比，认为"有虞氏不及泰氏"，因为"有虞氏，其犹藏仁以要人；亦得人矣，而未始出于非人。泰氏，其卧徐徐，其觉于于，一以己为马，一以己为牛，其知情信，其德甚真，而未始入于非人"，认为舜并没有超越"是非之域"，还是要"包藏仁义"，而泰氏却"能超出心知之境，不入是非之域"；"混沌"的故事是说儵和忽为报答中央之帝混沌，按照人的需要为它凿七窍，结果使混沌死亡，批评"不顺自然，强开耳目"。庄子"混沌朴素"的理想秩序与老子所谓的"小国寡民"和后来的《鹖冠子》所谓"民忧赤子"的理想世界传说，构成了关于社会秩序讨论的另一种声音。这种声音在公元前4世纪至公元前3世纪的混乱时代中绵延不绝地回响了两三百年，因为他们相信，正是弓弩毕弋机辟增多，鸟才乱于上，钩饵网罟罾罗的智慧多，鱼才乱于下，天下之乱，就是因为知识的增加和欲望的膨胀，于是才有了混乱和虚伪，有混乱和虚伪就有了制约混乱的法律，有矫正虚伪的仁义，而法律和仁义所强制构造的所谓秩序，由于没有平静和朴素的心情支撑，反而在一面放纵的情景中刺激了罪恶，于是造成了秩序的混乱。

秩序的混乱源于人性的混乱，在这一点上与儒者的思路是相同的。不同的是，儒者把人性看成是一种绝对本原的东西，"性善"则以为善良本性为永恒的人性，"性恶"则认定情欲是人与生俱来的禀性；《庄子·缮性》一篇，不管是庄子亲作或是弟子所作，从中都可以看出，庄子一流基本上相信人性是在不断变化的。其人性观念认为，于历史的起源处人心是平静而朴素的，"古之人载混芒之中，与一世而得澹漠焉，当是时也，阴阳和静，鬼神不扰，四时得节，万物不伤，群生不夭。人虽有知，无所用之，此之谓至一"。①当历史变化进入文明时代，人的知识被开发，人的情欲也被激活，人性就开始萌生"恶"，于是就进入了"顺而不一"的状态。再后来，人们服从秩序，但恶欲并不安定，只是处在"安而不顺"的状态，人们只好兴治化，崇理性，朴素而纯真的本性就失去了自为的状态而进入了运用理性与知识来约束的时代。这时，"附之以文，益之以博，文灭质，博溺心，然后民始惑乱，无以反其性情而复其初"②。正如《庄子·骈拇》中所说的，"待钩绳规矩而正者，是削其性者也，待绳约胶漆而固者，是侵其德者也"，人性的淳朴被理智的巧饰所湮没，自然的天性被现实的利益所遮蔽，小人"以身殉利"，士"以身殉名"，大夫则"以身殉家"，圣人更是"以身殉天下"③，人们普遍地用"辩饰知"，用"知穷天下"，用"知穷德"，沉湎于外在的物欲中，把本性迷失在世俗的功利上，实在是本末倒置。所谓"丧己于物，失性于俗者，谓之倒置之民"④，而本来自然和谐的秩序，也因此堕落到了只能靠外在的管束与威胁来维持。

顺着上述思路，法家找到于现世实行法制的历史依据，坚持理想主义的庄子及其后学，却只能在运思中驰骋自己的想象。《庄子·应帝王》所谓的"游心于淡，合气于漠，顺物自然而无容私焉"，其实只是想象，既然人性是一个历史演变过程，社会是每况愈下的产物，唯一的可能就是人放弃现世中的一切焦虑，忘却世间的一切诱惑，回归原初的朴素与平静。在庄子一流看来，任何发掘当下的道德心性或培育后天的道德意识，都是徒劳的，因为在举世已经被辩、知、利、欲重重裹住的情形下，已经不可能有原初之思的澄明和原初之性的纯粹。所有的发掘都是毁坏，培育无异于涂饰，所以《庄子·田子方》中说老聃"游心于物之初"，这个"初"时之心是"至阴肃肃，至阳赫赫"的天地交合而生的。它不可用语言言说，也不可用理智把握，孔子曾经试图以"修心"的方法于后天培育它，但是遭到老聃的嘲讽，因为这是出于纯粹与自然的，"天之自高，地之自厚，日月之自明，夫何修焉"⑤。于是这种追寻人类原初之思和原初之性的思索就通过停滞在纯粹的感受、体验和玄想之中而给人以无尽启迪。

---

① 《庄子·缮性》。
② 《庄子·缮性》。
③ 《庄子·骈拇》。
④ 《庄子·缮性》。
⑤ 《庄子·田子方》。

(2) 文子以"天道"释人性

文子是老子的嫡传弟子,以"天道"作为建立社会秩序的根本依据,从而把天真率直和朴素混沌看成人的本性。文子的"天道"思想体现于其《文子》中。发表于《文物》1996年第1期的《定县西汉中山怀王墓竹简文子的整理和意义》和《定县西汉中山怀王墓竹简文子释文》,将《文子》成书的时代确认为战国末期。《文子》中说:"圣人法于天道。"(简本,0871)据说,平王问文子说:"为正(政)奈何?"文子回答说:"御之以道,口之以道。"(简本,0889+0707)并说:"有道之君,天举之,地勉之,鬼神辅。"(简本,0569)不过,这一"天道"在其思路中,并不是暗示等级的现存秩序的合理性,而是象征一种无差别的上古秩序的合理性。什么是"天道"呢?文子回答说:"天之道,高大者,损有损之,持高者,下有下之。"(简本,0926)就是说更像自然宇宙一样,无言而公平,坦荡而无私,这就是老子《道德经》第七十七章所说的"天之道,损有余而补不足"。人不应当把"人"的亲缘关系作为基础建立所谓的秩序,那种秩序中有亲疏远近,有上下等分,而是应当"法天道"(简本,0689),因而要"卑、退、敛、损,所以法天也"(简本,0912)。换句话说,就是应该像宇宙自然一样,人人都处在拱默退让的"无为"状态。这与儒者一流不一样,儒者虽然最早也是从"天道"来为自己建立依据的,但是他们把"天道"更多地理解成一种由中心与边缘构成的、井然有序的级差格局,应当体现在仪式所规定的现时的秩序之中。此后,儒者又把"人"当作"天"的产物,再从"人"的角度为秩序寻找依据,因此无论是人的性善还是性恶,维持亲疏远近、上下贵贱的秩序都应当是一种自觉的积极的"天道"。而文子则是从"天"的角度为秩序寻找合理性,尽管也是将"人"看成是"天"的产物,但却是从"天"即人的自然之性与人的历史角度理解人性的。把天真率直和朴素混沌看成是人的本性,所以认为应当保持人的原初之思和原初之性,这是"天道"在"人道"上的投射,因此合理的秩序是一种在原初状态时的非自觉的朴素境界。今传本《文子》中说:"人生而静,天之性也",但是"感物而动,性之欲也"。欲望得到实现时,"物至而应,智之动也"。于是人的欲望和知识就使人产生了好恶,有了好恶,那种朴素混沌的"人性"就随着"天理"一道泯灭①。到了这个天理已经泯灭的时代,人们纷纷"举大功,显令名,体君臣,正上下,明亲疏,存危国,继绝世"②,好像秩序得到了建立,但是实际上人的朴素和自然、社会的平静与安宁,都已经被破坏殆尽,所

---

① 《文子·道原》。
② 《文子·精诚》。

以只能指望人们恪守"道"的原则，以虚、无、平、易、清、真、静、法、弱、朴作为处世之原则①，在想象中回归历史起初的混沌和朴素，而在现实世界中恪守与世无争的退让与无为，即"通道者，反于清净，究于物者，终于无为"②。

比文子更晚一些的鹖冠子在其《备知》中，更是描述了只在历史起源处似乎存在过的或在远离现世的地方能够存在的和谐秩序："德之盛，山无径迹，泽无桥梁，不相往来，舟车不通。何者？其民犹赤子也。有知者不以相欺役也，有力者不以相臣主也。是以鸟鹊之巢可伏而窥也，麋鹿群居可以而系也。"但是，时间毕竟是不可逆的，"五帝在前，三王在后，上德已衰矣"③，历史从混沌走向清晰，心性从简单走向复杂，"至世之衰，父子相图，兄弟相疑。何者？其化薄而出于相以有为也，故为者败之，治者乱之"④。理想的觉醒没有给人类带来秩序，知识也并没有给人类带来和谐和统一的价值系统，义、利、是、非、贤、愚、善、恶都清楚了，也都混乱了。从道德出发，尧传舜是理智，而从利害出发，这是愚蠢；汤、武革命，好仁义的人批评是无道，好利益的人说是贤明⑤；继续追问："理性"凭什么说"理性"就是判断是非的最终依据？"道德"凭什么说"道德"是判断善恶的最终尺度？世界著名的汉学家葛瑞汉评论说："这肯定是一个令人幻想破灭的时代，人们苦苦渴求的统一的帝国终于建立了，然而却是一个史无前例的暴政，于是几乎立刻垮台，把世界抛入了更大的混乱之中，对一切有组织的政府的失望，对圣贤君主的嘲笑，对黄帝开战以前的时代的怀想，凡此一切，都成了尚古思想的背景。"⑥

其实，面对人性堕落和社会秩序混乱，战国时代的道家代表，于历史起源处寻找和谐统一的社会秩序和自然纯朴的人性，未必就是"尚古"的思想。因为他们都是老子思想的承继者，不可能对以"道"为核心的道家思想的理解不如今人，不可能对老子正言若反、一语双关甚至多关、一物多像、隐喻众多、大道无形而又能形无尽等表达方式的理解不如今人。所以，根据老子以"自然"为核心的"道"的内在逻辑，无论是庄子还是义子、鹖冠子，追寻人类原初之思和原初之性的过程中，绝不是就把古代原初社会当成现实的理想社会，绝不是就把"民犹赤子"的朴素自然的人性当作现实的理想的人

---

① 《文子·九守》。
② 《文子·道原》。
③ 《鹖冠子·世兵》。
④ 《鹖冠子·备知》。
⑤ 同上。
⑥ 葛瑞汉（著），杨民（译）：《鹖冠子：一部被忽略的汉前哲学著作》，载《清华汉学研究》，清华大学出版社，1994，第139页。

性,他们深知不可能再回到"小国寡民"和人性纯朴的时代。他们依据老子在"道法自然"中"成为自身"和"超越自身"的推阐,通过"超越自身"而使社会秩序回归"自然无为"和实现"无为而不治",使人性回归自然纯朴。

正像庄子、文子、鹖冠子一流认为人类社会是动态的一样,其人性也是动态,反对儒家把人性看成绝对的本原的永恒不变的人性观,相信人性处于不断变化之中。强调历史进入文明时代之后的知识开发、违背人的自然本性的礼乐制度和道德规范,使人性不能"顺而抱一",在人"成为自身"过程中被辩、知、利、欲重重裹住的情形下,没有了原初之思的澄明和原初之性的纯粹,因此需要通过"超越自身"而再"成为自身",即超越"辩、知、利、欲"对自身的羁绊,成就自然纯粹的朴素的人性。

3.庄子人性论义理的教育思想向度

(1)其人性论于教育作用形态的向度

庄子继承了老子的人性论思想,在教育作用中追求"教以为道"的价值目标,而自然素朴既是人性的原初状态,也是人性"复归于朴"的终极状态,"同乎无知,其德不离;同乎无欲,是谓素朴。素朴而民性得矣"①。认为人原初的本性"素朴"而美好,人的异化是社会生活使然,"复归于朴"就是对人的发展的根本要求。庄子说:"性者,生之质也。性之动谓之为,为之伪谓之失。"②强调生命之"质"重于生命之"形",本性是生命的本根,符合本性的行动是"为",不符合本性的行动是失。人脱离"生之质"本性是造成"为之伪"的根本原因,也就是说,人性的异化使人失去了"素朴"的"质"。庄子通过设置孔子与老聃的对话,以揭示人性何以异化问题,"老聃曰:'仁义,人之性邪?'孔子曰:'然,君子不仁则不成,不义则不生。仁义,真人之性也,又将奚为矣?'老聃曰:'何为仁义?'孔子曰:'中心物恺,兼爱无私,此仁义之情也。'老聃曰:'……夫子亦放德而行,循道而趋,已至矣!又何偈偈(jié)乎揭仁义,若击鼓而求亡子焉!意,夫子乱人之性也。'"③孔子认为没有"仁义",人将"不成""不生",所以"仁义"是人的根本,是"真人之性";老聃则认为,天地万物都有自己本来的、自然的生长规律,只要能够"放德而行,循道而趋",就能达到"成"与"生",而倡导"仁义"只会"乱人之性"。庄子强调的是,人为的虚伪的"仁义",才是"乱人之性"的根本原因。进而在《骈拇》中说:"且夫待钩绳规矩而正者,是削其性者也;待绳约胶漆而固者,是侵其德者也;屈折礼乐,呴(xù)

---

① 《庄子·马蹄》。
② 《庄子·庚桑楚》。
③ 《庄子·天道》。

俞仁义，以慰天下之心者，此失其常然也。常然者，曲者不以钩，直者不以绳，圆者不以规，方者不以矩，附离不以胶漆，约束不以缠索。"庄子认为提倡"仁义"不仅仅"乱人性"，甚而是"削其性""侵其德"，正如用钩绳规矩来修正却是削损了事物的本性，以绳约胶漆来固者反而侵蚀了事物的本然之德，倡导"仁义"的结果，就是丧失了"常然"之道，违背了人的本性。说明在人由"原初如赤子——成为自身——超越自身"的过程中，动态变化的人性起初是"素朴"的，由于"成为自身"中被违背"常然之道"而设置的如"钩绳规矩"的"仁义"，"削其性""侵其德"，使人性发生了异化，所以应该"循道而趋"，解除那些"钩绳规矩"的束缚，复归"素朴"的人性，实现符合"常然之道"的"超越自身"的目的。"超越自身"的"素朴"人性，是复归人性的"素朴"，不同于人性原初的"素朴"的意义体现在"超越"上，才是教育作用的价值。正因为如此，庄子在《德充符》篇中，列举了办私学曾与孔子平分鲁国天下的王骀的事例，倡导一种"立不教，坐不议，虚而生，实而归。固有不言之教，无形而心成"的教育。在《马蹄》篇中，通过伯乐养马的故事，说明不顺应自然必将受到惩罚的道理；还以伯乐为象征，批评在教育中类似伯乐那样自以为"我善治马"而实际上大批残害马至死的人和事，指出教育可能存在的"害人"的一面。从而从多角度、多层面阐述了教育作用形态的人性论义理。

（2）其人性论于理想人格形态的向度

庄子主张人性自由，追求自由逍遥的理想人格。我们知道，在老子看来，人事物和世界既有存在又有转化，这种存在和转化是"自在独立""自然而然""自如其然"的，由于"自然"与"人为"是对立的、"自然"高于"人为"的状态，圣人和百姓各自安然，圣人顺遂百姓的自然本性而不肆意扰乱，不去做"人为"的扰乱，就能实现"我无为而民自化"的自己成就自己的"自我化育"。庄子继承发展了老子哲学，认为顺遂自然朴素的人性，去除仁义礼智的人为的干扰，人们就能"安之若命""无为自化"。为什么能够"自我化育"而"成为自身"，庄子认为人本性"自由"，"自然"与"自由"不是对立的，而是统一的。"若夫乘天地之正，而御六气之辩，以游于无穷者，彼且恶乎待哉？故曰：至人无己，神人无功，圣人无名。"①凭借天地之道而遨游无穷之境，无所依赖，无所限制，"与天地为徒"而消融于自然，就能达成"至人、神人、圣人"这样的理想人格。所谓"逍遥"，就是摆脱一切主观和客观的限制和约束，实现真正的精神自由。由于这种自由主要限于心灵或精神领域，而不是现实社会

---

① 《庄子·逍遥游》。

的自由，因而被称为境界；又由于它是自主的、自为的，而不是因果必然的，故称之为意志。其自由境界的实现离不开"意志"的作用。同时，这种自由境界是心灵的超越，也是心灵的解放，超越了主客观的对立，超越了有限自我，因而能够逍遥于"无何之乡""无穷之野"，而"与天地精神往来"。这"天地精神"就是"道通为一""复通为一"之道，此"道"能够通万物为一，又能够存在于万物之中，既不是物质存在，也不是精神存在，而是境界形态的精神存在。所谓"逍遥"或"自由"，离开人的心灵意志，便无所谓"逍遥"不"逍遥"或"自由"不"自由"。庄子认为，并不是人人都能实现自由境界，即使如列子能"御风而行"，也未免"有待"而不能进入"无待"的自由境界，人之所以不能自由，是由于心灵受到各种各样的束缚，即有"桎梏"。"桎梏"之一是人的认知心。庄子在《大宗师》中所说的"知有所待而后有所知"，《庚桑楚》中说"知者接也，知者谟也"，是在讲主客相对意义的认知心，相对的认知心都有所待而后有所知，所待者即认知对象，所知者即主观认识或知识。庄子清醒地认识到，自由境界虽然也需要"知"，但那是有关"道"的"真知"，而不是对象认识。一切对象认识或知识，是不可能通向人生真理、实现自由的理想境界的。庄子认为"桎梏"之二是嗜欲心。凡嗜欲之心都是以物质为追求对象，受外部对象所牵制，因此也是"有待"的，也是一种"桎梏"。庄子反对的是人为的嗜欲以及"功利机巧"之心，认为凡是被嗜欲心所陷者，决不会有自由境界，"其嗜欲深者，其天机浅"①。所谓"天机"，就是生命真正的本源，它是本可以实现自由境界的，但嗜欲者为了使自己的欲望得到满足，必然向自然界进行掠夺，欲望愈深，掠夺愈多，结果是"以心捐道""以人胜天"②，从而伤害了人的生命之源，甚至出现人的异化。人的生命失去了本来意义，当然就谈不上生命自由境界了。庄子说："执道者德全，德全者形全，形全者神全，神全者圣人之道也。"③"道德"就是"天机"，道德全则神形全，神形全才能有"圣人"境界，而"功利机巧必忘夫人之心"④，功利机巧能使人心被"忘"而丧失，还有什么心灵境界呢？"桎梏"之三是喜怒哀乐之心与道德心（仁义心）。人们似乎认为庄子是"无情而主智"论者，但这里不是"情"与"智"的问题，也不是"情"之有无的问题，而是"情"之超越与否的问题，正如"知"之超越与否一样。庄子否定情感，

---

① 《庄子·大宗师》。
② 同上。
③ 《庄子·天地》。
④ 同上。

往往是从正面提出的，比如"安时而处顺，哀乐不能入也"[①]"有人之形，无人之情"[②]"喜怒哀乐不入于胸次"[③]和"鼓盆而歌"[④]等等；然而对于肯定情感却不是正面提出的，而是运用"寓言""卮言"提出的，如"梦为蝴蝶"[⑤]与"鱼之乐"[⑥]等。庄子对情感重视的原因有以下几点：一是反对世俗之情，主张超越世俗的"无情之情"；二是反对儒家的道德情感，所谓"意仁义其非人情乎？"[⑦]提倡超伦理、超道德的"性命之情"，认为只有超伦理的"性命之情"才是符合自由精神的。庄子提倡"无情"是为了否定儒家提倡的道德情感，而不是一切情感，认为世俗情感以及道德情感对心灵是一种束缚，使人不能自由。

追求人性自由、达到自由的境界和形成自由逍遥的理想人格，就必须"解其桎梏"[⑧]"解心释神"[⑨]，心灵、精神解放了，自由境界也就实现了。因为"认知心"必有所待，而"其所待者特未定也"[⑩]即没有固定的标准，于是便出现了"是非""真伪"之辩，但是非、真伪也没有绝对标准，最好的办法是破除所待而超越是非，以获得"真知"。所谓"真知"是"不知之知"，不是什么对象知识，超越了一切相对的知识，是一种呈现、显现，是"道"的本真状态，也是"心灵"的本真状态，它是境界而不是知识。庄子认为，"道"是本源性存在，不是对象或实体，不在心灵之外。"道"既然不是认识对象，语言对于它也是无能为力的，用任何对象认识的方式去认识"道"，都会使"道"有所"隐"，用任何有限的语言去表述"道"，都会使"道"有所"亏"，因此，"大道不称，大辩不言"[⑪]。庄子强调，心灵只有经过自我体验、自我直觉而实现自我超越，"道"才能呈现出来，"道恶乎隐而有真伪？言恶乎隐而有是非？……道隐于荣华，故有儒墨之是非，以是其所非而非其所是。欲是其所非而非其所是，则莫若以明"[⑫]。庄子认为，自由的境界就是道的境界，心与道是合一的：自由的心灵是无执的，道也是无执的，如果有执，便是"道"之"亏"；自由的心灵是开放的，不是封

---

① 《庄子·大宗师》。
② 《庄子·德充符》。
③ 《庄子·田子方》。
④ 《庄子·至乐》。
⑤ 《庄子·齐物论》。
⑥ 《庄子·秋水》。
⑦ 《庄子·骈拇》。
⑧ 《庄子·素解》。
⑨ 《庄子·在宥》。
⑩ 《庄子·大宗师》。
⑪ 《庄子·齐物论》。
⑫ 《庄子·齐物论》。

闭的，道也是开放的，不是封闭的，"道未始有封，言未始有常"①，如果有封，便是"道"之"隐"；自由的心灵是"虚"的，道也是虚无，"泰初有无，无有名，……德至同于初，同乃虚，虚乃大"②。"虚"和"无"是道的根本特点，也就是自由境界的根本特点。庄子所说的"虚无"不是存在主义所说的"虚无"，即不是不存在的真正的"虚无"，而是心灵的存在状态，即没有任何阻隔与束缚的自由境界。为了实现心灵的超越，进入心灵境界，庄子提出"心斋"和"坐忘"的两种方法：其"心斋"关键在"一志"与"虚心"，所谓"闻以有翼飞者矣，未闻以无翼飞者也。闻以有知知者矣，未闻以无知知者也"③，自由境界正是"以无翼而飞""以无知而知"，大鹏虽能"扶摇而上者九万里"，但它也是"有待"的而不能"游无穷"，与林间小鸟一样，只有"以无翼而飞者"才是真自由，"以无知知者"才是真知；其"坐忘"关键在于"去知"，所谓"离形去知，同于大通"④，"大通"就是"大道"，即去掉外在的知识，以便与"大道"合一，同"无知而知"完全一致。

（3）其人性论于学习求知形态的向度

庄子人性自由的境界论与"离形去知，同于大通"的学习论是一致的，学习求知，就是要达到"无翼而飞""无知而知"与"大道合一"的"真知"的自由境界，获得"真知"即获得了学习求知的精神自由。要达到学习求知的自由境界，庄子强调了以下四个方面。

首先要"虚而待物"，不为主观成见所左右。庄子提出的"心斋"主张，并非要弃置心、耳，而是要抛弃任何主观成见，使其心寂泊忘怀，"夫随其成心而师之"⑤。因其所受教育和所处环境的影响，往往只看到事物的一面，就会形成"囿于物"的主观片面的"成心"，"井蛙不可以语于海者，拘于虚也；夏虫不可以语于冰者，笃于时也；曲士不可以语于道者，束于教也"⑥。学习要把握住"道"，就必须破除"一曲"之蔽。在其《秋水》中以河伯为例，"河伯欣然自喜，以天下之美为尽在己。顺流而东行，至于北海。东面而视，不见水端。于是焉，河伯始旋其面目，望洋向若而叹曰：'野语有之曰：闻道百，以为莫己若者，我之谓也。且夫我尝闻少仲尼之闻，而轻伯夷之义者，始吾弗信，今我睹子之难穷也，吾非至于子之门，则殆矣，吾长见笑于大方之家。'"说河伯以为"天下之美尽在己"，及至见到无边的大海，方知自己的渺小和过

---

① 同上。
② 《庄子·秘解》。
③ 《庄子·人世间》。
④ 《庄子·大宗师》。
⑤ 《庄子·齐物论》。
⑥ 《庄子·秋水》。

去的自得是"见笑于大方之家"的。庄子破除"一曲"之蔽的主张，与荀子的"蔽于一曲而闻于大理"颇为相似，其"虚者，心斋也"与荀子的"虚壹而静"也颇为相通。"去蔽"是为了得"道"，得其"道"方能达到学习自由的境界。

其次，学习要由外而内，把握其"道"，方能达到自由的境界。庄子在其《大宗师》中，通过南伯子葵与女偊有关"道"的对话，提出了得"道"的步骤：第一步"外天下"，以万境皆空；第二步"外物"，忘弃万物；第三步"外生"，忘自我；第四步"朝彻"，心灵虚静；第五步"见独"，心见道天；第六步"无古今"，突破时间限制；第七步"入于不死不生"，使心道契合。前三步是由外而内，后四步是内心自身的静修。得"道"要由外而内，心灵虚静，心道契合。庄子还通过庖丁解牛的故事，阐明学习认知的更高水平是靠"神"对"道"或"天理"的把握。"臣之所以好者也，进乎技矣。始臣之解牛之时，所见无非全牛者。三年之后，未尝见全牛也。方今之时，臣以神遇而不以目视，官知止而神欲行，依乎天理，批大卻，导大窾，因其固然。"①借庖丁之口，表达了关于学习求知的规律，即耳目感官和技术固然有用，但人的更高水平的认识是靠"神会"对"道"或"天理"的把握。通过解牛论述了知识获得的一般规律：由表面的整体（无非全牛），深入到具体的局部结构（未尝见全牛），从而达到更深层次的整体（批大卻，导大窾）认识，整个过程始终遵循着事物的自身规律（依乎天理，因其固然），由此达到豁然开朗、随心所欲的自由境界。

再次，学习求知要"知止其所不知"。庄子继承了老子"无为，无不为"的思想，要实现"无为而无不为"，就不能在有限的生命中去追随无限的知识，提出了"吾生亦有涯，而知亦无涯，以有涯随无涯，殆已。已而为知者，殆而已矣！"②因为，人生有限，宇宙无限，面对无边无际的自然宇宙，人的认识能力显得如此渺小和微不足道，所以，人不能也不应该简单地以"有涯"的人生去追随"无涯"的知识世界。如果执意要"以其至小求穷其至大之域，是故迷乱而不能自得也"③。庄子不是对人的认识能力的怀疑，而是要揭示学习与求知中的有限与无限的矛盾关系，强调学习与求知不可能达到所有的"无不为"，只能在有限的时间中去有限地选择"知识"，实现有选择的"无所不为"。因此，庄子进一步提醒人们，面对急剧膨胀的知识世界，不能一味追随，主张"知止其所不知，至矣"④。"知止"一方面是对对象知识而言的，有限的生命，不可

---

① 《庄子·养生主》。
② 同上。
③ 《庄子·秋水》。
④ 《庄子·庚桑楚》。

能学完无限的对象知识，要及时转而追求"其所不知"的"道"；"知止"另一方面是对"其所不知"的对象知识有选择地深入学习探究，以"知止"作为解决认识的有涯与无涯矛盾的方法，实现对"道"的把握，不再受有涯与无涯的羁绊，从而达到学习求知的自由境界。

复次，学习应"闻之疑始"，才能达到自由的境界。庄子在《大宗师》中记载了南伯子葵问女偶"你的道是从哪里学得的"，女偶回答说："闻诸副墨之子，副墨之子闻诸洛诵之孙，洛诵之孙闻之瞻明，瞻明闻之聂许，聂许闻之需役，需役闻之于讴，于讴闻之玄冥，玄冥闻之参寥，参寥闻之疑始。"这里的"副墨"是文字的意义，"洛诵"是反复诵读，"子、孙"是流传的意思，"瞻明"是目视明晰，"聂许"是耳闻之义，"需役"是践行之义，"于讴"是吟咏领会之义，"玄冥"是静默之义，"参寥"是高旷寥远之义，"疑始"是始于疑之义。似乎描述了一个学习的过程，由流传的文字开始，反复地诵读，达到目视明晰，能够耳闻其义，经过践行、领会、静默冥想，终于发现了"道"的高旷寥远，但是又开始怀疑这就是理解的"道"吗？其实却阐明了得"道"不易，不是简单的诵读、吟咏，如果想要知道真正的"道"，一定要抱着怀疑的态度，不从疑开始，就不能得到真正的"道"。人的知识是从什么地方来的？自然是从读书开始。那么，书又是从哪里生出来的呢？那就是世人所说的流传的记录。说话是以看和听为根本，而其见闻，又是由对人间事物的体验而来，更进一步说，这个体验，是从人间的永欢发出的。然而，这个永欢是从哪里开始呢？这一层就不容易想得出来了。也许可能这就是"参寥"，也就是一种空漠。这个"参寥"是从"想要解释它的怀疑"而来的。一切知识的根本是开始于怀疑的。庄子在这里所揭示的关于学习求知始于疑的思想，进一步阐明在追求人性自由的过程中，对书本知识要抱有怀疑的态度。只有"始于疑"，才能得以"道"；只有得以"道"，才能"无不为"，才能达到学习认知的自由境界。可见，学习认知的自由境界是庄子所设定的最高的价值境界，而"闻之疑始"又是实现自由境界的根本所在。

三、董仲舒人性论义理及教育思想向度

（一）董仲舒人性论的义理结构

1. 董仲舒人性论的理论背景

汉代以儒家经典思想作为民族国家的意识形态，但早期儒学的宇宙论依据并不发达，孔子所谓"天何言哉"的表述实在过于简略，而"惟天为大"又太过于笼统。宇宙论的不发达，使得儒学中关于人与社会的道德学说与礼乐制度的合理性仿佛缺少自然法

则的支持,也使得儒学无法与民众生活所尊奉与需要的实用技术与知识彼此沟通(如医方的道理);子思、孟子一系引入"五行"的思路虽然加强了它的宇宙论框架,但他们过分道德化的解释不免作茧自缚;至于荀子对于政治制度的热心虽然促进了儒学的经世致用转化,但对于"天道"的过分轻蔑尤其导致了儒学的这种偏向。① 至于汉初如陆贾接纳了黄、老之学,阴阳五行的思想,乃至数术方技为共同依据的一些基础性思想,有意识地建立儒学的形而上的宇宙支持系统。但是,把"天"作为人间秩序合理性的背景,并对这套解释自然与历史的宇宙法则论述最充分的却是武帝时期的董仲舒。在对汉武帝策问的第三篇中,董仲舒说:"天者,群物之祖也,故遍覆包涵而无所殊,建日月风雨以和之,经阴阳寒暑以成之,故圣人法天而立道。"②但是,"天"又不仅仅是一个自然运行的天穹,而是宇宙间所有秩序的本原与依据。"天"即宇宙对于人间的意义有三:一是"天"的中心与本原是"元","元"就是"一",所谓"元犹原也,其义以随天始终也。"③它是社会政治合理性的本原依据,"以元之深,正天之端,以天之端,正王之教,以王之教,正诸侯之位,五者俱正化大行"④。同时它也是人之为人的本原和依据,人仿佛是"天"的投影,"人之形体,化天数而成;人之血气,化天志而仁;人之德行,化天理而义;人之好恶,化天之暖清;人之喜怒,化天之寒暑;人之受命,化天之四时"⑤。就连人的身躯也是仿效"天"的产物,头如天圆,耳目如日月,鼻口如风气,骨节合天数,大骨节合月数,五脏对应五行,四肢有如四季,连眨眼都在仿佛昼夜。⑥二是天"分为阴阳,判为四时,列为五行"。阴阳又与善恶、刑德相配,人有善有恶,而政治也以刑、德并用。就连旱涝的灾害与对灾害的治理也与阴阳相关。大旱是阳盛阴衰,合乎尊卑次序,但只是太过,所以要拜请调节;大水则是阴盛阳衰,违背了尊卑次序,所以要"鸣鼓而攻之,朱丝而胁之"⑦。阴阳又与四季相配,四季又与五行相对,依照春生、夏长、秋收、冬藏的思路,阴阳五行被引申到社会治理中的策略与态度、人伦道德中的行为与规范,甚至是一切事物与现象上去。如从"木已生而火养之,金已死而水藏之,火乐木而养以阳,水克金而丧以阴",引申到"士之事入竭其忠";如从四方对应春夏秋冬引申到天文四象对应人的配饰,"剑之在左,青龙之象

---

① 葛兆光:《中国思想史》(第一卷),复旦大学出版社,2004,第259页。
② 《汉书·董仲舒传》。
③ 《春秋繁露·重政》。
④ 《春秋繁露·二端》。
⑤ 同上。
⑥ 同上。
⑦ 同上。

也，刀之在右，白虎之象也，韨之在前，赤鸟之象也，冠之在首，玄武之象也"。①三是"天"不仅是宇宙的空间之象，也是宇宙的时间之维，在自然法则之外，历史影象也是人间秩序合理性的一个依据。认为"《春秋》之道，奉天而法古"，"奉天"当然是以宇宙为人间知识的支持系统，而"法古"则是以历史为世间秩序的合理依据，"虽有知心，不览先王，不能平天下"。②

依照董仲舒的思路推论下去，如果人是禀承天的合理性而生，人的身体是仿效天的结构而来，那么"人"的生命存在便不容置疑地具有天然合理性与价值优先权。如果"人"的生命存在具有至高无上的价值，那么与生俱来的性情与欲望也应该受到尊重与维护。如果"天"真的是默默无为地、有秩序地自然运行着，那么"人"也应该垂拱无为，宁静自化③。这样，儒家将转而落入黄帝、老子乃至杨朱的思路。所以，董仲舒在"人"的问题上，对人禀自然而生的观念做了一个至关重要的修改，在其《为人者天》中承认"为生不能为人，为人者天，人之人，本于天"④，用一个"生"字作为人的自然禀性，但否认自然之性可以作为人之为人的基础，巧妙地在"天"与"人"之间加上了一个"性"字，并对"生""性""情"做出了分别。人的生命是"生"，这是"天"，而"情"是人的欲望，这是"人"。但作为确立人之为人的"性"却不仅有先天的本性，还需要有后天的修养，所以其在《深察名号》说，"性"不是"生"或"如其生之自然之资"，因为人生来就是"仁贪之气，两在于身"，虽然人禀天而生，但也与"天"一样，天有阴有阳，人有仁有贪，在这个意义上才是人道与天道的一律。⑤董仲舒在《春秋繁露·实性》中用"性比于禾，善比于米……"的推论，进一步阐明了人作为人，其最终的境界不是自然的生存，生存也不再是自然而然地拥有合理性，顺利地将思想的理路转向了调节、教育、管理的意义。

2.董仲舒人性论的义理结构

董仲舒作为汉代的大儒，其人性论较孟子、荀子的人性论既有继承，又有整合，更有发展。董仲舒人性论的提出与其论人性的方法息息相关：以天人感应的宇宙论为其人性论的起点，用唯心主义名实论考察人性，将性同一说与性品级说相结合。以人性论为依据，董仲舒提出了他的教化观，论证了教化的可能性、必要性以及核心。他的人性论

---

① 《春秋繁露·五行之义》。
② 同上。
③ 王充后来就是这样追问的"人生天地，天地无为，人禀天性者，亦当无为，而有为何也？"见《论衡》。
④ 《春秋繁露·为人者天》。
⑤ 《春秋繁露·深察名号》。

和教化观为论证教育的存在提供了较为深刻的哲学依据，有利于官学制度的建立，但也开启了封建等级政治教化之源。主要观点有三：性有善质，未可谓善；性情相离，心体两分；人性三品，以中名之。

（1）性有善质，未可谓善

董仲舒在人性问题上，既不说性善，也不言性恶，而是说性"灵"，因为"人受命于天""得天之灵，贵于物"①，在继承孔子"天地之性人为贵"②的基础上，认为贵就贵在"得天之灵"，由于性"灵"，故可以为善，可以为恶，整合、发展了儒家的性善和性恶说。董仲舒用"米"与"禾"的关系，推阐出"性有善质，未可谓善"的人性义理，"善如米，性如禾，禾虽出米，而禾未可谓米也；性虽出善，而性未可谓善也。米与善，人之继天而成于外也，非在天所为之内也。天所为，有所至而止，止之内谓之天，止之外谓之王教。王教在性外，而性不得，不遂"。③禾结谷而不结米，谷要经过脱壳、去糠等人的加工才能成米。禾结谷是"天所为"，但"天所为"也就"止"于结谷；而将谷加工成米，则是"人继天而成于外"，即是人继续"天所为"而成于"天所为"的范围之外，而"非在天所为之内"。因为"天所为"的只是"谷"，"米"不在"天所为之内"，而在"天所为"之外。正像"禾结谷"只是有了"米"之质，"禾虽出米，而禾未可谓米"一样，人性的善质也只在"天所为之内"，要使人性的"天所为"的善质成为"善性"，是"天所为"之外的，所以"性虽出善，而性未可谓善"。怎样才能使"天所为"的"善质"成为"善性"呢？"止之内谓之天，止之外谓王教"，止之"天所为之内"的"得天之灵，贵于物"的是"善质"，止之"天所为之外"的"王教"才能成就"善性"。

（2）性情相离，心体两分

董仲舒认为"性者，天质之朴也"④，但按照前文所论，确立人之为人的"性"，不仅仅是先天的本性，还需要后天的修养，"性"不是"如其生之自然之资"，因为人生来就有"仁贪之气，两在于身"。"仁""贪"都是人的欲望，"欲望"即"情"而不是"性"，"性"与"情"的区别决定了其的相离。"身之有性情也，若天之有阴阳也。"⑤"性者生之质也，情者人之欲也。"⑥由于性情同受于天，故它们之于人是缺一

---

① 《春秋繁露·实性》。
② 《孝经·圣治》。
③ 《春秋繁露·实性》。
④ 同上。
⑤ 苏舆：《春秋繁露义证》，中华书局，1992，第294页。
⑥ 《汉书董·仲舒传》。

不可的。性为阳气所生，是善；情为阴气所化，是恶。性和情相对，阳气和阴气相对。这就将性与情分离开来，性善情恶。董仲舒承认天生人之初就"使人生义与利"，而且"利以养其体，义以养其心，心不得义不能乐，体不得利不能安"，但他同时又强调人与禽兽不同，因为人能超越物质的欲望与生存而自觉地追求精神的愉悦和自尊，所以可以没有"利"却"尚荣其行，以自好而乐生"①，人性中就有"义"的倾向，只不过常常被"利"所蔽而已②。董仲舒把心和体相分别，突出了心的重要地位和作用，"体莫贵于心"，心之养善于体之养；心支配体，"心之所好，体必安之"③。同时认为人生在世的最高的理想境界即"人道"，而"人道"应当是经过自觉调整的"乐而不乱，复而不厌"④，因为天道任阳不任阴，即天以阳为主，以阴为从，且天有禁阴的作用，所以推之人道，人性以善为主，以恶为从，心有禁恶的作用。这与孟子的"心为大体"相一致，突出"心"对于道德修养的主体性。董仲舒认为，之所以人性要"陶冶而成之"，是因为人"不能粹美，有治乱之所生，故不齐也"⑤。他依据《王制》所谓的"七教"（父子、兄弟、夫妇、君臣、长幼、朋友、宾客），并将与阴阳五行相配，提出了配合阴阳的"三纲"与比拟五行的"五常"⑥，所谓"仁义制度之数，尽取之天"⑦。

（3）人性三品，以中名之

董仲舒名性，"不以上，不以下，以其中名之"⑧，谓"圣人之性不可以名性，斗筲之性又不可以名性，名性者，中民之性。中民之性如茧如卵。卵待孵二十日而后能为雏，性待渐于教训而后能为善"⑨。董仲舒是将人性分为三个品级：圣人之性、中民之性和斗筲之性。圣人之性为上品，这是天生的"至善"之性，是他人先天不可能、后天不可及的，因为圣人能够控制自己的感情欲望，注定要向善的方向发展。斗筲之性为下品，斗筲之人无善质、近禽兽，其感情欲望强烈而很难进行自我节制，教化是无用的，

---

① 《春秋繁露·身之养重于义》。
② 《春秋繁露·玉英》。
③ 苏舆：《春秋繁露义证》，中华书局，1992，第320页。
④ 《春秋繁露·天地阴阳》。
⑤ 《汉书·董仲舒传》。
⑥ "三纲"指"夫为妻纲，父为子纲，君为臣纲"，打破了儒家人伦关系的"平衡"；"五常"中的五行相生次序是父子关系，土居中央而金木水火分司四方与四季是君臣关系，五行与仁智信义礼的相配是人的道德品质与天相应的关系。
⑦ 《春秋繁露·基义》。
⑧ 苏舆：《春秋繁露义证》，中华书局，1992，第300页。
⑨ 同上，第311—312页。

注定要向恶的方向发展，只能采用刑罚对付他们。圣人过善，为至善之性，不可名性；斗筲之性，不可及善，为纯恶之性，亦不可名性。只有中民之性如茧如卵，代表了万民之性，有善质而未能善，其性待渐于教训而能为善，即待圣王教化后方能成"善"。所以，董仲舒认为人性三品，需以中名之。孟子曰"人皆可以为尧舜"，荀子曰"涂之人可以为禹"，董仲舒则言圣人不可以名性，斗筲之人不可以名性，唯中民可以名性。可见，董仲舒在对孟子、荀子人性观辩证整合的基础上，还试图突破孟子、荀子的人性观，即不仅探讨人性的善恶，还要探讨不同等级的不同人性。"性三品"说，在进一步论证教育的必要性和可能性的同时，也努力为皇权的神圣化、专制统治的绝对化以及社会构成的等级化寻找理论根据。韩愈及宋明理学家，均继承、发展了这一学说。

（二）董仲舒人性论义理的教育思想向度

1.人性论义理的"待教而后善"向度

（1）教化的可能性：性待教而后善

董仲舒的人性论认为"性有善质，未可谓善"，则"性待教而为善"。"性如茧如卵。卵待孵而成雏，茧待缲而为丝，性待教而为善"①"性者，天质之朴也。善者，王教之化也。无其质，则王教不能化；无其王教，则质朴不能善。"②"性待教而后善"这句话包含两层意思：一层是指"性有善质性未善"，一层是指"性教能善"。这就指出了教化的可能性，指明了教化之所以能存在的依据。正是由于性有善质而性未善，性教而能善，所以需要后天的道德教化，这正是教化之可能性的人性论依据。

（2）教化的必要性：万民之性，待外教然后能善

董仲舒说"性有善质而未善"，只是道出了施行教化的可能性。教化的必要性又由什么来规定呢？董仲舒的"人性三品，名性以中"，正是指明了教化的必要性。圣人之性至善，斗筲之人之性纯恶。他们的性无论是"至善"还是"纯恶"都是先天的，不可改变的。但圣人与斗筲之人从数量上来看都是极少数的，"中民"则指的是一般人、普通的大多数人。"中民"不仅为数众多，而且其性既非"至善"亦非"纯恶"，中民之性通过王教而能由善质化为善。正因为其性可以通过教育导而善的"中民"为数众多（董仲舒言"万民"），所以教育就有了存在的必要性。董仲舒认为，他讨论的人性只是此类中民之性，"中民"即"万民"，亦即绝大多数人之性为"中民之性"，此谓教化之必要性的人性论依据。

---

① 苏舆：《春秋繁露义证》，中华书局，1992，第300页。
② 同上，第313页。

（3）教化的核心：以仁安人，以义正我；正其谊不谋其利，明其道不计其功

董仲舒在说明了教化的可能性与必要性之后，还指明了教化的核心。"《春秋》之所治，人与我也。""以仁安人，以义正我。"[①]"仁之法在爱人，不在爱我。义之法在正我，不在正人。"[②]"天之生人也，使人生义与利。利以养其体，义以养其心。心不得义不能乐，体不得利不能安。义者心之养也，利者体之养也。体莫贵于心，故养莫重于义，义之养生人大于利。"[③]性情相离，性善为主，性恶为从。故教化的重点在于顺应性情之善主恶从，发挥心之抑恶的主观能动性，以"仁义"为教化的核心。董仲舒认为，"仁"是建立在对人类生命珍视热爱的基础上的，它凸显的是对个体生命价值与权利的尊重。"义"是从封建国家的公利出发确定的行为准则，它凸显的是个人对社会及其他个体的责任与义务。[④]对外求"仁"，对己求"义"。"仁人者，正其谊不谋其利，明其道不计其功。"[⑤]"夫人有义者，虽贫能自乐也。"[⑥]此即为教化之核心提供人性论的依据。

2.人性论义理的"继天而教"向度

董仲舒基于"性有善质，未可谓善"的人性假设，认为人"止于内谓之天，止于外谓之王教"，这就是"天生之，地养之，人成之"[⑦]或"天生之，地化之，圣人教之"[⑧]。也就是说，教育应开始于"天生之"之后，人一旦"天生之"就要开始教育。因为"人继天而成于外"，如果不能"继天而教"，人与天不相衔接，也就不"继天"了。董仲舒以"人之继天"为起点，通过"继天而教"使人"知自贵于物"，然后"知仁义""重礼节""安处善""乐循理"，达到"知命"而"为君子"的目标。"继天而教"的过程就是"王教"的过程，所谓"王教在性外，而性不得，不遂"。一方面通过"王教在性外"，意在区别"教"与"性"，防止以"性"代"教"，不要以为天生性灵，就不用教育了；另一方面通过"而性不得（教），不遂"，意在统一"教"与"性"，强调以"教"遂"性"，虽然天生性灵，若不得教育，则性灵不能实现，不能完成。性属于天，教属于人，"继天而教"才能"天人合一"。

---

① 苏舆：《春秋繁露义证》，中华书局，1992，第249页。
② 同上，第250页。
③ 同上，第263页。
④ 孙培青主编：《中国教育史》，华东师范大学出版社，2000，第119页。
⑤ 《汉书·董仲舒传》。
⑥ 苏舆：《春秋繁露义证》，中华书局，1992，第264页。
⑦ 《春秋繁露·立元神》。
⑧ 陆贾：《新语·道基》。

董仲舒的"继天而教",还回答或确定了教育从哪里开始的问题,突破了孔子"富而教"的思想,超越了先秦"仓廪实则知礼节"的认识局限。在董仲舒的思想体系里,没有"富"的位置,他的理想国民"不慕富贵"。他说:"五帝三王之治天下""民修德而美好,披发衔哺而游,不慕富贵,耻恶不犯。父不哭子,兄不哭弟。毒虫不螫,猛兽不搏,抵虫不触"。[①]认为"夫人有义者,虽贫能自乐;而大无义者,虽富莫能自存"[②],追求的是"夫仁人者,正其义不谋其利,明其道不计其功"[③]的精神境界。

3.人性论于道德教育的向度

(1)于道德根源上

董仲舒把封建道德和封建秩序都说成是人生来就有的,是上天赋予的。"人受命于天,有善善恶恶之性"[④],"天之生人也,使人生义与利,利以养其体,义以养其心"[⑤]。把礼义道德的来源推阐到抽象的人性上,再从人性归到天命上,使神圣化的封建伦理道德成为普遍的东西。

(2)于道德教育内容上

董仲舒从人的"继天而成"推阐出"继天而教",再由"继天"的"圣人之教"推阐出以"仁""义"为核心的道德的善恶标准,认为"三纲五常"及其相应的忠、孝、仁、义都出于"天意",是道德教育的基本内容。"三纲五常"打破了先秦儒家建构人伦秩序的"平衡"关系,强化了人伦对应关系中的"强"者一方的绝对权力。先秦人伦关系的"父慈子孝,兄友弟恭,君明臣忠,夫扶妇服"是强者示范在先、弱者仿效在后的"平衡"关系,而"父为子纲,夫为妻纲,君为臣纲"则是削弱强者"道德示范",同时强化了弱者对强者的绝对服从,其目的是为加强封建君主专制统治服务。董仲舒的"纲常"思想,得到后世封建统治者的不断强化宣扬。近代及"五四"运动以来一直受到激烈批判的正是这种封建"纲常"。

(3)于道德教育原则方法上

董仲舒认为,道德教育的总原则是"正其谊(义)不谋其利,明其道不计其功"[⑥],实质上就是要求臣民重义轻利,不追求物质利益、不计较个人得失,以牺牲个人利益来服从统治者的利益。义利之辨是儒家关于行为价值观方面的重大论题,以孔子

---

① 《春秋繁露·王道》。
② 《春秋繁露·身之养重于义》。
③ 《汉书·董仲舒传》(对江都易王问)。
④ 《春秋繁露·玉杯》。
⑤ 《春秋繁露·身之养重于义》。
⑥ 《汉书·董仲舒传》。

"君子喻于义，小人喻于利"为发端，追求功利的行为总是被视为不合道义的。董仲舒认为：凡处事应以正义、明道为行为动机及准则，而不应考虑功利得失。他在考察历史人物时，往往只注意其志向，认为志向正确，即使结果不理想，甚至走向反面，也不应该受到谴责。相反，如果动机恶劣，即使意外地出现好的结果，也应该受到谴责。在"正其谊（义）不谋其利，明其道不计其功"的道德教育的总原则下，董仲舒又提出了一些具体的原则和方法：第一是"以仁安人，以义正我"。强调"仁之法在爱人不在爱我，义之法在正我不在正人。我不自正，虽能正人，弗予为义；人不被其爱，虽厚自爱，不予为仁"[1]。人人要攻自己的恶，不要攻别人的恶，要自责而不是责人。第二是强勉行道。道德修养不只停留于认识上，应表现于行为上，强调"强勉行道，则德日起而大有功"[2]。第三是明于性情。要"引其天性之所好，而压其情之所憎者"[3]，必须重视道德情感的培养，要诱发其天性中美好的东西，抑制其所憎恶的东西。第四是必仁且知。认为"仁而不知，则爱而不别也；知而不仁，则知而不为也。故仁者所以爱人类也，智者所以除其害也"，指出了仁者不智与智者不仁的片面性，从而提出既要强调德育又必须德智相辅的方法。

---

[1] 《春秋繁露·仁义法》。
[2] 《汉书·董仲舒传》。
[3] 《春秋繁露·正贯》。

> **教学随笔**
>
> 从"人不再生活在一个单纯的物理宇宙之中,而是生活在一个符号宇宙之中"开始,到不平等关系的空间秩序建构,学校的空间中心位置得以确立,以城市的教育轴心功能为核心,形成了中国古代教育的向心图式。
>
> ——题记

论中国古代教育城市轴心的向心图式

学校是人类文明发展到一定阶段的社会产物,是教育社会化的重要标志。教育的功能不仅在于对已有文化或知识的保存,而且也在于思想的延拓,即通过传递业已产生的社会或群体观念,有效占领后继者的思想。当这种知识传递和思想占领,由自发转化为有意识有系统的自觉,教育也就有了以制度化为标志的进步。古代学校历来被视为有意识、有计划、有组织地保存知识、传递思想的教育发端,始终吸引着时间形态上的教育制度、教育思想、教育知识、教育方法变迁研究的关注,而空间形态上的古代学校变迁所表征的历史意义却没有引起足够重视,认识历史地理视域中的古代学校,也就成了新的课题。

一、聚落形态到邦国形态:古代学校"中心"位置的确立

原始自然形态的教育是一种自在性教育,尽管人类在早期创造工具和使用工具的过程中,已经意识到所积累的生产、生活经验需要通过传承予以保守,但这种传承或保守的方式只不过是生产、生活中的口传心授,只有到了"人不再生活在一个单纯的物理宇

宙之中，而是生活在一个符号宇宙之中"①，需要传递包括原始神话、宗教、习俗等在内的群体观念，出现了"在长期的亲族生活中逐渐积累和凝结的、体现人际关系的平等性、具有教育规则意义的自发惯例、习俗、规范、信仰和仪式"②的自在性教育，才有了脱离原始自然、创造人化自然的意蕴，自然形态下的学校开始萌芽。

20世纪的西安半坡遗址考古发现，这个距今六七千年的氏族聚落分为两片居住区，每片居住区都有一座160平方米的大房子，周围环绕着小房子，大房子"是氏族的公共活动场所，氏族会议、节日和宗教性活动都在这里进行，按照神农'祀于明堂'和明堂为'大教之宫'的传说，这个大屋可能就是'大教之宫'的'明堂'，古代学校的雏形"③。而陕西临潼的姜寨遗址半坡聚落居住区，则有一个中心广场，围绕中心广场分布的100多座房屋，分为5组，每组都有一座大房子，周围环绕小型房屋，各组房屋的门均朝向中心广场，每组房屋应属于一个家族或一个氏族。④原始农业社会人文聚落形态的居住和活动的空间关系反映了"中心"在空间秩序中的象征意义，学校与祭祀、集会、宗教活动等，同处于"最显著的神圣地带，绝对存在物的地带———中心"⑤，本身反映了学校承载的教育与祭祀、宗教具有同样的神圣性。

随着原始社会劳动产品的剩余，不平等关系的空间秩序产生，社会聚合力量加强，中心聚落的地位不断得到提升和强化，聚落对中心聚落的依存性更强，"各聚落的部分成员可能难免被迫或自愿地离开所在的氏族及部落而迁往中心聚落"⑥。通过特有人群迁徙，中心聚落周围的手工业作坊里聚集着来自不同氏族的技工，专职的巫、武之类的也不再出自一个家族，社会一方面在不断分工，一方面在向心聚合，一步步重组、升级，早期城市成了地域空间上组织社会的工具。⑦学校也随着城市的出现进一步确立了"中心"地位。

夏王朝的都城是文明形成、国家出现的最集中的物质载体，都城的空间布局是确立古代学校"中心"地位的重要依据。在河南偃师二里头夏代晚期都城遗址考古中，学术界普遍认为其东西两部分大型建筑遗址，分别为宫城之中的宗庙和宫殿遗址。按照最早关于学校的传说，《孟子·滕文公上》言："设为庠序学校以教之。庠者养也，校者教

---

① （德）恩斯特·卡西尔著：《人伦》，甘阳译，上海译文出版社，1985，第33页。
② 康永久：《教育制度的生成与变革》，教育科学出版社，2003，第167页。
③ 中国科学院考古研究所、半坡博物馆，《西安半坡》，文物出版社，1963，第24页。
④ 巩启明、严文明：《从姜寨早期村落布局探讨其居民的社会组织》，《考古与文物》1981年第1期。
⑤ 艾兰著、汪涛译：《龟之谜——商代神话、祭祀、艺术和宇宙观研究》，四川人民出版，1992，第108页。
⑥ 耀鹏：《中国史前城址与文明起源研究》，西北大学出版社，2002，第123页。
⑦ P. Wheatley: The Pivot Quarters, Chicago: Aldine, 1971.

也，序者射也。夏曰校，殷曰序，周曰庠，学则三代共之。"《礼记·王制》说："夏后氏养国老于东序，养庶老于西序。"《古今图书集成·学校部》又说："夏后氏设东序为大学，西序为小学。""庠"是从虞舜时代继承下来的，就是把有道德、有知识、有经验的贤老分别养在"东序"和"西序"，按照"夏后氏以射造士"和"敬天尊祖"的传统，专门教授贵胄子弟，"东序"设在城东部的"宗庙"，"西序"设在西部的"宫殿"。

殷商的学校不仅通过空间中心位置突出其重要，而且除了习射教育之外，进一步加强了礼乐教育。《礼记·明堂位》载："殷人设右学为大学，左学为小学，而作乐于瞽宗。"《礼记·王制》又说："殷人养国老于右学，养庶老与左学。"郑玄注："右学，大学，在西郊；左学，小学，在国中王宫之东。"商代大学教育以乐教为重，乐教者为乐师，乐师在学中祀其先师为乐祖，学也就成为宗庙，称为瞽宗，是贵族子弟专门学习礼乐的大学。

周都的教育中心地位更加突出。西周的学校分为国学和乡学，从地理空间上看，国学设在王都和各诸侯国都，乡学设在王都郊外的六乡行政区内。国学分小学和大学，《礼记·王制》说："小学在公宫南之左"，"大学在郊，天子曰辟雍，诸侯曰泮宫"。据《礼记》记载，小学业小道，履小节，教育内容为礼仪、乐舞、射御、书计；大学"顺先王诗、书、礼、乐以造士"，学大艺，履大节，礼乐为重，射御次之。西周学校的等级更加分明，宫廷的小学其入学层次低一些，而《礼记·王制》所载的中小奴隶主贵族小学"虞庠"，《公羊传》宣王十五年注曰"父老教于校室，八岁入小学，十五岁者入大学，其有秀者移于乡学，乡学秀者移于庠，庠之秀者移于国学，学于小学"，"诸侯岁贡小学之秀者于天子，学于大学"。

总之，聚落形态下的古代学校，空间上占据聚落"明堂"这个中心，教育知识以思想层面的习俗、祭祀、宗教为中心。夏商时期的学校，空间上仍占据着国家都城中心，尤其是殷商把"瞽宗"称为"右学"，以"尚右"习俗突出"大学"的空间地位，以"奉先思孝"、习武习乐结合，突出国家核心价值追求。周之学校，以王都内学校的等级和与诸侯国都学校的等级区分，空间上建构了"中心——边缘"关系，并更加注重礼乐思想对"艺"的统领。

二、封建帝国形态：官学对城市教育轴心作用的强化

中国古代学校的空间形态是按照"天下秩序"设置的。"普天之下，莫非王土"的"王土秩序"与"礼"的"人文秩序"相统一的天下秩序，强调的是中心价值作用和对

等级秩序的维护。按照《周礼》"王城方九里谓之国"的规定和《说文解字》"国者，邦也，郊内之都、诸侯之食邑皆谓之国"的诠释，西周的"国有学"，都是在国、都、食邑中为天子、诸侯、大夫等贵族子弟设置的。国、都、食邑等国学作为学校或教育中心，并没有真正与乡学产生"中心—边缘"作用。随着封建王朝郡县制下的"王朝秩序"建立，封建权力与王朝体制相结合，学校在空间形态上围绕城市轴心的"中心—边缘"关系才进一步得到强化。

按照西方的"中心地"理论和"六边形"模式的城市层级分布，从低级到高级分为标准市镇、中间市镇、中心城市、地方城市、较大城市、地区城市、地区都会、中心都会八个层级，围绕中心都会这一轴心，形成正六边形的围绕叠加，从而构成了中心辐射、边缘向心的轴心作用关系。①西周以西、东两京都城为轴心，形成了诸侯国都向心王都、其他市镇向心诸侯国都的"中心—边缘"关系。随着诸侯国的强大，对王都的依附弱化，自身的区域轴心作用日益突出，原有的区域空间结构被打破，官学失守，王都的教育轴心失去往日的辐射力，区域中心城市教育轴心作用得到加强。

秦统一中国之后，不仅都城轴心作用再次恢复，而且形成了都城、郡城、县城三级城市轴心体系，原来一些重要诸侯国的著名城市在郡城同级城市中脱颖而出，跃升为区域中心城市。因秦祚短暂，且实行"以吏为师，以法为教"的"政教合一"文教政策和"禁私学""焚书""坑儒"措施，学校教育大大倒退，城市学校的教育轴心作用尚未得以发挥。西汉并行郡县制和分封制，仍为三级城市轴心体系，郡国之城成为长安、洛阳西、东都下的次级区域中心城市。东汉改郡县制为州郡制，原来行使监察吏治职能的部改为行政建制的州，成为郡国以上更高一级的城市，形成了"都城—州城—郡国城—县城"的四级城市轴心体系，城市学校的教育轴心作用也随之发挥。西汉在京都设太学、洪都门学、官邸学等中央官学，郡县中推广学校，郡国称学，县道邑称校，乡称庠，聚落称序，从而促进了全国学校教育网络的形成。由于官吏选拔的促进，京都官学的教育轴心作用更加突出，不仅郡国选派小官吏到太学深造，许多士子也纷纷游学太学，逐渐形成了国都对郡县、郡县对乡及聚落的教育辐射，和郡国学校对国都学校、县道邑学校对郡国学校、乡及聚落学校对县道邑学校的向心作用。

古代学校在魏晋南北朝中衰之后出现了隋唐的复兴，城市的教育轴心作用通过科举选官进一步强化。隋朝先是改州为郡，大业三年又废郡，体制与西汉相近，重新回到"都城—郡城—县城"三级城市体系。与城市体系相对应的学校体系，分为中央官学和

---

① 于洪俊、宁越敏：《城市地理概论》，安徽科学技术出版社，1993，第450—464页。

地方官学，中央官学设于都城，有国子学、太学、四门学、书学、算学，统归国子寺（监）管理，地方设郡（州）、县学，归地方长官管理。在兴学废学的动荡中，虽然隋朝的州县学校失去轴心作用，但开科选士之制，却为唐及其后朝重塑城市学校教育轴心地位奠定了基础。唐承隋制，在城东门安上门之南务本坊的西部，设国子监管理国子学、太学、四门学、书学、算学、律学等中央官学，另有归于门下省的弘文馆、归于东宫的崇文馆和归于尚书省礼部的崇玄馆，四方儒士，多抱负典籍，云会京师，四邻各国酋长也遣子弟请入于国子学内。唐代州、郡数易但州名更长，安史之乱后，城市体系回到都城—镇（道）城—州城—县城四级，不仅府有府学、州有州学、县有县学，而且县内还有市学和镇学，府州县学已有相当的规模，城市学校教育轴心作用十分显著。

北宋初期承唐为十三道，太宗时改道为路，城市总数在宣和四年（1122年）达1500余座。地方官学有州学或府学、军学、监学和县学，设在都城的中央官学有中央政府直属的资善堂、宗学、诸王宫学和内小学等，归国子监管理的有国子学、太学、辟雍、四门学、武学、律学、小学，分属太医局、太史局、书艺局、书画局等管属的有医学、算学、书学、画学等专科学校。宋代通过"崇宁兴学"，巩固地方学校，建立县、州、太学三级考选升学制度，新建辟雍、发展太学，加之向地方官学赐书、赐学田的一贯政策，形成了从都城—州城—县城的国学、州学、县学教育轴心联动，城市的教育轴心作用进一步加强。

元代改道、路为行省，明清亦实行行省制，城市为都城—省城—府州城—县城四级体系，学校体系与城市轴心体系更趋一致。明代比较稳定的行省建制为二直隶，十三布政司（俗称十三省）领100多府、州，1100余县，各级城市1200余座，十三省治所都是区域中心城市，其余还有许多繁华程度不亚于省会城市的区域中心城市。明代的中央官学设在京都，分别有国子监、宗学、儒学，地方官学设在各级城市，有统称社学的府学、州学、县学，有统称儒学的都司儒学、行都司儒学、卫儒学、都转运司儒学、宣慰司儒学、按抚司儒学等，有武学、医学、阴阳学等专门学校，形成了各级学校相衔接的教育体系，加之社学向乡村、城镇的广泛延伸，城市的教育轴心作用更加突出。清承明制，除直隶省外，内地设18省，光绪年间又设新疆行省，在福建台湾府设台湾行省，盛京三将军改设奉天、吉林、黑龙江省，京都、各省会城市和经济发展较快的其他区域中心城市在教育上仍发挥着轴心作用。由于清代各区域城市经济文化地位不断提升，以南京、苏州、杭州为"金三角"的区域中心城市日益繁华，黄河沿线区域中心城市不断巩固，区域中心城市的学校教育水平和科考水平日益提高，京城国学渐有名无实，京师的教育轴心地位减弱，区域中心城市教育轴心作用通过学校衔接制度得以强化，为现代教育中心的形成奠定了基础。

三、科考仕进：城市学校教育轴心的向心图式

城市是人类文明的象征，学校是城市文明的象征，封建社会的科考仕进构成了城市学校教育轴心的向心图式。城市文明和人类与生俱来的城市向往，离不开教育之中介，国家对教育知识的选择与控制，引导着人们的心理向往。"古者学校、选举之法，始于乡党，而达于国都"①，诞生于农业文明土壤之上的中国古代城市文明，是士人安身立命的处所，尤其是儒家思想作为国家意识形态和儒家经典作为主要教育知识之后，对古代士人的吸引力更是历久不衰。他们由乡村走向城市、从小城市走向大城市、从大城市走向京都的追寻人生理想之路与城市轴心体系级次的一致性，勾勒出了对城市的向心图式。

向心型的士人群体流向，重点体现在求学、应举、仕进、授业四个关键环节，四者以求学为始点。②求学是追寻人生理想和实现人生目标的必经之路，但求学于官学、私学或书院，会呈现不同的地域流向。官学以京都太学为最高学府，从中央到地方、都城到外邑，不同级次的城市设置了不同级别的官学，官学的城市分布与城市轴心的地域分布是一致的，基本决定了士人群体由外邑到京都、由边缘到中心的地域流向，这种流向与从地方到京都的层层选拔的应举过程更是极其一致，而私学和书院的散乱分布并不会影响以应举为人生转折点的城市向心力。

古代学校城市教育轴心作用的发挥，是以都城主轴心作用为核心的，由都城依次向首都圈及近邻城市辐射，不断强化着都城的主轴心作用。首都的主轴心作用既取决于首都圈的政治、经济、文化实力，也取决于首都与外缘的通道是否畅通，只有首都处于流域轴线之上，保持与外缘的畅通，首都圈的内聚力和辐射力才会得到强有力的发挥。都城的形成是自然和人文双重选择的结果，早期都城的重心在黄河流域轴线上，东晋以后在黄河和长江流域交互移动，元代后在运河流域南北移动。都城的迁移使附近的一些府州城市跃迁为区域中心，从而构成了都城主轴心与区域城市的教育轴心互动。主轴心的移动，又通过对士人求学和应举的向心作用，影响着学校发展和城市教育轴心的变迁。

汉代选仕举官采取察举制，由皇帝诏令郡县长官随时察访贤者，举荐中央考察择优授给官职。察举按科目取士，取士名额按郡人口总数分配，形成了由地方流向中央、

---

① 朱熹：《朱子大全》，文集卷第六十九，私议。
② 梅新林：《中国文学地理形态与演变》，复旦大学出版社，2006，第436页。

由州郡流向京都的走向。由太学或洪都门学、官邸学直接入仕做官也是一条重要通道。"士"在君主专制、中央集权、职业官僚三位一体的制度结构中安身立命。皇权政治体制则通过选官，表现出对知识生产的要求，选择、完善、控制其教育知识，教育被纳入选官制度的轨道，两千年的静态知识系统成为士人求学、应举、仕进、授业的知识依赖。科举选官之后，学校渐沦落为科举的附庸。从隋唐到明清，京城经历着长安、汴京、临安、南京、北京等的变迁，进士群体的流向也随之迁徙，至北宋中叶，科考及第优势南北易置。明清时期，江南城市快速发展，科考优势更加显著。明代的江南进士占全国总数的15.54%，清代占全国总数的14.95%。① 无论是隋唐的"解额分配"，还是明清的"分地取士"或"分卷取士"政策，教育发达地区的考生总是在科考中占有优势。

教育的轴心由京师向省、府、县城及至乡村逐步延伸，士人群体也由进士扩大到举人、贡士、秀才等，这些士人的流动又不断强化了城市的教育轴心作用。特别是在郡县制下的官员流动中，"官员的相似性是社会的稳定因素，而官员的流动性，又具有各地之间政治文化的交流同化的意义"②。官员"办学兴教"的相似性与"交流同化"流动性，进一步加强了地方与京都、发达地域与落后地域、边缘地域与中心地域的教育交流，不断强化着城市教育轴心的向心力。

总之，中国古代早期学校，在自然形态下萌生，以保存反映人类早期习俗、宗教、祭祀等思想观念知识为目的，以聚落集会——"明堂"为中心，无形中确立了学校的中心地位。随着邦国的建立和城市发展，学校在空间上的中心位置与国家政治中心的关系不断密切，在教育知识不断扩充的情况下，对思想延展也更为重视。封建帝国形态下，城市的层级业已形成，城市学校教育的轴心作用更加突出，由都城到郡城、县城、乡镇的中心辐射、边缘向心的学校教育的"中心—边缘"关系不断巩固，中央集权对区域的控制和对学校的控制达到了统一。封建王朝通过科考选官，选择、控制教育知识，使学校逐渐沦为科举的附庸，求学、应举、仕进中由乡村到区域城市再到都城的向心图式，进一步强化了城市教育轴心的向心力。

（发表于《求索》2011年第8期）

---

① 范金民：《明清江南进士数量、地域分布及其特色分析》，《南京大学学报》（哲学·人文·社会科学）1997年第2期。
② 唐晓峰：《从混沌到秩序：中国上古地理思想史述论》，中华书局，2010，第290页。

> **教学随笔**
>
> 教者，孝之文也。文化的本质是"人化"，教育的本质则是"化人"。孝道文化精神的结构体系决定着孝道教育对生命的尊重和生命价值的追寻，融入了血缘、情感、入世的孝的文化精神，观照出大孝尊亲、移孝作忠的精神脉象。
>
> ——题记

中国古代孝道思想的义理结构与形态演进

孝是中国文化传统中最活跃的基因，"百善孝为先"渗透于社会生活和世代百姓的灵魂中。孝道教化自古都是道德教育的重要内容，孝道观的演进不仅促进了孝道义理结构与形态的完善，也同时促进了孝道教化的深入。近代以来，受到西方文化的强烈冲击，尤其是用法律的赡养义务剥离了孝本身的温情，孝的教育失去本该有的道德温度，同时也使孝与忠分立。孝道至今仍是全世界华人共同的文化认同，孝道又是中国人民区别于其他国家人民的最大特质，我们重新审视时，一方面感受到了孝的教育未曾停止过，另一方面又感受到孝的教育不能停止。

历史上存有《孝经》，孙中山先生说："《孝经》所讲的孝子，几乎无所不包，无所不至，现在世界上最文明的国家，讲到孝子，还没有像中国讲得这么完全。"[1]胡适则说："外国人说我们没有宗教，我们中国是有宗教的，我们的宗教，就是儒教，儒教的宗教信仰，便是一个孝字。"[2]历史上孝道的重要地位，是与儒家经典的宣扬、教化分不开的。《孝经·三才》载："子曰：夫孝，天之经也，地之义也，民之行也。"于

---

[1] 严协和：《孝经白话注释》，三秦出版社，1989，第4页。
[2] 同上，第5页。

古代儒家学者来看，孝道是宇宙间恒常不变的普通规则，为了弘扬孝道，极力将其说成是上天赋予人的先验本性，是历代圣王共同具有的优秀品德。今天，如果我们以历史的眼光回望孝道的演进，不难发现孝道与人类其他道德一样，也是存在于产生、发展、变化的过程中。

一、发端：古代社会的祖先崇拜和宗法文明

中国的"孝"发端于何处？首先要明确"孝"字的本义。《尔雅·释训》："善父母为孝。"《说文》："孝，善事父母也。"可见，孝首先是指侍奉双亲的善行。为什么"事父母"就成了"善行"了呢？在今天这似乎是一个不可思议的问题。但从古代的文化典籍中，佐证于现代文化人类学和民族学的研究资料，我们可发现，在人类刚刚诞生的原始时代，并不存在善事父母的孝亲之行，流行的反而可能是与人类文明完全相悖的野蛮规则。达尔文通过观察许多原始部落后记录道，"北美印第安人从前是要把一些疲癃残疾的同伴遗弃在草原之上而死活不管的……斐济人是要把年老或有病的父母活埋掉的。"① 摩尔根考察了大洋洲的原住民也曾记录道：他们"不只食战阵上所杀死的敌人，而且也食他们被杀死的伙伴。至于老死者，只要还可供食用，他们也是吃掉的"②。日本有个古代小说《樽山节考》，也记载了当地农民将年迈的母亲背到深山饿死的习俗。虽然中国一向以倡导孝道著称于世，但也曾有过弃亲不养的记录。据《墨子·节丧》载："昔者越之东，有輆沭之国者……其大父死，负其大母而弃之，曰：'鬼妻不可与居处。'"《孟子·滕文公上》："盖上世尝有不葬其亲者，其亲死，则举而委之于壑。"《汉书·匈奴传》记载当地之俗："壮者食肥美，老者饮食其余，贵壮健，贱老弱。"由此可见，人类脱离野蛮而进入文明的历程何其艰辛。在人类幼年的原始时代，人们掌握的生产能力十分有限，在极其险恶的自然环境里，食物的来源非常短缺，并且经常得不到保障，为能够使整个族群生存下去，某些老者的悲惨处境也是人类早期进化过程中所不得不付出的代价。原始初民不仅没有孝养老人的物质基础，而且在原始的群婚集团中，人与人之间的血缘关系不清晰，父母与其他长者并无区别，弃老不养的行为也不会在感情上引起太大的悲伤。

进入母系氏族社会后，初民们有了供养老人的能力，老人开始受到成员的尊敬，"敬老"成为孝道之始。《说文》曰"孝，善事父母者，从老省，从子。子承老也"，

---

① 《人类的由来》（中译本），商务印书馆，1983，第115页。
② 摩尔根：《古代社会》，三联书店，1957，第421页。

说明孝行起源于养老敬老活动。那么，为什么要养老敬老呢？首先是物质生产的发展，带来物质文明的进步，以口耳相传、身手相传为教育形式，重视生产、生活经验的世代相传，势必重视敬老养老。在古文字中，考、老、孝三字是通用的，《广雅·释诂》云"考，问也"，突出的就是向长辈学习的意义，况且教字也与考、老、孝三字有渊源关系。其次是由于人类自身繁衍困难，所以人们从血缘上尊敬老者，他们知道了"先祖者，类之本也""无先祖焉出？"①战国时期儒家学者的著作《礼记》，根据历史的传说及尚保留的古迹，设想从远古时代就是"养老于学"。《礼记·王制》说："有虞氏养国老于上庠，养庶老于下庠；夏侯氏养国老于东序，养庶老于西序；殷人养国老于右学，养庶老于左学；周人养国老于东胶，养庶老于虞庠，虞庠在国之西郊。"但在氏族社会及早期国家中，养老主要是社会行为。《礼记·礼运》根据古老的传说，猜测当时的情景为"人不独亲其亲，不独子其子"，抚养子女和老人是整个社会的责任。在母系氏族社会，"民知其母而不知其父"，对血缘关系有了一定的了解，但尚不能产生后世意义上的孝道。因为"善事其亲"的行为，将会对整个原始社会共同占有社会财富、共同生产、共同消费的生活方式造成冲击，瓦解氏族的团结。在人类个体家庭生存能力十分低下的时期，大家必须依赖氏族才能生存。孝道作为一种家庭伦理道德，在那时是不可能发生的。唐玄宗注《孝经》开宗明义："朕闻上古其风朴略。虽因心之孝已萌，而资敬之礼犹简。"把孝道看成一种进化的历史过程，颇有历史主义的眼光。

中国远古社会受生产力和生产关系的限制，初民的爱亲之心表现为原始宗教中的祖先崇拜。后世出现的儒家经典《礼记·郊特牲》在解释敬祖意义时说："万物本乎天，人本乎祖。"祖先崇拜是为了使子孙后代永远不忘祖先"筚路蓝缕以启山林"的开拓之功。《礼记·坊记》谓："修宗庙，敬祀事，教民追孝也。"当时虽然还没有严格意义上的孝道，但尊敬、爱戴、崇拜本族长者、老者的情感肯定已经发生。不过是在行为层面上表现为集体的养老、在观念层面上表现为宗教上的祖先崇拜而已。以祖先崇拜为核心观念的传统宗教，在氏族社会里无疑发挥着重要的作用。如《尚书·尧典》载："帝尧曰放勋……克明俊德，以亲九族。九族既睦，平章百姓。百姓昭明，协和万邦。"统一的祖先，是使某一血缘团体保持一致、共同对外的基础。有了本氏族内部的团结，才能联络其他氏族团体，结成巩固联盟。

通过中外文化比较，人们早已发现，东西方在原始社会阶段并无太大的差别。但进入文明时代，东西方社会便表现出了明显特色。其中最为突出的当属对于宗法血缘组

---

① 《大戴礼记·礼三本》。

织的态度。在古希腊，随着私有制的产生，个体家庭的出现，在原始社会曾经长期存在的血缘组织自动退出了历史舞台。然而，在中国的早期国家体制中，不仅未发生宗法家族制度与国家的紧张状况，而且在夏、商、周三代的早期国家体制中，家族制度变成了统治者理想的管理制度，家族内部的等级系列和国家的行政系列合二为一，宗统与君统高度结合。其原因基于一个简单的事实，即中国的文明时代产生早于西方上千年。如果将公元前21世纪诞生的夏王朝视为中国早期国家的开始，那么比诞生于公元前800年的古希腊城邦早了1200年。所以马克思在研究人类生存方式变革的历史时，将东方早熟型社会称为"亚细亚生产方式"，并形象地指出："有营养不良的小孩，也有早熟的小孩，也有发育不健全的小孩。在古代氏族中属于此类范畴者甚多，惟希腊人为发育正常的小孩。"①中国文明何以早熟？历史学家主要归因于黄河流域的松软土壤，所以中国才能在铁制农具之前的青铜器时代跨入文明的历程。②在青铜时代，实际的生产工具是木器和石器。而且，黄河流域雨量分布不均，需要集中大量人力改土治水，抢收抢种，使任何个体家庭都不能离开宗法家族而存在。③因此，中国是带着宗法血缘的纽带进入文明社会的，氏族组织成为建构国家的主要组织形式。司马迁在《史记·夏本纪》中说："禹为姒姓，其后分封，用国为姓，故有夏后氏、有扈氏、有男氏、斟寻氏、彤城氏、褒氏、费氏、杞氏、缯氏、辛氏、冥氏、斟戈氏。"在《史记·殷本纪》中说："契为子姓，其后分封，以国为姓，有殷氏、来氏、宋氏、空桐氏、稚氏、北殷氏、目夷氏。"周承三代，发展得更加完善，"兼制天下，立七十一国，姬姓独居五十三焉"④。即使对于被征服的殷民遗族，也只是按其原有的宗族组织进行统治。周武王将"殷民六族：条氏、徐氏、萧氏、索氏、长勺氏、尾勺氏"分封给周公的后代伯禽，将"殷民七族：陶氏、施氏、繁氏、錡氏、樊氏、饥氏、终葵氏"分封给卫康叔⑤，创造了维系血缘家族团结与维持国家稳定统一的宗法文明。

夏、商两代在维系血缘宗族制度上，采取的是宗法性传统宗家，即"没有一套独立的教团组织系统，它的宗教祭祀活动由国家、宗族、家庭所组成的宗法体系来兼管"⑥。处于传说阶段的夏，虽无足够的文字和考古资料加以证明其宗教生活，但在先秦史籍中，还是可以进行有效推测的。孔子说："禹，吾无间然矣，菲饮食而致孝乎鬼

---

① 《政治经济学批判》，转引侯外庐《中国思想通史》，人民出版社，1957，第4页。
② 侯外庐：《中国思想通史》，人民出版社，1957，第3—7页。
③ 刘光明：《宗法中国》，上海三联书店，1993，第3—6页。
④ 《荀子·儒效》。
⑤ 《左传·定公四年》。
⑥ 牟钟鉴：《中国宗法性宗教试探》，《世界宗教研究》1990年第1期。

神，恶衣服而致美黻（古代衣服上绣的半青半黑的花纹）冕。"①作为对鬼神持存疑态度的孔子，却对禹崇敬祖先，自己菲食恶衣，隆重丰盈地大搞祭祀活动的行为大加赞美。可见，在当时浓厚的祖先崇拜社会氛围中，夏人的活动是可信的。

思想史界也长期争论殷代是否存在孝道的问题，是因为对周代的文献生疑，更提出了经过儒家整理后的文献资料的真实性问题。关键是在对出土的殷代甲骨卜辞进行破译的过程中，学者对甲骨文是否存在"孝"字产生了争议，先是孙海波在《甲骨文编》（卷八·一〇）中将像树木形的一个字厘定为"孝"，同时又认为是一地名。又有学者认为："像树木形，古代邦国往往植树出标其边界……非以孝字作为地名也。"②但2008年4月上海大学出版社出版的马如森著的《殷墟甲骨文实用字典》中，又提出了"孝"字从甲骨文图中的表意字形，似乎可以见到"子"双手举起，并向下动作，作出磕头样子，给老人请安，达到"孝敬"的目的。据传说铸于殷末的"孝卣"提到"孝"字，但"孝卣"的制作年代究竟是殷末还是周初却难以断定，况且孤证也难以证明"孝道"产生于殷。

王国维在《殷周制度论》中指出："商之继统法以弟为主而以子继辅之，无弟然后传子。"陈梦家通过研究进一步指出，"商代继统法除了兄终弟及，无弟传子，还表现出如下规律：前期弟传兄子，以兄为直系；中期弟传子，以弟为直系；晚期则完全是传己子，与周代大体相同。"③在私有制度已经产生的殷代中、前期，普遍流行传弟制度，说明原始社会的公有习俗尚未完全被取代。传弟制度是由于年长的男子有利于担负保护氏族的整体利益的责任，因此能够得到氏族大多数成员的认可。到了殷末，传子不传弟，也在说明私有观念的强化，个体家庭的概念逐渐清晰起来，促进了由宗教中的祖先崇拜到伦理中的孝道观念的演进，其宗法性文明是"祖先崇拜"文化到"孝道"文化演进的动态成果。

二、生成：宗法制度下的孝道义理结构与形态

宗法制度的完善，表征了西周社会结构的重要变化，宗法制度中"亲亲"原则的建立，促进了伦理上孝道观念的生成。

王国维在《殷周制度论》中指出，"周人制度大异于商者：一曰立子立嫡之制。由是而生宗法及丧服之制，并由是而有封建子弟之制，君天子臣诸侯之制。二曰庙数之

---

① 《论语·泰伯》。
② 何平：《"孝"道的起源与"孝"行的最早提出》，《南开学报》1988年第2期。
③ 陈梦家：《殷虚卜辞综述》，中华书局，1988，第373页。

制。三曰同姓不婚之制。"殷代后期基本实行的传子制度，已经与周代宗法制度十分接近。经过周公的发展，宗法制度更趋于完善。按照嫡长子继承制，周天子是姬姓的"大宗"，是一国的君主。其兄弟则为"小宗"，分封在全国各地，建立各个诸侯国，拱卫京城。在诸侯国内，世代的嫡长子仍为"大宗"，承继诸侯之位，其兄弟为"小宗"，在诸侯国内再分封于各地为大夫。在这种"宗君一体"的政治结构中，大家血管里流的是相同的血液，共同的祭祀活动能够使大小统治者团结起来，所谓宗法制度"亲亲"原则的实际含义正在于此。但是，不可逆转的是社会已经进入了私有制，利益上的冲突已成为不可回避的事实。不可否认的是，宗法分封制使得各级政权随着血缘的疏远而地位不断降低，离心力随之加大，不可避免。为了确保嫡长子的特殊地位，周礼相应地还有两条规定：一是庶子不祭祖制度，"庶子不祭祖者，明其宗也"①，嫡长子世世代代处于主祭的地位，从神权和祖权这两个方面突出其权威；二是庙制，"天子七庙，三昭三穆，与大祖之庙七；诸侯五庙，二昭二穆，与大祖之庙而五；大夫三庙，一昭一穆，与大祖之庙三；士一庙，庶人祭于寝"②，阐明了宗法制度中的"尊尊"原则，明确了人的身份的上下等级，使各级政权能够有序运行和顺利交接，不至于因兄弟之间的财产争夺而发生内乱。

配合政治制度的变革，周公在意识形态中也进行了相应的变革，使传统的宗法性宗教向人文化的方向发展，为之增加了道德伦理方面的内容。侯外庐在其《中国思想史》中指出：德与孝是周代统治阶级的道德纲领，"德以对天""孝以对祖"是周代伦理的特色。③至于天神，殷纣王迷信"我不有命在天乎？"以为他的祖先死后"宾于帝"，上天会永远地保佑他。周人夺取殷人的江山后，一方面也宣传"天命不僭"，为王国的合理性进行论证。另一方面，周公清醒地告诫自己的子侄，"惟天命不于常"④，"皇天无亲，惟德是辅"⑤，上天只保佑有德行的君主。为了获得天命，天子必须"聿修厥德"，才能做到"以德配天"。

"孝以对祖"的伦理原则，与周代"孝"的观念密切相连。从出土文物上的周代金文中，可以发现"孝"字已经大量出现在青铜器上。在《三代吉金文存》中"孝"字出现104处，在《西周金文大系考释》中"孝"字出现36处，除去两书中重复的部分，共

---

① 《礼记·丧服小记》。
② 《礼记·王制》。
③ 侯外庐：《中国思想史》（第一卷），人民出版社，1957，第92页。
④ 《尚书·康诰》。
⑤ 《尚书·蔡仲之命》。

有讲孝的铭文112则。①产生于这一时期的《尚书》《周易》以及稍后的《诗经》，关于孝的言论更是比比皆是。由此可见，孝道在周代已经成为普遍的道德伦理。正是由于西周建立了比较严格的宗法血缘家族，进一步明确了人与人之间的亲属关系，子孙对父祖的亲情、义务也随之明确起来，所以才会有西周时期的思想家广泛地使用孝道的概念。于伦理学，道德伦理产生的一个根本前提就是具有主体人格的人的存在，因而才有道德上的权利、义务可谈。

西周金文中，"追"和"享"两字，常与"孝"字连用。如《郜遗簋》铭文有"用追孝于父母，用锡永寿"；《王孙逸者钟》铭文有"用享以孝于我皇祖文考，用祈眉寿"；《殳季良父壶》铭文有"用享孝于兄弟、婚媾、诸老，用祈匄（gài）眉寿"；《克鼎》铭文有"显孝于神"；等等。从"享孝""追孝"的用法来看，金文中的"孝"字，主要针对故去的祖先，是因为金文主要铸造在作为礼器的钟鼎上，而这些礼器又用于祭祀祖灵。周人这时的孝的观念，并没有脱离殷人祖先崇拜的观念，或者说是对祖先崇拜观念的一种肯定方式。从此时产生的经典文献来看，其以"追孝""享孝"为主的孝道观，还属于一种围绕祖先崇拜的宗教伦理。如《周易·萃》："王假有庙，致孝享也，利见大人享。"《尚书·太甲中》："王懋乃德，视乃厥祖，无时豫怠，奉先思孝，接下思恭。"《诗经·周颂·闵予小子》："於乎皇考，永世克孝……於乎皇王，继序思不忘。"《诗经·大雅·下武》："成王之孚，下士之式，永言孝思，孝思维则。"通过这种宗教伦理的宣扬，表达后人对祖先的崇敬之情。

在颂扬祖先公德、祈求祖灵佑护的同时，周人的孝道思想中出现了"孝养"的观念，增加了生活伦理和人文因素，进一步丰富了孝道思想。《尚书·酒诰》："妹土，嗣尔股肱，纯其艺黍稷，奔走事厥考厥长。肇牵车牛，远服贾用，孝养厥父母，厥父母庆，自洗腆，致用酒。"这段话是周公对殷族遗民的训诫之词，要求他们自食其力，专心农事，农事之余则牵着牛车到外地去从事贸易，以便孝敬、赡养自己的父母兄长。因为周初的文献讲"孝养"的文字仅此一例，所以可以认为，西周初井田制已很完善，宗法等级秩序健全，个体家庭虽然已经产生，但大家仍共同生活在宗族之内，养老主要还是社会责任。因此当时的孝道，强调的主要是个体对群体的义务，正如《诗经·大雅·既醉》所云："威仪孔时，君子有孝子。孝子不匮，永锡尔类。"说明此一时期，以"孝养"为主要内容的孝道，尚未成为一种普遍的道德。

在宗教伦理范畴内增加人文主义因素，是周人孝道思想发展的重要贡献，也因此

---

① 查国昌：《西周"孝"意试探》，《中国史研究》1993年第2期。

开儒家孝道哲学之先河。亲缘关系的明确使家庭内亲子之间特殊情感随之深化，经孔子整理的《诗经》中，保留了许多感念父母养育之恩的诗篇，《小雅·蓼莪》中"父兮生我，母兮鞠我，拊我畜我，长我育我，顾我复我，出入腹我，欲报之德，昊天罔极"的诗句，形塑了"报"的人文情感。我们知道，人类在漫长的进化过程中，形成了非常特型化的生命属性，那就是个体在其幼年时期和晚年时期都是十分脆弱的，需要群体的呵护。出现了家庭以后，养老和育幼的任务就逐渐成为家庭责任。人在幼年，其生命能力十分弱小，需要父母无微不至的关怀，长大以后，父母则开始进入风烛残年，需要得到子女的护侍。人类的这种"反哺"行为，也就成了孝道伦理最为深刻的社会依据。违反了这些原则，就将受到社会的谴责。所以，经孔子整理的《尚书·康诰》记载了周公对康叔发布的训词："封，元恶大憝（怨恨；坏；恶），矧惟不孝不友。子弗祗服厥父事，大伤厥考心。于父不能字厥子，乃疾厥子。子弟弗念天显，乃弗克恭厥兄；兄亦不念鞠子哀，大不友于弟。惟吊兹，不于我政人得罪，天惟与我民彝大泯乱。曰：乃其速由文王作罚，刑兹无赦。"周公在平定三监及武庚之乱后，派康叔去统治当地殷民，其诰词是康叔行前周公对他发布的训词，周公在训词中已经将父子兄弟之间的至爱、至诚的情感作为孝道的依据，把孝道称为"天赐民彝"，把违反孝道的行为当成是"元恶大憝"，要坚决地用文王制定的刑罚予以惩处。《周礼·大司徒》也规定有"以乡八刑纠万民，一曰不孝之刑……"，《周礼》虽然对"不孝之刑"的具体内容没有记载，但把它放在八刑之首，可见对于"不孝"行为的处罚一定是相当严厉的。

总之，西周时期的孝道，在宗教伦理中发挥了稳定宗法等级的社会作用。因为，建立在嫡长子继承制之上的西周的宗法分封制，君臣实际是父子关系，大宗、小宗实际上是兄弟关系；所以，用父子之间的慈孝和兄弟之间的友爱，就很容易为君臣之间的上下等级制度作出论证。正如《尚书·君陈》所讲："惟尔令德孝恭，惟孝友于兄弟，克施有政。"在家庭中父慈子卑、兄长弟恭的血缘"亲亲"关系，与政治上的上下分明、等级森严的"尊尊"制度是相通的。所以说，西周宗法制的本质，是父权制下的等级制度，孝道则正是贯穿其间的纲领。所谓"亲亲、尊尊、长长，男女有别，人道之大者也"①，只要保持了孝道，就可以家泰国宁。

---

① 《礼记·丧服小记》。

三、变革：孔子以"仁"为人性基础的孝道思想重建

春秋时期"礼崩乐坏"，社会剧烈变动。一方面，由于铁器和牛耕的广泛应用，人们利用先进的生产工具，大量开垦荒地，占为己有，使土地公有的"井田制"开始瓦解。另一方面，随着个体生产生存能力的提高，一部分氏族成员"出于野"，"入于邑"，开始摆脱了"量地以制邑，度地以居民"①的公社生活，成为脱离宗法氏族组织的自由民。经济结构的变革改变了人们的社会地位与身份，一些大宗嫡子没落了，而一些小宗庶子却"田连阡陌（田间纵横交错）"，"富甲王侯"，使周礼所规定的宗法制度难以维持。再一方面，大量自由民的出现也使传统的宗法管理体制无法适应，周天子作为天下的大宗，其"共主"身份已丧失了昔日的威严，"礼乐征伐自诸侯出，陪臣执国命"的现实，预示着旧制度的瓦解和新制度即将诞生。归根结底，这场剧烈变革实质上促进了社会结构上宗法宗族制度向宗法家族制度的转化，促进了在政治上从宗法血缘统治向地缘统治的过渡。

经济制度的变革必然动摇传统的意识形态。宗法性宗教自三代以来一直作为唯一社会意识形态，在这场大变革中土崩瓦解。传统宗教的瓦解，一方面表现为礼仪规范的破坏，"僭礼"事件频繁发生，加速了"礼崩乐坏"。另一方面则表现为宗教观念的动摇，促使"疑天""怨天"思潮广泛流行。古代宗教宣扬的"天地为民父母"，"降福穰穰"，现在却为什么会"天降丧乱，饥馑荐臻"②？天本应大公无私，扬善惩恶，可现在却"舍彼有罪，既伏其辜；若此无罪，沦胥以铺"③，由怀疑甚至转而为诅咒，"疾威上帝，其命多辟"④，"浩浩昊天，不骏其德"⑤。当天神也丧失了绝对权威时，祖神的能力也必然受到怀疑，"群公先正，则不我助，父母先祖，胡宁忍予"⑥。在子孙受难的时候，祖父之灵为什么不显灵呢？祖神失灵，依托于祖神的孝道观念自然也发生了严重的动荡。据《左传·隐公三年》记载，卫国大夫石碏说："且夫贱妨贵，少陵长，远间亲，新间旧，小加大，淫破义，所谓六逆也。"这"六逆"正是宗法等级制度破坏之后出现的违礼现象。《左传》还记载了大量的具体的违反孝道的事件，如《襄公十九年》所载"卫石共子卒，悼子不哀"，《昭公十一年》所载"五月甲申，齐归

---

① 《礼记·王制》。
② 《诗经·大雅·云汉》。
③ 《诗经·小雅·雨无正》。
④ 《诗经·大雅·荡》。
⑤ 《诗经·小雅·雨无正》。
⑥ 《诗经·大雅·云汉》。

薨（诸侯死），大蒐（同獀，春天打猎）于比蒲，非礼也。……九月，葬齐归，公不戚"。卫国的悼子死了父亲，他不感到悲伤；鲁国的昭公死了母亲，他不哀痛不说，还要去打猎。这些说明当时的孝道观念已经淡泊到什么程度了。非但如此，于统治阶级内部，当物质利益发生严重冲突时，甚至还有"弑父弑君"逆人伦的严重事件发生。《左传·文公元年》记载："初，楚子将以商臣为大子……既又欲立王子职，而黜大子商臣。商臣闻之而未察，告其师潘崇。……（潘崇）曰：'能行大事（指弑父）乎？'曰：'能！'冬十月，以宫甲围成王……王缢。"《左传》记载了很多类似儿子杀父、臣子杀国君的事件，说明西周时期建立在传统宗教基础上的孝道已经发生了严重的动摇。若想使其保存下去，并能规范社会上下层的行为，亟待有新的论证出现。

正是这样，春秋时期的许多士大夫、思想家，大力宣扬西周以来流行的宗法伦理，以图恢复孝道的地位，或为重建孝道奠定舆论基础。《左传·文公十八年》中鲁国的大夫季文子说："孝敬忠信为吉德，盗贼藏奸为凶德。"《左传·昭公二十六年》记载了齐国著名宰相晏婴对孝的详备论证："君令臣共，父慈子孝，兄爱弟恭，夫和妻听，礼也。君令而不违，臣共而不二，父慈而教，子孝而箴（爱的语言），兄爱而友，弟敬而顺，夫和而义，妻柔而正，姑慈而从，妇听而婉，礼之善物也。"不过，我们必须看到，这些所宣扬孝的道德条目，还缺乏系统的理论建设。应该注意到的是，有一些人对西周"宗君一体""移孝作忠"的社会政治伦理的正确性开始进行反思。《国语·晋语一》记载了晋献公听信骊姬逸言，欲废太子申生而立幼子为嫡的事件引起了大臣争议。按照周礼的嫡长子继承制，晋献公废长立幼是不义，但反对君命又是不忠。守旧派的大夫代表荀息认为，"吾闻事君者，竭力以役事，不闻违命"，赞成献公的做法。革新派的大夫代表丕郑则认为"吾闻事君者，从其义，不阿其惑，惑则误民"，反对献公的主张。还有一些大夫如里克则说"我不佞，虽不识义，亦不阿惑，吾其静也"，不对此事表态。太子申生则必须做出道德上的选择，在有人劝他走时，他说："吾闻之羊舌大夫曰：'事君以敬，事父以孝。'受命不迁为敬，敬顺所安为孝，又何图焉？……吾其止也。"申生留在晋国，被追杀。通过这一事件，提出了忠、孝、义的关系问题，迫切需要思想家做出回答。

此时，儒家创始人孔子，对重建以孝道为核心的宗法伦理思想发挥了决定性作用，他和他的学生使儒家的孝道伦理成为两千年帝制社会的核心意识形态。孔子的孝道思想主要表现在以下几方面：

一是以人性论作为孝道的根据，为"孝"建立了一个逻辑前提。

孔子以"仁"作为共同的人性，在传统宗教瓦解，"礼崩乐坏"的情势下，通过重建人们的普遍信仰，以实现道德伦理的重建。孔子首先创建了以"仁"为核心观念的哲学体系，通过"引仁入礼"，用仁学的观点重新解释西周的"礼"。指出："人而不仁如礼何？人而不仁如乐何？"①如果离开了仁爱之心，礼就会成为单纯的"钟鼓""玉帛"之类的虚文。什么是"仁"呢？孔子说："仁者爱人。"②怎么才能做到"爱人"呢？"子曰：'参乎，吾道一以贯之。'曾子曰：'唯。'子出，门人问曰：'何谓也？'曾子曰：'夫子之道，忠恕而已矣。'"③孔子不仅告诉什么是"仁"，而且从方方面面规范了"仁"的品行。"仁"在《论语》中一百零四见，几乎是对人的社会生活无所不包，使人感到要成为一个仁者极为不易。但同时又告诉人们，按照忠恕之道行事，人人又都可以成为仁者，所谓"仁远乎哉？我欲仁，斯仁至矣"④。忠恕之道有两个方面：于积极方面，"己欲立而立人，己欲达而达人"⑤；于消极方面，"己所不欲，勿施于人"⑥。实际上，忠恕之道就是以自己能接受的普遍原则作为对待他人的方法，自己希望达到的目标也要帮助别人实现，自己不能接受的事物也不要强迫别人接受。

从共同的人性出发，以"仁"为原则的孝道，使孝敬父母不再受社会外在压力和鬼神约束，而是出自内心的一种情感要求和道德自觉。孔子的弟子宰我认为："三年之丧，期已久矣。君子三年不为礼，礼必坏；三年不为乐，乐必崩。……期可已矣。"孔子答曰："予之不仁也！子生三年，然后免于父母之怀。夫三年之丧，天下之通丧也。予也有三年之爱于其父母乎？"⑦于孔子看来，"三年之丧"的依据不再是对祖先灵魂的畏惧或祈求，而是对父母抚育之恩的感念。幼儿三年方可脱离父母之怀袵，因此也要用守孝三年来报答父母的养育之恩。"三年免于父母之怀"和"三年之丧"正是基于"仁爱"之人性，对于报答父母而言，不仅自己要这样做，而且也要帮助别人这样做，就会天下有孝。孔子正是这样，完成了从大国到人间的"孝道"转化，从一种必须虔诚礼敬的宗教伦理的"孝"，转变为一种对自我意识进行反思的人生哲学。

二是在哲学思考的基础上，于孝行上系统建构孝道的行为规范。

首先，以"亲"为核心，提出了养亲、敬亲、爱亲的行为规范。面对春秋以后个

---

① 《论语·八佾》。
② 《论语·颜渊》。
③ 《论语·里仁》。
④ 《论语·述而》。
⑤ 《论语·雍也》。
⑥ 《论语·颜渊》。
⑦ 《论语·阳货》。

体家庭相对独立的现实,"养亲"已经逐渐成为孝道的主要内容。孔子针对如何"养亲",作了详细的说明。一如,人应当努力地劳作,竭尽全力使父母过上好的生活为孝。孔子曰:"弟子入则孝,出则弟","事父母,能竭其力"①。二如,父母关心每一个孩子的健康成长,因此使父母少操心为孝。"孟懿子问孝,子曰:'父母唯其疾之忧。'"②三如,于子女时刻关心父母身体方面,为父母的高寿而欣喜、年高体弱而担忧是孝。孔子曰:"父母之年,不可不知也。一则以喜,一则以惧。"③再如,除了对父母尽各种义务外,更重要的是对父母持敬爱之心为孝。孔子曰:"父母在,不远游,游必有方。"④又如,人与动物的最大区别在于人有思想、有感情,孝子养亲,出于对父母养育之恩的感怀,发自内心的至亲至爱、毕恭毕敬、和颜悦色是孝。"子游问孝,子曰:'今之孝者,是谓能养。至于犬马,皆有能养。不敬,何以别乎?'""子夏问孝,子曰:'色难。'"⑤

其次,以"礼"为核心,提出了"以礼事亲"的行为准则。孔子所提倡的孝道,绝不是无原则地一味顺从父母的意志,使其为所欲为。不仅要"生,事之以礼;死,葬之以礼,祭之以礼"⑥。父母健在,要以合乎社会礼仪规范的方式敬养他们;父母故去,要按照周礼规定的礼节安葬他们,祭祀他们,不能因亲情而废礼仪。同时还要能够"事父母几谏,见志不从,又敬不违,劳而不怨"⑦。父母有了错误,子女有义务劝谏,不过态度要和善、委婉。父母不听,也不要在行动上有所反抗或埋怨。实际上,孔子在解决孝与义的矛盾上,反对因孝而废义,主张在条件成熟的情况下要合理地解决矛盾。

再次,从家族和社会的视角上,将"承意守志"作为履行孝道的规范。孔子认为履行孝道,还应当继承先人的事业,并将其发扬光大。因此,他说:"三年无改于父之道,可谓孝也。"⑧孔子还举例说:"孟庄子之孝也,其他可能也,其不改父之臣与父之政,是难能也。"⑨孟庄子是鲁国贵族孟孙氏的后代,其父孟献子死后,孟庄子继续使用其父的旧臣,坚持其父的政策,被孔子视为守孝之人。

另外,重视祭祀的教化作用,以"慎终追远"体现孝行。孔子本人对于殷周以来

---

① 《论语·学而》。
② 《论语·为政》。
③ 《论语·里仁》。
④ 《论语·为政》。
⑤ 同上。
⑥ 同上。
⑦ 《论语·里仁》。
⑧ 《论语·学而》。
⑨ 《论语·子张》。

流行的传统宗教的鬼神是持有怀疑态度的，也从不言人死之后的鬼神世界，却从来不否定传统宗教的祭祀活动，十分重视祭祀仪式对人的教化作用。因此，他从祭祀于孝道的教化作用上，提出了"慎终追远，民德归厚"①的孝道观，认为"慎终追远"也是孝的行为规范。在孔子的思想里，"所重：民、食、丧、祭"②。之所以把丧葬和祭祀当作同吃饭一样重要的事情，是因为这些宗教祭祀活动对于宣扬孝道、团结宗族方面具有重要意义。"祭如在，祭神如神在。子曰：'吾不与祭，如不祭。'"③祭祖仪式上，参加祭祀的人的主观感受很重要，隆重庄严的气氛会激发人的情感，如同祖灵安在，使子女思念父母的养育之恩和先祖的开拓之功，于祭祀的教化之中可以检验人的孝行。

三是建立了孝道与其他道德的内在关系，使孝道不孤立于"仁"的道德体系之外。

我们都知道，孔子的道德哲学是以"仁"为核心的，而"仁"的实质则在于"以己推人"的忠恕之道。人于社会生活中，接触最密切的无过于其父母，人伦由内向外的推延所构成的秩序，启迪人们在道德外推中，首先将及于父母。孔子说："其为人也孝弟，而好犯上者，鲜矣；不好犯上，而好作乱者，未之有也。君子务本，本立而道生。孝弟也者，其为仁之本与？"④一个人如果连他的父母都不爱，连对父母尽孝道的义务都不愿意承担，怎么可能爱国家、爱国君，为天下尽义务呢？所以说，孝弟之道是仁的根本。在古代宗法国家里，国是家的延伸，君权是父权的扩大。在家孝敬父母，遵守家规，出门也不会去做乱臣贼子。孔子说："弟子入则孝，出则弟，谨而信，泛爱众，而亲仁。行有余力，则以学文。"⑤"出则事公卿，入则事父兄。"⑥从而将以孝为核心的家族伦理与其他社会伦理结合起来，而在家爱戴父兄之心用于社会就是"仁者爱人"，在家尊长敬兄之情用于官场就是"克己复礼"，即"移孝作忠"。孔子认为，在孝道与其他道德的关系中，"亲亲"与"尊尊"的原则是并行不悖的。

四是在出现个体家庭私有制的情势下，其孝道应该是"孝重于忠"。

在中国古代社会里，宗法血缘制度是早期国家的重要组织形式，使古代社会成了宗法等级社会。但于春秋时期，私有制毕竟已经发生，而在原来的体制中，只有王族的家庭才与国家体制和结构是绝对一致的，其他贵族和庶民的家庭则与国家存在着矛盾和

---

① 《论语·学而》。
② 《论语·尧曰》。
③ 《论语·八佾》。
④ 《论语·学而》。
⑤ 同上。
⑥ 《论语·子罕》。

冲突。春秋时期，个体家庭逐渐脱离宗法家族而获得独立的过程中，矛盾就表现得尤为尖锐。因此，家庭与社会、亲情与公法难免发生对立。在这种情势下，孔子则维持了孝道思想的一致性，强调孝亲先于"爱众"，亲情重于"公法"。长期以来，人们在评价"父攘羊而子证之"的问题上出现的差异，就在于对孔子"亲情"与"公法"孰重问题的理解上。"叶公语孔子曰：'吾党有直躬者，其父攘羊而子证之。'孔子曰：'吾党之直者异于是，父为子隐，子为父隐，直在其中矣。'"尊孔的人，千方百计为孔子辩解，说孔子并不是鼓励父子窝赃；批孔的人，则以此攻击孔子，因为偷羊怎么也不能说成是一件好事情。如果我们把这段话放到孔子整个的思想体系中，放到具体的社会条件下，就会发现，孔子怎么能不知道隐瞒偷羊的事实是不"义"的行为呢？但他又有意将问题摆在这样极端的位置来说，是要突出孝道中的两个原则。一个是父子之情重于他人，由此而开了孟子"爱有差等"的先河，另一个是于私有财产存在的社会制度中，家族利益重于国家利益。孔子强调"孝重于忠"，与"移孝作忠"并不矛盾。在道德层面上，子不是劝谏而是举报其父，置家庭"亲仁"利益于不顾；与国则必不会为谏臣，也能举报其君，置国家利益于不顾；与人则更不必再说。在法理层面，则关系一个父子举证的合法性问题。汉代儒家独尊之后，法律是不承认父子举证合法性的。孔子所言"父为子隐，子为父隐，直在其中矣"，讲的是"直"在"父为子隐、子为父隐"其中的转化，之所以强调"孝重于忠"，正是在于阐明"忠"所积极表达的"己欲立而立人，己欲达而达人"的"仁"的精神。

总之是孔子在孝道思想上开创的以哲学认识为依据的宗法伦理，进步于西周时期以宗教信仰为依据的宗法伦理，从而适应了家庭私有制下宗法制度向家族制度过渡、宗法政治向地域政治过渡的需要。历史证明，后来宗法家族制度的确立，儒家的孝道无可替代地成为占统治地位的社会意识形态。

四、争鸣：孝道观的各家主见

经过以经济变法为主的春秋变革，战国时期的变法则主要转到了政治方面，其中以秦国的变法最为彻底和深刻，而商鞅则是秦国改革的设计师。据《史记》的《秦本纪》和《商鞅列传》记载，商鞅于秦变法的主要内容及意义有以下几个方面：第一，实行父子分居制度，使大家族迅速地瓦解，促进了个体家庭的形成。第二，"开阡陌封疆"，废除井田制度，动摇了宗族政治的经济基础，实行彻底的土地私有制度，使原来束缚在井田内的劳动者得到了解放。第三，重农抑商，奖励耕战与军功，促使一些社会下层的"贤者"有机会上升到统治阶层中来，改变了原有的社会等级秩序。第四，废除"世卿世禄"制度，限制宗室贵族的政治、经济特权，消除社会对人的身份等级限制，促使社会从宗法社会向公民社会转化。第五，否定分封制度，建立以郡县制为基础的国家行政体制，加强君主专制制度，突出皇权地位。商鞅的变法加速了中国社会从早期国家向成熟国家的过渡。

激烈的社会政治变革，势必对传统的孝道观念提出了严峻的挑战，诸子百家风起云涌，辩论争鸣。孝道究竟应该以宗族还是以家庭为本位？"亲亲"与"尊尊"究竟孰重孰轻？"孝亲"与"忠君"何者为先？这些问题成为孝道观争鸣的核心问题。

（一）墨翟的"兼爱""利亲"的孝道观

生活在春秋末年的墨子，与孔子一样也是鲁国人，受到相似的文化环境的熏陶，年轻时曾经学儒家之术，但因其出身及所代表的下层劳动者的利益，反对等级剥削制度，因而主张"背周道而用夏政"①，创立了自己的学派。墨学的核心观点是"兼相爱""交相利""尚贤""节用""节丧""非攻"，因此提出了"交孝子"和"利亲"的孝道观。

墨子认为，天下之所以混乱，是因为社会上的人们不懂得"兼相爱，交相利"，而是"别相恶，交相贼"，才造成了"国之与国之相攻，家之与家之相篡，人之与人之相贼，君臣不惠忠，父子不慈孝，兄弟不和调"②。而这一切的根源，皆因家庭而生出的自私之心，即"不相爱也"。"大夫各爱其家，不爱异家，故乱异家以利其家。诸侯各爱其国，不爱异国，故攻异国以利其国。天下之乱物，具此而已矣。"③为了实现"兼以易别"的社会理想，使人人"视人之国若视其国，视人之家若视其家"④，就必须从改造孝道开始。"孝子之为亲度者，吾不识孝子之为亲度者，亦欲人爱利其亲与？意欲人之恶贼其亲与？以说观之，即欲人之爱利其亲也。然即吾恶先从事即得此，若我先从事爱利人之亲，然后人报我爱利吾亲乎？意我先从事乎恶人之亲，然后人报我以爱利吾亲乎？即必吾先从事乎爱利人之亲，然后人报我以爱利吾亲也。然即之交孝子者。"⑤孝子从有利其亲角度考虑，仅仅自己孝其亲，不如他人也能爱利其亲。而要做到这一点，就必须自己先爱利他人之亲。即所谓的"交孝子"。按照墨子的逻辑，"夫爱人者，人必从而爱之；利人者，人必从而利之；恶人者，人必从而恶之；害人者，人必从

---

① 《淮南子·要略》。
② 《墨子·兼爱中》。
③ 《墨子·兼爱上》。
④ 《墨子·兼爱中》。
⑤ 《墨子·兼爱下》。

而害之"①。人人若都能从"爱人之亲"的简单前提出发,就可以实现天下"兼爱"的目的。然而,在私有制社会里,因为有了物质利益的争夺,兼爱的精神固然崇高,却显得空洞和无奈。人人皆知兼爱的道理,却无法将其付诸实行。相反,儒家从爱亲之心渐次外推,依据于宗法血缘关系,由家而国而天下,尚有一定的可行性。正因为墨子的"交孝子"观点,改变了儒家所立的爱人次第,主张先爱人之亲而使己之亲得天下之爱,将爱人之亲上升到了爱己之亲的同等程度,使己亲与人亲毫无差别,父子之亲得不到特殊的强调,所以孟子直接指责墨子:"无父。"班固在《汉书·艺文志》中则评价墨家"不知别亲疏","乃蔽者为之"。也就是说,墨子为了反对宗法等级社会的"尊尊"原则,连"亲亲"一并放弃了。

墨子还从"交相利"的原则出发,探讨了孝行的问题。墨子认为:"孝,利亲也"②,最重要的是孝养。"今孝子之为亲度也,将奈何哉?曰:亲贫则从事乎富之,人民寡则从事乎众,众乱则从事乎治之……若三务者,孝子之为亲度也。"③孝子对于亲长,主要是为其增殖财富,扩充人口,治理民众,在物质生活上使亲人获得现世的幸福。至于对待逝去的亲人,"棺三寸,足以朽骨,衣三领,足以朽肉"即可,"哭往哭来,反从事乎衣食之财"④,积极劳作增加物质财富才是正事。墨子特别反对儒家提倡的"厚葬久丧",认为"厚葬久丧实不可以富贫、众寡、定危、治乱乎?则非仁也,非义也,非孝子之事业"⑤。当时社会,生产能力还很不发达,少数贵族"厚葬久丧",对物质财富造成了很大的浪费。墨子提倡节葬,对移风易俗、保护自然和社会物质资源具有一定的积极意义。但是,完全从功利的角度看待丧葬和祭祀礼仪,忽视其团结宗族、稳定社会的作用,难免在思想方法上过于简单化。同时,过分强调孝道中的物质之利,彻底否定儒家孝道中的情感内涵,亦显得不近人情。尽管墨子也是孝道的积极倡导者,曾被班固称为"以孝视天下"⑥者,却难以引起后世学者的兴趣,究其原因大概在于对孝的情感之漠视。

(二)道家反对儒家所宣扬的孝道背后的等级宗法制度,形成了反异化的孝道观

春秋战国时期的老庄道家,宣扬自然主义,反对社会阶级剥削的异化现象,提倡人

---

① 《墨子·兼爱中》。
② 《墨子·经上》。
③ 《墨子·节葬下》。
④ 《墨子·节葬下》。
⑤ 同上。
⑥ 《汉书·艺文志》。

类复归"小国寡民",颂扬"同与禽兽归,族与万物并"的人兽不分的社会状态,形成与儒家所宣扬的人异于禽兽的"父子之亲""君臣之义"的根本对立。但认真研究便会发现,道家其实并不反对孝道,而是反对儒家所宣扬的孝道背后的宗法等级制度。

如果说儒家文化尊父的话,那么道家文化则是崇母、尊母,继承了母系氏族社会的女性崇拜文化,其所要复归的"小国寡民,老死不相往来"理想社会,正是母系氏族社会的缩影。道"有名,万物之母"①,"既知其子,复守其母,没身不殆"②。老子将自己哲学的最高范畴——"道"称为万物之母,生养万物而不占为己有,表征了母亲的崇高品德。"我独异于人,而贵食母"③,认为人只要"抱一守道",便可以长保性命。道家重视亲子关系,特别提倡人应该保存不受外界物质财富吸引的"真情"。庄子曰:"真者,精诚之至也。……其用于人理也,事亲则孝慈,事君则忠贞。"④然而,在现实生活中诸多物质利益的诱惑,往往使人忘记了孝亲的真情。周礼规定了许多人伦礼仪,甚至用刑法以保证孝道的实行。而于庄子看来,在礼法规范下的孝不是真孝,提出了"外物不可必……人亲莫不欲其子之孝,而孝未必爱,故孝己忧而曾参悲"⑤。由外力强制下生成的孝道,不是出于人间的爱,故而造成了许多悲剧。所以,庄子又说:"以敬孝易,以爱孝难。以爱孝易,以忘亲难。忘亲易,使亲忘我难。使亲忘我易,兼忘天下难。兼忘天下易,使天下兼忘我难。"⑥在礼仪强制下行孝,不如以爱心行孝;以爱行孝,又不如将爱忘记,使行孝融化于自觉的行动中。最后,孝行可以达到兼忘天下,也就是达到兼孝天下的程度,这才是"孝之至也"。

以道家的真情之孝来看待儒家所宣扬的孝道,儒家的孝道是借助父子真情掩盖物质利益和等级差别。借盗跖之口,庄子指责孔子说:"妄作孝弟,而侥幸于封侯富贵者也。"⑦老子则指出:"大道废,有仁义;智慧出,有大伪;六亲不和,有孝慈;国家昏乱,有忠臣。"⑧正是私有制的产生,物质利益的争夺,造成了母子不亲,父子不和。解决问题的根本方法就是放弃这些引起人类丧失自我本性的物质文明和精神文明成果。"绝圣弃智,民利百倍;绝仁弃义,民复孝慈;绝巧弃利,盗贼无有。"⑨道家的

---

① 《老子·一章》。
② 《老子·五十二章》。
③ 《老子·二十章》。
④ 《庄子·渔父》。
⑤ 《庄子·外物》。
⑥ 《庄子·天运》。
⑦ 《庄子·盗跖》。
⑧ 《老子·十八章》。
⑨ 《老子·十九章》。

孝道观，直接反对儒家所提倡的仁义道德，其实所反对的并不是孝道本身，而是反对隐藏在孝道伦理背后的"尊尊"原则，主张人类共同回归到没有上下等级，没有贫富差别的原始社会去。因此，道家反异化的孝道观，是有"亲亲"而无"尊尊"。

（三）法家功利的、忠孝矛盾的服务于君主专制制度的孝道观

如果说儒家以宗法政治作为孝道的背景，那么法家则是以君主专制为背景来讲孝道。《韩非子·忠孝》说："臣事君，子事父，妻事夫，三者顺则天下治，三者逆则天下乱。此天下之常道也，明王贤臣而弗易也。"这是"三纲"的原型，打破了儒家人伦中强者示范在先、弱者仿效在后的平衡关系，强化臣、子、妻弱者一方和君、父、夫强者一方的"事"与"被事"的绝对地位，表征了法家孝道观为君主专制服务的价值取向。

第一，在孝道观上表现出完全功利的立场，强化男性的地位。人性恶是法家孝道观的人性论主张，基于此，以完全功利的立场看待亲子关系，揭示父子间感情以外的利益内涵，强调其孝道的功利性。"且父母之于子也，产男则相贺，产女则杀之。此俱出父母之怀衽，然男子受贺，女子杀之者，虑其后便，计之长利也。"①在物质生产力尚不发达的父权制家庭里，生儿子能够增加劳动力，养儿防老，也利于耕战；生女孩则是为别人培养劳动力，杀女婴之风由来已久。生育行为的功利性，将养育后代完全看作"反哺"的作用，体现了法家孝道的功利价值倾向。

第二，强调在忠与孝的矛盾中，忠重于孝。战国时期，各国已经基本上完成了变法，西周"宗君一体"的制度已经瓦解，实现了宗法政治向地域政治的过渡。"世卿世禄"普遍废除，"选贤任能"成了社会时尚，因而已经不再像西周那样，大宗与小宗即等于天子与诸侯，孝与忠之间存在着直接等同的关系，甚至有时候国家利益还会与家族利益发生尖锐的冲突。所以，韩非子在批评儒家"子为父隐说"时就指出："楚之有直躬，其父窃羊而谒之吏。令尹曰：'杀之！'以为直于君而曲于父，报而罪之。以是观之，夫君之直臣，父之暴子也。鲁人从君哉，三战三北。仲尼问其故，对曰：'吾有老父，身死，莫之养也。'仲尼以为孝，举而上之。以是观之，夫父之孝子，君之背臣也。"②在国家利益与家族利益发生矛盾时，韩非子坚决主张国家利益至上。对于倡导孝重于忠的儒家，韩非子视为社会的蠹虫，认为"儒以文乱法"③，应当坚决取缔。实际上，法家并不否定孝，为了突出"忠重于孝"，则主张忠孝分离。韩非子说："忠臣

---

① 《韩非子·六反》。
② 《韩非子·五蠹》。
③ 同上。

尽忠于公，民士竭力于家，百官精克于上。"①孝道用于事父，忠诚用于事君，两者不能混淆，不能"移孝作忠"。儒家认为："夫以君臣如父子则必治。"②法家则不以为然，韩非说："今学者之说人主也，皆去求利之心，出相爱之道，是求人主之过于父母之亲也。此不熟于论恩，诈而诬也，故明主不受也。"③阐明了一个非常简单的道理，即家庭之爱并不能用于治国。韩非又说："母之爱子也倍父，父令之行于子者十母；吏之于民无爱，令之行于民也万父母。"④母亲最疼爱孩子，但孩子并不怕母亲而怕父亲。官吏要想使民畏惧，令行禁止，不在于养恩而在于树威。"明主知之，故不养恩爱之心，而增威严之势。"⑤法家对情感教化作用是持否定态度的。

第三，孝道为中央集权的君主专制制度服务，提倡绝对的忠孝观。我们知道，"中庸"是孔子的基本思想方法，主张看待任何问题都要看到两个方面，"叩其两端而竭焉"，不能走极端，应当"过犹不及"。在父与子、君与臣、夫与妻、兄与弟等关系上，同样要兼顾两方面的权利和义务。"君使臣以礼，臣事君以忠"⑥，"孝慈，则忠"⑦。尽管孔子竭力提倡孝亲、敬亲，但对于长辈的错误并不认为应当包庇，而是要"几谏"。儒家的后学发挥了孔子的思想，如《大学》说："为人君止于仁，为人臣止于敬，为人子止于孝，为人父止于慈。"父与子、君与臣，权利与义务都是对称的。尤其是在君臣一伦上，孟子甚至将此发展到了"君之视臣如土芥，则臣视君如寇仇"⑧的认识高度，指出武王伐纣并不是"弑父弑君"，而是"诛一夫纣尔"，除掉的是独夫民贼，为民除了害。韩非子则认为儒家这种相对主义的忠孝观，不利于中央集权和君主专制，指出"孔子本未知孝悌忠顺之道也"⑨。真正的孝道应当是绝对的，"父之所以欲有贤子者，家贫则富之，父苦则乐之"⑩。孝子不仅要竭力为父从事，而且不能有任何不满，所谓"孝子不非其亲"，"非其亲者，知其之不孝"，"夫为人子而常誉他人之亲……是诽谤其亲者也"⑪，这样才能保证父权的绝对性。同样，君对于臣也应

---

① 《韩非子·难三》。
② 《韩非子·五蠹》。
③ 《韩非子·六反》。
④ 《韩非子·六反》。
⑤ 同上。
⑥ 《论语·八佾》。
⑦ 《论语·学而》。
⑧ 《孟子·离娄下》。
⑨ 《韩非子·忠孝》。
⑩ 同上。
⑪ 同上。

该是绝对的权威，臣要"尽力守法，专心事主为忠臣"，做到"人主虽不肖，臣不敢侵也"①。

总之，法家有"尊尊"而无"亲亲"的孝道观，无疑将人与人的关系看作赤裸裸的利害关系。完全功利的立场、忠重于孝的主张和绝对的忠孝观，虽然透彻，却也失去了为统治阶级辩护的作用。其伦理思想虽然在君主专制制度建立时期受到重用，但在专制制度稳定时期则受到批判。稳定的君主专制制度必然需要能够更加平衡忠孝关系的政治伦理。

五、回应：儒家孝道理论的全面建构

战国时期，由于孝道观不同，百家产生了争鸣，诸子针对孔子孝道观进行评判。儒家后学根据变化了的形势，全面发展了儒家的孝道观，奠定了中国孝道理论的基础，从而影响中国历史社会几千年。

（一）形而上：思孟学派于孝道哲理方面的建设

战国时期的儒家后学中的思孟学派，继承发扬了孔子学说的"内圣"追求，于孝道观上，子思、孟子比较注重孝道于哲理上的建设。

一是子思、孟子对孝道伦理进行了理论上的论证。

子思在《中庸》里引孔子的话说："忠恕违道不远，施诸己而不愿，亦勿施于人。"具体表现为"所求乎子以事父""所求乎臣以事君""所求乎弟以事兄""所求乎朋友先施之"。也就是说，希望自己的儿子孝敬自己，首先要孝敬自己的父亲；要想使臣下忠于自己，首先要忠于长上。孝道不仅出于血缘亲情，也符合于社会生活中的相关逻辑。那么，人为什么能够具有这样的反思能力呢？子思进一步从人性问题上加以研究，认为："天命之谓性，率性之谓道，修道之谓教。"②人心中有一种上天赋予的先验本性，即天命在人身上的表现。孟子具体对这种先验的人性进行了说明，"仁、义、礼、智，非由外铄我也，我固有之也。"③"四端"善根就是人"不学而知""不求而能"的"良知""良能"。"孝悌之道"即始于这种"良知""良能"。孟子又说："孩提之童，无不知爱其亲者，及其长也，无不知敬其兄也。亲亲，仁也；敬长，义也；无他，达之天下也。"④所以，人只要反思自己的本心，即可以获得一切道德伦理

---

① 《韩非子·忠孝》。
② 《中庸》。
③ 《孟子·告子上》。
④ 《孟子·尽心上》。

的依据。"尽其心者,知其性也;知其性,则知天矣。"①这样,就使内心的仁爱和神圣的天命结合了起来,实现了伦理领域的"天人合一"。

二是详细阐明了孝道的行为规范。

孟子所处的时代是战国中期,此时大型的宗法氏族已经崩溃,大批的个体家庭相对独立,敬养老人已成为每个家庭的基本责任。于是这一时期的思想家在论述孝道时,对于孝亲的具体事宜总是试图讲得十分周密。如孟子指出五不孝,"世俗所谓不孝者五:惰其四支,不顾父母之养,一不孝也;博弈好饮酒,不顾父母之养,二不孝也;好财货,私妻子,不顾父母之养,三不孝也;从耳目之欲,以为父母戮,四不孝也;好勇斗狠,以危父母,五不孝也。"②孟子认为人不仅要养亲,而且还要尊亲,提出了"孝子之至,莫大于尊亲"③。这种尊亲必须是发自内心的爱慕,体现在由于你的努力和成功使得你的父母在他们生活的环境里备受尊敬,所以"大孝终身慕父母,五十而慕者,予以于大舜见之矣"④。孝亲还必须守礼,要"生,事之以礼;死,葬之以礼,祭之以礼,可谓孝矣"⑤。为了保证家族香火不断、祭祀有时,孟子指出了"不孝有三,无后为大"⑥,认为没有子嗣同样是目无尊长的表现。除了祭祀祖先,怀念祖先,更为重要的是继承祖先开创的事业,《中庸》说:"夫孝者,善继人之志,善述人之事也。……事死如事生,事亡如事存,孝之至也。"上述涉及家庭生活的方方面面,可以说为孝道深入整个社会的角角落落奠定了基础。

三是强调了孝道教育的重要性。

孟子虽然认为孝道是发自人内心的先验本质,但他同时认为在社会各种物质欲望的诱惑下,有些人也会丧失善良的本性。"虽存乎人者,岂无仁义之心哉?其所以放其良心者,亦犹斧斤之于木也。旦旦而伐之,可以为美乎?"⑦如在对待父母问题上,"人少,则慕父母;知好色,则慕少艾;有妻子,则慕妻子;仕则慕君,不得于君则热中"⑧。所以像大舜那样终生爱慕父母、孝心不变的人很少。慕易者不孝。因此,为了保证家庭的安宁和社会的稳定,必须进行孝道的教育。孟子曰:"谨庠序之教,申之以

---

① 《孟子·尽心上》。
② 《孟子·离娄下》。
③ 《孟子·万章上》。
④ 同上。
⑤ 《孟子·滕文公上》。
⑥ 《孟子·离娄上》。
⑦ 《孟子·告子上》。
⑧ 《孟子·万章上》。

孝悌之义，颁白者不负载于道路矣。"①全社会提倡孝道，就可以使老人得到良好的供养。不仅如此，孝道教育甚至是立国、强国之本，"壮者以暇日修其孝悌忠信，入以事其父兄，出以事其长上，可使制梃（棍棒）以挞（打）秦、楚之坚甲利兵矣"②。在中国古代的宗法社会里，父权制的家庭就是一个社会的缩影，君主专制的社会就是个体家庭的放大，国与家有同步的结构，因此，儒家认为家中的孝子就是国家的忠臣，提倡孝道教育，就可以使国家强大。

四是子思和孟子都认为应该坚持孝大于忠的宗法原则。

战国中期以前的儒家思想中，君臣关系是相对的，而宗法血缘关系则是绝对的，也一定程度上反映了儒家对传统宗族社会继承性的一面。1993年10月，在湖北荆门市沙洋区四方乡郭店村，出土了一批楚国的竹简，其中的《六德》一文等被考订为子思的作品，子思于《六德》中曰："为父绝君，不为君绝父；为昆弟绝妻，不为妻绝昆弟；为宗族杀朋友，不为朋友杀宗族。"反映了儒家在处理社会关系时的一种等级和次第，于孝与忠之间，孝大于忠；于国家与宗族之间，宗族重于国家。孟子继承并发挥了子思的思想，他说："父子之间不责善，责善则离，离则不祥莫大焉。"③这是对孔子"父为子隐，子为父隐，直在其中矣"的发挥。家庭利益与社会利益、私法与公法发生矛盾时，家族利益高于一切。孟子又说："责善，朋友之道也，父子责善，贼恩之大者。"④如果在家庭中讲社会之义，家庭就会崩溃，所以"责善"是家之隐患。思孟学派坚持的家族利益至上的原则，是与当时社会建立中央集权的帝制国家的发展方向背道而驰的，自然也难以见重于诸侯。但是，这一思想又充分反映了儒家中庸、平衡的倾向。在儒学孝道的体系内，"亲亲"与"尊尊"是保持一定张力的，这对君主专制制度又是一种制衡，也是中国传统社会能够长期维持稳定的重要机制。

（二）荀子突出孔子的"外王"思想，提出适应君主专制制度的孝道观

荀子生当战国末期，各国变法已相继完成，宗族政治向地域政治过渡，中央集权的君主专制制度已经建立。因此，荀子对儒家的孝道观进行了某些"损益"，使之更加符合君主专制社会的状况。

首先是作《子道》，突出父权，重视孝道。

荀子在其《子道》中引证了儒家的一段传闻。"子路问于孔子曰：'有人于此，

---

① 《孟子·梁惠王上》。
② 同上。
③ 《孟子·离娄上》。
④ 《孟子·离娄下》。

夙兴夜寐，耕耘树艺，手足胼胝（老茧）以养其亲，然而无孝之名，何也？'孔子曰：'意者身不敬与？辞不逊与？色不顺与？……今夙兴夜寐，耕耘树艺，手足胼胝以养其亲，无此三者，则何为而无效之名也，意者所友非仁人邪？'"①这是对孔子孝养须用敬、"色难"思想的发挥，提出要身敬、辞逊、色顺，对儒家倡导的孝道进行了肯定。同时，必须注意到，荀子讲孝道，主要是为了突出父权在家庭中的地位，"君者，国之隆也，父者，家之隆也。隆一而治，二而乱。自古及今，未有二隆争重而能长久者。"②一个国家，只有树立君主的权威才能统一；一个家庭，必须树立父系家长的权威才能稳定。"忠臣，孝子之极也。"③忠君就是孝父的延伸。

其次是人性本恶，孝道须经教化而成。

荀子说："尧问于舜曰：'人情何如？'舜对曰：'人情甚不美，又何问焉。妻子具而孝衰于亲，嗜欲得而信衰于友，爵禄盈而忠衰于君。'"④他认为人的本性就是人的各种自然属性，如饥而欲食，寒而欲衣，劳而欲息，目欲好色，身欲愉佚，等等。对于心中的各种欲望，如果不以礼义加以限制，人为了自己的利益就会忘记孝亲、忠君。所以他认为孝亲之情并不是人性的自然发扬，而是由外部礼义灌输而成的。他说："故人生不能无群，群而无分则争，争则乱，乱则离，离则弱，弱则不能胜物。故宫室不可得而居也，不可少顷舍礼义之谓也。能以事亲谓之孝，能以事兄谓之弟，能以事上谓之顺，能以使下谓之君。"⑤人无礼义就不能形成社会，就不能战胜自然。所以说孝道是出于教化的结果，要以礼事父、事君。他又说："天非私曾、骞、孝己而外众人也，然而曾、骞、孝己独厚于孝之实，而全于孝子之名者，何也？以綦于礼义故也。"⑥历史上出名的孝子如曾参、闵子骞、孝己，都是礼义教化出来的结果。

再次是论证了礼义在孝道形成过程中的教化作用。

荀子是从礼的教化作用上论证孝道的。一方面论证了礼在区别贵贱亲疏上的作用，正是礼区别贵贱亲疏的作用，将人们凝聚为群体。他说："三年之丧，何也？曰：称情而立文，因以饰群，别亲疏贵贱之节，而不可益损。"⑦在丧礼的过程中，通过五服之制，棺椁重数，服丧长短，来区别宗族内部的身份等级和与死者的亲疏关系。在阶级

---

① 《荀子·子道》。
② 《荀子·致士》。
③ 《荀子·礼论》。
④ 《荀子·性恶》。
⑤ 《荀子·王制》。
⑥ 《荀子·性恶》。
⑦ 《荀子·礼论》。

社会里，社会生存有了一定的剩余，但又不够使所有成员都得到充分的供养，等级差异就成了分配产品、维系社会运行的根据。另一方面论证了礼在道德教化上的作用。荀子说："祭者，志意思慕之情也，忠信爱敬之至也，礼节文貌之盛矣，苟非圣人，莫之能知也。圣人明知之，士君子安行之，官人以为守，百姓一成俗。其在君子，以为人道也；其在百姓，以为鬼事也。"①在这里，荀子对传统的宗教祭祀仪式进行了完全人文化的解释，强调其道德教化作用。

复次是在孝道上主张"从义不从父""从道不从君"。

荀子认为孝道有三个层次："入孝出弟，人之小行也；上顺下笃，人之中行也；从道不从君，从义不从父，人之大行也。"②在家行孝道，要对父亲辞逊、色顺，是孝道基本的、最低的层次；在家行孝，出门敬长，是孝道的中间层次；从道不从君，从义不从父，对君命和父亲之命以"有道"或"有义"而有选择地执行，是孝道的最高层次。荀子还列举了三种情况下不能从父，"孝子所以不从命有三：从命则亲危，不从命则亲安，孝子不从命乃衷（忠）；从命则亲辱，不从命则亲荣，孝子不从命乃义；从命则禽兽，不从命则修饰，孝子不从命乃敬。故可以从而不从，是不子也；未可以从而从，是不衷（忠）也。明于从不从之义而能致恭敬忠信端悫（心，诚实）以慎行之，则可谓大孝矣"③。在家行孝道，对父亲正确的命令不执行是不孝，但对于父亲错误的命令也执行，则是对国家的不忠和对社会的不义，最终对父亲也是不利的。即使对待君主，也不能盲目效忠。荀子说："鲁哀公问于孔子曰：'子从父命，孝乎？臣从君命，贞乎？'三问，孔子不对。"孔子为什么会不对呢？鲁哀公所问问题是一个再平常不过的问题了，但在复杂的社会中，关键问题在于君、父之命的正确和错误之分。"孔子曰：……昔万乘之国有争臣四人，则封疆不削；千乘之国有争臣三人，则社稷不危；百乘之家有争臣二人，则宗庙不毁。父有争子，不行无礼；士有争友，不为不义。故子从父，奚子孝？臣从君，奚臣贞？审其所以从之之谓孝、之谓贞也。"④荀子用孔子之所对，回答了如何认识战国以来社会上存在的忠、孝矛盾的问题。宗族与国家、孝与忠的对立，不能以哪一方面为绝对价值，而否定另一方面的价值。战国时期已经完成了从宗族政治向地域政治的过渡，国家政权已不再是完全按照宗法体系进行建构。但是对于皇室而言，政权又是帝王一家的天下，还是依嫡长子继承的原则传递；士民的家产，也是

---

① 《荀子·礼论》。
② 《荀子·子道》。
③ 同上。
④ 同上。

按照宗法血缘来继承。所以，孝道原则在社会上仍然是适用的。以孝废忠，有亲亲而无尊尊，则国家政治法制无法推行，国力难以强大；以孝废忠，社会就失去了上下维系的凝聚力量，家族必然涣散，国家无法稳定。因此，合理的方法只能是保持亲亲与尊尊、孝与忠之间适度的张力，超越孝与忠的对立，提出一种更高的原则。所以荀子主张"隆礼""重法"，使族权和君权都在服务于君主专制制度的框架下运行。忠与孝只有在符合"礼"，也就是符合国、家的长远利益的情况下，臣、子才应该执行。荀子的思想，为后期儒家学者建构孝道思想提供了一种思路，《孝经》实际上也是沿着这一思路来建构的。

（三）曾子及其学派的孝道思想，达到了先秦孝道观的最高水平

《史记·仲尼弟子列传》载："曾参，南武城人，字子舆，少孔子四十六岁。孔子以为能通孝道，故授之业。作《孝经》。死于鲁。"在儒家诸多后学中，曾子及由他所开创的学派，对孔子所提倡的孝道思想弘扬最力，使先秦的孝道思想达到了最高水平。曾子是孔子弟子中年纪较小的一个，但他的孝行于孔子在世时，就已经传扬开来，是社会上出了名的孝子。《孟子·离娄上》载："曾子养曾晳，必有酒肉。将彻，必请所与。问有余，曰：'亡矣。'将以复进也。此所谓养口体者也。若曾子，则可谓养志也。事亲若曾子者，可也。"曾晳也是孔子的学生，其年迈时，曾子对其孝敬有加。不仅每顿饭必有酒肉，而且吃剩下的如何处理也要请示曾晳。曾晳若问是否还有剩余，一定回答"有"，使其吃饭放心。到了曾元养曾参，则不能做到如此细心了。孟子评价说：曾元孝亲只是养体，而曾子才是养志，是真正的孝道。《孔子家语·六本》也记载了一则曾子的传说：曾参为一件小事触怒了曾晳，曾晳举杖击之，曾参忍而不避，直至昏死过去。苏醒时候，他考虑的不是自己的安危，而是弹琴作歌，安慰父亲，使其不为自己的身体担心。即使是曾晳死后，曾参对其父的怀念之情丝毫不减："曾晳嗜羊枣，而曾子不忍羊枣。公孙丑问曰：'脍炙与羊枣孰美？'孟子曰：'脍炙哉。'公孙丑曰：'然则曾子何为食脍炙而不食羊枣？'曰：'脍炙所同也，羊枣所独也。'"[①]因为父亲好吃羊枣，曾子看到羊枣就会伤心。为了怀念父亲，曾子不再吃羊枣。正因为曾子本人生活中身体力行，所以他对孔子的孝道思想才能够有深刻而独到的体会，并将其发扬光大。

在先秦典籍中，反映曾子及其学派思想的主要著作是《论语》《大戴礼记》和《小戴礼记》，其中有一部分是曾子本人或其门生的，如《论语》所记载的某些内容。历史

---

① 《孟子·尽心下》。

上有曾子及其门人编纂《论语》的说法，大体是可信的。因为曾子是孔门年轻弟子中最受孔子器重者，朱熹称："曾氏之传，独得其宗。"①所以《论语》中有关曾子的记载一般认为比较可靠。然而大、小戴《礼记》中所记曾子言论，有不少于孔孟时代儒家思想矛盾之处，专家一般推断为战国后期儒家学者托曾子之名对孝道的发挥。由于先秦古籍的缺失，目前研究尚不能详细作出曾子学派的具体传承谱系，也不能确切判断先秦儒家著作的成书年代。但不论师承如何，只要确属儒家思想，托曾子之名阐扬孝道，我们都可以将其视为曾子学派的著作。据此，曾子学派的孝道思想包括以下内容。

一是以"忠恕"思想作为孝道的哲学基础。

曾参是孔子学生中最早彻悟"忠恕之道"的人。朱熹在解释"忠恕之道"时指出："尽己之谓忠，推己之谓恕。"②就是说，人们无论做什么事情，都应该把自己是否可以接受作为行动的普遍原则。曾子就是把"忠恕之道"自觉作为行动指南的，他说："吾日三省吾身，为人谋而不忠乎？与朋友交而不信乎？传不习乎？"③这种时刻不停地自我反省，正是实现"忠恕之道"的具体形式。以"忠恕"精神来看待孝道。曾子指出："忠者，其孝之本与？""君子立孝，其忠之用，礼之贵。"④人为什么要孝敬父母？一方面，是发自内心的对父母养育之恩的感激之情，另一方面，人若想在自己晚年时得到子女的孝养，就必须孝养自己的父母。所以"善必自内始"⑤，只有这种发自内心的孝道，才能在行为上表现出尽心竭力，和颜悦色，无微不至。他说："礼以将其力，敬以入其忠。饮食移味，居处温愉，著心于此，济其志也。"⑥由于曾子不只是把孝道看成是一种外在的义务，而是当作不断自我反思的精神修炼过程，因此于他看来，实践孝道就是人们精神的终极寄托。在《大学》一篇中他说："大学之道，在明明德，在亲民，在止于至善。……为人君，止于仁；为人臣，止于敬；为人子，止于孝；为人父，止于慈；与国人交，止于信。"所"止"者，即人生追求的终极目标。"知止而后有定"，千百年来，中国人都是将孝敬父母，为宗法家族尽义务作为安身立命之本。

二是于内涵上对孝道进行了分层研究。

自西周孝道出现，到战国末期诸子百家围绕着孝道展开的争鸣，各家对孝道的理解已经产生了很大的差异。即使在儒家内部，各派对孝道的理解也不尽相同，曾子试图通

---

① 《大学章句序》。
② 《论语集注》卷二。
③ 《论语·学而》。
④ 《大戴礼记·曾子立孝》。
⑤ 《大戴礼记·曾子立事》。
⑥ 同③。

过对孝道的分层研究,以揭示孝道内涵及不同范围。曾子说:"孝有三,大孝尊亲,其次弗辱,其下能养。"①最大的孝是能够使其父母得到天下人的尊敬,稍次一等的孝是不为其父母带来耻辱,最低一等的孝是最起码能够供养父母,围绕"孝尊"的内涵,揭示了"尊亲""弗辱""孝养"的由高到低的分层意义。需要注意的是,在民间文化传统中,"不孝有三,无后为大"影响久远,其实是对孟子孝道思想的曲解。《孟子·离娄上》:"不孝有三,无后为大。舜不告而娶,为无后也。君子以为犹告也。"其义并不是说没有子嗣是最大的不孝,而是说"舜不告而娶,为无后也",没有尽到后辈的本分是最大的不孝。虽然舜从小就不受父亲待见,其父娶了继母之后日子更加难过,他的继母和异弟经常欺负他,因而舜娶妻时就没有告诉父母。以为告与不告是一样的,他的父母都是会阻挠的,但从孝道上讲,无论父母如何做,没有尽到后辈的本分是大不孝。孟子只是指出不孝有很多,不能尽到后辈的本分是最大的不孝,并没有一一列举不孝。曾子是在立于思想高度分层的基础上,又在孝行上提出了具体的做法:"孝有三,小孝用力,中孝用劳,大孝不匮。思慈爱忘劳,可谓用力矣。尊仁安义,可谓用劳矣。博施备物,可谓不匮矣。"即说,对于普通百姓,最起码要达到"其下能养"的思想境界,能够思念父母的慈爱之恩,奉养父母而不辞劳苦,就算于孝上用力了;对于士大夫一流的人来说,起码要有"其次弗辱"的思想境界,能够尊崇仁道,安然行义,推孝作忠,建功立业,使父母终身不辱,才算用孝了;而对于追求圣贤目标的人,则要有"大孝尊亲"的思想境界,博施而济众,将爱父母之心推及于天下百姓,使父母因自己而得到天下的尊重。曾子对孝道的分层及其内涵的阐发,远远超出了孝道的家庭伦理范围,达到了中国古代孝道思想的最高水平,其文化意义久远。

三是提出了孝亲始于爱身的孝道观。

春秋战国时代,原始生殖崇拜思想仍然流行。在古人眼里,人是父精母血而生于天地之间,生育是一件很神圣的事情。不亏其体,不辱其身,全而归之,爱护自己的身体也是尽孝道的重要方面。《论语·泰伯》载:"曾子有疾,召门弟子曰:'启予足,启予手。'《诗》云:'战战兢兢,如临深渊,如履薄冰。'而今而后,吾知免夫,小子。"他本人便十分爱护父母所赐予的身体,不使受到伤害。他又说:"身也者,父母之遗体也,行父母之遗体,敢不敬乎?"②《礼记·祭义》还记载,曾子的学生乐正子春脚受了伤,数月不出,犹有忧色,别人问他为什么,他说他的老师曾子闻之于孔子:

---

① 《礼记·祭义》。
② 同上。

"天之所生，地之所养，无人为大。父母全而生之，子全而归之，可谓孝矣。不亏其体，不辱其身，可谓全矣。"保护父母赐予的身体不受伤害，既是对父母的报答，也是对天地的感恩，是孝道上的天人合一。

四是于孝道上提倡孝子从道微谏。

曾子提倡孝道，但并不认为父母会绝对没有错误，他说："父母之行，若不中道则谏。谏而不用，行之如由己。从而不谏，非孝也；谏而不从，亦非孝也。"①这正是对孔子"事父母，几谏"思想的发挥。曾子并不认为父母会永远正确，在父子关系上提出了一个更高的原则"道"。他认为盲目地服从长辈的错误并不是孝道，只能使他们会犯更大的错误，从而害了亲人。但是曾子又认为，对于父母的错误，劝谏必须是和颜悦色的。"孝子之谏，达善而不敢争辩。争辩者，作乱之所由兴也。"②"微谏不倦，听从而不怠，欢欣忠信，咎故不生，可谓孝矣。"③曾子特别强调孝亲要以敬为出发点，在家庭中保持和谐的气氛，即使对于父母的错误，也要和颜悦色地劝阻，不能直言顶撞。用粗鲁的态度对待父母，正是忤逆之行的开端。父母不听劝谏，为了保持家庭的稳定与统一，也不许子女在行动上有所反抗，而要"行之由己"，同时要在行动中减少父母的错误。可以说，曾子在处理父子关系时，已经将儒家的家庭伦理的张力扩展到了最大的限度。像荀子那种"从义不从父"式的"大义灭亲"思想，在一定程度上已经超越了先秦儒家思想的框架，包含了其他流派思想的内容。

五是对孝道中的"移孝作忠"思想的系统论证。

战国时期，各国都基本完成了从宗法血缘制度向地域政治制度的社会转型，周礼所确立的"宗君一体"的封建制度已经基本瓦解。新的时代，"宗统"与"君统"，换言之，宗族与国家的矛盾不可避免地暴露了出来。法家学者总是在突出两者的矛盾，强调君权的绝对性；而儒家学者则竭力调和两者的矛盾，证明两者的一致性。"移孝作忠"就是儒家忠孝观的重要内容。实践证明，法家的暴露论更便于为建立一个君主专制制度服务，而儒家的调和论则更便于为巩固君主专制社会服务。

孔子认为："其为人也孝弟，而好犯上者，鲜也。"④"弟子入则孝，出则弟"，其中已经包含了"移孝作忠"的思想倾向。战国时期的儒家都在发挥孔子的这个思想，试图协调宗法家族伦理和中央集权社会的矛盾，而曾子在这方面论证得最为成功。他

---

① 《大戴礼记·曾子事父母》。
② 《大戴礼记·曾子事父母》。
③ 《大戴礼记·曾子立孝》。
④ 《论语·学而》。

说:"事父可以事君,事兄可以事长;使子犹使臣也,使弟犹使承嗣也。"①在传统社会,父就是家庭里的君主,君主则是一国的家长,其管理子弟和臣下的原则是一致的。"是故未有君而忠臣可知者,孝子之谓也;未有长而顺下可知者,弟弟之谓也。"②在家庭内部推行孝悌之道,就可以为国家培养忠臣顺民。在《大戴礼记·主言》中记载了孔子与曾子的一段对话:"曾子曰:'敢问何为七教?'孔子曰:'上敬老则下益孝,上顺齿则下益悌……'"孝悌的原则可以推广于国家。《大学》一书传为曾子所作,对上述原则作了更为精辟的概括:"古之欲明明德于天下者,先治其国;欲治其国者,先齐其家;欲齐其家者,先修其身;欲修其身者,先正其心;欲正其心者,先诚其意;欲诚其意者,先致其知;致知在格物。"这就是著名的"大学八条目",后世儒家学者都将其视为内圣外王,治国平天下的法宝。朱熹《大学章句》对"修、齐、治、平"的具体内容解释说:"所谓治国必先齐其家者,其家不可教而能教人者,无之。故君子不出家而成教于国。孝者,所以事君也;弟者,所以事长也;慈者,所以使众也。""所谓平天下在治国者,上老老而民兴孝,上长长而民兴弟,上恤孤而民不倍。是以君子有絜矩之道也。"《大学》所阐述的思想甚至语言,与《大戴礼记》有很大的一致性,基本可以视为曾子及其学派的代表作。曾子虽然没有提出"以孝治天下",但已经将这一思想涵括在自己的观念之中。

六是在孝道思想中提出了"孝为德之本",从而提升了孝的地位。

曾子把孝置于宇宙普遍原则的高度,认为放之四海而皆准。他说:"夫孝,置之而塞乎天地,溥之而横乎四海,施诸后世而无朝夕。推而放诸东海而准,推而放诸西海而准,推而放诸南海而准,推而放诸北海而准。《诗》云:'自西自东,自南自北,无思不服。'此之谓也。"③如果就中国传统社会而言,儒家文化中所包含的宗法伦理,的确是贯穿于社会其他道德的核心。曾子确实是抓住了宗法社会的根本。"居处不庄,非孝也;事君不忠,非孝也;莅官不敬,非孝也;朋友不信,非孝也;战阵无勇,非孝也。五者不遂,灾及其亲,敢不敬乎?……仁者,仁此者也;礼者,履此者也;义者,宜此者也;信者,信此者也;强者,强此者也。乐自顺此生,刑自反此作。"④孝道不仅是全部传统伦理道德的基础,而且已经变成了全部道德本身。曾子及其学派为了宣扬孝道精神的重要性,也有将孝道伦理的作用扩大化的倾向。更有甚者,曾子转引孔子的

---

① 《大戴礼记·曾子立事》。
② 《大戴礼记·曾子立孝》。
③ 《礼记·祭义》引曾子话。
④ 《礼记·祭义》。

话说:"草木以时伐焉,禽兽以时杀焉。夫子曰:'伐一木,杀一兽,不以其时,非孝也。'"① 使孝道超出了伦理的范围,成为"天人关系"的原则。

六、发展:《孝经》对儒家孝道思想的继承和发扬(孝道思想的经学形态)

《孝经》是汉初思想建设的积极成果。公元前221年,秦灭六国,秦始皇建立了一个统一的中央集权的专制帝国,标志着自春秋战国以来的社会变革基本完成。与此同时,中国士人的关注热点也从探索如何建构一个新的社会转向如何巩固新的社会。秦王朝短短十三年便结束国祚的经验教训,为承秦制而建的汉,提出了在思想统治上如何适应君主专制社会的历史问题,《孝经》无疑是积极的思想建设成果。

(一)由秦到汉,宗法社会调整中的以孝治天下

秦始皇统一中国,实质上得益于秦孝公时期商鞅变法经验在全国的推广,而商鞅变法的实质则是于军事、政治实力的强制下,推动宗法宗族向宗法家族制度的转变。在政治上以郡县制代替分封制,完成了从宗法血缘统治向地域政治制度的过渡。在经济上发展一家一户的小农经济,促使聚族而居的农村公社的瓦解。"令民为什伍,而相牧司连坐。不告奸者腰斩,告奸者与斩敌首者同赏,匿奸者与降敌者同罪。民有二男以上不分异者,倍其赋。有军功者,各以率受上爵。""而令民父子兄弟同室内息者为禁。而集小乡邑聚为县,置令、丞,凡三十一县。为田开阡陌封疆,而赋税平。"②商鞅就是以这些措施,迫使三代以来长期发生作用的血缘宗族瓦解,向小型化宗法家族过渡。秦始皇欣赏韩非的法家学说,实行"以法为教""以吏为师",斥诸子百家为"六虱""五蠹",使中央集权的君主专制制度得到前所未有的强化。秦始皇对六国的旧贵族实行了大迁徙的政策,使当地的宗族统治实力遭到进一步打击。

由于长期的文化影响和生产力的实际水平,秦王朝还不能将中国彻底从宗法社会变成公民社会,实际上宗法家族仍然在社会经济、政治、文化方面发挥着主导作用,秦王朝也不可能完全改变三代以来长期流行的宗法意识形态的"孝道"。秦始皇本人也是执行孝道的,据《史记·秦始皇本纪》载:公元前238年,嫪毐(吕不韦门下的舍人,后以宦官入宫,与太后私通)作乱,事涉母后,秦始皇极为愤怒,将其母迁出京城,茅焦冒死进谏:"秦方以天下为事,而大王有迁母太后之名,恐诸侯闻之,由此倍秦也。"秦始皇怕背上不孝的骂名,于是将其母接回,死后与其父庄襄王合葬。统一中国后,秦

---
① 《大戴礼记·曾子大孝》。
② 《史记》《商君书》所记载商鞅变法的主要内容。

始皇巡游各地，勒石称功，其中有不少宣扬孝道的文字。一如《峄山刻石》："廿有六年，上荐高庙，孝道显明。"二如《琅琊刻石》："以明人事，合同父子，圣智仁义，显白道理。"又如为了使儿子们忠于自己，他用孝道教育他们，以致赵高伪造遗诏迫令太子扶苏自杀，蒙恬怀疑其中有诈，让扶苏上疏问个明白，扶苏却说："父而赐子死，尚安复请？"在社会浓厚的孝道氛围中，胡亥篡权也不能心安理得，他说："废兄而立弟，是不义；不奉父诏而畏死，是不孝。"①秦王朝还用刑法在民间推行孝道，"以治黔首"。在《云梦秦简》中就有很多维护孝道的法律，如："殴大父母，黥为城旦舂。""父盗子，不为盗。""子盗父母，父母擅杀……不为公室告。""子告父母，臣妾告主，非公室告，勿听。"《睡虎地秦墓竹简·封诊式》记载了两条父亲告儿子的案例，父亲要求政府将儿子杀死或断足流放，政府皆以照办。

秦王朝推行孝道与儒家有着根本的不同。一是秦始皇过度迷信政治权力的作用，试图依靠法律迫使民众接受孝道，忽视了法律只能禁人为非，但不能导人为善。人为了害怕惩罚而去遵守孝道，既不可能形成道德自觉，也不可能形成法律自觉。随着宗族制向家族制的过渡，宗法分封制下具有政治、经济、法律、道德一体性质的"周礼"已不复存在，但对于广大个体家庭而言，他们普遍认为，孝道仍不是一种外在强制的人身约束力，而是一种道德伦理。正如《云梦秦简·语书》所说："今法律令已具矣，而吏民莫用，乡俗淫失（佚）之民不止。"忽视对民众的礼义教化是不行的。二是秦王朝虽然也提倡孝道，但在父子关系中片面强调父权，在国家与家庭的关系上片面强调国家一方的权利，在物质与精神的关系上片面强调物质利益的一方，其结果是孝道上只有"尊尊"而无"亲亲"，忽视了孝道中调节人际关系的亲情温暖，使之变成单纯的权利义务关系，从而丧失了孝道的社会整合功能。在韩非等人的法家学说功利主义的诠释下，秦王朝所提倡的孝道，不仅达不到缓和社会矛盾的作用，反而只能使人过分重视物质利益，加剧社会矛盾的爆发。

公元前206年西汉王朝建立，统治阶级的思想家始终以秦为前车之鉴，探索使帝国王朝长治久安的百年大计。汉初的思想家贾谊总结说："秦灭，四维不张，故君臣乖而相攘，上下乱僭而无差，父子六亲殃戮而失其宜，奸人并起，万民离畔。凡十三岁社稷为虚。"②"四维"即儒家提倡的"礼义廉耻"，贾谊认为秦王朝的灭亡就是因为片面提倡法治，忽视道德教化，片面强调利益而蔑弃亲情所致。例如：韩非认为，"家之孝

---

① 《史记·李斯列传》。
② 《新书·俗激》。

子而国之倍臣",夸大国家与家庭的矛盾,要求人人"大公无私""大义灭亲"。贾谊则针锋相对地指出:"岂为人子背其父,为人臣因忠于君哉?岂为人弟欺其兄,为人下因信其上哉?"①背叛父兄的人未必忠于君上,反过来讲,提倡孝道恰恰是培养对君上的忠顺精神。

对于汉代来说,经历了社会战乱巨变之后,重建宗法等级秩序,提倡孝道,不失为良策之一。汉武帝时期的大儒董仲舒,深刻论证了孝道的社会意义。从"屈民而伸君,屈君而伸天"的基本原则出发,认为孝道有两方面的内容:一方面,平民百姓要内孝于亲,外忠于君,这样才符合天地阴阳五行的顺序,"木生火,火生土,土生金,金生水,水生木,此其父子也。木居左,金居右,火居前,水居后,土居中央,此其父子之序。……故五行者,乃孝子忠臣之行也"②。把子孝父、臣忠君说成是宇宙中的根本规律,所以"人受命于天,固超然异于群生。入有父子兄弟,出有君臣上下之谊,会聚相遇,则有耆老长幼之施。……此人所以贵也。"③另一方面,认为为人君也不可以为所欲为,秦王朝的早衰与其过分突出君主的地位,将皇帝置于不受任何约束的地位有关,"圣人之道,不能独以威势成政,必有教化。故曰:先之以博爱,教之以仁也;难得者,君子不贵,教以义也;虽天子必有尊也,教以孝也;必有先也,教以弟也"④。即使贵为天子,也不能唯我独尊,他也有所从来,有父母长上。一个人可以不信天命鬼神,但不能否定父母的养育之恩和血缘的上下差等。儒家的孝道本来就是讲父子、君臣的相对义务关系的,所以宣扬孝道对帝王的权力也是一种约束。随着汉初一段时间"黄老之术"完成了与民休息的历史责任,儒家的"孝悌之道"不可避免地成为意识形态的主流,汉代的"以孝治天下"就是在这样的背景下产生的。

汉代统治者已经开始提倡"孝弟力田",如《汉书》本纪记载:惠帝四年,"举民孝弟力田者复其身";高后元年,"初置孝弟力田二千石者一人";文帝十二年下诏,"孝悌,天下之大顺也。力田,为生之本也。……而以户口率置三老孝悌力田常员,令各率其意以道民焉"。"孝弟(悌)""三老""力田"都是乡官的官名,凡民能孝养父母,着力耕耘者,皆可以担任国家的下层官吏。汉代皇帝巡幸各地,常有褒扬孝悌之事。若一个地方出现祥端,也认为是当地人民孝行感动上天所致,要赏赐当地官绅。如汉宣帝甘露三年,诏曰:"乃者凤皇(凤凰)集新蔡,群鸟四面行列,皆乡(向)

---

① 《新书·俗激》。
② 《春秋繁露·五行之义》。
③ 《汉书·董仲舒传》。
④ 《春秋繁露·为人者天》。

凤皇立，以万数。其赐汝南太守帛百，新蔡长吏、三老、孝悌、力田、鳏寡孤独各有差。"①在《汉书》《后汉书》的帝王本纪中，全国性的对孝悌的褒奖、赐爵达三十二次之多。为了在社会上倡导孝道，汉代的皇帝谥号多加一孝字。颜师古说："孝子善述父之志，故汉家之谥，自惠帝以下皆称孝也。"②正是在这样一种全社会推崇孝道的氛围中，《孝经》出现并受到高度重视，是历史的必然。

（二）《孝经》继承发扬了儒家的孝道思想

《孝经》的作者及其产生的年代，自汉以后就有争议，百家异说，各执一词，各有依据，莫衷一是。但在没有充分的出土文物能够提供新资料的情况下，我们还是相信司马迁。按照《史记·仲尼弟子列传》所说："孔子以曾子能通孝道，故授之业，作《孝经》。"《汉书·艺文志》说："孝经者，孔子为曾子陈孝道也。"因为这些争议并不影响《孝经》于汉代对儒家孝道思想的继承和发扬的判断。

《孝经》作为儒家十三经之一，仅二卷十八章，不足两千字，是十三经中最短者。之所以历史上广泛持久地受到重视，其根本原因在于其对儒家孝道思想进行的系统、精辟、完整的总结，并突出了"孝治"的政治理念，使之符合帝制时代统治者建立和巩固中央集权的统一帝国的需要，加之简单易学、易懂，成为两千年来传播范围最广、影响最大的儒家著作。《孝经》的内容包括以下四个方面：

一是为孝道提出了宇宙论和人性论依据。

《孝经》第一章《开宗明义》，首先指出《孝经》的意义。"仲尼居，曾子侍。子曰：'先王有至德要道，以顺天下，民用和睦，上下无怨，汝知之乎？'曾子避席曰：'参不敏，何足以知之？'子曰：'夫孝，德之本也，教之所由生也。'"作者是把孝道作为治理国家、教化民众的最根本的道德，并借孔子之口说了出来。作者为了神化孝道，在《孝经》中对孝道进行了两方面的论证。

首先从宇宙论上给孝道确立一个最高的普遍规则。《三才章》说："曾子曰：'甚哉，孝之大也。'子曰：'夫孝，天之经也，地之义也，民之行也。天地之经而民是则之，则天之明，因地之利，以顺天下，是以其教不肃而成，其政不严而治。'"孝道不仅是人间道德的根本，而且是宇宙运行的普遍规则，把孝道提升到宇宙根本规律的高度，人怎么能违反呢？给孝确立一个最高的规则，如同给礼确定一个最高规则一样，这是儒家的思维方式。《左传·昭公二十五年》论到礼所依据的最高规则："夫礼，天之

---

① 《汉书·宣帝纪》。
② 《汉书·惠帝纪》。

经也,地之义也,民之行也。"《大戴礼记·曾子大孝》说:"民之本曰孝","夫孝者,天下之大经也"。其还说,"草木以时伐焉,禽兽以时杀焉。夫子曰:'伐一木,杀一兽,不以其时,非孝也。'"(这段话《小戴礼记·祭义》中也有)我们将这些联系在一起理解,就不难发现,《孝经·三才章》的论证并不是简单地从《左传》中引证而来,而是儒家习惯的一种普遍思维方式,即寻找并确立一个最高的普遍规则——"天""地"所表征的宇宙运行的普遍规则。这样一来,就不难理解何以伐木、狩猎不以时就是非孝,因为"不孝"就像不以时伐木、狩猎一样违背了天地运行的规则。

其次从人性论上论证孝道是人的本性所在。《圣治章》说:"曾子曰:'敢问圣人之德无以加于孝乎?'子曰:'天地之性人为贵,人之行莫大于孝。……父子之道,天性也。'"子贡曾经说过:"夫子之言性与天道,不可得而闻也。"[①]认为,孔子讲礼乐诗书是有形的,是可以听闻学到的,但关于人性与天道的理论,深微难知,不是聪明特达之人不能听懂。将人性与天道相联系,人性便是人的天性,天性是天道所为。从儒家思想的发展来看,《圣治章》这段话也是对孟子"孩提之童,无不知亲其亲者"的继承和发扬。儿童在成长过程中对父母的情感依恋,可以说是一种固有的人的本性,由此引申,强调孝道的必然性是符合人类社会生活经验的。

正因为孝道即天道,又出自人的本性,所以就要将论证孝道的书提升为"经",《孝经》之名由此而来。正如《汉书·艺文志》所言:"夫孝,天之经,地之义,民之行。举大者言,故曰《孝经》。"

二是对孝道的社会作用进行了全面论证。

《孝经》在论证孝道的社会作用时,是从个体和群体两个方面进行的。

首先,从个体角度看,孝道是一个由小而大、由内而外、有始有终的过程。《开宗明义章》说:"身体发肤,受之父母,不敢毁伤,孝之始也;立身行道,扬名于后世,以显父母,孝之终也。"战国时期的儒家学者,一再强调保护自己的身体就是尽孝道,其中既有传统生殖崇拜的孑遗,也有使父母减少忧虑的实际考量。《大戴礼记·曾子本孝》讲:"孝子不登高,不履危,痹亦弗凭,不苟訾(就餐,引申钱财),隐不命,临不指,故不在尤之中也。""故孝子事亲也,居易以俟(等待)命,不兴险以侥幸。……出门而使不以,或为父母忧也,险途隘巷,不求先焉,以爱其身,以不敢忘其亲也。"而《孝经》正是对曾子这些思想的高度总结。"终于事君"指人成年以后,要将孝亲的精神用于国家社稷,忠于君王,为国家建功立业,"扬名于后世",增加父

[①]《论语·公冶长》。

母的荣耀。"终于立身"是孝道于个体层面的最高层次,达到这一层次也就是孝道的完成。由于儒家文化是一种入世型的文化,并不特别关注人死后的归属问题。"季路问事鬼神,子曰:'未能事人,焉能事鬼?'曰:'敢问死?'曰:'未知生,焉知死。'"①孔子对于死后的彼岸世界给予了不可知的回答,既不肯定,也不否定,但又似乎明确告诉了"生时要做好的事都不明白,何以谈死后和事鬼神的事"的道理,使人们把自己的精神关怀完全放到现实的世界中,以为家族和国家尽义务为己任。所谓"立于身者",即理想人格的完成,其中的"以贤父母"的"贤亲"与曾子所提出的"大孝尊亲"的"尊亲"思想是一致的。"圣贤"品格的实现过程,就寓于"齐家、治国、平天下"的道德实践之中。

其次,从群体的角度来看,孝道的社会作用表现在天子、诸侯、卿大夫、士和庶人五个不同的等级中。所谓的"五等之孝"也就是孝道表现的五个方面。《庶人章》说:"用天之道,分地之利。谨身节用,以养父母,此庶人之孝也。"对于庶人来讲,孝道很少有推广的可能,因此主要就是孝养。但对于所有人来讲,孝养又是最基本最普遍的要求,连这都做不到,就根本谈不上孝。唐玄宗对此注说:"春生夏长,秋收冬藏,举事顺时,此用天道也。""分别五土,视其高下,各尽所宜,此分地利也。"按照农时劳作,区分土地耕耘,辛勤生产以供养父母,这是大多数普通劳动者所应尽的孝道。《士章》说:"资于事父母而爱同,资于事父母以事君而敬同。故母取其爱而君取其敬,兼之者父也。故以孝事君则忠,以敬事长上则顺。忠顺不失以事其上,然后能保其禄位而守其祭祀,盖士之孝也。"士人的孝讲的完全是推孝作忠的道理。将爱敬父母之心用于事君、事长,自然就化成了忠、顺之情。在这种转化过程中,父是一个关键。民爱父不如爱母,但对母之爱则少敬畏之情。而对于父则既有基于血缘的爱,又有严父管教下的敬,恰恰同于对待君主和长上的态度。《孝经》之所以要在《士章》中讲推孝作忠的道理,是因为士是中国传统社会连接官与民的结合点,其身份原本为民,但又可以上升为官,这个社会群体是社会道德示范的主体,是连接宗法家族与专制王朝的枢纽。《卿大夫章》说:"非先王之法服不敢服,非先王之法言不敢言,非先王之德行不敢行。是故非法不言,非道不行,口无择言,身无择行。言满天下无口过,行满天下无怨恶。三者备矣,然后能守其宗庙。盖卿大夫之孝也。"这一章似乎没有直接提到一个孝字,但联系对士"推孝作忠"的道理,将敬顺父母的习惯用于社会,当官之后自然就是遵照祖宗成法惯例行事,口无非分之言,身无非分之行,循规蹈矩,保其禄位。以孝

---

① 《论语·先进》。

道精神培养的官吏，正是中央集权的君主专制制度所需要的。此时"宗君一体"时代的大宗、小宗之间忠孝直接对应的关系虽不存在了，但孝道所包含的忠孝一致的精神原则亦然可以发挥作用。《诸侯章》说："在上不骄，高而不危，制节谨度，满而不溢。高而不危，所以长守贵也；满而不溢，所以长守富也。富贵不离其身，然后能保其社稷而和其民人，盖诸侯之孝也。"这一章同样没有直接涉及孝子关系的词句，但其内容都是孝道的引申。于今人看来，突出的印象就是对诸侯的警告，让他们"在上不骄，高而不危"，这样才能"保其社稷"。这样的言语，显然是在春秋战国以后，天子式微，"礼乐征伐自诸侯出"的社会环境中，儒家学者对强臣霸主们的警告。于汉代则是对时时怀有不轨之心的刘姓诸王的警告。于今天，对那些大小贪官何尝不具有警示作用呢？《天子章》说："爱亲者，不敢恶于人；敬亲者，不敢慢于人。爱敬尽于事亲，而德教加于百姓，刑于四海，盖天子之孝也。"天子行孝道，就是要将爱敬亲人之情，推及天下，以孝道教化民众，以刑罚保证孝道。简而言之，就是"以孝治国"。同时要求天子"爱敬尽于事亲"，使自己有所畏惧，不能为所欲为。如《感应章》说："故虽天子，必有尊也，言有父也；必有先也，言有兄也。"

从个体到群体的孝道作用，使整个社会自下而上，各行其孝，孝之有序，以保证其"孝治天下"的功能。

三是在内容上将"善事父母"的孝升华为"以孝治天下"。

《孝经》与儒家其他经典相比，于孝道的核心内容已经从本义的"善事父母"，发展到其引申义的"以孝治天下"，孝的核心价值观的转变，使孝道得以升华。《孝经》的绝大多数章节，不是讲"事于亲"，而是在讲"事于君"，不足两千字中，"治"字出现十一次，"孝治"成为贯穿全书的根本宗旨，这也恰恰是文字不多的《孝经》之所以上升为"经"的根本原因。其所包含的思想内容，有如下几个方面：

第一，以"亲亲"率"尊尊"，移孝作忠。其《广扬名章》说："君子之事亲孝，故忠可移于君；事兄悌，故顺可移于长；居家理，故治可移于官。是以行成于内，而名立于后世矣。"移孝作忠在孔子思想中就有，经过曾子学派的发展，到《孝经》被正式提了出来。《圣治章》说："故亲生之膝下以养父母曰严，圣人因严以教敬，因亲以教授。圣人之教不肃而成，其政不严而治。"儒家理想的圣人之治，是将天下变成一个大家庭。统治者以爱子女之心爱护百姓，而百姓则以尊敬父母之情尊敬长上。即使长上对下民有些严厉的措施，那也不过如同父母对子女的严格要求，出发点还是一片爱心。

第二，"以孝治天下"。移孝作忠，很自然地就将孝道这种家庭伦理推及社会，使之变成了一种政治原则。《孝治章》说："子曰：昔者明王之以孝治天下也，不敢遗小国之臣，而况公侯伯子男乎？故得百姓之欢心，以事其先王。治国者，不敢失于臣妾，而况于妻子乎？故得人之欢心，以事其亲。夫然，故生则亲安之，祭则鬼享之。是以天下和平，灾害不生，祸乱不作，故明王以孝治天下如此。"这套用《大学》"齐家、治国、平天下"的框架，其中贯穿的精神则是《天子章》中以爱敬之心治天下的原则。对于君主专制社会而言，提倡以孝治天下，把大国小国、天子诸侯、官吏百姓、家主臣妾之间的阶级对立、等级差异统统隐藏在了宗法血缘之中。以"亲亲"率"尊尊"，不能不说是一种减轻阶级对立，缓和社会矛盾的巧妙方法。

第三，以孝教民。鉴于秦王朝统治者片面强调法治，忽视道德教化的教训，汉代统治者极力强化孝道的教化作用。《广要道章》说："子曰：教民亲爱，莫善于孝；教民礼顺，莫善于悌；移风易俗，莫善于乐；安上治民，莫善于礼。"以具有"家教"色彩的孝道教育民众，会使人感到亲切体贴，易于接受，所以说教民"莫善于孝"。《广至德章》说："子曰：君子之教以孝也，非家至而日见之也。教以孝，所以敬天下之为人父者也；教以悌，所以敬天下之为人兄者也；教以臣，所以敬天下一切为人君者也。"将"家至而日见"的孝道推广之，就会敬天下一切为人父、为人兄、为人君者，即可达到"安上治民"的根本目的。

第四，以刑辅德。本来道德与法律属于不同的领域，但在传统社会中，孝道所反映的社会现实，正是宗法家族社会的本质。因此，孝父、从兄、忠君，既是道德伦理的要求，也是法律所需强制执行的规范。《五刑章》说："子曰：五刑之属三千，而罪莫大于不孝。要君者无上，非圣者无法，非孝者无亲，此大乱之道也。"在以宗法家族制度为基础的君主专制社会里，祖先崇拜、圣贤崇拜和君主崇拜是社会基本的价值观念。于《孝经》作者看来，一切的罪恶皆发源于在家中对父母的不孝，因此要用最严厉的刑罚来惩处不孝的行为。自汉代以后，中国的刑法典都体现了这种精神，对不孝的行为以法律手段加以制裁。

第五，以宗教神化孝道。中国三代社会即存在着发达的宗法性传统宗教，尽管这一宗教形态在春秋战国的动乱中受到了严重的冲击，但由于其生存于宗法社会的土壤，却得以继承延续。《孝经》的作者强调，要以宗教来神化祖灵，"神道设教"，保证实现社会中孝道的推行。《感应章》说："子曰：昔者明王，事父孝故事天明，事母孝故事地察，长幼顺故上下治。天地明察，神明彰矣。"中国的儒学者，除了少数如荀子、王充、范缜等人，虽对鬼神持存疑态度，但绝不是无神论者，到了汉代，正是一个传统宗教的整饬时期，宗教氛围浓烈。《感应章》首先强调天地明察，神明在上苍监视着人们的孝行。《圣治章》又说："人之行莫大于孝，孝莫大于严父，严父莫大于配天，则周公其人也。昔者周公郊祀后稷以配天，宗祀文王于明堂以配上帝。是以四海之内各以其职来祭，夫圣人之德又何以加于孝乎？"在宗法性宗教中，天神崇拜和祖先崇拜是两大基本信仰。在周代，周公制礼作乐，实行"以祖配天"，既将天神据为己有，作为周廷的保护神，又神化了祖灵，使孝道得到鬼神的支持。宗庙祭祀正是子孙表达对先辈孝敬之情的场所。"宗庙致敬，不忘亲也。修身慎行，恐辱先也。宗庙致敬，鬼神著矣。孝悌之通于神明，光于四海，无所不通。"①宗庙之中的四时祭祀，仪式隆重，气氛庄严，正是培养子孙孝敬之情的良好机会。在宗教盛行的古代，不行孝道的人，死后会受到祖灵的刑罚，这是任何人都不得不认真考虑的问题。所以《孝经》将宗庙祭祀当成"孝治"的重要手段。

四是对家庭伦理的孝行进行了概述。

对于真正家庭伦理层面的孝道，仅于《孝经》的《纪孝行章》《谏争章》《丧亲章》等几章有很少内容。《纪孝行章》以极为精练的语言概述了居家所必须遵循的原则："孝子之事亲也，居则致其敬，养则致其乐，病则致其忧，丧则致其哀，祭则致其严。五者备矣，然后能事亲。"这里提到的五个方面，基本可以包括日常生活起居的主要问题。儒家从其创始人孔子开始，经曾子、子思、孟子、荀子，已经就孝道伦理的方方面面讲得无微不至，并在《礼记》中以礼仪条文的形式固化下来，所以《孝经》仅就敬、乐、忧、哀、严的原则作了规范。在全书的最后，作者指出："生事爱敬，死事爱戚，生民之本尽矣，死生之义备矣，孝子之事亲终矣。"②

《孝经》在家庭伦理中对谏争的论述，值得特别重视。《谏争章》说："曾子曰：'若夫慈爱恭敬，安亲扬名，则闻命矣。敢问子从父之令，可谓孝乎？'子曰：'是何言与？是何言与？昔者天子有争臣七人，虽无道不失其天下；诸侯有争臣五人，虽无道不失其国；大夫有争臣三人，虽无道不失其家；士有争友，则身不离于令名；父有争子，则身不陷于不义。故当不义，则子不可以不争于父，臣不可不争于君。故当不义则争之，从父之令又焉得为孝哉？'"父母有过则谏，是儒家一向坚持的原则。但是从春秋末期孔子提出"事父母，几谏"，到曾子提出"父母之行，若中道则从，若不中道则谏。谏而不用，行之如由己。从而不谏，非孝也；谏而不从，亦非孝也"③，再到孟子提出"父子之间不责善，责善则离，离则不祥莫大焉"④，战国中期以前的儒家，一般

---

① 《孝经·感应章》。
② 《孝经·丧亲章》。
③ 《大戴礼记·曾子事父母》。
④ 《孟子·离娄上》。

都突出父子之间血缘的绝对性，不能因家族以外的原则而动摇宗法原则的至上性。对父之过可以谏，但谏而不听，仍要服从。子思学派认为："为父绝君，不为君绝父；为昆弟绝妻，不为妻绝昆弟；为宗族杀朋友，不为朋友杀宗族。"①显而易见，当时的宗族势力还是很大的，儒家要将恢复社会秩序的希望寄托于西周宗法制度的复兴。然而，历史发展恰恰走了相反的路线，宗族制度的瓦解和家族制度的建立，是战国时期各国变法的基本方向。于是，战国后期的儒家学者，也逐渐修改了自己孝道学说的倾向。荀子指出："鲁哀公问于孔子曰：'子从父命，孝乎？臣从君命，贞乎？'三问，孔子不对。""孔子曰：'……昔万乘之国有争臣四人，则封疆不削；千乘之国有争臣三人，则社稷不危；百乘之家有争臣二人，则宗庙不毁。父有争子，不行无礼；士有争友，不为不义。故子从父，奚子孝？臣从君，奚臣贞？审问所以从之之谓孝、之谓贞'"②不难看出，《孝经》的《谏争章》基本上是从《荀子》演绎而来的，只不过在争臣的对应人数上，直接套用了《礼记》关于庙制的说法，文词也稍加改动而已。但就其精神实质，则反映了战国末期中央集权制度建立、宗法宗族制度向宗法家族制度转化的事实。这时，君权已经远远超过了族权，公法超过了家法，"君统"压倒了"宗统"，儒家学者必须修订其学说中的宗族至上的倾向。荀子和《孝经》坚持"从义不从父"的原则，使儒家的孝道学说具有了更为丰富的内容，更能够适应正在成熟的新时代。对于父亲的错误不仅要劝谏，劝而不听也没有必要服从，因为这样会把父亲推向罪恶的深渊，使家族整体利益受到伤害。所以，盲目服从父命并不是真正的孝子。

"从义不从父"推而广之，就成了对待君的同一原则。对于君命中的不义的成分，也不能盲目执行。因此《孝经》专立《事君章》以示："子曰：君子之事上也，进思尽忠，退思补过，将顺其美，匡救其恶，故上下能相亲也。"对于君主的错误，必须予以匡正，而不能趋炎附势、阿谀奉承、推波助澜、助纣为虐。不分是非的从命，并不是真正的忠。

"从义不从父"的孝道原则，不仅仅是为了顺应宗族制度到家族制度的社会变迁，为了解决"谏而从"或"谏而不从"的矛盾，而是从孝道上进一步强化"父慈""君明"的先导性问题，从而使"父慈子孝，兄友弟恭，君明臣忠"更加平衡、和谐。因为，在儒家由血缘人伦推延到社会人伦的义理结构中，始终坚持了强者、长上示范在先、弱者仿效于后的形态。"父慈"才有"子孝"，"父慈子孝"则谓"亲"；"兄

---

① 《郭店楚墓竹简·六德》。
② 《荀子·子道》。

友"才有"弟恭","兄友弟恭"则谓"悌";"夫扶"才有"妻服","夫扶妻服"则谓"别";"君明"才会"臣忠","君明臣忠"则谓"义";"长爱"才有"幼敬","长爱幼敬"则谓"序";平等的朋友关系则是以"信"作为共同的道德约束。从《孝经》的《庶人章》《士章》《卿大夫章》《诸侯章》《天子章》所表征的"五等之孝"中,也能够发现对强者、长上的不同的孝道示范要求。因此,对于道德伦理的孝道而言,"从义不从父"的孝则,通过强调"义"的核心价值,从而强化作为强者、长者一方的道德示范作用。孝道绝不是后世某些腐儒和昏君所提倡的只要求"弱者"一方的"愚忠愚孝",在对社会发展长远利益的追求中,以"强者""长上"的孝道示范为前提,带动全社会良好的孝道之风尚。所以,孝道在两千年的中国帝制社会里,既不是一块单纯的掩饰等级剥削制度的面纱,也不完全是封建君主控制下的麻痹百姓的思想工具,始终在政治权力与思想权力的博弈中发挥其价值功能。思想者从社会理想追求出发,试图以思想权力在孝道上对包括君主在内的全体的人进行教化,而君主帝王则从社会统治的现实需要出发,以维护其长久统治为目的,通过不断强化政治权力在教育中对孝道思想的生产、传播、评价的垄断力,达到对百姓的思想控制。因此,在漫长帝制的教育历史中,孝道教育始终是被选择的,孝道教育也因选择之所是。

七、推阐:纬书围绕天人之学对《孝经》的另见(孝道思想的纬书形态)

我们都知道,谶纬思潮是中国学术史上的一大谜团,也是至今尚未破解的一大学术公案。在经过先秦"百家争鸣"的理性启蒙后,谶纬竟然笼罩并统治了东汉的社会文化;而在东汉以后的几个朝代的禁绝下,曾经显赫一时、受到帝王喜爱的谶纬思潮,竟然又消亡殆尽,在唐宋以后的正统文化中再也见不到谶纬的踪迹,以致今天的许多人甚至许多学者,对谶纬知之甚少。以谶纬解说五经(主要指今文经学)形成了纬书,谶虽然起源很早,但并没有形成一股强大的势力,纬书是在经学立为官学之后才出现的。

谶纬在社会上得到极大的发展,得力于王莽篡权和光武帝的大力提倡。王莽为达到其篡汉做皇帝的目的,大造舆论,"征天下通一艺教授十一人以上,及有逸《礼》、古《书》《毛诗》《周官》《尔雅》、天文、图谶、钟律、月令、兵法、史篇文字,通知其意者,皆诣公车。网络天下异能之士,至者前后数千,皆令记说廷中,将令正乖谬,壹异说云"①。王莽当上皇帝后,"遣五威将王奇等十二人班《符命》四十二篇于

---

① 《汉书·王莽传上》。

天下。德祥五事，符命二十五，福应十二，凡四十二篇"①。这四十二篇就是王莽造的谶纬之书。谶纬的中心思想，是阴阳五行，是灾异祯祥。自王莽大力提倡和伪造谶纬之后，谶纬便在社会上广泛流传，主导了人们的社会行为和思想。汉光武帝刘秀起兵时，所依据的正是谶纬。"莽末，天下连岁灾蝗，寇盗蜂起。地皇三年，南阳荒饥，诸家宾客多为小盗。光武避吏新野，因卖谷于宛。宛人李通等以图谶说光武云：'刘氏复起，李氏为辅。'光武初不敢当，然独念兄伯升素结轻客，必举大事，且王莽败亡已兆，天下方乱，遂与定谋，于是乃市兵弩。十月，与李通从弟轶等起于宛，时年二十八。"②光武帝做皇帝时依据的也是谶纬，"光武帝在长安时同舍生强华自关中奉《赤伏符》，曰'刘秀发兵捕不道，四夷云集龙斗野，四七之际火为主'。群臣因复奏曰：'受命之符，人应为大，万里合信，不议同情，周之白鱼，曷足比焉？今上无天子，海内淆乱，符瑞之应，昭然著闻，宜答天神，以塞群望。'光武于是命有司设坛场于鄗南千秋亭五成陌。六月己未，即皇帝位。"③光武帝非常相信谶纬，但也苦于谶纬的淆乱，当上皇帝伊始，即命尹敏、薛汉等校订图谶，中元元年（公元56年）"宣布图谶于天下"④。如同西汉确立五经博士一样，谶纬著述被确定下来，公布于众，成为社会信奉的标准，再也不允许私人制造谶纬和随意修改谶纬，官方垄断了谶纬的发表和解释权。

以谶纬解说《孝经》形成了《孝经》纬，《孝经》纬认为：孝道者，万世之桎鋈（同"辖"，本义销钉）。

汉代尤其是东汉统治者，全面接受了儒家的政治哲学，其所固守的治道，深深浸润着儒家以孝治天下的精神，看一看《汉书》《后汉书》的诸帝本纪，就可发现自高祖以下，诸帝号之前概加孝字以为美誉，如孝文帝、孝武帝，直至孝献帝。纬书作为东汉社会居统治地位的意识形态，虽然主要注重阐发天的意志，企图以上天的意志来规范帝王们的政治行为，但所谓天意不过是一个空瓶子，里面到底有什么内容，完全取决于作者的解释。纬书作者的思想深受儒家经学的影响，所怀抱的道德政治理想，完全是儒家式的，甚至纬书作者有些就是方士化的儒生。因此，对于孝道，纬书作者与儒生一样极力推崇，并赋予极其崇高的地位。除六经纬之外出现的《孝经》纬，使《孝经》上升至"经"的地位，与纬书的渲染是分不开的。

据《纬书集成》所辑，有关《孝经》的纬书共有十四种之多。纬书对《孝经》思想

---

① 《汉书·王莽传中》。
② 《后汉书·光武帝纪上》。
③ 同上。
④ 同上。

的诠释，虽然与其他各类纬书一样是以天人之学为宗旨，将孝道视为上天的意志，具有一种本体的地位，但在具体的解释中却又有许多新义。

纬书对《孝经》的推阐主要是通过解释《孝经》完成的，主要观念包括以下方面：

（一）孔子作《孝经》，《孝经》为天地之喉襟，道德之基础

纬书首先以"蓄养"二字解释孝，"孝，蓄也，养也"①。显然是对《礼记·祭统》"孝者，蓄也。顺于道，不逆于伦，是之为蓄"的发挥。同时，与孔子作六艺相联，沿袭汉人的习惯说法，认为《孝经》是孔子所作，并将《孝经》与《春秋》合而论之，"孔子云：欲观我褒贬诸侯之志，在《春秋》；崇人伦之行，在《孝经》"②，认为《孝经》反映了孔子对人伦道德的认识。纬书还认为孔子"以《春秋》属商，以《孝经》属参"③，将《孝经》的流行与曾参联系了起来，是曾参传承了儒家的孝道。

《孝经》每章均以"子曰"起首，引"诗云"以结语。对于这种结构，纬书解释说："《孝经》者，篇题就号也，所以表指括意序中，书名出义，见道日著，一字苞十八章，为天地喉襟，道要德本，故挺以题符篇冠就。"④注曰："就，成也，孝为一篇之目，十八章也。成号序中心之事，使孝义见于外。"⑤又说："曾子撰斯问曰：孝文乎，駮（同驳，马的毛色）不同，何？子曰：吾作《孝经》，以素王无爵禄之赏，斧钺之诛，与先王以托权，目至德要道，以题行。首仲尼以立情性，言子曰以开号，列曾子示撰辅，书《诗》以合谋。"⑥纬书对于《孝经》结构的解释，与其提出《孝经》"为天地之喉襟"的"道要德本"的根本宗旨完全吻合。

（二）孝道与天道统贯，赋予孝道以超越人伦的至高无上的本体地位

《孝经》纬虽然在阐释孝道上也是将孝与道德教化联系在一起，但却以孝道与天道相通贯，从而赋予孝道以超越人伦的至高无上的本体地位。《孝经·开宗明义章》说："夫孝，德之本也，教之所由生也。"《圣治章》又说："人之行，莫大于孝。"孝经纬《孝经中契》也说："流深者，其水不测；孝至者，其教无穷。"都是把孝视作人类最基本的道德行为。但是，纬书作者对从人道角度推阐孝道并不太看重，由于深受天人之学之时代思潮的影响，而是选择了超越人伦的解释，提出"孝悌之至，通于神

---

① 《孝经援神契》。
② 《孝经钩命决》。
③ 同上。
④ 同上。
⑤ 同上。
⑥ 同上。

明"①，将孝道与天道统贯起来，认为孝道体现了天地神明的意志，以此为孝道至高无上的本体地位。并将孝道溯源到天地开辟之前，说"元气混沌，孝在其中"②，用孝道与天地相终始的认识方式，以诠释孝道的超越性，使其获得近乎天道的终极性质。因为"内深藏不足为神，外博观不足为明。惟孝道者，为能法天之神，丽日之明"③，宋均注云："博学笃志，切问近思，仁在其中矣。天（夫）仁犹不足为明，唯孝为能动天之神，感日之明，与身相通附矣。"④所以感天地、动神明的孝道是超越人伦的道德行为。

（三）对孝道的神秘性诠释，神化《孝经》为天书

将孝道纳入整个天人之学的义理系统，以其神秘性诠释，在神化孝道的路上愈走愈远。一是注重孝道与天象的感应。《孝经》纬的一些内容与天文星占极为接近，认为"人有孝性，天出孝星。孝心感天地，天与之孝行"⑤；"君臣无道，不以孝德治天下，乌云蔽日，茫茫滉滉，四方凄惶。"⑥类似天文星占的内容充斥《孝经》纬之中，虽说明了纬书对孝道的诠释的方术化，但其与纯粹的天文占星相比的差异，也说明了纬书十分注重孝道上的德行与天象的感应。二是将孝行的践履与人的寿命相联系，使对孝道诠释的神秘化达到登峰造极的程度。《孝经左契》说："孝顺二亲，得算二千，天司录所表事，赐算中功，祉福永来。"认为天会根据人的孝亲表现，赐寿或减寿，赐福或降祸，讲求天于孝行的报应。同时，《孝经》纬还以神话虚构的方式，说明《孝经》出于上天的意志，把《孝经》神化为天书。《孝经中契》曾叙述了这样的一个故事："孔丘见《孝经》文成而天道立，乃斋以白之天。玄霜涌北极紫宫，开北门，召亢星北落司命，天使书题，号曰'孝经'，篇目玄神辰裔。孔丘知元，命使阳衢乘紫麟，下告地主要道之君。后年麟至，口吐图文，北落郎服，书鲁端门，隐形不见。子夏往复写之，得十七字，余文二十消灭，飞为赤鸟，翔摩青云。"把《孝经》神化为天书，与《孝经》本有的精神相去甚远。

（四）由公及于私的理趣，新解"五等之孝"

《孝经》的《天子章》《诸侯章》《卿大夫章》《士章》《庶人章》，提出了由天子到庶民的"五等之孝"的孝行规范，纬书接受了这五种孝的区分，但在解释上却有

---

① 《孝经援神契》。
② 同上。
③ 《孝经右契》。
④ 《孝经右契注》。
⑤ 《孝经钩命决》。
⑥ 《孝经内事》。

所不同,将自天子至于庶人的五种孝行分别称之为就、度、誉、究、蓄,并在义理上给予了由公及于私的阐释。《孝经援神契》说:"天子孝曰就,就之为言成也。天子德被天下,泽及万物,始终成就,则其亲获安,故曰就也。诸侯孝曰度,度者法也。诸侯居国能奉天子法度,得不危溢,则其亲获安,故曰度也。卿大夫孝曰誉,誉之为言名也。卿大夫言行布满,能无恶称,誉达遐迩,则其亲获安,故曰誉也。士孝曰究,究者以明审为义。士始升朝,辞亲入仕,能审资父事君之礼,则其亲获安,故曰究也。庶人孝曰蓄,蓄者含蓄为义。庶人含情受朴,躬耕力作,以蓄其德,则其亲获安,故曰蓄也。""就、度、誉、究、蓄"的新解,不仅依据了行孝的主体职责,而且遵循了由公及于私的思路。"天子德被天下,泽及万物,始终成就"是天下为公,只有这样的"公"才能成就"其亲获安"的私;"诸侯居国能奉天子法度,得不危溢"是效法天子以国为公,只有这样的"公"才能得到使亲获安的"私";"卿大夫言行布满,能无恶,称誉达遐迩"的公誉,才能得到"其亲获安"的私;"士士始升朝,辞亲入仕,能审资父事君之礼"是以朝为公,固守这样的"公"才能得到"其亲获安"的私;"庶人含情受朴,躬耕力作,以蓄其德"以义为公,才能达到"其亲获安"的私。天下为公,由公而私,符合中国人的传统价值观,在解释"五等之孝"上不失为一种创新。

(五)以孝养身之新见,将孝行视为个体完善自身精神生命的手段

纬书重视行孝在个体道德践履中的作用,认为个体通过对孝道的践履能够获得最大的精神愉悦,孝行的实践就成为个体完善自身精神生命的一个过程。"孝之潤身也,犹春云之淡淡也。不孝之翳身也,如夏日炎炎也。能尽孝者,若秋月之清清也。不能尽孝者,方冬风之厉厉也。故孙之孝属于子,子之孝属于身,身之孝属于父,父之孝属于祖矣。且五世之孝,天人共钦之。"①这一孝道观的价值不再是将孝视为一种外在的强制性的义务,而是一种个体于孝行践履中获得精神愉悦的价值,孝行可以充实自己的精神世界,使内在的生命臻于圆满。正是出于此,《孝经左契》甚至将孝道践履当作一种可以颐养身心的养生方法,"霜以挫物,露以润草。孝之于身,如露之于草也"。宋均《孝经左契》注曰:"孝皆人心所自然有者。行之善,则如露之于草,其身自泽;行之不善,则若霜之挫物,其自损也。"以孝养身的主张,也是纬书思想方术化的一种体现,但其对伦理道德实践价值的解释却具有新意,有值得借鉴的价值意蕴。

总的来说,孝道与天道的结合是纬书解释《孝经》的基本理路。纬书对《孝经》思想的阐释是以天人之学为主题思想的,倾向于将孝道解释为上天意志的体现,使孝道不

---

① 《孝经左契》。

仅是一种人伦道德行为，而且还获得一种至高无上的地位。孝道与天道结合的方式，甚至用方术的方法解释孝道，其神秘感下潜于民间，融入与民俗的"因果报应"，在普通百姓的日用常行中影响很大，于孝与不孝的"上天有眼"认识中，天谴、神威也反方向作用于孝行。我的家乡有一座名为"白云观"的道观，道观有一悬崖叫舍身崖，高十数丈，周边布满荆棘，据说有孝之人跳下舍身崖，有天神护佑，会安然无恙。自道观有史以来，舍身崖只是警示不孝而已，从不曾有人以身试法。不想民国某年，我邻居家的一位老太太，忍受不了儿媳的不孝之举，在儿媳的辱骂下，提出一起去舍身崖接受天神审判。儿媳不信天神，与婆婆去到道观，意欲让婆婆先跳，只要摔出个好歹，她就不用跳而能取胜于婆婆。婆婆毫不犹豫，纵身而下，竟然衣衫完好，身无点伤。儿媳却望而生畏，不敢从之。老道士主持了婆婆对天神的谢拜，一辈子不曾有脏话的婆婆，一路高声叫骂，回到了家。从此，儿媳再不敢不孝。邻居家的人百年没有人再去过白云观，几代人一直恪守孝道至今。

八、反思："五四"新文化运动中"孝"的两难困境

"五四"新文化运动中，传统孝道被封建统治者所被赋予的专制性，成了封建专制的代名词，受到了批判。"民主"与"专制"的对立，导致孝道处于两难困境中。

（一）"拥孝"与"非孝"的对立

"五四"新文化运动所引发的孝道批判思潮，这股思潮引导了大众舆论反孝道的倾向，产生了"拥孝"与"非孝"的论争。

"非孝"论者以批判者的姿态，反对传统孝道，其主要观点有三：一是批判孝道是封建专制主义的表现，压制了个人的独立人格。认为孝道导致了家庭中的专制主义"家长权无限的大家庭制，个人自由的摧残，个性发展的抑制"[1]。陈独秀将之称为奴隶道德，"吾国旧日三纲五伦之道德，既非利己，又非利人。既非个人，又非社会，乃封建时代以家族主义为根据之奴隶道德"[2]。二是批判孝道中的父母与子女之间，只讲尊卑而不讲平等。认为在"父慈子孝"的关系中，法律制裁针对人子而不惩戒人父，"为人子而不孝，则五刑之属三千，罪莫大于不孝；于父之不慈者，故无制裁也"[3]。在这种尊卑关系下，孝道被认为只是教卑者顺从于尊者，吴虞指出孝道不过是"在教人恭恭顺

---

[1] 钱翼民：《旧家庭与新家庭》，《妇女杂志》，1921年第8期。
[2] 《道德之概念及其学说之派别》，《陈独秀著作选》第1卷，上海：上海人民出版社，1984，第300页。
[3] 《家族制度为专制主义之根据论》，《吴虞集》，田苗苗整理，北京：中华书局，2013，第9页。

顺地听一班高高在上的人的愚弄""一个制造顺民的大工厂"①，鲁迅也说孝德是"一味收拾弱者幼者的方法"②。三是宣扬父母子女间的"无恩有爱"观。认为父母对子女并无恩情，子女也就谈不上报父母的恩，提出了"同为人类，同为人事，没有什么恩，也就没有什么德"③，父母与子女之间只有互相扶助的责任，而互相扶助的责任源于父母子女之间的爱，即"无恩有爱"的思想。

"后五四"时代"拥孝"论者对"非孝"论做出了质疑与反驳。一是提出孝道的核心意义与专制无关，孝道只是被专制利用的手段而已。认为孝道的核心意义是"敬""养"父母，"非孝论"所抨击的不过是长期被专制极度压制的孝道的"手段化、形式化"④，抛开封建专制的手段与形式，孝道其实是道德的基石。谢幼伟就是把孝归结为道德本源、起点⑤，梁漱溟则认为孝道是父母兄姊之间情感发端的地方⑥。二是提出孝道是一种道德义务，而非权利。父慈与子孝是各自应尽的义务，即使法律对"父不慈"的制裁偏弱，也不能成为子不尽"孝"义务的借口，二者不存在对等关系。⑦三是认为孝道重在感恩。针对非孝论的"无恩"思想，再次肯定孝道重在感恩之情。认为感恩父母才能感恩他人，这个世界才充满温情，"我们只谈义务，只谈权利，不谈感恩。社会成为刻薄寡恩的世界，成为绝无温情的世界"⑧。"拥孝论"者对"非孝论"者的反驳是基于西方价值观东渐的背景对孝道的再认识。遗憾的是，"后五四"时代质疑的声音最终还是被西方价值观东渐的浪潮所淹没。

近代以来，"拥孝论"与"非孝论"的争议，是专制与民主两种价值观在中国转型期的相互较量的一个话题，虽然"民主"最终获得了胜利，但"非孝论"试图通过批判孝道打破封建伦理的意义，也未必是客观的。一方面儒家的孝道思想在道德伦理设计上是均衡的，"父慈"示范在先，"子孝"仿效在后，"君明"示范在先，"臣忠"仿效在后，加之提倡"谏子""谏臣"的孝道，丝毫没有什么专制的意味。只不过是董仲舒的"三纲"破坏了孝道的均衡，扭曲了"移孝作忠"的孝道思想。可以说，儒家均衡的孝道思想不仅没有排斥"民主"，恰恰体现了孝道的一种"民主"智慧。至于"非孝

---

① 吴虞：《说孝》，《中国现代思想史资料简编》第1卷，杭州：浙江人民出版社，1982，第369页。
② 《我们现在怎样做父亲》，《鲁迅全集》第1卷，北京：人民文学出版社，2005，第143页。
③ 《吴虞集》，成都：四川人民出版社，1985，第172—177页。
④ 《乡村建设理论》，《梁漱溟全集》第2卷，济南：山东人民出版社，1989，第201—202页。
⑤ 谢幼伟：《孝与中国文化》，青年军出版社，1946，第2页。
⑥ 《梁漱溟全集》第1卷，济南：山东人民出版社，2005。
⑦ 《梁漱溟全集》第3卷，济南：山东人民出版社，2005。
⑧ 罗仪俊：《理性生命——当代新儒家文粹》第1卷，上海：上海书店，1994，第528—529页。

论"的"无恩有爱"的思想，更是一种极端的否定式批判。诚如当时的"拥孝"论者所言，孝道重在感恩，即使按照"五四"一些思想家的逻辑：生养子女并未取得子女的同意，生养不是有意为之而是自然平常之事，但客观上父母的生养还是带来了子女的生命。当怀有对生命的敬畏之心，我们自然该敬畏给予生命的父母。①人类生命的延续不仅在于生，更在于养，养育使生命具备独立存活的能力，那么作为具有独立存活能力的生命体应该对给予养育劳动的父母存有感恩之情。"五四"一些思想家强调父母于子女"无恩"只有养育子女义务，却忽略了权利与义务是对等关系，既然强调义务那么就应该有权利，父母应该享有子女孝养的权利。"无恩有爱"思想是中西方价值观简单拼接的结果，忽视中西方传统而以"拿来主义"态度对待西方价值观，必然失之偏颇。基于西方平等观念看待传统孝道，并不能把父母对子女的恩情和父母与子女之间的不平等关系等同。换句话说，造成不平等关系的根源是封建等级制度，而非父母与子女之间的生养之恩。对于家庭孝道教育来说，思想界的"拥孝论"或"非孝论"主导着家庭教育的方向，在"非孝论"主导的舆论环境下，家庭孝道教育只能呈现"孝"的反向——表现出非孝行为。"非孝"思潮对"孝"的质疑与否定从侧面蚕食、改变了传统孝道的意义，对于逐渐剥离了孝道的封建性内容具有重要作用。问题是，"五四"时期"拥孝论"与"非孝论"的论战，使中国传统的孝道陷入了两难困境。

（二）"专制"与"民主"两种立场于家庭教育中的博弈

在19和20世纪之交，"专制"作为政治学名词在中国被普遍理解为"专制制度"，其往往含有"独断专行"之义，"专制者，治以一君，而一切出于独行之己意"，"夫专制者，以一人而具无限之权力，为所欲为，莫与忤者也"。②由于中国封建专制的特征是家国一体，家庭意义上的专制演变为封建家长制，家长具有绝对权威。封建专制背景下的家庭教育是命令式的、统治式的，带有独断式特征，这种专制性价值观与民主相悖，无疑是排斥民主的。"民主"作为政治学名词来源于古希腊，由Demos（人民）和Kratia（权威或统治）组成，其原意是指"人民的统治"或"多数人的统治"。从概念上看，民主为反对少数人的专制而生，亚里士多德认为民主价值的两个基本范畴是平等与自由。"实际上，民主的正义观念指的是数量上的平等，而不是基于个人能力的平等；这种观念一旦占了上风，那么，多数必然成为主宰……这是自由的一个标志，是所有民主派为他们的制度制定的一条明确原则。另一条原则是，按照你所喜欢的方式

---

① 王红：《孝与非孝：现代家庭孝道教育的两难处境——从近代孝道之争说起》，《新疆社会科学》2018年第5期。
② B. Liber：《家庭教育中底几个基本错误》，张立人译，《教育杂志》1929年第7期。

来生活。因为他们认为,按你所喜欢的方式生活是自由的一种功能,相反,不按你喜欢的方式生活则是受奴役的一种功能。这是民主政体的第二个明确的原则。"①亚里士多德对民主价值的诠释奠定了民主价值内涵的诠释基调,当平等作为民主的一个基本价值观念,人们就总是认为可以用人人平等的原则来解决问题、处理事务,"自由是民主的特有美德"②。在现代自由主义者看来,民主意味着一个人按其自己的本性和意志行事。同时,自由应赋予个人具有不受干涉的私域。由此可以理解为,自由与平等成为传统民主思想内部的双重要求。民主思想传入中国后,与中国封建"专制"展开了激烈的斗争,"拥孝"与"非孝"的论争便是这一过程的反映。

实质上,按照"民主意味着一个人按其自己的本性和意志行事;同时,自由应赋予个人具有不受干涉的私域"来理解民主和自由的话,以儒家思想为核心的孝道观,早已给孝道建立了一个人性论基础,而个体自己的本性不能代表人类共同的人性。"孝"对于中国人而言已成为大多数人的意志,其"孝行"中"五等之孝"的分类规范,亦划定了"按你所喜欢的方式生活"的孝的自由之范畴,否定了孝行的绝对自由。正是由于封建专制的专制统治,通过强化君主的绝对权力而破坏了孝道本有的平衡,也无形中促进了"家长专制"由庙堂影响到家庭。所以,才会造成近代孝道选择的两难困境。

"五四"之后,几经反复,随着学校"讲经"内容的废止,孝道教育慢慢淡出了学校教育内容。国民党政府曾一度将忠孝写入学校教育的培养目的中,但由于蒋介石的独裁统治,人们越来越认识到"移孝作忠"中所谓的"忠",其忠的对象应该是国家、民族,而非个人。在这一进程中,孝道转而成为家庭教育的选择和社会生活的日用常行,孝道的内涵也不断被损益。社会主义新中国成立之后,封建专制成为过去式,中国共产党代表最广大人民的根本利益,民主不仅成为社会主义社会的主流价值观,也成为社会主义家庭教育的主流价值观,于是,建立民主家庭成为社会主义家庭教育的目标。但是,也并不意味着专制价值观完全消失。反映到家庭教育中,专制和民主是两种相对的家庭教育立场。无论谁为主导,都不能完全消除另外一方的存在,否则一方就不成其为一方,最多二者是此消彼长的关系,这种此消彼长关系就成了家庭教育过程中专制与民主立场的博弈。

"现代家庭需要民主"③,在民主成为家庭教育主流价值观的前提下,家庭关系处

---

① 漆仲明:《现代家庭核心价值研究》,《山东社会科学》2015年第2期。
② 赫宸、于伟:《基于民主精神的家庭教育立场探析》,《社会科学战线》2013年第11期。
③ 孙伟平:《人本、公正、民主:中国特色社会主义核心价值理念》,《马克思主义哲学论丛》,北京:社会科学文献出版社,2014,第177页。

理模式逐渐选择民主导向。并且，由于现代性的推动，民主的主体间情感式关系逐渐取代了不平等的专制式家庭关系，而这也正是儒家的孝道人性论假设。不同于封建家长制的绝对权威，现代家庭教育在民主的基础上提倡平等、自由，"儿童要被认为是人，他实际确实是一个人；像一个和他一起生活着的成人一般的人"①。但诸多家庭在享受平等与自由的家庭价值观念带来的快乐之时常常陷入自由主义的窠臼，却又免不了走进另一种极端：过于强调平等与自由而失去了教育的权威。在"父慈子孝"谓之"亲"的平等关系中，"慈"就是权威，不会"慈"或不能"慈"，就失去了家庭孝道教育的权威，一旦教育权威散失，教育就成为无力的教鞭。虽然现代家庭教育更改了自上而下的命令服从模式，是一种追求民主的积极现象，但不能理解孝的"从义不从父"的真谛，一旦家长不能有所"义"，就失去了权威，失去了权威的家庭教育往往容易失去教育的规范性和强制性，一种来自家庭的教育无力现象就会滋生。有人认为家庭民主就是为了克服家长制、大男子主义、大女子主义、家庭暴力、家庭虐待、"小皇帝"和家庭威望形成之难的问题，②但从家庭民主的实践表现看，民主实践并没有实现这个目的，反而是家庭威望逐渐弱化，子代难以管教的问题日益突出。从这种状况来讲，家庭教育立场虽然摈弃了独断式专制，但民主的过度宣扬却破坏了教育自身的平衡性。现代教育讲求教育关系学，孝道同样处于父子、母子的教育关系中，而儒家的孝道思想早已在"父慈子孝""大孝尊亲""从义不从父"等一系列关系中，建立了"慈与孝""孝与尊""孝与养""孝与顺""孝与敬"等的"共生关系"，营造家庭、社会关于孝道教育的共生生态，才是最理想的孝道教育民主。不管怎么说，专制与民主在家庭教育立场上的消长博弈从未结束，所造成的现代家庭孝道教育实践中专制与民主立场选择的两难处境还会长期存在。继承和发扬中国孝道的优良传统，继承和发展中国孝道思想的高尚智慧，才是当代孝道教育的必然选择。

---

① B.Liber：《家庭教育中底几个基本错误》，张立人译，《教育杂志》1929年第7期。
② 漆仲明：《现代家庭核心价值研究》，《山东社会科学》2015年第2期。

> **教学随笔**
>
> 每个文化中有一个由信仰、观念、价值、神话和特别是那些把一个特殊的共同体连接于它的祖宗、传统、逝者的东西构成的特定的核心。①
>
> ——题记

汉代经学及其教育知识的经学形态化

总的来说，汉代经学是儒家经学确立阶段的形态。先秦时期儒家对经学思想的酝酿，为儒家经学在汉代被立为官学，成为官方意识形态，奠定了扎实的基础。但经学自其确立为官学之时起，便经历了波澜起伏的思想斗争，今文经学、古文经学和谶纬之学所代表的三大思潮，相互渗透，相互斗争，构成了汉代思想学术发展演变的主流。汉代经学作为汉代社会的官方哲学，同时也标志着儒学从先秦子学一变而为占统治地位的官方意识形态，儒学自此成为中国传统文化的主流，汉代经学所总结和发展的一套世界观和价值观也成为传统文化的基本观念。汉代确定了儒家经学为观照的对知识选择、生产、传播、评价等专制下的教育知识的经学形态化，绵延中国封建帝国近两千年。如果将"汉学"和"宋学"作为传统儒学的两种思维范式的话，汉代经学之所以能够居于更为重要的地位，是因为汉代经学不仅上接先秦儒学，下开汉唐注疏之学，而且至于清代，乾嘉考据之学对汉学继承和发扬，尤其是清末的公羊学派更是通过继承汉代的今文经学思想，开社会改革之新风气，直到最后一位今文经学大师康有为、最后一位古文经学大师章太炎，汉学的今、古文经学之争伴随着传统社会的终结才宣告结束。可见，认

---

① （法）埃德加·莫兰：《复杂性理论与教育问题》，陈一壮译，北京大学出版社，2004，第42页。

识和研究汉代经学，对于整体把握传统文化与传统教育、认识传统文化与传统教育的本质特征起着关键的作用。

一、经学确立对于经学发展的作用

（一）经学或儒学的原初形态——子学形态

"五经"是上古三代历史文献资料的汇编，内容上包括了宗教、文学、历史、政治、道德等方面，可以说是中华民族文明初创时期的历史经验和文化传统的积淀和总结。于春秋战国时代，"五经"成为人们学习和教育的科目，上古三代的文化因而也就成为诸子百家共同的文化背景，先秦诸子正是在"礼崩乐坏"的社会现实背景下，提出了各自的社会政治思想和道德价值观。对于儒家而言，"五经"具有不同寻常的含义，"五经"不仅仅作为一种文化的背景和知识的体系而存在，更为重要的是儒家以继承和弘扬上古三代的价值理想为其本质特征和理论倾向，通过对"五经"的总结与阐发，抽象出了以"仁"为本质的王道理想。因此儒家对"五经"的学习不是简单的对其中的历史文化知识的学习，而是对"五经"的一种新的哲学阐释，是对"五经"中的价值观和社会理想的继承。所以，可以说经学是与儒学同时产生的。之所以说先秦时期只能说是经学的起源，是因为儒学思想是通过对上古三代的文献的整理和阐释而产生的。"五经"的形成过程和儒家的产生过程是同一个过程，这个过程当然也就是经学或儒学出现的原初形态，与汉代"五经"立为官学后的经学还是有区别的。先秦儒学是以子学形态出现的，儒学的子学形态只是儒家私学的教育知识形态。

（二）儒学思想发展的必然——儒家思想从先秦子学向汉代经学的过渡

在先秦诸子时代，如何解决混乱的现实政治问题，如何使国家富强、天下统一，是共同的时代的课题。思想家们纷纷投身现实社会政治，从现实功利角度出发，提出了各自的社会政治主张，以期实现其理想抱负，因而诸子百家都缺乏系统的理论建树。当时的儒家学者，四处奔走，劝说统治者"克己复礼"，以恢复王道，但是"礼"为什么具有权威性和合法性（普遍信念）？王道为什么是社会应该遵守的理想？这些问题并没有成为先秦儒学研究的重点，先秦儒学思想的中心并不是以阐释"五经"中的系统理论为中心的，而是以继承传统文化、解决现实政治问题为核心的。随着战国后期的社会发展，周王朝已经不可避免地被历史所抛弃，新时代的曙光已经来临，这就使得儒家面临新的使命和课题。一方面，儒家的王道主张被各国统治者所婉拒，以为"迂远而阔于事情"（迂阔），不适应时代的需要，儒者因而渐渐退回书斋，以教书著述为其生活的主要内容；另一方面，儒者对王道理想的信仰却并未因不合时宜而丧失，依然抱道自处，积极地进行着理论的建设，以等待着新的时代和圣王的出现。于是，总结先秦儒学思想，系统论证儒家的王道理想，接续和传承文化传统，就成为战国后期儒者的主要使命，对"五经"的阐释于是就成为这个时期儒家思想发展的主要内容和标志。随着时代的发展，儒家思想从先秦子学向汉代经学的过渡，成为儒学思想发展的必然。

（三）汉代经学确立的时代背景、过程和汉代经学阐释的基本特征

第一，儒家思想为什么必然在汉代社会得到极大发展？

汉王朝接替秦王朝而来，汉承秦制，秦王朝所奉行的法家政策、"焚书坑儒"以及迅速的消亡，对于汉代社会乃至整个传统时代都产生了极其深远的影响。秦能统一六国，与秦始皇的雄才大略分不开。然而其所奉行的法家政策，将教育知识"专制"在"以法为教"，用"以吏为师"扼杀了私学好不容易建立起来的"职业教师"追求，造成了文化传统的断裂，"焚书坑儒"更是对文化教育的毁灭性打击，其结果是在短短十余年间就秦亡国了。这一惨痛的教训成为汉代统治者以及后世历代王朝引以为鉴的例证。正是秦王朝的二世而亡，使人们认识到文化传统的重要，认识到德治教化的重要。社会政治不可能只依靠刑法进行管理，皇权的维护也不能只依赖武力，必须注重道德教化，争取民心。同时，汉王朝的建立者大都是草莽英雄，他们急需通过理论的论证来证明其政治统治的权威性与合法性，其权威性为高度中央集权的君主专制，与社会政治生活普遍的信念具有一致性。而于思想界来说，接续历史传统、继承传统价值观的只有儒家学派，儒家思想已经成为社会的普遍信念，因此，适应汉王朝社会政治需要的儒家思想必然在汉代社会得到极大的发展，进而成为当时的官方哲学和意识形态。

第二，儒学在汉的复兴到经学的确立并不是一蹴而就的，而是经历了一个相当复杂的过程。

据《汉书》载："沛公不喜儒，诸客冠儒冠来者，沛公辄（总是）解其冠，溺其中。与人言，常大骂"。[①]虽然汉高祖刘邦本不喜欢儒生，但是又离不开儒生。一方面，王朝的建立离不开礼制的建设。汉代开国之初，博士叔孙通制定朝仪，综合了古礼和秦仪，"于是高帝曰：'吾乃今日知为皇帝之贵也！'拜通为奉常，赐金五百斤，通因进曰：'诸弟子儒生随臣久矣，与共为仪，愿陛下冠之。'高帝悉以为郎"[②]。于是大批的儒生开始进入朝廷。另一方面，秦王朝亡国的教训也使得刘邦不得不吸纳儒学的思想来治理社会，史载太中大夫陆贾，"时时前说称《诗》《书》。高帝骂之

---

① 《汉书·郦陆朱刘叔孙传》。
② 同上。

曰：'乃公居马上得之。安事《诗》《书》！'贾曰：'马上得之，宁可以马上治乎？且汤、武逆取顺守之，文武并用，长久之术也。昔者吴王夫差、智伯极武而亡；秦任刑法不变，卒灭赵氏。乡（向）使秦以并天下，行仁义，法先圣，陛下安得而有之？'高帝不怿（欢喜），有惭色，谓贾曰：'试为我著秦所以失天下，吾所以得之者，及古或败之国。'贾凡著十二篇。每奏一篇，高帝未尝不称善，左右呼万岁，称其书曰《新语》"①。政治上不可专任刑法，必须注重仁义，这就成为汉初人们的共识。刘邦取得天下后，儒学思想也就逐渐得到了社会的重视。

到了汉惠帝四年，废除了秦王朝的挟书律，学术文化逐渐在社会兴盛起来，诸子百家进入了复兴的阶段。然而，由于秦汉之际的战乱，社会经济受到了极大的破坏，所以汉初所实行的政治方针是以"清静无为"、休养生息为原则的黄老思想，加之当时的公卿将相大都是开国功臣，更喜欢霸道和奖励军功而不喜儒术，所以儒家思想一直没有得到重视。直到汉武帝即位后，一是由于国力日益强盛，二是由于国内外矛盾日益尖锐，所以汉王朝推行了积极有为的政治、经济、军事政策，也开始了新的文化建设。史载建元元年（公元前140年），"丞相绾奏：'所举贤良，或治申、商、韩非、苏秦、张仪之言，乱国策，请皆罢。'奏可"②。董仲舒亦上书言："《春秋》大一统者，天地之常经，古今之通宜也。今师异道，人异论，百家殊方，指意不同，是以上亡以持一统；法制数变，下不知所守。臣愚以为诸不在六艺之科、孔子之术者，皆绝其道，勿使并进。邪辟之说灭息，然后统纪可一而法度可明，民知所以从矣。"③武帝善其言，以仲舒为江都相。到了建元五年，立五经博士，诸子百家皆被罢黜，六艺之学获得官方独尊的地位，专经博士开始出现，史称"公孙弘以《春秋》，白衣为天子三公，封以平津侯。天下之学士靡然乡（向）风矣"④。"其后十二年（元朔五年），又为博士置弟子员，其议始于公孙弘。其先博士自有弟子，如叔孙通拜博士，为汉定朝仪，与其弟子百余人为绵蕞（小，地区）野外习之是也。然此特弟子自从其师，与朝制无关。公孙弘之议，为博士官置弟子五十人，复其身。由太常择补。（此选士。）郡国有好文学，亦得举诣太常，受业如弟子。（此选吏。）一岁辄（就）课。能通一艺以上，补文学掌故缺。（秩在百石下。倪宽以文学掌故补文学卒史，秩百石，可证。）高第可以为郎中。盖自是而博士弟子始获国家之优复，又列为仕途正式之出身，此亦与前不同，故史称自

---

① 《汉书·郦陆朱刘叔孙传》。
② 《汉书·武帝纪》。
③ 《汉书·董仲舒传》。
④ 《汉书·儒林列传》。

是而学者益众。"①"自此以来，公卿大夫士吏彬彬多文学之士矣。"②汉初的制度是无功者不得封侯，如今读经不仅可以进入仕途，而且可以封侯拜相，于是经学大为昌盛。东汉班固评论说："自武帝立五经博士，开弟子员，设科射策，劝以官禄，讫（尽）于元始，百有余年，传业者浸盛，支叶蕃滋，一经说至百余万言，大师众至千余人，盖禄利之路然也。"③

于经学史而言，汉武帝建元五年立五经博士，是经学正式确立的标志。但是，必须明确的是：武帝立五经博士并不是指全部的五经，而是当时开始有五经的专经博士。我们知道，博士制度并非在汉代才出现，战国时代就有博士的存在，秦王朝有博士七十余人。汉初也仿秦制设立博士，诸子百家都可以立为博士。据钱穆先生考证，汉初博士决不限于儒家，即使此时因为是儒家而被立为博士，也不可能设专经博士。汉文帝时申公因精通《诗经》而被立为博士，史称"孝文皇帝始设一经博士"。虽然，武帝立五经博士并不是指全部的五经，但只有武帝时才将五经立为官学，并开始设有五经的专经博士。所以说，经学的确立有两个条件，一是五经立为官学，二是设五经的专经博士。

儒学的复兴和经学的确立，并不是一帆风顺的。《汉书·儒林传》载，汉景帝时，辕固生以治《诗经》而闻名，曾与治黄老的黄生就"汤武革命"问题发生争执，因诋毁《老子》险些丧命。到了武帝初年，治《诗经》的郎中令王臧、御史大夫赵绾，推荐其师申公于朝廷，欲建设明堂等制度，然而"太皇窦太后好老子言，不说儒术，得赵绾、王臧之过以让上，上因废明堂事，尽下赵绾、王臧吏，后皆自杀。申公亦疾免以归，数年卒"④。直到窦太后于建元六年（公元前135年）死后，儒学才正式在学术上占据统治地位。我们必须注意的是，"罢黜百家，独尊儒术"，并不意味着儒家思想一统天下。对于儒者而言，儒学成为儒者的人生信仰，但对于整个社会来讲，儒学并没有满足全社会各个层面的思想文化需要。一方面，学习儒学的经典虽然可以进入仕途，但博士弟子的数量有限，况且汉代选拔官员主要是察举制，而不是隋唐及其之后的科举制；另一方面，儒家思想之所以能够适应社会政治的需要，主要是由于它的历史观和政治道德观，实际上并不能满足社会各个层面的文化思想需要，如汉代十分盛行的神仙方术，就不是儒家能够涵盖的。即使在政治上，从汉昭帝始元六年（公元前81年）所召开的盐铁会议两派之间的争论就可以看出，儒家思想并没有完全统一整个社会的思想观念，统治者中

---

① 钱穆：《两汉经学今古平议·两汉博士家法考》，商务印书馆，2001，第198页。
② 《汉书·儒林传》。
③ 《汉书·儒林传》。
④ 《史记·儒林列传》。

相信法家和黄老之术者甚多。汉宣帝更是明确宣称："汉家自有制度，本以霸王道杂之，奈何纯任德教，用周政乎！且俗儒不达时务，好是古非今，使人眩于名实，不知所守，何足委任？"①所以，汉武帝独尊儒术，只能理解为儒学成为官方认可的意识形态，但并不像后世那样完全占据绝对的思想统治地位。

无可置疑的是，经学的确立对于传统社会和传统文化的发展具有十分重要的意义。首先是，五经博士的确立，使得作为上古三代文献汇编的五种著作成为社会公认的经典，自此以后，儒学的发展便采取了经学的形态。五经之所以成为经典，一方面是因为它是上古三代文化传统和文化经验的凝结，另一方面则在于儒家对于五经文化的总结和阐释。没有儒家的经典诠释，五经是不可能被社会视为经典的。在经学家眼里，五经已经不是文献资料的汇编，而是经过圣人的选择、编排、删改等制作的功夫而形成的万世不变的经典。其次是，儒家对经典的阐释以及五经官方地位的确立，标志着上古三代的文化传统的命脉得以肯定和传承，儒家所理解的社会历史观占据了传统文化的主导地位，汉代经学的确立不仅在思想文化上总结抽象出了传统文化的价值观、社会理想等基本观念，而且还在社会政治方面正式确立了儒家文化观的正统地位。

第三，汉代经学阐释具有的基本特征。

一是，对五经的诠释是以儒家所总结的上古三代的社会理想和价值观为依据的。对于这方面的理解需要注意的是：并不是有了经学，才有了对上古三代王道的信仰，恰恰相反的是，正是由于先秦儒家对五经的诠释和总结，提出了王道理想，五经才成为蕴含王道理想的经典。五经本身只不过是上古三代的历史、政治、文学、制度等的资料汇编，没有儒家的诠释，五经不可能上升为经典的地位。

二是，汉代经学阐释以"天人合一"为其基本思维方式。"天人合一"本是传统文化的核心观念，却是汉代经学家们所总结和突出运用的。"天人合一"既是思维方式，也是世界观，意味着理想与现实、自然与社会的和谐统一，意味着统一和谐的宇宙的本质。汉代经学家们运用阴阳灾异、天人感应等学说来注释五经，论证儒家的王道理想，体现了"天人合一"的基本观念。

三是，经史合一。五经本来就是上古三代的文献资料，在经学家眼里，五经则是上古三代历史的见证。经学家心目中的历史观念，不是简单的历史事实的记录，还包括了文化传统、社会制度、道德理念、精神风貌等等，是一个有机的、蕴含着价值理想和评判标准的文化系统，所以五种著述才被称为经典。儒者认为，五经的每一句话都指涉上

---

① 《汉书·元帝纪》。

古时代真实的历史，因此可以说五经皆史。不仅如此，上古三代王道实现的历史也没有停留在过去，而是现今、以后乃至万世不变的社会理想和价值标准。因此，史又是经。因为，传统儒者并没有一个历史进化的观念，上古三代的王道理想并不会随着时代的发展而过去，人类社会不管如何发展都是以王道理想为标准的，而王道理想的体现就是上古三代的礼制；所以，上古三代的礼制是万世之法，因而五经由史上升为经。经在儒者心目中乃是经史合一的。

四是，经以致用。从目的上看，经学家对经典的阐释，并不在于理论的建树，而是在于治国平天下，实现王道政治。传统儒者是以周公和孔子为榜样的，以投身政治、实现王道为己任，只有时世混乱，才不得已隐居著书立说，以待圣王的出现。五经中既包含了王道理想和价值观，也包含了实现王道理想的方式和途径，以及王道理想的具体社会制度，所以，学习五经以经邦济世，就成为儒者的使命。汉代的经学家，平当以《尚书·禹贡》治河，夏侯胜以《尚书·洪范》察变，董仲舒以《春秋》决狱，京房以《周易》定考功课吏法，等等，这些都是经学家们津津乐道的"经以致用"的榜样。也许在现代人的眼里，这些榜样的事例是照搬书本，然而在汉代并不是纸上谈兵，确实发挥了社会作用。此外还有两个事例，可以看出经学在汉代社会中的作用，一是武帝时淮南王谋反，董仲舒的弟子吕步舒"持父钺治淮南狱，以《春秋》谊专断于外，不请。既还奏事，上皆是之"①。二是昭帝始元五年（公元前82年）有人冒称卫太子，丞相、御史大夫等皆不知所措，治《春秋》的京兆尹隽不疑赶到，"叱从吏收缚。或曰：'是非未可知，且安之。'不疑曰：'诸君何患于卫太子！昔蒯聩违命出奔，辄距而不纳，《春秋》是之。卫太子得罪先帝，亡不即死，今来自诣，此罪人也。'遂送诏狱。天子与大将军霍光闻而嘉之，曰：'公卿大臣当用经术明于大谊。'由是名声重于朝廷，在位者皆自以不及也"②。此外，我们还可以从汉代经学家们大量的奏章、对策中看到，经学家们依据五经积极地参与朝廷的礼制建设，批判现行的各种政治措施等。汉代经学家的社会地位和作用确实不同于以后历朝历代的儒者。

汉代经学家之所以能够"经以致用"，主要原因在于当时的时代和社会制度。汉代去古不远，又正值文化传统断绝之后的复兴时代，百废待兴，因而拥有传统文化资源的儒者，自然在社会中受到重用。比如以《禹贡》治河，如果今天依然这样，当然是可笑的，但于汉代来说，《禹贡》就是最先进的地理学著作，能够明了《禹贡》的也就是

---

① 《汉书·五行志上》。
② 《汉书·隽疏于薛平彭传》。

当时最了不起的水利专家了。此外，汉王朝的政治、经济、军事等诸制度建设也都不完全，都需要从五经中寻找依据和解释。另外，汉代以察举作为进入仕途的主要方式，因此经学家们不仅要"经明"，而且还要"行修"，只有具备了文化和道德修养，以及实际政治能力，才能被推荐到朝廷任官，其入仕的方式也诱惑着经学家们不局限于书本之上，注重气节和道德修养，注重实际的治理社会的能力。

我们还必须看到，对于儒学的发展，汉代经学的确立产生的是正反两方面的作用。一方面，儒学被立为官学，成为汉代乃至以后的传统社会的意识形态，儒家思想深入人心，自然就成为传统文化的主流。另一方面，经学的确立，也局限了传统儒学的理论发展。经学既然被立为官学，必须发挥其思想专制的政治作用，经学知识的生产（诠释）、传播、评价等必须符合思想专制的需要。对于经学家而言，最基本的思维原则就是尊奉经文，坚守上古三代的王道理想和制度。而"尊奉经文"的思维原则与"注不违经""疏不破注"的经学阐释原则，实质上束缚了儒学的创新，与先秦儒学相比也大大地减少了创造的活力。

二、今文经学的发展与教育知识的选择

（一）在今文经学的发展中，为什么最重《春秋公羊传》

汉代早期所确立的经学，是没有今文经学之说的，后来古文经学兴起后，才相应地称之为今文经学。今、古文经学之争，主要源于所依据的传本和文字的不同。由于秦始皇焚书坑儒，汉初文化复兴后，将隐藏的先秦典籍与口耳相传的经说，用汉初的文字隶书记录下来，以便流传学习，即所谓的今文经学。

汉初公羊春秋学大师董仲舒和公孙弘，对于经学的确立起了关键性作用。董仲舒弟子众多，后来被立为官学的公羊春秋严、颜之学，都源于董仲舒。公孙弘一介书生，以习《春秋》而至丞相，其经历促进了天下读书人习经的风气。此外，公孙弘开东阁以延贤人，为博士置弟子，对于经学的传承发展、儒学的复兴起到了积极的推动作用。正因为董仲舒和公孙弘的作用，春秋公羊学独领风骚，今文经学最重《春秋公羊传》。

那么，为什么春秋公羊学在西汉初年能够独领风骚呢？首先是因为春秋公羊学能够回答时代所提出的问题。汉武帝的问题是："夫五百年之间，守文之君，当塗之士，欲则先王之法以戴翼其世者甚众，然犹不能反，日以仆灭，至后王而后止，岂其所持操或悖缪而失其统与？固天降命不可复反，必惟之于大衰而后息与？呜呼！凡所为屑屑（认为值得），夙兴夜寐，务法上古者，又将无补与？三代受命，其符安在？灾异之变，何缘而起？性命之情，或夭或寿，或仁或鄙，习闻其号，未烛厥理。伊欲风流而令

行,刑轻而奸改,百姓和乐,政事宣昭,何修何饬而膏露降,百谷登,德润四海,泽臻草木,三光全,寒暑平,受天之祐(福义),享鬼神之灵,德泽德溢,施乎方外,延及群生?"①武帝时的春秋公羊学,圆满地回答了武帝所提出的各种问题,适应了时代的需要,所以才使得武帝"罢黜百家,独尊儒术"。《春秋》被经学家视为孔子为后世所设立的完美的法典,其中蕴含着孔子的伟大理想和系统的思想体系,司马迁曾论述道:"余闻董生曰:'周道衰废,孔子为鲁司寇,诸侯害之,大夫壅之。孔子知言之不用,道之不行也,是非二百四十二年之中,以为天下仪表,贬天子,退诸侯,讨大夫,以达王事而已矣。'子曰:'我欲载之空言,不如见之于行事之深切著明也。'夫《春秋》,上明三王之道,下辨人事之纪,别嫌疑,明是非,定犹豫,善善恶恶,贤贤贱不肖,存亡国,继绝世,补蔽起废,王道之大者也。……拨乱世反之正,莫近于《春秋》。《春秋》文成数万,其指数千。万物之散聚皆在《春秋》。"②经学家们的使命就是阐发蕴含在五经中的圣人的"微言大义",于是董仲舒继承春秋公羊学的传统,系统地提出了一套以"天人感应"为核心的天道观、政治观、道德观,不仅适应了汉代社会的需要,而且董仲舒提出的这套理论同时也就成为经学家们阐释五经的基本观念。从教育知识上来讲,武帝在确立经学形态作为教育知识的同时,首先确立了经学知识的生产方式、范围、标准等,即确定了经学为官学的地位。

(二)今文经学的两大基本特征

如何阐释经学?一是注重师法和家法,一是以阴阳灾异说经,这是汉代的今文经学的两大基本特征。

第一是注重师法和家法。

今文经学为什么会注重师法和家法?其客观原因是:一方面,孔子之后的儒者对儒家思想的认识并不是统一的,不同的弟子对孔子思想的理解必然产生不同的意见,而且孔子的思想本身也存在一个发展的过程,这些都会导致弟子对其思想在认识上存在差异。孔子死后儒家分为了许多流派,这些不同的传承到汉代便会产生不同的经说和不同的经文版本。另一方面,西汉王朝的兴起,正值秦王朝焚书坑儒之后,传统文化不绝如缕,统治者为了保存文化传统,对于各种不同的学说必须加以扶持。刘歆在争立古文经时,对西汉增置不同的家法的现象解释道:"往者博士《书》有欧阳,《春秋》公羊,《易》则施、孟,然孝宣皇帝犹复广立谷梁《春秋》,梁丘《易》,大、小夏侯《尚

---

① 《汉书·董仲舒传》。
② 《史记·太史公自序》。

书》,义虽相反,犹并置之。何则?与其过而废之也,宁过而立之。"①汉章帝则明确地宣称:"汉承暴秦,褒显儒术,建立五经,为置博士。其后学者精进,虽曰承师,亦别名家。孝宣皇帝以为去圣久远,学不厌博,故遂立大小夏侯《尚书》,后又立京氏《易》。至建武中,复置颜氏、严氏《春秋》,大小戴《礼》博士。此皆所以扶进微学,尊广道艺也。"②班固则认为其目的在于:"所以罔罗遗失,兼而存之,是在其中矣。"③从汉代今文经学家自身来说,注重师法和家法是为了证明自己的学说的权威性,他们可以列出从孔子以至汉初经师的传承谱系,这就表明自己的学说确实是孔子真传。而今文经学家们相互争立博士,增置家法,还有功利的考虑。如果自己的学说被立为博士,这不仅标志着自己的经说的正统地位得到了官方的承认,可以开宗立派,招收博士弟子,培植自己的学术和政治势力,而且博士本身不仅是学官,也是进一步升迁的资本。所以,争立家法也就成了汉代经学发展的一大特色。

师法与家法有没有本质区别呢?在普遍认为西汉重师法、东汉重家法的众说纷纭中,人们似乎非要找出本质区别不可。其实,师法与家法并无本质区别,相对来讲,因家法众多,溯其源而有师法,"师法者,溯其源;家法者,衍其流也"④。师法指的是西汉初年经学确立过程中的诸位大师解经的基本观念,后来五经各立数家,数家经学又有不同的传承,于是就有不同的家法,而家法就是来源于这些大师,守家法就是守这些大师的家法,所以重家法必然重师法。实际上,这些大师本身也是一师传下来的,比如西汉易学来源于田何,而后有施、孟、梁丘三家易学,都立为博士,相对田何来说,三家《易》可以说是家法,但是由于两汉易学都是从三家《易》中分化出来的,所以施、孟、梁丘也被称为两汉易学的师法。

汉代注重师法和家法的结果是家法越立越多,"自武帝立五经博士,开弟子员,设科射策,劝以官禄,讫于元始,百有余年,传业者浸盛,支叶蕃滋,一经说至百余万言,大师众至千余人,盖禄利之路然也。初,《书》唯有欧阳,《礼》后,《易》杨,《春秋》公羊而已。至孝宣世,复立大、小夏侯《尚书》,大、小戴《礼》,施、孟、梁丘《易》,谷梁《春秋》。至元帝世,复立京氏《易》,平帝时,又立《左氏春秋》《毛诗》《逸礼》《古文尚书》,所以罔罗遗失,兼而存之,是在其中矣"⑤。经过西

---

① 《汉书·楚元王传》。
② 《后汉书·章帝纪》。
③ 《汉书·儒林传》。
④ 《经学历史·经学极盛时代》。
⑤ 《汉书·儒林传》。

汉末年的战乱，东汉初年则确立了今文十四博士，"昔王莽、更始之际，天下散乱，礼乐分崩，典文残落，及光武中兴，爱好经术，未及下车，而先访儒雅，采求阙文，补缀漏逸。先是，四方学士多怀协图书，遁逃林薮。自是莫不抱负坟策，云会京师，范升、陈元、郑兴、杜林、卫宏、刘昆、桓荣之徒，继踵而集。于是立五经博士，各以家法教授，《易》有施、孟、梁丘、京氏，《尚书》欧阳、大小夏侯，《诗》齐、鲁、韩，《礼》大、小戴，《春秋》严、颜，凡十四博士，太常差次总领焉"①。东汉的经文十四博士的确标志着今文经学家法的完成，以后一直没有再增置今文经学家法，并一直延续到汉代经学的终结，所以东汉今文十四博士之学就成为今文经学的象征和代表。

确立家法的前提是什么呢？前提是有章句，有章句才有家法可守，才可据此以教授弟子，批判异端。但武帝初立五经博士，并没有章句，所以最初的五经博士并不是以某一家而立，治一经的各家大师都可立为博士，而到了宣帝以后，才开始以某一家立博士，于是才出现了一经立数家博士的局面，最后发展为东汉为五经立了十四家博士。西汉初期经学的诸大师继承先秦诸子遗风，以经邦济世为己任，以宣扬孔子的大义微言为主，注重思想理论建设，极富创造性，不拘泥于经文的训诂考订工作；然而，随着博士之学的确立，经学思想和经学解释就需要固定和体系化，于是就出现了章句。据史载，五经章句始见于夏侯建，夏侯建是夏侯胜之侄，"胜从父子建，字长卿，子师事胜及欧阳高，左右采获，又从五经诸儒问与《尚书》相出入者，牵引以次章句，具文饰说。胜非之曰：'建所谓章句小儒，破碎大道。'建亦非胜为学疏略，难以应敌。建卒自专门名经，为议郎、博士。至太子少傅"②。章句的出现，使得家法得以固定、明确和公开。夏侯建立章句是为了"应敌"，在独尊儒术的社会中应敌的对象主要是针对儒学内部的异说。同时，章句出现后的弊端则是"破碎大道"，因为章句局限于文学字义的解释，日益烦琐，不能充分发挥五经大义以经世致用。

五经博士中最先争立的是《谷梁春秋》博士。武帝时，传《谷梁春秋》的江公，与传《公羊春秋》的董仲舒，为争立博士发生争执，"董仲舒通五经，能持论，善属义，江公呐于口，上使与仲舒议，不如仲舒。而丞相公孙弘本公羊学，比辑其议，卒用董生。于是上因尊公羊家，诏太子受《公羊春秋》，由是公羊大兴"③。后来宣帝即位，喜爱《谷梁春秋》，经过十余年的努力，《谷梁春秋》学派的势力得到极大的发展，于是宣帝于甘露元年"乃召五经名儒太子太傅萧望之等大议殿中，平《公羊》《谷梁》同

---

① 《后汉书·儒林列传》。
② 《汉书·眭两夏侯京翼李传》。
③ 《汉书·儒林传》。

异,各以经处是非。时,《公羊》博士严彭祖、侍郎申挽、伊推、宋显,《谷梁》议郎尹更始、待诏刘向、周庆、丁姓并论。《公羊》家多不见从,愿请内侍郎许广,使者亦并内《谷梁》家中郎王亥,各五人,议三十余事、望之等十一人各以经谊对,多从《谷梁》,由是谷梁之学大盛。庆、姓皆为博士"①。谷梁学受到皇帝的青睐后,愈加刺激了众多家法的竞争,于是宣帝于甘露三年召开了著名的石渠阁会议,"诏诸儒讲五经同异,太子太傅萧望之等平奏其议,上亲称制临决焉。乃立梁丘《易》、大、小夏侯《尚书》、谷梁《春秋》博士"②。

今文经学被立为官学后,使得今文经学家们对经典的阐释也发生了变异。西汉初年的诸位经学大师是极富创造性的,发展出了一套系统的经学理论,适应了汉代社会发展的需要,使经学得以确立为官学。然而,正是由于经学被立为官学,他们所尊崇的就不仅是五经的经文了,而是还包括诸大师对五经的解说。这样一来,被实际上立为官学的不仅是"经",而且还有"传"。所谓"传",就是诸大师对五经的阐释。我们必须注意的是,将"传"立为官学,并被奉为师法和家法,必然就会窒息经学阐释的创造性,使今文经学的发展空间只能是抱残守缺,拘泥于章句训诂,束缚了五经微言大义的发挥。对于以后的严守家法的今文经学来说,阐释的任务只是在说明和传承既定的阐释而已,经学其思想发展的活力也就同时失去了。

由于朝廷对今文经学不断地增设师法和家法,所带来的恶果是使经说日益烦琐。如传小夏侯氏《尚书》的秦恭,增师法至百万言,解说《尧典》篇目的"尧典"二字至十余万言,说"曰若稽古"四字达三万言。据《后汉书·桓荣丁鸿列传》载:"初,荣受朱普学章句四十万言。郁(桓荣之子)复删省定成十二万言。"张奂学欧阳《尚书》,亦删省牟氏《章句》四十五万字为九万字。③对于这种现象,班固曾经论述道:"古之学耕且养,三年而通一艺,存其大体,玩经文而已。是故用日少而蓄德多,三十而五经立也。(孔子说自己三十五经通,即三十而立)后世经传既已乖离,博学者又不想多闻阙疑之义,而务碎义逃难,便辞巧说,破坏形体,说五字之文,至于二三万言。后进弥以驰逐,故幼童而守一艺,白首而后能言。安其所习,毁所不见,终以自蔽,此学者之大患也。"④班固所论,折射出了今文经学教育的问题,人人都自"幼童守一艺"而至"白首后能言",在束缚思想的同时,可以充分达到统治者控制士人思想的目的,以实

---

① 《汉书·儒林传》。
② 《汉书·宣帝纪》。
③ 《后汉书·皇甫张段列传》。
④ 《汉书·艺文志》。

现对思想的专制，其影响久远。清代的今文经学大师皮锡瑞，曾经这样评价道："凡学有用则盛，无用则衰。存大体，玩经文，则有用；碎义逃难，便辞巧说，则无用。有用则为人崇尚，而学盛；无用则为人诟病，而学衰。汉初申公《诗》训，疑者弗传；丁将军《易》说，仅举大谊；正所谓存大体、玩经文者。甫及百年，而蔓衍支离，渐成无用之学，岂不惜哉！"①汉初的经学诸大师，其对经文的阐释，重在致用，而博士之学既立，经学家则专注于"传"，于是经说越来越多，在失去创造力的同时，也使其知识形态经学化的教育，越来越难，即便人们"碎义逃难"，至皓首穷经也不知所云。

今文经学家们只知严守家法，经说越来越多，导致了抱残守缺、僵化保守的弊病。刘歆当时曾批评道："往者缀学之士不思废绝之阙，苟因陋就寡，分文析字，烦言碎辞，学者罢老且不能究其一艺。信口说而背传记，是末师而非往古，至于国家将有大事，若立辟雍、封禅、巡狩之仪，则幽冥而莫知其原。犹欲抱残守缺，挟恐见破之私意，而无从善服义之公心。"②经学真的是被勒石立碑于太学，正是"若立辟雍"所谓，但却同时也使人"莫知其原"，是对经学教育极大的讽刺。今文经说既已立为博士之学，今文经学家们自然便不思进取，不学无术，经学大义和家法也日益混乱不清，章帝时，杨终曾上书言："宣帝博征群儒，论定五经于石渠阁。方今天下少事，学者得成其业，而章句之徒，破坏大体。宜如石渠故事，永为后世则。"③章帝采纳了杨终的建言，于是有白虎通观会议的召开，全面地重新论定今文经学的思想，形成的《白虎通义》成为汉代经文经学的百科全书。

争立家法的倾向，又使得经学家们喜欢标新立异，于是养成了不守传统家法，自立新说的风气。汉和帝时，徐防上书言："伏见太学试博士弟子，皆以意说，不修家法，私相容隐，开生奸路。每有策试，辄兴诤讼，论议纷错，互相是非。……今不依章句，妄生穿凿，以尊师为非义，意说为得理，轻侮道术，浸以成俗，诚非诏书实选本意。"④清初经学大师皮锡瑞也认为："似乎广学甄微，大有裨益经义；实则矜奇炫博，大为经义之蠹。"⑤今文经学虽是官学，但却日益衰微了，尽管太学生日益增多，大师授徒数以千计，"然章句渐疏，而多以浮华相尚，儒者之风盖衰矣"⑥。

第二是以阴阳灾异说经。

---

① 皮锡瑞（清）：《经学历史·经学极盛时代》，周予同（修订），北京：中华书局，1959。
② 《汉书·楚元王传》。
③ 《后汉书·杨李翟应霍爰徐列传》。
④ 《后汉书·邓张徐张胡列传》。
⑤ 皮锡瑞（清）：《经学历史·经学极盛时代》，周予同（修订），北京：中华书局，1959。
⑥ 《后汉书·儒林列传》。

今文经学的另一大特点就是以阴阳灾异解释经典。主张自然现象与社会生活的密切关系，是古代人类社会的共同特征。汉代的今文经学则吸收了秦汉之际的阴阳五行家的思想和天文、历法、医学等古代自然科学的成果，运用阴阳五行的宇宙图式，根据天人合一的思维模式，对五经进行了全面的阐释。首先，今文经学运用阴阳五行的变化解释政权的更迭，论证现实统治的必然性；其次，通过天人感应观念，强调自然灾异与政治的联系，以所谓谴告来告诫统治者；再次，运用阴阳五行论证儒家的社会政治道德原则，阴和阳代表了德和刑，五行代表了"仁义礼智信"五常。在阴阳灾异理论指导下，五经中所提到的各种事件和各种自然现象都是天道的体现。这就是汉初今文经学诸大师阐释五经的基本观念和思路，并成为儒者的内在信仰——约束政治权力的思想权力。

今文经学运用阴阳五行，解说政权更迭、自然灾异，其本义是警告统治者，要注重德治教化，避免人怨天谴，而丧失其统治地位。思想家们企图以所拥有的思想权力，对抗或约束或形塑统治者的政治权力，具有一定的积极意义。然而，讲究阴阳灾异的风气发展到后来，则与图书象数之学结合，却流于谶纬迷信。图书象数起源于《易经》，《易经》本是占卜之书，后来儒家将之改造为一部蕴含天道奥秘的哲理之书。《易传》作为战国时期儒家诠释《易经》的经典著作，以《易》卦之第一爻(初爻)、三爻、五爻皆为阳位，因其爻位之序数为奇数，奇数为阳数，故其爻位为阳位；以《易》卦之第二、四、六爻(上爻)皆为阴位，因其爻位之序数为偶数，偶数为阴数，故其爻位为阴位；以"一阴一阳之谓道"立论，认为宇宙自然界存在相反属性事物，相反事物的推摩作用是事物变化的普遍规律，六十四卦即反映了这种规律。就其思想体系来看，自然主义的天道观，由天道推衍人事的整体思维模式，关于事物发展变化的辩证思想等，许多都与阴阳家相一致。同时，《易传》还十分强调数的重要性，其中刚、柔两爻，在《周易》的爻题中也被转化为数的形式即九与六，刚称九而柔称六。如此一来，六爻的刚柔属性，通过爻题中的九或者六就可一目了然，经此转换，质的问题变成了量的问题，爻性被转变为爻数了，也就形成了易象思维的重要特征。汉初治《易》的经学家，大多是以《易传》来解释《易经》，并不注重图书象数。专以阴阳灾异和图书象数之学来解释《易经》的始于孟喜，"喜好自称誉，得《易》家候阴阳灾变书，诈言师从田生且死时枕喜膝，独传喜，诸儒以此耀之"[①]。孟喜私改师法，没有得到当时统治者的承认，由此也可以看出汉初易学的师法并不是讲究图书象数之学的。象数之学则大成于京房，京房自认为传自孟喜，但据考订并不是来源于孟喜，"京房受《易》梁人焦延寿。延寿

---

① 《汉书·儒林传》。

云尝从孟喜问《易》,会喜死,房以为延寿《易》即孟氏学,翟牧、白生不肯,皆曰非也。至成帝时,刘向校书,考《易》说,以为《易》家说皆祖田何,杨叔、丁将军大谊略同,唯京氏为异,党焦延寿,独得隐士之说,托之孟氏,不相与同"①。京房的易学后来大为昌盛。孟喜和京房的易学都不是来自儒学大师田何的真传,而是分别来自民间的易学。民间易学自古以来一直独立发展壮大,并不是来源于儒学的易学,儒家的易学反而是脱胎于民间易学,从民间易学借鉴吸收了许多思想精华。在秦汉之际,民间易学综合了天文、历法、时辰、方位、阴阳五行等观念,以八卦和六十四卦为基本架构,运用阴阳象数的变化,解释整个宇宙及其所发生的一切事情,形成了一种神秘的宇宙观。今文经学不仅全面地运用阴阳五行、灾异谴告的观念来解释五经,而且还与谶纬相结合,运用谶纬来解释今文经说。不仅《易经》有京氏《易》,而且齐《诗》有"四始、五际、六情"之说来比附《诗经》,至于《春秋》和《尚书》则更是大讲阴阳灾异、天文星占等迷信现象。

对于阴阳灾异、天文星占之迷信,儒家自身未必就信,但对抗政治权力以捍卫思想权力的政治生活中,实在又是必须的一种选择。由汉初的阴阳灾异发展到谶纬迷信,是今文经说发展的一个质变。从表面上看,阴阳灾异与谶纬似乎是相通的,但实质则不同。汉初儒者所讲的阴阳灾异,只是在谴告统治者,而且是为王道的德治教化和伦理纲常作论证,通过这种论证,与儒家"天人合一"的宇宙观相一致。而谶纬虽然也赞同王道理想,但其中心思想是宣扬神秘的宇宙观和神学迷信。今文经学流于谶纬迷信就无法以理性来批判干预现实的社会政治,无法实现儒者批评现实、经邦济世的使命。不过,经学的阴阳灾异说,也证明了今文经学衰微的必然。儒家思想的宇宙观问题,把不能自圆其说的问题都归为"天的规定性",始终难以回答"谁规定了天"的追问。

三、汉代古文经学的兴起及其何以昌盛

今文经学和古文经学是汉代的历史存在,其古文经学的产生、发展、兴盛与经学发展有着内在的联系。辨析古文经学与今文经学的不同,认识古文经学兴盛的原因,对于认识经学形态化教育,是十分重要的。

(一)如何认识古文经学与今文经学之辨

如果从教科书的一般解释或单从表面上看,今文经与古文经的差异只是文字和传本的差异。今文经是用汉代隶书书写的,古文经是用战国时六国文字书写的,是出土和民

---

① 《汉书·儒林传》。

间所献的先秦古书。正因为古文经其篇章和文字与今文经存在着不同，所以对经文的解说也有差异。于是，问题就来了：由于汉代对经文的解说才有了经学，没有对经文的解说，何以有"经学"之说？对经学的解说，先要确认"经典"文献，而确认儒家经典文献的依据，简单以"书写文字"作为判断标准，似乎有些武断。

近代经学大师廖平认为今、古文经的差异在于："'今学'博士之礼制出于《王制》，'古文'专用《周礼》。故定位'今学'主《王制》、孔子，'古学'主《周礼》、周公。然后二家所以异同之故，灿若列眉。千溪百壑，得所归宿。'今''古'两家所根据，又多同出于孔子，于是倡为'法古''改制'，初年、晚年之说。然后二派如日月经天、江河行地，判然两途，不能混合。"①廖平先生是依据礼制的不同对今经、古文经加以区分的，认为今文经学以《王制》为主，古文经学以《周礼》为主，今、古文经学都来源于孔子。古文经学派始于孔子早年的燕、赵弟子，继承的是孔子早年的学说，所以燕、赵之学为汉代古文经学的正宗；而今文经学派始于孔子晚年的弟子，继承的是孔子晚年托古改制的思想，所以今文经学以鲁学为正宗。②

周予同先生在其《经今古文学》一书中，也曾简单阐述了今、古文经学的不同，认为今文经学的主要特征是：崇奉孔子；尊孔子是"受命"的"素王"；认为孔子是哲学家、政治家、教育家；以孔子为"托古改制"；以六经为孔子作；以《春秋公羊传》为主；为经学派；经的传授多可考；西汉都立于学官；盛行于西汉；斥古文经传是刘歆伪造之作；今存《仪礼》《公羊》《谷梁》《小戴礼记》《大戴礼记》和《韩诗外传》；信纬书，以孔子微言大义间有所存。认为古文经学的主要特征是：崇奉周公；尊孔子为先师；认孔子是史学家；以孔子为"信而好古，述而不作"；以六经为古代史料；以《周礼》为主；为史学派；经的传授不大可考；两汉多行于民间；盛行于东汉；斥今文经传是秦火残缺之余；今存《毛诗》《周礼》《左传》；斥纬书为诬妄。③由周予同先生的上述观点可以看出，今、古文经学对五经的排列顺序有完全不同的看法：今文经学家"认为孔子是政治家、哲学家、教育家，所以他们对于六经的排列，是含有教育家排列课程的意味。他们以《诗》《书》《礼》《乐》是普通教育或初级教育的课程；《易》《春秋》是孔子的哲学、政治学和社会学的思想所在，非高材不能领悟，所以列在最后，可以说是孔子的专门教育或高级教育的课程。又《诗》《书》是符号（文字）的教育，《礼》《乐》是实践（道德）的陶冶；所以《诗》《书》列在先，《礼》

---

① 《廖平选集上·六变记》，巴蜀书社，1998，第547页。
② 参见《廖平选集上·今古学考》，巴蜀书社，1998。
③ 参见《周予同经学史论著选集》，上海人民出版社，1983，第9页。

《乐》又列在其次。总之，一《诗》《书》，二《礼》《乐》，三《易》《春秋》，它们的排列是完全依照程度的深浅而定"①。古文经学家则是按照六经产生时代的早晚来排列的，因为"他们以为《六经》都是前代的史料，——所谓《六经》皆史说，——孔子是'述而不作，信而好古'的圣人，他不过将前代史料加以整理，以传授给后人而已"，因此"古文家以《易经》的八卦是伏羲画的，所以《易》列在第一；《书经》中最早的篇章是《尧典》，较伏羲为晚，所以列在第二；《诗经》最早的是《商颂》，较尧、舜晚，所以列在第三；《礼》《乐》他们以为是周公制作的，在商之后，所以列在第四、第五；《春秋》是鲁史，经过孔子的修改，所以列在末了"②。

其实，由于文献资料的缺乏和混乱，今、古文经之间的不同和争执，许多问题至今依然没有得到解决。

首先，关于古文经的来源问题。《汉书》记载来源主要是三处。一是河间献王处，"河间献王德以孝景前二年立，修学好古，实事求是。从民间得善书，必为好写与之，留其真，加金帛赐以招之。由是四方道术之人不远千里，或有先祖旧书，多奉以奏献王者，故得书多，与汉朝等。……献王所得书皆古文先秦旧书，《周官》《尚书》《礼》《礼记》《孟子》《老子》之属，皆经传说记，七十子之徒所论。其学举六艺，立《毛氏诗》《左氏春秋》博士"③。二是鲁恭王坏孔子宅所得古文经，"恭王初好治宫室，坏孔子旧宅以广其宫，闻钟磬琴瑟之声，遂不敢复坏，于其壁中得古文经传"④。三是孔安国家中所藏，"孔氏有《古文尚书》，孔安国以今文字读之，因以起其家逸书，得十余篇，盖《尚书》兹多于是矣。遭巫蛊，未立于学官"⑤。后世的许多学者猜测，鲁恭王所得与孔安国所得，实际上是一回事。

其次，西汉时代所流传的古文经，是否是用古文字的问题。收藏到朝廷的古文经肯定是古文字，但古文经学家认为古文经不仅收藏在朝廷，而且在社会上一直流传，那么流传在西汉社会中的古文经是否就是古文字的传本呢？据徐复观的考证，"今文与古文的分别，其实不在字体的不同"，因为"汉初的经义皆来自古文，而古文以隶书改写后即为今文。凡流布中的字体是相同的，即同为隶书。今、古文的分别，乃在文字上有出入，及由文字上的出入引起解释上的出入。有如今日同一部书，发现有两种不同的

---

① 参见《周予同经学史论著选集》，上海人民出版社，1983，第8页。
② 同上，第6—7页。
③ 《汉书·景十三王传》。
④ 同上。
⑤ 《汉书·儒林传》。

版本"①。徐复观并不是否定古文版的五经的存在,而是说流传的五经无所谓今文和古文的区别,汉初未统一用隶书时,就已经有后来所谓的"今文经"存在,后来流行的所谓古文经也是用今文书写的,所以后人所言的今、古文经的差别是不准确的、似是而非之论。例如,相传《费氏易》为古文,但徐复观说:"《汉书·儒林传》未尝言《费氏易》为古文有《易》。《艺文志》谓'刘向以中古文《易经》校施、孟、梁丘经,或脱去'无咎''悔亡';唯费氏经于古文同'。这只能说明费氏的经文本,较三家者完善,但'与古文同'的另一面,正说明《费氏易》并非古文。"②对于《古文尚书》,据《汉书·儒林传》,"孔氏有《古文尚书》,孔安国以今文字读之,因以起其家逸书。""'以今文读之',即是依今文校雠(校对义)古文,并进而以今文写定古文"③,所以孔安国所传的《古文尚书》也是用今文书写的。而所谓的今文《尚书》,来源于伏生,"伏生所藏者本为篆书,即本为古文;在传授时乃将篆书写成隶书,即写成今文。他太老了,在改写时不能不有许多错落"④。这样,所流行的《尚书》今文和所谓的古文只有两个版本的差别,所依据的都是古文本,都是用今文书写的。《毛诗》和《左氏传》在汉初既已流行,所用的本子也肯定是用今文书写的。因此结论是:"所以今、古文问题的本质,是一种校雠上谁对谁错,谁较完备,谁较残缺的问题,这是很简单可以处理,很简单可以判定的问题。"⑤

事实上,汉初五经的传授相当艰难,"当此之时,一人不能独尽其经,或为《雅》,或为《颂》,相合而成。《泰誓》后得,博士集而读之"⑥。古文难识,能读懂而传承的大师更少,一篇古文甚至需要众多博士集而读之,可见五经古文流传下来是多么不易,也可证明汉初流行的全是今文经,因为汉初经典在社会的流传,必须经过流行文字的改写和释读。在文字释读的过程中,必然随之产生理解上的歧义。于是博士越来越多,有师法、家法的出现,经文字义的解释也越来越混乱;于是有石渠阁会议,有刘向、刘歆的校书,希望统一经文和经义的解释;于是有刘歆据官府收藏的古文秘本,以争立古文经之事。

---

① 徐复观:《中国经学史的基础》,台湾学生书局,1982,第27页。
② 同上,第101页。
③ 同上,第126页。
④ 同上,第127页。
⑤ 同上,第127页。
⑥ 《汉书·楚元王传》。

（二）如何认识古文经与今文经之争

事实上，自刘歆争立古文经后，才有了"今文经"和"古文经"的分判。但我们必须认识到，其时所争立的古文经并不是官府收藏的古文字体的古文经，而仅仅是未立于官学的、民间流行的几种今文字体的经书，即《左氏春秋》《毛诗》《逸礼》和《古文尚书》而已。为了与立为官学的经文经抗衡，这几种所谓的古文经也发展出自己的传承和训诂大义，具有了不同于今文博士所言的经学理论，于是产生了今文经学和古文经学。总的来看，今文和古文之别，乃是今文经学和古文经学之争兴起后才出现的问题，在此之前五经无所谓今文和古文的对立，只是版本的不同而已。确实有古文版的五经典籍，那是民间所献，或者是来自孔壁藏书，收藏在官府，并不在社会上流传，能见到者也很少。在社会上流传的都是用今文书写的五经的不同版本。

刘歆争立古文经，才使古文经正式登上历史舞台。在此之前，古文经并没有什么影响，只是少数民间私相传授而已。刘歆随父刘向校书，特别喜欢《左氏春秋》，认为"左丘明好恶与圣人同，亲见夫子，而公羊、谷梁在七十子后，传闻之与亲见之，其详略不同"①，所以，《左氏春秋》比《公羊》和《谷梁》的经解高明，于是笃信古文经，欲争立《左氏春秋》及《毛诗》《逸礼》《古文尚书》于官学。汉哀帝虽然支持刘歆，但无法取得今文经学博士的同意，于是令刘歆与今文经学博士进行辩论。但今文经学博士却置之不理，不肯应答。于是刘歆写了一封公开信，指责今文经学博士，这就是著名的《移书让太常博士》，全文载于《汉书·楚元王传》中。在这封公开信中，刘歆论述了孔子修订和制作五经的经过与汉初经学复兴的艰难状况，介绍了古文经的起源："及鲁恭王坏孔子宅，欲以为宫，而得古文于坏壁之中，《逸礼》有三十九，《书》十六篇。天汉之后，孔安国献之，遭巫蛊仓卒之难，未及施行。及《春秋》左氏丘明所修，皆古文旧书，多者二十余通，藏于秘府，伏而未发。孝成皇帝闵学残文缺，稍离其真，乃陈发秘藏，校理旧文，得此三事，以考学官所传，经或脱简，传或间编。传问民间，则有鲁国桓公、赵国贯公、胶东庸生之遗学与此同，抑而未施。此乃有识者之所惜闵，士君子之所嗟痛也。"古文经既然完整而且得孔子之真传，却受到今文经学的压抑与排挤而无法张扬，所以刘歆对今文经学进行了十分尖刻的批判，指责今文经学家们"专己守残，党同门，妒道真"，"深闭固距，而不肯试，猥以不诵绝之，欲以杜塞余道，绝灭微学"。刘歆的批判引起了今文经学家们一致的愤慨，班固说："其言甚切，诸儒皆怨恨。是时，名儒光禄大夫龚胜以歆移书上疏深自罪责，愿乞骸骨罢。及儒者师

---

① 《汉书·楚元王传》。

丹为大司空，亦大怒，奏歆改乱旧章，非毁先帝所立。上曰：'歆欲广道术，亦何以为非毁哉！'歆由是忤执政大臣，为众儒所讪，惧诛，求出补吏，为河内太守。"① 虽然皇帝袒护刘歆，但也无法确保他的安全，更不用说确立古文经学了。

王莽时，《毛诗》《逸礼》《古文尚书》《左氏春秋》等立于官学，古文经学曾有过短暂的显赫时光。东汉光武帝时，尚书令韩歆欲为《费氏易》《左氏春秋》争立博士，建武四年诏公卿、大夫、博士等议论此事。今文博士范升上书反对增置家法，认为如果同意增置，会造成家法的泛滥，而且学问贵在由博返约，不在增多经典。他说："今费、左二学，无有本师，而多反异，先帝前世，有疑于此，故京氏虽立，辄复见废。疑道不可由，疑事不可行。《诗》《书》之作，其来已久。孔子尚周流游观，至于知命，自卫反鲁，乃正《雅》《颂》。今陛下草创天下，纪纲未定，虽设学官，无有弟子，《诗》《书》不讲，礼乐不修，奏立左、费，非政急务。"② 古文经学家陈元起而反对范升，当时的情景是，"范升复与元相辩难，凡十余上。帝卒立左氏学，太常博士四人，元为第一。帝以元新忿争，乃用其次司隶从事李封，于是诸儒以左氏之立，论议欢哗，自公卿以下，数廷争之。会封病卒，左氏复废"③。汉灵帝时卢植亦上书请立古文经，"古文科斗，近于为实，而厌抑流俗，降在小学。中兴以来，通儒达士，班固、贾逵、郑兴父子，并敦悦之。今《毛诗》《左氏》《周礼》各有传记，其与《春秋》共相表里，宜置博士，为立学官，以助后来，以广圣意"④。但都没有成功。古文经学虽然没有在东汉官学中占据一席之地，然而它的社会影响却越来越广泛，传习的人也越来越多了，即使是在著名的白虎观会议上也邀请了古文经学家参加。

（三）古文经学在东汉为什么昌盛

古文经学在东汉的昌盛，古文经学家贾逵的功劳是最大的。贾逵的父亲也是古文经学家，"父徽，从刘歆受《左氏春秋》，兼习《国语》《周官》，又受《古文尚书》于涂恽，学《毛诗》于谢曼卿，作《左氏条例》二十一篇。逵悉传父业，弱冠能诵《左氏传》及五经本文，以大夏侯《尚书》教授，虽为古学，兼通五家、《谷梁》之说"。贾逵"尤明《左氏传》《国语》，为之解诂五十一篇，永平中，上疏献之。显宗重其书，写藏秘馆"，"肃宗立，降意儒术，特好《古文尚书》《左氏传》。建初元年，诏逵入讲北宫白虎观、南宫云台。帝善逵说，使发出《左氏传》大义长于二传者"。贾逵摘出

---

① 《汉书·楚元王传》。
② 《后汉书·郑范陈贾列传》。
③ 同上。
④ 《后汉书·吴延史卢赵列传》。

《左氏》优于《公羊》说三十七事，并上书认为"《左氏》义深于君父，《公羊》多任于权变，其相殊绝，……又五经家皆无以证图谶明刘氏为尧后者，而《左氏》独有明文。五经家皆言颛顼代黄帝，而尧不得为火德。《左氏》以为少昊代黄帝，即图谶所谓帝宣也。如令尧不得为火，则汉不得为赤。其所发明，补益实多"。"书奏，帝嘉之，赐布五百匹，衣一袭，令逵自选《公羊》严、颜诸生高才者二十人，教以《左氏》，与简纸经传各一通"。"逵数为帝言《古文尚书》与经传《尔雅》诂训相应，诏令撰欧阳、大小夏侯《尚书》古文同异。逵集为三卷，帝善之。复令撰齐、鲁、韩《诗》与毛氏异同。并作《周官解故》。迁逵为卫士令。八年，乃诏诸儒各选高才生，受《左氏》《谷梁春秋》《古文尚书》《毛诗》，由是四经遂行于世。皆拜逵所选弟子及门生为千乘王国郎，朝夕受业黄门署，学者皆欣欣羡慕焉"。①贾逵不仅兼通五经，而且也深通今文家法，其所作古文经说深得皇帝欢心，被收藏进秘馆，古文四经由于贾逵的大力宣传，在社会上引起了广泛的影响，虽然没有被立为博士，但对于众多儒生却具有极大的吸引力，对古文经的流传起到了极大的推动作用。继贾逵之后，又有大师马融、郑玄出现，授徒都以百千计，"初，中兴之后，范升、陈元、李育、贾逵之徒争论古文经学，后马融答北地太守刘瓌（同"瑰"）及玄答何休，义据通深，由是古学遂明"②。遗憾的是，马融和郑玄批判今文经学的著述今天都已佚失，其详细的争论情况难以得知。

据《后汉书·儒林列传》所载，古文经学在东汉的传承大致是："建武中，范升传《孟氏易》，以授杨致，而陈元、郑众皆传《费氏易》，其后马融亦为其传。融授郑玄，玄作《易注》，荀爽又作《易传》，自是《费氏》兴，而《京氏》遂衰。""扶风杜林传《古文尚书》，林同郡贾逵为之作训，马融作传，郑玄注解，由是《古文尚书》遂显于世。""初，九江谢曼卿善《毛诗》，乃为其训，宏从曼卿受学，因作《毛诗序》，善得《风》《雅》之旨，于今传于世。后从大司空杜林更受《古文尚书》，为作训旨。时济南徐巡师事宏，后从林受学，亦以儒显，由是古学大兴。""中兴后，郑众、贾逵传《毛诗》，后马融作《毛诗传》，郑玄作《毛诗笺（注解）》。""中兴，郑众传《周官》经，后马融作《周官传》，授郑玄，玄作《周官注》。玄本学《小戴礼》，后以古文经校之，取其义长者，故为郑氏学。玄又注小戴所传《礼记》四十九篇，通为三《礼》焉。""建武中，郑兴、陈元传《春秋左氏》学。时尚书令韩歆上

---

① 《后汉书·郑范陈贾张列传》。
② 《后汉书·张曹郑列传》。

疏，欲为《左氏》立博士，范升与歆争之未决，陈元上书讼《左氏》，遂以魏郡李封为《左氏》博士。后群儒蔽固者廷争之。及封卒，光武重违众议，而因不复补。"

古文经学在两汉的产生及昌盛，不外乎两大原因：首先是出于功利的目的，这是包括今文经学和古文经学在内的两汉经学，为增置家法于官学的重要原因。如果被立为博士之学，不仅是其经说的权威性得到官方的认可，而且还能成为仕途之一。其次是从经学家们的自我标榜来讲，为了保全道术，实事求是，今、古文经学家们为此相互攻击。今文经学皆认为自己的经说是亲得孔子真传，其家法传授真切可考；古文经学则认为古文经版本古老、可靠、完整，左氏亲见孔子，因而其注《春秋》比孔子弟子相传的公羊经说要高明，而《周官》乃周公所作，更是三代文明的真谛所在。《古文尚书》比今文《尚书》多十六篇，《左传》更是详于史实，《周官》则详于制度，因而与今文经学相比，古文经学对上古三代的历史了解比今文经学要完整和详细得多，而且古文经学能够满足社会和学者对文化和学术的需要，所以随着社会文化的发展，古文经学必然受到学者们的重视。

从另一方面讲，古文经学的兴起，也在于今文经学默守陈规，抱残守缺，流于谶纬方术，背离了儒者经邦济世的情怀。儒者以王道为其理想追求，以周公、孔子为其人格典范，忧患意识和拯救意识十分强烈，而今文经学发展到东汉则愈加烦琐，远离社会现实政治。古文经学注重历史批判对现实的指导意义，注重阐发社会政治制度的道德价值。学者们普遍认为，东汉的儒者更注重气节，这与东汉的古文经学所提倡的道德惩戒的说教有着密切的关系。

整个汉代古文经学与今文经学虽然存在着争论和争立官学的现象，反映的是汉代经学发展的史实，但它们绝不是对立的。因此，在认识古文经学的兴盛问题上，还需要把握以下几个方面：

第一个方面是，今文经学与古文经学并不是对立的存在，今文经学家和古文经学家都是经学家，今文经学所确立的王道理想和儒家的道德价值观念，是今、古文经学所共同认可的基础。所以，古文经学所争执的只是要增置古文经，并不是要取缔今文经。今文经学所提出的阴阳五行、天人感应、灾异谴告等观念，不仅适应汉代社会政治的需要，而且也成为汉代经学公认的观念。古文经对此也是不否认的，只是关注的焦点和解经的侧重点与今文经学不同而已。这也正是今文经学始终占据官方意识形态的原因所在。而古文经的兴盛则只能是在今文经学之后，随着社会和学者对文化发展的进一步要求而出现的。

第二个方面是，古文经学的兴起虽然有其历史和学术发展的必然，还与汉代社会文化风气相关。由于秦王朝的法家政策和焚书坑儒的事件,西汉初年儒家经典的稀少和传本的歧异就成为必然,广置家法乃是特定时代的需要。今文经残缺不全,不重史实,这必然不能满足文化和学术发展的进一步要求。所以古文经学的兴起有其社会和文化发展的根源。此外,古文经的流行还与当时的社会制度和社会风气有着密切的关系。在汉代社会虽然今文经学被立为官学,但并没有实行绝对的思想专制,博士之学并没有一统天下,也没有统一的经说,众多的经说派别都可以在社会上流传,文化风气相对宽容、自由。博士之学自然是要严守家法,但却不会禁止人们学习其他经典和经说,学习博士之学也并没有成为入仕的唯一途径,这种宽松的学术氛围也是以后其他朝代所没有的。

第三个方面是,学术界普遍认为,今文经学与谶纬关系十分密切,古文经学反对谶纬。然而,事实上图谶在东汉也十分盛行,其古文经学大师郑兴曾因不善谶而不被重用,也曾严重妨碍了古文经学的流行,于是就有到了贾逵这里开始讲究图谶,马融则"集众生考论图谶"[1],郑玄更是遍注纬书。这样一来,似乎古文经学反对谶纬就不能成为史实。如果按照史实判断以价值判断为基础或史实判断服从于价值判断的思维逻辑,古文经学与谶纬的联系与今文经学的联系,于价值判断上是存在着本质的区别的。古文经学引图谶以证明古文经的正确和优越,但并不以图谶来解释经说。对于古文经学而言,是一种不得已的做法,因为东汉光武帝宣布图谶于天下,如果不习图谶,就不可能在社会取得立足之地。郑玄虽然遍注群纬,但说经却不以图谶为标准,还是遵循着古文经注经的旨意。

由此引出一个必须明确的问题,即古文经学注经的特点有哪些。

一是对五经性质的认识与今文经学不同。今文经学认为,五经寄托了孔子改制的理想,蕴涵着孔子为后世所制定的法典,因此今文经学家们提出了三代改制、阴阳灾异等观念来解释五经,反过来又通过经说来论证三代改制、天人感应、阴阳灾异等学说的正确性。古文经学则认为,五经是改制之书和道德训诫之书,五经记载了王道理想的制度,并通过史实的批判和诗歌的讽喻来表达王道理想的道德价值观,特别是注重君君、臣臣、父父、子子的伦理等级规范。比如,贾逵认为:"《左氏》崇君父,卑臣子,强干弱枝,劝善戒恶,至明至切,至直至顺。"[2]今文经学则认为《春秋》是改制之书。

二是古文经学家与今文经学家的历史观也有所不同。经史合一是经学家们的共识,上古三代历史是王道理想实现的历史,是人类历史发展的楷模,这也是经学家们的共

---

[1] 《后汉书·张曹郑列传》。
[2] 《后汉书·郑范陈贾张列传》。

识。但今文经学家认为人类历史的发展是循环变化的，按照阴阳五行相生相克的规律而变化，所以新王必须要改制，这体现了天道的变化规律，从上古三代一直到春秋的历史就是历史循环发展的例证，今文经学家对五经注释的目的就是阐发和证明这种历史观。然而改制只是形式的变化，不变的是王道制度，天不变道亦不变。至于不变的王道的具体制度如何，则不是今文经学家们所能讲清的。今文经学家们在具体的社会制度建设方面，由于文献的缺乏和混乱而显得无能为力。而古文经学家则不强调历史的循环发展和改制的必要，而是注重王道礼制的建设和道德的历史批判。长于制度之学是古文经学的长处，尽管古代的礼制同样无法于汉代照搬挪用，但古文经学毕竟在思想上对众多的社会问题、社会制度有一明晰的说法。古文经学家们同样以三代的王道理想为目标，古文经学家认为既然三代的礼制是明确的，那么思想文化发展的使命就是说明五经中的礼制和史实中的道德训诫。

三是古文经学家不仅大都兼通五经，而且为了与今文经学相抗争，也大都兼通今文家法。许多今文经学家也兼通数经，但由于博士之学必须严守家法，所以经说只可增益，不可违背师说和家法，这就阻碍了今文经学的学术发展，其结果是越来越烦琐而又脱离现实。古文经学出于实事求是的目的，对于五经的研究并不专守什么家法，也没有什么家法可守，虽然学有所承，但并不拘泥于师说，而是以实事求是的精神来探究五经的原意，因而其经说日益贯通而精确。

四是汉代古文经学的经典诠释学，才是严格意义上的经典诠释学。因为古文经学的诠释空间是在经文与圣人的本义之间展开，没有什么师法和家法可守，所以字义的训诂是基本的诠释方法。这种诠释学对于探讨五经的原始意蕴是极为有用的，加之经学家们兼通数经，于是古文经学日益准确、精通，自然受到学者们的欢迎。而今文经学除了五经博士确立之前的数位经学大师外，都是以传为经，严守师法和家法，所以只能算是师法解释学、家法解释学，并无什么创造性，只是传承而已。

五是古文经学在注经过程中，注重字义的训诂，不讲"微言大义"。今文经学家认为，五经蕴涵着孔子为后世所制定的法典，所以注经就是阐发孔子蕴涵在五经中的"微言大义"。而所谓的"微言大义"就是西汉儒学所讲究的王者改制、天人感应等一套理论，这是当时时代的需要。而古文经学在今文经学流行之后，借鉴新发现的古文经，顺应时代对文化和学术发展的新要求，以实事求是的态度和精神，专注于经文的释义，于是文字训诂学在东汉这里得到了空前的发展。流传至今最为著名的著作是许慎的《说文解字》和郑玄的《三礼注》。郑玄的《三礼注》是汉代训诂的顶峰之作，而许慎的《说文解字》则是中国第一部字典。在《说文解字》中，许慎系统地总结了汉字形成的"六书"说,对汉字进行了全面的阐释,对于中国汉字的定型和发展起到了决定性的作用,而且对于运用汉字写作和思维表达方式都产生了深远的影响。训诂学不仅仅是属于文字学,而且还是经典诠释学的表现方式,是一种文化诠释学。

古文经学虽然在汉代没有被官方立为博士之学,但到了唐代,《毛诗》《左传》《古文尚书》《周礼》等都得到了官方的认可,被列入"五经正义"和"九经正义"之中,而今文经学的十四博士之学,却都没有能够传承下来,以至于到了清代古文经学被理解为"汉学"的正统代表。

四、汉代何以流行神秘的谶纬

在以经学为社会主流文化的汉代,谶纬作为一种文化思潮,竟然笼罩并统治了东汉的社会文化,尤其是在经过先秦"百家争鸣"的理性启蒙之后,谶纬成为"经之支流",受到帝王喜爱,曾经显赫一时,而在东汉之后的几个朝代的禁绝下,竟然又消亡殆尽,至唐宋以后的正统文化中再不见踪迹,这是至今尚未破解的一大学术公案,也成为中国学术史上的一大谜团。问题是,虽然谶纬不被列入正规学术发展的进程之内,也没有被纳入学术研究的视野之内,但时至今日,却于民间依然有所流传,沉入民间并带有一定教化倾向,若将此简单的看作民间的神话迷信,也必定是有所局限的。于是,我们不得不去历史地回望和思考汉代的谶纬与经学之间的纠缠。

(一)何为谶纬

谶纬的起源甚古,民间流传的占卜算卦、政治性事件的谣言、自然灾害的语言等等,都有谶的成分和性质。谶纬保存和体现了上古原始时代以来的神话迷信观念,反映了人类早期以来的宗教心理和原始的思维方式。谶纬还详细地阐发了以阴阳八卦为骨干的象数学宇宙观,其神秘的宇宙图式,直至今天对于学者和民间依然具有强烈的吸引力。谶纬还保存了大量的汉代天文历法等科学成果,以及对经学理论的阐释,这些对于认识汉代传统文化的发展都是不可缺少的。皮锡瑞曾评价谶纬道:"故纬,纯驳互见,未可一概诋之。其中多汉儒说经文:如六日七分出《易纬》,周天三百六十度四分度之一出《书纬》,夏以十三月为正云云出《乐纬》;后世解经,不能不引。三纲大义,名教所尊。而经无明文,出《礼纬含文嘉》。马融注《论语》引之,朱子注亦引之,岂敢谓纬书皆邪说乎?"[①]

[①] (清)皮锡瑞:《经学历史·经学极盛时代》,1907年,湖南思贤书局刊刻,后收入《师伏堂丛书》。1928年,周予同校勘,施以标点,详加注释,由商务印书馆出版,作为《学生国学丛书》之一。1959年,周予同再加修订,北京中华书局印行。

东汉之后，由于历代禁绝和取缔谶纬，使得谶纬的资料大都佚失和残缺，《史记》《汉书》和《后汉书》中也很少记载。目前最好的辑佚本，是日本学者安居香山和中村璋八所辑的《纬书集成》。资料的缺失，使有关谶纬的一系列问题难以得到明确解答，甚至于许多根本性的问题上争论不休，诸如谶纬的定义，谶和纬是否有区别，谶纬的产生、谶纬的作者，谶纬为什么会流行于汉代，谶纬与经学的关系，等等，一直都没有定论。

一般来说，谶就是神秘的预言，纬是解释经的。谶起源甚早，纬则是经学昌盛后才出现的。纬书出现后，谶与纬逐渐合流，纬书中夹杂着大量的谶语，谶纬也就成了一切讲究图谶、纬书、符应等方面的著述的总称，谶、纬的内涵也就没有什么区分了。如果溯其源，谶与纬是有区别的，但到了东汉之后，谶纬就成了一个笼统的称呼了，所以顾颉刚认为："谶，是预言。纬，是对经而立的：经是直的丝，纬是横的丝，所以纬是解经的书，是演经义的书，自《六经》以及《孝经》都有纬。这两种在名称上好像不同，其实内容并没有什么大分别。实在说来，不过谶是先起之名，纬是后起的罢了。"①谶、纬不分，只能是就衍其流而言，从起源来说谶与纬还是有严格区分的，所以《四科全书总目提要·经部易类六》附录《易》纬末说："案：儒者多称谶纬；其实谶自谶，纬自纬，非一类也。谶者，诡为隐语，预决吉凶。《史记·秦本纪》称卢生奏录图书之语，是其始也。纬者，经之支流，衍及旁义。《史记·自序》引《易》'五帝官天下，三王家天下'，注者均以为《易》纬之文是也。盖秦、汉以来，去圣日远。儒者推阐论说，各自成书，与经原不相比附。如伏生《尚书大传》，董仲舒《春秋阴阳》，核其文体，即纬书。持以显有主名，故不能托诸孔子。其他私相撰述，渐杂以术数之言，既不知作者为谁，因附会以神其说。迨（等到，及）弥传弥失，又益以妖妄之词，遂与谶合而为一。"坚持谶与纬的不同未免过于拘泥，实际上这种观点也是源自今文经学家，今文经学家们引纬以证经，故而认为纬书与谶语不同，其实谶纬发展到东汉后，从思想上和著述方面已经很难明确加以区分了。

谶纬都没有留下作者的姓名，也没有什么师承，都伪托孔子所作。今天的学者则普遍认为，谶纬是方士所作，"纬名虽配经，但其材料实一本诸谶。托谶者方士，然方士狡诈，乃托孔子。藉（借）此自重"②。方士于战国后期十分活跃，特别是以邹衍为首的阴阳家。据陈槃考证，方士有广义狭义两种含义："于古，凡一切道艺说皆曰'道'，

---

① 顾颉刚：《汉代学术史略·谶纬的造作》，东方出版社，1996，第116页。
② 陈槃：《谶纬命名及其相关之诸问题》，《历史语言研究所集刊》，二十一本第一分，商务印书馆，1949年版，中华书局，1987年影印。

曰'术'，曰'道术'，曰'方术'，其人即因以为称，是广义。战国秦汉以后，乃义名'怪迂'方士，是为狭义。抑春秋战国之世，为学说者，大都自为家法，不相传习。然而于'道''术''方'等称谓，固得公而有之。至于'怪迂'之士，杂学并举，而'方士''术士'之称，乃专而有之。"①可见，谶纬的作者就是狭义上所讲的方士，这种方士有五个特点："一者，杂学；二者，以儒学文饰；三者，游'方'与'阿谀苟合'；四者，侈言实验，不离'怪迂'；五者，诈伪是也。谶纬者，则方士诈伪成绩之大结集也。"②方士的儒生化是谶纬得以产生的条件，儒生化的方士就是谶纬的作者。

（二）谶纬为什么在汉代得到了发展

虽然谶起源很早，但并没有在社会上形成一股很大的势力，而纬书则是在经学立为官学之后才出现，谶纬真正在社会上得到极大的发展，则是得力于王莽篡汉和光武帝的大力提倡。

王莽为达到篡汉做皇帝的目的，大造舆论，"征天下通一艺教授十一人以上，及有逸《礼》、古《书》、《毛诗》、《周官》、《尔雅》、天文、图谶、钟律、月令、兵法、史篇文字，通知其意者，皆诣公车。网罗天下异能之士，至者前后千数，皆令记说廷中，将令正乖谬，壹异说云"③。王莽做皇帝后，"遣五威将王奇等十二人班《符命》四十二篇于天下。德祥五事，符命二十五，福应十二，凡四十二篇"④。这四十二篇就是王莽时所造的谶纬之书。所以，顾颉刚先生认为："刘歆父子的《七略》，房中术和刼（审理、判决）鬼术诸书尚连篇地登载，那时如有谶纬，则即使因它怪诞而不收于《六艺略》，那《数术略》中总应有分。为什么也不见影儿呢？谶纬的中心思想，是阴阳五行，是灾异祯祥，这正是极合汉代经学家的脾胃的，为什么他们都不引，必待至公孙述和光武帝们而始大引呢？所以我们可以说：《七略》不录谶纬，没有别的原因，只因那时尚没有这种东西，这种东西是在向、歆父子校书之后才出现的，这种东西是王莽时的种种图书符命激起来的。零碎的谶固然早已有了，但其具有纬的形式，以书籍的体制发表之的，决不能早于王莽柄政的时代。"⑤

自从王莽大力提倡和伪造谶纬之后，谶纬在社会上便广泛流传起来，谶纬逐渐主导了人们的社会行为和思想。光武帝起兵时，谶纬正是他所依据的，"莽末，天下连岁

---

① 陈槃：《战国秦汉间方士考论》，《历史语言研究所集刊》，第十七册，1949年，商务印书馆；1987年，中华书局影印。
② 同上。
③ 《汉书·王莽传上》。
④ 《汉书·王莽传中》。
⑤ 顾颉刚：《汉代学术史略·谶纬的造作》，东方出版社，1996年，第117页。

灾蝗，寇盗蜂起。地皇三年，南阳荒饥，诸家宾客多为小盗。光武避吏新野，因卖谷于宛。宛人李通等以图谶说光武云：'刘氏复起，李氏为辅。'光武初不敢当，然独念兄伯升素结轻客，必举大事，且王莽败亡已兆，天下方乱，遂与定谋，于是乃市兵弩。十月，与李通从弟轶等起于宛，时年二十八"①。光武帝做皇帝时所依据的也是谶纬，"光武先在长安时同舍生强华自关中奉《赤伏符》，曰：'刘秀发兵捕不道，四夷云集龙斗野，四七之际火为主'。群臣因复奏曰：'受命之符，人应为大，万里合信，不议同情，周之白鱼，曷（疑问代词）足比焉？今上无天子，海内淆乱，符瑞之应，昭然著闻，宜答天神，以塞群望。'光武于是命有司设坛场于鄗（hao今河北柏乡北）南千秋亭五成陌。六月己未，即皇帝位"②。刘秀与公孙述争天下时，相互所依据的也都是谶纬，"述亦好为符命鬼神瑞应之事，妄引谶记。以为孔子作《春秋》，为赤制，而断十二公，明汉至平帝十二代，历数尽也，一姓不得再受命。又引《录运法》曰：'废昌帝，立公孙。'《括帝象》曰：'帝轩辕受命，公孙氏握。'《援神契》曰：'西太守，乙卯金。'谓西方太守而乙绝卯金也。五德之运，黄承赤而白继黄，金据西方为白德，而代王氏，得其正序。又自言手文有奇，及得龙兴之瑞。数移书中国，冀以感动众心。帝患之，乃与述书曰：图谶言'公孙'，即宣帝也。代汉者当涂高，君岂高之身邪？乃复以掌文为瑞，王莽何足效乎！君非吾贼臣乱子，仓卒时人皆欲为君事耳，何足数也。君日月已逝，妻子弱小，当早为定计，可以无忧。天下神器，不可力争，宜留三思。署曰'公孙皇帝'"③。光武帝非常相信谶纬，但也苦于谶纬的淆乱，所以做皇帝伊始，即命尹敏、薛汉等校定图谶④。中元元年（公元56年）"宣布图谶于天下"⑤，如同西汉确立五经博士一样，谶纬著述被确定下来，公布于众，成为社会信奉的标准，再也不允许私人制造谶纬和随意修改谶纬，由官方垄断了谶纬发表和解释的权利。

（三）为什么说以谶纬解经是对经的价值的消解

以谶纬解说五经主要指的是今文经学，一般来说古文经学是反对谶纬的。东汉的桓谭认为："凡人情忽于见事而贵于异闻，观先王所记述，咸以仁义正道为本，非有奇怪虚诞之事。盖天道性命，圣人所难言也。自子贡以下，不得而闻，况后世浅儒，能通之乎！今诸巧慧小才伎数之人，增益图书，矫称谶记，以欺惑贪邪，诖（牵累、贻误）

---

① 《后汉书·光武帝纪上》。
② 《后汉书·光武帝纪上》。
③ 《后汉书·隗嚣公孙述列传》。
④ 《后汉书·儒林列传》。
⑤ 《后汉书·光武帝纪上》。

误人生，焉可不抑远之哉！臣谭伏闻陛下穷折方士黄白之术，甚为明矣；而乃欲听纳谶记，又何误也！其事虽有时合，譬犹卜数只偶之类。陛下宜垂明听，发圣意，屏群小之曲说，述五经之正义，略雷同之俗语，详通人之雅谋。"①古文经学家贾逵"摘谶互异三十余事，诸言谶者皆不能说"②，张衡也认为谶纬起于哀、平之际，并不是孔子所作，"圣人之言，势无若是，殆必虚伪之徒，以要世取资"，因而"宜收藏图谶，一禁绝之，则朱紫无所眩，典籍无暇玷矣"③。然而由于皇帝的喜爱，反对谶纬者都没有好的结局，桓谭因反对谶纬几乎被光武帝所杀，"谭叩头流血，良久乃得解。出为六安郡丞，意忽忽不乐，道病卒，时年七十余"④。古文经学大师郑兴，因不学谶招致皇帝的愤怒，"帝怒曰：'卿之不为谶，非之邪？'兴惶恐曰：'臣于书有所未学，而无所非也。'帝意乃解。兴数言政事，以经守文，文章温雅，然以不善谶故不能任"⑤。贾逵也只是在论证了《左传》与谶纬相合而优于今文经后，才得到了皇帝的欢心。

从谶纬的内容来看，主要有两个方面：一个方面的内容是"一套神话系统"，有关于天上的五帝、人间的三皇五帝等，还有圣人孔子及其弟子的神话传说，这些神话传说的内容包括：关于圣王感生、面相的怪异、统治世界的长短等。另一个方面的内容是"一个系统的象数宇宙观"，以阴阳五行八卦为骨架的宇宙图式，是对汉代易学象数的发展和总结，有关明堂、巡狩、封禅、祭祀等的礼制，对儒学和经学的基本观念的论战。其中关于阴阳五行灾异和天文星占的思想则占了一半以上。顾颉刚先生曾总结道："谶纬的内容，非常复杂，有释经的，有讲天文的，有讲历法的，有讲神灵的，有讲地理的，有讲史事的，有讲文字的，有讲典章制度的。可是方面虽广，性质却简单，作者死心眼儿捉住了阴阳五行的系统来说话，所以说的话尽管多，方式只有这一个。我们只要记得汉初的五色天帝，转了几转的王莽的五德说中的人帝，又记得了阴阳五行的方位和生克，就好像拿到了一串钥匙在手里，许多的门可以打开了。"⑥阴阳五行的方位和生克就是易学象数学的宇宙图式论，把握了这套宇宙图式就抓住了谶纬的核心。

问题的关键在于，在今文经学和古文经学已经非常完善的东汉，为什么还会出现谶纬？为什么谶纬会成为社会的统治思想？尽管历代学者众说纷纭，却始终也没有明确的解答。其实，谶纬作为一种社会思潮，作为一种在民间盛行的神学迷信思潮，所适用的

---

① 《后汉书·桓谭冯衍列传》。
② 《后汉书·张衡列传》。
③ 同上。
④ 《后汉书·桓谭冯衍列传》。
⑤ 《后汉书·郑范陈贾张列传》。
⑥ 顾颉刚：《汉代学术史略·谶纬的造作》，东方出版社，1996年，第117页。

对象并不是传统的儒者，而是社会的百姓和统治者"上下两端"。因为谶纬附会五经，才能得到皇帝的认可而登上大雅之堂。而对于传统的儒者，"不语怪力乱神"，注重道德修养和德治，以实现王道为己任，其所讲究的阴阳灾异，也只是为其王道理想寻求天道的权威证明和对统治者的制约，因此，"天道远，人道迩""未能事人，焉能事鬼"等观念成为儒者的基本思想。儒者具有强烈的忧患意识和拯救意识，并不关注社会生活之外的世界。然而这一点也成了儒学的缺陷，儒家的"王道"思想始终缺乏"宇宙观"的支持，当儒家说"王道"是"天之命"时，永远无法回答"是什么规定了天"的问题，谶纬在某些方面钻了这一空子，企图用"谶纬"去填补。因为儒学只能为具有自觉意识的儒者服务，无法为社会各个阶层的百姓服务，无法满足社会上从皇帝到普通百姓的内心精神追求。站在儒者的角度，五经中的王道理想已经为人们提供了信仰和实践追求的方向、价值标准和目标，但并没有提供完善的世界观和方法论，而统治者和百姓并不都有自觉的忧患意识和拯救意识，所以他们的内心是需要神学迷信来满足其需要的。实际上，神话迷信由来已久，与有悠久历史的神话迷信相比，理性的自觉追求反而是后起的。先秦时代，虽然产生了代表理性启蒙和自觉的"百家争鸣"运动，但于社会生活中宗教迷信依然盛行，在《左传》《国语》等史书中就可以看到当时社会上流行的大量的灾异和占卜的事例。从战国后期到西汉，不仅是儒家文化定型的时代，同时也是神话迷信泛滥和成型的时代，海上三神山、昆仑山、西王母等系统的神话迷信都是在这一时代得到了丰富、发展和定型，秦皇、汉武对神仙方术的迷恋和对长生的渴望，更使得神仙方术在社会上大为流行，以长生和出世为目的的道教也在这一时代产生。

正是在上述社会文化背景下，汉代逐渐形成了两大神学迷信思潮，一是道教，二是谶纬。这两种神学迷信思潮，共同的思想根源是上古三代传承的神话迷信，包括阴阳五行、八卦象数等。二者的区别在于：道教所借鉴的是以先秦道家和黄老为主，以长生和出世为目的；谶纬则是依托五经，以预言现实、干预政治为目的。战国后期方士也同样表现为道士化和儒生化，但谶纬的制作和盛行不仅是方士儒生化，同时也是儒生方士化的双向运动的结果，今文经学家中的孟喜、京房一系的易学和齐诗翼氏学等，都可以说与谶纬没什么区别。当然，需要注意的是，儒生方士化只是今文经学家中的一小部分，并不是及为经学的全部，经学与谶纬还是存在本质的不同。经学是理性的，谶纬是神秘的；经学是经邦济世的，注重道德实践的，谶纬是以预决吉凶为目的的，注重的是神秘的符应；经学是传统的经典诠释学，谶纬则是附会五经的。可以说，谶纬附会于五经，以谶纬解经，是对儒家经典所追求的"王道理想"价值的消解。但也正是谶纬由附会进而以谶纬定五经异同，被奉为"内学"和"秘经"，使探讨两汉经学不得不必须考虑谶纬，在谶纬对儒学价值的消解中，促进了两汉经学的发展，也为后世经学的发展提供了不同的思维方向。

五、经学的总结、集成与衰微

东汉诸位皇帝都大力提倡经学，今、古文经学于这一时代的相互争执和讨论，加之学校教育知识的经学形态化，使得经学思想大为发扬。到了东汉后期，无论是今文经学还是古文经学，都出现了众多的经学大师，由于他们兼通五经和今、古文家法，所以促使今、古文经学的发展进入了总结和集大成的阶段。

（一）如何认识东汉后期经学的总结与集成过程

《后汉书·儒林列传》记载，治公羊春秋的李育，"常避地教授，门徒数百。颇涉猎古学。尝读《左氏传》，虽乐文采，然谓不得圣人深意，以为前世陈元、范升之徒更相非折，而多引图谶，不锯理体，于是作《难左氏义》四十一事。建初元年，卫尉马廖举育方正，为议郎。后拜博士。四年，诏与诸儒论五经于白虎观，育以《公羊》义难贾逵，往返皆有理证，最为通儒"。李育为今文经学家，然而亦通古文经学，而且还反对引图谶以注经。今文经学最有成就者当属大师何休，"休为人质朴讷口，而雅有心思，精研六经，世儒无及者。……太傅陈蕃辟之，与参政事。蕃败，休坐废锢，乃作《春秋公羊解诂》，覃思不窥门，十有七年。又注训《孝经》《论语》、风角七分，皆经纬典谟，不与守文同说。又以《春秋》驳汉事六百余条，妙得《公羊》本意。休善历算，与其师博士羊弼，追述李育意以难二传，作《公羊墨守》《左氏膏肓》《谷梁废疾》"。《公羊春秋》是今文经学最重要的经典，董仲舒所著的《春秋繁露》成为今文经学确立的代表作，而继承和发扬董仲舒春秋公羊学思想的《白虎通义》，则成为东汉今文经学的钦定读本，也是汉代今文经学的百科全书，何休的《春秋公羊解诂》则是汉代春秋公羊学的总结。《春秋公羊解诂》也是唯一收进《十三经注疏》中的汉代今文经学的著述。

汉代古文经学的集大成者当属郑玄无疑。清代经学家皮锡瑞说："郑君康成，以博闻强记之才，兼高节卓行之美，著书满家，从学盈万。当时莫不仰望，称伊、洛以东，淮、汉以北，康成一人而已。咸言先儒多阙，郑氏道备。自来经师未有若郑君之盛者也。"①据《后汉书·张曹郑列传》记载，郑玄"师事京兆第五元先，始通《京氏

---

① （清）皮锡瑞：《经学历史·经学极盛时代》，1907年，湖南思贤书局刊刻，后收入"师伏堂丛书"。1928年，周予同校勘，施以标点，详加注释，由商务印书馆出版，作为"学生国学丛书"之一。1959年，周予同再加修订，北京中华书局印行。

易》《公羊春秋》《三统历》《九章算术》。又从东郡张恭祖受《周官》《礼记》《左氏春秋》《韩诗》《古文尚书》。以山东无足问者，乃西入关，因涿郡卢植，事扶风马融。""玄因从质诸疑义，问毕辞归。融喟（叹气）然谓门人曰：'郑生今去，吾道东矣。'""玄自游学，十余年乃归故里。家贫，客耕东莱，学徒相随数百千人。""玄质于辞训，通人颇讥其繁。至于经传洽熟，称为纯儒，齐、鲁间宗之。"郑玄作为一代大儒，师承诸位大师，遍注群经，旁及群纬、天文历算等，著述达百余万言，并因今文经学大师何休所著《公羊墨守》《左氏膏肓》《谷梁废疾》而撰《发墨守》《针膏肓》《起废疾》，"休见而叹曰：'康成入吾室，操吾矛，以伐我乎！'"①古文经学于是大为昌盛。范晔评论道："自秦焚六经，圣文埃灭。汉兴，诸儒颇修艺文；及东京，学者亦各名家。而守文之徒，滞固所禀，异端纷纭，互相诡激，遂令经有数家，家有数说，章句多者或乃百余万言，学徒劳而少功，后生疑而莫证。郑玄括囊大典，网罗众家，删裁繁诬，刊改漏失，自是学者略知所归。"②清代经学家皮锡瑞则认为："郑君博学多师，今、古文道通为一，见当时两家相攻击，意欲合参其学，自成一家之言，虽以古学为宗，亦兼采今学以附益其义。学者苦其时家法繁杂，见郑君闳通博大，无所不包，众论翕（合，聚和顺义）然归之，不复舍此趋彼。于是郑《易注》行而施、孟、梁丘、京之《易》不行矣；郑《书注》行而欧阳、大小夏侯之《书》不行矣；郑《诗笺》行而鲁、齐、韩《诗》不行矣；郑《礼注》行而大小戴之《礼》不行矣；郑《论语注》行而齐、鲁《论语》不行矣。重以鼎足分争，经籍道息。"③

（二）如何认识东汉经学衰微及其原因

东汉后期，两汉经学发展达到了顶峰，然而，思想的发展并没有能够与历史和社会发展同步。令人感慨的是，思想理论的总结和发展，总是迟于社会前进的步伐，当思想进入成熟期时，社会反而进入了衰微期，使思想发展也随之由极盛转而衰微。

汉代经学衰微的原因主要包括以下方面：

一是王肃之学的兴起使汉代经学衰微。王肃与郑玄同样通今、古文经之家法，只因不满郑玄所作注解，因此遍注群经，欲与郑玄相抗礼。因为晋武帝是王肃的外孙，于是王肃之学在晋初被立为官学。当时的学者竞相纠缠于郑、王两家经学之争，不再关注

---

① 《后汉书·张曹郑列传》。
② 同上。
③ （清）皮锡瑞：《经学历史·经学极盛时代》，1907年，湖南思贤书局刊刻，后收入"师伏堂丛书"。1928年，周予同校勘，施以标点，详加注释，由商务印书馆出版，作为"学生国学丛书"之一。1959年，周予同再加修订，北京中华书局印行。

传统的今、古文经学之争。战乱则导致了今文家法的消亡,永嘉之乱后,"《易》亡梁丘、施氏、高氏,《书》亡欧阳、大小夏侯,《齐诗》在魏以亡,《鲁诗》不过江东,《韩诗》虽存,无传之者,孟、京、费《易》亦无传人,《公》《谷》虽在若亡。晋元帝修学校,简省博士,置《周易》王氏,《尚书》郑氏,《古文尚书》孔氏,《毛诗》郑氏,《周官》《礼记》郑氏,《春秋左传》杜氏、服氏,《论语》《孝经》郑氏博士各一人。太常荀崧上疏,请增置郑《易》《仪礼》及《春秋公羊》《谷梁》博士各一人,时以为《谷梁》肤浅不足立。王敦之难,复不果行。晋所立博士,无一汉十四博士所传者,而今文师法遂绝"①。

二是东汉后期开始的战乱使经学衰微。东汉后期的战乱,不仅导致大量的经典文献毁灭,而且也使得今文经学的师承和家法断绝。战乱使国家无暇顾及文化建设和礼制建设,经学必然走向衰微。三国时的鱼豢在其所著的《魏略》中曾经描述道:"从初平之元,至建安之末,天下分崩,人怀苟且,纲纪既衰,儒道尤甚。至黄初元年之后,新主乃复。始扫除太学之灰炭,补救石碑之缺坏,备博士之员录,依汉甲乙以考课。申告州郡,有欲学者,皆遣诣太学。太学始开,有弟子数百人。至太和、青龙中,中外多事,人怀避就。虽性非解学,多求诣太学。太学诸生有千数,而诸博士率皆粗疏,无以教弟子。弟子本亦避役,竟无能习学,冬来春去,岁岁如是。又虽有精者,而台阁举格太高,加不念统其大义,而问字指墨法点注之间,百人同试,度者未十。是以志学之士,遂复陵迟,而末求浮虚者各竞逐也。正始中,有诏议圜丘,普延学士。是时郎官及司徒领吏二万余人,虽复分布,见在京师者尚且万人,而应书与议者略无几人。又是时朝堂公卿以下四百余人,其能操笔者未有十人,多皆相从饱食而退。嗟夫!学业沈陨,乃至于此。"②

三是面对理想与现实的巨大反差,儒者在两难之中,选择了隐退山林或游心玄虚。在理想与现实之间,一方面,政治的不完善正需要儒者出山以实现王道理想;另一方面,政治的黑暗又使得儒生只能抱道独处,遗世独立,批判现实政治,以等待圣王的出现。早在西汉初叔孙通为汉制定朝仪时,鲁中就有两儒生没有追随叔孙通,他们认为:"今天下初定,死者未葬,伤者未起,又欲起礼乐。礼乐所由起,百年积德而后可兴

---

① (清)皮锡瑞:《经学历史·经学中衰时代》,1907年,湖南思贤书局刊刻,后收入"师伏堂丛书"。1928年,周予同校勘,施以标点,详加注释,由商务印书馆出版,作为"学生国学丛书"之一。1959年,周予同再加修订,北京中华书局印行。
② 转引自裴松之《三国志·魏书·钟繇华歆王朗传》注。

也。吾不忍为公所为。公所为不合古,吾不行。公往矣,毋污我!"①大批的儒者以为汉朝是禀赋天命的王朝,于是投身现实政治,尽管武帝时独尊儒术,兴建各种礼制,然而武帝之后社会政治却日益混乱,且每况愈下,至东汉政治更为黑暗,外戚、宦官当政,最后激起了"党锢"之祸,儒者的理想抱负和自觉意识被彻底击溃。东汉桓帝延熹九年(公元166年),爆发了第一次党锢之祸,"当时的知识阶层似乎越来越不满于世俗权力对知识权力的压迫,在压迫下他们形成一种互相认同的群体,并标榜一种世俗社会绝不可及的'君子'人格,以这种人格与精神傲视世俗的卑微,当时在太学中流传'天下楷模李元礼(膺),不畏强御陈仲举(蕃),天下俊秀王叔茂(畅)'这句话,而'天下楷模''不畏强御'和'天下俊秀'这种品鉴人格的语词背后,就暗示了知识阶层的理想与精神力量试图与世俗观念和政治权力分庭抗礼的取向"②。由于知识阶层的"危言深论,不隐豪强,自公卿以下,莫不畏其贬议,屣履(急忙的样子)到门"③,甚至连天子也感到了一种来自文化与知识的压力,在政治权利与文化权力之间似乎产生了一种紧张与暂时的平衡。但到了公元155年,一个叫刘陶的太学生写了一篇上疏,将当时的社会问题归咎于皇帝的闭塞,并提请皇帝想想秦朝的命运,而陈蕃在公元159年竟然批评朝廷滥用诸侯的权力,还斥责天子蓄养大量的宫女。而正当此时,一个非常偶然的契机使这一平衡发生了倾斜,一个被李膺严厉处理的罪犯的学生上书,"告膺等养太学游士,交结诸郡生徒,更相驱驰,共为部党,诽讪朝廷,疑乱风俗"④,于是在天子的支持下,"班下郡国,逮捕党人",没有捉获的"皆悬金购券,使者四出,相望于道"⑤。这次党锢之祸使"正直废放,邪枉炽结"⑥,于是引起了知识阶层的更大规模的集体反抗。几年后,知识阶层又以若干名士为中心,再一次形成群体,他们以"一世之所宗"的"人之英""能以德行引人""能导人追踪""能以财救人"等品格与精神为评价标准,又推举出"三君""八俊""八顾""八及""八厨"为自己的领袖,并以这些知识阶层自己的精神权威来对抗世俗社会的政治权威。于是,在汉灵帝建宁三年(公元170年),又一次遭到朝廷的大规模逮捕与镇压,虞放、杜密、李膺、朱寓、巴肃等百余人都死在狱中,镇压波及州郡,州郡再次扩大,"未尝

---

① 《汉书·叔孙通传》。
② 葛兆光:《中国思想史》(第一卷),上海:复旦大学出版社,2004,第314页。
③ 《后汉书·党锢列传》。
④ 《后汉书·党锢列传》。
⑤ 同上。
⑥ 同上。

交关，亦离祸毒，其死徙废禁者，六七百人"①。从桓帝延熹九年（公元166年）到灵帝建宁二年（公元169年），三四年间的两番打击，给知识阶层的理想主义带来了极大阴影，使知识与权力抗衡的想象彻底幻灭，"从而引出个体生存为中心的思路，一方面它使得一批士大夫厌倦了群体认同互相标榜的方式，转而寻求一种更个人性的独立与自由的精神境界。"②据《后汉书》所载，正当范滂等人"非讦（言论攻击）朝政，自公卿以下皆折节下之，太学生争慕之风"，大家都以为"文学将兴，处士复用"的时候，一个叫申屠蟠的文士却看出，这将引出战国末年处士横议导致有秦"焚书坑儒之祸"，③于是他隐于山中，转向了另一种个人超越的路向。而另一个叫刘梁的文士则在普世的结党成群追寻认同的风气中，"常疾世多利交，以邪曲相党，乃著《破群论》，时之览者以为'仲尼作《春秋》，乱臣知惧，今此论之作，俗士岂不愧心？'"④这种与社会风气相悖的思路，已经透露了以群体认同为生存最高价值的观念的变化。一种是"营己治私，求势逐利"，一种是"闭户自守，不与之群，以六籍娱心"，共同预示着一种个人化取向在知识阶层中的弥漫。⑤就是在这一年（灵帝建宁二年，公元169年）里，博学之士马融去世，也象征了一个旧时代的结束。也是在同一年，襄楷上疏两份，其中以"入夜无故叫呼，云有火光""春夏以来连有雷雹及大雨雷""山上有龙死""星陨为石"等等自然灾异为依据而阐发的政治见解，已经把矛头直指天子及"阉竖"，甚至说到了极端，"汉兴以来，未有拒谏诛贤用刑太深如今者也"，断言"文德将衰，教化废也"。⑥更重要的是于这两份上疏中，第一次在这样的官方文书中透露了"宫中立黄、老、浮屠之祠"，从襄楷的上疏中知道了当时人对黄、老、浮屠的总看法"此道清虚，贵尚无为，好生恶杀，省欲去奢"，也知道了当时已有"老子入夷狄为浮屠""浮屠不三宿桑下，不欲久生恩爱""天神遗以好女，浮屠曰：此但革囊盛血"的佛教知识。于经学的衰微中，已经透出玄学的端倪。

四是汉代儒学自身已不适应时代发展的需要。不可否认，两汉经学发展到东汉后期达到了顶峰；同样不可否认，经学思想的发展与历史和社会发展并不是同步的。思想理论的总结和发展总是迟于社会前进的步伐，当思想进入成熟期时，社会却反而进入到衰微时期，于是思想发展也随之由极盛转为衰微。汉儒经邦济世抱负的失败，其原因是其

---

① 《后汉书·党锢列传》。
② 葛兆光：《中国思想史》（第一卷），复旦大学出版社，2004，第315页。
③ 《后汉书·申屠蟠传》。
④ 《后汉书·文苑传》。
⑤ 《中论·谴交第十二》，《建安七子集》，中华书局，1989，第292页。
⑥ 《后汉书·襄楷传》。

儒学思想中将王道理想看作是现实的必然结果。王道理想及其具体的制度，完全是儒者对上古三代社会政治的抽象和加工，是不可能在以后的社会政治中实现和实施的，但是根据五行转移的理论，王道理想的实现又是必然的，这就给儒者和统治者都带来了极大的压力。作为统治者，既然禀赋天命，就应该实现王道，所以应该尊重儒学，实现王道制度，然而上古三代的制度又如何能够适用于现世呢？况且王道制度都是恍惚缥缈的传说，并没有确切的说法，所以现实的政治并不完全遵守儒学的政治原则。而对于儒者来说，其使命又是必须要遵守王道理想和制度，学以致用，这样儒者的理想与现实就存在一种张力。最后政治的黑暗和儒者的失败导致儒学失去了社会的吸引力，也使许多儒者逃避于玄虚之中。

五是九品中正制导致读经不再是进入仕途的唯一途径，进一步使经学衰微。三国之后，实行九品中正制度，注重门阀等级，于是只靠精明行修是无法进入统治阶层的，读经已不再是普通儒者进入仕途的一条捷径，必然使经学进一步衰微。

总之，虽然由于社会政治的黑暗和儒学思想的缺陷等多种原因，汉代经学衰微，但经学在传统文化发展史上的意义却是重大的。经学的确立标志着古代文化传统的确立，标志着儒学信仰的确立，标志着教育知识经学形态化的确立和教育文明的进步。汉代经学所提出上古三代的历史观、天道观、道德价值观，一直成为传统社会所尊奉的基本信念，后世历代王朝都需要借助经学来维护其社会统治。所以，汉代经学的衰微，并不意味着经学的消亡，反而给后世经学家提供了更多的历史借鉴的思考。正因为如此，经学在传统现实社会的政治文化生活中，才始终居于重要的、不可缺少的地位，也保证了从汉至唐，经学的注疏之学依然不断地传承和延续。

> **教学随笔**
>
> 从清议到清谈，从清谈到谈玄，玄学于知识阶层入世与遁世的心理变化中演进，思想权力在与政治权力紧张对峙中隐退，虽然有了博学之风气和拓宽了思想之取径，但教育知识终不能突破经学形态的束缚而呈现玄学化。
>
> ——题记

玄学为什么没能成为魏晋南北朝时期的教育知识

两汉结束之后，中国进入长达370多年的战乱、割据、更替的分裂时代。这一时期的教育时兴时废，似断又续，整体上呈现衰落景象。虽然玄学得到了发展，但并没有像两汉教育知识的经学形态那样，通过儒学的玄学形态化而促进教育知识的变革。这是历史留给我们的思考。

一、玄学发生的前奏与二三世纪之交的思想、学术风气的转变

东汉桓帝延熹九年即公元166年，在国都洛阳发生了第一次党锢事件。原因是在159年，一个叫刘陶的太学生写了一篇上疏，把当时的社会问题归咎于皇帝的闭塞，并提醒想想秦朝的命运。而就在这一年，一个叫陈蕃又名陈仲举的太学老师，也竟然批评朝廷滥用诸侯的权力，还斥责天子蓄养大量宫女。正在这个时候，有一个罪犯是被太学博士李膺严厉处理过的学生，他上书告李膺等"养太学游士，交结诸郡生徒，更相驱驰，共为部党，诽讪朝廷，疑乱风俗"。当时在太学中还流传着"天下楷模李元礼（膺），不畏强御陈仲举（蕃），天下俊秀王叔茂（畅）"的赞誉。于是，在天子支持下，"班下郡国，逮捕党人"，没有捉获的，"皆悬金购券，使者四出，相望于道"。这次事件，引起了知识分子的群体反抗，几年之后，知识阶层又以若干名士为中心，再次形成群

体,他们以"一世之所宗"的"人之英""能一德行引人""能导人追宗""能以财救人"等品格精神为评价标准,又推举出"三君""八俊""八顾""八及""八厨"为自己的领袖,并以这些知识阶层自己的精神权威,来对抗世俗社会的政治权威。于是在汉灵帝建宁三年,即170年,又一次遭到朝廷大规模的逮捕镇压,原来逮捕的李膺等百余人都已经死在了狱中,而这次镇压波及州郡,州郡又再次扩大,共处死六七百人,远远超出秦始皇坑儒之数。

知识阶层的群体觉醒,越来越不满于世俗政治权力对知识权力的压迫,知识权力一旦在诠释知识的过程中不能够迎合政治权力,不仅使儒学知识会被取缔,而且一旦涉及朝政更会招致杀身之祸。西汉董仲舒以"天人感应"的思维方式,诠释儒家传统中天道与人道的关系,并没有真正用灾异说影响到天子,倒是其以强化君权的"三纲"深得政治权力之宠。东汉的权力在皇族、外戚与宦官之间不断分配与转移,进一步加剧了思想权力与政治权力的紧张,今文经学的发展已经在知识权力与政治权力的博弈中败下阵来。知识与权力的抗衡的想象彻底破灭,给知识阶层的理想主义带来了巨大的心理阴影,使一大批士大夫厌恶了群体认同,转而寻求一种更个性的独立与自由的精神境界,无论是退隐山林的出世的超脱,还是援道入儒的思想的自由,都为儒学的玄学形态化存在提供了路径。

东汉建安五年即公元2世纪的最后一年,即公元200年,最博学多才的且遍注群经、使经学古今文汇为一家的素有经神之称的郑玄去世,象征着一个时代的结束,也昭示了一个新的时代的开端。在2世纪中叶,知识阶层渐渐疏远了那种以群体认同为标准的人格理想,从而转向追求个人精神的独立自由,同时,2世纪逐渐滋生的博学通识的知识风气,进一步拓展了思想的资源,在经典的权威已经确立并笼罩了一切的时代中,要为思想寻找一个舒展的空间,独立自由的精神丁是凸显了出来。

在儒学传统中,一直存在着长期被其他学派诟病的最薄弱、最柔软、最容易受到挑战的地方,就是在关于宇宙与人的形而上的思路上未能探幽析微,为自己的思想理路找到终极的立足点,而过多地关注处理现世实际问题的伦理、道德与政治的思路,又将历史中逐渐形成的群体的社会价值置于不容置疑的地位。老子的宇宙论思想恰恰回答了"天道何谓"的问题,援道入儒便能探幽析微,而庄子的绝对自由精神与其散文的"跌宕跳跃""瑰玮諔诡""汪洋辟阖,仪态万方"的风格,不仅为遵循个人精神独立自由的士大夫出世隐居、专注清谈提供了思想参照,而且也为其思辨方式的舒展提供了参照。

二、正始时期的经学的玄学化：原因、结果及其本质

正始是魏理宗曹芳的年号（240—249），这一时期，玄学开始盛行。玄学中包含着一种穷究事理的精神，导致了对于社会现象的富有理性的清醒态度，破除了拘执、迷信的思想方法。同时，庄子所强调的精神自由，也为玄学家所重视。当时，有主张"越名教而任自然"的一派，即崇奉发自内心的真诚的道德，而反对人为的外在的行为准则；也有主张名教与自然相统一的一派，即要求个性自由不超越和破坏社会规范。但至少"自然"这个前提是人所公认的。

（一）经学玄学化的原因

魏晋时期，政局动荡、战乱不休、生民涂炭，正是在这样一个凄风残雨的乱离时代，思想学术领域却峰回路转、别开生面，促进了经学向玄学转变。究其原因有四：

一是，思想文化环境的变化。由经术变为玄谈，是大一统帝国崩溃的结果，东汉中央集权的削弱、失控，使政府与学术联系机制断裂。汉兴之后，儒家为帝国的统治制造理论根据，积极参与了两汉帝国的政治权力重塑，将儒家思想贯彻于制度、法律、选举乃至社会风俗领域，儒家也在汉帝国的强盛中获得利益，大批儒者成为博士、博士弟子和官僚。东汉后期儒学者想以经由他们不断解释的社会理想、价值观念和王道政治等曾经获得的思想权力，警示朝廷，挽救帝国，但却遭到政治权力的残酷镇压，而后随着东汉的衰亡，思想学术与政治、经济领域原有的联系机制断绝丧失，同时丧失的还有以章句训诂之学赖以生存的供养来源，连经神郑玄在汉末都不得不四处寄食，黄巾起义后，则"萍浮南北"，只能投靠袁绍为宾客。虽然如此，儒者还是摆脱了专制帝王的钳制，在人格上获得了相对的自由。

二是，思想文化的演化规律及格局的变化。可以说，玄学的产生有儒学自身演变的规律使然，也有受到黄老、名、法、兵家思想再度活跃的影响。西汉之初，儒家经典在遭遇秦火之劫后，完全有挖掘、整理、注疏之必要，然而独尊儒术之后，为博取功名、富贵，为保持或争取某一经师的地位和利益，一方面固守家法、师法，一方面皓首穷经，使注疏繁芜，"《尧典》篇目两字之说，至十余万言；但说'曰若稽古'，三万言"，"说五字之文，至二、三万言"，"一经说至百余万言，大师众至千余人，盖禄利之路然也"。汤用彤先生说："大凡世界圣教演进，如至于繁琐失真，则常生复古之要求"，"思想自由，则离拘守经师而进入启明时代也"。正因为汉魏经术上接今、古文经之争，所以魏晋经学名著如王弼之《易》、杜预之《左传》等，均源出古文经学，何晏的《论语集注》也与《古论》有关，而荆州学派更是开启了自由解经之新义。同

时，两汉攻击今文谶纬者也多为古文经学者。如扬雄、桓谭、郑兴、尹敏等等，古文经学者对谶纬的批判，为玄学思维的产生起到了铺垫的作用。但是，由"天人感应"的类比思维，向玄学抽象、直觉思维的转化，仅靠古文经的自身发展是不够的，汉魏之际对"独尊儒术"局面的打破，道、法、名、兵家再度崛起，直接刺激了经学思维的改变，因为这些学派在直觉认识和概念的辩证思维方面，有着儒家所不具备的长处所在。道家思想的风行，是随着儒者、士大夫心态的转变而出现的；名、法、兵家思想的活跃，则是新割据政权的实际需要而导致的。何晏曾帮助其养父曹操解读兵书，并撰著《韩白论》。王弼的养父王粲曾参与曹魏制度的制定，从王弼的老学著述中也可见其形名之学的家学渊源，对于何宴、王弼这样的思想贵族来说，形名兵法的思想难以满足他们的精神需求，但其冷峻的思辨方式无疑对他们创立玄学提供了有力的帮助。思维方式的转变是促进玄学产生与发展的内在动力。

　　三是，思想文化的主体——士人心态、志向的转变，是玄学产生的直接根源。从东汉和帝至灵帝的百余年间，外戚窦氏、邓氏、阎氏、梁氏、何氏与宦官进行了多次斗争，交替掌权，朝廷渐渐丧失了帝国经营的战略目标，完全陷入统治集团内部的阴谋斗争中。由于儒家是汉帝国经营活动的直接参与者，故而代表儒家思想的官僚、太学生集团极力维护中央集权，反动外戚和宦官执政，于是就发生了党锢事件，太学生、郡国学生和私学学生再也无心于章句训诂，而是展开了炽热的政治交往活动，议论朝政，臧否人物，"清议"成为天下正直之士在舆论上进行道德评判的准则，使他们放弃了闭门造车的章句训诂，开启魏晋玄学"清谈"的先河。但是，"清议"与"清谈"又有着本质上的不同，"清议"多涉及政治，其品题人物也多依据道德上的评判；而"清谈"的内容多是抽象玄远的哲学问题，与政治的关系比较隐晦，其品藻人物也更多的从才情风貌方面评论，而不是道德。造成这种本质变化的原因是士大夫和学生在政治上屡受挫折。忠而见疑，直而受屈，心灵上的屈辱和悲哀使士人渐渐放弃了儒家的操行和志向，这是群体心理学上合乎逻辑的转变，于是便产生了很多错综儒道、行为怪异的士人，据《后汉书》记载，如戴良尚气任侠，举止多骇俗流，母卒而饮酒食肉；向栩好被发长啸，任赵相而不视文书；袁闳土室潜身十八年等，这些名士、狂生、隐者还有如郭泰、黄宪、荀淑、钟皓等等，汉末名士虚无任达的生活态度，与魏晋名士有很多相似之处，可以说是从"清议"转向"清谈"的契机人物，是玄学名士的先行者。汉末魏晋名士所表现出的道家思想因素、任情放诞的生活态度，反映了古代士人积极参与社会政治和与政治保持一定距离，是同时存在于知识分子心理中的两个情结，士大夫依据社会环境和人生际遇的变化，从心理的两端之间进行滑动调节，重视精神上的解脱和现实中的处世哲学，正反映了玄学产生原因的一个特征。

四是，正始文学呈现出浓厚的哲理色彩，对玄学推波助澜。这一时期的政治现实是极其严酷的。从司马懿用政变手段诛杀曹爽而实际控制政权开始，到其子司马师、司马昭相续执政，十多年间，酝酿着一场朝代更替的巨变。他们大量杀戮异己分子，造成极为恐怖的政治气氛。"天下名士，少有全者"，许多著名文人死在这一场残酷的权力斗争中。另一方面，司马氏集团为了掩饰自己的行为，并为夺取政权制造舆论，又竭力提倡儒家礼法，造成严重的道德虚伪现象。以清醒和理智的思维，面对恐怖和虚伪的现实，知识阶层的精神痛苦，也就显得尤其尖锐、深刻。在这样的背景下，文学发生了重大变化。建安文学的昂扬的基调是对于建立不朽功业的渴望和自信。但是，也存在另外一方面，就是对于个体生命能否实现其应有的价值的怀疑。阮瑀的诗已有这样的内容，曹植后期的某些作品更为突出。正始文人面对远为严酷的现实，很自然的发展了建安文学中表现"忧生之嗟"的一面，集中抒发了个人在外部力量强大压迫下的悲哀。换言之，建安文学中占主导地位的、高扬奋发、积极进取的精神，在正始文学中已经基本消失了。由于周围环境危机四伏，动辄得咎，也由于哲学思考的盛行，正始文人很少直接针对政治现状发表意见，而是避开现实，以哲学的眼光，从广延的时间和空间范围来观察事物，讨论问题。也可以说，他们把从现实生活中所得到的感受，推广为对整个人类社会生活和历史的思考。这就使正始文学呈现出浓厚的哲理色彩。深刻的理性思考和尖锐的人生悲哀，构成了正始文学最基本的特点。正始时期著名的文人，有所谓"正始名士"和"竹林名士"。前者代表人物是何晏、王弼、夏侯玄，他们主要成就在哲学方面。后者又称"竹林七贤"，指阮籍、嵇康、阮咸、山涛、向秀、王戎、刘伶七人。

（二）原始儒学、两汉儒学、正始玄学：比较视域中的经学玄学化本质

一是原始儒学与两汉儒学的比较。积极入世是两者的共同点，是由儒家修、齐、治、平的思想决定的。但两者入世的目的不尽相同，原始儒家的目的在于救世，治国平天下的目的不是为了建立一个强盛的帝国，而是为了为人们提供一个老者安之、少者怀之、朋友信之、富而后教之的生存环境，进而使人人都可以修身齐家，使生命的本质和意义得到实现，其历史的目的是人，而不是某一政体或集团。汉儒的目的是维护大一统帝国的强盛，并从中央集权体制中分享利益，其维护帝国和爱民这两个政治概念是不完全重合的，虽然在两汉政治上获得了很大成功，但却是以偏离原始儒家的人道主义原则为代价的。

二是在"内圣外王"之学上，两汉经学与原始儒学已然有很大不同，而正始玄学虽然依旧保留了"内圣外王"的形式，但在内容上与原始儒学和两汉经学更加不同。在社会政治实践方面，其一方面极力保持政治导师的形象，为当局提供一种以简御繁、以无统有的政治理论，另一方面又与政治保持一定距离，达到一种"消极的自由"。同时，玄学更加注重个体内在精神的修养，其内容也不在于"求仁"而近乎"逍遥"。这正是由于，正始玄学的兴起是由于汉儒政治理想的失败而引发，一次次拯救帝国的运动、奋力支撑摇摇欲坠的帝国大厦，但不仅失败了，而且还受到一次次残酷的镇压，当外在的抗争受到挫折，能够做的只能是内在精神上的自我调整，所以，玄学从本质上来说是文化贵族在离乱时代的精神寄托和处世哲学。在关于圣人观上，魏晋名士对圣人性情、处世行为的关切，实质上是对自己如何面对动乱、黑暗的社会环境这一问题的关切。但圣人是中国人的理想人格，是集体无意识中的原始意象（原型，尧舜），然何晏在阐述其圣人无名论时说："若夫圣人，名无名，誉无誉，谓无名为道，无誉为大"，实际上包含了他对自己名声显赫而又危若累卵的状况的忧虑，玄学的"贵无""本无"论，不仅是一种本体论、政治哲学，更是一种人生哲学。

其实，一些现代学者以个性解放和精神自由来评价玄学，未免过誉。原始儒家的自由是"为仁由己"，认为自由并非漠视社会苦难而独自逍遥，自由意味着不顾千难万险而担当社会的责任和道义，是"吾欲仁，斯仁至矣"的生命无条件的抉择自由，即当生命选择仁爱时，是无条件的、自由的，是对人类强烈的责任心。

从经学史的意义来说，正始玄学化的经学，高扬了义理解经的方式，在直觉认识和理性思辨方面做出了极大贡献，然而其精神内涵却与儒家经典有极大差异。在动乱不定的时期，名士们所能做到的只能是在精神上唱出一曲清幽的玄学悲歌。在这样的历史背景下，玄学只能带来一些经学的玄学化，不可能全面阐释经学，而使儒学成为玄学形态的存在，所以也不可能成为魏晋南北朝时期的教育知识，这一时期的教育知识仍然是以经学为主流知识。正是由于这一时期的动荡不安，教育也只能是时兴时废、似断又续的衰落景象，虽然在教育知识的选择、生产、传播上没能形成发展和突破，但专科教育的发展，不仅反映了实用学科在社会发展中的需求，而且也反映出了教育对于社会发展的适应。

> **教学随笔**
>
> 康德说："世上最使人惊奇和敬畏的两样东西就是头上的星空和心中的道德律。"黑格尔说："一个民族有一些仰望星空的人，他们才有希望；一个民族只是关注脚下的事情，那是没有希望的。"
>
> ——题记

闲话"师道不传"

唐代大儒韩愈作《师说》，但今日之人只知"师者，所以传道、受业、解惑也"，只知道何以为师，而不知韩愈为何感叹"嗟乎！师道之不传也久矣！"正因为"师道不传"，所以"师者传道"才是根本，授业、解惑都是为了传道，师道不传，"欲人之无惑也难矣！"只有师道传承，才有世道长存。

《师说》云："古之圣人，其出人也远矣，犹且从师而问焉；今之众人，其下圣人也亦远矣，而耻学于师。是故圣益圣，愚益愚；圣人之所以为圣，愚人之所以为愚，其皆出于此乎！"就是说：古代的圣人，他们超出一般人很远，尚且要跟从老师请教；现在的一般人，他们的才智低于圣人很远，却以向老师学习为耻。因此，圣人就更加圣明，愚人就更加愚昧。聪明的人能够成为聪明人的原因，愚蠢的人能成为愚人的原因，大概都出在这里吧！韩愈在人性论上也讲"人性三品"，但与董仲舒不同的是，韩愈认为圣人也需要教育，而董仲舒则不然。

师者之所以传道，首先要有道。国学大师钱穆先生曾言："为师者，修自身方能布师道。志存高远，乐道自得，严师重道，师道尊严，尊师爱生，教学相长，以德为主，德才结合，启发诱导，因材施教，人格感染，潜移默化，这些就是师道。"中国古代，既有帝王之师，也有文章之师，更有道德之师，有之师便传相应之道。

帝王之师传治道，帝王尊师尊其道。自商代以来，便形成了独具特色的"保傅"制度。可以说，这是从国家层面确定教师地位的开始。《尚书》言："天降下民，作之君，作之师。"《大戴礼记》亦言："君师者，治之本也。"将"师"明确放在与"君"相提并论的高度，君之师，就可谓尤其重要。商周时期，国家设立"太师、太傅、太保"的三公职位，作为君王及其继承人的教师，教为君之道。"保，保其身体；傅，傅之德义；师，导之教顺"，身体、道德、孝顺皆是为君之道。除了三公之外，还有"少师、少傅、少保"职位的"三孤"，主要负责教育王室宗亲，为君王培养继承人。正是由于君王之师意义重大，故选择亦极为郑重。传说周成王的"师、傅、保"分别为太公、周公、召公，均是周王室兴邦立业的功臣，保证了对成王的教育水平。除了男子以外，王室女子同样受到严格教育，《穀梁传》曾记载，春秋时期，宋国公主伯姬遇到宫殿失火，仆役们劝她赶紧逃走避难，她竟然答道："妇人之义，保（傅）母不在，宵不下堂"，表明作为一名遵守礼节的女子，晚上若没有经过师傅的许可，不能随便出门，伯姬最终因此而葬身火海。虽然此事在后人看来未免显得太过迂腐，但从另一个角度讲，教师对伯姬的教育可谓成功到家了。

也正是因为保傅制度在传道上的成效，其成为后代遵循的标准。帝王尊师，更为天下人做出模范。东汉明帝刘庄做太子时，博士桓荣任太子少傅，负责教授学业，后来明帝登基，"犹尊桓荣以师礼"，每到老师家拜望，便让桓荣坐东面，设置几杖，像当年讲学一样，聆听老师的指教。唐太宗李世民亲自制定了《定太子见三师礼诏》，规定太子必须出殿门迎接老师，"师坐，太子乃坐"。太子李承乾的老师李纲因脚疾不便行走，太宗知道后，特许李纲坐轿进宫讲学，并诏令太子亲自迎接。魏王李泰对老师王珪不尊敬，唐太宗生气地训诫他："以后你每次见到老师，就如同见到我一样，应当尊敬，不得有半点放松。"清代，皇子读书吃饭时，侍卫送上饭来，老师先吃，皇子们待老师用餐完毕才能开动。老师地位尊崇，雍正帝命皇子们对总师傅张廷玉、鄂尔泰行拜见礼作揖时，张、鄂二人只需"立受之"。乾隆帝时期，大臣蔡新任总师傅30余年，"诸皇子皆敬惮之"。帝王尊师，尊的是道。

文章之师贵在相师。教育之义，文化传承乃是重要目的。中华文明源远流长，典籍丰富，文章璀璨，曹丕虽有"文人相轻"之论，但真正的学者文士，必是相互学习交流，取长补短，"三人行，必有我师焉"。《师说》便言，"孔子师郯子、苌弘、师襄、老聃"，圣人犹有求学问道之时，何况普通人呢？比如，楚辞就饱含着师生情谊，汉代楚辞学家王逸曾记载："宋玉者，屈原弟子也，悯惜其师，忠而放逐，故作《九辩》以述其志。"认为宋玉为屈原弟子，为传承屈原的精神和文学而努力。对于后世而言，这种文学承传更是仰慕的对象，于是杜甫追慕宋玉之才，就有"风流儒雅亦吾师"的诗句，将宋玉也作为自己的私淑老师。

在历史变迁中，文学自觉的趋向日益明朗，为了表达自己的学术文化主张，学者文人也迫切地需要"抱团"结合，扩大影响，因此，"文章之师"的作用便日益凸显。"文起八代之衰"的韩愈，本身就是"教师"身份，他利用自己在国子监任职的机会，传播自己的文学理念，同时也通过各种交流引荐，培养了众多继承和发扬自己事业的"韩门弟子"，著名者有如李翱、张籍、皇甫湜、李贺、贾岛。李翱就曾在《祭吏部韩侍郎文》中，表达自己对韩愈的崇敬景仰："六经之风，绝而复新，学者有归，大变于文。"亦指出了韩愈教育事业对文化学术变革的重大影响。同时代的柳宗元，也同样重视教育对自己文章事业的意义，《柳子厚墓志铭》中便记载，柳宗元被贬官柳州后，"衡湘以南为进士者，皆以子厚为师。其经承子厚口讲指画为文者，皆有法度可观"。

韩愈曾引荐学生张籍进士及第，后来又推荐他出任水部郎中、国子司业。而张籍也在历史上留下了另一段师生佳话。诗人朱庆馀是张籍的后辈，考进士时，张籍恰好是主考官。于是朱庆馀向张籍写了一首诗《闺意献张水部》："洞房昨夜停红烛，待晓堂前拜舅姑。妆罢低声问夫婿：画眉深浅入时无？"将自己比作出嫁的新媳妇，不知自己水平到底如何，请张籍指点。张籍也答之以诗："越女新妆出镜心，自知明艳更沉吟。齐纨未足时人贵，一曲菱歌敌万金。"鼓励朱庆馀要对自己的才华有信心，不必担心考试。

宋代大文豪苏轼也以培养、奖掖学生而闻名。"苏门四学士"秦观、黄庭坚、晁补之和张耒即是其弟子中的佼佼者。最先将他们的名字并提和加以宣传的就是苏轼本人，他在给友人的信中自豪地表示，"如黄庭坚鲁直、晁补之无咎、秦观太虚、张耒文潜之流，皆世未之知，而轼独先知。"由于苏轼的推誉，四人很快名满天下。

文学史上，留下了众多关于创作的师生故事。著名的"一字师"典故，便是唐末诗人郑谷为僧人齐己将咏梅的"昨夜数枝开"改为"一枝开"之事，亦有元代无名老人为诗人萨天锡将"地湿厌闻天竺雨"改为"厌看天竺雨"之事，诗作者不论对方身份，都谦虚恭敬地拜对方为"一字师"，表达了对师者的尊重。

只有道德之师才是人师。教师工作的真正意义在于传承，传承并不仅在于技能，更多地在于精神。钱穆先生有言："中国教育理想与教育精神，既不全注重在知识传授与职业训练上，更不注重在服从法令与追随风气上，其所重者，乃在担任教育工作之师道上，乃在堪任师道之人品人格上。故说：'经师易得，人师难求。'若要一人来传授一部经书，其人易得。若要一人来指导人为人之道，其人难求。"

《史记》载孔子问礼于老子，老子告诫孔子，真正的君子要能够和光同尘，在时势适合的情况下施展才华，在时势不利时就需要韬光养晦，要去掉自己身上的欲望、骄狂等不好的方面。于是孔子感叹"老子，其犹龙也"，为自己所望尘莫及，便是仰慕老子的为人智慧。

孔门弟子也深受孔子道德人格的熏陶感染。师生之和睦与教化，最见于各言其志一章——"子路、曾晳、冉有、公西华侍坐"，在老师面前，众弟子自由自在无拘无束地畅谈理想，实现心灵与人格的相互交融与升华，正是这样的老师，才会令弟子们心悦诚服。在孔子逝世后，"弟子皆服三年。三年心丧毕，相诀而去，则哭，各复尽哀；或复留。唯子贡庐于冢上，凡六年，然后去。弟子及鲁人往从冢而家者百有馀室，因命曰孔里"，极尽哀思。

教师道德人格对学生的潜移默化，影响深远。《六祖坛经》记载：禅宗六祖慧能受教于五祖弘忍门下，在写下"菩提本无树，明镜亦非台。本来无一物，何处惹尘埃"的悟道诗句后，弘忍为了让慧能免于遭人嫉妒伤害，连夜送走弟子，并亲自持竿为其撑船渡河，以表达对弟子"再送一程"的诚挚爱护。明朝末期，名臣史可法年轻时生活贫苦，寄居寺庙读书，偶然遇到大臣左光斗夜巡，左光斗喜爱这名上进的年轻人，将其收为弟子，倍加提携。左光斗在与魏忠贤阉党的斗争中被陷害下狱，惨受折磨，史可法悄悄化装进入牢狱探望老师，却被老师痛骂，认为弟子不应该以身犯险，而应保住有用之躯做有益之事。后来，史可法作为明军统领保卫扬州，与清军作战，每当部下劝他多休息不必过于劳累时，他便会热泪盈眶地表示，自己绝不能辜负了老师的期望。

君之师、文章之师和道德之师，如果都能有道相传，就不会出现"师道不传"，所谓"师道不传"亦即说"师不传道"了，故此韩愈才发出"欲人之无惑也难矣"的感慨。

韩愈疾呼"师道不传"，并将原因归于"耻学于师"。《师说》云："爱其子，择师而教之，于其身也，则耻师焉，惑矣！彼童子之师，授之书而习其句读者，非吾所谓传其道解其惑者也。句读之不知，惑之不解，或师焉，或不焉，小学而大遗，吾未见其明也。巫医乐师百工之人，不耻相师；士大夫之族，曰师曰弟子云者，则群聚而笑之。问之，则曰：'彼与彼年相若也，道相似也。位卑则足羞，官盛则近谀。'呜呼！师道之不复可知矣。巫医乐师百工之人，君子不齿。今其智乃反不能及，其可怪也欤！"就是说："人们爱他们的孩子，就选择老师来教他，但是对于他自己呢，却以跟从老师学习为可耻，真是糊涂啊！那些孩子们的老师，是教他们读书，帮助他们学习断句的，不是我所说的能传授那些道理，解答那些疑难问题的。一方面不通晓句读，另一方面不能解决疑惑，有的向老师学习，有的却不向老师学习，小的方面要学习，大的方面反而放弃不学，我没看出那种人是明智的。巫医乐师和各种工匠这些人，不以互相学习为耻。士大夫这类人，听到称'老师'称'弟子'的，就成群聚在一起讥笑人家。问他们为什么讥笑，就说：'他和他年龄差不多，道德学问也差不多，以地位低的人为师，就觉得羞耻，以官职高的人为师，就近乎谄媚了。'唉！古代那种跟从老师学习的风尚不能恢复，从这些话里就可以明白了。巫医乐师和各种工匠这些人，君子们不屑一提，现在他们的见识竟反而赶不上这些人，真是令人奇怪啊！"

今人读《师说》讲《师说》用《师说》，专攻于授业、解惑之道，使师道与人道分离，"师道"怎么还会有尊严呢？师道尊严在"道"不在"师"。韩愈作《师说》，正因为疾呼"师道不传"，剖析"耻学于师"，所以才被后世学者所关注。自宋初到清末，凡言"师说"之文127篇，其共同的主题就是"师道仍不传"，主要从"师不传道""为师以利""士不谋学"等方面予以阐述，并将造成"师道仍不传"局面的祸首直接指向"畸形"的科举制度，也注意到了经济发展对教师造成的职业影响。为是"师道得传"，《师说》后学后发者，提出了"择经明行修者为师"的择师标准、"为师当不可易之师"的教师职业追求、"尊师敬学而后道传"的社会环境等路径选择。

可以说，韩愈《师说》所要解决的问题是由士大夫阶层"耻学于师"而引发的"师道不传"问题。韩愈从"人非生而知之"的逻辑起点出发，推论出无论是君王、圣贤、贵胄还是普通的人在成长、发展中遇到的一切问题的解决都离不开老师，正因为老师有如此大的作用，教师才应该具有"传道、授业、解惑"的基本素养，始终围绕传道的授业、解惑就是师道，即所谓"道之所存，师之所存"。一方面老师要先师其道，明白何为道；另一方面要信道，只有信其道，才会传其道；再一方面要担当起以传道为核心的授业、解惑。良好的师生关系是以"道"来维系的，即所谓"弟子不必不如师，师不必贤于弟子，闻道有先后，术业有专攻"。但韩愈的理想并没实现，没实现的原因是"耻学于师"，"耻学于师"的原因是"师不传道"，所以才给后人留下无尽思考。

北宋的《续师说》是继韩愈之后的第一篇"师说"文章，出自北宋古文运动先驱者柳开之手，其序言说："昌黎先生作《师说》，亦极言于时也 ……尚其能 实乎事，而未原尽其情，予故后其辞"，其义是说韩愈时代出现的教师问题已经发生了变化。此后历代《师说》后学者，纷纷撰文揭露教师问题积弊，感叹"师道不传"，呼唤"师道复归"，或明示或隐晦地将问题共同指向"科举应试"和商品经济。

宋代的治国方略使士大夫建立了"师道明正学"的追求和"以师道自居"的责任担当，强化了在思想权力的主体意识，推动了儒学的重建，"理学"标志了儒学的自我更新,师道也因此得以复归。自宋之后的"师说",一方面揭露后世之师对"道"的坚守的放弃,另一方面又批判囿于现实生活之压力汲汲于人师,造成"无道之师"又"好为人师",最令人担忧的是,其求学之士子对"无道之师"趋之如鹜,"师道不传"状况愈演愈烈。原因何在?宋王令在其《师说》中将其归结为,之所以唐不如汉,是因为唐"不用儒",造成了"天下之师绝,久也",而"师绝"的原因在于"今之名师者,徒教组刺章句,希取科第而已"。科举与学校的结盟,表面上形成了"无一人无师,无一地无师"的繁荣,但除"经师""蒙师"承担实际教学任务外,还有名目繁多的"乡会试之师""投拜之师"等等,本来"蒙师"不外乎教童子知礼仪、习句读,而科举之下,正如清姚莹在其《师说上》中所言,而今"蒙师"教童子却是"不使之悦于道德、功业、气节、文章,而使之悦乎科名、荣利与夫一切苟简之事以为志"。"经师"也不再是饱读经史的学者,以讲经为业,正如明何景明《师问》所言,皆为"举业之师","执经授书,分章截句,属题比类,纂摘略简,剽窃程式,传之口耳,安察心臆,叛圣弃古,以会有司",所教之中"文章为先,而孝弟、谨信为后;功名富贵为先,而道德学业为缓",完全不顾道业传授和人格培养,惟以应试机巧为教。之于那些被称为"举主""座主"的"乡会试之师",本无教授之实,全凭科考中所扮演的特殊角色"拥徒自重",而那些"投拜之师",更如清钱大钧在其《与友人师书》中所言:这些人"外雅而内俗,名公而实私。师之所求于弟子者,利也,传道、解惑无有也,束脩之问,朝至而夕忘之矣;弟子之所藉于师者,势也,质疑、问难无有也,今日得志,而明日背其师矣",投拜以"求知"是虚,"献媚"求仕途是实。故明清之际大儒黄宗羲,在其《广师说》中直呼"科举兴,师道亡!"在其《续师说》中强调"师道不传,非皆弟子之过,亦为师之过"。

韩愈之后世的"师道不传"还在于"为师以利"所造成的"帅道"异化。为师本以"传道"为志,进而异化为"惟名惟利"。去韩愈不远的吴知愚在其《师说》中说:"人之患,在好为人师。'师者,人之模范',岂人之所患乎? 而人之所以患之者,'好为'之过也",借孟子之言以讥讽时世"好为人师"之过。为师者以"好为"的方式,广收徒众,以扩大声望,因"名"得"利"。当教书仅为谋生之手段和"糊口之资"时,有一定地位和话语权的"师者",就不仅仅图借为师光大门楣之名,而且也谋求获得物质利益。正如清何延庆其《续师说》所言:"达官之门,称师称弟子者,以数百……师之无学业之授受,无生气之感乎,以重赘为介,以利禄为媒","师""道"向背。在朝为官本"禄足以代耕,赐足以周困"(清姚莹《师说上》),借"为师"获名获利,而民间教师"以师谋生","一曰经学,则治科举之业者也;一曰训蒙,则教蒙童记诵者也",知科举之业"专改浮文,以求富贵利为事……害义甚大"(清张履祥《处馆说》),教书成了"以舌代耕"之谋生的职业,为师的标准越来越低,正是所谓"后世之师,于道茫乎未闻,又乌能授之于人,其所为师者,学文授书而已,此犹其上也;甚且只自为谋,以为糊口之资而已"(清李元春《师道议》),因此造成了"延师者以师之易舆为喜",师者亦即好驾驭、好对付的"教书工具"而已。宋代学者黄彭年在其《原师》中曾发出"为师之异"的感叹成为现实,"古之师也,以道;今之师也,以利。古之师也,以经;今之师也,以科第。古之师也,来学;今之师也,往教。古之师也,有德;今之师也,达官"。

除此之外,"士不慕学"也是造成"师道不传"的原因。宋代柳开的《续师说》,可以说是继韩愈之后的第一篇"师说",直指士子汲汲于"相师",不再以"求学问道"为目的,择师不再以"道"为标准,所谓"古之学者,从师以专其道;今之学者,自习以苟其禄","古之志为学也,不期利于道,则不学矣;今之志为学也,不期利于身,则不学矣"。正如元代郑泳在其《后师说》中所说:"今之求师者,非求道也,求师之名以为己之名也",更有明代何景明在其《师问》中对士子择师的形象刻画:"尝见今之为其子弟求师,及其子弟之愿学者,口访耳采,有告之曰:某高官也,其前高第也,其举业则精也,其师之于是,虽千里从之也;又告之曰:某未有高官也,未有高第也,其道德则可师也,于是虽比舍,弗从之矣",凡无名之道德之师、博学之师都不在选择范围,只有可借助有名位的老师,才利于科举之正途,所以才有"师位尊而道愈高,势盛而教益隆"(明陈子龙《师说·下》),弟子则"穷年所习不过应试之文,而问以本经,犹茫然不知为何语"(清顾炎武《与友人论门人书》),弟子择师则"势所在则相师,利所在则相师"(清方舟《广师说》),造成了"一岁而易数师"(清吴玉纶《续师说二》)之怪象,尊师变成了尊"师名",只要有名位,就"谨身以媚之,玉帛以将之"(明陈子龙《师说·下》),反之则"门庭罗雀,不终日而叛之"(清周沐润《师说一》),所谓"师道尊严"随之荡然无存。

闲话"师道不传",是先哲有先见之明,还是历史有惊人相似,实在费解。今天旷日持久的"应试教育",师者被名利缠绕,除了应试之外"师不慕教""学不慕学",传道者不信其道,"吐辞为经"者不能"举足为范",无不使人慨叹!

> **教学随笔**
>
> 在社会中的个人及其存在价值问题上，儒家更关注人在社会中的现实存在，《大学》将人的现实存在价值和存在关系统一于"三纲领""八条目"之中，体现出人之修养的"内外合一"之要义。
>
> ——题记

内外合一：《大学》之意义

《大学》是《礼记》中的第一篇论文，排在《学记》《中庸》之前，自有其道理，这个道理应该是儒家学派想回答如何造就"内圣外王"的理想人格，而造就这样的人必须内外兼修，达到内外合一的境界。

《大学》作为儒家学者论述"大学之道"的论文，其作者和年代曾是学术史上一直争论不休的问题，程颢认为《大学》是"孔氏之遗言也"；朱熹将《大学》重新编排整理，分为"经"一章和"传"十章，认为"经"是孔子的话，"传"是曾子解释"经"的话，并由曾子的学生记录下来；清代以来，多数学者则认为《大学》成书在秦汉之后，是汉初的儒家思孟学派戴氏叔侄所编。但是，随着郭店楚简的发现，学术界便越来越倾向于成于曾子或弟子之手的观点。争论一时休，关注《大学》之意义者又逐渐多起来。

宋代大儒理学家朱熹编撰《四书章句集注》，继张载、程颢程颐提出"四书"之后，正式把《论语》《孟子》《大学》《中庸》并称为"四书"，构成儒家的经典著作。《四书章句集注》是明清500多年科举考试的命题来源和标准答案的依据。朱熹将《大学》位列"四书"之首，还将《礼记·大学》的次序做了改动并专门补写了一章，解释什么是"格物致知"。

朱熹所解释的"大学"是"大人之学",这个"大人"不单是成年人,也不是指士人或当官的人,而是指儒家特别希望能够成就的一种人格(西方指personality)的形式。现代教育学说人是教育的唯一目的,因此成为什么人是教育最核心的问题,一切有关教育的价值、教育的属性、教育的本质等等问题,都是围绕"成人"而展开和建构的。《大学》也是着重阐述了教育的目的、任务和步骤,提出了一个完整而概括的政治、道德教育的纲领和程序,"大学之道,在明明德,在亲民,在止于至善"是教育目标,亦称"三纲领";"格物、致知、诚意、正心、修身、齐家、治国、平天下"是实现目标的步骤,亦称"八条目"。

要"成人",成就具有儒家希望之人格的人,首先要使人们先天的善性得到恢复和发扬,即"明明德",以达到修己的目的;修己是为了治人,推行德治仁政才能治人,即"亲民";治人的最高目标是"至善",即"为人君于仁,为人臣于敬,为人子于孝,为人父止于慈,与国人交止于信"。"三纲领"是"修己"的"明明德",由内向外推到"亲民""至善"的递进。而"八条目"的基本结构也是在阐述"内和外"的关系,而与"三纲领"的递进表达的不同点,在于中间有一个"齐家",不仅将实现步骤"由内至外"有机联系在一起,而且将"内与外"统一于"内圣外王"的人格塑造之中,达到"内外合一"的境界。正如《大学》所云:"古之欲明明德于天下者,先治其国;欲治其国者,先齐其家;欲齐其家者,先修其身;欲修其身者,先正其心;欲正其心者,先诚其意;欲诚其意者,先致其知;致知在格物。物格而后知至,知至而后诚意,意诚而后心正,心正而后修身,身修而后齐家,家齐而后国治,国治而后天下平。"

"八条目"的前五条都与"我""自己"相关,"格物、致知、诚意、正心、修身",都是在我与我、自己与自己的周旋,都是"修己"。"齐家"呢?既是内也是外,与"我"来讲是外,与"自己家"或"别人"来讲又是"内",所以说"齐家"是联系内外的桥梁,也联系了"天人之间"。"欲齐其家,先修其身",又回到了"修己"本身,但"齐家"不是最高目的,"齐家"是为了治国、平天下,"家齐而后国治,国治而后天下平",全天下都实现了"家齐",就实现了"国治""天下平",而要实现这样一个崇高的目的,必须从"修己"开始。这样一来,自然就"内外合一"了。被称为通儒的史学家,钱穆先生讲中国传统学问时,总结为六个字:一天人合内外。一天人就是天人合一。《中庸》把"一天人"讲得很透,"一天人"的关键词就是"诚","诚者,天道,思诚者,人道",用"诚"这样一种态度,也是功夫,才能真正地汇通天人,汇通天人体现了"天人一贯,内外无间",才能内外合一。

要说对天道之认识境界,非老子莫属。老子也是讲修身的,《老子》即《道德经》第四十五章云:"修之于身,其德乃真。修之于家,其德乃馀。修之于乡,其德乃长。修之于邦,其德乃丰。修之于天下,其德乃普。""真"是质,"馀""长""丰""普"都是量,量以质为前提。《尔雅·释诂上》曰"身:我也",修身即修己之德。修之于身,从我做起,才是真修。只有以修身为本,才能进而修家、修乡、修邦、修天下。有学者(涂又光)认为,儒家做《大学》,主张"自天子以至庶人,壹是皆以修身为本",进而齐家、治国、平天下,这一套理论,正是由《老子》此章生发而成。"修之于身"而达到"其德乃真"的"质"是内、是本,"修之于家""修之于乡""修之于邦""修之于天下"所分别达到的"其德乃馀、长、丰、普"的"量"是外,不是由量变引起质变,而是由内在的修德之质,决定外在的修家、修乡、修邦、修天下的"德治"的"馀、长、丰、普"之质,内外的"质"相统一,就是内外合一,就是"道"即修身的规律。一个人为什么只能"修之于家",是因为其修身的"质"只达到了"其德乃馀"的境界;一个人之所以只能"修之于乡",是因为其修身的"质"达到了"其德乃长"的境界;一个人之所以能"修之于邦",是因为其修身的"质"达到了"其德乃丰"的境界;一个人之所以能"修之于天下",是因为其修身的"质"达到了"其德乃普"的境界;正所谓"以德配位""以德配天",此乃天道也,也即一天人合内外。

"修己"正是所谓的天人交战,人总会面对一些诱惑,总有捷径可走。有时候去做了,没有人发现,就有了继续做的勇气,这样可以吗?天虽无言,天却有道,趋利避害是人性,总希望以最低成本而获得最高收益,就会违背天道,违天道即违人道,"修身"就是按照人道规定的"明明德",去"格物、致知、诚意、正心"。有个成语:"天网恢恢,疏而不漏",出自老子《道德经》第七十三章,"天之道,不争而善胜,不言而善应,不召而自来,繟然而善谋。天网恢恢,疏而不失",告诉人们天道是公平的,天道就像一个巨大的网,任何违背天道的人和事物都会遭受相应的惩罚。当代人说"所有的快速致富、快速攀升的方法,都写在刑法里",所以强调人要修己。中国传统文化中的"儒表法里",实质上是内部约束与外部约束相结合,也就是天人合一、内外合一。

在历史时期的制度建设上,秦以霸道著称,因为法家是霸道的;汉以王道著称,因为儒家是主张王道的。王道是"近者悦远者来",讲究的是人的心灵秩序的建设。《大学》的"三纲领""八条目"给"成为大人"提供了建构心灵秩序的规则。这一规则的最高境界就是孔子曾经表述的:"吾十有五而志于学,三十而立,四十而不惑,五十而知天命,六十而耳顺,七十而从心所欲,不逾矩",志于学就是志于道,像孔子一样

"三十五经通",是志于道的第一层境界;到了四十岁时,对于"五经之道"已经"无惑",这是第二层境界;五十"乐天知命",明白了人生的使命,是第三层境界;六十时对于有关"道"的学问都能听得进,都能吸收、化为己有,这是第四层境界;而最高的境界是"从心所欲不逾矩",达到了自由与自律的完美结合。能够"从心所欲",整个人就自由了,"不逾矩"呢,则是对遵守道德规范不再需要思索就能油然而生的行动。"从心所欲不逾矩",不是道德规训的结果,而是内在修炼的境界,"吾日三省吾身"正是检验由内到外的转化效果,这种境界本身的结构,就是内外合一,儒家把它表征为内圣外王,内就是"格物、致知、诚意、正心、修身",外就是"不逾矩",只有"从心所欲不逾矩",才能"齐家、治国、平天下"。

民间有一个影响久远的故事《狼来了》,讲的是一个由于说谎而被狼吃掉的故事,告诉人们说谎会受到惩罚的道理,以此来规训人们的道德行为,但价值取向是"违背道德规范是会受到惩罚的",使人们由于怕受到惩罚而遵守道德规范,所以不是以修己的内在建构出发的。为什么会这样呢?是因为漫长的封建社会,大传统里"内外合一"的道德教育,正是由于贪官污吏、世俗庸人违背天道仁德并没有受到应有惩罚,使之被挤压到了小传统里,才造成了来自民间众多的有关"怕惩罚而守规矩"的道德教育价值取向。这种价值取向也正反面说明了《大学》以修己为核心的内外合一的重要意义。

《大学》内外合一的结构,很重要的是在"格物、致知、修身、诚意、正心、修身"之后,是"齐家、治国、平天下","身"在中间位置,不仅仅是要向外"齐家、治国、平天下",而且是要牢固地建立一个向外的前提,即向内。在现代政治学中,"内"是一种灵魂的记忆,主张灵魂的修炼,"外"则是一种技巧,主张操控的技能,中国古代叫"术"。如果没能以灵魂的修炼为前提,外在的"技巧"可以不择手段,当我们向外要权力、金钱、享乐……时,失去灵魂约束的不择手段,危害何其之大啊!所以,我们在向外求时,不能跑得太快,要等等灵魂跟上来。

> **教学随笔**
>
> 在宋代士人的思想里,"天下"是一个超越具体的君主、国家和个人的词语,探寻适合于"天下"的普遍真理和建立影响后世的天下观,皆始于宋。
>
> ——题记

宋人释易谈天下

《易》是万经之首,"学前言往行""究天人之际"不可不读《易》,追求"修身、齐家、治国、平天下"的士人价值不可不研究易学。宋代士大夫在谈及"天下"时,《易》是宇宙观和方法论。宋代以文人治国,至庆历进入"变古时代",以改变恪守汉唐注疏古义、不敢怀疑圣人经典的风气,推陈出新,去伪存真,始开经学复兴运动,《易》自然是所有文人研读抒发之关键。正是在对《易》的重新研读、诠释过程中,建立了"先天下"与"后天下""自然天下"与"文化天下"等关系,丰富了"天下"的内涵,形成了影响后世的"天下"观。"天下"对于宋代文人来说,各类文章,无所不涉。范仲淹《岳阳楼记》中的"先天下之忧而忧,后天下之乐而乐",由于以"忧国、忧民"为"天下",更是脍炙人口,流传于后世。而只有全面剖析宋代文人的"天下"观,才可能真正揭示"先天下之忧而忧,后天下之乐而乐"的价值取向。

一、地理形态到哲学形态:思以其道易天下

在周人的观念里,"溥天之下,莫非王土",天下是一种地理概念、空间意义,天子被称为共主,所谓的政教之所及,其象征意义往往大于现实,文化意义大于政治

意义。在王天下的秩序设计中，维北有斗，天道左旋，星辰定位，天有四方配四季；地分五服，以中央（王都）为中心，按"甸侯宾要荒"一圈一圈向外推，甸服五百里、侯服五百里、绥服五百里、要服五百里、荒服五百里，四方五服环绕中央（东西南北中），或分为九州，中州之外有八方①，便是地理形态上的天下。同时，周人又给空间意义的天下赋予了政治意义，这种政治意义便是中央与四方的"差序"关系，因为空间宇宙存在的众星拱北辰、四方环中国的"天地差序"格局是天然合理的价值本源，一切天然形成的事物包括社会组织与人类自身又是与天地同构的，所以"礼"象征意义的四方服从中央、个人服从家族、家族服从社会、社会服从国家的"家伦、族伦、国伦"（君臣父子）的"差序"关系才是整齐不乱的秩序。正是由于"天地差序"价值本源的确立，空间地理意义上的"天下"才有了政治意义。

周以"血缘宗亲"而"王天下"的政治秩序，由于血缘渐远，各诸侯国日益独立，四方服从中央的政治秩序发生紊乱，"道术将为天下裂"②，春秋诸子不再以所在"国"为思考的重心，而是以天下为己任，皆"思以其道易天下"③。孔子"以其道易天下"的核心是"仁"，"克己复礼为仁"，"礼"从依从天道的秩序象征转而更加关注人间秩序，"仁"则成为"礼"的价值本源，"仁"就是"天下"，"仁"可以使"以天下为一家，以中国为一人"（《礼记·礼运》）。孟子则通过"人之所以异于禽兽几稀"（《孟子·离娄下》）的"人兽之辨"和"吾闻用夏变夷者，未闻变于夷者也"（《孟子·滕文公上》）的"夷夏之辨"，确立了"人伦"与"文化"的天下观。君主虽贵为天子，替天在人间执行天道，但天道贯彻的好坏，却在于民视民听，正所谓"天视自我民视，天听自我民听"（《孟子》引《尚书·泰誓》），"民听民视"即为"天下"。庄子曾专门以"天下"为名撰文，认为"不离于宗，谓之天下"，"以天为宗，以德为本，以道为门"、"以仁为恩，以义为理，以礼为行，以乐为和"（《庄子·天下》）就是宗，就是价值根本，就是天下。"天下"完成了由具象到抽象的转换，具有了形而上的意义。

从统治天下的意义上讲，秦朝的统一使天子由原来的"共主"转换成了唯一的"治主"，"天下"具有了教化和治理之所及的意义。怎样进行教化和治理呢？汉武帝确立了儒家独尊的思想，儒家学说成为天下正统意识形态地位的经典，儒家思想成为治理国家、社会和指导日用常行的依据。之后历朝历代都以儒家思想"治天下"，而儒家经

---

① 《十三经注疏》，上海古籍出版社，1988，第153页。
② 《庄子·天下》，见陈鼓应：《庄子今注今译》，中华书局，1983，第855页。
③ 杨任之：《尚书今译今注》，北京广播学院出版社，1993，第132页。

典中"天下"又是一个极其重要的概念，仅"四书"中就有234处用到"天下"一词，其中《大学》7处、《论语》23处、《中庸》28处、《孟子》176处，足以为"治天下"提供思想支撑。从治理意义上讲，儒家思想的传承就是天下，在中国人心里，最关切的是中国文化和文明的继续和统一，并不是个别朝代的更替，尽管"有亡国，有亡天下"，但"亡国与亡天下奚辨？曰：易姓改号，谓之亡国。仁义充塞，而至于率兽食人，人将相食，谓之亡天下。……是故知保天下，然后知保其国。保国者，其君其臣肉食者谋之。保天下者，匹夫之贱，与有责焉耳矣。"①

"天下"作为中国文化认知过程的一个开放性概念，把自然空间意义与社会治理意义统一在思想文化及其传承之上，既包含了天地宇宙自然之理，也包含了社会发展的人事之功，而《易经》正是"推天道以明人事者也"（《四库全书总目·易类》）。宋代一朝，北方有辽，西北有夏，后来又有女真与蒙古，难以"尽复汉唐故地"，空间意义或统辖意义上的"天下"虽然小了，但"天下六合一家"的追求未变，以"尊王攘夷"和"孰为正统"为文化认同基础，"异常严厉地区分着'中国'和'四夷'的空间差异，异常严厉地区分着'中国'和'四夷'的文明差异"，"凸显经典中来历久远的伦理道德原则，证明现在这个国家不仅承负着天地赋予的正当性，拥有历史传续下来的合理性，而且显扬着独一无二的至高无上的文明"，"确立文化意义上的'中国'等于天下"。②要重新建立同一文明和共同伦理认同的同一性思想基础，就要确立一个超越个体生命、政治权力、地理区域的普遍性真理，"天下之物莫不有理"，"天有是理，圣人循之而行之，所谓道也"（邵雍《观物》；《二程遗书》第二十一），"理"这个超越一切自然与社会存在的原则，成为适合"天下"普遍性真理，正是由于"理"存在，"夫天下之观，其于见也，不亦广乎？天下只听，其于闻也，不亦远乎？天下之言，其于论也，不亦高乎？天下之谋，其于乐也，不亦大乎"③。

在宋代士人完成"理天下"的思想重建中，《易经》所蕴涵的由自然之理（天道）到人事之功（人道—社会之理）的思维方式，给他们提供了"究天人之际，通古今之变"的理性思考，他们积极走出汉代以来以"卦气说"为代表的象数派"与宗教巫术的占卜禨祥纠缠扭结在一起"④的局限，使象数服从义理，在创造义理学派的同时，生

---

① 顾炎武：《日知录：卷十三·清议》，上海古籍出版社，2007，第769页。
② 葛兆光：《中国思想史》（卷2·七世纪至十九世纪中国的知识、思想与信仰），复旦大学出版社，2004，第178—179页。
③ 《张载集》，中华书局，1978，第322页。
④ 余敦康：《汉宋易学解读》，华夏出版社，2006。

动地阐发了基于义理的天下观。

二、动态天下：先天下与后天下

宋代通过太祖到真宗的60年，国家及权利的合法性得到了普遍认同，所采取的偃武修文政策，也开始恢复了知识、思想与信仰世界，在通过教育和科考培养阶层化的知识集团过程中，重新确立了思想秩序。但宋代与过往其他朝代一样存在着皇权秩序与思想秩序之间的矛盾，皇权秩序期望皇权天下万年，思想秩序则期望理想天下永久。知识阶层自古对于皇权的制约手段，常常是运用超越政治权力的文化知识的思想力量，如对天灾异象的解释权；而皇权则常常使用政治权力对经典知识进行选择与控制，制衡文化知识对政治权力的超越，如宋仁宗就以"道之所存，礼则加异"为由，一改以往学士坐着讲经为站着讲经，象征政治权威优于经典权威。宋代文士以文化知识的力量制衡政治权力的过程中，一直在探寻超越一切自然与社会存在的"理"，"天下唯有道理最大，故有以万乘之尊而屈于匹夫之一言，以四海之富而不得以私于其亲与故者"，皇帝之所以"为与士大夫治天下，非与百姓治天下"①。正是由于唯其大的"理"的存在，就有"理天下"的存在，政治权力的易姓更名并不能改变天下。

宋代文士在重建思想秩序或"理天下"的过程中，大胆冲破从孔子、孟子到韩愈的真理系谱的藩篱，重建以《易》为宇宙终极道理、以《中庸》《大学》为探索尽性的途径，以《春秋》为讨论政治大义的依据，以《礼》为探讨政治经典的根本的"理"的思想秩序，易学成了"理学"和"理天下"的方法论。正是在易学的方法论指导下，"天下"在文士眼里是动态的，动态的天下有先天和后天的区分与联系。

《周易·乾·文言》曰："先天而天弗违，后天而奉天时。天且弗违，而况于人乎！"是讲"有天德的人，与自然规律相通相合，所以做没有先例的事情、开创性的事业，天道不违背它，做时势决定非做不可的事情，也是合乎自然规律的；这种开创性的和顺时势的事业，天且不违，人还能违吗？"邵雍在研究易学的《观物外篇》中说："尧之前，先天也。尧之后，后天也"，认为尧是应天道而开创了华夏社会，尧之后是奉天时发展了华夏社会，开创性的"天下"是"先天下"，发展了的"天下'是"后天下"，"天下"是动态的"天下"，动态之"天下"是由"道"这种知识或思想力量在推动着。据此邵雍提出了"先天之学"与"后天之学"，认为：《易》之道先于《易》之书，《易》之道是伏羲画卦之前的《易》，这种画前之《易》存在于天地之

---

① 《续资治通鉴长编》（卷221），商务印书馆，1983，第5370页。

间，是宇宙生成的本源，是万物所遵循的自然之道即规律，是"先天之学"；文王所作之《易》即《周易》，是对《易》之道的理解与认识，是适合于人的发展目的而编制成的符号系统，是"后天之学"；（《朱子大全》卷三十八）"先天之学"是"先天下"开创之根本，"后天之学"是"后天下"发展之动力。

在邵雍之前，汉唐以来所通行的注疏之学，往往以《周易》的文本作为研究对象，受到经传文字尤其是业已定型化的文王八卦次序和方位的束缚，局限于解说现成之形迹，曲意牵合，难通之处强求其通。邵雍力克注疏之学的缺陷，不仅第一次提出伏羲之《易》与文王之《易》、先天之学与后天之学等全新的概念，而且深刻阐发了先天之学与后天之学的关系。邵雍认为，先天明体、后天明用，先天者先天象而有，藏而未显，无形可见，此为画前之《易》；天地之心，天象由此而出，万化由此而生，以一阴一阳之对待而为天地之本，本者兼有本源与本体二义，故为后天所效法；后天者后于天象，乃人生活于其中的有形可见大化流行生生不息的现象界，其所显现的为一阴一阳的变易，相互转化，彼此推移，就天地之心而言称之为迹，既有本体法象自然之用，也有圣人所效法的人事之用。

邵雍曾以复杂的数理关系推演宇宙图式，阐发"尊先天之学，通画前之《易》"的易学体系，认为"一阴一阳，天地之道也。物由是而生，由是而成也。生而成，成而生，《易》之道也"（邵雍《观物外篇》），一阴一阳之道生成了自然天下，也生成了文明天下，尧之前的先天是宇宙的自然史，尧之后的后天则是人类的文明史，"自然而然者，天也。唯圣人能索之效法者，人也"，"天变而人效之，故元亨利贞，《易》之变也，人行而天应之，故吉凶悔吝，《易》之应也"，"明治生于乱乎……防乎其防，邦家之长，子孙之昌，是以圣人贵未然之防。是谓《易》之大纲"，（邵雍《观物外篇》）天时之变、治生于乱、乱生于治，此皆自然而然，但圣人能索乎天之象数，效法于天，奉天时而行，防患于未然，以成人事之功，人事的应变之方符合于天道运行的客观规律，则是天人合一，虽人而亦天，研究先天的自然史是为了落实于后天的文明史，"学不际天人，不足以谓学"，古今成败治乱之变是易学的旨归。

圣人是怎样效法于天，成人事之功，推动文明天下的？邵雍把它归于道德功力。邵雍所说的圣人是孔子，"孔子赞《易》，自羲轩而下；序《书》，自尧舜而下；删《诗》，自文武而下；修《春秋》，自桓文而下。自羲轩而下，祖三皇也。自尧舜而下，宗五帝也。自文武而下，子三王也。自桓文而下，孙五伯也"，"三皇尚贤以道，五帝尚贤以德"，"三王尚亲以功，五伯尚亲以力"。（邵雍《观物内篇》）邵雍认为，昊天以春夏秋冬四时为生长收藏万物之府，圣人则以《易》《书》《诗》《春秋》

四经为生长收藏万民之府,"仁义礼智"是人之必修,"道德功力、化教劝率"是体用相依的运作方式,"仁者也,尽人之圣也;礼者也,尽人之贤也;义者也,尽人之才也;智者也,尽人之术也","尽物之性者谓之道,尽物之情者谓之德,尽物之体者谓之功,尽物之形者谓之力","尽人之圣者谓之化,尽人之贤者谓之教,尽人之才者谓之劝,尽人之术者谓之率","道德功力存乎体者也,化教劝率存乎用者也"。(邵雍《观物内篇》)邵雍还认为,以道德功力为化者谓之皇,即以道为化而兼德与功力,着眼于尽人之圣,是一种尚自然的"我无为而民自化"的最高政治境界;以道德功力为教者谓之帝,即以德为教而兼道与功力,着眼于尽人之贤,是一种"尚让"的"知天下之天下非己之天下"的如"黄帝尧舜垂衣裳而天下治"的政治境界;以道德功力为劝者谓之王,即以功为劝而兼道德与力,着眼于尽人之才,是一种"尚政"的除害以利民的如"汤武革命"(《周易·革卦》)的政治境界;以道德功力为率者谓之伯,即以力为率而兼道德与功,着眼于尽人之术,是一种"尚争"的借虚名以争实利的如《周易·履卦》所说的"武人为于大君"的政治境界。通过释易把皇王帝伯作为解释历史、认识天下的框架,突出了"文明天下"的历史主题,把天下定格在了同一演进的文明范畴之内。

三、人文天下:忧天下与乐天下

古代士人自汉以后,无论在哲学思考还是在处世为人上,始终在儒道之间徘徊,或内儒外道或内道外儒,有时道家的宇宙意识占上风,有时儒家的人文情怀居主流。北宋文士在研读《易》的过程中,把自然之理中的宇宙意识与人事之功中的人文情怀,统一在"究天人之际"中,无论是以儒家人文情怀来认识和吸收自然之道,还是从自然本性出发而认识人的社会本性,其都是以人文天下为旨归的。

苏轼的易学之所以在北宋独树一帜,关键在于"推阐理势"、"发明爱恶相攻、情伪相感之义",以自然主义易学观,阐发以人文情怀为核心的儒家文化价值思想。苏轼从本体论的高度注《系辞》"乾以易知,坤以简能",曰:"上而为阳,其渐必虚,下而为阴,其渐必实。至虚极于无,至实极于有。无为大始,有为成物。夫大始岂复有作哉?故乾特知之而已,作者坤也。坤无心于作之,故简。易故无所不知,简故无所不能。"[①]认为天地自然,虽然天"上而为阳,至虚极于无",是看不见的,地"下而为阴,至实极于有",是看得见的,但地生万物是"无心"的,天地万物受无所不知、

---

① 苏轼:《东坡易传》(卷3),上海古籍出版社,1989。

无所不能的自然规律的控制。所谓"无心",就是顺应自然之理,人与万物生于天地之间,但天地万物和社会人生是一个自为调节的自然系统。自然而然的天下是"始于天地,终于人事"的,"天生神物,圣人则之。则之者,则其无心而知吉凶"①,"圣人无能,因天下之已能而遂成之"②,"圣人无心,与天地一者也"③,[12]天地能示人法象而不能教人,能生成万物而不能治万物,关键不是"天生"与"人成"的统一,圣人无能是因为天下之已能,圣人无心是因为圣人无能,因为圣人知道"天下之已能"的规律,所以可用"天下之所知",顺应自然之理 而尽人事之功。天下就是按照圣人"天下之所知"而一代一代治理的人文天下。

苏轼在阐发自然主义人文天下观的过程中,通过释乾卦象辞也对性命之理作了阐发,表达了担当精神与忧患之情。曰:"古之君子,患性之难见也,故以可见者言性。夫以可见言性,皆性之似也。君子日修其善,以消其不善,不善者日消,有不可得而消者焉。小人日修其不善,以消其善,善者日消,亦有不可得而消者焉。夫不可得而消者,尧舜不能加焉,桀纣不能亡焉,是岂非性也哉!""性之与情,非有善恶之别,方其散而有为,则谓之情耳。命之与性,非有天人之辨也,至其一而无我,则谓之命耳。"④朱熹在评论中认为"苏氏之言,最近于理。夫谓'不善者日消,而有不可得而消者',则疑若谓夫本然之至善矣。谓'善者日消,而有不可得而消者',则疑若谓夫良心之萌蘖矣。以是为性之所在,则似矣。"(朱熹《杂学辩》)苏轼认为善是人的本性,君子与小人、尧舜与桀纣都是一样的,小人只是由于固有的良心萌蘖而已,所以主张道德自律,因为道德理义本于人性之自然,与人的自然本性一而不二,是不待学而能的良知良能,这便是人文天下之所在。在实现天人合一的天下理想中,士人要有担当,"众人之志,不出于饮食男女之间与凡养生之资。其资厚者其气强,其资约者其气微,故气胜志而为魄。圣贤则不然,以志一气,清明在躬,志气如神,虽禄之以天下,穷至于匹夫,无所损益也。故志胜气而为魄。众人之死为鬼,而圣贤为神,非有二知也,志之所在者异矣。"⑤无心的旷达是"气胜志"的众人,有意的执着才是"志胜气"的圣贤,急乎天下国家之用、建功立业、安邦定国之"志",才是心系天下的人文情怀。天下"方以类聚,物以群分。有聚必有党,有党必有争,故萃者争之大也"⑥,当人们聚

---

① 苏轼《东坡易传》(卷7),上海古籍出版社,1989。
② 苏轼《东坡易传》(卷8),上海古籍出版社,1989。
③ 苏轼《东坡易传》(卷6),上海古籍出版社,1989。
④ 苏轼《东坡易传》(卷1),上海古籍出版社,1989。
⑤ 苏轼《东坡易传》(卷7),上海古籍出版社,1989。
⑥ 苏轼《东坡易传》(卷5),上海古籍出版社,1989。

集为群体之时，并没有呈现一种理想的和谐，相互争夺、彼此伤害的景象是令人忧的，如果"以德相怀"，尊重个性，尊重差异，胸襟广大，态度宽容，追求一种真而无伪的"诚同"，天下就能安居享福；如果"以相噬为志"，否定个性，否定差异，把所有"非其类而居其间"的异己都当作敌人，依赖敌人的存在而维护自身的存在，就会失去怡然自得的生活和舒适和美的天下。①

如果说苏轼以自然主义的人文情怀和担当精神而忧天下，那么欧阳修则是纯粹站在儒家的立场，以经世致用的态度释其《易》。欧阳修是史学家，其易学观多以史实为依据，认为易学的演变是人文理性与卜筮占术的相互斗争消长的过程，《易》本源于卜筮，"文王遭纣之乱，有忧天下之心，有虑万世之志，而无所发，以谓卦爻起于奇偶之数，阴阳变易，交错而成文，有君子小人进退动静刚柔之象，而治乱盛衰得失吉凶之理具焉，因假取以寓其言，而名之曰《易》"（欧阳修《易或问》），文王出于忧天下之心，以人文理性对远古相传而来的卜筮占术进行创造性转化，假取象数以明义理；"孔子出于周末，惧文王之志不见于后世，而《易》专为筮占用也，乃作《彖》《象》，发明卦义，必称圣人君子王后以当其事，而常以四方万国天地万物之大以为言，盖明非止于卜筮也。所以推原本意而矫世失，然后文王之志大明，而《易》始列六经矣"（欧阳修《易或问》），孔子在维护文王作《易》的人文理性中，强调圣人君子的价值理想，着眼宇宙人生的高层次思考，进一步发展了人文理性；秦人焚书，虽《易》假卜筮之名儿幸免于火，但孔子之古经已亡，《易》亦不得为完书，汉代易学传授分为三家，凡阴阳占察者皆祖于焦赣之易，凡以《彖》《象》《文言》等参入卦中者，其源出于费直之易；今日之易学应追本溯源，考订真伪，如实体会文王、孔子作《易》的用心，发扬其中的人文理性精神，才能够使易学经世致用。

欧阳修释易、研究《系辞》主要依据"质于夫子平生之语"、"以常人之情而推圣人"、"推之天下之至理"（欧阳修《易或问》）三条原则，"勇于敢为而决于不疑"、"敢取其是而舍其非"，反对当时流行的以河图洛书象数之学摭取"非圣人之言"为立论依据，而是以确信的"忧天下之心"的"圣人之言"为根本依据，呼唤忧患意识，树立"推天道以明人事"的易学精神，警惕"不推本末，不知先后"、"王道不明而仁义废"的价值失落，"人事修，则天下之人，皆可使为善士，废则天所赋予其贤亦困于时。夫天非不好善，其不胜于人力者，其势之然欤！此所谓天理，在于《周易》否泰消长之卦。能通其说，则自古贤圣穷达而祸福，皆可知而不足怪。"（欧阳修

---

① 苏轼：《东坡易传》（卷3），上海古籍出版社，1989。

《居士集》卷四十二）为了进行政治思想上的拨乱反正，首要任务是培养以天下为己任的担当精神，不必关注"尽万物之理而为之万事之占"的爻义，"凡欲为君子者，学圣人之言，欲为占者，学大衍之数"，（欧阳修《易童子问》）尤其在解释豫卦卦义中，更是道出了忧天下、乐天下的大儒情怀，"童子问曰：'雷出地奋，豫。先王以作乐崇德，殷荐之上帝，以配祖考。'何谓也？曰：于此见圣人之用心矣。圣人忧以天下，乐以天下。其乐也，荐之上帝祖考而已，其身不与焉。众人之豫，豫其身耳。圣人以天下为心者也；是故以天下之忧为己忧，以天下之乐为己乐"（欧阳修《易童子问》），"上帝"指古代帝王——谓之尧舜，"豫"是逸豫、和豫——安逸休闲、和悦顺畅之义，圣人乐的是尧舜创造并流传的人文精神和人文天下，而忧的则是流传中对人文精神的损减、改变或丧失，众人的忧乐只是在其身，圣人的忧乐在人文天下。欧阳修释易论天下是建立在忧天下基础上的，与古代圣人一样以天下为心，这种忧患意识与李觏（北宋重要的哲学家、思想家、教育家、改革家，作《易论》，重视经世，提倡"以忧患之心，思忧患之故"，关注社会人事矛盾，主张易学明体达用）的易学相通，其忧天下、乐天下的人文情怀与范仲淹求古仁人之心所体会到的"先天下之忧而忧，后天下之乐而乐"的意义，也是完全相通的。

四、理之天下：人伦天下与中和天下

理学是中国思想史上的一个里程碑，北宋五子（周敦颐、邵雍、张载、程颐、程颢）的思想被后世通称为"理学"，他们都讲"理"或"天理"，用"理"的范畴来表述宇宙本体和价值本体，使之成为天道性命的最高依据，建立体用一源、理一分殊的"理天下"。通过易学研究而体贴天理、观照人事，是理学的共同基础；通过理学而重构人地之序与天地之和，建立人伦天下和中和天下，是理之天下的价值旨归。

二程兄弟的思想是理学的一个高峰，认为"尽天理，斯谓之《易》"[《遗书》（卷二上）]，张载的易学立清虚一大为万物之源，以阴阳之气说《易》，是乃以器言，而非形而上之道，只有着眼形而上层面对《易》所蕴含的天理进行阐发，才能把握《易》的本体价值。不管北宋三先生周敦颐、邵雍、张载，还是李觏和欧阳修，其学术思想不约而同的归宗于《周易》，都是围绕"明体达用"进行探索，虽然邵雍用"先天明体、后天是用"以显现体用相依的关系，但后天之用只是先天之体的外在显现而已，张载虽然针对前人体用殊绝的理论漏洞，提出以穷神为明体、以知化为达用的思想，但仍是停留在体用二分的思辨层面，即便王弼最先从哲学范畴解说《易》，用《易》所谓道器关系而言体用，易老会通、儒道兼综，以有无关系说体用，因有而明无、由用以见体，诠释人事之用，归结"寂然至无是其本矣"，但仍没达到即体即用、体用一源的思辨高度，只有到了二程的"体用一源"才真正完成了对理学的形而上的建构，"天下一体"有了哲学的支撑。

"体用一源，显微无间"是程颐《伊川易传》的总纲，也是儒学的"天机"。"和靖（即尹焞）尝以《易传序》请问曰：'至微者理也，至著者象也，体用一源，显微无间'，'莫太泄露天机否？'伊川曰：'如此分明说破，犹自人不解悟'。"和靖所说"天机"是指"体用一源，显微无间"的提法与华严宗的"体用相即，事理无碍"说法类似，露出了盗用佛教思想之嫌，但程颐却强调是不得已而言，故意泄露儒学的"天机"，即令如此分明说破，犹自人不解悟。程颐之所以这样做，是因为儒佛所言体用是有根本区别的，其关键不在于纯粹的思辨，而在于价值取向与实质的内涵，儒学所谓的体是"仁义礼乐，历世不可变者"，是为儒家的名教理想作论证的宇宙本体和价值本体，佛学的体是淘空了一切社会历史内容的真空绝象之体，儒学所谓的用是急乎天下国家之用、经世外王之用，佛学的用是那种否定社会人伦而又被迫承认事相宛然的俗谛之用，懂得了"体用一源，显微无间"命题的真正含义，也就解悟了儒学的"天机"。

"体用一源，显微无间"都在于"理"，有天理则有天下。天理最早是道家庄子提出来的，《养生主》讲庖丁解牛在于"依乎天理"，《天运》说"夫至乐者，先应之以人事，顺之以天理"，《刻意》云"去知与故，循天之理"；儒家提出天理始于《礼记·乐记》："人化物也者，灭天理而穷人欲者也"；宋人将天理发展到哲学范畴，周敦颐《通书·理性命章》曰天理"厥彰厥微，匪灵弗莹"，邵雍《观外篇》说："能循天理动者，造化在我也"，把天理看作造化自然的机枢，张载在《正蒙·诚明篇》《大心篇》《中正篇》《经学理窟》中更是详尽论述天理；但都未能将天理确立为宇宙本体和价值本体的最高范畴。程颐依据前人的探索成果，以理言《易》，最先体贴出天理的深刻哲学意义，把天理确立为宇宙本体和价值本体的最高范畴，正像解悟儒学"天机"使佛儒融合，而体贴"天理"则使儒道融合。

程颐的"体用一源，显微无间"的"易天下"命题，常常可以表述为"理一分殊"，也可以描述为"天地之序与天地之和"或"人伦天下与中和天下"的理想。程颐在《杨时论西铭书》中曾经指出："《西铭》明理一二分殊，默氏则二本而无分。（老幼及人，理一也。爱无差等，本二也。）"（程颐《文集》），侧重价值本体的角度阐明"体用一源，显微无间"的含义，而在《易传》中则是从宇宙本体的角度阐明这一命题的含义，"天下之志万殊，理则一也。君子明理，故能通天下之志。圣人视亿兆之心犹一心者，通于理而已"（程颐《易传·同人卦传》），"天下之理一也，途虽殊而其归则同，虑虽百而其致则一。虽物有万殊，事有万变，统之以一，则无能谓也"（程颐《易传·咸卦传》），"散之在理，则有万殊，统之在道，则无二致"（程颐《易传·易序》），认为老幼及人之理一本于天道自然之理一，价值本体与宇宙本体一而不二，虽然内在的蕴含着分殊，但分殊而必会归于理一。程颐认为，理一说的是一个"和"字，分殊说的是一个"序"字，"理一分殊"就是和谐与秩序的完美统一。

程颐认为，礼只是一个序，乐只是一个和，序乃天地之序，和乃天地之和，儒家的文化价值理想之所以成为一个本体论的结构，是因为秩序与和谐源于天地之本然，可以通过宇宙本体得到超越的形上证明。[7]"人往往见礼坏乐崩，便谓礼乐亡，然不知礼乐未尝亡也。如国家一日存时，尚有一日礼乐，盖有上下尊卑之分也。除是礼乐亡尽，然后国家亡。虽盗贼至所为不盗者，然亦有礼乐"，（《遗书》（卷十八））国家一日存在就有一日之礼乐，即令是盗贼也必须依据礼乐才能组成为一个群体，因而礼乐无处无之，也不会消亡，是具有普遍性、绝对性、永恒性的价值本体。

程颐把中正之道作为一种本体论的结构，"天下之理，莫善于中"，"不失中，则不违正矣，所以中为贵也"，（程颐《易传·震卦传》）"大率中重于正，中则正矣，正不必中也"，（程颐《易传·损卦传》）"正中，谓不过无不及，正得其中也"，（程颐《易传·巽卦传》）"节以中为贵，得中则正，正不能尽中也"（程颐《易传·节卦传》）。"正"是一种正常的秩序，是"中"的一种表现形式，"天地造化，养育万物，各得宜者，亦正而已矣"，"天地之道，则养育万物，养育万物之道，正而已矣"，（程颐《易传·颐卦传》）这种正常的秩序是由阴阳错杂交感之和谐统一所自然形成的，得中则正，正不能尽中，没有和谐就没有秩序，合乎阴阳尊卑之义、男女长少之序就是中止。"物之合则必有文，文乃饰也。如人之合聚，则有威仪上下，物之合聚，则有次序行列，合则必有文也"，"在天谓之天文，在人谓之人文"，"天文谓之日月星辰之错列，寒暑阴阳之代变"，"人文，人理之伦序。观人文以教化天下，天下成其礼俗，乃圣人用贲之道也"，"质必有文，自然之理。理必有对待，生生之本也。有上则有下，有此则有彼，有质则有文，一不独立，二则为文。非知道者，孰能识之？天文，天之理也，人文，人之道也"。"文"与"质"是相对的，"文"是井然有序的文采，"质"是刚柔相杂之本质，"文"是形式，"质"是内容，形式必须从属于内容，寒暑阴阳之序和男女长少之序错乱，就是秩序压倒了和谐，就是失之中和，在和谐与秩序、交感之情与尊卑之序存在着中与正的关系，秩序由和谐而生，秩序从属于和谐，就是"中"重于"正"的恒久之道，"中"为体"正"为用就是"和谐"为体"秩序"为用，中正天下就是人伦之序的和谐天下。

北宋是中国思想史上继春秋战国、两汉之后最活跃的时期，北宋文士不仅创造了理学，而且通过释《易》论天下，以哲学思辨将"天下"上升到形而上的范畴，扩充了"天下"的内涵，使"天下"不仅成为开放性的概念，而且具有了宇宙本体和价值本体的意义，尤其是表现出来的忧患意识、人文情怀、和谐精神、中正理念等"以天下为己任"的历史担当，值得后人继承发扬。

> **教学随笔**
>
> 宋代理学走出自汉以来以字词句解经的束缚,开创了以"理"的宏大意义重释经典的治学范式,在教育知识上促进了经学形态的理学化。
>
> ——题记

宋代理学:诞生、延续及于经学中的形态

在中国思想史上,宋代的理学思想无疑是一种里程碑式的存在,而儒家经学的理学化过程,则在竖起思想里程碑中发挥了关键作用。

一、确立思想秩序:理学诞生前夜

我们都知道,十世纪六十年代前后,宋太祖赵匡胤和宋太宗赵匡义用近20年的时间,对北方的北汉,南方的南唐、吴越、南汉和西南方向的后蜀等,一一收复或讨平,除了北方的辽国和西北的夏国外,大体结束了五代十国的更迭局面和中唐以来的各自占山为王、互不臣服的割据状况。但面对异邦的存在,除了想方设法抵御异族的侵略之外,凸显自身国家的合法性轮廓,张扬自身文化的合理性意义,重建国家权威与秩序,对赵宋王朝来说就显得尤为重要。赵宋王朝除了通过礼制恢复和重建,确认权力的天赋正当性,恢复和确认政治、经济与文化的秩序以获得民众认同之外,关键还通过恢复与重建知识、思想与信仰世界的有效性,以教育和考试培养阶层化的知识集团,建立制度化的文化支持系统,重新确立其思想秩序。宋太祖本来并不是文化人,但"虽在军中,

手不释卷,闻人间有奇书,不吝千金购之"①,相当喜欢读书,曾密立一碑于太庙寝殿之夹室,谓之誓碑,上书"不得杀士大夫及上书言事人"②,直接影响了其优待文人的政策制定;宋太宗则有意扩大取士范围,从最初的每年30人增加到109人,而且"自是连放五榜,通取八百余一人","自唐以来未有也"。③重文士的取向,很快就造就了一个庞大的知识阶层,也造就了一种明显的知识风气。从太祖到真宗,经过大约60多年的时间,国家及权力的合法性得到了普遍的认同,偃武修文的政策,恢复了知识、思想与信仰世界,教育和考试培养了阶层化的知识集团,建立起制度化的文化支持系统,也开始了重新确立思想秩序的过程。

(一)重新确立知识、思想与信仰的意义

尽管国家逐渐确立了合法性,也得到了士人阶层的普遍认同,但并不代表着知识、思想与信仰世界的危机也已消除,因为要从根本上确立国家的权威和民族的信心,就必须依赖于人们对同一文明和共同伦理的认同。然而,由于当时思想同一性已经不复存在,旧的知识、思想与信仰已经失去其约束力,确认思想秩序的合理性,在内忧外患的刺激下而成了新的焦点,深藏于士人心底的更深的忧患意识开始浮出。邵雍曾用诗以表达,"几千百主出规制,数亿万年成楷模。治久便忧强跋扈,患深仍念恶驱除。"④,带来了那个时代知识风气的变化。所谓"方庆历、嘉祐,世之名士常患法之不变"⑤,其实所忧患的并不仅是"法",还有由忧患所引出的对知识、思想和信仰的重新思考。

首先,为了建立民族自信与自尊,必须重新确立中国知识、思想与信仰的意义,尤其是在普遍的价值混乱的情况下,显得尤为重要。在古代中国人的思维习惯里,中国不仅在空间位置上是"天下"的中心,而且更为重要的是中国在文明意义上是"天下"的中心。但是,在时代的现实中,尽管自己在说"天下六合一家""尽复汉唐故地",然而异族却始终强大,以至于赵宋王朝只能缩在小了的空间中,与辽、夏平等交往,传统文明在异族文明的冲击下,国家的文明中心位置始终难以凸显。宋初的思想界似乎总是在讨论政治上的"尊王攘夷",总是在讨论历史上的"正统"问题,但这种合理性的论战一旦从政治上延伸到文化上,就需要解决思想上的"尊王攘夷"和文明上的孰为

---

① 《续资治通鉴长编》卷七,乾德四年,第171页。
② 见陆游《避暑漫钞》《挥麈录后录》卷一,《要录》卷四,《宋史》卷三七九《曹勋传》。又见《清波杂志校注》,刘永翔校注本,中华书局,1994,第15—18页。
③ 叶梦得,《石林燕语》卷五,中华书局,1984,第72页。
④ 邵雍《安乐窝中一部书》,载《宋文鉴》卷二十五,第380页。
⑤ 《陈亮集》(增订本)卷十一《诠选资格》,中华书局,1987。

"正统"问题。所以,经史之学不仅要阐发《春秋尊王发微》①,而且还要申斥"(佛老)绝灭仁义,摒弃礼乐,以涂窒天下之耳目",呼吁捍卫儒家学说②;宋代史学"正统论"争论之兴盛,也正在于重构历史,着重重新筛选历史事实和小心诠释传统哲理,描述这个民族在历史上的一以贯之的轨迹,建立文化上、民族上的认同基础③。还有石介的《中国论》和《怪说》,则集中体现了重建文明中心的意图。其中异常严厉地区分"中国"和"四夷"的空间差异,"居天地之中者曰中国,居天地之偏者曰四夷",异常严厉地区分"中国"与"四夷"的文明差异,君臣、礼乐、冠婚、祭礼等等体现的是文明的中国,而被发文身、雕题交趾、被发皮衣、衣毛穴居的当然是夷狄。如果不仅在空间上杂处,文化上也发生混乱,那么"国不为中国矣"。因此,除了在空间上"四夷处四夷,中国处中国,各不相乱",重新清理知识、思想与信仰的边界也是十分重要的,而其中最迫切的是抵御最接近瓦解"中国之常道"的佛教,因为它"灭君臣之道,绝父子之情,弃道德,悖礼乐,裂五常,迁四民之常居,毁中国之衣冠,去祖宗而祀夷狄"④。因为,文化意义上的"中国"就等于"天下",虽然在空间的地域上不再是"天下",但一旦廓清异端邪说,重建儒家圣人之学,凭借文明的普遍性和超越性,"中国"依然可以维持自己的信心,固有的道德伦理仍然具有同一性和约束力。在理学诞生的前夜,知识阶层抵御"瓦解中国之常道"的佛教,采取的是"申斥"的态度,而在理学的发展中却是借用了佛教"义理"的概念,促进儒释道融合,而使儒家经学理学化,凸显了"中国"文化的包容和发展智慧(会在后文中论及)。在此需要突出的是,重建思想世界的意义是怎样被历史地提出的。

其次,重新建立思想世界,用思想去笼罩和指导包括政治、经济、文化在内的社会生活,使生活世界符合思想世界的原则。虽然赵宋王朝已经成功使士人认同当下的权力的合法性,但是更希望这个国家具有文化上的合理性,因此就常常对国家提出更理想主义的要求。宋太宗曾经对吕蒙正讲:"凡士未达,见当世之务戾于理者,则怏怏于心。"⑤就是说,那些没有进入实际操作系统的士人,始终对政治抱有相当的兴趣,而比较容易用高调的理想主义来要求政治的普遍合理性。如皇帝身边的邢昺在给皇帝讲经

---

① 孙复撰《春秋尊王发微》。
② 见孙复《儒辱》,参见《宋元学案》卷二《泰山学案》,世界书局,1936,第58—59页。
③ 参见欧阳修《原正统论》《明正统论》等,《居士外集》卷九,《欧阳修全集》,中国书店影印世界书局本,1992,第414—416页。
④ 《中国论》《怪说》,分别见于《徂徕石先生文集》卷十、卷五,中华书局,第116页,第60—62页。
⑤ 《宋史》卷二六五《吕蒙正传》,第9146页。

时,"据传疏敷引之外,多引时事为喻"①。这种高调的理想主义有它的历史依据,士人相信,中唐以来国家权威的失坠,是由于社会的道德沦丧、伦理崩坏,人们对国家合法性与秩序合理性的漠视。正是这种观念约束的松懈和自觉意识的消失,使历史出现了这样的危机。长达两个世纪的变动曾经给士人留下相当痛苦的回忆和相当深刻的印象,也刺激了重建国家与思想秩序的想法。中唐以来,韩愈一流知识阶层一直为之忧心忡忡的,就是这个国家权威的失坠和思想秩序的混乱。可是,他们又相信,要从根本上确立国家的权威和民族的信心,不仅要使人们认同国家的合法性,更主要应当依赖于人们对于国家的同一文明和共同伦理的认同,而认同的同一性基础,只能是超越个体生命、政治权力、地理地域的普遍性真理。孙复所谓"欲治其末者,必端其本",所谓"本"曾经被学者称为"道",后来被学者说成是"理",如邵雍所说"天下之物莫不有理"(《观物》),二程所说"天有是理,圣人循而行之,所谓道也"(《二程遗书》第二十一)都是这个意思。②正是在这种心情下,超越自然与社会的"道",或为政治国家、道德伦理、宇宙构架、自然知识提供同一性依据的"理",才会被提出来。正是这种超越现实的"理",重新清理了现实中所有的自然与社会知识,重构了一个新的知识、思想与信仰形态,在一个新的同一性基础上赋予其合理性。

再次,在重新建立知识、思想与信仰世界的批评力与有效性中,确立文化的意义和士人的位置,并经由迅速膨胀起来的士人阶层表达自己的意志。宋代大量选拔与任用士人,开放取士的途径,使京城拥挤着许多的士人。宋代官学的重建,特别是州县学校的兴建和官学的设置、对私学的鼓励,更使地方上也形成了一个庞大的士人集团。州县学官对于先贤的祭祀以及学官本人的知识倾向,影响着各地的学风与取向,他们在地方上的影响,使中央都市文明与风气向地方扩张与推进,但更重要的意义在于给地方士绅与新兴家族培养了相当多的知识阶层人士,并逐渐转移了中央与贵族对知识、思想与信仰的独占局面。③有时候,一些士人领袖在地方特别是家乡的影响,也在支持着某种类似于后来乡绅式的集团性势力。④这种势力在某些时候恰恰是对中央权力的一种制衡。在这种情况下,希望参与政治的士人,常常以思想的议论来表达自己对政治的看法,这种看法常常又成为士人领袖的行动。于是,"治统"与"道统"之间,也就是政治权力与

---

① 《宋史》卷四三一《儒林传》,第9146页。
② 参见《宋元学案》卷二《泰山学案》引其《春秋尊王发微》,第43页。
③ 参见郭宝林《北宋州县学官》,《文史》第三十二辑,中华书局,1990。
④ 参见《石林燕语》卷一,第8页。如,宋代士大夫家庙的设立,就大约是在嘉祐初开始的,文彦博(潞公)得到长安杜佑旧庙为证据,才"仿为之";以后,士绅渐渐成为地方上的势力中心与文化象征。

知识权力之间的权势重心之争，就逐渐凸显出来，并在十一世纪七八十年代形成了政治重心与文化重心的分离，也导致了理学的兴起。

在古代中国，知识阶层对于皇权的制约手段，常常是运用超越政治权力的文化知识。在早期，如董仲舒的时代，依靠的是"天"，士人通过对"天"降灾异的解释，来限制政治权力的滥用。超越于"王"之上的是"天"，天的灾异是对皇权的唯一控制，士人只能凭借着对各种自然现象的解释权，以超越权力的文化，反过来批判皇权，取得制衡。但是，"灾异说"与谶纬一道被士人贬斥后，仅仅依靠经典上的道理，是不能够改变专制权力的。比如，给皇帝讲经曾经是士大夫影响皇权的一个重要途径，宋代皇帝表面上相当尊重文士，实际上自仁宗以后，讲经的学者撤座改站，就已经象征着皇帝的权威应当优先于经典的权威。然而，知识阶层并没有其他的资源，他们只能相信文化与知识的力量，因此希望有一种拥有普遍适用性的"理"，这个"理"超越一切自然与社会存在的原则。士人独占着对"理"的诠释、理解和实践的能力，他们也希望以此得到批评的普遍权力，而批评的权力则体现着知识、思想与信仰的意义与价值，正如后来士人激烈表达的那样，"天下唯道理最大，故有以万乘之尊而屈于匹夫之一言，以四海之富而不得以私于其亲与故者"①。皇帝不能拥有对"理"的审判的豁免权，他们必须面对士人及其象征的文化，"为与士大夫治天下，非与百姓治天下也"②。

在宋代的思想史上，特别突出的是"天下"与"太平"、"道"与"理"、"心"与"性"等一些超越具体的君主、国家和个人的语词。"夫天下之理，其于见也，不亦广乎？天下之听，其于闻也，不亦远乎？天下之言，其于论也，不亦高乎？天下之谋，其于乐也，不亦大乎。"当士人在为"中国"焦虑的时候，他们提出的是"天下"，是适于"天下"的普遍真理，是"天下之定理，无所逃于天地之间"；当士人在为"富国强兵"忧心忡忡的时候，他们提出的目标是"天下朝夕太平"③，"太平"不仅是国家的富庶和强大，更是一种永恒的幸福和平的境界。在士人逐渐感到皇权支持下的实用策略在支配政治生活的时候，他们提出的却是这种看来并不能富国、强兵的"道理"；当社会生活尤其是日渐富裕的都市生活逐渐失去道德同一性基础的时候，他们提出的根本性拯救的办法却是"心"与"性"的自觉，"救人自致知至于知止，诚意至于平天下，洒扫应对至于穷理尽性"④。士人坚持这种高调的理想主义，并把叫作"道学"或"理

---

① 《中兴两朝圣政》卷四十七，乾道四年七月。
② 《续资治通鉴长编》卷二二一，熙宁四年三月，第5370页。
③ 《宋史》卷三〇六《谢泌传》引其真宗初上书中语，第10095页。
④ 《宋史》卷四二七《道学传一·程颢传》，第12717页。

学"的思路，看成是拯救"中国"的唯一的途径，也是重新清整国家政治生活的唯一途径。

这种理想主义思潮与思想提升运动，可以说是在接续中唐以来韩愈等人的思路的前提下，重新发掘历史资源，发现了韩愈以及新思路的存在。韩愈以及九世纪初的士人对于重建国家权威和思想秩序的愿望，来自对于当时民族、国家与社会状况的深深忧虑，也沿袭了古代中国"尊王攘夷"的思路。北宋最初的几十年中，这种已经几乎成为历史记忆的资源，被充满忧虑的士人再度发掘，反复凸显被韩愈虚构出来的从孔子、孟子到韩愈的真理系谱，逐渐"弄假成真"地叙述了一个新的思想历史。他们追随韩愈等人对《大学》《中庸》的诠释，改变了过去以《礼》为中心的政治学经典系统①，以《易》为中心，诠释宇宙的终极道理，以《中庸》《大学》为中心，探索尽性的途径，以《春秋》为中心，讨论政治的大义名分②，逐渐影响了人们对经典的阅读兴趣。他们同样继承了韩愈等人对"古文"的叙述，把这种庄重、典雅的文体与真理表达等同，渐渐使人们对这种文体的阅读产生真理的联想。特别是沿袭和放大了中唐以来关于人性的思路，把过去仅仅是道德要求和行动规范的伦理提升为至高无上、超越一切的本原③，并奠定了"理学"的基础。

必须明确的是，在相当长的时间内，上述的理想主义思潮与思想运动，始终处在政治的边缘，在大批士人仍拥挤在场屋科考的道路上，只有少数士人始终坚持着这种超越立场的时候，这种思潮与运动并不能成为显学。当不能得到权力的支持而不能成为政治意识形态，而只是一些充满忧患的士人的思想表述的时候，它只能是知识阶层的批评方式。在知识的选择、生产、传播、评价中，政治权力与思想权力之间始终存在着博弈。正如张载所言："朝廷以道学、政术为二事，此正自古可忧者。"④在士人看来，"政术"理应吻合或遵从"道学"的那些普遍原则，作为天下父母的君与相，不仅应当对子民拥有父母的权力，而且更应当有父母的爱心，不仅要有"治术"，而且更要有"治德"，否则其"政术"就只能是"术"而不能是"道"，国家虽然拥有合法性，却没有合理性。面对政治权力的士人对思想权力的诉求，知识阶层争夺思想权力所拥有的唯一武器，即高调的理想主义以及他们诉求权力与争取认同的途径，即把"理"凸显到至高

---

① 直到宋初，《礼》学依然是学问的中心，参考饶宗颐《宋学的渊源——后周复古与宋初学术》，北京大学"汤用彤学术讲座"论文，打印稿，1998年。
② 参见武内义雄《宋学的由来及其特殊性》，载《东洋思潮》，岩波书店，1934年。
③ 李泽厚曾经说道，理学的"基本特征是，将伦理提高为本体，以重建人的哲学"，"把它（伦理主体）提到'人与天道参'的超越道德的本体地位"。《中国古代思想史论》，人民出版社，1985。
④ 《宋子全书》卷十三《答范巽之书》，四部备要本，第123页。

无上的笼罩一切的地位。

（二）文化与政治重心的分离所形成对知识、思想与信仰世界的影响

十一世纪六十年代末到七十年代，在中国历史上出现了前所未有的政治中心与文化中心的分隔，形成了文化重心与政治重心的分离，对知识、思想与信仰世界产生了非凡的影响，为理学的诞生奠定了重要基础。在这一历史时期内，政治中心的首都汴梁，一批持实用策略的官僚，在皇帝的支持下，正紧锣密鼓地推行实用的、速见成效的新政；文化中心的洛阳，聚集着一批有相当影响却暂时没有权力的高级士大夫，坚守着一种高调的文化保守立场，他们中除了有前任首辅富弼（1018—1089年）、枢密使文彦博（1006—1097年）、御史中丞吕公著（1018—1089年）等人外，还有拥有很多崇拜者的司马光（1019—1086年）、欧阳修（1007—1072年）、周敦颐（1017—1073年）、邵雍（1011—1077年）、程颢（1032—1085年）、程颐（1033—1107年）、范仲淹（989—1052年）等，真乃"洛实别都，乃士人之区薮"①。富弼、司马光、吕公著等"雅敬（邵）雍，恒相从游，为市院宅"②，对程颢、程颐也相当推重，不仅自己在学问上与他们讨教商榷，还常常介绍年轻学辈到程颢、程颐处求教③，于是洛阳逐渐形成了当时的学术和文化重心。十年中，就在离京城不远的洛阳，形成了一个以道德伦理为标榜，以思想与学术为号召的知识集团，表达着当时知识、思想与信仰世界的另一种声音。

第一，"道统"与"政统"的分离。

熟悉宋史的都知道，北宋真正的深刻变化是从庆历四年（1044年）开始的。宋朝建立之后，经历了80多年的时间，政权已经巩固，社会渐渐安定，民众开始富裕，但潜藏的隐患也开始暴露，除了众多的效率极低的官员、庞大而慵懒无能的军队、西北时时出现的边患等大宋头疼的问题外，承平日久的普遍腐化也渐渐浮现出来，经济状况更是日益令人不能不忧心忡忡。"咸平景德以后，粉饰太平，服用寝侈，不惟士大夫家崇尚不已，市井闾里以华靡相胜，议者病之。""咸平距祥符十数年间，世变已如此，况承平日久，侈费已甚，沿袭至于宣、政之间乎？"④面对这种情况，上层弥漫着一种要求变革的心情，这种心情引起了士大夫的心理紧张。这种紧张始终存在，并成为普遍的社会思潮。变革是士大夫的共识，无论范仲淹、富弼、欧阳修等人在朝或不在朝、得势或

---

① 《二程集》，中华书局，1981，第332页。
② 《宋史》卷四二七《道学一·邵雍传》，第12727页。
③ 《二程集》，中华书局，1981，第439页。
④ 《燕翼诒谋录》卷二，中华书局，1981，第17、14页。

不得势，从庆历以来，这种变革思潮始终存在于士大夫中，并主导着社会舆论，最终导致了熙宁年间宋神宗与王安石的激烈变法。问题在于，从庆历新政到熙宁变法，看上去只不过是这种思潮的自然延伸，然而士大夫的取向和策略却在熙宁年间发生了戏剧性变化。虽然有如王安石一批士大夫沿袭着庆历以来的思路，倾向于采取激烈的实用策略，在皇帝支持下进行变革，但相当多的士大夫却仿佛并不赞成这种方式，似乎更趋向于采取一种温和的文化保守主义和高调的道德理想主义立场，试图通过文化传统的重建，借助道德理性的力量，确立知识与思想以及它的承担者在秩序中的规训意义，并进而以温和、渐进的方式清理并建设一个理想的社会秩序。熙宁元丰年间（1068—1085年），庆历革新（1043—1045年）时曾经是保守一方的吕夷简的儿子吕公著，原与王安石关系很好，却也反对王安石变法①，吕夷简的另一个儿子吕公弼也"数言宜务安静"②，就连曾经是改革有力支持者的张方平、富弼、韩琦，后来也普遍转向保守③。同样，欧阳修于嘉祐二年（1057年）拔擢和推荐入政坛的程颢、朱光庭、张载、吕大钧、苏轼、苏辙也都与同样是欧阳修提拔的王安石分道扬镳，欧阳修也因与王安石政见不合而于熙宁三年（1070年）被迫退出政坛。富弼反对滥用猛药的"譬犹人大病方愈，须用粥食汤药补理"④；文彦博反对矫枉过正的"朝廷行事……以静重为先，陛下励精求治，而人心未安，盖更张之过也"⑤；司马光反对另起炉灶的"治天下譬如居室，蔽则修之，非大坏不更造也"⑥。很多研究者可能关注的是"有为"与"无为"、改革派与保守派、激进策略与改良策略之间的冲突，但背后更深的背景应当是"道统"与"政统"的分离。

前面曾经谈到，张载在《答范巽之书》中耐人寻味的话："朝廷以道学、政术为二事，此正自古之可忧者"。这里所谓的"道学"与"政术"，其承负者就是古代的"师"和"吏"，究竟是"以师为吏"，采取史书中所谓"循吏"的策略建立"王道"秩序，还是"以吏为师"，采取史书中所谓"酷吏"的策略建立"霸道"秩序，其实从汉代以来就一直是一个相当棘手的问题。虽然说"普遍皇权"在实际操作层面上都是"王霸道杂之"，但实际政治运作中的任何一种偏向，都会影响文化话语权力与政治话

---

① 见《司马光日记》附《手录》卷一（李裕民校注本），中国社会科学出版社，1994，第94页。
② 《宋史》卷三一一《吕公弼传》，第10214页。
③ 《宋史》卷三一八《张方平传》第10355页记载，仁宗时代张氏上书要求变革，一是改变任官制度，二是改变"国用既窭，则政出多门"，三是防止兼并，四是清理经济法规。
④ 见龚鼎臣《东原录》，转引《欧阳修资料汇编》第27页，《续资治通鉴长编》卷二一四，熙宁三年，第5218页。
⑤ 《宋史》卷三一三《文彦博传》，第10261页。
⑥ 《宋史》卷三三六《司马光传》，第10764页。

语权力的重心倾斜。在熙宁元丰年间的中国政治世界中，显然是依靠着皇权的激进主义改革者占据了上风，就产生了以下结果：首先是皇帝以及政府权力加重，凸显了政治世界的重心；其次是使传统中一直作为制度性资源的"礼学"、作为仕进策略的"文章之学"和作为行政官员的"吏治之学"，占据了知识思想的重心。这种重心的倾斜，迫使士大夫必须转入"吏"的角色而放弃"师"的尊严，掌握政治资源的皇帝、政府以及官员在控制一切，而掌握知识资源的士大夫阶层则渐渐失去了它的位置。因为士大夫常常是以知识为"师"来表达自己的意愿的，常常是通过对文化的占有权来制约皇权并凸显自己的存在的，常常是以超越和理想的思想来暗示自己的姿态的，因此他们始终要大声疾呼"尊师重道"①。然而，从政治权力的立场来看，他们更希望士大夫充当"吏"的角色，让文化与知识充当解释政治合理性的资源。宋神宗就对士大夫不习法令感到恼火，希望科举考试中加上法令的内容，期望"师"成为"吏"。而司马光就激烈反对，觉得这样一来，是使象征道德的"师"成为执行法律的"吏"，认为如果士人"但日诵徒流徽斩之书，习锻炼文致之事，为士已成刻薄，从政岂有循良"②。实际上，当"道学"与"政术"分为两歧时，"道学"背后所隐含的文化力量已经不能够影响政治操作，而"政术"对于秩序的清理，在他们看来也就失去了文化的支持，意味着"政术"也同时失去了合理性。

这样一批以道德理想相标榜的士大夫拥有相当多的支持者。他们聚集在洛阳的时候，拥有"道学"，却远离了"政术"。如果他们仅仅是一个心怀不满的知识集团，仅仅是一批满腹牢骚和议论的赋闲官僚，倒也无所谓，偏偏他们又正把持着相当大的社会资源，并拥有相当多的支持者。其原因如下：一是，由于印刷术的普遍使用，文化传播日益迅速，书院与州县学的设立与合流③，使知识传播渐渐及于民众④，士大夫们通过对经典的解释、道德的确认和政治的评论，尤其是通过私人的讲学、收徒以及普遍的交游，越来越得到社会的尊重和拥戴，并大约在庆历（1041—1048年）以后，逐渐形成一个庞大的以道德、知识与思想互相认同的阶层。二是，这个阶层恰恰处在相对较为自由

---

① 比如程颢《请修学校尊师儒取士劄（zhá）子》（上奏和启事的文书）中说："去圣久远，师道不力……一道德以同俗，苟师学不正，则道德何从而……"，见《河南程氏文集》卷一，《二程集》，第448页。
② 《文献通考》卷三十一《选举四》，商务印书馆，万有文库本，第295页。
③ 参看洪迈《容斋三笔》卷五《州郡书院》条，《容斋随笔》，上海古籍出版社，1993，第477页。另参见赵铁寒《宋代的州学》，郭宝林《北宋州县学官》，袁征《北宋的教育与政治》，分别刊登于《宋史研究》第二辑，台北，1964年，1983年；又见《宋辽金史论丛》第二辑，中华书局，1991年。
④ 宋代知识普及状况的研究，见张邦炜《宋代文化的相对普及》，载《国际宋代文化研讨会论文集》，四川大学出版社，1991年。

与宽松的言论环境中,北宋的讲学、讨论、书信来往以及撰写著述,常常以北宋的政治与社会为背景,宋真宗时皇帝曾经希望通过"异论相搅"来抵消士大夫的力量,增强政治的控制①,但这种策略却无意激活了自由议论的风气②,也出现了如太学中的何群"嗜古学,喜激扬论议",因意见不能得到官方认同,而愤然焚掉自己的文章③,还出现了如开封府的范铖等考进士时在试卷中"直诋时病,无所回忌",即使被排在下等也无所谓④,造成了程颢所说的"人持私见,家为异说,支离经训,无复统一"的局面⑤。这一局面却无意中导致政治意识形态的松动,形成了一种言论空间,也支持了文化重心与政治重心的分离。三是,当北宋士大夫在各地重新建构新的家族社会时,在国家管理与私人生活之间,就多了后来被称为"乡绅"的一层。他们通过知识的学习,由仕进进入政府获得权力,成为家族的领袖,权力和财富相互实现。这使他们成为自汉魏士族以来又一个介于皇权与个人之间的阶层。引人瞩目的族塾义学的兴盛、家族祠堂的设立、家族义田的出现,以及各种家训、家规、族规的制定,表明士绅阶层已经不容忽视⑥。士绅阶层并不愿意政府权力膨胀到直接干预私人生活的地步,也不愿意任何结构性的变化影响他们控制的社会资源,因此对于激烈的改革策略并不赞成。所以,从某种意义上说,他们都是洛阳那一批象征着边缘立场和理想主义的士大夫领袖与思想导师的社会资源,而拥有这种社会资源的洛阳士大夫,又是在以知识和思想与国家分庭抗礼,以文化权力抵消着政治权力,试图取得文化重心与政治中心的平衡。

第二,探索建立能够通释社会、自然与人类的"真理"。

我们知道,在中国古代传统上,士大夫阶层对无边皇权的制约,常常是通过知识与思想的阐释来进行的,自汉晋以后其习惯的方式是董仲舒以来流行的通过天地间的祥瑞灾异的解释,于警示皇帝的过程中迂回地表达知识阶层的想法,因为唯有"天地"才有超越"皇权"宣示真理的至高无上的权威。宋代也有士大夫屡次使用这种方法,如孙复《春秋尊王发微》中就常常有"凡日蚀,人君皆当戒惧修德,以消其咎"之类的议论;吕公著在熙宁初曾经借着"夏秋淫雨,京师地震",向皇帝进言,试图改变君主"偏听

---

① 《资治通鉴长编》卷二一三,曾公亮引宋真宗语,第5168页。
② 《宋史》卷一七三《食货志序》中以经济为例,说到儒者"议论多于事功"时说:"宋臣于一事之行,初议不审,行之未几,即区区然较其得失,寻议废格,后之所议未有愈于前。其后数人者复訾之如前"第4156页。
③ 陈直锷《北宋文化史述论》,中国社会科学出版社,1992,第55—56页。
④ 《司马光日记》,第46页。
⑤ 《河南程氏文集》卷一《请修学校尊师儒取士札子》,《二程集》,第448页。
⑥ 王善军,《宋代族塾义学的兴盛及其社会作用》,《中国史研究》1999年第3期,第103—110页。

独任之弊"①;程颢在《代吕公著应诏上神宗皇帝书》中说:"慧之为变多矣,鲜有无其应者,盖上天之意,非徒然也,今陛下既有警畏之心,当思消弭之道"②;司马光也在这时用相当激动的话语给皇帝上疏说:"陛下即位以来,灾异甚众,日有黑子,江淮之水,或溢或涸,去夏霖雨,涉秋不止",让皇帝看一看"老弱流离,捐瘠道路,妻儿之价,贱于犬豕,许颍之间,亲戚相食"的状况,希望皇帝能够"侧身恐惧,思其所以致此之咎"③;富弼则是感叹道:"人君所畏惟天,若不畏天,何事不可为者?此必奸人欲进邪说,以摇上心,使辅拂谏争之臣无所施其力,是治乱之机,不可以不速救"④;直到熙宁十年(1077年),张方平还在用"日食、星变、地震、山崩、水旱、疫疠,连年不解,民死将半"来说明"天心之所向背可以见矣"⑤。尽管如此,皇帝还是"断然不顾,兴事不已",在相信"天变不足畏"的时代,士大夫关于天地祥瑞灾异的解释,已经不能够制约无边的皇权。

在"天变不足畏"的情况下,士大夫阶层就需要建构一种超越万物万象万事之上,又包括皇权在内的一切终极依据,可以笼罩并通释社会、自然和人类的"真理"。于士大夫们看来,无论时代如何变化,"士"仍应是"师","道统"仍在"治统"之上,只有确立真理解释者的至高无上的位置,才能真正拥有思想的权力。他们自觉意识到,所拥有的资源有二,之一是占有"真理",之二是背后站立着的掌握了知识与思想资源的士大夫阶层。首先,仅仅有"真理"已经使他们足够倨傲,用一个关于程颢的故事来说明这种心态,"正叔以师道自居,侍上进,色甚庄,以讽谏,上畏之",人问他为何如此,他以为"吾以布衣为上师傅,其敢不自重?"⑥其次,皇帝必须与大多数士大夫共治天下,或者说必须通过士大夫治理天下百姓,神宗时司马光不仅给王安石写信说:"士大夫在朝廷及自四方来者,莫不非议介甫,如出一口"⑦,而且曾经"上疏论修心之要三:曰仁、曰明、曰武;治国之要三:曰官人、曰信赏、曰必罚"⑧。为了使皇帝服从,便以士大夫多数的名义警示神宗,说变法唯有王安石、韩绛和吕惠卿"以为是也,天下皆以为非也",那么"陛下岂独与此三人共为天下耶?"由于皇帝不能独占

---

① 《宋史》卷三三六《吕公著传》,第10773页。
② 见《河南程氏文集》卷五,《二程集》,第530页。
③ 《上皇帝书》,《温国司马文正公集》卷三十四,四部丛刊本,第1页。
④ 《宋史》卷三一三《富弼传》,第10255页。
⑤ 《续资治通鉴长编》卷二八六,第7008页。
⑥ 《河南程氏外书》卷十二,引自《邵氏闻见录》说,见《二程集》,第423页。
⑦ 《温国司马文正公文集》卷六十《与王介甫书》,四部丛刊本,第4页。
⑧ 《宋史》卷三三六《司马光传》,第10762页,10765页。又见《司马光日记》附《手录》卷一,第96页。

"真理"，必须面对士大夫及其象征的文化，文彦博所谓皇帝"为与士大夫治天下，非与百姓治天下也"①这句话，说明了只有皇帝必须与大多数士大夫共治天下，大多数士大夫的意志才会有制约皇权的意义。

熙宁元丰之间，在洛阳城这个士大夫聚集的中心，表面上是他们"相逢各白首，共坐多清谈"②，只是一批没有职权的士大夫在过着优哉游哉的生活，正如邵雍在《安乐窝中好打乖吟》中所说的"老年多病不服药，少日壮心都未灰"半是潇洒半是无奈的心情，引出了富弼、王拱辰、司马光、程颢、吕希哲等人的唱和，但诗里却隐含着待价而沽、跃跃欲试的意思。程颢在和诗中就指出，"打乖非是要安身，道大方能混世尘"③；吕希哲的和诗中指出，"先生不是闲关人，高趣逍遥混世尘"④；也如邵雍在《安乐窝里一部书》诗中写到的"日月星辰高照耀，皇王帝伯大铺舒"，一代大儒，又怎么会混世尘呢？只不过是，在没有实际权力和演练场的状况下，只能暂时把精力转移到经典诠释、历史著述和思想建设中。宋代的知识阶层，正是由于占有了相当的社会资源，有了国家与个人之间的存在空间，有了政治重心与文化重心的分离，有了以对知识与思想的拥有，才赢得了生活来源、居住空间、社会声望以及文化认同的道路选择。在洛阳聚集的这批士大夫，由于他们过去都在来自权力中心，关心的必然都是民族和国家的根本性问题，并且拥有相当庞大的社会和文化资源，于是，重建知识与思想的权威，确立士大夫的角色，即于皇权日益膨胀与知识权力萎缩的紧张中，重新去实现失去了的制约皇权的士大夫理想。

洛阳渐渐成为士大夫聚会和议论的中心，其聚会与议论的话题是明确和集中的。一是"尊王攘夷"，重建国家权威与社会秩序。如孙复的《春秋尊王发微》，石介的《中国论》，欧阳修的《本论》，都是围绕着凸显国家权威、汉族文明与儒家观念，以对抗异域的军事与文明的双重威胁；比如在历史学中关于正统的讨论，欧阳修的《五代史论》《正统论》对"正统"的确认，呼吁着民族认同与文化认同。二是"明理辨性"，通过对道德伦理价值优先的凸显，从心性本原一直推衍到宇宙终极道理，建构一个确立秩序的认识基础，以重建知识系统与思想秩序。如胡瑗"以道德仁义教东南诸生""以明体达用之学授诸生"⑤；孙复凸显"道者，教之本"，并提倡"探索圣贤

---

① 《续资治通鉴长编》卷二二一，熙宁四年三月，第5370页。
② 邵雍《闲吟四首》之三，见《伊川击壤集》卷一，《道藏》太玄部，贱一，第23册，第490页。
③ 《和邵尧夫打乖吟二首之一》，《二程集》，第481页。
④ 冒怀辛，《邵雍的人生观与历史哲学》，《中国哲学》第十二辑，人民出版社，1984。
⑤ 《宋元学案》卷一《安定学案》，参看葛荣晋《胡瑗及其安定学派的"明体达用之学"》，《中国哲学》第十六辑，岳麓书社，1993。

之阃奥者",而斥责"致力于声病对偶之间"①;陈襄更是提出了"好学以尽其心,诚心以尽物,推物以明理,明理以尽性,和性以尽神"的思路②;而弟子私谥为"存道先生"的贾公疎"以著书扶道为己任,著《山东野录》七篇,颇类《孟子》"③。这一关注焦点落实在历史与社会评论上,就出现了极其严厉的道德诉求,像欧阳修作为历史学家在《新五代史》中的严厉道德评价和作为谏官在朝廷上对官员的严厉的道德要求,就在道德心性与实际生活上为世人提出了一个绝对的理想的原则④。从宋仁宗时代起,这种思想重建的风气,与政治改革的思潮互为表里,始终就没有停止过,到宋神宗时代已经建构成了士大夫普遍的心性。

上述两个焦点问题,实际上就是重建国家权威和思想秩序,早在中唐时期,韩愈等士大夫中就已经出现过对国家权威与思想秩序的紧张与焦虑。韩愈以及九世纪初的士人对于重建国家权威和思想秩序的愿望,来自于对当时民族、国家与社会状况的深深忧虑,也沿袭了古代中国"尊王攘夷"的思路。他们在原有的传统中发掘着历史记忆,在历史记忆中凸显着以历史时间、地理空间、民族群体为基础的认同感,在原来的典籍和如《孟子》《中庸》《大学》等文本中获取新的思想资源,而在这些资源的支持下,他们试图建构一个可以与种种异端对抗的知识与思想体系。九世纪初,他们在夸张地虚构的一个所谓"道统"中,重新叙述历史,以支持他们新思想的合法性与合理性,并赢回知识、思想和信仰世界的主导地位。其中,被重新叙述了的"道统"说,使重建知识与思想系谱成为可能;被再次诠释的"性情"说,使改变传统思想学说的终极依据也寻觅到了新的基石;被反复凸显的新典籍,也将给以后的思想转向提供新的权威的经典文本;而被赋予了超出文学意义的语言"古文",则仿佛成了旧知识与新思想的庄严象征,象征着"道"的所在。这一切都支持着古代中国知识、思想与信仰传统的存在,并支撑着权威的合法性和秩序的合理性,也隐隐约约地暗示着一种有强烈的普遍性绝对性追求的思想倾向⑤。

唐代士人关于"道统""性情""古文"的叙述,正好成了宋代士大夫思考的起

---

① 《宋元学案》卷二《泰山学案》引其《与张洞书》《与范元章书》,第58页。
② 《宋元学案》卷五《古灵四先生案》引《送章衡序》,第130页。
③ 《渑水燕谈录》,中华书局,1981,第7页。
④ 《默记》卷下,中华书局,1981,第39页,记载庆历年间,欧阳修为谏官,朝廷中有韩、富、范诸公,"将大有为",而欧阳修用相当严格的道德伦理标准,对杜曾、王举正、凌景阳、夏有章、魏庭坚等人提出弹劾,"如此之类极多,大忤权贵"。
⑤ 参阅葛兆光《中国思想史》第二卷第一编第五节,《重建国家权威与思想秩序:八至九世纪之间思想史的再认识》,复旦大学出版社,2004,第111—140页。

点。孙复、石介、穆修、柳开、欧阳修等对韩愈及其所谓的"道统""古文"的推崇与鼓吹,渐渐把韩愈关于历史与传统的想象变成了一种历史资源,支持着北宋士人对于知识、思想与信仰世界的重建。不过,我们必须看到北宋的变化,即当政府与国家权力逐渐占据了合法性与合理性,皇权已经逐渐巩固甚至强大时,"尊王攘夷"的紧张,就渐渐从士大夫全体的关注焦点变成了政府官员的政治行为。当它只是没有权力的士大夫思考的遥远背景而不是行为的直接动因时,士人只能把思考的焦点从"国家权威"转向"思想秩序"。正如胡瑗的学生徐积借解《易》说过的一段话:"艮言'思不出其位',正以戒在位者也,若夫学者,则无所不思,无所不言,以其无责,可以行其志也,若云思不出其位,是自弃于浅陋之学也。"①在位与不在位的差别是很大的,只拥有知识权力而没有政治权力的士大夫,也只能通过"道统"来制约"政统",借助历史文化来批评政治权力,运用思想的力量来赢得士大夫阶层的广泛认同,在皇权强大的时代发出自己的声音。

在一种没有权力也没有责任,却对当时政治极其不满的状态下,士大夫很容易被激发出一种高调的道德理想主义思路。高调的道德理想主义者,要求人们对自己的心理与行为有自觉的认识和反思,力图通过这种本来只是历史建构起来的伦理规范的自觉与伦理观念的重视,在普遍认同的基础上,不通过国家强制性的约束,便确立一种符合理想的社会秩序。正如李泽厚先生所说,他们凸显伦理的意义,把伦理提升为本原,把本来仅仅是社会规范的伦理提到与"天地参"的超道德的地位。一方面,他们在重建宇宙观念的同时,特别凸显的是"道"或"理",把它提升到超越社会、自然与人类的位置,使本来仅仅对"人"的伦理原则得到宇宙的支持,也使过去关于宇宙天地的时空原则与社会伦理共享一个终极依据。周敦颐《太极图说》所谓"立天之道""立地之道"和"立人之道"上有一个笼罩一切的"太极",就是试图打通三界,并使人伦与天经、地义等同;邵雍所谓"天下之物莫不有理",便是把"理"普遍化或普世化为终极原则;张载所谓"理"在"天地"之上,称"天地之道,可以一言而尽也,凡是道,皆能尽天地,但不能得其理"②;程颢所谓"有道有理,天人一也,更不分别"③:都是凸显一个非现实性、非时间性、非空间性的"理",并用它来贯穿一切,仿佛是孔子所谓"吾道一以贯之"的那个"一"。另一方面,他们又把这个超越的"理"作为宇宙自然结果的理解的原则、政治运作的根本规范和道德伦理的人性本原,回到实际的自然和生活世

---

① 《宋元学案》卷一《安定学案》,第24页。
② 《张子语录上》,《张载集》,第312页。
③ 《河南程氏遗书》卷二上,《二程集》,第20页。

界中,邵雍所谓"天使我有之谓命,命之在我之谓性,性之在物之谓理"①,二程所谓"性即是理,理则自尧、舜至于涂人,一也"②,就是要求人们把握"一"这个终极原则,通过穷理、尽性、达命,追问宇宙、社会与人类的终极真理。

第三,于两个挑战中,推寻更超越的实在,为理学形成奠定基础。

在迅速和激烈的变革中,这些拥有传统的知识与思想资源的士大夫,深切地忧虑着传统的失落,并不是因为这些传统的价值与理想对社会秩序切实有效的规范与整顿,而是因为这些价值与理想能够确立士大夫的立场与价值,能够提供一个彼此认同的文化基础,能够使士大夫对于国家与权力始终拥有批评的位置。因为,这时的士大夫确实面临着两方面的挑战。一是来自政治权力为中心的取向所暗示的实用思潮,这种实用思潮把士大夫阶层存在的根本意义,即对文化与价值的守护逐渐瓦解;二是来自异端邪说,各种异端邪说的兴起使人们难以选择自己精神的立场,从而使历史与传统失坠,剥夺了士大夫通过儒家经典解释而确立的思想权力。孙复曾在《儒辱》一文中,用激动的语气向士大夫质问,现在不仅杨、墨、申、韩使思想秩序发生混乱,而且"佛老之徒,横于中国,彼以死生祸福虚无报应之事,千万其端,惑我生民,绝灭仁义,屏弃礼乐,以涂室天下之耳目……凡今之人,与人争谳(审判定案),小有所不胜,尚以为耻,矧(shen何况,况且)夫夷狄诸子之法,乱我圣人之教!"③程颢也曾发出"道不明,异端害之也"④的激烈言论。

正是在这种近乎亢奋而紧张的心情中,士大夫需要把他们的思路推到极端,并将它放置于至高无上的位置。因此,首先需要在普遍混乱的思想状况下,重建一个可以笼罩和解释所有问题的终极观念。我们都知道,解释一切自然、社会与人的根本依据,在古代中国曾经是天地、阴阳、五行、八卦九宫以及空间与时间的象征系统。这种宇宙象征系统曾经是赋予一切合法性与合理性的来源。可是,当宋代士大夫重新收拾这个曾经奠基了一切道理的宇宙论时,发现这种本身需要借助于天象、地理等等知识支持才能被理解的理论,也需要一个不言而喻的预设或依据。正如邵雍所质疑的,"天以'理'尽,而不可以以'形'尽,浑天之术以'形'尽天,可乎"⑤。仅仅用具体的知识无法支持它的合理性,也无法给它一个总体的解释,只有重建一个超越的根本的道理,才能对这

---

① 《皇极经世》卷十二下《观物外篇》,《道藏》太玄部,贵四,第23册,文物出版社、上海书店、天津古籍出版社影印本,1988,第435页。
② 《河南程氏遗书》卷十八,《二程集》,第204页。
③ 《宋元学案》卷二《泰山学案》,第58—59页。
④ 《宋史》卷四二七《道学一·程颢传》,第12717页。
⑤ 《皇极经世》卷十二上《观物外篇》,《道藏》太玄部,贵三,第23册,第443页。

些复杂纷繁的现象以化约的整体的理解。于是，推寻天地万物背后的更超越的实在，就成了重建知识、思想与信仰世界的前提。

在对经典文本不断追问中寻求根本的解释，正是当时士大夫中普遍的思想时尚。在对一种知识和思想的追求，成为学者安身立命处之后，他们总是要求对这种知识有一个终极的和总体的解释，而这种终极的、整体的解释，常常又化约为少数抽象的大道理。这种思想时尚是他们通过研究经典而形成的，据《宋史·周尧卿传》记载，周尧卿"为学不专于传注，问辩思索，以通为期……其学诗，以孔子所谓'诗三百，一言以蔽之，曰：思无邪'，孟子所谓'说诗者以意逆志，是为得之'，考经指归，而见毛、郑之得失……读庄周孟子之书，曰'周善言理，未至于穷理，穷理，则好恶不缪于圣人，孟轲是已。孟善言性，未至于尽己之性，能尽己之性，则能尽物之性，而可与天地参，其惟圣人乎！天何言哉？性与天道，子贡所以不可得而闻也……'"①又据《宋史》的记载，邵雍曾经住苏门山百源之上，一日精通《易》理的李之才去拜访，说："好学笃志果何似？"雍曰："简策之外，未有迹也。"李之才说："君非迹简策者，其如物理之学何？"过了几天，又对邵雍说："物理之学学矣，不有性命之学乎？"②于是，邵雍便向李之才学习《易》理，所以程颐说："邵尧夫数法出于李挺之，至尧夫推数方及理。"③这里所谓的"物理之学"，是指传统经典之学中《周易》可以探究的象与数，而这里的"性命之学"则是指这些有形的象数背后所拥有的、需要体验和想象的超越的道理，也就是邵雍在《观物外篇》中所反复拈出的所谓"太极""道""一"与"性"。这几个象征终极意义的词语，本质同一，只是在不同的呈现时的异称。如他说，"道生天地万物而不自现，天地万物亦取法乎道""道为太极""太极，一也，不动，生二""太极不动，性也"。曾经当过二程的先生的周敦颐，也趋向这种学风，对于传统中毋庸置疑地拥有合理性，多被技术化为一种实用知识的五行理论，也给予了奠基于性理之说上的重新解释。他的《太极图说》在"太极"之上安置了一个虚位"无极"④，这只是表示一种穷极寻源的追问意欲。而他们用来象征本原的"太极"，据他们自己的解释，是一种绝对的"一"。《通书》里说，"是万为一，一实万分，

---

① 《宋史》卷四三二《周尧卿传》，第12847页。
② 《宋史》卷四三一《儒林李之才传》第12824页。又见赵与时《宾退录》卷二，上海古籍出版社，1983，第15—16页。
③ 《河南程氏遗书》卷十八，《二程集》，第197页。
④ 关于《太极图说》的来源，最近的研究认为并非出于道教，而是周敦颐根据《周易》特别是《系辞》及其《正义》而创造的。参阅李申《太极图渊源辨》，《周易研究》1991年第1期；《话说太极图——〈易图明辨〉补》，知识出版社，1992。

万一各正，小大有定"①，这个似乎可以对自然天地社会人类纲举目张的"一"，在他的解释中不仅是宇宙未剖时的混沌状态，而且是人心未动时的绝对寂静。"圣人定之以中正仁义而主静，立人极焉"，人若要体验这种本原，就需要回归这种"寂然不动，诚也"的心灵境界②，因而"自宋儒周敦颐《太极图说》行世，儒者之言五行，原于理而究于诚"③。关中的张载，也同样将"理"置于"天地"之上，把"理"看成是体验和理解"天地之道"的关键，斥责传统关于天地的知识与技术只是虚妄。他称："天地之道，可以一言而尽也，凡言道，皆能尽天地，但不能得其理；至如可欲皆可以至圣神，但不能尝得圣神滋味，天地之道，以术知者却是妄。"《张子语录·语录中》指出，这"道理"却是可以由人心知的，"知之为甚大，若如，则以下来都了。只为知包着心性识，知者一如心性之关辖（豁）然也……知及仁守，只是心到处便谓之知，守者守其所知"。他更指出，确立一个"理"在，是他们与佛道不同之处。张载称"万物皆有理，若不知穷理，如梦过一生"，他称佛教不穷理，"皆以为见病所致"，庄子虽然明理，但是"反至穷极亦以为梦"④。至于程颐的说法，则尤其干脆，有人问"天道如何？"程颐回答："只是理，理便是天道也。"⑤

"事体极时观道妙，人情尽处看天机。"⑥尽管宋儒对于天地阴阳四时五行等等传统的宇宙架构并没有真正放弃，他们仍旧是在思想的传统轨迹上运行，《皇极经世》《太极图》《太玄经集注》等基于传统宇宙论的著作仍然在他们笔下不断出现⑦，但是，他们已经开始了另一种观察宇宙万物的方式。邵雍说道，"道为天地之本，天地为万物之本，以天地观万物，则万物为万物，以道观天地，则天地亦为万物。"⑧也就是说，当人们具体地观照万物时，万物是纷繁复杂的个别相，牛是牛，树是树，只有上升到宇宙天地的高度才可以总体把握它们，给予它们以一个整体的解释。而对于需要更超越的理解与解释宇宙天地的人来说，宇宙天地也像万物一样是纷繁复杂的，日月星辰山

---

① 《通书·理性命第二十二》，《周子通书》四部备要，第3页。
② 参阅《通书·诚几德第三》与《通书·圣第四》，《周子通书》第1页。
③ 《宋史》卷六十一《五行一》，第1317页。
④ 见《张子语录上》，《张载集》，第312、316页；《张子语录中》，《张载集》，第321页。
⑤ 《河南程氏遗书》卷二十二上，《二程集》，第290页。
⑥ 邵雍《首尾吟》之二，《伊川击壤集》，《道藏》太玄部，礼十，第23册，第578页。
⑦ 《皇极经世》主体部分是一种政治历法，是用数术之利分析历史时间；《太极图》是对宇宙生成与结构的分析；《太玄经集注》是司马光对杨雄仿效《易》的数术作品《太玄》的注释。这种对经典的注释在古代中国常常是思想连续的常见形式，保守的与更新的内容总是可以被纳入这种形式中，不过在司马光的注释中，似乎还是比较偏向于数理解释天地的传统观点。这不是他一个人的偏见，邵雍也多次赞扬杨雄"作太玄，可谓得天地之心矣"，"知历法，又知历理"。
⑧ 《皇极经世》卷十一上《观物第四十三》，第446页。

河大地，只有在"道"的终极处，才能以简驭繁地给它以真正的理解与解释，而这个"道"或者"理"，却是内在于人的"心"的。将知识与思想推至终极本原处，追问知识与思想之合理性依据，这当然是宋代士大夫的一个思考时尚，而另一个相当突出的思考时尚，则是将终极本原的合理性依据，由外在的天地宇宙转向内在的心灵人性。邵雍所谓"不动"的"性"、周敦颐所谓"寂然"的"心"、张载所谓"包着心性识"的"知"，都是内在的本性或理性①。在那个时代，这两种思考时尚与当时重建思想秩序的交融，刺激了宋代士大夫中被后来学者称之为"内转"或"内在超越"的思路，而这两种思路正是宋代理学形成的基础。

第四，理一分殊、格物穷理、穷理尽性等与"理"字彼此连贯的关键词。

首先是"理一分殊"。所谓"理一分殊"的道理，其实并不是宋儒的发明，甚至也不是佛教的专利，它本是古代中国哲人心中皆有、人人口中却无的一种理念。于古代士大夫看来，宇宙的事物是复杂的，但终极的道理总是简单的，古人所谓的"一""极""大"甚至"无"，其实就是表达了关于林林总总的宇宙万象却总有一个根本处的道理。相比，当时佛教对这个"道理"阐述得更清楚一些，《华严经》说："心如工画师，能画诸世间，五蕴悉从生，无法而不造"，②"法界"由"心"而生，但是心生种种法，又"一含多德"。所谓"法界"就像智俨《华严一乘十玄门》中所说的因陀罗网一样，据说，帝释的宫殿有宝网覆盖，网上每一孔都缀有宝珠，每一个宝珠都现出其他珠影，"举一珠为首，众珠现中，如一珠即尔，一切珠现亦如是也"，这就是后人形容的"网珠玲玲，各现珠影，一珠之中，现诸珠影，珠珠皆尔，互相影现"，于是他们确信一切"圆润自在，一即一切，一切即一"。但世俗的知识分子并不能意识到这一点，所以他们首先意识的是"事法界"，即一个虚幻的、有着无穷差别的世界，这时的"界"，是分别或差别的意思，因为人们以假为真，以为这个现象世界真的千差万别。如果进一步意识到一切只是"心"的变现，把握了现象世界的共同本原，那么就可以触摸到现象世界的同一本性，于是就达到"理法界"。所以，当有人问程颢《华严经》关于理事无碍，有如镜灯，重重无尽的道理时，程颢也只能说，这就是"万理归于一理"，当人再追问这一说法是否可以攻破时，他也无奈地承认"亦未道得他不是"③。

---

① 比如邵氏后人邵博在《邵氏闻见后录》卷五中第40—41页，解释先天易学，就说邵雍"先天图，心法也""以心为本，其在经世者，康节之余事耳"。
② 《大方广佛华严经》卷十九《升夜摩天宫品第十九》，《大正藏》第十卷，第1092页。
③ 《河南程氏遗书》卷十八，《二程集》，第195页。

对"理"与"事"的关系，宋儒还有很多不同的表述词语，如"一"与"多"、"道"与"器"、"本"与"末"、"共"与"殊"、"天理"与"人欲"等等。不过，显然在宋儒这里，"理"与"事"之间有清晰的价值差异，"一其归者，君子之道，多以御者，小人之理"①，他们要追问的是"理"，他们希望把握住"根本"。"天下之害，皆以远本而末胜也……先王制其本者，天理也，后王流于末者，人欲也。损人欲以复天理，圣人之教也。"②程颢曾经相当自豪地说道："吾学虽有授受，'天理'二字却是自家体贴出来。"③因为这个根本的终极的"理"是他们自家体会并可以独占的一个批评资源，士大夫只有在知识与真理的支持下才拥有超越一切的自信。不过，在这一点上，他们相当警惕地把自己对于"理"的不断追问，与佛教对于"空"的无穷追问区别开来。尽管宋儒如邵雍《皇极经世》也说"寂然不动"，周敦颐《太极图》也说"无欲故静"，但是他们都很注意把这种"寂然""无欲"解释成人"性"吻合天"理"的本原状态，而不是佛教所谓的"空阔虚寂"的澄明境界。像张载就批评佛教"不知天命""妄意天性"，斥责佛教以为一切见闻都是虚幻因缘，正因为把一切归于幻妄，穷极到最终处，却"溺其志于虚幻之大"，没有最后的立场与追求，而他则确立"理"的意义，才能使人们对它怀有持久的追问兴趣。换句话说就是，他们追问的终极处有一个实在的"理"，对于这个"理"的态度是"诚"，而他们体验与接近这个"理"时，心灵中需要一种对于人生与社会的"敬"，而这个"理"反过来指导社会生活时，将确立一种有意义的秩序。于是，这便与佛教终极处是瓦解所有实在的"空"、体验真理的时候心灵所处的绝对的"寂"、体悟之后所追求的个人超越之"悟"大为不同④。张载说："儒者穷理，故率性可以谓之道；浮图不知穷理，而自谓之性，故其说不可推而行。"⑤

其次是"格物穷理"。因为"理一分殊"，所以"格物穷理"。尽管在知识与思想的天平上，他们多少有些轻视知识的倾向，他们特别关心的是对终极道理的直接把

---

① 《横渠易说·系辞下》，《张载集》，第321页。
② 《河南程氏粹言》卷一，《二程集》，第1170—1171页。
③ 《河南程氏外书》卷十二，《二程集》，第424页。
④ 《河南程氏粹言》卷一，批评"学者以屏见知、息思虑为道，不失于'绝圣弃智'，必流于坐禅入定"，因为这时心中没有一个确定的意义与价值，所以他认为"惟内有主而后可，主心者，主敬也，主敬者，主一也"，《二程集》，第1191—1192页。
⑤ 《正蒙·中正篇第八》，《张载集》第31页。参见《河南程氏粹言》卷一"佛氏求道，犹以管窥天"一则，他说佛教"惟务上见而不烛四旁"，又说佛教"一务上达而无下学，本末间断"，其实是暗示佛教的追求真理，并不落实到社会秩序与生活世界。《二程集》，第1181，1179页。

握①,但是,由于这个"理"是普遍蕴涵在万事万物中的终极真理,因此他们也认同,体验与把握"理"的途径,是可以通过对各种"事物"的观察、揣摩、分析与涵泳,彻底地领悟终极的"道理"的。张载所谓"见物多,穷理多,如此可尽物之性",就是这个意思②。邵雍所谓的每个人都可以"一心观万心,一身观万身,一世观万世",就是说人可以用自己的理性与知性去统摄变化万端的现象,从中体会出道理来③,"天下之物,莫不有理焉,莫不有性焉,莫不有命焉"。邵雍接着说,"所以谓之理者,穷之而后可知也,所以谓之性者,尽之而后可知也,所以谓之命者,至之而后可知也。此三知者,天下之真知也。"④从日常普通的生活世界与眼前纷繁的自然世界中体会真理,用程颐的比喻,这就像张旭"见担夫与公主争道,及公孙大娘舞剑"而悟草书之理,就像观察流水,"观水有术,必观其澜,澜湍急处,于此便见源之无穷",就像看钻木取火体会到"力极则阳生""天地间无一物无阴阳"⑤,这就是所谓"眼前无非是物,物物皆有理,如火之所以热,水之所以寒,至于君臣父子间皆是理"⑥。

宋代理学在"道问学"上仍然保持着极大的兴趣,可以保持"今日格一件,明日格一件"的热情,并且可以保留多种知识与思想的取径,"或读书讲明义理,或论古今人物,别其是非,或应接事物而处其当,皆穷理也"⑦,并没有把全部心力智慧都转向"尊德性"一途。不过,也应该承认,它的"格物"也有一个预设的心理前提,就是"正心诚意",把对道德的提升作为"格物"的终极标的,于是也潜含了知识转化为道德的思路,使知识失去独立的领域与意义。程颐在回答学生问"进修之术"时就说:"莫先于正心诚意。"⑧因为格物的根本目的并不在于对宇宙万象的理解,而在于提升自己的道德心性,正如程颐自己说的,"观物理以察己"⑨。

再次是"穷理尽性"。正是在"观物理以察己"这种思路上,他们提出学问的终极

---

① 如张载《经学理窟·学大原上》"书多阅而好忘者,只为理未精耳,理精则须记了无去处也,仲尼一以贯之,盖只着一义理都贯彻,学者但养心识明静,自然可见死生存亡皆知所从来,胸中莹然无疑,止此理尔",《张载集》,第279页。
② 《张子语录上》,《张载集》,第312页。
③ 《皇极经世》卷十一上《观物外篇第四十二》,《道藏》太玄部,贵一,第23册,第421页。
④ 《皇极经世》卷十一《观物篇之五十二》,《道藏》太玄部,贵二,第23册,第432页。
⑤ 《河南程氏遗书》卷十八,《二程集》第186,214,237页。又,他在回答门人提问"如何是格物"时曾说,"格,至也,言穷而至物理也",在回答"如何可以格物"时,又说,"但立诚意去格物",见《河南程氏遗书》卷二十二上,《二程集》,第277页。
⑥ 《河南程氏遗书》卷十八,《二程集》,第247页。
⑦ 《河南程氏遗书》卷十八,《二程集》,第188页。
⑧ 同上。
⑨ 《河南程氏遗书》卷十八,《二程集》,第193页。

目标是"穷理尽性"。"穷理尽性以至于命"当然是《易·说卦》中的一句古老格言，王弼解释说："命者，生之极穷，理则尽其极也。"而孔颖达则进一步解释说，周易的道理"是圣人用之，上以和协，顺成圣人之道德，下以治理，断人伦之正义，又能穷极万物深妙之理，穷尽生灵所禀之性，物理既穷，生性又尽，至于一期所赋之命，莫不穷其短长，定其吉凶"①。这虽然是对于《周易》的玄妙哲理的神化，不过也透露出古代中国思想中的一个寻求终极解释与真理的取向，人们总是相信，只要把握一个终极真理，就可以"一以贯之"地解决自然（物理）社会（正义）生命（道德）的所有问题。这种想法得到佛教的支持，佛教的天台、华严思想中，有相当多这类论述。可是，在宋儒的诠释中，这一真理的指向，逐渐从自然物理、社会正义、生活道德的全面笼罩，转向针对内在的心性与道德的自我调整与自觉修炼上。"理也，性也，命也，三者未尝有异，穷理则尽性，尽性则知天命矣。"②所谓"穷理尽性"的含义，便似乎成了体验与探究万事万物之"理"，以凸显人的自我本真的"性"，而"格物穷理"的终极目标也就成了对内在心性的探寻。像张载在解释《说卦》这个句子时，就说"穷理尽性，言性已是近人言也，既穷物理，又尽人性，然后能至于命，命则又就己而言之也"③，因此"理"的意义便逐渐聚焦于内在的道德伦理上来，据说这就是"为己之学"④。

古代中国人曾经相信，每个人的内在人性中，都有立生命价值的自觉能力。这种自觉的本性虽然不像宇宙纷纭万物那样，可以由感觉来触摸，由知识来推证，但是可以通过对宇宙万事万物的揣摩、分析，寻找它与宇宙共通的普遍的终极的本原来探求和把握，也可以通过"反身而诚"的方式，由内在的体验来体会它的存在，凸显它的意义，并可以通过这种道德本原的张扬凸显，来确认社会与道德秩序的合理性，在这种从"正心诚意"到"治国平天下"的过程中，完成个体生命的意义，这就是所谓的"穷理尽性以至于命"的思路⑤。正因为如此，在探究"理"的时候，宋儒总是凸显一个表示内在心理与思想状态的"诚"字。本来，这个表示内在心理与思想状态的"诚"与祭祀时面对神灵的虔诚有关，而在《中庸》和《大学》中渐渐转为一种在内心中对于道德与超越

---

① 《周易·说卦》，《十三经注疏》，中华书局影印本，1979，第93页。
② 《河南程氏遗书》卷二十一下，《二程集》，第274页。
③ 《横渠易说·说卦》，《张载集》，第235页。
④ 孔子曾说"古人之学为己，今人之学为人"，就是说学习不是为了给别人看或向别人炫耀的。这里的"为己"，即内在于人的道德人伦、人性、人心的修炼。
⑤ 关于这一思路，可参看余英时《从价值系统看中国文化的现代意义》，《中国思想传统的现代诠释》，台北：联经出版事业公司，1987，1992，第39页。

的真诚心情①。周敦颐曾说："诚者，圣人之本……诚斯立焉，纯粹至善者也。"邵雍也说："至理之学，非至诚则不至。"②洛阳士大夫的精神领袖司马光也说道"'诚者天下之道，思诚者人之道'，至臻其道则一也。"据与司马光相处甚密的刘器之说："吾从司马公五年，得一语曰'诚'。"③这个"诚"字，是对终极真理的确定性与实存性的认同，是对这一"理"的真实信仰，也是对这一"理"的内转第一步，它将在心理体验与修炼中引出一种叫作"敬"的心情。这与佛教也相当不同，佛教虽然在体验终极真理时也有一个心理前提"静"，但是"静"是期待最终瓦解一切执着的空阔寂寥，而"诚"的心理恰恰导致的是一种对"理"的执着追寻④。所以，尽管陈襄与张载都曾根据《中庸》"自诚明，谓之性，自明诚，谓之教"，以及孔子关于"生而知之"和"学而知之"的区别，说到过"穷理尽性"有两条不同的路径，即在体验"理"的时候，其心理境界或者是"自诚明"，或者是"自明诚"。不过，无论从哪一种思路来，它都是把知识与思想的终极理想，锁定在培养内心的心性与道德自觉上了。恰如程颢所说，"圣贤千言万语，只是欲人将已放之心，约之使反，复入身来，自能寻向上去，下学而上达也"⑤。这种内在化的修养可以向外建构理想的社会与政治秩序，所以"正心以正身，正身以正家，正家以正朝廷百官，至于天下，此其序也"⑥。

第五，为万世开太平，认同"理"是普遍文明的基础。

宋代的士大夫用"理学"或"道学"来抽象概括他们思想中的终极真理，论证人性的本原，形成普遍存在于士大夫间的学术与思想潮流，具有一个相对同一的思路，而这一思路正是基于对历史上的儒家学说关于"性与天道"思想薄弱的深入思考。据学者们考证，"道学"一词，最早是从北宋庆历、皇祐年间的王开祖《儒志》篇最末章开始

---

① 比如《礼记·曲礼》中有"祷祠祭祀，供给鬼神，非礼不诚不庄"；《韩诗外传》卷四中有"惟诚感神"；《春秋繁露·祭义第七十六》中有"君子之祭也，躬亲之，致其中心之诚"，但是《中庸》"鬼神之为德"以下，虽然还指祭祀时的虔诚，但"诚者，天之道，诚之者，人之道""自诚明，谓之性，自明诚，谓之教""唯天下至诚，为能尽其性"等，以及《大学》中的正心诚意，"所谓诚其意者，毋自欺也"，等等，都已经把"诚"从面向外在的鬼神，转为对绝对与超越的内在自觉。
② 《通书·诚上》，《周子通书》第1页。《皇极经世》卷十二《观物外篇》《道藏》太玄部，第23册，第446页。
③ 《邵氏闻见后录》卷二十，第156页。
④ 程颐所谓"不诚无物，诚者物之始终""诚则形，诚后便有物"，就是这一道理。见《河南程氏遗书》卷十八，《二程集》，第203页。程颐又"但立诚意去格物"，《河南程氏遗书》卷二十二上，《二程集》，第277页。程颐再"才说静，便入于释氏之说也。不用静字，只用敬字，才说到静，便是忘也"，《河南程氏遗书》卷十八，《二程集》，第189页。
⑤ 《河南程氏遗书》卷一，《二程集》，第5页。
⑥ 《河南程氏遗书》卷二，《二程集》，第20页。

使用的①,它预示着一种学术风气与思想趋势的变化。给王开祖写传的陈谦说:"当庆历、皇祐间,宋兴来百年,经术道微,伊洛先生未作,景山(王开祖)独能研精覃思,发明精蕴,倡鸣'道学'二字,著之话言",其并不完全可信,只能说是这样一种普遍存在于士大夫间的学术与思想潮流,被王开祖敏锐地发现并将它命名。因为"道学"或"理学"的真正崛起与完成,毫无疑问是在十一世纪七八十年代的中国政治重心与文化重心分离之后。不过,我们必须认识到,十一世纪七八十年代士大夫的知识、思想与信仰世界的内涵相当丰富复杂,邵雍、张载、程颢、程颐和司马光等人,对于思想的诠释进路和摄取重心,各自都有相当的差异。但是,在他们中间却有一个相对同一的思路。他们都发现了历史上的儒家学说存在着"性与天道"思想相当薄弱的问题,对道德学说所依据的终极真理的论述稀少。道德的合理性其实需要一种不需言说的、天经地义的道德本原与价值基石来支持,可是历史上的儒者只是把道德作为一种现成的、肯定的价值与行为。于是,当时代变动,儒家学说不能证明它是"不必论证的真理"时,人们就会怀疑它的可靠性:道德与秩序凭什么就是价值的唯一尺度?失去了稳定知识判断基础的人也会追问与反思,这种追问与反思,曾经给玄学与佛学留下了生长的缝隙,使得关于终极真理的阐述和关于人性本原的论战成了儒者十分尴尬,而异端之学极端活跃的领域。

当然,这种追问与反思也是儒家学说重建与更新的起点。自从韩愈、李翱以后,一直到宋代的邵雍、张载、程颢、程颐等人,在思路上超越道德与秩序,追寻道德与秩序的源头,重建诠释与讨论儒家一贯薄弱的"性与天道"问题,转手引入很多佛教和道教的思想资源,给道德与秩序重建了合理性的基础,收复了这一片曾经陷落的思想天地②。在思想史的这一重要时代,宋儒逐渐重新确立起来关于"道""理"与"心""性"的一整套观念系统。这套观念的核心,是将过去合理性的终极依据,从"天"转向"人",把人的"本性"作为不证自明的"善"的本原与不言而喻的"天"的依据,确立一个贯通自然、社会与人类的绝对真理,要求每一个人都应当呈现这种本性,开发趋近这种绝对真理的自觉意识。在宋儒看来,确认每一个人的本性,鼓励每一个人的向善之心,使这种心性得到天理的支持与肯定,使社会在这种心理基础上相互认

---

① 姜光辉《宋代道学定名缘起》,《中国哲学》第十五期,岳麓书社,1992,第243页。
② 比如,张载重新解释子贡所谓"性与天道不得而闻"的话,就说所谓不得闻,不是孔子没有论述,而是指性与天道不能靠耳闻,所以又说现在的儒者学术已经更加明确,不仅"下达处行礼,下面又见性与天道,他日须胜孟子"。见《经学理窟·学大原上》,《张载集》,第281页。又如,程颢也在回答学生问题时指出,所谓不可得闻的"性与天道","可自得之,而不可以言传"的意思,孔子并不是没有讨论过。见《河南程氏粹言》卷二,《二程集》,第1252页。

同,这才是社会秩序得以重新建立的前提。同时,它也是通过对"善"的价值的肯定,对"人"的特性的体认,对人与周边他人关系的分别和确定,构成那个时代的价值体系的基本框架。他们从"理一分殊"分剖终极真理与普通知识的分别,"格物穷理"规定了获取知识与思想的途径,到"穷理尽性"确立了内在超越的思想取向,暗示了后来中国主流知识、思想与信仰世界的走向,也提出了重建社会秩序与思想秩序的一种策略,而相当多的宋代士大夫也对这一走向与策略表示认同。

应当指出的是,尽管"理"被特别凸显并提升到终极的层面,但是,它并没有使传统知识、思想与信仰世界崩溃,因为原先那个思想世界的宇宙秩序与社会秩序并没有被彻底瓦解,只是在它的下面添加了一个更内在的"性",在上面添加了一个更超越的"理",知识的各个领域也没有撕破共同的理路和外壳成为自主、自足和自立的领域,只是在"性"与"理"的约束下拥有了更同一的关于意义与价值的解释,思想史并没有改变它的连续性。不过,应当指出的是,理学的内部也蕴涵着相当多的变数。首先,尽管理学家试图确认"理"的绝对性,发掘"性"中美好的一面,想象"人"有一种令人向往的完美,他们摆脱了世俗欲望的纠缠,超越了人与人之间现实利益引出的对立,凸显了普遍的理性与道德。但是,这一思路始终存在着一个根本的缺陷,这种所谓的"性"与"理",何以证明自身有绝对的"真"与"善"的取向?如果不经由个人在"家""国"等社会性活动中得到的肯认,人又如何确认他的"真"与"善"?尽管人人都承认有一定的道德伦理规范,可是,由于这种本质上是关于人的学说,以一种高调的道德理想主义出现,作为一种真理权力,便以一种高度的同一性取消了人的差异性。特别是如果它真的成为拥有话语权力的意识形态时,在"性""理"等等表示"善"的词语中被肯定的生活原则,和在"情""欲"等等被称为"恶"的词语中被否定的生活行为之间,它将维护前者而压抑后者,为着凸显人的道德理性,却有可能消灭人的自然感性。真理一旦产生"出位之思",试图充当笼罩与支配性的普遍原则,那么,这种对人的同一性规定的真理,就有可能在真理的名义下消灭着个别的"人","人"也许在实现了同一性的同时,却失去了自由选择的权力。其次,它一方面确认终极本原与宇宙万物的关联是一种自然的关系,"物中皆有理""情中亦见性";但是,另一方面又要求人们回归终极本原的"一",执"道心"而不变,于是在"理一分殊"中就隐含了巨大的紧张,在确认终极本原与确认宇宙万物之间,在否定或轻视具体的知识与世俗的感情和肯定或重视具体的知识与世俗的感情之间的紧张,终究会导致巨大的冲突。再次,把社会领域的伦理问题,与自然领域的知识问题均安置在同一的"理"下,虽然维护了知识与思想的整体性,却导致了一种习惯性的思路,即在自然领域的问题上追问其伦理的合理性，又在社会领域的问题上诉求物理的经验性，于是形成两个领域之间难以厘清的纠缠关系，并无法各自独立建构自己的体系，终于导致后来彼此的相互影响。所谓"天不变，道亦不变"，一旦一个领域的知识受到质疑，它可能会牵扯另一领域的证明与支持，但也会引起另一领域的连锁瓦解，就像所谓的"多米诺骨牌"一样。

当然，宋儒对自己对传统知识与思想秩序的重建还是相当自豪的。被广泛引用的张载"为天地立心，为生民立命，为往圣继绝学，为万世开太平"①的名言，不仅是一句表达宋儒远大理想的象征性话语，而且恰恰也是宋代理学重建思想秩序的全面表述。其"为天地立心"，象征着被宋代理学重新阐释的宇宙，将重新奠基在新的终极依据上，天地时空不再像过去一样，是一切合理性的终极本原，它也必须得到"理"的内在证明，而只有"理"是无须论证，只要"心"的自我解释便可以拥有合理性；其"为生民立命"，则表示理学家对自己的社会责任的充分自信，他们相信，重建以道德与伦理为本原的思想秩序，可以使人们重新确立生命的价值与意义，并与蒙昧与野蛮划清畛（zhěn，田间小路）域，获得有价值的生活世界；其"为往圣继绝学"，似乎表明他们对"道统"重建的愿望，正如程颐给程颢所撰的墓表所说的，"周公没，圣人之道不行；孟轲死，圣人之学不传。道不行，百世无善治；学不传，千载无真儒"②，在他们看来圣人之学自从孔子以来，屡屡断绝，已经是惨淡经营，而只有在他们这里，才由于重新确立了"理"的真理权威性，确立了社会生活秩序的基础，确立了生活的意义与价值，所以王圣绝学终于可以发扬光大；其最后"为万世开太平"，是他们自己期待的一个理想境界，通常的政治经济策略，只能暂时的富国强兵，用古人话语来说就是实现"霸道"，最多也只是在一个有限时间中维持盛世景象，在一个有限空间中建立强大的国家，当"理"被作为普遍文明的基础得到认同时，它将广被天下，确立永恒太平的基石。

第六，凸显士大夫阶层的价值，思想世界出现了前所未有的"政统"与"道统"、"师"与"吏"、政治重心与文化重心的分离。

在中国古代历史上，知识、思想与信仰始终存在于思想权力与政治权力的博弈之中，而十一世纪七八十年代的中国所在的"道学"与"治术"歧而为二的处境，使上述士大夫的思想趋向只是作为一种高调的道德理想主义与温和的文化保守主义思路，存在于非官方的民间士大夫的思想世界中。除了在元祐年间一度由司马光等重新执政的短暂

---

① 《近思录拾遗》，《张子全书》卷十四，《四部备要》本，第132页。
② 《明道先生墓表》，《河南程氏遗书》卷十一，《二程集》，第640页。

时光外,后来被称为"道学"与"理学"的思想,并没有占据思想世界的制高点。尽管它对士大夫有着相当的号召力和感召力,但它始终没有与"权力"结合而成为绝对的"真理",更没有转化为拥有话语霸权的政治意识形态。在当时的政治世界中,一种相当现实的思想走向与策略仍占据着主导的位置,从庆历革新以后到熙宁新法时期形成的一种现实思想,由于它的立竿见影与速见成效,曾经是当时的时代思潮,也是皇权支持下的主流思想①。正如萧公权所说,"此派之特点在斥心性之空谈,究富强之实务"②,他们重视实用政治策略,在经典中特别看重可以用以作为政治操作依据的《礼》,他们主张言利言欲,在政治、经济与文化中偏向于经济策略,他们主张强化国家管理,不惜维持皇权对相权的优先,为权宜的霸政辩护,甚至愿意承认法制主义的意义。③

面对这种取向,没有政治权力的士大夫,便总是用高调的道德理想主义和温和的文化保守主义与之抗衡,所谓"新法之初,首为异论"的,就是这一批士大夫,在他们心里有一种对于士大夫操守和道德的自信心,他们的思路中有一种普遍主义的真理观。他们觉得,"道学"关于格物致知、穷理尽性的这一进路,是根本的学问途径,也是一切行为的起点,而"治术"所谓的"治天下国家",只是枝梢末节,充其量是学问的实用处,因为"治天下国家,必本诸身,其身不正,而能治天下国家者无之"④。因此,在"理"的整体笼罩下,他们追究政府行为在伦理上的合理性,而不顾这种行为在策略的现实性,追究个人在道德上的品质,而不顾这个人在社会上的作用,动辄用严厉的理想主义标准来衡量。如程颢对王安石的批评,"其身犹不能自治,何足以及此(指周公盛德)",就是以道德评价否定了王安石的"博学多闻"⑤;程颢对李觏(gòu)的批评,就是讽刺他过分重视"富国""强兵""安民",而不肯"非利",甚至无边地引申到

---

① 赵翼《廿二史劄记》卷二十六指出,"人皆咎安石为祸首,而不知实根柢于神宗之有雄心也,帝自命大有为之才……故当时有谓与介甫如出一人者"。见中国书店(据世界书局1939年本影印本),1987,第348—349页。
② 萧公权,《中国政治思想史》第十四章,台北:联经出版事业公司,1982,第480页。
③ 所以宋神宗才对"近世士大夫多不习法令"很不满,而吴充也为了这一思路,引用汉代陈宠的故事,说明律学应当列入考试科目,并批评说"后来缙绅多耻此学"。《文献通考》卷十三《选举四》,商务印书馆(万有文库本),1996,第295页。
④ 《河南程氏粹言》卷一,《二程集》,第1197页。
⑤ 《河南程氏遗书》卷二上,《二程集》,第17页。程氏批评王安石把"人道"的"仁"和"天道"的"圣"分开,"言乎一事,必分为二,介甫之学也",又说"介甫之言道,以文焉耳矣。言道如此,己则不能然,是己与道为二也",分见《河南程氏粹言》卷一,《二程集》第1170,1176页。

为利忘义者可以为了自己"夺之于君，夺之于父"①；面对新法的批评，也是一味指责新法过于重视"利"而忽视了"义"②；程颢在面对宋神宗问"政治之要"时说，首先要"定君志"，即"稽古正学，明善恶之归，辨忠邪之分，晓然趣道之至正"，把政治策略与伦理评价混为一谈。据说，当宋神宗、王安石开始实施新法时，程颢"每进见，必陈君道以至诚仁爱为本，未尝一言及功利"③。又据说，程颐与来客谈论政治，甚至批评人对于牛"壮食其力，老则屠之"的行为是"小人之无行"，当客人用实用主义的态度谈到"牛老不可用，屠之犹得半牛之价，复称贷以买壮者，不尔则废耕矣"时，他却斥责来客"知计利而不知义"。因为在程颐看来，"为政之本，莫大于使民兴行，民俗善而衣食不足者，未之有也，水旱螟虫之灾，皆不善之致也"④。因此，宋神宗很不屑地说："今一辈人所谓道德者，非道德也"⑤，并总是怀疑司马光、程颢等人是"迂阔"，而王安石也批评程颢"公之学如壁上行"的理想主义，是难以实现的空谈。⑥反过来说，以"王道"为旗帜、以斥责"霸道"为借口的士大夫群体，恰恰就是用这种道德理想主义的"真理"凌驾于政治实用主义之上，要用士绅的知识权力和舆论力量，对当时膨胀的国家与政府进行限制。程颢在元祐二年（1087）上书中干脆说，国家的最大问题在于有政治权力的人没有知识权力，而"在位者不知学，则人主不得闻大道，朝廷不得致善治。不闻道，则浅俗之论易入，道义之言难进"，浅俗之人"以顺从为爱君，以卑折为尊主"。⑦正是因为他们没有政治权力，而只有思想和文化权力，所以只能高倡一种看上去"如壁上行"的理想主义。

在这种思想的歧异背后，存在有更深的社会背景。宋神宗与王安石所实行的改革策略中，常常侵犯到宗族社会的权力。按照王安石的思路，国家应当控制一切资源和民众，"富其家者，资之国，富其国者，资之天下"⑧，这使国家权力直接面对民众利益，是更彻底的国家集权体制。如"常平给敛法"即青苗法，通过借贷关系直接让国家

---

① 《河南程氏遗书》卷十八，《二程集》，第215—216页。李觏虽然著有《富国策》《强兵策》《安民策》等，但据研究，他并没有见过王安石，也不属于王安石集团，而且还曾经是范仲淹、欧阳修的支持者。参见《李觏集》卷二十八，中华书局，1981，第321页。
② 以"义"批评"利"的态度很普遍，大凡拥有知识的士人常常都会有这种态度，如本来与王安石关系很好的钱景谌（chén），在《答兖守赵度支书》中也批评"利胜于义"，而且总是用"义"与"君子"相连，把"利"当作"小人"的事情，载《邵氏闻见录》卷十二，第134页
③ 《河南程氏粹言》卷二，《二程集》，第1251—1252页。
④ 《河南程氏遗书》卷二十一上，《二程集》，第269页。
⑤ 《续资治通鉴长编》卷二一四，第5218页。
⑥ 《河南程氏遗书》卷十九，《二程集》，第255页。
⑦ 《续资治通鉴长编》卷三九七，第9676页。
⑧ 《临川先生文集》，中华书局，1964年，第795页。

与民众发生联系，国家是民众的责权人，它抑制了大族对于普通民众的控制，也削弱了宗族社会在国家中的意义；而"保甲法"则更是对民众的直接垄断，直接打击了宗族特别是大族对民众的庇护和控制，加强了国家管理的权力。士大夫尤其是逐渐膨胀的大宗族，对这种国家权力相当反感，因为这种集权性的垄断管理侵犯了他们的利益，却给了其他阶层重新分配社会资源的机会，正如司马光所说的那样，"言利之人皆攘臂圜视眩鬻（本义粥，引申为卖，此处为出卖权力）以进，各斗智巧以变更祖宗之法，……轻佻狂躁之人，陵轹（车轮碾轧，欺压）州县，骚扰百姓，于是士大夫不服"①。别说文彦博、韩维、富弼等世家大族，就是张载、程颢、程颐，也都很敏感于这一政治策略对士族的威胁。他们都曾经论及"宗子法"，他们普遍对宗族的权力和延续极为关注，对累世宗族的存在意义相当赞成。从某种意义上讲，凸显道德理想主义和文化保守主义，是为了凸显这一阶层的价值，也是为了保护国家与民众之间的"宗族社会"与"士绅阶层"的存在。或许，这种社会史或政治史的问题，已经超出思想史讨论的范围，但是，从思想史的角度来说，象征着"宗法社会"与"士绅社会"的这一思潮，它以道德理想主义色彩和文化保守主义面目出现，与象征着"国家权力"与"官僚体制"的现实主义思潮，在十一世纪七八十年代间发生的激烈冲突，却构成了后来中国思想史上反复呈现的两个主脉，特别是象征"宗法社会"和"士绅社会"的思潮，后来经由官方权力的支持，通过各级考试为中心的教育体制化，通过宗族的礼仪、规约为主的世俗化，成为后来中国主流意识形态，更是以它的内在超越性的关注影响着知识走向，以崇尚真理普遍主义、道德理想主义和文化保守主义的特点，极其深刻地影响着中国的知识、思想与信仰世界。

在理学雏形刚刚出现的那个时代，甚至延续到理学体系建立的南宋时代，它还一直是边缘的、民间的，象征着士大夫阶层的理想主义思潮。据载，宋神宗也曾向王安石询问过起用司马光的可能性，但是，王安石却说："（司马）光外托劘（mó,切削、磨义）上之命，内怀附下之实，苟在高位，则异论之人，倚以为重。"还用了一个比喻说，"韩信立汉赤帜，赵卒气夺，今用光，是与异论立赤帜也。"②所谓异论之人，其实就是这一批持道德理想主义与文化保守主义的士人，政治权力只有坚决地排斥他们，才能确立政治的主流位置，推行激进的实用策略，否则，他们将挟文化权力，重新回归主流，用普遍性的真理占据话语中心，正仿佛"立赤帜而赵卒夺气"一样，因此只能使

---

① 《与王介甫书》，《温国司马文正文集》卷六十，第5页。
② 《续资治通鉴长编》卷二一三第5168页记载，熙宁三年七月，神宗为用司马光问王安石，王安石即说用司马光就使"异论有宗主……若便使异论有宗主，即事无可为者"。

他们处于被摒弃与被冷落的边缘状态。邵雍有一首祝贺人退休的诗说："解印并非嫌禄薄，挂冠殊不为高年。"其实，他们退居边缘有他们不得已的苦衷，因为他们失去了权力，只能用高调的理想的话语来对主流话语进行抵抗，这就是他们无奈的自况。"宜放襟怀在清泉，吾乡况有好林泉。"①"襟怀"是他们的思想视域，"林泉"是他们的不尽的知识和理想，虽然他们失去了政治权力，但他们还拥有思想权力。洛阳时代的富弼，虽然"多以手疏论天下大利害，皆大臣之所不敢言者"，也曾经引起过皇帝的注意，但毕竟这只是在野官员的牢骚与议论，终于"无处告诉，但仰屋窃叹"②。虽然司马光仍然作为士大夫的领袖，以他的个人魅力吸引着一大批有才华的文化人，但他毕竟被排斥在实际政治运作之外，只能以他的历史写作表达他的政见③。虽然邵雍和程颢以真理薪火传续者的身份在洛阳影响着很多学者，程颐更是以他精深的思想，提出相当多的思想命题，要求士人加以思考、诠释与阐发，正如他们自况的那样，"四贤洛阳（指富弼、吕公著、司马光、程颐）之望，是以在人之上，有宋熙宁之间，大为一时之壮"④，但是，也正如后人形容程颢的"位益卑，而名益高于天下"一样⑤，他们拥有崇高的声望，却并没有真正的政治权力或话语权力。于是，在十一世纪七八十年代，汴梁与洛阳之间的风景差异，在位官僚与赋闲官僚的趋向不同，现实策略与文化理想的思路矛盾，甚至政治地位与学术声望异乎寻常的倾斜，使中国思想世界真的出现了前所未有的"政统"与"道统"、"师"与"吏"、政治重心与文化重心的分离，也成就了"理学"的诞生。

二、延续：理学发展中的朱陆之辩

南宋乾道九年（1173年），吕祖谦（1137—1181年）给朱熹（1130—1200年）写信介绍当时有名的学者陆九龄（1132—1180年），"抚州士人陆九龄子寿，近过此相聚

---

① 邵雍《贺人致政》："人情大率喜为官，达士何尝有所牵。解印本非嫌禄薄，挂冠殊不为年高。因通物性兴衰理，遂悟天心间舍权。宜放襟怀在清景，吾乡况有好林泉。"见《伊川击壤集》卷三，《道藏》太玄部，第23册，第496页。
② 《邵氏闻见后录》卷二十四，第189页。又，正如邵雍《赠富公》中所说，"天下系休戚，世间谁与伦"，尽管他的地位与声望很高，但是在这时也无可奈何，"三朝为宰相，四水作闲人"，见《伊川击壤集》卷九，《道藏》太玄部，第23册，嫡24页。
③ 熙宁之初，司马光的一道上疏似乎已经陈列了自己一方反对新法的阵容，其中包括吕公著、范纯仁、程颢、苏轼、孔文仲、范镇等等，而他自己虽然谦虚地说"臣之不才，最出群臣之下"，但从开列名单上可以看出，他是实际上的领袖。见《邵氏闻见后录》卷二十三，第176页。同时《资治通鉴》的写作也表达了他的政见。
④ 《伊川击壤集》卷十九《四贤吟》，《道藏》太玄部，礼九，第23册，第576页。
⑤ 《宋元学案》卷十四《明道学案下》，第333页。

累日，亦甚有问道四方之意"，朱熹回信说："陆子寿闻其名甚久，恨未识之。"第二年即淳熙元年（1174年），朱熹在给吕祖谦的信中又一次提到陆九龄的弟弟陆九渊（1139—1193年），"近闻陆子静言论风旨之一二，恨不识之"。于是在吕祖谦的撮合下，于第二年（1175年）的六月，朱熹在江西信州铅（yán）山的鹅湖寺与陆九龄、陆九渊兄弟见了面，见面以后讨论学问与思想，"元晦（朱熹）之意，欲令大泛观博览而后归之约，二陆之意，先发明人之本心而后使之博览，朱以陆之教人为太简，陆以朱之教人为支离"①，最后各执己见，不欢而散。②后来，虽然有很多人都建议他们"莫若置之勿论，以俟（sì，等待）天下后世之自择"，他们之间也并没有像后世想象的那样彼此不和③，但是，看来两个人的心底里都固守着自己的立场，并不接受这种调停，而他们的弟子也随之分裂，"宗朱者诋陆为狂禅，宗陆者以朱为俗学，两家之学，各成门户，几如冰炭矣"④。朱陆之辩象征着，本来似乎具有同一性的理学学说中间终于出现了第一道明显的裂纹，不过，从思想史的角度看，也可以说有了裂纹和异见，表明理学内部的不同思路的"各已成熟"，而"各已成熟"的思路从此也给后世的不同取向提供了更多的思想与语言的资源⑤。

这个时候，上距北宋洛阳理学兴起已经整整一百年了，北宋覆灭、南宋朝廷建立也已经差不多有五十年，而距离理学摆脱被压抑的困境，进入主流政治意识形态，也还有差不多五十年。⑥严格来说，这一思想史或哲学史上常常被凸显成重大事件的鹅湖之会，其实在当时只是少数深邃的思想家才注意到的事情，可能在当时整个社会生活中并没有太大的影响，因为这时的朝廷和皇帝对于理学并不青睐，追随世俗名利的士人也没有对理学表现出特别的兴趣，朝廷相当一批权臣还对理学抱有很深的偏见，理学仍然处于边缘。但是，也应该承认，这正是理学最有生命力的时候，这一年，朱熹四十八岁，陆氏兄弟分别是四十四、三十七岁，吕祖谦三十九岁，另一个不在场的著名人物张栻

---

① 《陆九渊集》卷三十六《年谱》引朱亨道书，中华书局，1980，第491页。
② 参见王懋竑《朱熹年谱》卷二，中华书局，1998，第69—72页；钱穆《朱子新学案》，巴蜀书社，1986；陈荣捷《朱陆鹅湖之会补述》，载《朱子论集》，台北：学生书局，1982，第233—249页。
③ 鹅湖之会以后，陆氏兄弟与朱熹还有见面和若干次通信，其中据陈荣捷考证，"自淳熙二年（1175年）初面以至于绍熙三年（1192年）象山之死，两人通信，几无年无之，或且一年数次，总共往来四十余通"，《朱陆通讯详述》，载《朱熹论集》第251页。
④ 《宋元学案》卷五十八《象山学案》。
⑤ 《陆九渊集》附录二《朱熹答陆九渊书》之六，第554页。
⑥ 庆元党禁虽然在宋宁宗时代被解除，宁宗嘉定二年（1206年）也曾赐朱熹谥号为"文"。但直到宋理宗开始任用理学家，并推重朱熹的《四书集注》，且在宝庆三年（1227年）追赠朱熹为太师、信国公，才使理学真正进入了主流政治。分别参见《宋史》卷三十九《宁宗纪三》第754页，卷四《理宗纪一》第789页。

（1133—1180年）四十三岁，都处在最富有思想活力的年纪，理学中关于宇宙与人心的讨论也恰恰处在这个最自由、最富于想象力的时代。

（一）南宋理学延续的语境

宋钦宗靖康元年（1126年），金军大举南下。第二年，金兵虏徽、钦二帝北去，历史上所说的北宋王朝结束，康王赵构在南京应天府（今河南商丘）即位，建立了后来所称的南宋王朝。在南渡之初，朝廷以及士大夫关心的事情，自然首先是如何维持政权的存在，面对强敌压境，燃眉之急的是强化军队的抵御能力，其次是中原沦陷之后，需要通过典礼和仪式重新证明自己的正统地位，再次是当时内外政务淆乱，因而必然起用趋向实际的官僚以整顿国家机构的秩序。于是，在很长的一段时间内，那种不切实用的性理讨论被暂时放置，而高调的道德理想主义也不被重视，连同持这种理想主义的士人都被摒弃在边缘。虽然，南渡之初宋高宗也曾经召用几个信仰性理之学的著名士人，但不久就颇为后悔，跌足发誓"朕今不用文华之士"①。同样，经历了惨烈的亡国之痛，进入政治中心的士大夫们，直接能够反省的如"用人不专""黜陟不明""刚断不足"等之类的"召祸之本"②，也很容易激活政治的实用主义，因为在这个特殊时代，解决政权安危已经是绝对充足的理由，即使一些士人有"今日之患，在中国不在外敌，在朝廷不在边鄙，在士大夫不在盗贼"的想法，他们也只是在反省和检讨"崇宁以来饕餮富贵最亡状之人"的开边用兵，化石奉进、刻剥聚敛③，所以，当时注意的只是言动举措、军旅财用、人情顺逆、政事否臧、法制设施。建炎二年（1128年）一个士人上书说，"当今所宜置司讨论者凡三事。一军政，二财用，三官吏"④，就连服膺理学的胡安国和胡寅父子，在上书中也把现实策略放在前面。在胡安国绍兴元年（1131年）所上的《时政论》中，实用政治策略"定计""建都""设险""制国"显然是优先于内在道德修养"正心""养气"的⑤。而胡寅给皇帝出的七条方略中，前六条是"罢和议而修战略""置行台以区别缓急之务""务实效而去虚文""大起天下兵""定根本""选宗室之贤才者封建任使之"，直到最后一条才是"存纲纪以立国体"，而且他还批评"士以空言相高，而不适于实用，以行事为粗迹，曰不足道也"的风气，思想与文化的意义在这个特殊时期并不那么重要，而关于道德的理想也在这种时候显得离现实很

---

① 李心传，《建炎以来系年要录》卷六，建炎元年，中华书局，1988，第152页。
② 《建炎以来系年要录》卷六，引周紫芝上疏语，建炎六年，中华书局，1988，第170页。
③ 《建炎以来系年要录》卷十一，引刘观上疏语，第259—260页。
④ 《建炎以来系年要录》卷十四，第298页。
⑤ 《宋史》卷四三五《儒林五·胡安国传》第12912页。

遥远。①

同时，我们必须看到，自熙宁元丰以来，以洛阳为中心的士大夫中滋生的道德理想主义与文化保守主义思潮，在士绅阶层却依然相当繁盛，而讨论性、理、道的学术风气，也没有因为时变而衰落。司马光、邵雍、二程之后，这种学术与思想时尚，特别是二程之学，经谢良佐（1050—1103年）、游酢（1053—1123年）、杨时（1053—1135年）、吕大临（约1042—约1090年）的阐扬，以及南宋初杨时、尹焞、朱震、林光朝以及胡安国与胡寅、胡宏父子等人的传播和推介，在南宋的很多地区传播开来②，一时成了政治批判的思想资源。"靖康之后，其学稍传，其徒杨时辈，骤跻（上升义）要近，名动一时"，那些仰慕的士人，"意欲歆（羡慕义）慕之，遂变巾易服，更相汲引，以列于朝"③。党禁逐渐开放以后，就连皇帝也时时对这种道德理想主义和文化保守主义思潮表现出兴趣④。但是，我们必须注意到，如果这些士人不仅在文化上拥有权力，而且在政治上也进入了权力中心，并开始以"朋党"对皇权形成威胁时，那么，朝廷还是不愿意它过分介入实际政治的。绍兴六年（1136年），在偏向性理之学的赵鼎辞职后，由陈公辅向皇帝提出取缔那些党同伐异的学说，特别是"伊川学"。他描述当时的知识风尚说："在朝廷之臣，不能上体圣明，又复辄以私意取程颐之说，谓之伊川学，相率而从之，是以趋时竞进。饰作沽名之徒，翕然胥效，倡为大言，谓尧舜文武之道传仲尼，仲尼传孟轲，孟轲传程颐，颐死无传焉……能师伊川之文，行伊川之行，则为贤大夫，舍此皆非也。"对于这种由"党同"即士人互相认同而威胁到皇帝对于真理的独占和最终的裁断权力的风气，他建议："伏望圣慈，特加睿断。察群臣中有为此学相师成风、鼓煽士类者，皆摒绝之……使天下知朝廷所尚如此，士大夫所尚亦如此，风俗自此

---

① 《建炎以来系年要录》卷二十七所载上疏全文，建炎三年，第533—545页。《宋史》卷四三五《儒林五·胡寅传》所载是节略，第12918页。又据《建炎以来系年要录》卷一〇七第1746页记载，朱震也在这时建议编撰一种用来作为官员手册的《循吏传》，但就是这种实用性的教育，也被皇帝否定，宋高宗认为这种教化，不如用实际的赏罚更有效，"赐《循吏传》，恐无补于事"。
② 《宋元学案》卷首《序录》中说，"洛学之入秦也，以三吕，其入楚也，以上蔡司教荆南，其入蜀也，以蔡渊、马涓，其入浙也，以永嘉周刘许鲍术君，而入吴也，以王信伯"，第3页。
③ 《建炎以来系年要录》卷一〇八引吕祉上奏中语，绍兴六年，第1759页。
④ 《宋史》卷四二八《道学二》第12735页，"崇宁以来，禁锢元祐学术，高宗渡江，始召杨时置从班，召胡安国居给舍，犯冲、朱震俱在讲席"；宋高宗本人对伊洛之学并不十分反对，比如对于司马光的《资治通鉴》的历史借鉴意义，宋高宗就屡屡注意，令经筵讲读，并很快以司马光配飨哲宗庙；又如对于胡安国《春秋传》，也相当包容，又在绍兴五年接受犯冲的意见，召程颐的弟子尹焞为侍讲。参见《建炎以来系年要录》卷十四第297页，卷十七第352页，卷一〇五1712页，卷一〇九第1774页；《宋元学案》卷二十七《和靖学案》第579页。

皆知复祖宗之时，此今之务若缓而实急者。"①陈公辅又是在赵鼎去职之后，急于洗刷自身嫌疑才上书献策的②，这种维护皇权、追求实用的政治策略，显然很是吻合时政的需要，所以当时高宗批道："士大夫之学，宜以孔孟为师，庶几言行相称，可济时用，览臣僚所奏，深用怃然（惆怅若失的样子），可布告中外，使知朕意。"皇帝的旨意、孔孟的权威，加上政治的实际诉求，使这种统一政治意识形态的行为拥有最充足的理由，尽管胡安国、吕祉等人一再申辩，指出程颐学说在传续孔孟以及诠释儒学上的意义，但似乎并没有多少用处。③

这时，几乎所有的士大夫都只能保持缄默，而关于性理的学说也只能暂时处在边缘。④这种情形延续了几十年，直到朱熹、张栻、吕祖谦以及陆氏兄弟的时代。然而，应当指出的是，服膺性理之学的士人却有增无减，尽管在政治话语中，这种高调的道德理想主义与严厉的文化保守思想，并没有多少空间。但是，在官方设立的太学之外，在越来越多的民间书院以及普通士人的业余生活中，这种思想却在相当广泛地流传，并由于它所拥有的不言而喻的真理意味和高屋建瓴的超越性质，也成为士大夫常常用于公众场合的习惯话语。⑤特别是由于印刷的方便、交通的发达和讨论风气的形成，这种知识与思想常常能够借助通信、聚会、讲习的形式，产生新的知识和新的思路，⑥由于它可以借助经典诠释的方式学习，可以运用经典传习的方式教授，可以凭借讲习讨论的形式阐扬，更可以依靠经典的背景进行现实的批评，所以更得到士人的欢迎。一批士人成为新的知识界的领袖，享有盛名，他们的追随者也相当多，"士之自远而至者常数百千人，诵弦之锵，灯火之光，简编之香，达于邻曲"⑦。他们的一举一动一言一行，都可

---

① 《建炎以来系年要录》卷一〇七，绍兴六年，第1/48页。
② 《续编两朝纲目备要》卷四记载陈公辅这次上书，"以为狂言怪语，淫说鄙谕，镂榜下郡国禁切之"，中华书局，1995，第68页。
③ 比如反对理学的人曾经拿出一个"专事货赂，交结权贵"却大倡程颐学说的瑞安知县李处廉，作为反对伊川学的理由，这使得拥护理学的士人很尴尬，胡安国和吕祉都只好反复说明伊川之学和仰慕伊川之学的人不同。参见《宋史》卷四三五《胡安国传》第12914页；《建炎以来系年要录》卷一〇八，第1755、1759页。
④ 当时人如胡安国等批评朱震没有对此进行争论，似乎没有体会到这时的情势与士人的处境。
⑤ 比如宋代太学中对政治的批评，就常常引起政治权力的不快，仅光总、理宗时代，就有余古上书论腐化享乐事，龚章、汪安仁等两次集体上书，以及与史嵩之冲突，等等。参看黄现璠《宋代太学生救国运动》，商务印书馆，1936，第71—80页。
⑥ 据史载，当时朱熹、陆九渊、吕祖谦、张栻、陈亮等得以互相沟通的聚会、通信、讲学之多，是相当罕见的。
⑦ 杨万里《诚斋集》卷七十六《龙潭书院记》。参阅陈谷嘉《宋代书院与宋代文化教育下移》，《中国哲学》第十六辑，岳麓书社，1993；何忠礼《科举制度与宋代文化》，《历史研究》，1990年第5期。

能产生暗示性的效果，特别是在民间知识传播渠道中，"书院之建，为明道也"①，张栻在岳麓书院标举的"以传道而济斯民"，朱熹在白鹿洞书院标举的"讲明义理，以修其身，然后推以及人"，以及杨简在太湖书院所标帜"君子之学"，都对实用的"决科利禄""文辞之功""钓声名取利禄""记诵之末"加以鄙夷②。他们把学问的意义限制在追求绝对真理与内在道德上，在义、利两分法下，用一种极高的道德标准来衡量天下。而他们对太学"但为声利之场"，官方教育堕落到"促其嗜利苟得、冒昧无耻之心"的斥责，对州县官学中"图啜（喝义）哺以给朝夕，则假衣冠以诳流俗""程式论策，则又仅同覆射儿戏，初无益于治道，但为仕宦之捷径"的批评，更标举着一种民间对于知识的理想主义的立场。③据统计，南宋时代有史可稽的书院，仅江西、湖南、浙江、福建就有二百五十多处④，更不必说那些民间的乡塾，即使每个书院只有百人，也当有士子二三万人⑤。"君子之学，岂徒屑屑于记诵之末者，固将求斯道焉，何为道？吾心是也。"⑥他们在这些士人聚集的地方，穿着不合时宜的衣服，怀着不合时宜的心情，讨论着天理人欲、理气先后、格物致知、义利之辨等等超越的话题，在这种讨论中，逐渐培植着士人在道德方面的一种高尚人格，也刺激着士人中间关于批评的严厉标准。⑦这些影响了几乎整个世俗社会教育取向的著名知识领袖，一旦掌握了考试权力，又会通过诠选而影响整个知识界的风尚。⑧但是当他们还没有进入主流意识形态时，每当政治中心有什么风吹草动，他们都会凭借着知识与思想的话语权力进行干预，激活民间知识界的批评潮流，以至于再次形成文化重心与政治重心的分离。

自然，这一学风是不断受到来自政治中心和实用思潮的抵制的。除了绍兴六年（1136年）陈公辅等人的上疏谏禁伊川学之外，在半个多世纪中，陆续有人在朝廷中对

---

① 《蒙斋集》卷十三《象山书院记》。
② 张栻《张南轩先生文集》《潭州重修岳麓书院记》；朱熹《朱子文集》卷七十四《白鹿洞书院揭示》；杨简《慈湖遗书》卷五《东湖书院记》。
③ 《朱文公集》卷六十九《学校贡举私议》第27—28页；《续文献考》卷五十引兵部侍郎虞俦语。又，《朱文公文集》卷七十五第27页《送李伯谏序》中批评官方"学校之官虽遍天下，而游其间者不过以追时好，取世资为事，至于所谓修身齐家治国平天下之道，则寂乎其未有闻也，岂是国家所以立学之本意哉？"
④ 李国钧等编《中国书院史》，湖南教育出版社，1994，第131页。这个数字包括整个南宋时代。
⑤ 据高斯得《耻堂存稿》卷四《公安、南阳书院记》，淳祐二年（1242年），当时孟拱建立的公安、南阳书院的定额，分别是140人和120人。
⑥ 袁燮《絜斋集》卷十《东湖书院记》，丛书集成本，第149页。
⑦ 参阅刘子健《宋末所谓道统的成立》中第五节《不合时宜和生活作风》关于朱熹的叙述，《两宋史研究汇编》，台北：联经出版事业公司，1987，第268—273页。又参见，朱汉民《南宋理学与书院教育》，《中国哲学》第十六辑，岳麓书社，1993。
⑧ 例如朱熹的《策问》和《白鹿书堂策问》，就是用考问学生的方法传达他的思想，《朱文公文集》卷七十四，第4—13页。

它进行批评,特别是在这种学风越来越在士人中兴盛的时代,如绍兴二十三年(1153年)郑仲熊就对已经去世的赵鼎与胡寅的追随者杨迥进行抨击。胡襄抨击说他们垄断考试,私改试题,"欲使人人尽归赵鼎、胡寅之门而后已",并严厉地要求区分学术正邪①。宋孝宗朝的郑丙和陈贾,则攻击"近世士大夫有所谓道学者,欺世盗名,不宜信用""道学之徒,假名以济其伪,乞摈斥勿用"②。此后,林栗更激烈地指斥朱熹"本无学术,徒窃张载、程颐之绪余,为浮诞宗主,谓之道学,妄自推尊。所至辄携门生十数人,习为春秋、战国之态,妄希孔、孟历聘之风",认为如果以治世的法律来衡量,朱熹就是"乱人之首"。③尤其是庆元元年(1195年),赵汝愚被迫离职以后,"缙绅大夫与夫学校之士,皆愤悒(忧愁不安)不平,疏论甚众",而在其背后,又有很多是当时社会上的"知名士",政治权力似乎感到了文化权力的威胁。于是,胡纮、刘德秀、林栗、何澹等人纷纷上书,首先就是贬斥作为道德批评依据的"道学"。胡纮疏中说,"伪学猖獗,图为不轨,动摇上皇,诋诬圣德",把这种知识权力看作对政治权力的威胁④;何澹疏中说:"专门之学,流而为伪,空虚短拙,文诈沽名",把这种知识风气看作知识界内部的权力和名誉独占⑤;林栗疏中讽刺"士大夫好论时事,……其误人之死必矣",把这种思想学说看成是空谈误国的空头议论⑥。

南宋的理学就是在上述这样的语境下延续着。在士人阶层中,它迅速弥漫并形成风尚,在政治主流的打压下,始终处于边缘;在民间知识界,它已经拥有舆论权力,已经构成了相当的公共空间,而在政治权力中枢,在实用的政治运作中,它却始终没有发言权。

(二)朱熹在南宋理学中的中心位置

在所有的南宋理学家中,无论是当时还是后世,朱熹无疑都占据了中心位置,很多研究论著都已经指出了他在理学历史中的意义,如集"理气之学"与"象数之学"之大成,建构宋代新儒学的体系,等等。⑦不过,今天在重新讨论朱熹的思想史意义时,特

---

① 《建炎以来系年要录》卷一六五,第2704页。
② 《宋史》卷三九四《郑丙传》,第12035页。参见《宋元学案》卷四十八《晦翁学案》,第818页。
③ 《宋史》卷三九四《郑丙传》,第12031页。据《宋元学案》卷四十八《晦翁学案》记载,连孝宗也颇觉得林栗言过其实,说"林栗言似过",而叶适尽管并不完全认同"道学",但也与林栗有相当激烈的辩论。叶适反驳林栗的文字,见《水心文集》卷二《辩兵部郎官朱元晦状》,《叶适集》第一册,中华书局,1961,第16—20页。
④ 《宋史》卷三九四《胡纮传》,第12024页。
⑤ 《续编两朝纲目备要》卷四,第64页。
⑥ 《宋史》卷三九四《林栗传》,第12029页。
⑦ 秋月胤继《朱子研究》,东京:京文社,1926,第21页。

别应当提出的共识有以下方面。

第一，朱熹通过经典诠释、历史重构以及对思想世俗化的努力，再度确立了所谓的"道统"。

所谓"统"，是一种虚构的历史系谱。怀有某种意图的思想家们，把在"过去"曾经出现过的，又经过他们精心挑选的一些人物或思想凸显出来，按时间线索连缀起来，写成一种有某种暗示性意味的"历史"，给这种历史以神圣的意义，来表达某种思想的合理性与永久性，于是就构成所谓的"统"。比如，"正统"是说政治史中由享有不言而喻的权力的家族和君主构成的连缀性系谱，进入这一系谱就意味着拥有政治权力的合法性；"道统"则是指思想史中承担着真理传续的圣贤的连续性系谱，被列入这一系谱就意味着思想的合理性。凸显了这一系谱，也就暗示了由这一系谱叙述的道理优先于其他的道理，即应当尊崇的普遍真理；而凸显了这一历史系谱的叙述者，也就在终点拥有了真理的独占权。①

自从韩愈拈出传续真理的系谱，用以象征与佛道异端泾渭分明的儒家传统以来，经北宋程颢、程颐等人的大力宣传，"道统"已经开始成为士人中间普遍接受的关于真理的历史常识。但是，在确立"道统"中，还有两个问题始终没有解决：一是，孟子并没有真正成为公认的儒家真理的承上启下的阐扬者，包括司马光在内的很多人还没有完全认同他的思想史意义，比如司马光《疑孟》批评孟子关于"性善"的学说，刘恕《资治通鉴外纪》批评孟子对于经义与世事的见解，李觏以及追随者更常常批评孟子把仁义当作可以速售的东西，把思想的真理凌驾于政治的权力上，所以实际上蕴含了"教诸侯以叛天子"的因子，有人如张俞就更直截了当地否认韩愈以来关于道统的见解，根本不承认孟子的意义。②二是，孔孟、韩愈以后，儒家真理是否由伊洛一脉传承，这也还没有得到共同的认可。不仅在前述反对道学的那些权臣那里，道学、洛学或伊川学等等，只是一个贬斥的词语，就是大体赞同他们思路的士人中，也有人对这一系谱大有怀疑。像叶适虽然再三回护道学，也对他们确立道统、垄断真理颇为疑惑，质疑说，"道果止于孟子而遂绝邪？其果至是而复传邪？"显然，还有很多人并不认同这种真理的系谱，

---

① 对于道统重建的意义，一方面在于确立合法性思想的历史系谱，把四帝二王周公孔子以后的正统性通过孟子延续到当下，借助这种虚构的历史系谱建立以自身为中心的思想权威；另一方面在于确立合理性思想的历史渊源，以便通过这种确立垄断思想的权力。参阅葛兆光《中国思想史》第二卷第一编第五节《重建国家权威与思想秩序：八至九世纪之间思想史的再认识》中关于韩愈重建"道统"的阐述。复旦大学出版社，2004，第111—140页。
② 关于孟子的争论，资料甚多，其中较概括的文献可以参见《邵氏闻见后录》卷十一至卷十三，引司马光、苏轼、李觏、陈次公、傅野、张俞等等言论，中华书局，1983，第83—105页。

而这种真理系谱未能确立，就意味着在思想世界中还有其他的诸多真理，理学并不能独占思想话语的权力。关于道统的这种焦虑始终在服膺理学的士人心中存在，而在理学家心目中就格外严重，朱熹在白鹿洞曾经追问过他的学生这一问题，说人们对于孟子"或非之，或自比焉，或无称焉，或尊其功以为不在禹下"，这是为什么？又说宋代儒学很盛，官方有欧阳氏，有王氏，有苏氏之学，民间有胡氏、程氏之学，那么"孰得其正"①？看似这是考问门下学生，也是扪心自问，显然，"道统"还需要再度确立与彰显。

据学者研究，乾道二年（1166年）以后，朱熹就开始收集北宋理学家的事迹和思想，编写《伊洛渊源录》，开始他再度重建道统历史的工作，大约经历了七年，才形成初稿，然而到了淳熙元年（1174年），也没有最后定稿。②尽管它最终也许是一个未定稿，然而它却显示了朱熹对于"道统"的重视。这部追溯理学的渊源和传续的著作，从周敦颐开始，然后依次是程颢、程颐、邵雍、张载兄弟，接下来叙述二程的同时共学之友，以及二程的弟子门人如三吕（大忠、大钧、大临）、谢良佐、游酢、杨时、尹焞，以及南宋初期的胡安国，最后叙述到了与朱熹接近的理学传人，他把这种真理的传续与学者的师承重叠起来，把思想的薪火相传描述为一个历史系谱，在思想认同的同时确立了真理的边界，在真理系谱的确定中也凸显了周边的异端，于是后学在追求真理的时候，可以有明确的拣择和摹仿、认同与拒斥的标准。③紧接着，在淳熙二年（1175年）夏天，朱熹与从东阳来的吕祖谦一起读周、张、程氏的书，两人共同选辑理学前辈的言论④，编了《近思录》十四卷。这部书中，选辑了周敦颐、程颢、程颐和张载的语录，依照"正心修身齐家治国平天下"的思路，分成道体、为学、致知、存养、克己、家

---

① 《朱文公文集》卷七十四《白鹿洞策问》，第12—13页。
② 王懋竑的《朱熹年谱》（卷一，中华书局，1998，第61页），说《伊洛渊源录》在乾道九年（1173年）编成；但陈祖武的《朱熹与伊洛渊源录》（《文史》第三十九辑，中华书局，1994，第149—164页）则指出这一结论的错误。
③ 《四库全书总目》卷五十七《伊洛渊源录》第519页提要中说，"宋人谈道学宗派自此书始，而宋人分道学门户亦自此书始"。后来《宋史》立《道学传》更接续此书的思路，在历史记载中真的确立了所谓的"道统"。
④ 在这之前，他已经于乾道四年（1168年）编成《程氏遗书》，在乾道八年（1172年）撰了《西铭解义》，在乾道九年（1173年）编成了《太极图说解》与《通书解》。在他的心目中已经形成了对"道统"的大体思路，如乾道五年（1169年）《周太极通书后序》中就认为程颢、程颐"语及性命之际，亦未尝不因其（周敦颐）说"，所以可以相信《近思录》的主要思想来自朱熹。《朱文公文集》卷七十五，第19页。

道、出处、治体、治法、政事、教学、警戒、辨异端和观圣贤十四卷。①按照陈荣捷的解释,这也是"以朱子本人之哲学与其道统观念为根据"编成的,因为它比《伊洛渊源录》更严格地描述了道统的延续,不仅把疑孟尊杨、以政治与史学见长的司马光排除在道统之外,而且把道家意味比较浓厚的邵雍也划在儒学正统体系之外,以周敦颐为理学的开端②,以二程为理学的正宗,以张载为理学的补充③,从此确立了理学的思想系谱。④

第二,朱熹重新凸显了作为思想依据的"经典",指示了理解经典意义的新途径。

虽然,在朱熹撰述《伊川渊源录》之后,这种"道统"被详细地书写下来,在朱熹与吕祖谦编成了被后世称为理学入门第一书的《近思录》之后,这种"道统"的思想脉络和诠释边界也清晰地凸显出来了。不过,追根溯源,这种道统实际上并不是历史传承的记录,而指的是儒家思想与真理的连贯性,思想和真理资源还是在儒家早期的经典中,周、张、二程的思想毕竟是对儒家经典的理解与诠释,道统传续的还是经典所记载的"千圣相传之心"。⑤因此,如何将传统儒家经典的理解与解释引向理学的新思路,这是一个相当重要的策略问题。按照朱熹自己的说法,《近思录》是通向"四书"之阶梯,而"四书"才是通向最终真理文本六经的阶梯⑥,所以更重要的事情是重新确认《论语》《孟子》《大学》《中庸》作为最基本、最优先的儒家经典,并依照理学的思路来诠释其中的思想,规定理解的思路。对于后世思想史来说,朱熹极重要的意义还在于其不仅确立了"道统",清理了思想系谱与边界,而且提供了一个新的关于"道统"

---

① 关于《近思录》的篇目大意,参看《朱子语类》卷一〇五第2629页,记载朱熹给门人解释时,说得详细一些。
② 把周敦颐放在理学的发端,大约是南宋初年如胡宏等人的发明,而最后确立则是在《伊洛渊源录》和《近思录》编定之后,参加钱穆《朱子新学案》第17页。
③ 需要注意的是,周敦颐在理学的历史上究竟是否真的起过这么大的作用,实在是可疑的,但是朱熹把他放在理学道统的前面,显然是要构造一种思想的历史系谱,用《太极图说》的宇宙图式和《通书》中关于"理""性""气"的简要陈述,为理学溯源发端,这与他在跟吕祖谦同编《近思录》时,同意把"道体"放在卷首,是同一个思路。陈荣捷《朱子之近思录》,载《朱学论集》第126页。
④ 这种道统系谱很快得到了很多人的认同,如嘉定九年(1216年)袁燮《濂溪先生祠堂记》中有"道统寖微,不绝如线",到宋代由周敦颐开始,传到二程的文字,见《絜斋集》卷九,丛书集成本,第132页。嘉定十七年(1224年)皇帝承认"伊川先生绍明道学为宋儒宗"以后,嘉熙三年(1239年)李心传撰《道命录》十卷,用文献辑存和历史叙述的方式对这一系谱再次作出肯定,见《通命录》序文,《续修四库全书》第517册,据北京大学藏清影宋抄本影印本,第507—508页。
⑤ 《伊洛渊源录》卷二《遗事》第16页,引朱光庭语,就已经指出所谓"道统"就是一个凸显"诚"字的历史系统,那些被算成谱中人的,就是"得圣人之诚也"。刘述先的《朱子哲学思想的发展与完成》(台北:学生书局,1982年,第421页)中有很好的论述,并指出"道统成立的真正基础在于此心此理的体认"。
⑥ 《朱子语类》卷一〇五第2629页。

的经典文本,即《四书集注》。

毫无疑问,对于儒家经典中《论语》《孟子》《大学》《中庸》的重视,是从韩愈时代就开始了的。这几部经典的地位的逐渐凸显,也是一个相当复杂的漫长过程。在北宋时,这几部经典已经被越来越多地单独拈出,也被越来越尊崇,并深刻地解释出新的意义。①像《大学》,程颢曾说"《大学》乃孔氏遗书,须从此学则不差",程颐也说"入德之门,无如《大学》"②,而北宋与南宋之间最重要的学者杨时也认为《大学》是学者之门,"不由其门而欲望其堂奥,非余所知也"③;又像《中庸》,除了程颢、程颐的一些零星诠解外,还有相当多的专门注释与阐发,如胡瑗的《中庸义》、吕大临的《中庸解》、晁说之的《中庸篇》以及石𡐪(dūn)汇集十家的《中庸集解》等,杨时也曾经把《中庸》称为"圣贤之渊源,人德之大方"④。不过,正如很多研究者指出的,朱熹的意义,首先在于把四部书汇合在一起,由这四部书构成支持理学思想的一个经典系统⑤;其次以这四种经典作为其"道统"系谱的文本,使从孔子经子思到孟子的历史得到著作的支持⑥;再次是对四部书都作了简要而精密的注释和阐发,在《四书章句集注》的注释里融贯了理学的思想⑦。

凡研究者,从现存文献中知道,朱熹很早就开始注意历来各家对《论语》《孟子》《大学》《中庸》的诠释,也在阅读理学前辈的言论时,相当注意他们对于四书意义的理解。朱熹曾经描述过他学习《论语》的经过,说"历访师友,以为未足,于是遍求古

---

① 以下关于朱熹以及其之前四书诠释情况的论述,参考顾歆艺《四书章句集注研究》第四章《四书的汇合》,北京大学博士论文,1999年。
② 见《河南程氏遗书》卷二,卷二十二,《二程集》第18、277页。
③ 《杨时集》卷二十六《题萧欲仁大学篇后》,福建人民出版社,1993,第613页。
④ 《杨时集》卷二十五《中庸义序》第593页。
⑤ 《宋史》卷四二七《道学传》第12710页中说,"(二程)表章《大学》《中庸》二篇,与《语》《孟》并行",似乎四书已经由程颢、程颐确立。但是这种说法并不可靠,顾歆艺的博士论文《四书章句集注研究》第103页已经有所考证,并指出"四书的并行是从朱熹开始的而不是二程"。朱熹《答吕子约》曾说,"《论》《孟》《中庸》《大学》,乃学问根本,尤当专一致思,以求其旨意之所在",并指出这四种书应当有次序地阅读,见《朱文公文集》卷四十七第1页。又,朱熹在著名的《学校贡举私议》中也建议,"诸经皆兼《大学》《论语》《中庸》《孟子》",见《朱文公文集》卷六十九第24页。
⑥ 见于《大学章句序》和《中庸章句序》中。前者强调曾子的意义,指出孔子关于复其性的学说,"三千之徒,盖莫不闻其说,而曾氏之传独得其宗",并指出后来"孟子没而其传泯",直到二程才再度发扬,自己也正是"私淑而有闻焉";后者则指出"允执厥中"的传统,"圣圣相承",经颜回、曾子到子思,由子思写下了《中庸》,后来也是由于二程"续夫千载不传之绪",这样,《论语》以后,由曾子(《大学》)、子思(《中庸》)、孟子(《孟子》)的系谱就建立起来,其思想也有了明确的文献依据。
⑦ 关于《四书章句集注》中,哪些是对于前人注释的采用,哪些是朱熹自己的新解释,需要相当仔细地考证和剖理。见日本学者大槻信良的《朱子四书集注据考》,台北:学生书局,1976年。

今诸儒之说,合而编之,诵习既久,益以迷眩,晚亲有道,窃有所闻,然后知其穿凿支离者,固无足取,至于其余,或引据精密,或解析通明,非无一辞一句之可观,顺其于圣人之微意,则非程氏之俦矣"①。可见,朱熹虽然不废弃古人对词句的注疏,然而更推重二程等人对意义的解释②。在长期的阅读中,朱熹曾经编撰过好几种关于《论语》的注释,如隆兴初年(1163年)编成、后曾在武阳学中刊刻的《论语要义》,为"藏之家塾,俾儿辈学焉"的《论语训蒙口义》和集九家之说而成的《论孟集义》,等等。③同样,对于《孟子》《大学》《中庸》,朱熹也下了相当的功夫,在《集注》中,不仅择善而从地采用了不少旧时的注疏,也引用了很多理学前辈的解说与发挥,更常常自有新说,不仅对四种经典文本有相当清晰的解说,而且也在其中融入了一个贯通形而下的理学家的思路。比如《孟子》中有"告子曰生之谓性"一节,朱熹在注释中以二百多字的篇幅强调,"性者,人之所得于天之理也,生者,人之所得于天之气也。性,形而上者也,气,性而下者也",把人的本然天性与人的自然气质区别开来,特别指出告子的弊病在于"徒知知觉运动之蠢然者,人与物同,而不知仁义礼智之粹然者,人与物异也",这恰恰是孟子思想的一个关键,也是他关于人需要博学涵养的思路的起点④;又如《大学》中至关重要的"格物致知"一节,朱熹取程颐的说法,为《大学》补上了一段关于"格物致知"就是"即物穷理",这一段后来被称为《大学补传》的文字,也恰恰是他的思想的另一关键⑤;再如《孟子》最后关于"由尧舜至于汤,五百有余岁"的论述,由于是关于"道统"的重要依据,于是朱熹又用了相当长的篇幅,引述文彦博和程颐的话,指出这种关于"天理民彝不可泯灭"的传统正是在这时复兴的,虽然这个时代"人欲肆而天理灭",但是由于他们"得不传之学于遗径,以兴起斯文为己任,辨异端,辟邪说,使圣人之道涣然复明于世"⑥。

大约在乾道九年(1173年),《大学章句》《中庸章句》成书;淳熙四年(1177年),《论孟集注》编成。到绍熙四年(1193年),经朱熹同意合刊⑦。《四书章句集注》在数百年之后,作为规定的教科书,经由官方考试,成为古代中国影响最大的传播

---

① 《朱文公文集》卷七十五《论语要义目录序》第6页。
② 朱熹在整理前人的语录和文献时,相当细致地阅读了张载、二程、吕氏、谢、杨、游的文献,包括他们对于《论语》《中庸》等的诠释。见《朱文公文集》卷七十五《论孟集义序》21页、《中庸集解序》29页,卷七十六《大学章句序》《中庸章句序》22、23页;《朱子语类》卷十九第422页以下。
③ 《朱文公文集》卷七十五《论语要义目录序》第6—7页,《论语训蒙口义序》第8页,《论孟集义序》第21页。
④ 《孟子集注》卷十一,《四书章句集注》第326页。
⑤ 《大学章句》,《四书章句集注》第6—7页。
⑥ 《孟子集注》卷十四,《四书章句集注》第377页。
⑦ 据《别集》卷一《答刘德修书二》,陈来《朱子书信系年考证》系于此年,第358页。

理学思想的文本。它借助对四种经典的解释，规定了对早期儒学、理学以及"道统"的理解取向、重心和边界，也渐渐确立了经典、思想与意识形态话语的同一性，即实现了经学的理学化。

第三，朱熹通过思想的具体化和世俗化的努力，使那些本属于上层士人的道德与伦理原则，渐渐进入民众的生活世界。

一般来说，思想史常常把思想家的思想悬置起来，从而成为分析的文本。这当然是由于思想所发生的土壤和思想所进入的生活业已消失，但也是因为很多思想家并不注重思想的实现而只注重思想的提出。这使得思想史无法确定这一思想对真正的社会生活环境的意义。不过，在古代中国的思想家中，继程颐之后①，朱熹可能是最自觉地将自己的思想世俗化、生活化，进而形成实际制度的一个学者。朱熹对于自己提倡的理学原则如何进入生活世界时是相当注意的。也许是因为他长期教学的缘故，他在探讨各种超越和深奥的道理时，反复强调这种原则在生活中的实现，以及生活中人的思想与行为对原则的表现②。朱熹曾说，"道不远人，理不外事"，他认为，一个人能够遵循圣人教导的原则，端正自己的心思与行为，"入孝出弟，行谨言信"，首先要有规矩，他很不赞同真理与意义的内在化，也不赞同学者把精力仅仅用在从内心寻找终极意义。因为他觉得，在天下所有的现象事物中都有着根本的"理"，在端正心术的行为中，也存有"理"，所以他强调"古人之学，固以致知格物为先"，而从小开始的"洒扫应对进退之节，礼乐射御书数之习"，也是相当必要的。如果拒绝这些细小的知识与行为，就是"以动、静为两物，而居敬、穷理，无相发之功矣"③。他曾经不厌其烦地多次提到，"洒扫应对进退之节，爱亲敬长隆师亲友之道，皆所以为修身齐家治国平天下之本"④。所以，他曾经相当注意民间生活世界的种种规则和仪式，如他曾经相当细致地对《吕氏乡约》进行修订，"附以己意，稍增损之"，甚至不厌其烦地增添细节，比如规定月旦月朔之会仪式的位置、程序以及揖拜应对等等⑤；也相当注意对初学者启蒙时

---

① 程颐曾说过，"冠昏丧祭，礼之大者，今人都不以为事，某旧曾修六礼，将就后，被召遂罢，今更一二年可成"，他还具体地指出必要的纲目是"每月朔必荐新，四时祭用仲月，时祭之外，更有三祭"等等，见《河南程氏遗书》卷十八，《二程集》第240页。
② 参看《朱子语类》卷八十九以下，中华书局，1988年。
③ 《朱文公文集》卷四十七《答吕子约》，第11页。
④ 《朱文公文集》卷七十六《题小学》第21页。又，参见《答林择之书》。张世南《游宦纪闻》（卷八，中华书局，1981年，第69页中说，他曾经亲眼看到朱熹的手书，上书"讲明正学，其道本乎人伦，明乎物理，其教自小学洒扫以往，修其孝弟忠信，周旋礼乐"，也可以作为旁证。
⑤ 《朱文公文集》卷七十四《增损吕氏乡约》第25—32页，《蓝田吕氏乡约》分四类，"一曰德业相劝，二曰过失相规，三曰礼俗相交，四曰患难相恤"，规定了善恶准则、乡间礼仪、责任义务等。

期的教学,曾经为程端蒙、董铢所编乡塾教学用的《学则》作序,指出"凡为庠塾之师者"都应当以规矩"训导整齐"学生,使他们"群居终日,德进业修,而暴慢放肆之气不设于身体"①。

其中,朱熹最重要也是在后世影响最广的著作就是《家礼》②,他觉得家庭、家族内部的"冠昏丧祭仪章度数"虽然是表面的仪式,但这种仪式隐含了"名分之守""爱敬之实"等有关价值观念性的内容。于是,他对三代以来已经变异了的礼仪加以调整,"因其大体之不可变者,而少加损益于其间,以为一家之书",借助外在的仪节使人们"谨名分,崇爱敬",构建"修身齐家之道,谨终追远之心"。③在这部包含了家族生活伦理准则的"通礼"和"冠礼""昏礼""葬礼""祭礼"四种重要礼仪制度的著作中,朱熹尽可能地以从众和从俗的原则修改古礼中很难用于今的制度和器物,例如将婚礼的六礼简化为三礼④,依据当时社会阶层的重新组合,创建民众与士人共同祭祖的祠堂,接受司马光《书仪》的思路而不接受二程多从古礼的思路,等等。⑤《朱子家礼》的撰述意义,意在将日常生活中的重要环节,诸如出生、婚礼、丧葬以及祖先祭祀,都纳入儒学传统的生活秩序,还试图抵制佛道二教在日常生活中的影响。正是这种将儒学原则世俗化、生活化的努力,保证了理学所确定的原则真正深入了社会。

(三) 朱熹在发展理学中的思想成就

朱熹在其编撰的《伊洛渊源录》中记载了一个这样的故事:程颐问邵雍,"此桌安在地上,不知大地安在甚处",于是邵雍为程颐论述了一番"天地万物之理及六合之外",使得程颐大为叹服,说"平生惟见周茂叔论至此"。无独有偶,后人在编撰朱熹的事迹时,也有这样一个故事,说朱熹幼年刚刚会说话的时候,听见父亲指着天说"天地",就追问:"天之上是何物?"到了五六岁的时候,就常常烦恼地思索:"天体是如何?外面是何物?"也许人们会认为这两个故事都是后人的想象和杜撰,但这种想象

---

① 《朱文公文集》卷八十二《跋程董二先生学则》第14页。同时,在他为官的时候,也曾十分注意儒家一些原则的政治实践,特别关注社群的福利问题,包括建立拯救饥荒的仓库,协助宗族建立公田等等,这在南宋曾经是一些士人关心的问题。
② 关于《朱子家礼》本身,尚有相当多的争论,有人认为它不是朱熹的著作,不过最近的研究大多倾向于相信它是朱熹的著作。参见,上山春平《朱子的礼学》,载《人文学报》第四十一号,日本京都,1976年。
③ 《朱文公文集》卷七十五《家礼序》第18页。又,朱熹曾经在淳熙元年编成《古今家祭礼》,见《朱熹年谱》卷一,第62页。
④ 朱熹关于婚礼的改革,并不是拘泥于古礼,而是依据两宋的婚姻礼仪,省去了一些过程,只留下"议婚""纳币""亲迎",后来中国大多数士人的婚礼即以此为准。见方建新《宋代婚姻礼俗考述》,《文史》第二十四期,中华书局,1985年。
⑤ 杨志刚《朱子家礼:民间通用礼》,《传统文化与现代化》1994年4期。

和杜撰却暗示了理学追问超越世界的取向。也许是由于儒家思想的终极依据"天"即宇宙观问题的局限性一直受到诟病，或许是受到道家思想和佛教思想的宇宙观的不断挑战，宋儒理学对于知识的探寻并不止于形而下的、具体的现象世界，也不止于时间与空间中可触可见的人与事，而仿佛是要用"打破砂锅问到底"的方式，试图把握一种根本的、超越的"道"或"理"，寻找可以"一以贯之"的终极解释。正因为如此，他们的思想才成为所谓"理学"或"道学"。

第一，探求秩序和准则的普遍性与绝对性的最终依据，器之理者谓道。

"性与天道不得而闻"的传统儒学，到了宋代新儒学发生变化，目的恰恰在于，不仅仅满足国家秩序和生活准则的建设，更探求秩序和准则的普遍性与绝对性的最终依据，因而，宋儒们不能不为这种超越了事物与现象的秩序和准则，重新建立一个形而上的根本基础。在朱熹和吕祖谦同编《近思录》的时候，尽管他们两个都并不特别喜欢讨论宇宙本原问题，也觉着这种本原问题实在玄虚难以把握，但也无可奈何地在《近思录》的最前面特设了不可回避的"道体"一目。后来，朱熹曾经在与门人弟子谈话时说过，"《近思录》首卷难看"，"看《近思录》，若于第一卷未晓得，且从第二卷、第三卷看起"，这是为什么呢？因为第一卷的"道理孤单"。所谓"道理孤单"，就仿佛是"高处不胜寒"，这些超越了现象世界只是在语言世界中可以讨论的终极本原太过抽象。但是，这些笼罩了所有现象世界的本原，却是思路的起点与追求的终点。所以，朱熹给吕祖谦写信说，过去曾经嫌"太极及明道论性之类"道理说得"太高"，删去了几段，但现在看来却一段也不能少，之所以不能少，是因为它是根本枢纽，正如吕祖谦所说，"后出晚进，于义理之本原虽未容骤语，苟茫然不识其梗概，则亦何所底止？列之篇端，特使之知其名义有所向往而已"。①

于理学家的话语中，被称为"理""道"或"太极"的根本，是超越了有形有象的现象与事物的形而上世界。正如朱熹在《答陆子静》中说的，"凡有形有象者，即器也，所以为是器之理者，则道也"②。这种"理"是先于万事万物而生的原则，而且也是贯穿于万事万物的规则，"未有天地之先，毕竟也只是理"③，"做出那事，便是这里有那理，凡天地生出那物，便都是那里有那个理"④，但它又是绝对的纯粹的本原。

---

① 《朱熹年谱》卷一第2页。
② 《朱熹年谱》卷二第67—68页，引吕东莱跋语。
③ 《朱子语类》卷一第1页。
④ 《朱子语类》卷一〇一，第2582页。陈淳的《北溪字义》（卷下，中华书局，1983，第42页）解释"理"字时说，"理无形状，如何见得？只是事物上一个当然之则便是理，'则'是准则、法则，有个确定不易底意"。

所以朱熹说"太极只是个一,而无对者",也是"极好至善的道理"①,在未发之前处于无形无言无位的绝对空静状态中,但是又包孕着动与静两端,在动静阴阳两端中蕴涵着万事万物②。但是,当"理"呈现在形而下的世界时,却是体现为构成一切的基本质素"气"。如果说"理"是形而上的,纯明绝对、无形无言的,那么"气"却是"形而下之器也,生物之具也"③。不过,它虽然是"器",而且"道器之间,分际甚明,不可乱也",它又始终"傍着这理行",而且"有此理,便有此气,流行发育"④。由于"理"虽然是绝对的"一",但是"气"却分阴阳之"气",生五行之"质",阴阳五行化生万物⑤,于是,统一的"理"在万事万物中却有种种不同的呈现。

第二,引入"理一分殊",阐发"未发"与"已发"、"道问学"与"尊德性"。

朱熹再度引入北宋理学家关于"理一分殊"的思路,因为他相信,在外在的现象世界中是"一本万殊",也就是林林总总、各有分宜,但"天下之物莫不有理",正是这种均衡与合理的存在,蕴涵了一个普遍的"理"。因而需要对各种事物与现象有深入的省察,从而在这些不同的事物中体会绝对与同一的"理",这就是"格物致知"或"即物穷理"⑥。而对于禀受"气"而生的人来说,内在的心灵世界中也有一种"一本万殊"的问题。按照这种关于理性的思路,本来人性应当都是一样的,但是如何解释天下的人心各有不同?如果进入生活世界的心灵,真的与绝对的"理"同一,那么它为什么会衍生出种种不符合"理"的意识和行为来?朱熹的解释是,"气"已经有精粗清浊,不仅是因为"就人之所禀而言,又有昏明清浊之异"⑦,就是"未发"与"已发"之间也全然不同。当人们的心灵"未发"之时,人们保持着合乎"理"的"性",但是当这种心灵已经开发的时候,"心"就萌生了种种不同的思虑与情感,于是才会有种种异样的思想和行为,所以也需要以"敬"的心情,对心灵进行反省与涵养,这就是"正心诚意"。正是这两种探求知识与思想的进路,体现了朱熹一系的知识追求和修身实践,它

---

① 《朱子语类》卷一〇〇,第2549页。
② 所以说"无方所、无形体、无地位可顿放,若以未发时言之,未发却只是静,动静阴阳,皆只是形而下者。然动亦太极之动,静亦太极之静,但动静非太极耳。……未发固不可谓之太极,然中含喜怒哀乐"。《朱子语类》卷九十四,第2369页。
③ 《答黄道夫》,《朱子语类》卷五十八,第5页。
④ "天下未有无理之气,亦未有无气之理""理未尝离乎气,然理形而上者,气形而下者",《朱子语类》卷一,第1—3页。
⑤ 《朱子语类》卷一第9页。
⑥ 《大学章句》"所谓致知在格物者,言欲致吾之知,在即物而穷其理也",《四书章句集注》第7页。
⑦ 见《朱子语类》卷四第73—76页,他多次说到"人性虽同,裹气不能无偏重""气裹之殊,其类不一,非但清浊二字而已""气裹则有清浊,是以有圣愚之异"。还可以参看陈来《关于朱子哲学中"心"的概念》,《国学研究》第四卷,北京大学出版社,1997年。

必然一方面引致"道问学"的知识主义，一方面引向"尊德性"的道德主义。①

朱熹对"格物致知"的意义有相当一贯的看法。他认为，由于"上而无极太极，下而至于一草一木一昆虫之微，亦各有理"，所以应当尽可能地穷尽各种自然知识与书本知识，"一事不穷，则阙了一事道理，一物不格，则阙了一物的道理"②。所以朱熹自己的知识就相当渊博，不仅博览群书，而且相当关注自然与社会的种种现象。③他常常在平时的教学中，要求学生去求索各种新知，在与弟子的对话中，曾经反复强调观物与读书，如"读经看史，应接事物，理会个是处，皆是格物"。他教导弟子"大抵学者读书，务要穷究，'道问学'是大事，要识得道理去做人。大凡看书，要看了又看，逐段、逐句、逐字理会，仍参诸解、传，说教通透，使道理与自家心相肯方得"④，认为依照这种学风，就可以把知识学习与思想涵养打通，从"道问学"而升入"尊德性"，在读书观物中涵养自家的心灵。

需要注意的是，后来朱熹与陆九渊等的辩论，给人以感觉上朱熹的立场逐渐偏向了"道问学"的知识主义方面，却是由激烈辩论中各自的立场不能不过度凸显而导致，正如朱熹自己在《答项平父》中颇为无可奈何地说："大抵子思以来，教人之法，惟以'尊德性''道问学'两事为用力之要，今子静（陆九渊）所说，专是尊德性事，而熹平日所论，却是问学上多了。"其实，朱熹一直相当警惕两者之间的关系，他在另一封给项安世的信中已经指出："近世学者务反求者，便以博观为外驰，务博观者又以内省为狭隘，左右佩剑，各主一偏，而道术分裂，不可复合。此学者之大病也。"⑤正因为如此，朱熹一面拒绝过去主流士人阶层中"缘科举时文之弊"，指出了把经典知识与自

---

① 《宋元学案》卷四十八《晦翁学案》第851页，是这样评论朱熹的学术的："其为学，大抵穷理以致其知，反躬以践其实，而以居敬为主。全体大用，兼综条贯，表里精粗，交底于极。尝谓圣贤道统之传，散在方册，圣经之旨不明，而道统之传始晦，于是竭其精力，以研穷圣贤之经训，其于百家之支，二氏之诞，不惮深辩而力辟之。"
② 《朱子语类》卷十五第295页。这一卷里，朱熹反复讲的就是这个道理，如"世间之物，无不有理，皆须格过"，又，"《大学》不说穷理，只说个格物，便是要人就事物上理会，如此方见得实体"。
③ 陈荣捷在其《中国哲学文献汇编》（中译本）三十四章中指出，朱熹发现了化石的性质，早期新儒家们在草药、指南针、化石、算学、地理、绘图术等等，都曾有所撰述。台北：巨流图书公司，1993，第732页。
④ 《朱子语类》卷十第162页，朱熹关于读书的言论，在《朱子语类》卷十至卷十一，可以参看兴膳宏、木津祐子、斋藤希史合著的《朱子语类读书法篇译注》（一至七），《中国文学报》第48—54册，日本京都，1994—1997年。
⑤ 《朱文公文集》卷五十四《答项平父》第6页。以读二程的书为例，他也更强调读书是为了心灵涵养，见《朱文公文集》卷七十五《程氏遗书后序》（乾道四年）第16—17页。他希望对于程颢程颐的语录，切忌"未知心传之要而滞于言语之间"，并说"读是书者，诚能主敬以立其本，穷理以进其知，使本立而知益明，知精而本益固，则日用之间，且将有以得乎先生之心"。

然知识分为两截,又把经典知识仅仅当作背诵之知识,与心灵涵养全不相干的弊端①,另一面又防止了受老庄佛教风气影响,专注于心灵涵养,把各种知识都视为累赘的毛病,在知识与思想之间艰难地寻找着一个平衡处。②

在"尊德性"即心性的涵养上,朱熹的态度是明确的,始终把培养心灵涵养当作士人的终极目的,其"格物致知"的"知",最终也还是道德理想境界,其"博览反观"所"观"的,也还是内在心性本原。他在关于"性""心""情""欲"的看法上,认为"性者,心之理,情者,心之动""心譬如水也,性,水之理也。性所以立乎水之静,所以行乎水之动,欲则水之流而至于滥也"③,大体上与《礼记》里的《中庸》《乐记》以及唐代韩愈、李翱到宋代二程的观念是一脉相承的,只是分析越加精致和细密。据说,朱熹在38岁时,发现自己过去未能沟通本性与行为、思想与知识、形而上世界与经验世界的错误,接受了张栻关于"未发是性,已发是心"的想法。但在40岁前后,又进一步体认"心"包含有"性"与"情"两端。未发之时,是心灵纯然寂然的状态,"当此之时即是心体流行寂然不动之初,而天命之性体段具焉";而已发之时,则是思虑已萌,这时的心灵包括了"理性"和"情欲"的两种趋向,如果可以用功夫对它进行涵养节制,则也可以使它"中节"而达到"和"的境界④。所以他在《与湖南诸公论中和第一书》中说:"向来讲论思索,直以心为已发,而日用功夫,亦只以察识端倪为最初下手处,以故阙却平日涵养一段功夫,使人胸中扰扰,无深潜纯一之味,而其发之言语、事为之间,亦常急迫浮露,无复雍容深厚之风。"⑤据朱熹说:"程子所谓'凡言心者,皆指已发而言',此乃指赤子之心而言,而谓'凡言心者'则其为说之误,故又自以为未当而复正之。"意思是说,程子也察觉了未分别"性"与"心"的问题,于是特意强调了自己过去所说的"心"都应当指已发之心。⑥后来,朱熹一直坚持

---

① 参考《朱子语类》卷十第175页。
② 参看余英时《从宋明儒学的发展论清代思想史》,载《历史与思想》,台北:联经出版事业公司,1976,1992年,第87—119页。这可能是早期理学家一贯的思路,像胡安国就在《答赣川曾几书》中说过,"穷理尽性,乃圣门事业,物物而察,知之始也。一以贯之,知之至也",见《伊洛渊源录》卷十三第136页。
③ 《朱子语类》卷五第97页。又,《论语集注》卷三注释"夫子之言性与天道"一段时说,"性者,人所受之天理,天道者,天理自然之本体,其实一理也",见《四书章句集注》第79页。参看《孟子集注》卷八"天下之言性也,则故而已矣"一段的解释,《四书章句集注》第297页。
④ 《朱文公文集》卷六十七《已发未发说》第12页,参看卷六十七《太极说》"情之未发者,性也……性之已发者,情也",等等。
⑤ 《朱文公文集》卷六十四第31页。
⑥ 参见黄进兴《朱陆异同:一个哲学诠释》,载《优入圣域》,陕西师范大学出版社,1998,第359—382页。

了这种关于"心"统"性"与"情",而且性情应当分别的观念,"性情一物,其所以分,只为未发已发之不同耳"①。在他的理解中,"性"是人禀受于天的本性,是绝对符合"理"的未发状态,已发的"心"即呈现在每个人的具体的有形的人性。在这种人性构成中有理性的因素,也有情感的因素,所以会纷扰动荡,只有未发之性才是符合"理"的纯然至善状态。也正是因为如此,人要具有两种修养功夫,正如他在《与湖南诸公论中和第一书》《已发未发说》等文中,多次引用程颐所说的"涵养须是敬,进学则致知"那样,前者是为涵养未发时心灵境界,后者是为修整已发心灵状态,换句话说也就是"主敬以立其本,穷理以进其知"②。

朱熹的思想无疑很有说服力。如果说,人们都同意有一个终极的普遍的"理",也都相信"性"与"理"的同一性,而且还相信这种与人的本真心灵有着本质上的契合的"理"的价值的有效性不容置疑,可是,这种纯粹的"理"又是超越时间和空间的,不受物质世界影响的,无法客观的永恒存有;那么,显然生活在时间与空间中的每一个人都具有的"心"是不可能全然达到这种纯粹和绝对的,生存在时间和空间中的现实"人",也只有其本然的"性"是可以天然地拥有这种"理"的,因此,所有生活在世间的现实"人",只能而且必须通过种种修养的途径,才能逐渐去除"情"中的"人欲",而趋近这种"理"。③正如研究者指出的,其意义"就在于不给予心以充分创造理的依据"④。朱熹的思路其实与佛教区分"人性"与"佛性"的思路一样⑤,是有意要分别"道心"和"人心"的分别⑥。他所认同的所谓三圣传心的《大禹谟》"人心惟危,道心惟微,惟精惟一,允执厥中"十六字,其实就是要求人们通过"格物"、通过"居静",以"敬"的心境引导自己的心灵,逐渐由"情欲"的杂乱趋向"心性"的纯然,从"人心"转向"道心"。而陆子所谓简截直接的"心即理",在朱熹看来,就仿佛南宗禅一样,无疑只是片面肯定了"人心"中"性"的存在,而取消了对"人心"中

---

① 《朱文公文集》卷四十《答何叔京》第32页。
② 这种分别或可称之为本然之性和气质之性,《大学章句序》中说,"天降生民,则既莫不与之以仁义礼智之性矣,然其气质之禀,或不能齐,是以不能皆有以知其性之所有而全之也"(见《四书章句集注》,中华书局,1983,第1页)。参看上山春平《朱子的人性论与礼论》(中译本),《日本学者论中国哲学史》,中华书局,1986,第347—348页。
③ 这里也参用了酒井直树《往事的声音》第44页对朱熹的评论,转引自苏哲安《日本理论与世界》,《当代》第九十七期,台北,1994年。
④ 荒木见悟,《阳明学的评价问题》(中译本),载《日本学者论中国哲学史》,中华书局,1986,第370页。
⑤ 宋代理学受到佛教的影响很多,不过应当指出,虽然从人际交往看,他多与南宋禅僧来往,但从其接受的佛教思想来看,却多是佛教中的一般性知识,所以清理起来,反是华严、北宗甚至是大乘佛教的思路,如"四法界","一即一切、一切即一"和"佛性"等。
⑥ 《朱文公文集》卷五十六《答郑子上》第31页,"此心之灵,其觉于理,道心也,其觉于欲,人心也"。

杂有的"情"和"欲"的警惕,就会缺少一段保任和涵养的功夫,一旦放纵恣肆出来,便会像狂禅一样,使"恶"的情欲不可收拾。

(四)朱熹在发展理学过程中面对的挑战

朱熹在建构理学的知识与思想的过程中,始终处于面对佛教、道教思想和理学内部等方面挑战的处境。朱熹从20多岁耽于禅学开始,到稍后从李侗(延平)学"体认未发气象",再到乾道二年(1166年)悟得二程心性学说中"心为已发,性为未发",三年后(1169年)又受张栻启发,专门发扬程颐"涵养须用敬,进学则在致知"的思想,到淳熙二年(1175年)与吕祖谦同编《近思录》,年龄已经46岁,大体已经确立了自己思想学说的中心和边界。46岁在与陆九龄、陆九渊兄弟的"鹅湖之会"以后,他还在不断修订和丰富着自己思想学说的内容和体系。朱熹在发展理学的过程中,不仅在儒学与佛道之间,也不仅在恪守传统经学的人与信奉性理的人之间,而且在同样信奉理学的人中间,也有着各种不同的趋向和思路。因此,在确立道统以及经典的同时,朱熹一生都在极力拒斥佛老以及他所谓的"杂学",除了佛教和道教之外,他对过去的很多不严格遵循理学原则的理学以及其他学说,进行了相当严厉的批评。他在《杂学辩》中,就曾经对苏轼的《苏氏易解》、苏辙的《苏黄门老子解》、张九成的《张无垢中庸解》和吕本中的《吕氏大学解》进行分析,把这些北宋以来的学者"学儒之失而流于异端",近似佛、道的言论一一剔除。例如,苏轼"溺于释氏未有天地已有此性之言,欲语性于天地生物之前",苏辙关于六祖惠能"不思善,不思恶"即"未发",张九成对《中庸》"阳儒而阴释"的解释,吕本中"惑于浮屠老子之说""不知以谁为异端",把佛教的"悟"也当作儒家的格物致知,等等。①朱熹这种捍卫道统纯粹性,确立理学思想边界的努力,还可以从他绍兴二十六年(1156年)校定《上蔡语录》时删去其中"诋程氏以助佛学"的地方②,乾道三年(1167年)在《答石子重》中叹息"洪适在会稽尽取张子韶经解板行,此祸甚酷,不在洪水夷狄猛兽之下,令人寒心③",等等方面看出。事实上,那些已经过去了的思想还不重要,更严重威胁他思想的,反倒是同时的一些不同的声音,因而在朱熹建构其知识与思想的过程中,始终是处在四面作战的处境中,其中,最大的理论威胁来自理学家内部的挑战。

---

① 《朱文公文集》卷七十二《杂学辩》第17—50页。其后附何镐乾道二年跋中说,二苏张吕都是有名之士,但都"不知道德性命之根源,反引老庄浮屠不经之说,而紊乱先王之典著,为成书以行于世",所以朱熹要"破其疵缪,鍼(zhēn)其膏肓,使读者晓然知异端为非而圣言之为正也"。
② 《朱文公文集》卷七十五《谢上蔡语录后序》第3页。
③ 《朱文公文集》卷四十二第26页。

第一，来自理学中比较讲求功利与实用思潮的挑战。

功利与实用在任何时代都有其天然的合理性，尤其是在国家与社会处于相对困难的时代，人们会普遍要求知识、思想与信仰给予他们实际可见的结果，而不太认同那些纯粹属于精神领域的超越思想和理想主义。比如吕祖谦和陈亮一系①，他们可能都觉得仅仅讨论超越的道理，并不能拯救国家，也不能重建秩序，于是可能更多地考虑历史经验、现实政治和实用事功，觉得要"本末并举，若有体而无用，则所谓体者，必参差卤莽无疑也"。②正如《宋元学案》所说的那样，他们"教人就事上理会，步步着实，颜值必可使行，足以开务成物"，"以读书经济为事，嗤嗤空疏随入牙后谈性命者，以为灰埃"③。而朱熹却对过分偏向于实用策略的"救溺"抱有警惕，他把这种思路称之为"义利双行，王霸并用"，认为这种"舍六经《论》《孟》而尊史迁，舍穷理尽性而谈世变，舍治心修身而喜事功"，追求平衡与实用的想法，甚至"不说萧何、张良，只说王猛，不说孔、孟，只说文中子"，过分追求现实和结果的风气，有可能损害真理的超越性和批评的独立性。据说，朱熹看到浙东的学者"士习驰骛于外，每语学者且观《孟子》《道性善》《求放心》两章，务收敛疑定，以致克己求仁之功"④，说起来，他内心的真正期望，是在现实政治之上确立一个"三纲五常之正道"，在每个士人的心中确立一种"粹然以醇儒之道自律"的精神，在这种高调的理想主义立场上，保持独立的士人立场，在政治策略之外拥有批评的权力。⑤但是，陈亮对朱熹过分超越的高调理论颇有不满，在给朱熹的回信中含蓄而激烈地批评道：如果只是一味地推崇三代的"以道治天下"，如果"发出三纲五常之大本"来批评汉唐的"王霸"和现实的"救溺"，在时移势变的时代，这样的高门槛却等于把"道学"的门户限得太狭，如果一味追求天理之醇，其实是"使世人争骛高远以求之，东扶西倒而卒不着实而适用"，更何况这种思路等于宣告"道"并不是像"赫日当空，处处光明"，而是"不绝者仅如缕"，"二千年

---

① 当然应当包括薛季宣和陈傅良、叶适一系，虽然永嘉这些学者与陈亮的取向略有不同，但大体上都有追求实效的倾向，见《宋元学案》卷五十二《艮斋学案》的记载。至于吕祖谦，按照朱熹的说法，是兼有两面的长处，见《宋元学案》卷五十一《东莱学案》。
② 吕祖谦《答陈同甫书》，载《陈亮集》（增订本）卷二十三，中华书局，1987，第247页。
③ 《宋元学案》卷五十六《龙川学案》，又参看吴江《南宋浙东学术论稿》，载《中国文化》第八期，香港中华书局，1993，第32—39页。
④ 参看《朱子年谱》卷三记淳熙十一年事及所引《答吕子约书》等，第143—157页。
⑤ 朱熹《寄陈同甫》《答陈同甫》，《朱文公文集》卷三十六第20，22，25页。又见岳珂《桯史》卷十二《吕东莱祭文》，根据蔡元思念成的说法，记载朱熹对陈亮《祭吕东莱文》很不满，给婺人写信批评他是"怪论"，后陈亮上书孝宗，就暗讽朱熹之学是"自谓得正心诚意之学者，皆风痹不知痛痒之人也。举一世安于君父之大雠（chóu，仇义），而方且扬眉拱手以谈性命，不知何者谓之性命乎？"中华书局，1981，第136—137页。

之天地日月若有若无,世界皆是利欲",于是,本来是赫赫然的道理却成了几个儒者垄断和私有的"古今秘宝"。他讽刺道,"因吾眼之偶开便以为得不传之绝学,三三两两,附耳而语,有同告密",特别是这种思想的垄断使得这些以为拥有了知识权力的人,永远站在世俗世界之外,"画界而立,一似结坛,尽绝一世之人于门外"。①

陈亮并不是很理解朱熹的思路。陈亮寄以相当期望的皇权,当然可以接受实用功利的想法,采纳这种有利于权力运作与政府管理的策略和建议。②毕竟在那个时代,士绅并没有以"不传之绝学"垄断政治权力的可能,相反,只是可能用手中仅有的知识权力对政治权力进行批评,因此,仅仅倡导功利与实用,这种想法不仅不能给士绅阶层以自由批评的权力,相反倒可能使士绅主动放弃批评空间的建构,心甘情愿地在政治、国家、皇权的名义下,放弃本来就很狭窄的批评立场。特别是始终处在政治权力边缘的理学家们,大约特别会有这种以"道统"制约"政统"、以超越性真理限制现实性权力的心情和想法。朱熹在给一个朋友的信中曾经说,为什么一定要"以仁义为先,而不以功利为急"?其实,并不是说功利不重要,而是从孟子提出看似玄虚的"仁""义",到他们凸显一个看来抽象的"理",就是为了有一个超越政治和权力的批评与监督的正当性理由③。"岂固为是迂阔无用之谈,以欺世眩俗,而其受实祸哉?盖天下万事,本于一心。而仁者,此心之制之谓也。"他说:"诚使是说著明于天下,则自天子以至于庶人,人人得其本心以制万事,无一不合宜者,夫何难而不济。不知出此,而曰:事求可功求成,吾以苟为一切之计而已,是申韩吴李之徒,所以亡人之国而自灭其身。"④批评得很尖锐,但是似乎陈亮一系最终也没有能够理解这种深意。⑤

---

① 《陈亮集》(增订本)卷二十八《又甲辰秋(与朱熹)书》,《又乙巳春(与朱熹)书之一》《又乙巳秋书》,第340,347,352页。
② 参看宋孝宗所写的《科举论》和《三教论》,这两篇论很清楚地表达了当时皇权对于实用性的知识与信仰的支持,分别载于周密《癸辛杂识》前集,中华书局,1987,第21—22页。
③ 正如狄百瑞在《道学与心学》(李弘祺中译本,台北:联经出版事业公司,1983年,第9页)中指出的,尽管"理"的思想对任何政治权力都有价值,但是,在朱熹这里,由于"理"具有超越特性,所以也构成"持续批评人类行为和政治制度的基础"。又参看狄百瑞《中国的自由传统》中关于儒家思想也将"过去的理想与典范作为批判当代制度的基础",因此具有自由主义意味的论述。
④ 《朱文公文集》卷七十五《送张仲隆序》,第15页,此信写于乾道四年(1168年)。正如刘子健《南宋君主和言官》指出的,这种看法表面上看来"不免迂阔",但是这恰恰是"当时儒者看透皇帝和官僚的虚伪,深深觉悟不从道德风气上来倡导精神改革,还有什么出路?"所以才有这种高调的批评思路。载《两宋史研究汇编》,台北:联经出版事业公司,1987,第18页。
⑤ 关于陈亮与朱熹的争论,最深入的研究是田浩的《功利主义儒家——陈亮对朱熹的挑战》(姜长苏中译本,江苏人民出版社,1987年)。田浩指出,陈亮的是一种功利主义取向的伦理学,而产生陈亮的这一思路的背景是回应华北沦陷,寻求国家统一。这当然很正确,不过,在这里也许会比较强调田浩所论较少的"道统"与"政统"之间的关系,以及士人运用思想文化的超越性和独立性对国家进行批评的意义。

第二，来自极力主张在内心超越的理论家陆九渊的更激烈和更有力的挑战。

与朱熹相比，陆九渊受佛教尤其是禅宗的影响更深，对追求超越境界的主张更为强烈。于陆九渊看来，人的"本心"就是"天理"，"此理本天所以与我，非由外铄，明得此理，便是主宰，真能为主，则外物不能移，邪说不能惑"①，所以，为学者只要把握住本来就具有的那颗纯粹的"人心"，就已经成为"道心"。旧时分别"天理"和"人欲"的思路，朱熹关于"人心"与"道心"不同的思路，都是有问题的。②因为人心便是宇宙，其中包含了善恶两端，也就是说一切可能性均蕴涵在"心"中，而人的学习与修养，其修养指向与终极意义都只在向内培养心灵上。所以，陆九渊认为学问的方向应当是向内体察而不是向外寻求。而朱熹关于"格物致知"的思路就未免过于枝蔓，在陆九渊看来，那些看上去很难有同一性的知识，即使是经典中的知识，也可能并不会促使人们对"心"和"理"有真正的领悟，反而会成为体验终极意义和超越境界的障碍。所以，陆九渊回答弟子提问时曾说，什么是"格物"呢？就是"研究物理"。而当弟子进一步问，"天下万物不胜其烦，如何尽研究得"时，他就告诉弟子，其实，"万物皆备于我"，只要明理，就可以把握一切③。这就有了那句千载名言："学苟知本，六经皆我注脚。"④他觉得现在很多士人把精力耗费在经典知识的学习上，而朱熹一系把各种知识看成是体验真理的途径，是在增加思想负担，却不能使精神达到纯粹，所以他说，"学者疲精神于此，是以担子越重，到某这里，只是与他减担"，而真谛就是孟子说的"尽心"，"心只是一个心，某之心，吾友之心，上而千百载圣贤之心，下而千百载复有一圣贤，其心亦只是如此。心之体甚大，若能尽我之心，便与天同"。这种全力体会"人"与"天"相通的心灵的进路，更容易单刀直入地领悟绝对真理，要比那些沉湎于各种经典知识，在枝梢末节中纠缠的途径要简捷愉快得多。于是，陆九渊讽刺那些枝蔓的学问："大世界不享，却要占个小蹊小径，大人不做，却要为小儿态。可惜。"⑤

陆九渊的这些激烈言论与他在鹅湖会上对朱熹的嘲讽是一样的。淳熙二年（1175

---

① 《陆九渊集》卷一《与曾宅之》，中华书局，1980年，第4页。
② 《陆九渊集》卷三十四《语录上》第395页，"天理人欲之言，亦自不是至论，若天是理，人是欲，则是天人不同矣……《书》云：'人心惟危，道心惟微'，解者多指人心为人欲，道心为天理，此说非是"；又卷三十五《语录下》第463，475页，"人亦有善恶，天亦有善恶……此说出于《乐记》，此说不是圣人之言"，"天理人欲之分极有病"。
③ 《陆九渊集》卷三十五《语录下》第440页。
④ 《陆九渊集》卷三十四《语录上》第395页。
⑤ 《陆九渊集》卷三十五《语录下》第444，449页。

年）陆九渊和他的兄长陆九龄在与朱熹相见之前，曾经有过一番讨论，并且达成共识。陆氏兄弟因此各写了一首诗来表达自己的思路。陆九龄诗的前两句是"孩提知爱长知钦，古圣相传具此心"，大体上是表达对"心"作为唯一本原的重视；陆九渊经过深思熟虑写的诗却进一步说了两句更重要的话，"易简功夫终久大，支离事业竟浮沉"，据说朱熹听到这两句时，大惊失色，接着听到"欲知自下升高处，真伪先须辨只令"的时候，更深为恼怒，沉吟不语。其实，陆九渊的内心深处也许并不那么自信，他自己后来也可能已经意识到自己的取向是相当极端的，对朱熹的批评也是相当过分的，他自己可能会由于强调内在心性的涵养而轻视外在知识的研习，但是，为了在对立中凸显和强调自己的立场，他仍然要坚持这一思路。所以，有一次他曾经引了朱熹的话"陆子静专以尊德性诲人，故游其门者多践履之士，然于道问学处欠了。某教人岂不是道问学处多了些子？故游某之门者践履多不及之。"然后解释说，这样看来，"元晦欲去两短，合两长。然吾以为不可，既不知尊德性，焉有所谓道问学？"①

对于一种把思想推到极端的理想主义和普遍主义，其实任何人都是很难反驳的。从理学的一般取向来看，他们都同意人的精神和心灵超越比什么都重要，于是这种极端的思想的合理性其实就没有反驳的余地，而那种精细的、关于"心"与"性""情"的统摄，"人心"与"道心"的分别的辨析，又常常只是在精英阶层所能够理解的书写文字中才有意义，而且由于各自分析立场的差异而有其思路和依据。于是，处在守势的朱熹只能就大体上对抗陆九渊的理论提出质疑。朱熹首先提出陆氏理论来源的可疑，并暗示他的理论血脉不正，有很深的佛老意味，在给陆九渊的一封信中含蓄地说道，陆的理论都很好，但是"向上一路，未曾拨转处，未免使人疑著，恐是葱岭带来耳。如何？如何？"其次朱熹提出来的是陆氏实践理路的空疏和虚妄，指出他对知识的轻蔑，"道理虽极精微，然初不在耳目见闻之外，是非黑白即在面前，此而不察，乃欲别求玄妙于意虑之表，亦已误矣"，又暗讽说，"区区所忧，却在一种轻为高论，妄生内外精粗之别，以良心日用分为两截，谓圣贤之言不必尽信，而容貌词气之间不必深察者。此其为说乖戾狠悖，将有大为吾道之害者，不待他时末流之弊也"②。最后，在和朋友弟子的书信往来和谈话中，朱熹才说出了他深刻的忧患，觉得陆氏把"心"当作一切本原，又把"人心"与"天理"等同，更否认了知识的学习和涵养的修炼，可能导致把世俗"人心"也提升到"道心"超越地位，对必然存在的"人欲"没有以"天理"制约，最终会

---

① 《陆九渊集》卷三十四《语录上》第400页。贾丰臻《宋学》（商务印书馆，1933，第115—116页）认为，这一系思想是从程颢那里，"经过谢上蔡、王震泽而来，唯象山常不满意于伊川，屡屡排斥"。
② 分别参看《答陆九渊书》（一）（二）（三），《陆九渊集》附录二第549—550页。

导致道德与伦理堤坝的全面崩溃。也就是说，陆九渊不明白心灵中有"气禀之杂"，于是"把许多粗恶底气都把作心之妙理，合当恁地自然做将去"①，结果善恶都凭着这个"心"有了合理性。朱熹在《答赵子钦》中说，"子静……大抵其学于心地工夫，不为无所见，但便欲将此陵跨古今，更不下穷理细密功夫，卒与其所得者而失之，人欲横流，不自知觉，而高谈大论，以为天理尽在是也，则其所谓心地工夫者，又安在载？"又在另一封信中说，圣贤并没有"救人只守此心者，盖为此心此理虽本完具，却为气质之禀，不能无偏，若不讲明体察极精极密，往往随其所偏，堕于物欲之私而不自知"②。这些见解在后来的思想史中可以看到，是不幸言中的，后来的王阳明以及王学继承者的取向，正好就是瓦解了他们自己反复追索的道德理想和超越心灵。

我们必须明白，朱熹与陆九渊的争论是理学内部的分歧，而其思路也只是五十步与百步之别，他们都在追问那个宇宙、社会与人生的终极意义和基本原则，都在提倡一种高调的道德理想主义和严厉的文化保守主义，都是站在政治权力的边缘希望通过"道统"来制约"政统"。就连他们最争论和分歧的治学思路，其实也相差并没有那么大③。虽然陆九渊一直在凸显"心"的意义，但朱熹同样对"心灵"的意义给予重视④；虽然陆九渊一直在批评朱熹一系的"支离"，但是朱熹其实也是相当强调追求意义而批评寻章摘句的，所谓"读书玩理"就是这个意思⑤。朱熹也常常批评"支离"，如《答吕子约》中批评吕氏"《论》《孟》两说，恐看得太幽暗支离了，所谓欲密而反疏者，须更就明白简约处看""今所论却似太支离也"，又自我批评说"熹亦近日方实见得向日支离之病，虽与彼中证候不同，然其忘己逐物、贪外虚内之失，则一而已""向来诚是太涉支离，盖无本以自立，则事事皆病耳"⑥。同样，虽然朱熹一直在批评陆九渊的

---

① 《朱子年谱》卷三，淳熙十二年，第151页。
② 《朱文公文集》卷五十六《答赵子钦》第3页，卷五十四《答项平父》第7页。朱熹的看法似乎更有利于秩序的生成一些，因为它不仅指出了人心深处的光明和善良，也正视了人心中存在的罪恶和堕落的可能，从而对人心的理解和把握可能更深入，也更有利于反思与觉悟。可是，这种见解并不比陆学那种浪漫而高超的思路更易打动人，所以在一定的时代，后者反而容易受到欢迎。
③ 狄百瑞《心学与道统》（1989年）早就指出，心学本来就是程朱为代表的道学中的一部分，它后来被凸显出来的与道学的差异，其实是在王阳明时代才最终成立的。
④ 参看张世南《游宦纪闻》卷九，中华书局，1981，第84页。"晦翁先生答或人论心之问曰：'心之虚灵，无有限量。如六合之外，思之即至。前乎千百世之已往，后乎千万世之未来，皆在目前。'又曰：'人心至灵，千万里之远，千百世之上，一才发念，便到那里，神妙如此，却不去养他，自旦至暮，只管展转于利欲之中，都不知觉'"。又，罗大经在编六经和周、张、程、朱语录时，也把他们称作"心学"，题为《心学经传》，主张求之语录，更需求之六经，更需求之于"心"。《鹤林玉露》，中华书局，1983，第333页。
⑤ 《朱文公文集》卷四十七《答吕子约》第5页。
⑥ 《朱文公文集》卷四十七第24、29、33页，卷四十八第2页。

简易直接，但陆九渊也有时会注意到知识的意义。据说在鹅湖会后不久，他曾经写信给朱熹，也说"人须是读书讲论"，似乎"自觉其前说之误"①。在陆九龄去世后，他更默认了由朱熹所写的陆九龄碑文，而朱熹也曾对陆九渊的"操持谨质，表里不二"相当佩服，对他的《白鹿洞讲义》"力言义利之辨。终之以博学、审问、慎思、明辨、笃行"也相当认同②。据说，本来他们都有"舍短集长"之心，不管这是否可信，但那种过分的朱、陆之异，却是在后来的争论中逐渐凸显，并在后世人因为各自需要在历史中翻拣思想资源的时候，才越来越尖锐起来。我们应当看到的是理学家的治学精神和学术交往、学术批评的品质。

（五）朱熹理学留下的思想隐患和陆九渊心学对后世的影响

第一，朱熹理学留下的思想隐患。

我们说朱熹的思想学说所留下的隐患，是针对在以后的思想史上而言的，主要包括以下三个方面。

一是，由于朱熹把形而上的"理"与形而下的"气"，把终极本原的"道"和现象世界的"器"联系起来，主张"物中有理""情中见性"，又提倡"格物致知"和"因事见理"，同时又把"理"和"道"悬置在超越外，要求人们追寻终极本原的"道"而超越现象世界的"器"，要求人们执"道心"而弃"人欲"，于是在两端之间就蕴涵了一种巨大的"紧张"。这种"紧张"虽然使人始终对自己的精神心灵有所"警惕"，但也使人永远处在肯定外在万物和内心情感与否定外在万物和内心情感的矛盾之中。

二是，朱熹把社会领域的伦理问题与自然领域中的物理问题，均放置在一个共同的"理"下进行拷问和追寻，特别容易导致一种习惯性的思路，即在面对自然领域的问题时去追问伦理的合理性，又在面对社会领域的问题时追问物理的严格性，于是，形成自然知识与社会知识之间过分的紧密联系，而这种联系在以后又会造成巨大的分裂。由于这两个领域缺乏独立的自主性，当来自另一文明系统的新知识对两者分别形成冲击时，它们之间就会构成一种连锁反应。一旦自然领域的新问题影响到社会伦理的旧传统，或者社会伦理的新问题对自然领域的旧解释构成伤害，或者会统统被拒斥，或者会同时崩溃。

三是，这种格物致知的思路，把知识领域的事情都归入了人格涵养和心灵境界，更加强化了传统中国知识、思想与信仰世界的一个传统，即学术的终极意义在于"为

---

① 参见《朱子年谱》卷二，淳熙六年（1179年），第88—91页。
② 《朱子年谱考异》卷二，淳熙八年（1181年），《朱子年谱》第351页。

己",因此它也许特别影响了中国士大夫对于形而下的、自然现象世界的无端轻蔑和对形而上的、道德理想的过度崇尚。

第二,陆学对后世的意义。

我们说陆学对于后世的意义,是将陆九渊的思想学说作为后世的资源来讲给思想史带来的影响,其意义有二。

一是,在他的理学世界中,特别凸显"心灵"的意义。"宇宙便是吾心,吾心便是宇宙",陆九渊把"心"提升到如此之高的地位,其本义当然是把人的道德理性的自觉性和自主性上升到终极依据,但是正如朱熹看到的,它也隐含了另一种类似于从北宗禅转向南宗禅的那种路向,即当人们特别凸显了这种"心"的意义,肯定了"心"的自主性,而生存于实际生活世界的人的"心",又不可能始终指向纯粹道德理性一端,常常会被"情"和"欲"支配的时候,它是否会在后人不断延伸和诠释下,默认"人欲"的合理性呢?而陆九渊对具体和外在的知识的轻蔑,也使得那种冲破一切束缚的精神有了理论上的合理性,正如他自己所说的,"此理在宇宙间,何尝有所碍?是你自沉埋,自蒙蔽,阴阳地在个陷阱中,更不知所谓高远底。要决裂破陷阱,窥测破个罗网",于是这种"激厉奋迅,决破罗网,焚烧荆棘,荡夷污泽"的反抗,有可能连那种道德理性的最后防线一道决破。① 虽然在陆九渊的时代,这种思想并没有出现,但是在后世强调冲决罗网、张扬个性的时候,它却真的成为一种思想资源。

二是,当他强调着超越一切个别的具体的知识的真理体验时,无意中也肯定了一种普遍真理的存在。所谓"东海有圣人出焉,此心同也,此理同也;西海有圣人出焉,此心同也,此理同也;南海北海有圣人出焉,此心同也,此理同也;千百世之上至千百世之下,有圣人出焉,此心同也,此理同也"②,由于那些关于宇宙、社会与人本身的传统思想系统,其绝对真理性的依据,除了来自社会秩序之外,常常来自历史传统与政治权力,因此,这种肯定超越时间与空间的真理的普遍主义思路,无意中瓦解了历史与权力、经典和精英对真理的解释权力,使得国家、民族、传统对于来自其他文明系统的真理的限制化为乌有,于是知识、思想与信仰就处在了一个开放的多元世界中,任何拒绝真理的理由都统统被消解。虽然在陆九渊的时代,这种思路并没有导致传统中国真理绝对意义的瓦解,但是,在当"中国"真正遭遇"世界"进入、"传统"真正遇到"现代"挑战的时候,它却真的可能成为一种接受新知的思想资源,使传统中国的思想世界

---

① 《陆九渊集》卷三十五《语录下》第452页。
② 《陆九渊集》卷三十六《年谱》第483页。

发生震撼性的危机。这虽然是作为后话，但亦被后来的历史所证明。

第三，政治权力压抑下的朱熹和陆九渊的理学的思想空间。

在那个时代，陆学并没有特别大的影响，远比不上朱熹一系，即是朱熹之学也并没有真正成为思想话语的主流。但到了元代，朱熹理学成了国家意识形态，也说明了朱熹之学的传播和影响。尽管，朱陆同时代的人就已经承认，从二程、张载到朱熹、吕祖谦等人的意义在于能标举孔、颜、曾、孟的道统，能确立《大学》《中庸》等经典①；尽管，士绅阶层的膨胀、传播手段的发达、宗族教育的开拓以及公共话语空间的渐渐确立，使得理学家的影响渐渐扩大。但是，它毕竟在政治权力的压抑下，始终处在边缘。那个时代的思想空间似乎并没有那么宽松。据载，绍熙四年（1193年），各种官方的章疏、封事、程文"传播街市，书坊刊行，流布四远"，政府官员下令追毁。过不久，又有人提到当时流行各种"小报"，"始自都下，传之四方，甚者凿空撰造，以无为有，流布远近，疑悟群听"，并且上升到危害国家政治安全的高度，于是朝廷下令禁止②。这种政治压抑，在庆元党禁（1195年）时，由于又加上了政治门户与派别的矛盾，就发展到了相当严厉的地步。而这个时候，那批儒者中唯一健在的朱熹已经66岁，而陆九渊已经去世两年，为朱、陆牵线的吕祖谦已经去世14年，与朱熹齐名的另一个理学家张栻已经去世15年，上距鹅湖之会也已经过去20年了。③

直到嘉定二年（1209年），对理学的限制才开始逐渐松弛下来。这一年谥朱熹曰"文"；过了六年，又谥张栻曰"宣"；再过一年，谥吕祖谦为"成"。南宋最重要的三位理学学者都得到官方的承认。再过四年即嘉定十三年（1220年），朝廷追谥周敦颐、程颢、程颐分别为元公、纯公、正公。至此，南宋和北宋理学系谱中最著名的人物分别被朝廷追赠谥号，象征着理学思想已经全面开禁，也象征着理学系谱的正式确认。不过，理学也还是没有那么顺利地进入人心中。据说，绍定末年（1233年），李心传曾经建议朝廷，将司马光、周敦颐、邵雍、张载、二程、朱熹"列于从祀"，当时并没有得到朝廷的同意。直到淳祐元年（1241年），也就是在庆元党禁差不多半个世纪以后，宋理宗手诏下令张、周、二程和朱熹从祀孔庙，他们被列入孔子的从祀名单，这才确立了"道统"在"政统"中的合法性。而淳祐四年（1244年），"徐霖以书学魁南省，全尚性理，时竞趋之，即可以钓致科第功名，自此，非《四书》《东西铭》《太极图

---

① 叶适《同安县学朱先生祠堂记》，《水心文集》卷十，载《叶适集》，中华书局，1961，第167页。
② 《宋会要辑稿》166册《刑法二》，第6558页。
③ 嘉泰二年二月，赵彦卫建议对历史类的书和语录进行审查，见《宋会要辑稿》166册《刑法二》第6561页。

《通书》、语录不复道矣"①,从此,理学才从民间书院的讲习进入了官方教育与选拔系统,渐渐地进入了权力中心。

理学从诞生、发展延续,到取得"道统"在"正统"中的合法性,贯穿于北宋南宋,距康王赵构在南京应天府即位建立南宋王朝(1226)18年,距北宋庆历变法200年。一种以超越思想抵抗世俗取向的、富于创造性和革命性的思想学说,本来是作为士绅阶层以文化权力对抗政治权力的武器,在进入官方的意识形态,又成为士人考试的内容后,它将被充满了各种世俗欲念的读书人复制,这时,它的本质也在被逐渐扭曲。不过,应当承认,正是由于这种本来是纯粹意义上的思想有了考试权力与仕途利益为支持背景,它才成了通行观念进入生活领域;正是由于它被当作天经地义的知识到处传抄和复写,它才成了风靡知识界的思想与学问趋向,改变了文化的主流和基调,并构建和确立了以后几百年间中国知识、思想与信仰世界的主要风景。当然,一种思想学说只是作为复制、传抄、记诵、考试的内容,其价值意义必然被严重削弱。

三、理学形态:经学史上的意义

儒家经典在汉代确立为"经学",不仅使儒家思想成为国家意识形态,而且教育知识也由"六艺"形态转变为经学状态。经学作为知识形态,自汉唐以来,儒者对其儒家经典的理解偏重于历史学的、语言学的方法,是一种所谓"注不离传、疏不离注"的诠释方法,多以训诂方式;而宋代理学家对儒家经典的理解则偏重哲学的、心理学的方法,是从思想层面探寻儒家经典的"义理"所在,以追求知识、思想与信仰世界的终极意义,从经典诠释意义上讲,使经学多了些方法论的知识,在学术、教育等方面都体现了一种创新精神。所以,人们才说理学是经学发展史上的一种特殊形态,即经学的理学形态。

(一)建立"道学""理学"概念的意义

我们都知道,"道学"概念最初曾为道家所有,"理学"概念曾为佛家所用。道家最早称修道之学为"道学",如《广弘明集》卷六《叙历代王臣滞惑解》:"后魏世祖太武皇帝初立道学,置道坛,废佛宗";其卷九《笑道论·害亲求道二十四》中有"《三元诫》云:道学不得怀挟恶心"。由于佛学有重义理的传统,因而有时也被称为"义学"或"理学",如宗炳《明佛论》说慧远"高谈贞厉,理学精妙",唐道宣《归

---

① 周密《癸辛杂识》后集《太学文变》,中华书局,1988、1997年,第65页。又,罗大经《鹤林玉露》丙编卷六《文章性理》第333页中说道:"近时讲性理者,亦几于舍六经而观语录,甚者将程、朱语录而编之若策括策套。"

正篇》说天竺之国"民博仁智，俗高理学"。但是，并不能说宋儒一定是借用了道家之"道学"、佛家之"理学"的概念，一来是"道学""理学"的用法在当时社会不曾流行，亦不曾流传后世，不可能成为某种学术思潮或学术流派的专有名词；二来是佛教最早传入中国时，是以中国道家语言为砧木进行嫁接的结果，在后来的发展中不可能不继续借鉴包括儒家在内的语言来进行佛理或佛经的义理表达。

不过，"道学""理学"概念的提出，的确是与汉唐代佛教的挑战有关。唐代中期到北宋初期的二三百年间，虽然儒家经学仍居于官学的地位，但从精神信仰层面上来看，佛教空前的兴盛与发达，使人们更向往于佛教精致的精神生活。士阶层为了仕进需要而从事于帖括记问之学，使儒家的经注成了僵化的教条。虽然，有理由相信这些教条对人们的社会生活依然起着潜移默化的作用，但很显然它已经不能完全满足人们的精神信仰的需要。因此，人们转而向佛教寻求精神的慰藉，将佛教禅师奉为人生的导师，而儒家的经师则失掉了先前的光辉，受到了冷落。甚而到了宋代，"禋祀""巫风"盛行民间，信仰极度混乱。宋仁宗赵祯（1023—1063年）当皇帝时，夏竦上疏说，洪州"东引七闽，南控百粤，编氓右鬼，旧俗尚巫"，比如像巫觋（xí）的"神坛"，就"塑画魅魍，陈列幡帜，鸣击鼓角"，而平民们会将小孩送到那里，作"坛留""坛保"，等到长大，就学习巫术，为民治病，"门施符术，禁绝往还……"他说，那个地方"奇神异像，图绘岁增，邪篆祆符，传写日多"，所以他觉得"宜颁峻典，以革祆风"。在他的主持下，官方用行政权力命令洪州一千九百多户师巫"改业归农，及攻习针灸方脉"，而所有的神像、符箓、神衫、神杖、魂巾、魂帽、钟、角、刀、笏、沙罗等共一万一千余事，下令销毁或没收。①在更早些的雍熙二年（985年），宋太宗就曾下诏对岭峤之外，"应邕（yōng，邕江，广西南宁称）容桂广诸州"中的"饮食男女之仪、婚姻丧葬之制，不俻教义，有亏礼法"进行矫正，要求"本郡长吏，多方化导"。②在普遍禁绝巫觋、禋祀的同时，提倡通过兴学以推进文明的扩张，宋仁宗时范仲淹提出的兴学校建议，推动了各地的教育，各种纷纷建立的学校，不仅传播知识，而且将主流意识形态所规定的"文明"作为教育内容更普遍地传播开来。③当然，除了巫觋、禋祀之外，思想、信仰的混乱，还来自道教尤其是佛教的影响。这种思想层面的影响，若不能

---

① 《宋文鉴》卷四十三夏竦《洪州请断祆巫》，中华书局，1992，第652页。
② 《宋史》卷二八三《夏竦传》第9571页。
③ 洪迈《容斋三笔》卷五《州郡书院》条，《容斋随笔》，上海古籍出版社，1993，第477页。另可参见赵铁寒《宋代的州学》，郭宝林《北宋州县学官》，袁征《北宋的教育与政治》等，分别刊于《宋史研究》第二辑，台北：1964年，1983年；《文史》三十二辑，中华书局，1990年；《宋辽金史论丛》第二辑，中华书局，1991年。

使心的知识、思想和信仰进入官学，所谓的兴学也是难以改变的。佛教"以山河大地为幻妄"，以为众生皆处在六道轮回①之中，世人接受了这样的思想，便会这样理解世界的存在与人的生命存在②，所谓"存在"乃是一种解释，而要改变这种"存在"的解释，改善和提升人们的生命状态就需要一种更权威的解释，需要借助传统的儒家经典。然而，汉唐经师对儒家经典的解释不足以胜任。汉唐儒学面对佛教挑战的失败，成为一个必须面对的新问题。

唐代对佛老思想的纵容，引起了韩愈等士人的思考和探索。韩愈在其《原道》中说："斯吾所谓道也，非向所谓老与佛之道也。尧以是传之舜，舜以是传之禹，禹以是传之汤，汤以是传之文武周公，文武周公传之孔子，孔子传之孟轲，轲之死，不得其传焉。"③韩愈特别强调儒家之"道"不同于佛、老之"道"，而是"古圣"相传的"道"。韩愈这种未标明"道统"的道统论是一大发明，使汉唐以来散漫无归的儒学有了精神上的大依托。

韩愈对宋初儒者的影响是很大的，因为宋代距孔、孟已逾千年，而韩愈对宋初儒者而言则是近世大贤，被视为精神领袖。北宋初的柳开、孙复、石介、苏洵等著名人物都崇拜韩愈。柳开（945—1000年）在其《应责》中说："吾之道，孔子、孟轲、杨雄、韩愈之道"④；孙复（992—1057年）说："自夫子殁，诸儒学其道，得其门而入者鲜矣，惟孟轲、荀卿氏、杨雄氏、王通氏、韩愈氏而已"⑤；孙复的弟子石介（1005—1045年）说："噫！伏羲氏、神农氏、黄帝氏、少昊氏、颛顼氏、高辛氏、唐尧氏、虞舜氏、禹、汤氏、文、武、周公、孔子者，十有四圣人，孔子为圣人之至。噫！孟轲氏、荀况氏、杨雄氏、王通氏、韩愈氏，五贤人，吏部（韩愈）为贤人之卓。不知更几千万亿年，复有孔子，不知更几千百年，复有吏部"⑥；苏洵（1008—1066年）在《上欧阳内翰第二书》中说："自孔子没，百有余年而孟子生；孟子之后，数十年而至荀卿子，荀卿子后乃稍阔远，二百余年而扬雄称于世；扬雄之死，不得其继千有余年，而后属之韩愈氏；韩愈氏没三百年矣，不知天下之将谁与也？"⑦当时的儒者之所以热衷于编织"道统"的系谱，是因为热切期待在儒学复兴中如何重新诠释其精义和传统，以抵

---

① 佛教所谓的六道轮回，谓地狱、恶鬼、畜生、阿修罗、人间、天堂。
② 人们唯恐自作恶业，坠入地狱、饿鬼轮回中，因而整日内心惶恐、愿以行善的生命状态。
③ 韩愈《原道》，马其昶《韩昌黎文集校注》，上海古籍出版社，1986，第18页。
④ 《河东集》卷一《应责》。
⑤ 《孙明复小集·上孔给事书》。
⑥ 《徂徕石先生文集》卷七《尊韩》，中华书局，1984，第79页。
⑦ 《嘉祐集》《上欧阳内翰第二书》，上海古籍出版社，1993，第334页。

制与抗衡佛、老之学的影响。由于当时并没有"道统"的名词,更没有"道学"的名词,只是说"吾之所谓道",如何与老、佛不同,又如何凸显数圣相传,在表述上的确麻烦而累赘,于是后来的儒者便将"吾之所谓道"凝结为"道学"一词。

北宋最先提出"道学"概念的是王开祖。王开祖,字景山,宋仁宗皇祐癸巳年(1053年)进士第,试秘书省校书郎,后退居讲学,听者数百人,著有《儒志编》,其末章有云:"由孟子以来,道学不明,吾欲述尧、舜之道,论文、武之治,杜淫邪之路,辟皇极之门。"王开祖32岁辞世后,有两位朝臣出来证明"道学"概念首创于王开祖。一位是宝谟阁待制陈乾在宋光宗绍熙二年(1191年)作《儒志学业传》说:"当庆历、皇祐间,宋兴来百年,经术道微,伊洛先生未作,景山独能研精覃思,发明经蕴,倡鸣'道学'二字,著之话言。……后四十余年,伊洛儒宗始出。"另一位是枢密院参知政事许及之,在宋孝宗乾道八年(1172年)作《儒志像赞》说:"公讳开祖,字景山,登皇祐癸巳郑獬榜进士第……退居郡城东山设塾,倡鸣理学于濂洛未作之先。"至南宋时,"理学"已经成为"道学"的同义语。

我们可以看出,从韩愈《原道》提出"吾所谓道也"到王开祖"道学"概念的提出,经历了一个相当长的时期,不在于概念的提出,而在于一个新的寓意深刻的概念所引发的一个新的理论体系。王开祖提出"道学",虽有发明经蕴、倡鸣"道学"的意愿,但因其英年早逝,并未能提出道学的思想,遑论建构道学的思想体系。数十年之后,"伊洛儒宗始出",程颢、程颐兄弟共同创立的"洛学"被后世视为道学的正宗。

二程早年曾问学于周敦颐,周敦颐是一个能"阐发心性义理之精微"的旷世高人,受其启迪,二程兄弟慨然立志求道,此后曾出入佛、老之学几十年,受到佛、老之学理论思维的锻炼,尔后返求儒家六经,对儒家之"道"颇有体悟。程颐在《明道先生行状》中讲到其兄程颢早年的求道阅历时说:"先生为学,自十五六时,闻汝南周茂叔论道,遂厌科举之业,慨然有求道之志。未知其要,泛滥于诸家,出入老、佛几十年,返求诸六经而后得之。"[①]程颢于北宋元丰八年(1085年)卒,程颐入力表彰其兄学行,撇开诸儒所称韩愈等人的"道统"系谱,谓程颢得千载不传之学于遗经,直承孔、孟的"道统","周公没,圣人之道不行;孟轲死,圣人之学不传。道不行,百世无善治;学不传,千载无真儒。无善治,士犹得以明夫善治之道,以淑诸人,以传诸后;无真儒,天下贸贸焉莫知所之,人欲肆而天理灭矣。先生生千四百年之后,得不传之学于遗

---

① 《二程集》,中华书局,1981,第638页。

经，志将以斯道觉斯民。……圣人之道得先生而后明，为功大矣。"①自此以后，程颐遂用"道学"概念表称其兄弟二人的学术。

程颐在《明道先生墓表》中并没有直接使用"道学"这一概念，而是分别从"道"和"学"两个层次上表述了"道学"的内涵。一是"王道"的"道统"。程颐认为，上古圣王自尧、舜以至文、武、周公是大道行、有"善治"的时期，这是上古统治者之间传承"王道"的"道统"。二是"圣人之学"的"道统"。程颐认为，自周公殁，圣人之道便不行于世，但此"道统"为孔子所继承，孔子有其德而无其位，当时列国诸侯又不能听其游说而实行"王道"，只好著书立言，将此"圣人之学"传于后世"真儒"。于两者之间，程颐认为，不怕世无"善治"，而怕世无"真儒"。"无善治，士犹得以明夫善治之道，以淑诸人，以传诸后"，只要士人明白善治之道，使很多的人得到"善治"的"王道"，也能将"王道"传后世于久远；若无真儒，不仅"圣人之道不行"，就连"圣人之道"是什么也无人知道了，就会"天下贸贸焉莫知所以，人欲肆而天理灭矣"。问题在于，自孟轲死，圣人之学千载不传，是程颢先生"得不传之学于遗经"，重新发现了"圣人之学"，使"圣人之道得先生而后明"，程颢所得"圣人之学"亦即"圣人之道"。在此之后，程颐或单言"道"或单言"学"，皆就"道学"而言，道即是学，学即是道。

对于程颐"道学"二字经常分言的疑问，南宋的李心传在其《道命录序》中有一个很好的解释："夫道即学，学即道，而程子异言之，何也？盖行义以达其道者，圣贤在上者之事也；学以致其道者，圣贤在下者之事也。舍道则非学，舍学则非道，故学道爱人，圣师以为训，倡鸣道学，先贤以自任，未尝歧为二焉。"李心传很好地理解了程颐"道学"概念的意义。

南宋时期，"洛学"与"新学"两派交争，此消彼长，所争的焦点是在学校与科举取士的主导权。宋高宗初年褒赠程颐为龙图阁学士，其门人高弟往往进为时用，致位通显。绍兴十四年（1144年），宋高宗调和"新学"与"洛学"两派，说："王安石、程颐之学各有所长，学者当取所长，不执于一偏，乃为善学。"②但此后十二年间，秦桧擅政，偏尚王安石之学，程氏洛学为世之大禁。

到宋孝宗乾道（1165—1173年）、淳熙（1174—1189年），乃至光宗绍熙（1190—1195年），前后30年，是道学（理学）的鼎盛时期。在这一时期，朱熹36岁至66岁，张

---

① 《明道先生墓表》，《二程集》，中华书局，1981，第640页。
② 李心传《道命录》卷四。

栻33岁至47岁,吕祖谦29岁至44岁,陆九渊27岁至54岁。朱熹于这一时期著《论语要义》《论语训蒙口义》《论孟精义》《论孟集注或问》《大学章句》《中庸章句》《程氏遗书》《程氏外书》《太极图说解》《通书解》《西铭解义》《诗集传》《周易本义》《周易启蒙》《资治通鉴纲目》《伊洛渊源录》,以及与吕祖谦合编的《近思录》等,高扬"道学"的旗帜。"道学"之称谓,虽然在程颐、张载之时已经提出,但真正将它叫响的无疑是南宋的朱熹。

若不必为贤者讳,程颐和朱熹都有一种"自大狂"的心态。程颐约几位朋友为其亡兄写生平行状,得出一致结论是"孟子之后,传圣人之道者,(程颢)一人而已",并由此称他们二人的学问为"道学"。在此背景下,"道学"一词即含有"天下之学,唯我独尊"的蔑弃前贤和对时儒全无尊重之意。朱熹亦秉承了目空一切的态度,朝廷中攻击道学之人大都为朱熹骄矜狂傲的态度所激怒,即使在"洛学"的同情者乃至朱熹的朋友中间,亦多不赞同"道学"这一称谓。叶适、陆九渊等都反对"道学"自诩的虚骄作风。宋孝宗淳熙年间曾发生多起朝臣上疏攻斥"道学"的事件,当时的统治者并没有把"道学"视作一个严重的政治问题,道学人物也未因此受到政治迫害。到了宋宁宗庆元年间,韩侂(tuō)胄专权,通过禁锢道学来排斥异己,朱熹、蔡元定等道学人物及一些正直之士皆遭其祸。北宋"元祐党禁"时,程颐等人受到政治迫害,南宋"庆元党禁"时,朱熹等人受到政治迫害。这些命世大儒的不幸遭遇获得了后世学者的同情与尊敬,以至南宋嘉定以后,程、朱等道学人物的祠堂遍布天下,"道学"亦不再仅仅被当作一种"学术",而是被人们当作一种"信仰"来尊奉。

程、朱"道学"骄矜狂傲的态度、虚骄的作风以及"党禁"的打压,造成了人们对"道学"一词避而不用的情形。宋孝宗初年"道学"稍振之时,许及之在乾道八年(1172年,朱熹43岁)作《儒志先生像赞》时称王开祖"倡鸣理学于濂洛未作之先"。陆九渊也说"秦汉以来,学绝道丧,世不复有师。以至于唐,曰师,曰弟子云者,反以为笑,韩退之、柳子厚犹为之屡叹。惟本朝理学,远过汉唐,始复有师道"[①]。陆九渊所说的"理学"实质就是"道学",不过他并不认为此始自宋儒,当时凡在学术取向上认同二程之学的,在学风上都反对一般道学人物的虚骄之气。南宋末黄震《黄氏日抄》卷四十二谓"我朝圣世也……诸儒之所讲者,理学也",卷四十五谓"本朝理学,虽至伊洛而精,实自(胡瑗、孙复、石介)三先生而始",卷四十一谓"本朝理学,发于周

---

① 《陆九渊集》,中华书局,1980,第14页。

子,盛于程子。程子之门人,以其学传世者,龟山杨氏、上蔡谢氏、和靖尹氏为最显。龟山不免杂于佛,幸而传之罗仲素,罗仲素传之李愿中,李愿中传之朱晦翁,晦翁遂能大明程子之学",卷三十三谓"本朝理学,阐幽于周子,集成于晦翁"。黄震所论,取"理学"概念,而弃用"道学"概念,以客观之态度概述理学之演变。后世理学史发凡起例多循其言,延及明清,学者习称理学,现代学者也多以"理学"概括程、朱、陆、王所代表的学术。

总之,"道学"或"理学"是一个历史流变的概念,北宋时期只有"道学"尚无"理学"概念,南宋时出现"理学"概念,有意滤除了"道学"概念中自我尊大的虚骄成分,而此时之学者,随其偏好而选用其中一种称谓。就大体而言,宋元时期似乎选用"道学"称谓的学者为多,因此若只写宋元时期的道学(理学)史,也许选用"道学"一词,在论述上会更加方便。然而,到了明清时期,"理学"一词已经为更多的学者所接受,"理学"概念的包容性较大,语义平实且平等,因此要写理学(道学)史,似选用"理学"概念为宜。至于选用哪一个概念,其中也体现着作者的某种价值评判。现代学者有人认为,倾向于选用"理学"概念来概括宋明时期这一特定的学术思潮和流派,是因为更看重理学思想体系中的合理性成分,而并不是认同其"道统"的自我标榜。况且,从学术史上讲,"道学"概念的确容易与道家之学相混淆。

(二)宋代理学于经学演变中的合逻辑性意义

1.宋代理学在合逻辑的经学演变中的意义

我们知道,宋代经学是以发明义理为主要特点的,而理学则是当时义理之学的一个主要流派。之所以说宋代理学是经学演变的合逻辑产物,是因为从汉唐经学到宋明理学的演变有其内在的逻辑。

儒家经学正式确立于汉武帝时期,这是适应大一统政治的一次重大的文化选择。当时董仲舒建言:"《春秋》大一统者,天地之常经,古今之通谊也。今师异道,人异论,百家殊方,指意不同,是以上亡以持统一,法制数变,下不知所守。臣愚以为诸不在六艺之科、孔子之术,皆绝其道,勿使并进。"①汉武帝接受了董氏的这一建议,《汉书·武帝纪》赞曰:"孝武初立,卓然罢黜百家,表章六经。"在"六艺"或六经中,《诗》《书》《礼》《乐》《易》,乃是西周以来的公共文本,非儒家所独有,《春秋》虽为孔子所修,然他所依据的乃是鲁国《春秋》,也可以说是一种公共文本。汉武帝"罢黜百家,表章六经",即意味着回归先圣的公共文本,孔子之后的诸子百

---

① 《汉书》卷五十六《董仲舒传》。

家包括孟子、荀子的儒家都在罢黜之列。①也就是说经学高于百家之学，也高于一般儒学。这种学术导向，标示着今后儒学的发展必须走经学的路线，而不能走子学的路线。

汉武帝实行"罢黜百家，表章六经"的政策，上距秦始皇"焚书坑儒"已经八十年，五经重现于秦火劫余，简编参阙，传本不一，因而经典文本及文义的确定须依据经师的"师法"与"家法"，这种情况决定了此后经学缓慢而曲折的发展。

汉代经学分为今文经学和古文经学。汉代今文经学家讲"微言大义"，后来出现了"说'尧典'二字三万言"的烦琐流弊。到了东汉，古文经学兴起，以"笺注"原典字词的方法解经。当时一种好的注经著作，须大体符合"简当无浮义"的标准，即注文简洁恰当，而无浮诞之语。郑玄的《三礼注》和《毛诗笺》可以说是这一时期的代表作。但笺注形式并非字皆加注，后人读经，仍不能通晓经旨，因此南北朝以后经学家创造了一种"义疏"形式，对经注作进一步串讲和疏解。而一种好的义疏著作，则应大体符合"详正无剩义"的标准，即对经注文义的解说周详明正，能通贯其大义。唐代孔颖达所领衔修纂的《五经正义》作为官修经典，是对南北朝以来义疏之学的规范和统一。唐至宋初数百年，士子大多数谨守官书，莫敢异议。总体说来，汉唐经学是章句训诂之学。

然而，章句训诂不过是理解经典文本的一种手段，即以理解经典文本的目的而言，这种手段也还是不够的。因为经典所记叙的是古人行事之迹及其价值选择，每一种记叙都有其历史事件的原型。古人之所以如此行事，如此做出他们的价值选择，自有他们的一番大道理。但古人由于当时书写条件和社会政治条件的种种限制，反映在经典中的文字，无论记事和记言，都相当简略。后人依据这些简略的文字，如何才能再现历史事件的原型？如何才能体会寄寓经典中的"圣人之意"？显然，要达到这样的认识，就不能仅仅停留在对于经典文字的注疏之上。

当然，经典所记叙的并不单纯是"历史事件"，还有许多"思想观念"，如"太极""道""天命""阴阳""性""理""仁""义""诚""中""和""气"等

---

① 此观点采纳的是钱穆先生的意见。钱穆曾说："汉武帝表彰的是战国以前的五经，而非表彰战国以后的儒家。汉武帝表章五经的另一句，是罢黜百家。儒家只能算百家中的一家，则也在汉武帝罢黜之列。我们读《汉书·艺文志》，这是汉代皇家图书馆藏书的目录分类，把一切书籍编目，分为七类。第一类为六艺，便是经。第二类为诸子，便是百家。百家中第一家，便是儒家。可见罢黜百家，儒家亦在内。六艺与诸子，这是当时学术上的一个大分野。讲汉代史，这点不能不知。……汉武帝以前，文帝时《孟子》《老子》皆曾立博士。到了武帝，只许五经立博士，其他百家博士都一起罢免。《孟子》《老子》罢免了，这就是罢黜百家的事实证明。可见当时汉武帝表章五经，并非表章儒家"参见《钱宾四先生全集》卷五十四，台湾联经出版社，1998，第194页。

概念反复出现在各种经书之中。这些思想概念与一般日常用语不同：一般日常用语是公众性的，往往是直接指陈某种具体事物的，思想概念则明显带有思想家个性化的特征，反映为思想家对客观世界和主观世界的抽象认识，每一个概念背后都有一套理论。这种概念及其理论只有被人们普遍接受，才能转化为公众的语言。因此，如何熟读经典，会通其精神，体悟其境界，使经典义理得以阐发出来，这是经学进一步发展的内在需要。

更为重要的是，人们学习经典并不仅仅以理解经典文本为最终目的，还要将经典思想运用于社会实践。五经之被称为"经典"，乃在于强调其对于社会的思想指导作用。但五经所承载的毕竟是先秦的文化信息，虽然荀子曾经盛赞五经"在天地之间者毕矣"，认为这些经典涵盖了当时的所有学问，但千百年之后，随着社会的进步和发展，人们对世界的认识无论从广度和深度上实已超过前人，人们的精神生活需要也大为提高，在这种情况下，经学如何才能适应社会发展的需要呢？五经中许多思想观念本来具有进一步发挥哲理的潜质，只是为传统的依经注疏的形式所束缚，它很难演绎出丰富的义理来。因此，儒家学者要想继续担负"师道"的责任，就必须突破传统的经典章句之学的狭隘局限，广泛融汇吸收历史上各家各派的思想养料，发展儒家经典的义理之学，以增强经典解释世界、主导社会的理论力度。

宋代中期以后，"学统四起"，义理之学勃兴，经学从此走上开新之路。这时，义理之学的概念是广义的，王安石、王雱（pāng）父子所代表的"新学"，程颢、程颐兄弟所代表的"洛学"，张载、张戬（jiǎn）兄弟所代表的"关学"，苏轼、苏辙兄弟所代表的"蜀学"，等等，都属于义理之学。

各家义理之学的内容、观点不同，究竟哪一家更适应学术史的发展要求？在诸家义理之学的争鸣中，最终是二程的"洛学"占了上风，这其中有什么必然性吗？一方面，唐迄宋初，儒、释、道三家思想交流互渗，相反相成，其中面临一个"谁主沉浮"的问题。从儒家思想的角度来看，对佛、道思想的态度很重要。由于原始儒学理论思辨性差等自身缺陷，需要佛、道思想作为补充，而不能绝对排斥它。但儒家又不能与佛、道思想平分秋色或和光同尘。恰当的态度是，坚持儒学为主导，反对佛、道的宗教思想，同时又改造、吸收佛老的合理因素。相比之下，"洛学"较之其他各家更符合这样的条件。另一方面，王安石"熙宁变法"失败，其功利主义的思想主张到后来蜕变，被张惇（dūn）、蔡京之流利用为党同伐异、谋取私利的工具，而以"道德性命"之学作为安身立命之根本的理学，在逆境中崛起，成为此后儒家义理之学的中流砥柱。

2.宋明理学在经学史上作为一种特殊形态的意义

理学与经学的关系是一个历史争论问题。

元代脱脱领衔修纂《宋史》，在《儒林传》之前立《道学传》，以为"道学"是高于"儒林"的。按照《宋史·道学传》的说法，圣人之道至孟子殁而无传，直至周、张、二程、朱熹一脉，始得古圣"传心之奥"，因而得以称为"道学"；而汉唐及宋代的一般传经之儒和事功之儒，则不得称之为"道学"。正如江藩在其《宋学渊源记序》中所说："自宋儒道统之说起，谓二程心传直接邹鲁，从此心性、事功分为二道，儒林、道学判为两途。"此是将宋代"道学"（理学）与传统经学视为两套完全不同的学问。

到了清代，经学考据兴起，学者对宋明学者的所谓的"理学"颇不以为然。顾炎武曾说："'理学'之名，自宋人始有之。古之所谓理学，经学也，非数十年不能统也。故曰：'君子之于《春秋》，没身而已矣。'今之所谓理学，禅学也，不取之五经而但资语录，校诸帖括之文而尤易也。"[①]认为经学就是理学，若舍经学就无所谓理学，经学才是学问的根本，但理学（道学）的发展，"不取之五经而但资之语录"，已经脱离了经学，批评了理学家轻视经学的态度。

问题是，宋明时期的理学家真的轻视经学吗？必须指出的是，大多数理学家是重视经学的，他们并没有超越经典之上的所谓"理学"。在理学家那里，理学与经学是一而二、二而一的，两者之间是既有区别又密不可分的关系。虽然在理学家中如陆九渊、王阳明等没有注经专著，但他们的思想大体根柢于儒家经典，这是没有疑议的。同时又应当承认，宋明理学家的经学，确实又与汉唐儒者的经学有很大的区别，从思维方法上来看，汉唐儒者对儒家经典的理解，偏重于历史学、语言学的方法取向，而宋明理学家对儒家经典的理解，则偏重于哲学的、心理学的方法取向。若从一种广义的经学观点来看，宋明理学可以被看作经学史上一种特殊的形态。

从经典解释学的观点看，宋明理学家的解经方法无可厚非。人们学习经典的时候，固然有追问经典本意的诉求，但某种文献一旦成为经典，它便开始了一个不断被理解和诠释的过程。客观地说，若无宋明时期经学方法论的革新，传统经学可能早就寿终正寝了。正像科学研究一样，一个问题若没有可持续研究的价值，其本身也就没有研究价值。经学如果禁锢于注疏、事功治术之中，最后葬送的只能是经学。

按照今天的学术分类观点，宋明时期的思想资料主要有两大类，一类是经学家的经注类著作，一类是理学家的语录类著作。依经学史的角度而言，只有经注类的著作才称得上"经学"，而语录类的著作只能称之为"理学"或"道学"，而称不上"经

---

① 顾炎武，《亭林文集》卷三《与施愚山书》，《顾亭林诗文集》，中华书局，1958，第58页。

学"。但是我们又必须追问"语录类著作由何而来"和"理学语录与经典之间的实际关系怎样"的问题。首先,理学的主要传播方式是"讲学",语录则是理学家讲学的内容和师生问道之语,由当时学生记录下来,经后人整理成书。语录之学毫无疑问由孔子开其端,不理解《论语》又何以理解由孔子整理的"五经"呢?理学语录之学由二程开其端,二程语录所记多为"由经穷理"之语,程颐曾称其兄程颢"得不传之学于遗经"。所谓"遗经"是指传世的儒家经典,并不是指传世儒家经典之外而别有秘传。这正证明了二程兄弟所称之"道学"是从传世儒家经典中体悟出来的。其次,理学家的语录,有很多都是就儒家经典的某句话提出的所谓新见解,在当时传统经注长期占支配地位的时代,这些语录使人耳目一新,这些新的见解、新的思维方法,渐渐使当时的儒者形成一种"经典确有重新理解的必要"的共识。可以说,语录之学是经典文化语境下的产物,它反映了对经典文化的一种较有深度的理解。

当然,明末阳明后学渐染"狂禅"之风,以所谓"悟道"相标榜,这时的语录类著作多反映的是他们的心境,亦受到儒者的严厉批评。顾炎武将这类语录与禅僧语录相类比,狠批语录之学,认为语录之学即意味染于禅学,说:"今之言学者必求诸语录,语录之书始于二程,前此未有也。今之语录几于充栋矣,而淫于禅学者实多,然其说盖出于程门。"①虽然顾炎武是学术权威,但他所批评的现象衡之于明末阳明后学则可,以此衡之于程朱之学,则并不公允。实际上,宋明时期多数理学家的语录,还是以讲儒家经学为主的。以《朱子语类》为例,该书共一百四十卷,有七十九卷是纯粹讨论儒家经学的,其中:"四书"类的《大学》五卷,《论语》三十二卷,《孟子》十一卷,《中庸》三卷,共五十一卷;六经类的《周易》十三卷,《尚书》二卷,《诗经》三卷,《春秋》一卷,《仪礼》《周礼》和大小戴《礼记》八卷,"论乐"一卷,共二十八卷。在宋明经学思想中,不仅经注类著作有经学思想,语录类著作中也有经学思想,而且许多有思想闪光的经学观点恰恰在语录类的著作中。如朱熹关于《周易》曾提出很多诸如"易本卜筮之书""易只是个空底物事""易只是一阴一阳""推其本则太极生阴阳"等重要观点,程朱理学,不仅在他们著作的数量上以讨论儒家经学为主,而且在思想倾向上对佛老之学也是持批判态度的,不能说他们"淫于禅学"。

对于宋明儒者,不能简单地将其分为理学家或经学家,他们许多人既是理学家又是经学家,如程颐、朱熹等人既有重要的语录类著作,又有重要的经注类著作。而语录类著作之所以往往成为考察理学家思想形成过程的重要文献,是因为宋明理学家在其一生

---

① 顾炎武,《亭林文集》卷六《下学指南序》,《顾亭林诗文集》,中华书局,1959,第131页。

的讲学和著书的实践中，其思想经常会发生变化，反映在其经注类著作和语录类著作中有时会出现思想不一致，即使在同一部语录类著作中其前后思想也可能不一致，这恰恰能够真实反映出他们的思想的动态形成过程。还必须注意到，正是由于经注类著作受到体裁限制，理学家不能在其中更充分地发挥其思想，要对某位理学家的经学思想形成完整的认识，其语录类著作就显得尤为珍贵。

总之，宋明理学是经学的一种特殊形态，认识宋明理学家的经学思想，不能只看经注著作，还要仔细研究与之密切相关的语录类著作，乃至作者的全部著作，寻绎作者是以什么思想理论贯穿其对经典的解释。同时还应该将理学家的思想置于历史时期经学演变和理想发展的思想背景下，与那个时代的思潮影响相联系，与他们追求知识、思想与信仰的终极目标相联系，才能够认识作为经学特殊形态的理学的真正价值和意义。

（三）宋儒经典诠释的理学化特征

1.重"道"与"天理"论的建构

宋儒批评汉唐经师只明训诂而不明道的读经方法，认为是"学不见道"。程颐就提出："经，所以载道也，诵其言，解其训诂，而不及道，乃无用之糟粕耳。"[①]他认为，经本由载道而贵，若读经而不能入道，那经也就成了"无用之糟粕"，所以程颐鼓励士子放弃以往儒者章句训诂的解经事业，变而为"由经以求道"的体道工夫。宋代理学家对"道"的认知与追求，即是对"真理"的认知与追求。理学家坚信，研习儒家经典，即是通向"真理"之门，他们从不认为儒家经典与"道"是相互隔绝的，也正是儒家经典中的某些字词激发了他们的灵感和彻悟。

宋代自周敦颐、张载、二程等人开始，重视从经典中选择重要的概念作"极深研几"的思考和讨论，这种情形与西方重视辨析哲学范畴的情形有相似之处。南宋陈淳《北溪字义》对理学的若干范畴作了一种总结性的讨论，共讨论了"命""性""心""情""才""志""意""仁义礼智信""忠信""忠恕""一贯""诚""敬""恭敬""道""理""德""太极""皇极""中和""中庸""礼乐""经权""义利""鬼神（魂魄附）""佛老"等26个范畴。如此丰富的内容，也只是反映了陈淳个人看问题的角度，仍不能涵盖理学的所有内容。

按照今人对理学的研究角度，于形上学方面，有形上、形下问题，无极、太极关系问题，有理气关系、理事关系、道器关系、心物关系问题，有太极、阴阳、动静问题，有天人关系问题，有"理一分殊"问题，有体用、本末关系问题，等等；于自然哲学方

[①] 程颐，《与方元寀手帖》，《二程集》第二册，中华书局，1981年，第671页。

面，有宇宙、太虚、太和、天地、自然造化、鬼神问题等等；于心性学方面，有人心、道心问题，本体、工夫问题，未发、已发问题，有"穷理持敬"，主静与主敬问题，有心、性、情关系，知、意关系问题，有"圣贤气象"与"看孔颜乐处"问题等等；于伦理学方面，有道德认识、道德践履问题。有公私、义利关系问题，有天理、人欲问题；于认识论方面，有"诚明之知"与"闻见之知"问题，知、行关系问题，格物、致知、穷理问题，"一旦豁然贯通"问题，等等；于学术系谱方面，有道统、学统、治统问题，正学、异学、杂学、俗学问题，儒、禅之辩问题，朱、陆异同问题，"天泉证道"问题，等等；于学术宗旨方面，有"学圣人"之旨，"体认天理"之旨，"发明本心"之旨，"致良知"之旨，"慎独"之旨，等等。七个方面六十八个概念范畴的哲思问题，所涉讨论范围可谓巨细无遗。而对于宋明理学家来说，他们所谓"讲学"，就是要透彻地辨析和阐释这些概念和问题，其多数理学家在讨论这些问题时，并不是纷然杂陈、就事论事，而是从一种哲学的高度，将这些问题统合于一个最高概念和总的思想体系之下，一以贯通。

程颢说："吾学虽有所受，'天理'二字却是自家拈出来。"①在儒家经典中，"天理"二字仅在《礼记·乐记》中出现一次，但二程却将此二字拈出、体贴，建构"天理"论的理学体系。正如南宋真德秀在其《明道书院记》中所说："自有载籍而'天理'之云，仅一见于《乐记》，（程颢）先生首发挥之，其说大明，学者得以用其力焉，所以开千古之秘，觉万世之谜，其有功于斯道，可谓盛矣！"指出了"天理"概念的发明及其内涵的揭示对于儒家本体论哲学的建立具有的决定性意义。清人黄百家也说：程颢"以'天理'二字立其宗"②。"天理"概念的涵盖性是很大的，可以用来整合儒家的许多形上学概念，以及儒家经典的其他思想资源。二程将许许多多的理学问题皆纳入"天理"论的理学体系之中，由此建构了一个博大精深的思想体系。完全可以说，"天理"论的提出是宋儒对中国文化所作的一个大贡献，它使儒学提升到了一个"世界统一性"的一个哲学高度，使儒学从此能以"自然法则"的理性视角认识天地万物，并从此有了对人的行为的价值评判的最高准则。

在二程思想中，"天理"是作为世界最高本体的意义使用的，"天"有本原、之上、自然之义，"理"是法则、秩序之义，所以"天理"的意思就是"自然法则"。陈淳在《北溪字义·理》中解释说："理无形状，如何见得？只是事物上一个当然之则便

---

① 出自《上蔡语录》卷一，与《二程外书》卷十二所记"吾学虽有所受，'天理'二字是自家体贴出来"略有差异，但意思一样。参见《二程集》，中华书局，1981，第424页。
② 参见《宋元学案》卷十三《明道学案上》。

是理。则是准则、法则,有个确定不易底意。……理与性字对说,理乃是在物之理,性乃是在我之理。在物底便是天地人物公共底理。""天理"既是天地万物的"自然法则",同时也是社会人际关系的"自然法则"。

为了更好理解二程的"天理"(自然法则)论,可以对二程的具体观点进行归纳。第一个观点,天理是自然的:"莫之为而为,莫之致而致,便是天理"①;第二个观点,天理是客观存在的,是不以人的意志为转移的:"天理云者,这一个道理,更有甚穷已?不为尧存,不为桀亡"②;第三个观点,天理是超越时间和空间的:"理则天下只有一个理,故推至四海而准。须是质诸天地,考诸三王不易之理"③;第四个观点是天理反映天地万物的永恒运动和无穷变化:"天下之理,未有不动而能恒者也"④,"通变不穷,事之理也"⑤;第五个观点是天理反映天地万物对立统一的生成法则:"天理万物之理,无独必有对,皆自然而然,非有安排也"⑥"理必有对,生生之本也"⑦;第六个观点是天理反映事物产生、发展、衰亡的变化规律,反映物极必反的规律:"物极必反,其理须如此。有生便有死,有始便有终"⑧,"无极则反,事极则变。困既极矣,理当变矣"⑨;第七个观点是天理体现在万事万物之中,每一事物都有其个性和特殊性:"有物必有则,一物须有一理"⑩;第八个观点是天理又反映为万事万物的共性和普遍性,它是万殊之理的共相:"万理归于一理"⑪"二气五行刚柔万殊,圣人所由惟一理"⑫;第九个观点是天理作为本体与现象世界是统一的:"至微者理,至著者象,体用一源,显微无间。故善学者求之必自近"⑬;第十个观点是天理是天道与人道的统一,父子君臣之伦常关系也是天理(自然法则)的体现:"凡眼前无非是物,物物皆有理。如火之所以热,水之所以寒,至于君臣父子间皆是理"⑭"物有自

---

① 《二程集》第一册,中华书局,1981,第215页。
② 《二程集》第一册,中华书局,1981,第30页。
③ 同上,第38页。
④ 同上,第三册,第862页。
⑤ 同上,第四册,第1029页。
⑥ 同上,第一册,第121页。
⑦ 同上,第四册,第1171页。
⑧ 同上,第一册,第167页。
⑨ 同上,第三册,第984页。
⑩ 同上,第一册,第193页。
⑪ 同上,第一册,195页。
⑫ 同上,第一册,第83页。
⑬ 同上,第四册,第1200页。
⑭ 同上,第一册,第247页。

得天理者，如蜂蚁知卫其君，豺獭知祭。礼亦出于人情而已"①"父子君臣，天下之定理，无所逃于天地之间"②。

从二程的天理论观点中可以看出，其中有很多具有真理性的因素。最值得特别指出的是，其"天理"的世界观是有别于传统儒学的。传统儒学一般不在经验世界之外追问第一因的问题（所谓"六合之外，圣人存而不论"），但又保留原始宗教神学的残余思想，含糊地承认经验世界之外有人格神意义的"天命"存在。二程以"天理"（自然法则）作为世界的本体和第一因，完全排除了人格神的意义。同时，二程"天理"论的世界观也与佛、老的世界观划清了界限，它完全拒绝承认有彼岸世界，理本体并不在现象界之外，而是即现象即本体。二程"天理"论观点中最受诟病的是"父子君臣，天下之定理，无所逃于天地之间"的观点，其强调父子君臣的服从关系，无疑是为维护君主专制制度服务的。

总之，理学家的思想不是凭空杜撰的，其世界观是从人们关于自然和社会的经验理性中总结出来的，理学家放弃以往儒者章句训诂的解经方式，转而在对"道"的认知追求过程中建构了"天理"论，形成了经学的理学化特征。

2.经典诠释的理学化特征

理学家建立了"天理"论的思想体系，就是要人们用"天理"论的观点来看待自然、社会和人生。但这种思想体系只有贯通于经典诠释之中，成为儒家经学的指导思想和灵魂，才能最终实现其理论的价值。因为，传统教育是经典教育，经典诠释的指导性意义正在于最终引导士人成为怎样的人才。因此，一种流行的经典诠释著作，就成为一部社会通用的教科书。理学"天理"论观点形成后，理学家的一个重要任务，就是用它来重新诠释儒家经典，以取代汉唐经师的经典注疏，获得在经典教育中引导士人的地位。当然，这种地位的获得也是不易的，是在政治权力与思想权力的博弈中进行的。这个过程也是漫长的，是由起初的在弟子间传播，再到书院传播，逐渐影响到官学的艰难过程。从这个意义上讲，儒家经学发展到了宋代，进入了理学化的诠释阶段。

首先，通过程颐以"天理"论解《周易》，来看宋儒是如何以"理"解经的。我们都知道，儒家经典《周易》中很少谈到"理"，但当"理"成为一种方法论时，就不妨碍理学家用"天理"来论《周易》。程颐解经的代表作是《周易程氏传》，又称《伊川易传》，这是二程唯一一部系统的"以理解经"的著作。

---

① 《二程集》第一册，中华书局，1981，第180页。
② 同上，第一册，第77页。

程颐在《乾》卦初九下指出："理无形也，故假象以显义。"对于《乾·文言》"嘉会足以合礼"，他用"不合理则非礼，岂得为嘉？非理安有亨乎？"以解，又解该篇"亢之为言也"一句说："极之甚为亢，至于亢者，不知进退存亡得丧之理也。"对于《讼》卦九四"复即命"，用"命谓正理"解；对于《履》卦卦名则用"履，人所履之道也……上下各得其义，事之至顺，事之至当也"以解；对于《豫·彖传》"豫顺以动"，用"天地之道，万物之理，唯至顺之理而已"以解。其解《复·彖传》"复其见天地之心乎"说："消长相因，天之理也。"其解《无妄》卦卦辞"元亨利贞"说："无妄有大亨之理。"其解《咸·彖传》"天地感而万物化生"一句说："观天地交感化生万物之理……感通之理，知道者默而观之可也。"其就《咸》卦九四爻辞"憧憧往来，朋从尔思"发挥说："天下理一也，……虽物有万殊，事有万变，统之以一，则无能违也。"其解《恒·彖传》"利有攸往，终则有始也"说："天下之理，未有不动而能恒者也。"其解《睽·彖传》"天地睽而其事同也"一句说："生物万殊，睽也。……物虽异而理本同，故天下之大，群生之众，睽散万殊，而圣人为能同之。"其解《解》卦卦义说："损之义，损人欲以复天理也。"其解《益》卦上九象辞"莫益之……或击之"一句说："理者天下之至公，利者众人所同欲，苟公其心，不失其正理，则与众同利，无侵于人，人亦欲与之。"其解《困》卦上六之义说："物极则反，事极则变。困既极矣。"其解《归妹·彖传》"归妹，天地之大义也"说："一阴一阳之为道，阴阳交感，男女配合，天地之常理也。"等等，真可谓俯拾皆是，不胜枚举。程颐之所以处处用"天理"论的观点解释《周易》，是因为"天理"无处不在，而《周易》又是"圣人有以见天下之赜（zé，精妙，深奥）"的经典，当然处处体现了"天理"的存在。

其次，来看朱熹以"天理"论解《四书》。从北宋到南宋，理学家都很重视《论语》《孟子》《大学》《中庸》"四书"，也正是他们的努力，"四书"才继"五经"之后被立为官学。因为"四书"这些经典文献比较集中讨论了儒家的入道性命、格物致知、正心诚意、仁义礼智等范畴和问题，便于阐发儒家的道德理想，以建构儒家的哲学思想体系。理学家二程、张载都曾极力推崇"四书"，《宋史·道学传》称：二程"表章《大学》《中庸》二篇，与《语》《孟》并行，于是上自帝王传心之奥，下至初学入德之门，融会贯通，无复余蕴"。朱熹继承和发扬了二程的思想，用毕生的时间以理学思想注释"四书"，使"四书"在以后数百年得以与"五经"相提并论，其《四书集注》也成为明清科考的标准答案。

朱熹于"四书"中，尤重《大学》，他说："我平生精力尽在此书。"①以为学者先通此书，方可读其他经典。我们选择朱熹《大学章句》对《大学》首句的解释进行分析、了解理学家解经的典型方法。《大学》开篇首句讲："大学之道，在明明德，在亲民，在止于至善。"即所谓的"三纲领"，朱熹在此之下作了一个长注："程子曰：'亲，当作新。'大学者，大人之学也。明，明之也。明德者，人之所得乎天，而虚灵不昧，以具众理而应万事者也。但为气禀所拘，人欲所蔽，则有时而昏；然其本体之明，则有未尝息者。故学者当因其所发而遂明之，以复其初也。新者，革其旧之谓也，言既自明其明德，又当推以及人，使之亦有以去其旧染之污也。止者，必至于是而不迁之意。至善，则事理当然之极也。言明明德、新民，皆当至于至善之地而不迁。盖必其有以尽夫天理之极，而无一毫人欲之私也。此三者，大学之纲领也。"

"三纲领"的第一条纲领是"明明德"，前一个"明"字是动词。"明德"一词是西周时期的常用语，反映在儒家经典中如《尚书》《周易》《诗经》《礼记》《春秋》中就有数十条之多，其中作"明明德"提法者只有《礼记·大学》一处。归纳西周时期"明德"的用法，大约有二。一是"明德"作"崇德"解，如《左传·成公二年》："明德，务崇之之谓也"。二是"明德"作"光明之德"解，主要有两层含义：一层含义是圣人、先王、君子之德，如《左传·昭公二年》"圣人有明德者"、《尚书·梓材》"先王既勤用明德"、《大戴礼记·少间》"桀不率先王之明德"、《周易·晋·象传》"君子以自昭明德"等等；另一层含义是天佑之德，如《诗经·皇矣》"帝谓文王，予怀明德"、《尚书·君陈》"至治馨香感于神明，黍稷非馨，明德惟馨"、《左传·宣公三年》"天祚明德，有所厎止"等等。总括两层意思，即"明德"是伟大高贵人物才有的德行，并不是一般民众所可能具有的。

《大学》大约作于战国时期，其书讲"明明德""亲民""止于至善"的"三纲领"，以及"格物""致知""诚意""正心""修身""齐家""治国""平天下"的"八条目"，是当时儒家学者为贵族子弟设计的教育大纲。"明德"似乎已经不再是极少数人的特有德性，但仍然具有贵族阶级的气味。试想，那齐家、治国、平天下的事，绝不是一般平民百姓能所想所作。

汉唐儒者对《大学》"明明德"的注解很简单。郑玄注曰："明明德，谓显明其至德也。"孔颖达疏曰："在明明德者，言大学之道，在于章明己之光明之德。谓身有明德，而更彰显之。"所谓汉学重训诂，于此可见。郑玄、孔颖达仅仅是解字和疏通文

---

① 《朱子语类》第一册，中华书局，1986年，第258页。

义,第一个"明"字解作"明显"或"章明",而"明德"则解作"至德"或"光明之德"。

朱熹对《大学》首句的注解,可以视为一篇精致的短文,文字背后更是依托于一个博大的理学思想体系。朱熹所说的"明德",实际上是一种内在于一切人的先验的道德本体,是"天理"之在于人心者,亦即仁、义、礼、智四德,发用出来就是孟子所说的恻隐、辞让、是非、羞恶的四端之心。在理学的心性哲学中,心、性、情等有一种结构性的关系,这里"虚灵不昧"是说心之明,"具众理"是说性之实,"应万事"是讲情之发用,而心统性情,合而言之,即是所谓"明德"。所谓"人之所得乎天""本体之明",即是说它是一种先验的道德本体。朱熹认为,人皆有"本体之明",人们之所以表现出贤智昏愚的不同,是由于"气禀所拘,人欲所蔽,则有时而昏"。朱熹把"亲民"解释为"新民","新"就是去掉"气禀所拘,人欲所蔽"等"旧染之污",恢复人性本有的"明德",这就是"复其初"。朱熹所言"虚灵不昧""人欲所蔽""本体之明"等,与佛教禅宗思想相似,"复其初"一语则出于《庄子·缮性篇》,这就表明朱熹的心性学说是吸收、融合了佛道的思想。

在儒家经典中,"理"字出现本不很多,"天理"和"人欲"相对言,仅在《礼记·乐记》中出现过一次。从《大学》"大学之道,在明明德,在亲民,在止于至善"这句话的字面上很难看出其与"理"或"天理"相关联的意思。但在朱熹的注中却三次提到"理"字,即"众理""事理"和"天理",最后并点出"尽夫天理之极,而无一毫人欲之私"的理学宗旨。从解经的角度说,这可以说是过度诠释,但这也正是以理学注经的方式。这种注经方式,将儒家的道德观念作哲学本体论的解释,使之具有内在超越的信仰力量。

这种注经方式,同样体现在朱熹注解《论语》《中庸》《孟子》及其他儒家经典中。如《四书集注》中朱熹解《论语·颜回》"颜渊问仁章"云:"心之全德,莫非天理,而亦不能不坏于人欲。故为仁者,必有以胜私欲而复于礼,则事皆天理,而本心之德,复全于我也。"又如《四书集注》中朱熹解《孟子·公孙丑》"矢人岂不仁于函人哉章"讲:"仁,在人则为本心全体之德,有天理自然之安,无人欲陷溺之危,人当常在其中,而不可须臾离者也。"再如《四书集注》中朱熹解《中庸章句序》论及"人心惟危,道心惟微"时说:人心、道心"二者杂于方寸之间而不知所以治之,则危者愈危,微者愈微,而天理之公,卒无以胜夫人欲之私矣。"

像朱熹一样,在其他理学家的解经著作中,"天理"概念被广泛且频繁地使用。朱熹在谈到"经"与"理"的关系时曾说:"借经以通乎理耳。理得,则无俟乎经。"①在这里,虽然"经"仍受到充分的尊重,但在位置上则明确是载道的工具,最终要服从于理学体系的建构。从另一个方面讲,理学家又特别看重以理学思想对儒家经典重新注释,一是为了增强儒家经典解释世界、主导社会的理论力度,二是为了通过传统的经典教育的形式传播理学思想。

---

① 《朱子语类》第一册,中华书局,1986,第192页。

> **教学随笔**
>
> 知行合一思想存在于对知行关系的哲学思维中,是中国传统知行观发展演进的结果,其认识论上的辩证法至今仍给人以许多启迪。
>
> ——题记

"知行合一"思想的演化及其启迪

在中国教育史上,除了人性论之外,"知行合一"思想是古代教育学说的重要哲学基础之一。从历代思想家对知与行关系的论述中,梳理传统儒学知行观的演化,无疑利于全面理解"知行合一"教育思想。

《尚书·说命中》最早表达了知与行的关系,"知之匪艰,行之惟难",旨在阐明"懂得道理并不难,实际做起来就难了"的道理。其后,知行关系便成为重要的哲学范畴,思想家们在不同历史时期的不同表达,不断丰富了"知行合一"的思想。正因为知与行的关系是一个开放性的课题,所以才会有仁者见仁、智者见智的开放性认知,才会有在不同背景、不同语境、不同目的下的不同阐述视角和价值选择。

中国历代思想家对知行关系的论述,主要集中在"孰轻孰重、孰先孰后、孰难孰易、是分是合"四个方面,除了魏晋玄学家受道家思想影响而对知行关系持基本否定态度外,还存在着知行先后、知行高低、知行难易的争论。按照历史顺序进行梳理,不同时期思想家关于知行关系的观点是:先秦时期,子产是"知易行难",孔子是"生知、学知、困知",孟子是"知行相联",荀子是"行重于知",韩非子也是"行重于知";汉代时期,贾谊是"知行统一",董仲舒是"知先行后",扬雄是"重知重行",刘向是"行重于知",王充是"知行统一";魏晋时期,王弼是"割裂知行",

郭象是"否定知行";隋唐时期,王通是"重行";北宋时期,程颐程颢是"知先行后";南宋时期,胡宏是"学即行",张栻是"知行互发",吕祖谦是"知行交相发",朱熹是"知行互发并进",陆九渊是"知先行后",陈淳是"知行无先后";明代时期,王阳明是"知行合一",罗钦顺和王廷相是"知行并进",吴廷翰是"知行为二,其学则一";明末清初,朱之瑜是"学问之道,重在实行",王夫之是"知行相资并进",颜元是"行重知轻";清初的戴震是"重知";民国的孙中山是"知难行易",陶行知是"知行合一"。

总体上来讲,思想史或教育史上知行观的演化,大致经历了六个重要阶段。

一是以子产为代表的春秋时期的认识论阶段。子产提出了"非知之实难,将在行之"①,即"知易行难"观,是通过对实践生活的总结,将知与行纳入了认识论的范畴,是文献记载最早的对知行关系的阐述。

二是孔子开创了"修养论"与"认识论"并存的阶段。孔子在《论语·季氏》中说:"生而知之者,上也;学而知之者,次也;困而学之,又其次也;困而不学,民斯为下矣。""生知"是圣人所能,不仅是闻见之知,更是德性之知。由于"生知"具有先验性,表面上看似割裂了知与行,实质上从深层说明了圣人之知之所以是真知,是包含了行在其中的,这也正是后来理学家着重发挥的。正是由于"生知"这一逻辑前提,在理解"学知""困知"时,就不能说其仅指闻见之知而不包含德性之知。无论是德性之知需要修养功夫,还是认识闻见之知需要实践功夫,不仅开创了认识论和修养论两种路径,而且将知与行紧密联系在了一起。可以说,孔子的知行观,成了传统"知行思想"的总纲,孕育和基本决定了后世知行观讨论的主要问题与向度。

三是魏晋否定知行的阶段。老庄怀疑主义的不可知论为"逃世隐逸"的玄学家所继承。王弼说,"如其知之,不须出户;若其不知,出愈远愈迷也"②,明确否定了感性和实践的作用,割裂了知与行的联系。可以说,魏晋玄学思想的"外道内儒"特征,其知行观是传统知行观在特定思想语境中的非典型呈现。

四是以王通为标志的由认识论全面进入修养论的转折阶段。王通反对玄学家的放浪形骸和德之不修,进而强调行的重要性,"知之者不如行之者,行之者不如安之者"③,认为知不能停留在终身诵读的口耳之学,应统一于行、服务于行,同时知与行的统一还要统摄于德,进而达到知行统一、行不违德的自觉状态,也就是所谓的"安"

---

① 《春秋左传》,岳麓书社,2019,第873页。
② 王弼,《注老子道德经》,凤凰出版社,2017,第1492页。
③ 张沛,《中说校注》,中华书局,2013,第175页。

的状态。这样看来，王弼的知行观由认识论全面转向了修养论。

五是宋元明时期在修养论视域上的实践转向。由于受到佛、道思想的不断影响和朝代更迭，几乎沉寂了七百余年的对知行观的讨论，在宋元明封建治理和道统叙述的双重期许下，进入了一个高潮。程朱学派以理为本体，在所重视的知中，更加强调德性之知。以知的先验性为前提，程颐程颢提出了"知先行后"说。所谓的行，即是以内在的省察为特征的穷理以尽性之功夫。朱熹学派通过与湖湘学派的论战，在重行之下，其知行并重思想凸显，"知行互发""知行交相发""知行互发并进""知行无先后"等成为理学家的主要观点。由此，于"知"上强调德性之知与见闻之知不可偏废，于"行"上则是强调内在省察与外在涵养交相互发。元代的吴澄亦主张的是"知行兼该"。陆王心学则强调"心"的先在性，在知行关系上由陆九渊的"知先行后"向王阳明的"知行合一"转化，原因全在于对"行"的重视愈加突出。王阳明的"知"（良知），具有即本体即主体即功夫的特征，其"重行"内含了对"知"的肯定，知与行就可以在内在维度上达到合一。晚明的救世思潮，影响了知行观的走向，知行观出现了由内向外的转向，于"知"方面提高了后天之学和闻见之学的地位，于"行"则强调践履、实用、实行，其目的在于避免空谈心性的玄虚之弊。王夫之、方以智等人的"知行践"观，已具备近代意义。必须注意的是，晚明儒者对心性修养论的批判，并不意味着他们从根本上否定了理学，而只不过是在宋明知行观在修养论视域内的异动而已。值得进一步说的是，王阳明不再纠缠于知与行的孰轻孰重、孰先孰后，而是注重知与行之"合"，强调知与行在本质上为"一"，一方面和宋明理学先导者王通"重行"思想有关，另一方面也意味着"重行"是宋明理学家的普遍共识。在王阳明的知行思想里，知即行，重行即重知行，在逻辑上并不意味着分知行为二。正是由于知与行具有相同的理论属性与价值诉求，蕴含其中的重行思想也为其实践能力的拓展提供了理论基础，实际上为以知或以行为中心探析"知行合一"的理论视域奠定了基础。

六是知行观从修养论中的剥离。乾嘉以降，继明末遗民对理学反思后，在西学东渐中，清代理学接受了西方知识论体系，力图将知行问题转化为纯粹的认识论问题，如戴震就从认识论出发，把知从传统道德论中分离出来，把行从道德实践中分离出来，建构了知行观从传统走向近代的桥梁。

思想史上知行观的演化，与历史时期的变革密不可分，所以"知行合一"才有了历史语境中的释义。"知行合一"作为中国思想史上源远流长的观念，其于现代发展中，代表性的非陶行知莫属。

陶行知的知行观，不仅是对传统"知行合一"思想的一种潜移默化式的吸收、批判和改造，而且也是借鉴杜威教育思想，并与中国传统"知行合一"思想相结合，提出"教学做合一"思想的创新。1910年，陶行知在金陵大学校长亨克教授的指导下，开始对王阳明思想学说进行学习研究，1911年将自己的名字改为"知行"，后又改为"行知"，表明了对"知行合一"的信仰。他在1934年发表的《行知行》中说："在二十三年前，我开始研究王学，信仰知行合一的道理，故取名行知。"他认为认知在先，实践在后，先知后行，知行并重。1914年，陶行知赴美国哥伦比亚大学求学，其间正是杜威实用主义教育理论日趋成熟及影响力渐达高峰之时，牵引出心中王学的"知行合一"，与杜威实验主义产生共鸣，即认为王阳明和杜威都是把思想与社会活动必然联系在一起，给思想注入道德的目的。杜威注重行动的哲学观，与陶行知在金陵大学学习王阳明"知行合一"的哲学观有相似或相通之处。陶行知认为："中国王学甚好，在美国亦有相似之哲学，杜威一派的实验主义，即注重实行之哲学，与王学知行合一之说相同。"所提出的"生活即教育、社会即学校、教学做合一"的生活教育学说，一方面直接脱胎于杜威学说，另一方面其"做中学合一"则是直接借用了"知行合一"的表达形式，同时在解释"教学做合一"时更像是"知行合一"的翻版，"初生的小孩便是教学做合一。做的意义，比平常用法要广得多，这是对的。但是，'学也是做''教也是做''教育就是做'的三句结论，殊有语病。我们可以说'做是学的中心，也是教的中心'，我们也可以说'教学做合一便是生活'"①，强调"教学做合一即教的法子根据学的法子，学的法子根据做的法子。事怎样做就怎样学，怎样学就怎样教"②，立足于用"知行合一"解释"教学做合一"。还必须看到，陶行知对杜威实用主义思想是创造性地吸收，对王阳明的"知行合一"思想是批判性继承。陶行知强调"做"与"行"的重要性，注重理论与实践的联系。1927年，陶行知在创办晓庄师范时，对行与知的关系进行了颠倒，将"行"置于"知"之先，提出了"行先知后"的观点，在其《行是知之始》中表明，"阳明先生说，'知是行之始，行是知之成'，我以为不对，应该是'行是知之始，知是行之成'"，并于1934年将名字由"知行"改为了"行知"。陶行知认为仅仅读书是不够的，书里介绍的是古人之行、今人之行、外国人之行和中国人之行，所以"如果有所知，也不过是知人之所知，不是我之所谓知"，"中国学子被先知后行的学说所麻痹，习惯成了自然，平日不肯行，不敢行，终于不能行，也就一无所知"。陶行知说："先知后行的土壤里，长不出科学的树，开不出科学的花，结不出科学的

---

① 《陶行知全集》第二卷，第27页。
② 《陶行知教育文集》，教育科学出版社，1981，第53页。

果。"他还举例法拉第、爱迪生的发明过程,说明获得知识的进程是"行知行",由知识做根、做指导,再去有计划地行动,从而获得更多、更高一级的知识,是一切发明创造都在遵循的认识过程。这一思想,符合马克思主义认识与实践相统一认识论,即毛泽东所讲的"实践,认识,再实践,再认识。这种形式,循环往复以至无穷,而实践和认识之每一循环的内容,都比较地到了高一级的程度。"陶行知的知行观,不能说是对知行关系上的传统认识论的回归,而是具有了辩证唯物主义认识论的性质。

"五四运动"之后马克思主义传入中国,马克思主义思想家从辩证唯物主义认识论出发,对知行观进行归纳提升,实现了现代知行关系在认识论上的超越,"认识与实践相统一"成为认识知行关系的方法论,影响了一代又一代。中国共产党第十八次全国代表大会以来,习近平在很多次讲话中强调"知行合一",在指导党的群众路线教育实践活动时指出,"要着力增强思想自觉和行动自觉,引导广大党员、干部提高贯彻执行党的群众路线的自觉性和坚定性,做到以'知'促'行'、以'行'促'知'、'知行合一'",告诫党员干部"道不可坐论,德不能空谈。于实处用力,从知行合一上下功夫,社会主义核心价值观才能内化为人们的精神追求,外化为人们的自觉行动",强调"教育要注重以人为本、因材施教,注重学用相长、知行合一,着力培养学生的创新精神和实践能力,促进学生德智体美劳全面发展"。

> **教学随笔**
>
> 梅贻琦的"所谓大学者,非谓有大楼之谓也,有大师之谓也"和"学校犹水也,师生犹鱼也,其行动犹游泳也,大鱼前导,小鱼尾随,是从游也"等大学思想,与其将《大学》义理融入现代大学实践而立足中国大地办大学的价值理想无不相关。
>
> ——题记

梅贻琦这样解《大学》

在中国教育史上,讲大学必讲蔡元培,必讲北大,而讲梅贻琦的则不多。蔡元培对中国现代大学的建构,尤其是思想建构,影响是很大的,自不必多说。如果说蔡元培的大学理念更西方化些,那么梅贻琦的大学理念就是中西结合,无论是主政清华大学还是西南联大,其大学理念始终如一,单从其《大学一解》中,便可窥斑见豹。

梅贻琦(1889—1962年)是首批"庚款"留美学生,他赴美之后,清华学堂才成立,所以有人调侃他是清华的"史前期"校友。就是这样一个清华校友,后来成为清华大学的校长。梅贻琦在美国学的是电机工程,1914年毕业回国,第二年就在清华任教,先后开设数学、英文、物理等课程,12年后的1926年4月开始作为物理系的首席教授,经教授会选举为教务长,而大学的教务长就相当于现在主管教学科研的常务副校长。1928年,梅贻琦改任清华学生留美监督,常住美国,巡回视察有清华大学学生留学的美国学校,直到1931年回国任清华大学的校长。

1941年4月,梅贻琦主政西南联大,时值清华大学校庆30周年,梅贻琦在《清华学报》第十三卷第一期"大学三十周年纪念号上册"发表了著名的《大学一解》,其大学理念可谓中西合璧。当时,西南联大由北大、清华、南开组成,既有联大的组织机构,也仍保持着三校各自的组织机构,正如《国立西南联合大学纪念碑》(联大文学院院长冯友兰所撰)中所说的那样,"三校有不同之历史,各异之学风,八年之久,合作无间。同不妨异,异不害同;五色交辉,相得益彰;八音合奏,终和且平"。三校校长组成联大常委,到校视事者是蒋梦麟、梅贻琦,蒋梦麟主外,梅贻琦则主内。

梅贻琦在《大学一解》中开明宗义:

> 今日中国之大学教育,溯其源流,实自西洋移植而来。顾制度为一事,而精神又为一事。就制度言,则文明人类之经验大致相同,而事有可通者。文明人类之生活,要不外两大方面:曰己,曰群;或曰个人,曰社会。而教育之最大目的,要不外使群中之己,与众己所构成之群,各得其安所、遂生之道,且进以相位相育,相方相苞:此则地无中外,时无古今,无往而不可通者也。

梅贻琦认为,今日中国的大学,不是中国本土的高等教育演化而来的,而是从西方移植来的。但中国本土的高等教育,与西方的大学教育,虽制度不同,但精神是相同的。制度具有特殊性,所以不同;精神具有一般性,所以相通。按照哲学思维,中西教育都是特殊与一般的统一,之所以不同而又相通,是因为同是教育的制度与精神两个部分。从制度与精神进行分析,隐含了特殊与一般之关系的哲学的分析,就深入到了哲学的根本问题。其"相位相育"出自《中庸》里的"天地为焉,万物育焉",而"相方相苞"则出自《毛诗·大雅·生民》的"实方实苞","位""育""方""苞"就是"安所""遂生"。"相"是互相,通过互动,个人与社会各得其所,实现生存发展,这是中外古今相通的教育的最大目的。因为教育的最大目的是人,属于人文精神,而人文精神古今中外相通。

《大学一解》接着说:

> 西洋之大学教育已有八九百年之历史,其目的虽鲜有明白揭橥之者,然试一探究,则知其本源所在,实为希腊之人生哲学,而希腊人生哲学之精髓无它,即"一己之修明"(Know thyself)是也。此与我国儒家思想之大本又何尝有异致?孔子于《论语·宪问》曰"古之学者为己",而病今之学者舍己以从人。其答子路问君子,曰"修己以敬",进而曰"修己以安人",又进而曰"修己以安百姓"。夫君子者无它,即学问成熟之人,而教育之最大收获也。曰安人、安百姓者,则又明示修己为始阶,本身不为目的,其归宿,其最大之效用,为众人与社会之福利,此则较之希腊之人生哲学,又若更进一步,不以一己理智方面之修明为已足也。

教育是一个历史范畴,其内涵源于伦理道德价值。自古以来的教育都以使人(首先是未成年人)形成善良的人格为价值追求,其要义在于:教育传递的是有价值的事物,所传递的价值为学生所认知,从而成为他自己的价值追求。①梅贻琦言希腊的Know thyself与孔子的"学者为己"虽然是相通的,但"学者为己"的目的是"安人""安百姓"。比起以一己理智方面的修明为己足的Know thyself更进一步,批评了古希腊的理智主义(intellectualism)。Know thyself是古希腊Delphi神庙庙门铭文,thyself是古文,其今文是yourself。Know thyself是"知自",与《老子》第三十三章"自知者明"的"自知"对应。《老子》第四十五章中的"自知"是修德,"修之身,其德乃真;修之家,其德乃馀;修之乡,其德乃长;修之邦,其德乃丰;修之天下,其德乃普",是孔子"学者为己"和儒家修身、齐家、治国、平天下之说的来源。

接下来《大学一解》说:

> 乃至《大学》一篇之作,而学问之最后目的,最大精神,乃益见显著。《大学》一书开章明义之数语即曰:"大学之道,在明明德,在新民,在止于至善。"若论其目,则格物、致知、诚意、正心、修身属明明德,而齐家、治国、平天下属新民。《学记》曰:"九年知类通达,强立而不反,谓之大成;夫然后足以化民易俗,近者悦服,而远者怀之,此大学之道也。"知类通达、强立不反二语,可以为明明德之注脚;化民成俗、近悦远怀三语,可以为新民之注脚。孟子于《尽心》章亦言"修其身而天下平",荀子论"自知者明,自胜者强"②亦不出明明德之范围,而其泛论群居生活之重要,群居生活之不能不有规律,亦无非阐发"新民"之真谛而已。总之,儒家思想之包罗虽广,其于人生哲学与教育理想之重视明明德与新民二大步骤,则始终如一也。

教育其概念源于伦理道德的内涵,无论是中国源自对"善"的价值追求,还是源自古希腊对美德的追求,都是把美德理想和对行为准则的遵守,作为教育的价值标准。梅贻琦先生在此段开始切入正题,点明了教育理想之重视明明德与新民两大步骤始终如一,接下来开始讨论今日之大学教育在这两大步骤上如何,以总结经验,明确努力方向。

于是,《大学一解》说:

> 今日之大学教育,骤视之,若与明明德、新民之义不甚相干,然若加深察,则可知今日大学教育之种种措施,始终未能超越此二义之范围,所患者,在体认尚有未尽而实践尚有不力耳。大学课程之设备,即属于教务范围之种

---

① 陈桂生:《教育学究竟是怎么一回事:教育学辨析》,上海教育出版社,2020,第12页。
② 《荀子》无此语,应出自《老子》第三十三章,梅贻琦先生在此引用有误,不过《荀子·荣辱》《荀子·子道》篇说到自知,《荀子·解蔽》篇说到自强,皆明明德之范围。

种,下自基本学术之传授,上至专门科目之研究,固格物致知之功夫而明明德之一部分也。课程以外之学校生活,即属于训导范围之种种,以及师长持身、治学、接物、待人之一切言行举措,苟于青年不无几分裨益,此种种裨益亦于格致诚正之心理生活见之。至于各种人文科学、社会科学学程之设置,学生课外之团体活动,以及师长以公民之资格对一般社会所有之努力,或为一种知识之准备,或为一种实地工作之预习,或为一种风声之树立,学生一旦学成离校,而于社会有所贡献,要亦不能不资此数者为一部分之挹注。此又大学教育新民之效也。

冯友兰先生于20世纪30年代在其《哲学在当代中国》中主张"现在比较研究中国的与欧洲的哲学观念",是"要找出一种哲学观念,用另一种哲学观念来讲,是什么"[①]。梅贻琦先生在上面的这一段话里,正是比较研究中国与西方的大学教育观念,找出了西方大学教育的观念,用中国《大学》的观念来讲,大学教育是什么。佛学传入中国后,与中国学问接触融合的过程中,首先要"格义"。"格义"的活动,就是要找出佛学的观念,用中国学问的观念来讲"是什么"。格义就好比读书过程中的识字,若不识字义,就不能读书。梅贻琦所讲,就是对中西文化综合过程的"格义",将"实自西洋移植而来"的"今日中国之大学"内部结构即各部分,都用中国《大学》的理念,即"明明德""新民""格物""致知""诚意""正心"等观念讲之。由此可以想见,梅贻琦在美国留学、督学的八年岁月,早已实地体验西方大学与中国《大学》的对应关系,加之清华大学十年校长的阅历,所以才能吃透中国《大学》与西方大学,才能用中国的《大学》观念来讲西方大学的观念是什么,才写出了《大学一解》。

梅贻琦在《大学一解》中接着讲:

> 然则所谓体认未尽实践不力者又何在?明明德或修己功夫中之所谓明德,所谓己,所指乃一人整个之人格,而不是人格之片段。所谓整个之人格,即就比较旧派之心理学者之见解,至少应有知、情、志三个方面,而此三方面者皆有修明之必要。今则不然,大学教育所能措意而略有成就者,仅属知之一方面而已。夫举其一而遗其二,其所收修明之效,固已极有限也。然即就知之一端论之,目前教学方法之效率亦大有尚待扩充者。理智生活之基础为好奇心与求益心,故贵在相当之自动,能有自动之功,斯能收日新之效。所谓举一反三者,举一虽在执教之人,而反三总属学生之事。若今日之教学,恐灌输

---

① 见《冯友兰选集》,天津人民出版社,1994,第50页。

之功十居七八，而启发之功十不得二三。明明德之义，释以今语，即为自我之认识，为自我知能之认识，此即在智力不堪平庸之学子亦不易为之，故必有执教之人为之启发，为之指引，而执教者之最大能事，亦即至此而尽，过此即学子自为探索。非执教者所得而助长也。故古之善教人者，《论语》谓之善诱，《学记》谓之善喻。孟子有云："君子深造之一道，欲其自得之也。自得之，则居之安。居之安，则资之深。资之深，则取之左右逢其源。故君子欲其自得之也"（《孟子·离娄下》），此善诱或善喻之效也。今大学中之教学方法，即仅就知识教育言之，不逮尚远。此体认不足实践不力之一端也。

梅贻琦先生在这一段里所讲的是：无论"明明德"还是Know thyself，都要修明知、情、志，今则举知而遗情、志，即就知而言，亦是灌输而非启发，此教学方法之根本缺陷。看来非恢复《论语》的善诱、《学记》的善喻、《孟子》的深造自得等这些方法不可。

接着，梅贻琦先生专论了意志、情绪在学生自我修养中的重要性和其重心所在。

至意志与情绪二方面，既为寻常教学方法所不及顾，则其所恃者厥有二端，一为教师之树立楷模，二为学子之自谋修养。意志须锻炼，情绪须裁节，为教师者能于二者皆有相当之修养功夫，而于日常生活之中与以自然之流露，则从游之学子无形中有所取法。古人所谓身教，所谓以善先人之教，所指者大抵即此两方面之品格教育，而于知识之传授不相干也。治学之精神与思想之方法，虽若完全属于理智一方面之心理生活，实则与意志之坚强与情绪之稳称有极密切之关系。治学贵严谨，思想忌偏蔽，要非持志坚定而用情有度之人不办。孟子有曰："仁义礼智根于心，其生色也睟（颜色纯一，眼睛清明）然，见于面，盎于背，施于四体，四体不言而喻"（《孟子·尽心上》）。曰根于心者，修养之实；曰生于色者，修养之效而自然之流露。设学子所从游者率为此类之教师，再假以时日，则濡染所及，观摩所得，亦正复有其不言而喻之功用。《学记》所称之善喻，要亦不能外此。试问今日之大学教育具备此条件否？曰：否。此可于三方面见之。上文不云乎？今日大学教育所能措意者，仅为人格之三方面之一，为教师者果能于一己所专长之特科知识，有充分之准备，为明晰之讲授，作尽心与负责之考课，即已为良善之教师，其于学子之意志与情绪生活与此种生活之见于操守者，殆有若秦人之视越人之肥瘠。历年既久，相习成风，即在有识之士，亦复视为固然，不思改作，漫假而以此种责任完全诿诸他人，曰"此乃训育之事，与教学根本无干"。此条件不具备之一方面也。为教师者，自身固未始不为此种学风之产物，其日以孜孜者，专科知识之累积而已，新学说与新实验之传习而已。其于持志养气之道，待人接物之方，固未尝一日讲求也。试问己所未能讲求或无暇讲求者，又何能执以责人？此又一方面也。今日学校环境之内，教师与学生大率自成部落，各有其生活之习惯与时尚，舍教室中讲授之时间而外，几乎不相谋面，军兴以还，此风尤甚，即有少数教师，其持养操守足为学生表率而无愧者，亦犹之椟中之玉，斗底之灯，其光辉不达于外，而学子即有切心于观摩取益者，亦自无从问径。此又一方面也。古者学子从师受业，谓之从游，孟子曰"游于圣人之门者难为言"，间尝思之，游之时义大矣哉！学校犹水也，师生犹鱼也，其行动犹游泳也，大鱼前导，小鱼尾随，是从游也，从游既久，其濡染观摩之效，自不求而至，不为而成。反观今日师生之关系，直一奏技者与看客之关系耳，去从游之义不啻（极义）远哉！此则于《大学》之道，体认尚有未尽、实践尚有不力之第二端也。

梅贻琦论体认未尽、实践不力的第一端、第二端，各为一段，而在论第三端中，却用四段专论学生自我修养，其为意志、情绪教育的重心所在。

至学子自身之修养又如何？学子自身之修养为中国教育思想中最基本部分，亦为儒家哲学之重心所寄。《大学》八目，涉此者五；《论语》《中庸》《孟子》之所反复申论者，亦以此为最大题目。宋元以后之理学，举要言之，一自身修养之哲学耳；其派别分化虽多，门户之纷呶虽盛，所争者要为修养之方法，而于修养之必要，则靡不同也。我侪以今日之眼光相绳，颇病理学教育之过于重视个人之修养，而于社会国家之需要，反不能多所措意。末流之弊，修身养性几不复为入德育才之门，而成遁世避实之路。然理学教育之所过，即为今日学校教育之所不及。今日大学生之生活中最感缺乏之一事，即为个人之修养。此又可就下列三方面分别言之。

一曰时间不足。今日大学教育之课程太多，上课太忙，为众所公认之一事。学生于不上课之时间，又例须有多量之"预备"功夫，而所预备者又不出所习学程之范围，于一般之修养邈不相涉。习文史哲者，与修养功夫尚有几分关系；其习它种理实科目者，无论其为自然科学或社会科学，犹木工、水作之习一艺耳。习艺愈勤去修养益远。何以故？曰，无闲暇故。仰观宇宙之大，俯察品物之盛，而自审其一人之生应有之地位，非有闲暇不为也。纵探历史之悠久，文教之累积，横索人我关系之复杂，社会问题之繁变，而思对此悠久与累积者宜如何承袭节取而有所发明，对复杂繁变宜如何应付而知所排解，非有闲暇不为也。人生莫非学问也，能自作观察、欣赏、体会者，斯得之。今学程所能加惠者，充其量，不过此种种自修功夫之资料、之补助而已，门径之指点而已，至若资料之咀嚼融化，门径之实践，以至于升堂入室，博者约之，万殊者一之，则非有充分之时间不为功。就今日之情形而言，则咀嚼之时间且犹不足，无论融化；粗识门径之机会犹或失之，姑且无论升堂入室也。

二曰空间不足。人生不能离群，而自修不能无独，此又近顷大学教育最忽略之一端。《大学》一书尝极论"毋自欺"必"慎独"之理。不欺人易，不自欺难；与人相处而慎易，独居而慎难。近代之教育，一则曰社会化，再则曰集体化，卒使黉舍悉成营房，学养无非操演，而慎独与不自欺之教亡矣。夫独学无友，则孤陋而寡闻，乃仅就智识之切磋而为言者也；至情绪之制裁，意志之磨砺、示鉴戒而已。自"慎独"之教亡，而学子乃无复有"独"之机会，亦无复作"独"之企求；无复知人我之间精神上与实际上应有之充分之距离，适当之分寸，浸假而无复知情绪制裁与意志磨砺之为何物，即无复知《大学》所称"诚意"之为何物，充其极，乃至于学问见识一端，亦但知从众而不知从己，但知附和而不敢自作主张、力排众议。晚近学术界中，每多随波逐浪（时人美其名曰"适应潮流"）之徒，而少砥柱中流之辈，由来有渐，实无足怪。《大学》一书，于开章时阐明大学之目的后，即曰"知止而后有定，定而后能静，静而后能安，安而后能虑，虑而后能得"。今日之青年，一则因时间不足，再则因空间之缺乏，乃至数年之间，竟不能如绵蛮黄鸟之得一丘隅以为休止。休止之时地既不可得，又遑论定、静、安、虑、得之五步功夫耶？此深可虑而当亟为之计者也。

三曰师友古人之联系之缺失。关于师之一端，上文已具论之。今日之大学青年，在社会化与集体生活化一类口号空气之中，所与往还者，有成群之大众，有合伙之伙伴，而无友。曰集体生活，又每苦不能有一和同之集体，或若干不同而和之集体，于是人我相与之际，即一言一动之间，亦不能不多所讳饰顾忌，驯至舍寒暄笑谑与茶果征逐而外，根本不相往来。此目前有志之大学青年所最感苦闷之一端也。夫友所以祛孤陋、增闻见而辅仁进德者也，个人修养之功，有恃于一己之努力者固半，有赖于友朋之督厉者亦半。今则一己之努力既因时空两间之不足而不能有所施展，有如上文所论，而求友之难又如此，又何怪乎成德达材者之不多见也。古人亦友也，孟子有尚友之论①，后人有尚友之录②，其对象皆古人也。今人于年龄相若之同学中既无可相友者，有志者自犹可于古人中求之。然求之又苦不易。史学之必修课程太少，普通之大学生往往仅修习通史一两门而止，此不易一也。时人对于史学与一般过去之经验每不重视，甚者且以为革故鼎新之精神，即在完全抹杀已往，而创造未来，前人之言行，时移世迁，即不复有分毫参考之价值，此不易二也。即在专攻史学之人，又往往用纯粹物观之态度以事研究，驯至古人之言行举措，其所累积之典章制度，成为一堆毫无生气之古物，与古生物学家所研究之化石骨殖无殊，此种研究之态度，非无其甚大之价值，然设过于偏注，则史学之与人生将不复有所联系，此不易三也。有此三不易，于是前哲所再三申说之"以人鉴人"之原则将日趋湮没，而"如对古人"之青年修养之一道亦日即荒秽不治矣。学子自身之不能多所修养，是近代教育对于《大学》之道体认尚有未尽、实践尚有不力之第三端也。

梅贻琦是物理学家，所以他是以物理学的认知方式，用时间、空间与历史相统一的方法，来观察、研究大学生意志、情绪、智能的存在与运动，尤其是大学生自我修养在意志、情绪两方面的存在与运动。而时间、空间与历史相统一的方法，正是支撑现代历史地理学的学科方法，梅贻琦对待中国高等教育的这种认识方法，不能不说是一种创新。这就使得他对《大学》的解读别开生面，新义颇多，可谓光彩夺目，不仅区别于传统人文学者的既有认识，而且也区别于同代人文学者的要义新论，其人文教育思想焕然一新。尤其是他的危言谠论，可以说是中国高等教育史科学阶段论人文教育的代表作，也是至今为止的压卷之作，实在可赞。

正因为梅贻琦是物理学家，所以他深知研究自然现象必须要首先掌握事实，研究大学生自我修养同样首先要掌握事实，他全面透彻地掌握了"目前有志之大学青年所最感苦闷之一端"，掌握了"今日之大学生之生活中最感缺失之一事即为个人之修养"。可以说是真正透彻到了大学生的内心世界、灵魂深处，是抗战艰难办学中大学生的知心朋友、好老师、好监督、好校长，是西南联大之幸、清华大学之幸。他掌握的事实是现实与历史的统一，理论与实践的统一，人文与科学的统一。所以，他断定："学子自身之修养为中国教育思想中最基本之部分"。"宋元以后之理学，举要言之，一自身修养之

---

① 《孟子·万章下》："以友天下之善士为未足，又尚论古之人，颂其诗，读其书，不知其人可乎？是以论其世也，是尚友也。"尚通上，尚友，即上友古人。
② 明天启年间，廖用贤编有《尚友录》，搜采古人事实，按姓氏编排，可资上友古人之参考。

哲学耳";"理学教育之所过,即为今日学校教育之所不及"。此乃产生冯友兰《新理学》的背景和土壤,可见《新理学》是在这方面来回应时代呼唤的。梅贻琦还根据事实进一步断定:"今日之(大学)青年,一则因时间不足,再则因空间之缺乏,乃至(在大学)数年之间,竟不能如绵蛮黄鸟之得一丘隅以为休止"。由于时间不足,"所以学程之范围,于一般之修养邈不相涉",而所习之科技,"犹木工、水作之习一艺耳。习艺愈勤,去修养愈远";由于空间不足,缺少"独"的空间,而"慎独"之教亡,盖"人生不能离群,而自修不能无独,此又近顷大学教育最忽略之一端""近代之教育,一则曰社会化,再则曰集体化,卒使簧舍悉成营房,学养无非操演,而慎独与不自欺之教亡矣";加上史学不足,不能上友古人,而社会化、集体化生活中又只"有合作之伙伴,而无友",而上友古人则有"三不易"。事实如此,其何以"明明德"?"又何怪乎成德达材之不多见也!"

梅贻琦把社会化、集体化建立在个体的修养基础之上,提出自修不能无独的理念,将"慎独"下的大学生自我修养,作为融入社会、集体的资本,只有"有独"的修养,才能有真正的"达德成材"的社会化、集体化。这种思想至今的意义仍熠熠生辉。当时国民党正将"党化教育"转而表述为"三民主义教育""党义教育"和"领袖言论教育",人们习惯地讽刺为"实行新生活,恢复旧道德"。新生活的标准是"整齐,整洁,简单,朴素",旧道德的内容是"礼义廉耻""四维"和"忠孝仁爱信义和平""八德"。梅贻琦作为国民党党员,并未照本宣科国民党"党义",而是独树一帜。今天清华大学有教授用博客提出:西南联大时期培养的学生很多人赴美留学,90%以上都回国参与新中国建设,并做出杰出贡献,而今天清华大学仍有很多学生留美,但90%以上都留在了美国,为什么在爱国主义上存在这么大差距?西南联大时期的清华大学和北京大学一样,都坚守教育独立于"政治",却为学生开设了包括马克思主义、自由主义等在内的政治理论课程,让学生在比较中做出价值判断,不能不说与梅贻琦先生上解"明明德"、下解"新民"有关。

《大学一解》接下来说:

> 以上三端所论,皆为明明德一方面之体认未尽与实践不力,然则新民一方面又如何?大学新民之效,厥有二端:一为大学生新民工作之准备;二为大学校对社会秩序与民族文化所能建树之风气。于此二端,今日之大学教育体认亦有未尽,而实践亦有不力也。试分论之。

这就是说大学教育对内对外的统一,对内来讲是"明明德",对外来讲是"新民",因此"大学校对社会秩序与民族文化建树风气",大学校不是只去适应社会,要有所建树，即为社会建树风气，开风气之先河。

梅贻琦接着解《大学》：

> 大学有新民之道，则大学生者负新民工作之实际责任者也。负此种实际责任，固事先必有充分之准备，相当之实验或见习，而大学四年，即所以为此准备与实习而设，亦自无须赘说。然此种准备与实习果尽合情理否？则显然又为别一问题。明明德功夫即为新民功夫之最根本之准备，而此则已有不能尽如人意者在，上文已具论之矣。然准备之缺乏犹不止此。今人言教育者，动称"通"与"专"之二原则。故一则曰大学生应有通识，又应有专识；再则曰大学生卒业之人应为一通才，亦应为一专家；故在大学期间之准备，应为通专并重。此论固其是，然有不尽妥者，亦有未易行者。此轮亦固可以略救近时过于重视专科之弊，然犹未能充量发挥大学应有之功能。窃以为大学期内，通专虽应兼顾，而重心所寄，应在通而不在专，换言之，即须一反目前重视专科之倾向，方足以语新民之效。夫社会生活大于社会事业，事业不过为人生之一部分，其足以辅翼人生、推进人生，固为事实，然不能谓全部人生即寄寓于事业。通识，一般生活之准备也；专识，特种事业之准备也。通识之用，不止润身而已，亦所以自通于人也；信如此论，则通识为本，而专家次之，以无通才为基础之专家临民，其结果不为新民，而为扰民。此通专并重未为恰当之说也。大学四年而已，以四年之短期间，而既须有通识之准备，又须有专识之准备，而二者之间又不能有所轩轾，即在上智，亦力有未逮，而况中资以下乎？并重之说所以不易行此也。偏重专科之弊既在所必革，而并重之说又窒碍难行，则通重于专之原则尚矣。

梅贻琦在对于通与专的分析上，是通重于专的。但据冯友兰在《三松堂自序》中回忆说："当时教授会经常讨论而始终没有解决的问题，是大学教育的目的问题。大学教育培养出来的是哪一种人才呢？是通才呢，还是专业人才呢？如果是通才，那就在课程设置方面要求学生们都学一点关于政治、文化、历史、社会的课程，总名曰人文课程。如果是专业人才，那就不必要有这样的要求了。这个分歧，用一种比较尖锐的提法，就是说，大学教育应该培养'人'，还是制造'机器'。这两种主张，各有理由，历次会议都未能解决。后来，折中为大学一、二年级以通识为主，三、四年级以专业为主。"① 梅贻琦作为校长，当然接受了折中，在实践中也执行了，但在理论上仍不

---

① 冯友兰.《三松堂自序》，三联书店，1984，第341页。

同意。他在1943年的《工业化的前途与人才问题》一文中仍旧坚持其主张："近年来国内工业化运动的趋势，似乎过于侧重技术之用，而忽略了理论之用和组织之用，流弊所及，一时代以内工业人才的偏枯是小事，百年的建国大业受到不健全的影响却是大事，这便是本篇所由写成的动机了。"①当然，梅贻琦在这里所谈的"理论之用和组织之用"，已不仅仅是人文知识，也包含着对基础理论和管理理论的重视。

接下来，梅贻琦就通才与专才的培养，进一步阐述道：

> 难之者曰：大学而不重专门，则事业人才将焉出？曰：此未作通盘观察之论也。大学虽重要，究不为教育之全部，造就通才虽为大学应有之任务，而造就专才固别有机构在。一曰大学之研究院，学子既成通才，而于学问之某一部门，有特殊之兴趣，与特高之推理能力，而将以研究为长期或终身事业者，可以入研究院。二曰高级之专门学校，艺术之天分特高，而审美之兴趣特厚者，可入艺术学校；躯干刚劲，动作活泼，技术之智能强，而理论之兴趣较弱者，可入技术学校。三曰社会事业本身之训练。事业人才之造就，由于学识者半，由于经验者亦半，而经验之重要，且在学识之上，尤以社会方面之事业人才所谓经济长才者为甚，尤以在今日大学教育下所能产生之此种人才为甚。今日大学所授之社会科学知识，或失之理论过多，不切实际；或失诸凭空虚构，不近人情；或失诸西洋之资料太多，不适国情民性。学子一旦毕业而参加事业，往往发现学用不相呼应，而不得不于所谓"经验之学校"中，别谋所以自处之道，及其有成，而能对社会有所贡献，则泰半自经验之学校得来，而与所从卒业之大学不甚相干，以至于甚不相干。至于始恍然于普通大学教育所真能造就者，不过一出身而已，一资格而已。
>
> 出身诚是也，资格亦诚是也。我辈从事大学教育者，诚能执通才之一原则，而曰，才不通则身不得出；社会亦诚能执同一之原则。而曰，无通识之准备者不得取得参加社会事业之资格；则所谓出身与资格者，固未尝不为绝有意义之名词也。大学八目，明德之一部分至身修而止。学府之机构，自身亦正复有其新民之功用，就其所在地言之，大学俨然为一方教化之重镇，而就其声教所暨者言之，则充其极可以为国家文化之中心，可以为国际思潮交流与朝宗之汇点（近人有译英文focus一字为汇点，兹从之）。即就西洋大学发展之初期而论，十四世纪末与十五世纪初年，欧洲中古文化史有三大运动焉，而此三大

---

① 梅贻琦.《梅贻琦教育论著选》，人民教育出版社，1993，第179页。

运动者均自大学发之。一为东西两教皇之争，其终于平息而教权复归于一者，法之巴黎大学领导之功也。二为魏克里夫（Wyclif）之宗教思想革新运动，孕育而拥护之者，英之牛津大学也。三为郝斯（John Hus）之宗教改革运动，郝氏与惠氏之运动均为十六世纪初马丁•路德宗教改革之先声，而孕育与拥护之者，布希米亚（战前为捷克地）之蒲拉赫（Prague）大学也。大学机构自身正复有其新民之效，此殆最为彰明较著之若干例证。

梅贻琦从对通才和专才的培养，提出"普通大学教育所真能造就者，不过一出身而已，一资格而已"，"出身诚是也，资格亦诚是也。我辈从事大学教育者，诚能执通才之一原则，而曰才不通则身不得出；社会亦诚能执同一之原则"，于是通过大学"明德至身修而止"和学府"新民之功用"，阐述大学除人才培养的功能之外的文化功能，即"其新民之效"最值得彰明。

接下来，梅贻琦继续《大学一解》：

> 间尝思之，大学机构之所以生新民之效者，盖又不出二途。一曰为社会之倡导与表率：其在平时，表率之力为多；及处非常，则倡导之功为大。上文所举之例证，盖属于倡导一方面者也。二曰新文化因素之孕育涵养与简练揣摩。而此二途者又各有其凭借。表率之效之凭借，为师生之人格与其言行举止。此为最显而易见者。一地之有一大学，犹一校之有教师也，学生以教师为表率，地方则以学府为表率，古人谓一乡有一善士则一乡化之，况学府者应为四方善士之一大总汇乎？设一校之师生率为文质彬彬之人，其出而与社会周旋也，路之人亦得指而目之曰：是某校教师也，是某校生徒也。而其所由指认之事物，为语默进退之间所自然流露之一种风度，则始而为学校环境以内少数人之所独有者，终将为一地方之所公有，而成为一种风气。教化云者，教在学校环境以内，而化则达于学校环境以外，然则学校新民之效，固不待学生学成出校而始见也明矣。

> 新文化因素之孕育，所凭借又为何物？师生之德行才智，图书实验，新民之一部分自身修而始，曰出身者，亦曰出身已修，德已明，可以出而从事于新民而已矣，夫亦岂易言哉？不论一人一身之修明之程度，不问其通识之有无多寡，而但以一纸文凭为出身之标识者，斯失之矣。

梅贻琦先生认为大学教育能生"新民之效"，不仅仅是培养出了"新民"之身，而是要以人格和言行举止，成为社会表率，由学校新民之效，达至社会新民之效。但要达到新民之效，关键是"一人一身之修明之程度"。"一人一身"与前面所论及的

"独"相联系,虽然人生不能离群,但社会化、集体化的教育不能导致害群,社会化、集体化使人"无独有偶",若丧失"慎独"功夫,便造成无德,无德必致害群。正如老子《道德经》第三十八章中所说"下德不失德,是以无德"。梅贻琦先生的高明之处在于,其出发点是认清教育的对象是"独",即"一人一身"的个体,不管是"明明德"还是"新民",归根结底都是个体的担当,"一人一身"的"明明德"的"新民"个体,构成了"明明德"的"新民"群体,"一人一身"的"明明德"的"新民"表率,生成"明明德"的社会化、集体化的"新民之效"。个体本身的修养,不是一纸文凭可以代替的。对大学教育而言,关键在于"通",在于通识教育,即对通才的培养。因此,梅贻琦在《大学一解》中接着论述:

> 通识之授受不足,为今日大学教育之一大通病,固已渐为有识者所公认,然不足者果何在,则言之者尚少。大学第一年不分院系,是根据通之原则者也;至第二年而分院系,则其所据为专之原则。通则一年,而专乃三年,此不足之最大原因而显而易见者。今日而言学问,不能出自然科学、社会科学、与人文科学三大部门。曰通识者,亦曰学子对此三大部门,均有相当准备而已:分而言之,则对每门有充分之了解;合而言之,则于三者之间,能识其会通之所在,而恍然于宇宙之大,品类之多,历史之久,文教之繁,要必有其一贯之之道,要必有其相为因缘与依倚之理。此则所谓通也。今学习仅及期年而分院系,而许其进入专门之学,于是从事于一者,不知二与三为何物,或仅得二与三之一知半解,与道听涂(途)说初无二致。学者之选习另一部门或院系之学程也,亦先存一"限于规定,聊复选习"之不获已之态度,日久而执教者曰:聊复有此规定尔,固不敢以此期学子之必成为通才也。近年以来,西方之从事于大学教育者,亦尝计虑及此,而设为补救之法矣。其大要不出二途:一为展缓分院分系之年限,有自第三学年始分者;二为于第一学年中增设"通论"之课程。窃以为此二途者俱有未足,然亦颇有可供攻错之价值,可为前途改革学程支配之张本。大学所以宏造就,其所造就者,为粗制滥造之专家乎?抑为比较周见洽闻、本末兼赅、博而能约之通士乎?胥于此种改革卜之矣。大学亦所以新民,吾侪于新民之义诚欲作进一步之体认与实践,欲使大学出身之人,不借新民之名,而行扰民之实,亦胥以此种改革为入手方。

> 然大学之新民之效,初不待大学生之学成与参加事业而始见也。大学之设备,可无论矣。所不可不论者为自由探讨之风气。宋儒安定胡先生有曰:"'艮'言思不出其位,正以戒在位者也。若夫学者,则无所不思,无所不

言，以其无责，可以行其志也；若云思不出其位，是自弃于浅陋之学也。"此语最当，所谓"无所不思，无所不言"，以今语释之，即"学术自由"（Academic Freedom）而已矣。今人颇有以自由主义为诟病者，是未察自由主义之真谛者也。夫自由主义（Liberalism）与荡放主义（Libertinism）不同，自由主义与个人主义，或享利的个人主义，亦截然不为一事。假自由之名，而行荡放之实者，斯病矣。大学致力于知、情、志之陶冶者也：以言知，则有博约之原则在；以言情，则由裁节之原则在；以言志，则有持养之原则在；秉此三者而求其"无所不思，无所不言"，则荡放之弊又安从而乘之？此犹仅就学者一身内在之制裁而言之耳。若自新民之需要言之，则学术自由之重要，更有不言自明者在。新民之大业，非旦夕可期也。既非旦夕可期，则与此种事业最有关系之大学教育，与从事于此种教育之人，其所以自处之地位，势不能不超越几分现实。其注意之所集中，势不能为一时一地之所限止；其所期望之成就，势不能为若干可以计日而待之近功。职是之故，其"无所不思"之中，必有一部分为不合时宜之思；其"无所不言"之中，亦必有一部分为不合时宜之言，亦正惟其所思所言，不尽合时宜，及或不合于将来，而新文化之因素胥于是生，进步之机缘胥于是启，而新民之大业亦胥于是奠其机矣。

大学之道，在明明德，在新民，在止于至善。至善之界说难言也，姑舍而不论。然明明德与新民二大目的固不难了解而实行者。然洵如上文所论，则今日之大学教育，于明明德一方面，了解犹颇有未尽，践履犹颇有不力者，而不尽不力者，要有三端；而新民一方面亦然，其不尽不力者，要有二端。不尽者尽之，不力者力之，是今日大学教育之要图也，是《大学一解》之所为作也。

梅贻琦先生坚持大学"通识"教育，以培养时代"新民"为目标，而培养时代新民则必以"明明德"为前提。"新民"是有引领新文化的"良知"，大学教育者对新文化"无所不思，无所不言"是"职之所故"，而培养"无所不思，无所不言"的学生成为时代"新民"，更是职之所责。本来"思不出其位"是古代为官之戒，但有良知的知识分子，对社会的责任却是"无所不思，无所不言"的，即便在历史上学术权力与政治权力的博弈中，"无所不思，无所不言"的士人多有磨难，但浩然正气始终不减。梅贻琦是想培育"无所不思，无所不言"的大学教师队伍并通过他们去培养"无所不思，无所不言"的学生，他们都是"新民"的表率。之所以"止于至善"难解，是因为不同时代有不同的"止善"的标准，但只要在"明明德"上修身不止，笃守"新民"价值信念，就能够紧跟时代的"止善"步伐，实现符合时代发展中"止于至善"与"新民"相统一的目标。

全文照录梅贻琦先生的《大学一解》，是因为《大学一解》是中国高等教育史科学阶段的代表性巨作，一方面它连接传统而又不同于传统的《大学》解读，另一方面是它不仅用大学教育经验解释《大学》，而且又用《大学》总结大学教育的经验，是对立足于中国大地办大学的理性思考。《大学一解》所论"五端"的种种问题都是"移植"西方大学教育所带来的，而不是中国大学教育所固有的。梅贻琦先生认为，这种种问题，无论是在西方还是在中国，在高等教育的人文阶段都不存在，而是到了高等教育的科学发展阶段才出现的。西方是用宗教来解决的，中国本来可以用人文来解决，但在《大学一解》之前的50年，中国的人文，包括人文知识与人文精神，日益成为批判与革命的对象，哪还谈得上用中国人文解决由移植西方大学教育所带来的这些问题呢？！西方用宗教解决这些问题，业已心劳日拙，日益心馀力绌，于是有识之士亦遂转求中国人文智慧，所以中国更应该复兴人文。

《大学一解》是用《大学》总结大学经验，显然有用中国人文解决"五端"种种问题的意义。梅贻琦将学问分为三大部门——自然科学、社会科学、人文科学，有人认为人文是学科（diciline）而不是科学（science），人文与科学两种不同质的学问，将人文亦称为科学，是科学主义的做法。科学主义以为科学之外无学问，本身就是一种荒谬。我们都知道，自然科学旨在发现和揭示自然的规律，是因为自然的规律是现成的，自然科学研究会不断接近这些现成的规律；社会科学旨在发现社会发展的规律，是由于社会发展的规律是在社会实践中生成或建构的，社会科学研究会不断揭示社会规律的生成规律；人文科学旨在用科学原理、方法研究人文现象，揭示社会生活的意义，包括文学作品在内的人文经典，之所以成为经典，是因为历史的选择之所是，其所揭示社会生活的意义，在不同历史阶段、不同时代仍具有精神价值，就是经典。中国数千年来都是用人文解决精神生活问题，并获得了巨大成功，如果说要用科学来解决精神生活问题，那么就要首先承认人文亦是科学。问题是梅贻琦的《大学一解》时代，科学主义是不承认人文科学的，于是，先生认为人有物质生活、社会生活、精神生活，解决物质生活、社会生活问题固要用科学，唯有解决精神生活的问题只能用人文而不能用科学，不仅不足为奇，反而说明了"人是靠精神生活在物质世界的"的正确性。大学生"明明德"以"新民"，就是要加强其人文精神的培育，也是通才教育的意义所在。在《大学一解》发表以前的50年，在解决精神生活问题方面，为争夺对社会生活的指导权，国内处于思想交锋状态，既有人文与科学的交锋，也有科学各派的交锋，最后确立了马克思列宁主义毛泽东思想这门科学的思想地位，确立了社会生活以新民主主义革命为总任务，实现了新中国的建立。不能不说，正是梅贻琦《大学一解》所表征的大学教育思想，重视人文精神的形塑，才有了西南联大及清华大学所培养的人才，有两位获得诺贝尔奖，为新中国培养了171位院士，4位国家最高科技奖得主，8位"两弹一星"专家。

  1946年9月，梅贻琦辞别春城，回到北京继续任清华大学校长。1948年底，北京和平解放，周恩来和吴晗亲自出面，希望他留下来。但他为什么还是选择了走？他对同在清华大学任教的吴泽霖教授说："我一定走，我的走是为了保护清华的基金（庚子赔款建起的基金）。假使我不走，这个基金我就没有办法保护起来。"1962年5月19日，梅贻琦病逝于台大医院，在他逝世两个星期后，人们才打开了他生前一直随身携带的"神秘"的手提包，里面是清华基金的账目，一笔一笔非常清楚。梅贻琦是清华基金的守护神，在没有任何监督的情况下，他没有动用过半文，即便他一生清贫。他住院吃不起药，逝世后无钱下葬。他有一次上课迟到，一边急急忙忙走进教室，一边笑着解释："我刚才在街上给我夫人守摊，她去进货，七点半还没回来，我有课只好丢下她跑来了，不过今天点心卖得特好，有钱挣。"一席话后，校长脸上还笑着，学生们却一个个擦起了眼泪。梅贻琦的"所谓大学者，非谓有大楼之谓也，有大师之谓也"之理念，至今何止千百大学校长引用，其"学校犹水也，师生犹鱼也，其行动犹游泳也，大鱼前导，小鱼尾随，是从游也"的以"鱼水"之喻"游学"，与"大师大楼"之喻，相得益彰。他对只有初中学历的华罗庚三次破格，一是破格录入清华大学，二是又破格从资料员转为助教，被允许修习大学课程，并送其到剑桥大学深造，三是又破格未经讲师、副教授而直接聘为教授；他亲自到火车站接赵元任先生，与国学大师王国维、梁启超、陈寅恪、赵元任始终保持着诚挚的友谊。他曾手书"生斯长斯，吾爱吾庐"，毕生献给清华，被称为清华大学"永远的校长"。

  《大学》以修身为关键，由内而外，齐家、治国、平天下。梅贻琦是修内之楷模，更是治校之领袖。读《大学一解》，可再悟《大学》之道。

参 考 文 献

[1] 阮元.十三经注疏[M].影印本.北京：中华书局，1980.

[2] 阎若璩.尚书古文疏证[M].上海：上海古籍出版社，1987.

[3] 石中英.评20世纪我国教育学史研究中的"西方中心主义"现象[J].高等师范教育研究，1996（4）：15-20.

[4] 李长伟.谁是最初的教育者：康德教育逻辑起点问题之追问[J].教育研究，2019（6）：38.

[5] 康德.论教育学[M].赵鹏，何兆武，译.上海：上海人民出版社，2005.

[6] 康德全集：第7卷[M].北京：中国人民大学出版社，2008.

[7] 张政烺.试释周初青铜器铭文中的易卦[J].考古学报，1980（4）:403.

[8] 孙希旦.礼记集释[M].北京：中华书局，1983.

[9] 李学勤.周易经传溯源[M].长春：长春出版社，1992.

[10] 许倬云.西周史[M].上海：三联书店，1994.

[11] 李镜池.周易探源[M].北京：中华书局，1978.

[12] 弗莱彻.境遇伦理学[M].程立显，译.北京：中国社会科学出版社，1989.

[13] 王葆玹.儒家学院派《易》学的起源和演变[J].哲学研究，1996（3）：61.

[14] 杨适.中西人伦的冲突：文化比较的一种新探求[M].北京：中国人民大学出版社，1991.

[15] 侯外庐.中国古代社会史论[M].北京：人民出版社，1955.

[16] 王国维.观堂集林[M].北京：中华书局，1959.

[17] 杨向奎.宗周社会与礼乐文明[M].北京：人民出版社，1992.

[18] 马克思，恩格斯.马克思恩格斯选集：第四卷[M].中共中央马克思恩格斯列宁斯大林著作编译局，译.北京：人民出版社，1972.

[19] 吕思勉.中国制度史[M].上海：上海教育出版社，1985.

[20] 张之恒，周裕兴.夏商周考古[M].南京：南京大学出版社，1995.

[21] 李学勤.东周与秦代文明[M].北京：文物出版社，1984.

[22] 徐复观.两汉思想史：卷一[M].6版.台北：台湾学生书局，1982.

[23] 余英时.士与中国文化[M].上海：上海人民出版社，1987.

[24] 韩德民.礼：从历史到哲学[J].中国文化研究，1997（2）：14.

[25] 林耀华.原始社会史[M].北京：中华书局，1984.

[26] 列维-布留尔.原始思维[M].丁由，译.北京：商务印书馆，1981.

[27] 杨宽.古史新探："冠礼"新探[M].北京：中华书局，1956.

[28] 林惠祥.文化人类学[M].北京：商务印书馆，1991.

[29] 陈澔.新刊四书五经：礼记集说[M].北京：中国书店，1994.

[30] 侯外庐，赵纪彬，杜国庠，等.中国思想通史[M].北京：人民出版社，1957.

[31] 胡培翚.仪礼正义[M].段熙仲，点校.南京：江苏古籍出版社，1993.

[32] 中国大百科全书出版社《简明不列颠百科全书》编辑部.简明不列颠百科全书[M].北京：中国大百科全书出版社，1985.

[33] 孟德斯鸠.论法的精神[M].许明龙，译.北京：商务印书馆，2017.

[34] 张文显.二十世纪西方法哲学思潮研究[M].北京：法律出版社，1996.

[35] 梅因.古代法[M].沈景一，译.北京：商务印书馆，1959.

[36] 拉德布鲁赫.法学导论[M].米健，朱林，译.北京：中国大百科全书出版社，1997.

[37] 梁启超.饮冰室合集[M].影印本.北京：中华书局，1989.

[38] 梁启超.先秦政治思想史[M].北京：东方出版社，1996.

[39] 曾宪义，范忠信.中国法律思想史研究通览[M].天津：天津教育出版社，1989.

[40] 马非百.秦集史：下册[M].北京：中华书局，1982.

[41] 李成贵，章林.儒家人性论三种形态与儒学的当代展开[J].黑龙江社会科学，2021（5）：1.

[42] 葛兆光.中国思想史[M].上海：复旦大学出版社，2004.

[43] 国语[M].上海：上海古籍出版社，1988.

[44] 刘寅生，谢巍，房鑫亮.何炳松论文集[M].北京：商务印书馆，1990.

[45]《马王堆汉墓帛书》整理小组.老子甲本及卷后古佚书[M].北京：文物出版社，1974.

[46] 西田几多郎.善的研究[M].何倩，译.北京：商务印书馆，1965.

[47] 冯友兰.中国哲学史[M].北京：商务印书馆，2019.

[48] 刘翔.中国传统价值观诠释学[M].上海：上海三联书店，1996.

[49] 谢祥皓.孟子思想研究[M].济南：山东大学出版社，1986.

[50] 董宝良.陶行知教育论著选[M].北京：人民教育出版社，1991.

[51] 杜喜荣.中国传统人文思想解读[M].北京：中国文联出版社，2007.

[52] 徐复观.中国人性论史：先秦篇[M].上海：上海三联书店，2001.

[53] 王锐，王玉德.墨子思想三题[M].郑州：河南人民出版社，2009.

[54] 孙诒让.墨子闲诂[M].孙以楷，点校.北京：中华书局，1986.

[55] 刘文典.淮南鸿烈集解[M].冯逸，乔华，点校.北京：中华书局，1989.

[56] 梁启超.墨经校释[M].上海：中华书局，1941.

[57] 陈景磐.中国近代教育史[M].北京：人民教育出版社，1979.

[58] 胡适.中国哲学史大纲：卷上[M].北京：中华书局，1991.

[59] 刘向.说苑校证[M].向宗鲁，校证.北京：中华书局，1987.

[60] 高柏园.韩非哲学研究[M].台北：文津出版社，1994.

[61] 钱旭红.改变思维[M].新版.上海：上海文艺出版社，2020.

[62] 鹖冠子：一部被忽略的汉前哲学著作[M]//葛瑞汉清华汉学研究.杨民，译.北京：清华大学出版社，1994：206-274.

[63] 苏舆.春秋繁露义证[M].钟哲，点校.北京：中华书局，1992.

[64] 孙培青.中国教育史[M].2版.上海：华东师范大学出版社，2000.

[65] 卡西尔.人论[M].甘阳，译.上海：上海译文出版社，1985.

[66] 康永久.教育制度的生成与变革：新制度教育学论纲[M].北京：教育科学出版社，2003.

[67] 中国科学院考古研究所，陕西省西安半坡博物馆.西安半坡：原始氏族公社聚落遗址[M].北京：文物出版社，1963.

[68] 巩启明，严文明.从姜寨早期村落布局探讨其居民的社会组织结构[J].考古与文物，1981（1）:63.

[69] 艾兰.龟之谜：商代神话、祭祀、艺术和宇宙观研究[M].汪涛，译.成都：四川人民出版社，1992.

[70] 钱耀鹏.中国史前城址与文明起源研究[M].西安：西北大学出版社，2001.

[71] 于洪俊，宁越敏.城市地理概论[M].合肥：安徽科学技术出版社，1983.

[72] 梅新林.中国古代文学地理形态与演变[M].上海：复旦大学出版社，2006.

[73] 范金民.明清江南进士数量、地域分布及其特色分析[J].南京大学学报（哲学·人

文·社会科学），1997（2）：171.

[74] 唐晓峰.从混沌到秩序:中国上古地理思想史述论[M].北京：中华书局，2010.

[75] 严协和.孝经白话注释[M].西安：三秦出版社，1989.

[76] 达尔文.人类的由来[M].潘光旦，胡寿文，译.北京：商务印书馆，2009.

[77] 摩尔根.古代社会：全两册[M].新译本.杨东莼，马雍，马巨，译.北京：商务印书馆，1977.

[78] 刘广明.宗法中国[M].上海：上海三联书店，1993.

[79] 牟钟鉴.中国宗法性传统宗教试探[J].世界宗教研究，1990（1）：6.

[80] 何平."孝"道的起源与"孝"行的最早提出[J].南开学报，1988（2）：68.

[81] 陈梦家.殷虚卜辞综述[M].北京：中华书局，1988.

[82] 查国昌.西周"孝"义试探[J].中国史研究，1993（2）：45.

[83] 钱翼民.旧家庭与新家庭[J].妇女杂志，1921（8）：7.

[84] 陈独秀.陈独秀著作选：第1卷[M].上海：上海人民出版社，1984.

[85] 蔡尚恩.中国现代思想史资料简编[M].杭州：浙江人民出版社，1982.

[86] 鲁迅.鲁迅全集：第1卷[M].北京：人民文学出版社，2005.

[87] 吴虞.吴虞集[M].成都：四川人民出版社，1985.

[88] 梁漱溟.梁漱溟全集：第2卷[M].济南：山东人民出版社，1989.

[89] 谢幼伟.孝与中国文化[M].南京：青年军出版社，1946.

[90] 罗仪俊.理性生命：当代新儒家文粹：第1卷[M].上海：上海书店，1994.

[91] 漆仲明.现代家庭核心价值研究[J].山东社会科学，2015（2）：38.

[92] 赫宸，于伟.基于民主精神的家庭教育立场探析[J].社会科学战线，2013（11）：279.

[93] 孙伟平.人本、公正、民主：中国特色社会主义核心价值理念[M]//马克思主义哲学论丛.北京：社会科学文献出版社，2014：163-171.

[94] 莫兰.复杂性理论与教育问题[M].陈一壮，译.北京：北京大学出版社，2004.

[95] 钱穆.两汉经学今古文平议[M].北京：商务印书馆，2001.

[96] 皮锡瑞.经学历史[M].周予同，注释.北京：中华书局，1959.

[97] 李耀仙.廖平选集[M].成都：巴蜀书社，1998.

[98] 周予同.周予同经学史论著选集[M].上海：上海人民出版社，1983.

[99] 徐复观.中国经学史的基础[M].台北：台湾学生书局，1982.

[100] 顾颉刚.汉代学术史略[M].北京：东方出版社，1996.

[101] 陈槃.讖纬命名及其相关之诸问题[M]//历史语言研究所集刊.北京：中华书局，

1987：1-17.

[102] 俞绍初.建安七子集[M].北京：中华书局，2005.

[103] 陈鼓应.庄子今注今译[M].北京：中华书局，1983.

[104] 杨任之.尚书今译今注[M].北京：北京广播学院出版社，1993.

[105] 顾炎武.日知录：卷十三[M].上海：上海古籍出版社，2007.

[106] 张载.张载集[M].辛锡琛，点校.北京：中华书局，1978.

[107] 余敦康.汉宋易学解读[M].北京：华夏出版社，2006.

[108] 李焘.续资治通鉴长编[M].北京：商务印书馆，1983.

[109] 苏轼.东坡易传[M].影印本.上海：上海古籍出版社，1989.

[110] 周辉.清波杂志校注[M].刘永翔，校注.北京：中华书局，1994.

[111] 叶梦得.石林燕语：卷五[M].北京：中华书局，1984.

[112] 陈亮.陈亮集[M].增订本.邓广铭，点校.北京：中华书局，1987.

[113] 欧阳修.欧阳修全集[M].北京：中国书店，1991.

[114] 郭宝林.北宋州县学官[M]//文史第三十二辑.北京：中华书局，1990：80-91.

[115] 李泽厚.中国古代思想史论[M].北京：人民出版社，1985.

[116] 程颐，程颢.二程集[M].王孝鱼，点校.北京：中华书局，1981.

[117] 朱熹.朱子语类[M].北京：中华书局，1988.

[118] 朱熹.四书章句集注[M].北京：中华书局，1983.

[119] 黄宗羲.宋元学案[M].上海：世界书局，1936.

[120] 黄宗羲.明儒学案[M].北京：中华书局，1985.

[121] 王栐.燕翼诒谋录[M].诚刚，点校.北京：中华书局，1981.

[122] 李裕民.司马光日记校注[M].北京：中国社会科学出版社，1994.

[123] 洪迈.容斋三笔[M].上海：上海古籍出版社，1993.

[124] 陶晋生.宋辽金史论丛[M].北京：中华书局，1991.

[125] 北京大学古文献研究所，四川大学古籍整理研究所.国际宋代文化研讨会论文集[M].成都：四川大学出版社，1991.

[126] 陈植锷.北宋文化史述论[M].北京：中国社会科学出版社，1992.

[127] 王善军.宋代族塾义学的兴盛及其社会作用[J].中国史研究，1999（3）：103.

[128] 冒怀辛.邵雍的人生观与历史哲学[M]//中国哲学：第十二辑.北京：人民出版社，1984：463-482.

[129] 葛荣晋.胡瑗及其安定学派的"明体达用之学"[M]//中国哲学：第十六辑.长沙：

岳麓书社，1993：237-268.

[130] 王辟之.渑水燕谈录[M].北京：中华书局，1981.

[131] 王铚.默记[M].北京：中华书局，1981.

[132] 邵雍.皇极经世[M].影印本.天津：天津古籍出版社，1988.

[133] 李申.太极图渊源辨[J].周易研究，1991（1）:23.

[134] 李申.话说太极图：《易图明辨》补[M].北京：知识出版社，1992：158-174.

[135] 姜广辉.宋代道学定名缘起[M]//中国哲学：第十五辑.长沙：岳麓书社，1992.

[136] 萧公权.中国政治思想史[M].台北：联经出版事业公司，1982.

[137] 马端临.文献通考[M].北京：商务印书馆，1996.

[138] 李觏.李觏集[M].北京：中华书局，1981.

[139] 王安石.临川先生文集[M].北京：中华书局，1964.

[140] 陆九渊.陆九渊集[M].钟哲，点校.北京：中华书局，1980.

[141] 钱穆.朱子新学案[M].成都：巴蜀书社，1986.

[142] 朱熹.朱子论集[M].台北：学生书局，1982.

[143] 李心传.建炎以来系年要录[M].北京：中华书局，1988.

[144] 黄现璠.宋代太学生救国运动[M].上海：商务印书馆，1936.

[145] 朱汉民.南宋理学与书院教育[M]//中国哲学：第十六辑.长沙：岳麓书社，1993：335-362.

[146] 叶适.叶适集[M].刘公纯，等点校.北京：中华书局，1961.

[147] 陈祖武.朱熹与伊洛渊源录[M]//文史：第三十九辑.北京：中华书局，1994：506-537.

[148] 刘述先.朱子哲学思想的发展与完成[M].台北：台湾学生书局，1982.

[149] 杨时.杨时集[M].福州：福建人民出版社，1993.

[150] 张世南.游宦纪闻[M].张茂鹏，点校.北京：中华书局，1981.

[151] 方建新.宋代婚姻礼俗考述[M]//文史：第二十四辑.北京：中华书局，1985：162-187.

[152] 杨志刚.朱子家礼：民间通用礼[J].传统文化与现代化，1994（4）：40.

[153] 余英时.从宋明儒学的发展论清代思想史[M]//历史与思想.台北：联经出版事业公司，1992：85-123.

[154] 辛冠洁，衷尔钜，马振铎，等.日本学者论中国哲学史[M].北京：中华书局，1986.

[155] 吴江.南宋浙东学术论稿[M].香港：香港中华书局，1993.

[156] 周密.癸辛杂识[M].吴企明，点校.北京：中华书局，1988.

[157] 朱熹.朱文公文集[M].北京：中华书局，1981.

[158] 罗大经.鹤林玉露[M].王瑞来,点校.北京：中华书局,1983.

[159] 周密.癸辛杂识：后集.[M].吴企明,点校.北京：中华书局,1997.

[160] 石介.徂徕石先生文集[M].陈植锷,点校.北京：中华书局,1984.

[161] 苏洵.嘉祐集笺注[M].曾枣庄,金成礼,笺注.上海：上海古籍出版社,1993.

[162] 钱宾四.钱宾四先生全集[M].台北：台湾联经出版社,1998.

[163] 顾炎武.顾亭林诗文集[M].北京：中华书局,1959.

[164] 陈成国.春秋左传：全本[M].长沙：岳麓书社,2019.

[165] 张沛.中说校注[M].北京：中华书局,2013.

[166] 涂又光.冯友兰选集[M].天津：天津人民出版社,1994.

[167] 司马迁.史记：全十册[M].北京:中华书局,1959.

[168] 班固.汉书：全十二册[M].北京：中毕书局,1962.

[169] 范晔.后汉书：全十二册[M].北京：中华书局,1965.

[170] 脱脱,阿鲁图.宋史：全四十册[M].上海：中华书局,1977.

[171] 司马光.资治通鉴[M].北京：中华书局,2011.

[172] 李焘.续资治通鉴长编：全34册[M].北京：中华书局,1995.

[173] 陆续.四部备要[M].北京：中华书局,1936.

[174] 张元济.四部从刊：经部[M].上海：上海商务印书馆,2017.

后 记

《中国教育史：随思随阐》出版在即，凝结了父亲三年的心血，也体现着我们父女之间的学术情结。此时，有一个关键词——一情难却，一直在我脑子里萦绕、徘徊，久久挥之不去。

一方面，这三年正是始料未及的"新冠疫情"波及所有人生活的三年，也恰是父亲受聘信阳学院全职特聘教授的三年。当初确定好的每月回家一次的计划，常常由于不确定的"疫情"变化而改变。父亲因此有了更多的时间实现他所谓的"学术自孤独思考始"的愿望，提炼影响学生学习《中国教育史》的重要问题，进行深入思考和认真推阐，以此充实课余、节假日的时光，消磨夜深人静时的思家之情。于是我们父女之间的微信交流亦无形间增添了许多学术探讨的情形，影响到母亲喜欢上了国学，四岁的小女争着背《千字文》和古诗词，每当父亲说我的思路或见解给了他灵感时，彼此便也增加了另一种滋味的惦念和慰藉。

另一方面，这三年也是父亲"教学情结"延展的三年。他十分崇拜他的导师栗洪武先生，他严谨的治学精神、虚怀若谷的谦逊、认真负责的教学态度、敏锐的问题思辨，甚至是人格形塑和生活品质，都得益于先生的影响。他十分重情重义，感恩学术进步中帮助过他的每一个人，当信阳学院的王北生校长和其教育学院的汪基德院长发出邀请时，便义无反顾、在所不辞地赴约而往。他以师为好，敬畏师道之尊严，认为大学的师生关系具有无可选择性，教与学是两个异质主体在同一个教育生态中相依互存的共生关系。在这种共生关系中，学生的主体发展依存于教师的主体发展，教师的主体发展也应当依存于学生的主体发展，既然学生"无可选择"地接受了教师的教，那么教师教得怎么样就决定了这种"无可选择"的共生价值。正如朱熹以"心统性情"的哲学思维来解《大学》之"明明德"那样，大学的教学更应当以"问题"启发"思维"、以"思维"统解"问题"。孙培清的《中国教育史》80余万字，若按照广播速度，读一遍需要3200

多分钟，串讲的方式根本无法完成教学任务，而以关键问题的思维衔接方式进行教学，不仅符合马克思"历史与逻辑"相统一的方法论，而且也有利于避免"记诵之学"，有利于培养学生的历史思维和教育思维的能力，况且思维能力培养也正是大学教育所必需。本书选择22个关键问题和50余万字的推阐，是否会受制于课堂容量与教学时间的矛盾，这也是我们父女经常讨论的问题。父亲的解决方案是通过为学生制定课程学习大纲，通过课前、课中、课后学习使学习时空得以拓展而产生共生价值，同时认为作为教师必须熟悉这些问题的思维链接，未必在课堂上会像本书的阐释那样详细，但只有把握了其中的思辨关系，才可能在教学中实现简约的逻辑推理，使学生养成思维习惯。所以，我与父亲的交流过程，也是我进一步学习的过程。父亲年轻的时候记忆力特别强，现在只能通过巨幅的讲义来弥补记忆力的下降。而我选择其讲义中的30个关键问题（本书收录22个问题），不仅需要将便于"讲"所用的"口头语言"转化为"书面语言"，而且需要按照父亲的记忆从家中的书柜里找出相关参考书标识注释。在这一过程中独立撰写22.9万字，已完全不同于当初读研时的学习，其学术提升意义尽在其中。

父亲住在信阳学院专家公寓的八楼，经常临窗远望"贤山""浉水"，寂寞与凝思交织，有时也会短暂地放空自己，或把自己这座"山"掷向"贤山"，或把对面的"贤山"拥入自己的"山"中，使自己这"山"与那"贤山"精神在一起，似乎自己真如庄子那样有了"空谷足音，跫然若狂"的超脱。谁能相信父亲三年来竟然没有走出过信阳学院的校门，谁又能相信他没去过贤山而却写出有关贤山的散文。他称家里的书房谓"采薇居"，称信阳学院的住室谓"望贤斋"，还在矜持着"见贤思齐"的君子之风，与那里的专家教授们一起，用知识和思想的灵光，赋以"专家公寓"聚贤之意义。父亲一直有个完成"教学随笔""教育随想""生活随悟"的著书愿望，我也有与父亲携手偕行的承诺。他经常以其"教育随想""生活随悟"的美文与我交流，也会从不同时代的学人身上获得不同的体悟，以丰富他的"随想"和"随悟"。这种慎思的学习品质，是我祈以成为优秀大学教师的努力方向。

父亲以"教学随笔"为讲义，在其讲义中未被辑入此书的还有很多，一时难以全部整理完成。一则如《西学东渐与中国近代知识形态的叠变》以父亲14万字的硕士论文为基础，期以专著形式单独出版；二则如《专制统治思想与科举兴衰》《中国古代科技知识的存在形态与教育知识选择》等。同时，接受编辑建议，成书时又删减8个专题约10万字左右，加之未能全部整理出来而难以辑入本著的，只能期以再版时充实。父亲在中国教育史的教育研究上专注于哲学反思的"一情难却"，体现在另一篇未被辑入的关于北宋周敦颐教授二程时曾经提出的"仲尼、颜子居于乐处，所乐何事"的思辨上，解读著名的"寻孔、颜乐处"故事,也许能够理解父亲的"一情难却"。《论语·先进》中,孔子要弟子各述其志,曾皙说:"暮春者,春服既成,冠者五六人,童子六七人,浴乎沂,风乎舞雩,咏而归。"孔子喟然而叹曰:"吾与点也!"说我赞成曾点(曾皙名点,是曾参的父亲)的想法,典称"与点之乐"。《论语·雍也》中,孔子赞叹颜渊好学,曰:"贤哉,回也!一箪食,一瓢浆,在陋巷,人不堪其忧,回也不改其乐。"典称"颜子之乐"。程颢见到周敦颐后,"吟风弄月以归,有吾与点也之意",那究竟孔子、颜子"所乐何事"?二程对此从未正面回答,其弟子也曾多方探询答案,问颜子所乐是否"乐道"?《二程粹言》卷二记载了令人意外的回答。鲜于侁问曰:"颜子何以不能改其乐?"子曰:"知其所乐,则知其不改,谓其所乐者何乐也?"曰:"乐道而已。"子曰:"使颜子以道为可乐而乐乎?则非颜子矣。"有人问:"伊川言颜子非乐道,则何所乐?"程颐的另一个学生王苹后来对此作出解释说:"心上一毫不留。若有所乐,则有所倚。功名富贵固无足乐,道德性命亦无可乐。庄子所谓至乐无乐。"对于父亲而言,若仅以"得天下英才而教育之"为乐,或仅以取得功名上的学问为乐,都不算是"至乐"。学问无"至乐",教书育人亦无"至乐",追求"至乐"者绝不会在意一时一事"有乐",因此做人、做学问、做教师便"一情难却"。

当然,作为一个阶段性教学学术工作的结束,还是有些"与点之乐"的。在本书付梓之际,代表我的父亲,感谢西北工业大学出版社的诸多编辑所付出的辛苦,感谢父亲和我共同的导师栗洪武先生,感谢书中显示的所有参考文献的作者及可能遗漏的作者给予的肩膀般的学术支撑,感谢陪伴父亲一起工作的老师和学生的成就之意,感谢我所在学校的领导和同人们一直以来的阳光般的关注。父亲和我深知,本书中疏漏之处在所难免,恳望不吝赐教。

谢 瀑

2022年11月28日